KB213127

도와 과, 열반에 빠르게 이르게 하는

위빳사나 수행방법론

1

제6차결집 질문자 최승대현자

마하시 사야도

이 책의 저작권은 Buddha Sāsana Nuggaha Organization(BSNO)에 있습니다.
이 책은 한국마하시선원이 저작권자로부터 공식 번역 허가를 받아 출간한 것입니다.
따라서 책의 일부 혹은 전체를 출간하려면 저작권자의 사전 허락을 받아야 합니다.
이 책은 법보시용으로 제작됐으나 책을 널리 알리자는 취지에서 부득이 값을 책정해 유통하게 됐습니다.
수익금 전부는 다른 책들의 편찬을 위한 법보시로 쓰일 것입니다.

■ 번역허가증

ဗုဒ္ဓသာသနာနုဂ္ဂဟအဖွဲ့ချုပ်

မဟာစည်သာသနာ့ရိပ်သာ

အမှတ်-၁၆၊သာသနာ့ရိပ်သာလမ်း၊ဗဟန်းမြို့နယ်၊ရန်ကုန်မြို့။

ဖုန်း - ၅၄၅၉၁၈
၅၄၁၉၇၁
ဖက်စ် - ၂၈၉၉၆၀
၂၈၉၉၆၁
သံကြိုးလိပ်၊မဟာစည်

Buddha Sāsana Nuggaha Organization
MAHASI SĀSANA YEIKTHA
16, Sāsana Yeiktha Road,BaHan TSP, Yangon.(MYANMAR)
Email - Mahasi-ygn@mptmail.net.mm

Phone: 545918
541971
Fax-No. 289960
289961
Cable: MAHĀSI

Date 7 March 2012

အကြောင်းအရာ ။ ။ **ကိုရီးယားဘာသာဖြင့်ပြန်ဆို၍ စာအုပ်ရိုက်နှိပ်ထုတ်ဝေရန် ဗုဒ္ဓသာသနာနုဂ္ဂဟအဖွဲ့ချုပ်မှ ခွင့်ပြုခြင်း။**

ကိုရီးယားနိုင်ငံတွင် မြတ်ဗုဒ္ဓ ထေရဝါဒ သာသနာပြန့်ပွားရေးအတွက် ကျေးဇူးတော်ရှင် မဟာစည်ဆရာတော်ဘုရားကြီး၏ အောက်ဖော်ပြပါ တရားစာအုပ်(၅)အုပ်ကို ပထမအကြိမ်အဖြစ် မြန်မာဘာသာမှ ကိုရီးယားဘာသာသို့ ပြန်ဆို၍ ဓမ္မဒါနဖြန့်ချိရန် တောင်ကိုရီးယားနိုင်ငံ အင်ချန်းမြို့နယ်၊ ဘူဖျောင်းမြို့၊ ကိုရီးယားမဟာစည်ရိပ်သာမှ ဥက္ကဋ္ဌဆရာတော် ဦးသောဓနအား အောက်ပါစည်းကမ်းချက်များနှင့်အညီ ဆောင်ရွက်ရန် ခွင့်ပြုပါသည်။

ဘာသာပြန်ဆိုရမည့် ကျမ်းစာအုပ်များ

(၁) ပုရာဘေဒသုတ်တရားတော်၊
(၂) ဘာရသုတ္တန်တရားတော်၊
(၃) မာလုကျပုတ္တသုတ်တရားတော်၊
(၄) ဝိပဿနာရှုနည်းကျမ်း(ပထမတွဲ)
(၅) ဝိပဿနာရှုနည်းကျမ်း(ဒုတိယတွဲ)

စည်းကမ်းချက်များ

၁။ ဤခွင့်ပြုချက်သည် မူပိုင်ခွင့်ပေးခြင်းမဟုတ်ဘဲ ဗုဒ္ဓသာသနာနုဂ္ဂဟအဖွဲ့ချုပ်သာလျှင် **မူပိုင်ရှင်**ဖြစ်သည်။
၂။ ထုတ်ဝေမည့်စာအုပ်တွင် ဗုဒ္ဓသာသနာနုဂ္ဂဟအဖွဲ့ချုပ်သည် **မူပိုင်ရှင်** ဖြစ်ကြောင်းဖော်ပြရမည်။
၃။ သာသနာတော်ပြန့်ပွားရေးအတွက် **ဓမ္မဒါန**အဖြစ် ပုံနှိပ်ဖြန့်ဝေရန်။
၄။ ဤခွင့်ပြုချက်သည် **ကိုရီးယားဘာသာဖြင့်** ပြန်ဆိုထုတ်ဝေရန်အတွက်သာဖြစ်သည်။
၅။ ပုံနှိပ်ထုတ်ဝေသောစာအုပ်တွင် **ကျေးဇူးတော်ရှင်မဟာစည်ဆရာတော်ဘုရားကြီး၏ (ဆေးရောင်စုံ)ဓာတ်ပုံ၊ ဘဝဖြစ်စဉ်နှင့် ထေရုပ္ပတ္တိအကျဉ်း** ဖော်ပြပါရှိရမည်။
၆။ ပုံနှိပ်ထုတ်ဝေသောစာအုပ်အရေအတွက် ဖော်ပြရမည်။
၇။ ပုံနှိပ်ထုတ်ဝေသောစာအုပ်(   )ကို ဗုဒ္ဓသာသနာနုဂ္ဂဟအဖွဲ့ချုပ်သို့ ပေးပို့ရမည်။
၈။ စည်းကမ်းချက်များနှင့် ညီညွတ်မှုမရှိပါက ခွင့်ပြုချက်ကို ပြန်လည်ရုပ်သိမ်းမည်။

အထက်ဖော်ပြပါစည်းကမ်းချက်များအတိုင်း
လိုက်နာဆောင်ရွက်မည်ဖြစ်ပါကြောင်းဂတိပြု
ပါသည်။

ဦးသောဓန
ဘဒ္ဒန္တသောဓန
[၅/မရန(သ)၀၀၀၀၉၄]
(သာသနဓဇဓမ္မာစရိယ) မဟာစည်ကမ္မဋ္ဌာနာစရိယ
ပဓာနနာယကဆရာတော်၊ ကိုရီးယားမဟာစည်ရိပ်သာ၊
ဘူဖျောင်းမြို့၊အင်ချန်းမြို့နယ်၊
တောင်ကိုရီးယားနိုင်ငံ။

(ဦးဝင်းထိန်)
ဥက္ကဋ္ဌ
ဗုဒ္ဓသာသနာနုဂ္ဂဟအဖွဲ့ချုပ်
မဟာစည်သာသနာ့ရိပ်သာ
ဗဟန်း၊ရန်ကုန်မြို့။

Namo

Tassa bhagavato

Arahato

Sammāsambuddhassa

아라한이시며

정등각자이신

그분 세존께

귀의합니다

■ 한국어판에 부치는 말

Ito ehi imaṁ passa iti vidhānaṁ niyojanaṁ arahatīti ehipassiko

'이곳으로 오라! 이 법을 보라!'
이렇게 권유하기에, 격려하기에 적당하다
그래서 'ehipassiko = 와서 보라'라고 한다

"와 보라. 와서 살펴보라"라고 진심으로 권유하기에 적당한 공덕을 'ehipassiko(와서 보라고 할 만하다)'의 공덕이라고 합니다. 우리는 좋은 음식들을 먹을 때, 좋은 경치를 볼 때, 가까운 이들에게 "와 보라. 매우 좋다"라고 진정으로 권유하고 초대합니다. 그와 마찬가지로 법의 맛은 "sabbarasaṁ dhammaraso jīnāti(모든 맛들 중에서 법의 맛이 으뜸이다)"[1]라는 〔부처님의〕 말씀대로 모든 맛들 중에서 제일 좋은 맛입니다. 마음이 편안하고 고요하고 행복한 맛, 슬픔이나 분노가 없는 맛, 이러한 맛들을 경험해 본 사람이라면 누구나 그 법의 맛을 알 것입니다. 스스로 법의 맛을 보게 되었을 때 법에 대해 자주 고마워하게 됩니다. 이렇게 고마워하게 되면 고마운 법의 맛을 자신이 맛본 것처럼 많은 다른 이들도 맛보게 하려는 마음이 거듭 생겨납니다. 그래서 그러한 법의 맛을 맛

---

1 Dhp. 게송 354.

보게 하기 위해 “ehi(오라)! passa(보라)!”라고 진정으로 권유하게 됩니다. 부처님께서도 당신께서 갖추신 선서(sugata 善逝)의 공덕처럼 좋은 말, 바른 법들을 설하시면서 권유하셨습니다. 성스러운 제자들께서도 권유하셨습니다. 교학(pariyatti)과 실천(paṭipatti)으로, 경전과 아비담마로, 이러한 여러 가지로 권유하시고 초청하셨습니다. 여러 승가, 스님들께서도 법을 설하고 수행을 가르치고 경전을 가르치는 것 등으로 법을 소중히 여기는 이들, 법에 대한 가치를 아는 여러 사람들을 포함한 여러 중생들에게 법의 맛을 보게 하기 위해 그들이 마음에 들도록 여러 가지로 권유하고 초청했습니다.

그와 마찬가지로 저와 담마간다(Dhammagandha 일창) 스님도, 존경하는 마하시 사야도의 『위빳사나 수행방법론』을 바탕으로 해서 사야도께서 설하신 수행법을 강릉 인월사 담마선원, 천안 호두마을 등에서 집중수행이 있을 때마다 참석한 수행자들로 하여금 법의 맛을 보게 하기 위해 설하고 지도한 지 벌써 5년이 되어 갑니다. 또한 제가 머무는 한국 마하시 선원에서 매월 정기법회 때마다, 매주 소참법문 때마다, 매주 아비담마 강의를 설하면서도 법의 맛을 보도록 권유하고 있습니다. 그렇게 지도하고 가르치면서 제가 법의 맛을 보고 경험한 것처럼 한국의 여러 불제자들도 법의 맛을 보고 경험하게 하려는 의도, 마음이 계속 생겨나서 이 『위빳사나 수행방법론』을 시간 되는 대로 조금씩이라도 번역하도록 담마간다 스님에게 자주 권유하고 격려했습니다.

이제 이 『위빳사나 수행방법론』이 마치 잘 꿰어진 보배구슬처럼 이 책을 보는 이들의 손에 이르게 되었습니다. 부처님의 가르침이 ‘와서 보라’고 초대하기에 적당한 것처럼 이 『위빳사나 수행방법론』을 읽는 여러

분들 모두 놀라운 성전의 맛을 얻기를(빠알리어에 능숙한 분들을 위해서), 마음으로 법의 희열을 얻어 고요하고 행복하기를, 마음속 모든 번뇌의 때들을 씻어 내기를, 지혜와 통찰지가 늘어 가고 향상되기를, 심오한 법 성품들의 생멸을 알고 보고 꿰뚫기를, 자신의 현재 단계보다 더욱 나은 단계로 향상되기를, 이러한 여러 이익들을 얻게 되기를 바랍니다.

마지막으로 세상에서 부처님, 벽지불, 아라한 등의 거룩한 분들을 제외하고 실수하지 않는 이는 없습니다. 법의 성품대로 말하자면 어리석음이 아직 완전히 제거되지 않은 이라면 누구나 허물이 없을 수 없는 것이 세상의 정해진 법칙입니다. 따라서 이 책 중에서 잘못된 부분들이 있더라도 올바르지 않은 마음기울임(ayoniso manasikāra)으로 즉시 허물잡지 말고 자신이 저술한 책처럼, 어린 동생, 후배의 책처럼 좋은 측면으로 생각하는 올바른 마음기울임(yoniso manasikāra)으로 고쳐 바른 의미로 읽기 바라면서 한국어판에 부치는 말을 마칩니다.

한국마하시선원 선원장
우 소다나*(U. Sodhana, Dhammacariya)*
2012. 8. 15.

■ 차 례

한국어판에 부치는 말 7
약어 18
역자 일러두기 21
마하시 사야도의 일대기 22
서문 26
칭송게 42
부호에 대한 설명 48
서언 55
이 책의 개요 57

제1장 일러두기와 계청정

일러두기 60

출가자의 계청정
1. 계목단속 계 67
2. 생계청정 계 69
3. 필수품관련 계
(1) 필수품관련 계의 의미 70
(2) 빚수용의 의미 70
(3) 범계 여부
필수품관련 계와 범계 여부 76
쭐라나가 장로의 견해 77
(4) 반조
반조하면서 사용하라 79
관찰과 새김에 의해서도 반조가 구족된다 81

4. 감각기능단속 계
(1) 감각기능단속 81
(2) 단속이 생겨나는 모습, 무너지는 모습 83
다섯 가지 단속의 의미 84
(3) 수행하기 전에 단속하는 모습 89
(4) 수행으로 단속하는 모습 94
(5) 명심해야 할 것의 요약 97

재가자의 계청정
1. 네 가지 계 99
2. 오랫동안 계가 청정하지 않고서도 계청정이 생겨나는 모습
(1) 잘못된 견해 101
(2) 다섯 가지 장애 103
(3) 관련 예화
산따띠 장관, 아라한이 되다 106
웃띠야 존자에게 훈계하신 말씀 109
어부 아리야가 특별한 도를 얻는 모습 112
소매치기 일화 113
사라나니 거사 114
(4) 제도가능자들의 계청정
1) 제도가능자들이 수행하는 차례 117
2) 적당한 모습
① 약설지자와 상설지자 120
② 제도가능자
계가 도움 주는 모습 121
사마타가 도움 주는 모습 122
(5) 선업토대자들의 계청정
1) 망나니와 수순의 이해 124
2) 현생에 도와 과를 증득하지 못하는 원인 두 가지
저열한 친구를 의지함 128
실천함과 설함의 부족 129
3. 수행에 의해 계청정이 구족되는 모습
(1) 다섯 종류의 계 131
(2) 수행으로 모든 계가 구족되는 모습 137
4. 계에 기반을 두는 모습 144
5. 특히 기억해야 할 것 148

제2장 마음청정

위빳사나 수행자의 마음청정

1. 마음청정이란 삼매다 154
2. 위숫디막가와 대복주서 157
3. 맛지마 니까야 주석서 – 도를 닦는 두 가지 방법
   (1) 사마타 행자 163
   (2) 위빳사나 행자 165
4. 빠띠삼비다막가 176
5. 쌍 수행법과 법 들뜸 제거법 178
6. 정리 179

벗어남과 벗어남의 장애

1. 첫 번째 벗어남과 장애 181
2. 두 번째 벗어남과 장애 187
3. 세 번째 벗어남과 장애 189
4. 네 번째 벗어남과 장애 190
5. 다섯 번째 벗어남과 장애 192
6. 여섯 번째 벗어남과 장애 197
7. 일곱 번째 벗어남과 장애 201
8. 여덟 번째 벗어남과 장애
   (1) 모든 선법을 실천하면 된다 205
   (2) 위빳사나만 실천하면 된다 206
      자기 이익만 보라 207
      반열반에 드실 때의 훈계와 최상의 예경 211
      부처님의 바람이 매우 높고 거룩한 모습 215
   (3) 특별히 숙고하는 여러 모습들 218

삼매의 장애와 해결하는 여러 방법들

1. 첫 번째, 두 번째 장애와 해결하는 방법 224
2. 세 번째, 네 번째 장애와 해결하는 방법 227
3. 다섯 번째, 여섯 번째 장애와 해결하는 방법 242
4. 위빳사나 마음이 한 대상에 머무는 모습 244

제3장 위빳사나 수행의 관찰대상

빠라맛타와 빤냣띠의 구별

1. 빠라맛타의 의미에 대한 성전들
   (1) 띠까 쬬와 주석서 250
   (2) 까타왓투 주석서
      까타왓투 주석서 251
      스스로 알 수 있어야 빠라맛타이다 258
      소문 등만으로는 빠라맛타를 알 수 없는 모습 261
      빠라맛타를 직접 아는 모습 261
   (3) 빤짜빠까라나 근본복주서와 복복주서 262
   (4) 성전들이 일치하는 모습 267
2. 빠라맛타와 빤냣띠의 올바른 의미
   (1) 빠라맛타의 올바른 의미 268
   (2) 빤냣띠의 올바른 의미 270
3. 빠라맛타와 빤냣띠의 다른 점
   (1) 빠라맛타와 빤냣띠 275
   (2) 빤냣띠로 알 수 있는 의미 277

위빳사나의 대상

1. 분명한 대상 282
2. 내부 대상 – 제자들이 일반적으로 사유하는 모습 291
3. 현재 대상
   (1) 현재만을 관찰해야 하는 이유 293
   (2) 훌륭한 하룻밤 경 298
   (3) 새김확립 긴 경 309
4. 추론관찰 위빳사나의 대상 315
      추론관찰 위빳사나의 여러 이름들 318

수행방법의 원용

1. 수행방법의 원용
   (1) 사마타 행자의 관찰법–앙굿따라 니까야 322
   (2) 사마타 행자의 관찰법–위숫디막가
      1) 성전과 간략한 의미 324

2) 특성 · 역할 등을 통해서 326
3) 물질을 설명하지 않은 이유 세 가지 327
① 첫 번째 이유 328
② 두 번째 이유 328
들숨날숨 새김에서 위빳사나가 생겨나는 모습 329
③ 세 번째 이유 332
(3) 수행방법의 원용 333
2. 사대를 모두 알지 않고 아라한이 되는 모습 335
3. 사리뿟따 존자의 위빳사나 339
4. 그릇된 견해 349
5. 결어 355

제4장 관찰방법과 경전의 대조

위빳사나 관찰방법의 개요

1. 기본적인 관찰방법 358
2. 생겨난 개념으로 관찰하는 의미 359
3. 경전지식 없이 특성 등을 알 수 있는 모습 363
4. 특성 중 하나만 알 수 있다 367

여섯 문에서 새기는 모습

1. 볼 때 새기는 모습
(1) 볼 때 다섯 가지 법들이 드러나는 모습 370
(2) 성전 근거
1) 특별하게 알아야 경 375
들어서 아는 지혜, 생각해서 아는 지혜는 위빳사나가 아니다 376
2) 구분하여 알아야 경 379
(3) 말루짜뿟따 경
1) 위빳사나 수행방법을 알려 주는 질문과 대답 381
2) 위빳사나 수행방법의 핵심 386
3) 열반과 먼 이, 가까운 이 393
(4) 번뇌를 새겨 제거하는 모습
1) 번뇌가 제거되는 모습 398

2) 다섯 감각문에서 속행이 고요한 모습 401
3) 여섯 구성요소평온을 구족하는 모습 405
4) 뽓틸라 장로의 일화 407
단지 보지 않는 것으로는 수행이 되지 않는다 409
(5) 직접적으로 보여 주는 여러 근거들 412
2. 들을 때 등에 새기는 모습 424
(1) 들을 때 새기는 모습 425
(2) 냄새 맡을 때 새기는 모습 426
(3) 맛볼 때 새기는 모습 427
3. 닿을 때 새기는 모습
(1) 기본 관찰법 429
(2) 드러나는 다섯 법 430
(3) 들숨날숨을 새기는 모습 434
(4) 사대를 새기는 모습 437
4. 알 때 새기는 모습
(1) 개요
1) 기본 관찰법과 대상들 439
2) 아는 모습 442
(2) 몸 거듭관찰
1) 자세를 새기는 모습
① 갈 때 새기는 모습 448
개가 아는 것이나 일반 범부들이 아는 것과 다르다 449
수행주제와 새김확립 수행이 같은 모습 452
② 설 때 등에 새기는 모습 460
2) 바른 앎과 관련하여 새기는 모습 462
3) 안과 밖을 관찰하는 모습 469
4) 생겨남과 사라짐을 관찰하는 모습 470
5) 새김이 바르게 드러나는 모습 471
(3) 느낌 거듭관찰
1) 아홉 가지 느낌의 관찰 472
2) 생겨남과 사라짐을 관찰하는 모습 489
3) 새김이 바르게 드러나는 모습 490
(4) 마음 거듭관찰
1) 열여섯 가지 마음의 관찰 490
2) 마음을 특성 등에 의해 아는 모습 494
3) 생겨남과 사라짐을 관찰하는 모습 494
4) 새김이 바르게 드러나는 모습 495

(5) 법 거듭관찰
1) 장애를 아는 모습
① 다섯 가지 장애를 관찰하는 모습 496
② 장애들의 생겨남과 사라짐을 아는 모습 498
올바른 마음기울임 498
올바르지 않은 마음기울임 501
③ 장애들이 다시 생겨나지 않음을 아는 모습 504
2) 무더기를 아는 모습
① 무더기를 관찰하는 모습 505
② 물질의 생겨남과 사라짐을 아는 모습 507
③ 느낌의 생겨남과 사라짐을 아는 모습 509
④ 인식과 형성들의 생겨남과 사라짐을 아는 모습 510
⑤ 의식의 생겨남과 사라짐을 아는 모습 510
3) 감각장소, 요소, 정신과 물질을 아는 모습
① 볼 때 등에 아는 모습 512
② 족쇄를 아는 모습 515
주지 않을 때마다 인색이 포함된 것은 아니다 517
4) 깨달음 구성요소를 아는 모습 519
5) 네 가지 진리를 아는 모습
① 네 가지 진리
괴로움의 진리 527
생겨남의 진리 532
소멸의 진리 533
도의 진리 534
② 네 가지 진리를 관찰하는 모습
두 가지 진리만 관찰하여 안다 534
괴로움을 아는 모습 540
무생물은 괴로움의 진리라고 하지 않는다 542
자기 내부의 진리만 아는 것이 필요하다 542
생겨남을 아는 모습 547
분명하지만 알기 어렵다 550
소멸과 도를 아는 모습 552
③ 새길 때마다 네 가지 진리를 아는 모습 554
④ 도의 지혜로 네 가지 진리를 아는 모습 557
⑤ 여덟 가지 도를 닦는 모습 563
여덟 가지 도를 닦는 모습 567
'멀리 떠남을 의지함' 등이 생겨나는 모습 572
'보내 버림으로 기우는 것'이 생겨나는 모습 575
계에 해당되는 도 구성요소들이 위빳사나에 포함된 이유 576
⑥ 네 가지 진리 수행주제 578

새김확립의 공덕
1. 새김확립의 이익과 유일한 길 590
2. 부처님의 장담 594
3. 특별히 주의해야 할 사항 598

부록 1 칠청정과 그에 따른 지혜단계들 600
부록 2 눈 감각문 인식과정 602
부록 3 욕계 마음 문(意門) 인식과정 603
부록 4 마음부수 52가지 604
부록 5 물질 28가지 607
참고문헌 610
주요 번역 술어 616
찾아보기 628

■약 어

A.	Aṅguttara Nikāya 앙굿따라 니까야 增支部
AA.	Aṅguttara Nikāya Aṭṭhakathā 앙굿따라 니까야 주석서
AAṬ.	Aṅguttara Nikāya Aṭṭhakathā Ṭīka 앙굿따라 니까야 복주서
As.	Abhidhammattha Saṅgaha 아비담맛타 상가하
AsVṬ.	Abhidhammattha Vibhāvinī Ṭīkā = Ṭīkā kyo 아비담맛타 위바위니 띠까 = 띠까 조
Bv.	Buddhavaṁsa 붓다왐사 佛種姓經
D.	Dīgha Nikāya 디가 니까야 長部
DA.	Dīgha Nikāya Aṭṭhakathā 디가 니까야 주석서
DAṬ.	Dīgha Nikāya Aṭṭhakathā Ṭīka 디가 니까야 복주서
Dhp.	Dhammapada 담마빠다 法句經
DhpA.	Dhammapada Aṭṭhakathā 담마빠다 주석서
Dhs.	Dhammasaṅgaṇī 담마상가니 法集論
DhsA.	Dhammasaṅgaṇī Aṭṭhakathā = Aṭṭhasālinī 담마상가니 주석서
DhsAnṬ.	Dhammasaṅgaṇī Anuṭīkā 담마상가니 복복주서
DhsMṬ.	Dhammasaṅgaṇī Mūlaṭīkā 담마상가니 근본복주서
It.	Itivuttaka 이띠웃따까 如是語經
ItA.	Itivuttaka Aṭṭhakathā 이띠웃따까 주석서
KaA.	Kaṅkhāvitaraṇī 깡카위따라니 解疑疏
Kh.	Khuddhakapatha 쿳다까빠타 小誦經
KhA.	Khuddhakapaṭha Aṭṭhakathā 쿳다까빠타 주석서

Kv. Kathāvatthu 까타왓투 論事
KvA. Kathāvatthu Aṭṭhakathā 까타왓투 주석서

M. Majjhima Nikāya 맛지마 니까야 中部
MA. Majjhima Nikāya Aṭṭhakathā 맛지마 니까야 주석서
MAṬ. Majjhima Nikāya Aṭṭhakathā Ṭīka 맛지마 니까야 복주서
MMṬ. Majjhima Nikāya Mūḷaṭīka 맛지마 니까야 근본복주서
Mil. Milindapañha 밀린다빤하

Nd1. Mahā Niddesa 마하 닛데사 大義釋
Nd2. Cūla Niddesa 쭐라 닛데사 小義釋
Netti. Nettippakaraṇa 넷띱빠까라나 導論
NettiA. Nettippakaraṇa Aṭṭhakathā 넷띱빠까라나 주석서

Pa. Pañcapakaraṇa 빤짜빠까라나 五論
PaA. Pañcapakaraṇa Aṭṭhakathā 빤짜빠까라나 주석서
PaAnṬ. Pañcapakaraṇa Anuṭīkā 빤짜빠까라나 복복주서
PaMṬ. Pañcapakaraṇa Mūḷaṭīkā 빤짜빠까라나 근본복주서

Pm. Paramatthamañjūsā = Visuddhimagga Mahāṭīkā 위숫디막가 대복주서
Ps. Paṭisambhidāmagga 빠띠삼비다막가 無碍解道
PsA. Paṭisambhidāmagga Aṭṭhakathā 빠띠삼비다막가 주석서
Ptṇ. Paṭṭhāna 빳타나 發趣論
Pug. Puggalapaññatti 뿍갈라빤냣띠 人施設論

S. Saṁyutta Nikāya 상윳따 니까야 相應部
SA. Saṁyutta Nikāya Aṭṭhakathā 상윳따 니까야 주석서
SdṬ. Sāratthadīpanī Ṭikā 사랏타디빠니 띠까 要義燈釋
Sn. Suttanipāta 숫따니빠따 經集

Ud. Udāna 우다나 感興語
UdA. Udāna Aṭṭhakathā 우다나 주석서

Vbh.	Vibhaṅga 위방가 分別論
VbhA.	Vibhaṅga Aṭṭhakathā 위방가 주석서
VbhAnṬ.	Vibhaṅga Anuṭīkā 위방가 복복주서
VbhMṬ.	Vibhaṅga Mūlaṭīka 위방가 근본복주서
Vi.	Vinaya Piṭaka 위나야 삐따까 律藏
Vis.	Visuddhimagga 위숫디막가 淸淨道論
Yam.	Yamaka 야마까 雙論
YamA.	Yamaka Aṭṭhakathā 야마까 주석서

■ 역자 일러두기

1. 삼장과 주석서, 복주서 등은 별다른 언급이 없는 한 모두 미얀마 제6차결집본이다. 예를 들어 'AA.i.5'는 『앙굿따라 니까야』 제1권, 5쪽을 나타낸다.

2. 원저자인 마하시 사야도께서 직접 주석하신 것은 '원주(原註)'라고 표시하였고, 본문에 있는 내용을 역자가 주석으로 옮긴 것은 '원주(본문내용)'이라고 표시하였다. 그 밖의 주석·부록·참고문헌은 역자가 추가한 것이다. 특별히 밝혀야 할 곳에는 '역주'라고 표시하였다.

3. 경전·주석서·복주서 등을 번역할 때 마하시 사야도께서 자세하게 설하신 대역의 의미를 살리고자 사야도의 보충 설명을 함께 실었으며, 빠알리어 원문 그대로의 내용은 따로 진하게 표시하였다. 원문 그대로의 내용을 원하는 독자라면 진하게 표시한 부분만 따로 읽으면 될 것이다. 원문이 게송인 경우에는 그 게송에 대한 마하시 사야도의 자세한 설명을 시의 형태로 번역하였다. 마하시 사야도의 번역인 경우는 대역 과 해석 , 등호로, 그 외에 역자가 해석한 부분은 역해 와 소괄호로 표시하였다. 부호에 대한 설명을 참조하라.

4. 빠알리어는 정체로 표기하였고, 영어는 이탤릭체로 표기하였다. 미얀마 어는 영어로 표기한 후 이탤릭체로 표기하였다.

5. 미얀마 어로 된 참고문헌은 영어로 표기한 후 이탤릭체로 표기하였다. 그 의미는 괄호 안에 표기하였다.

6. 반복 인용된 문헌은 제일 처음에만 저자를 표기하고 두 번째부터는 책의 제목만 표기하였다.

7. 목차는 대부분 원문에 실린 것만 표시하였으나 독자의 편의를 위하여 필요한 경우 큰제목을 역자가 임의로 구분하여 재구성하였다.

제6차결집 질문자(Chaṭṭhasaṅgītipucchaka) 최승대현자(Aggamahāpaṇḍita 最勝大賢者)이신 마하시 사야도(*Mahāsi Sayadaw*)께서는 쉐보 시, 세익쿤 마을에서 1904년 7월 29일 금요일에 태어나셨다. 아버지는 우 깐도, 어머니는 도 쉐오욱이었고, 어릴 때의 이름은 마웅 뜨윈이었다.

12세에 소바나(Sobhana)라는 법명으로 사미계를, 20세에는 비구계를 받았고, 이후 3년 동안 정부에서 주관하는 초급, 중급, 상급 빠알리어 시험에 차례대로 합격하셨다.

법랍 4하(夏) 때에는 만달레이로 가서 여러 뛰어난 강사들 밑에서 경전을 공부하였으며 5하(夏) 때에는 몰라먀인의 따운와인갈레이 강원에서 경전을 가르치셨다.

사야도께서는 법랍 8하(夏) 때, 명확하고 효과적인 수행법을 찾아 나섰고 따토웅 밍군 제따완 사야도(*Mingun Jetavan Sayadaw*) 회상에서 제따완 사야도의 지도하에 수행방법을 직접 배우고 실천하셨다.

수행이 빠르게 진전된 사야도께서는 1938년에 세익쿤 마을에서 세 명의 제자들에게 처음으로 그 수행방법을 지도하셨고, 제자들 역시 매우 빠르게 수행이 진전되었다. 그들을 따라 50여 명의 마을 사람들이 집중수행에 참가했다.

하지만 몰라먀인의 따운와인갈레이 강원에서 급히 돌아와 달라는 부탁으로 원하는 만큼 밍군 제따완 사야도 회상에서 머물지 못한 채 몰라먀인으로 돌아가셨다. 얼마 후 그 강원의 노스님이 입적하시자 마하시 사야도께서 강원을 맡아 경전을 가르치셨다. 사야도께서는 이 무렵에 처음으로 시행된 빠알리 경전시험에 응시하셨고, 1941년에 사사나다자 시리빠와라 담마짜리야(Sāsanadhaja Sīripavara Dhammācariya)[2] 칭호를 받으셨다.

그 후 일본이 침공하자 몰메인에서 더 이상 머물 수 없게 되어 고향인 세익쿤 마을로 돌아가셨고, 이를 좋은 기회로 삼아 스스로도 위빳사나 수행에 매진하시며 다른 이들에게도 수행을 지도하셨다. 이때 머무신 곳이 마하시 짜웅(*Mahāsi Kyaung*)이었는데 이는 큰(*Mahā*) 북(*si*)이 있는 정사(*kyaung*)란 뜻이다. '마하시 사야도'란 이름은 여기에서 유래되었다.

마하시 사야도께서 『위빳사나 슈니짠(*Vipassana shunyikyan* 위빳사나 수행방법론)』이라는 위대한 책을 쓰신 것은 바로 이 시기였다. 1945년에 출간된 이 책은 새김확립(satipaṭṭhāna) 수행방법에 대한 이론과 실제 모두를 자세하게 설명한 종합적이고도 권위 있는 책으로 두 권, 전체 858페이지의 대작이다. 마하시 사야도께서는 단 7개월 만에 이 책을 쓰셨는데, 그때 쉐보 시 인근에는 거의 매일 공습이 있었다고 한다.[3]

---

2 경전과 그 주석서에 관련한 시험에 합격한 스님들에게 정부가 수여하는 특별한 칭호. 보통의 사사나다자 담마짜리야보다 더 높은 수준의 시험을 통과했을 때 주어지는 칭호라고 한다.

3 책을 다 저술한 뒤에 출판을 위해 이웃 도시로 오갈 때 공습을 피해 야간에 다니셨다고 한다. 또한 2권은 인쇄 과정 중 연합군의 공습에 불타 버렸으나 다행히 사야도께서 원본을 잘 간수하고 계셔서 나중에 무사히 출간되었다. *Vaṇṇakyothin U. Bhasan*, 『*Mahasi Theramya Attupatti*(마하시 존자 일대기)』, pp.133~134 참조.

마하시 사야도께서는 25안거까지 세익쿤 마을 마하시 정사와 몰라먀인시 따운와인갈레이 강원에서 주로 머무시면서 교학과 수행방법을 가르치고 지도하셨다.

1949년 11월 10일, 양곤 불교 진흥 협의회(*Buddha Sāsana Nuggaha Organization*)의 초청으로 양곤에 오셔서 1949년 12월 4일부터 시작하여 수행자들에게 위빳사나 수행방법을 설하셨다. 수행센터의 이름도 마하시 수행센터(*Mahāsi Sāsana Yeiktha*)라고 칭하였다. 1952년에는 최승대현자(Aggamahāpaṇḍita 最勝大賢者) 칭호를 받으셨다.

제6차결집 때에는 제6차결집 질문자(Chaṭṭhasaṅgītipucchaka)의 역할을 맡으셨고, 제6차결집 최종결정자(Chaṭṭhasaṅgayanāosānasodhaka), 국가훈계법사(Ovādācariya) 등 불교교단을 위한 여러 역할들도 할 수 있는 만큼 수행하셨다. 그때 제6차결집 송출자(Chaṭṭhasaṅgitivisajjaka)의 역할은 밍군 삼장법사께서 맡으셨다.

저술하신 책으로는 앞에서 언급한 『위빳사나 슈니짠(*Vipassana shunyikyan* 위빳사나 수행방법론)』 두 권 외에도 직접 저술하신 책들과 설법하신 법문들로 만든 책들을 합하여 100권이 넘는다. 또한 특별히 『위숫디막가 마하띠까 닛사야(*Visuddhimagga Mahāṭīkā Nissaya* 清淨道論大復註書 對譯)』은 『위숫디막가(Visuddhimagga 清淨道論)』에 대한 복주서인 『위숫디막가 마하띠까(Visuddhimagga Mahāṭīkā 清淨道論 大復註書)』를 해석하기 어려운 부분들을 포함해서 각각의 빠알리어에 대해 자세히 분석하여 미얀마 어로 상세하게 설명한 책이다.

마하시 사야도께서 살아 계실 때 미얀마 국내에 스님의 가르침대로 수행하는 센터가 300개가 넘게 생겼으며, 해외 여러 나라에도 센터 지부들이 많이 생겨났다. 사야도께서 가르치신 수행방법에 따라 위빳사나 수행을 한 수행자들은 비구, 여성 출가자, 재가 수행자를 합하여 491만 명(2018년 통계)이 넘는다.

또한 사야도께서는 인도, 스리랑카, 네팔, 싱가포르, 말레이시아, 태국, 베트남, 캄보디아, 라오스, 인도네시아, 일본 등 동양 국가들과 미국, 영국을 비롯한 유럽의 여러 국가들 등 여러 나라에 가셔서 테라와다 불교 교법(Theravāda Buddhasāsanā)을 널리 보급시키셨다.

수행지도와 저술, 불교교단을 위한 힘든 일정 속에서도 마하시 사야도께서는 결코 자신의 수행을 게을리하지 않았으며 이 때문에 제자들을 계속해서 현명하게 지도하실 수 있었다. 사야도께서는 78세를 사시는 내내 몸과 마음의 활력이 넘치셨고 가르침(Dhamma)에 깊이 헌신하셨다.

마하시 사야도께서는 1982년 8월 14일, 세랍 78세, 법랍 58하(夏)로 마하시 수행센터에서 입적하셨다. 입적하신 전날까지도 새로 들어온 수행자들에게 기초 수행법을 지도하셨다고 한다.

이렇듯 마하시 사야도께서는 예리한 지성과 연계된 해박한 교학적 지식뿐만 아니라 심오하고 뛰어난 수행 경험까지 두루 갖추어 불교 교학이나 실제 수행 모두를 효과적으로 지도할 수 있는 매우 드문 분 중의 한 분이셨다.

마하시 사야도의 가르침은 여러 법문과 책을 통해 동서양의 많은 이들에게 유익한 영향을 주었다. 지금도 마하시 사야도께서는 당신의 성품과 평생의 업적으로 현대 불교사의 위대한 인물 중 한 분으로 추앙받고 있다.[4]

---

4 저본인 『위빳사나 슈니짠』 제2권 앞부분의 내용이 너무 간략하여 영역본인 『*A Practical Way of Vipassanā*』 *vol.1, translated by U Min Swe, Buddha Sāsana Nuggaha Organization, Yangon,* 2011에 소개된 마하시 사야도의 일대기를 참고했고, 제2쇄에서는 2018년도에 교정된 내용을 보충했다.

Appamādo amataṁ padaṁ, pamādo maccuno padaṁ.[5]

불방일(잊어버리지 않음) = 새김[6]은 **죽음없음의 원인이고,**
방일함(잊어버림) = 새기지 않음은 **죽음의 원인이다.**

이러한 부처님의 말씀을 믿는 이들이라면 누구나, 죽음이 없기를 바란다면, 즉 죽어야만 한다는 사실을 두려워한다면 잊어버리지 않음 = 새김을 확립함 = 사띠(sati)라고 하는 불방일(appamāda) 법을 소중하게, 거룩하게 여기고 실천해야 할 것이다.

이러한 불방일을 실천한다면 다음과 같은 부처님의 유훈도 정성스럽게 따르는 것이 된다.

Handadāni, bhikkhave, āmantayāmi vo, vayadhammā

5 원주: Dhp. 게송 21.

6 'sati'를 '새김'으로 번역하였다. 물론 'sati'가 내포하고 있는 여러 의미들을 '새김'이 대표하기는 힘들지만 부처님께서도 이러한 여러 의미들이 있는 그 성품에 대해서 다른 어원을 가지는 용어를 쓰지 않으시고 'saratīti sati = 기억한다. 그래서 사띠이다.'라고 '기억한다'라는 어원을 가지는 'sati'를 사용하신 점에 주목했다. 그리고 단순히 기억으로 옮기지 않고 '새김'으로 옮겼기 때문에 마치 조각할 때 조각칼이 대상에 밀착되어 그 대상을 꿰뚫어 들어가듯이 대상에 떠 있지 않고 밀착되어 있는 특성(apilāpana-lakkhaṇā)도 잘 나타내 준다.

saṅkhārā, appamādena sampādetha.[7]

오! 비구들이여! 이제 참으로 그대들에게 당부하노니, 형성들[8]은 사라지기 마련이다. 불방일(잊어버리지 않음) = 새김확립 = 사띠 **를 통해** 계·삼매·통찰지를 **성취하라!**

따라서 반열반에 드시기 직전, 〔부처님께서 가르치셨던〕 삼장의 근본 뜻을 요약하는 의미로 당부해 놓으신 그 의미를 정성스럽게 따르길 원하는 이라면 누구나 이 불방일 법을 소중하게, 거룩하게 여기고 꼭 실천해야 한다.

이뿐만은 아니다.

'불방일'과 사띠빳타나(satipaṭṭhānā 念處)는 새김확립 = 사띠(sati)의 서로 다른 이름일 뿐이다. 그 의미·성품으로는 동일하다. 따라서 불방일을 실천하는 이는 다음과 같은 부처님의 가르침에 따라 도와 과, 열반도 얻을 수 있다.

Yesaṁ kesañci, bhikkhave, cattāro satipaṭṭhānā āraddhā, āraddho tesaṁ ariyo 〔aṭṭhaṅgīko〕[9] maggo sammā dukkhakkhayagāmī.[10]

---

7 원주: D.ii.128.

8 형성들(saṅkhārā)은 다섯 무더기(五蘊)에서는 느낌과 인식을 제외한 나머지 마음부수들을 의미하고(그래서 '정신현상들'이라고 번역하기도 한다.) 문맥에 따라 조건지어진 법들, 형성된 법들, 행위 등을 뜻하기도 한다. 이 책에서는 '형성들'이라고 옮겼다. saṅkhārā에 대한 자세한 설명은 각묵스님, 초기불전연구원, 『초기불교이해』, pp.126~129 참조.

9 빠알리어 원문에 없으나 첨가되었다.

10 원주: S.iii.157.

비구들이여, 네 가지 새김확립을 실천하고 **성취한 이는**[11] **모든 괴로움이 다한 곳에 이르게 하는 성스러운 여덟 가지 도(八聖道)를 성취한다.**[12]

따라서 도와 과, 열반을 얻고자 하는 이는 단지 기원하는 것만으로 안심하고 만족하며 지내서는 안 된다. 불방일 = 새김확립 수행을 성취하도록 서둘러 노력해야 한다.

이 정도로 다가 아니다. 다음과 같은 부처님의 말씀에 따라 새김확립을 수행하는 이는 부처님의 가르침을 오랫동안 지속시키도록 하는 것에도 해당된다.

Catunnaṁ kho, brāhmaṇa, satipaṭṭhānānaṁ bhāvitattā bahulīkatattā tathāgate parinibbute saddhammo ciraṭṭhitiko hoti.[13]

오, 바라문이여. 네 가지 새김확립을 스승과 제자가 이어서 **수행하고, 많이 행하는 것 때문에 정법(正法)**이라고 부르는 가르침**이 여래가 반열반에 든 다음에도 오랫동안 유지될 수 있다.**

따라서 부처님의 가르침이 오랫동안 지속되기를 바라는 이라면 누구나 불방일 = 새김확립 수행을 노력해야 한다.

---

11 'āraddha'에는 '열심히 행하는', '노력을 시작하는', '성취한' 등의 뜻이 있다. 이 글을 쓰신 우 순다라 사야도는 '성취한'으로 해석하였다. 뒷부분에 마하시 사야도도 '성취한'으로 해석하였다.

12 각묵스님, 초기불전연구원, 『상윳따 니까야』 제5권, p.514 참조.

13 원주: S.iii.151.

불방일을 실천하지 않는 이는, 〔앞에서 언급한 내용과〕 '반대로 말씀하신 가르침에 따라' 거듭거듭 죽고, 또 죽기만 하면서 지내야 한다. '임종의 직전에 유언으로 당부한 부모의 말을 듣지 않는 자식처럼' 부처님께서 마지막에 남겨 놓으신 유훈을 듣지 않는 것이다. 얻을 만한 도와 과, 열반으로부터 멀어지는 것, 미끄러져 떨어지는 것이다. 부처님의 가르침을 짧게 하는 것이다.[14]

부처님께서 반열반에 드신 후 약 천 년 정도까지는 이 불방일 법을 불교에 입문한 재가신자, 출가자들이 특히 노력하고 실천했다는 사실, 또한 그러한 거룩한 이들의 마음, 심장에 이 불방일 법이 잘 확립되어 머물고 있었다는 사실이 여러 주석서, 복주서, 『디빠왐사(Dīpavaṁsa 島史)』,[15] 『마하왐사(Mahāvaṁsa 大史)』,[16] 『사사나왐사(Sāsanavaṁsa 敎史)』[17] 등의 문헌을 통해서 분명하게 알 수 있다. 무엇 때문인가? 그 시기 동안의 성제자들에 관한 여러 가지 내용들을 위의 문헌들에서 설명하고 있기 때문이다. 또한 그 천 년이 지난 이후에는 그러한 내용들을 많이 볼 수 없기 때문에 불방일의 실천을 노력하는 이가 적었다고 생각할 수 있다. 오래 전부터 시작하여 계속해서 노력하지 않았기 때문에 후대인들에게는 이 불방일 = 새김확립 수행의 방법을 정확하게 아는 것조

---

14 부처님의 가르침이 이 세상에 오랫동안 지속되지 못하게 하는 것이다.

15 마하세나(Mahāsena) 왕(A.D.325-352)이 다스릴 때까지 스리랑카의 역사를 기록한 책이다. 전재성, 한국빠알리성전협회, 『빠알리-한글사전』, p.40 참조.

16 마하나마(Mahānāma)의 저서. 앞의 디빠왐사(島史)와 동일한 순서로 거의 동일한 시대를 대상으로 하여 메마른 역사서인 도사를 예술적인 서사시로 정리한 책이다. 위의 책, p.45 참조.

17 빤냐사민(Paññasāmin, A.D.1861)의 저서. 인도 아소카 왕 아래에서 결집에 이르기까지의 역사와 스리랑카 등 다른 동남아 지역에서의 불교교단의 역사가 완전하게 실려 있다. 위의 책, p.48 참조.

차 쉽지 않은 일이 되었다. 매우 애통한 일이다.

그렇다고 '이 불방일 법이 완전히 소멸해 버렸다'라고 알아서는 안 된다. 자신의 진실된 이익(attahita)을 찾고 구하는 거룩한 이들에게 이 불방일은 잘 확립되어 있었다. 잘 확립된 모습의 예로 띨롱 또야 사야도(*Thiloung Toya Sayādaw*)를 들 수 있다. 그분은 이 불방일의 실천 수행에 있어서 마치 해와 달처럼 매우 두드러지셨다.

다른 이로부터 들은 바로는 다음과 같다. 세인마까 마을에 계단(戒壇)을 지정하는 일 때문에 국존(Rājaguru 國尊) 칭호를 받으신 만달레이, 시(市), 또는 사가인 시(市) 등의 여러 지역의 사야도들께서 모이게 되었는데 대중들의 요청에 의해 띨롱 사야도께서 승가 대중들에게 법을 설하시게 되었다. 사야도께서는 "저 스스로 이해한 바, 생각한 바, 수행하고 노력한 대로 말하겠습니다"라고 서언을 하시고는 아나함 도와 과에 이르기까지 위빳사나 관찰을 하는 모습, 위빳사나 지혜들이 생겨나는 모습, 도와 과에 이르는 모습, 과의 선정에 드는 모습 등을 자세하게 설하셨다. 설하신 그 법문들은 여러 경전, 문헌들에 아주 해박한 다른 여러 스님들조차 매우 놀랄 정도로 심오하고 미묘했다. 그래서 상가자(*Saṅgajā*) 사야도가 "스님, 스님께서 지금 설하신 대로 책을 쓰시면 매우 좋겠습니다"라고 청했다. 그러자 띨롱 사야도께서는 "스님, 설하거나 실천하는 것은 자기 좋을 대로 할 수 있습니다. 〔하지만〕 책을 쓰는 것은 다른 이의 책들과도 〔어느 정도〕 일치해야 합니다. 제가 있는 동안에는 이해시키도록 대답할 수 있지만 저는 머지않아 죽을 것입니다. 그때 〔제 수행의〕 조금 독특한 점에 대해서 서로 논쟁을 벌일까 염려됩니다"라고 말씀하셨다. 이 내용은 이전의 여러 가지 일화들을 잘 기억하시기로 유명한 세익쿤 마을의 인진 또 따이띠 사야도(*Injyin To Taiti Sayadaw*)에게서 직접 들은 내용이다.

주목할 점 전해들은 위의 말을 근거로 떨롱 사야도께서는 자신이 수행한 방법, 모습을 책으로 쓰시지 않으셨다는 것을 분명하게 알 수 있다. 그렇게 쓰시지 않으셨다는 사실에 대해서는 '그 당시에는 따라서 수행할 이가 적었기 때문이다'라고 생각할 수 있고 '수행하는 모습과 문헌이 달랐다'라는 〔떨롱 사야도의〕 말씀은 명칭이나 표현 정도만 다르지 의미는 동일하다고 생각해야 한다.

떨롱 사야도의 여러 제자들 중에 사가인 시(市)에 알레 또야 사야도(*Ale Toya Sayadaw*)가 있었다. 이 알레 또야 사야도께서도 다른 일은 신경 쓰지 않고 불방일의 수행실천만을 즐기시며 지내셨다.

알레 또야 사야도께 수행방법을 배운 밍군 제따완 사야도께서는 지난 30여 년 전부터 시작하여 불방일의 사띠빳타나 새김확립 수행법을 분명하게 설하고 지도하셨다. 지금까지 따통 시(市) 제따완 정사에 머물고 계시다.[18]

제따완 사야도 회상에 4개월 정도 머물면서 불방일의 실천 방법을 배운 것에 따라서 (이 『위빳사나 슈니짠(위빳사나 수행방법론)』을 저술하신) 몰메인 시(市) 따운와인갈레이 강원〔에 머무는 마하시〕 사야도도 자

---

18 불기 2487(서기 1943)년에 이 서문이 쓰여졌다. 그리고 밍군 제따완 사야도께서는 서기 1955년 음력 2월 25일, 정오경에 세납 86세로 입적하셨다.

신의 진실한 이익을 찾고 구하는 이들에게 이 불방일의 위빳사나 수행방법을 설하고 지도한 지 오래되셨다. 특히 1938년에는 계속해서 머물던 몰메인 시에서 자신의 고향 마을인 쉐보 시, 세익쿤 마을에 가서 인진 숲 속 정사, 마하시 선원에서 일곱 달 정도 머물면서 이 불방일의 위빳사나 법을 자세하게 설하셨다. 그때 바른 서원(sammāchanda)을 가진 많은 이들이 사야도의 가르침대로 따라서 노력하기 시작하였고, 법의 거룩한 맛을 각자 알맞게 경험하여 이 불방일의 수행방법을 '진실로 올바른 옛 길'이라고 확실하게 믿고서 평생 이 수행을 하기로 결심하고 결정한 이들이 많았다. 이때를 시작으로 이 선원에서는 매년 기회가 있을 때마다 수행하려고 하는 이들이 끊임없이 매우 많이 생겨났다. 그렇게 수행한 이들의 지혜 단계가 향상되는 사실에 대해서도 법을 알고 보는 이들에게 의심이 없었다.

사야도께서는 최근 1941년부터 전쟁의 위험 때문에 고향인 세익쿤 마을로 다시 오셔서 인진 숲 속 정사, 마하시 선원에서 머무셨는데 이때 제자들, 재가신자들이 "위빳사나와 도와 과를 증득하기를 원하는 바른 서원을 가지고 있음에도 불구하고 바른 길을 확실하게 몰라 자신이 얻고자 하는 것을 성취하지 못하는 이들이 많이 있습니다. 이 지역에서 수행하는 이들도 매년 늘어나고 있습니다. 이러한 수행자들이 수행에 대해 잘 이해할 수 있도록 여러 내용이 구족된 확실한 지침서가 필요합니다. 그러니 바른 성취를 원하는 이들에게 그 바른 성취를 얻게 하기 위해, 불교의 가르침도 중흥시키기 위해 지혜가 여리고, 중간 정도이고, 무르익은 여러 수행자들 모두에게 적당한 위빳사나 수행방법에 관한 책 하나를 마련해 주십시오"라고 간청하였고, 사야도께서는 "자신의 진실한 이익(hitatthika)을 구하는 이들이 계속해서 생겨나고 있고, 그러한 이들로 하여금 위빳사나와 도와 과라고 하는 진실한 이익을 얻게 하고자, 실천(paṭipatti)과 증득(paṭivedha)의 부처님 가르침도 중흥시키고자" 이『위빳사나 수행방법론』을 저술하셨다. 바른 수행방법을 설명하시면서 잘못된 수행방법을 물리치시는 마하시 사야도의 공덕으로 새롭게 등장한 이 위빳사나 수행방법과 그 방법을 설명한 이『위빳사나 수행방법론』은 선한 이들의 마음에 불방일이라는 법을 분명하게 드러나게 할 뿐 아니라 확고히 머물게도 하였다. 진실된 이익을 바라는 이들에게는 매우 기뻐해야 할 일 하나가 생겨난 것이다.[19]

Etthedaṁ vuccati gāthārucikānamatthāya viññūnaṁ.

Ettha이 새 책이 나오게 된 연유들과
과정들을 설명하는 서문, **여기에서**
gāthārucikānaṁ**게송 짓길** 기뻐하고 **좋아하는,**
viññūnaṁ마가다 어, 빠알리어에 능숙한 **현자들의**
atthāya**이익을 위해,** 즉
솜에 기름 스며들 듯, 구족한 맛 즐기는 듯
그들이 마음껏 좋아하고 기뻐하도록
idaṁ (gāthāsamūhavacanaṁ) 운율과 미려구, 문법에 일치하게
여러 방법을 모아 만든, 게송모임인 서문게송 **이 글을**
vuccati칭송하는 뜻으로 **지어 바친다.**

(1) Yo appamādo amatassa ve padaṁ,

---

19 저본에서는 제1권에 이 서문의 내용을 요약하여 만든 빠알리어 게송만 소개한 후 제2권에 그 빠알리어 게송과 대역을 실어 놓았으나 본 번역본에서는 제1권과 제2권 모두에 서문과 빠알리어 게송, 그 대역을 다 실었다.

Sampādano seṭṭha sikkhattayassapi;
Ariya maggañca ārādhaye bhāvito,
Karoti saddhamma ciraṭṭhitimpi ve.

yo appamādo육문(六門)에서 생겨나는
물질·정신의 바른 성품이
빠르게, 그리고 직접, 자신의 지혜에 드러나도록
즉시 관찰하는 것, 잊지 않는 것
압빠마다(appamāda), **불방일 법은**
amatassa열반요소인 **죽음없음(不死)의**
padaṁ ca**근거도**, 즉
열반에 도달하기 위한 바른 실천도
ve=ekantena**확실하게** (hoti)**된다**.
seṭṭha sikkhattayassapi또한 계·정·혜라는 거룩하고 **으뜸인**
세 가지 **공부지음(三學)들도** 아라한 과에 이르기까지
sampādano ca**또한 구족하게 할 수** (hoti)**있다**.
bhāvito쉬지 않고 **수행해야 하는**
ariya maggañca**여덟 요소로 구성된 성스러운 도**라는 디딤돌,
윤회에서 벗어나게 하는 길**도**
ārādhaye=arādhayati네 번마다[20] **성취하게 할 수 있다**.
saddhamma ciraṭṭhitimpi선한 이들의 거룩한 삼학의 가르침인
정법이 오랫동안 굳건하게 **머물게도**,
ve=ekantena**확실하게**, 바르게
karoti마치 많은 풀들이 연결되어 튼튼하게 머물듯이

20 수다원 도, 사다함 도, 아나함 도, 아라한 도를 말한다.

사라지지 않도록, 끊어지지 않도록 **할 수 있다.**[21,22]

(2) So nibbute pī'dha jine ciraṁ mane,
Lalāsa viññūnamanekakoṭinaṁ;
Pacchātvanārādhitatāya pāyaso,
Dubbodho svāsī, pacchimanaṁ punāpi.

jine불방일 법을 기본으로 삼학의 실천이라는 가르침을
훌륭하게 성취하시어 다섯 마라[23]를 정복하신,
진정한 **승리자이신 부처님께서,**
nibbute pi열반이란 황금궁전,[24] **반열반에 드셨어도,**
so (appamādo)육문(六門)에서 생겨나는
물질·정신의 바른 성품이
빠르게, 그리고 직접, 자신의 지혜에 드러나도록,
즉시 관찰하는 것, 잊지 않는 것,
압빠마다(appamāda), **그** 불방일 **법은,**

---

21 원주(본문내용): 첫 번째 구절은 indavaṁsā, 두 번째 구절은 sāraṅga, 세 번째 구절은 saṅgīṇī, 네 번째 구절은 vaṁsatthavilā이고 전체적으로는 upajāti gāthā 게송이다. 역주: 전부 시詩의 여러 가지 형태를 나타낸다. 시형에 관한 자세한 설명은 *Ashin Tiloka Bhivaṁsa,*『*San Letsaung*(시형 설명서)』을 참조하라.

22 원주(본문내용): 'āriya'라고 하는 산스크리트 어에서처럼, 'ariya'라고 하는 마가다 어도, 'a'와 'riya'를 합하여, 한 음절로만 만들었다. 'tapoca brahmacariyañca, ariyasaccānadassanaṁ, nibbānasacchikiriyāca(고행과 청정범행, 성스러운 진리를 듣는 것, 열반을 실현하는 것)'라고 하는 『길상경(Maṅgala sutta)』에서 'cari-ari-kiri'라고 한 음절씩만 취한 것처럼 알아라. 역주: 여덟 음절이 한 구절이 되는 시형에 있어서 '따·뽀·짜·브라·흐마·짜리·얀·짜, 아리·야·삿·짜·나·닷·사·낭, 닙·바·나·삿·치·끼리·야·짜'라고 한 음절씩만 취해서 이 시를 썼다는 뜻이다.

23 번뇌로서의 마라(kilesa māra), 무더기로서의 마라(khanda māra), 업형성으로서의 마라(abhisaṅkhāra māra), 천신으로서의 마라(devaputta māra), 죽음으로서의 마라(maccu māra)를 말한다. 대림스님, 초기불전연구원, 『앙굿따라 니까야』 제2권, p.81 참조.

24 실제 존재하는 어떠한 궁전을 말하는 것이 아니다. 비유일 뿐이다.

idha인간세상, **이 세상에서,**

aneka koṭinaṁ그 방법을 받아들여 계속 실천하고 수행하여

법을 알고 보는 **몇 천만의 수없는**

viññūnaṁ**지혜로운 이들의**

mane깨끗하고 거룩한 **마음에**

ciraṁ천 년 넘게, **오랫동안** 유지되며

lalāsa넓디넓게 빛을 밝히며 **머물렀다.**

tu**그렇지만** 오랜 세월 전부터 불방일 법이

사람들의 마음에 오랫동안 빛을 밝혔지만

pacchā천 년 지난 **나중에는** pāyaso**많은 이들이,**

즉, 몇 백, 몇 천, 몇 십만의 많은 출가자, 재가자들이,

(tassa)그 불방일 법이 anārādhitatāya단절되지 않도록

확실하게 **성취하지 못하여**

so**그** 불방일 **법은** 애석하게도, 안타깝게도,

pacchimanaṁ**후대 사람들에게는,** 혹은 후대 사람들이

punāpi**또다시** dubbodho법을 실천하기 어렵게,

즉 바른 법을 원하여 따라하지만

알기 어렵게 되어 버렸다.[25]

(3) Tathāpi so tiṭṭhati yeva kesuci,

Tasmiṁ hi sīlonvaniko'si vissuto;

Tassissa bhūto ca jeyyaddivemajjha,

Āraññaka vāsī, tasmiṁva rarāma.

tathāpi**그렇지만** 이렇게 어려워서

---

25 원주(본문내용): ①, ③ indāvaṁsā, ② vaṁsatthavilā, ④ vessadevī, 전체 upajāti gāthā.

후대 사람들이 이해하기 힘들어도

so그 **불방일 법은**

kesuci진짜 번영을 찾으려는 **일부에게는**

tiṭṭhati yeva단절 없이 **계속해서 유지되어 머물렀다.**

hi**맞다.** 이전 차례, 즉 바르게 무너지지 않게 이어진

계보에 대해 조금 설명하리라.

thīlonvaniko**띨롱이라는 숲 속 거주처에 머무시던**

띨롱 사야도께서 바로

tasmiṁ (appamāde)**그** 불방일의 실천수행**에 있어서**

vissuto해와 달처럼 **매우 분명히 드러나신 분**āsi**이셨다.**[26]

tassissa bhūto**그** 띨롱 사야도**의 제자 중 한 분이신**

jeyyaddivemajjha āraññakavāsī ca사가인 시의 남쪽,

알레또야에서 지내시던 **알레또야 사야도께서도**

tasmiṁ eva**그** 불방일의 거룩한 **실천만을**

rarāma마음속에 끊임없이 계속 실천하시며

행복하게 지내셨다.[27]

(4) Laddhaññāyo ca'smā sandhagāre jeta-
Vane vuttha pubbo pakāseti etaṁ;
Sādhikattiṁsa vassā pabhutya'jjapi,
Sudhamma nāme vasate puramhi so.

asmā (mahātherasaṁ) **그** 알레또야 **사야도로부터** 직접,

---

26 원주(본문내용): 띨롱 사야도께서 머무시던 띨롱 숲 속 정사는 세익쿤 마을로부터 북쪽으로 약 2마일 정도 떨어진 곳에 있다.

27 원주(본문내용): ① vaṁsavilā, ② indavaṁsā, ③ sāraṅga, ④ maṇimālā, 전체 upajāti gāthā.

laddhaññāyo분명하게 **수행방법을 전수받으신**

sandhagāre**밍군이라고 하는 구깔레이 지역,**

jetavane**제따완 정사에서**

vuttha pubbo**이전부터** 행복하게 오랫동안 **머물고 계셨던**

(yo mahāthero) ca**밍군 제따완 사야도께서도**

etaṁ법무더기 네 가지, 새김확립, **이 불방일 법을**

sādhikattiṁsa vassā **30여 년 전부터** pabhuti**시작하여**

pakāseti연민심을 가지시고 지혜로써 **분명하게 설명하셨다.**

ajjapi**지금도** so (mahāthero)**사야도께서는**

sudhamma nāme옛날에는 **수담마,**

지금은 따통이라고 불리는 puramhi도**시,**

vasate제따완 숲 속 정사에서

편안하게 **머물고 계신다.**[28,29]

(5) Therassa ce'tassa upantike ayaṁ,
Vasiya sikkhita vipassanā nayo;
Idappaṇetāpi hitesi sādhunaṁ,
Niyojako tamhi cirassa kālato.

ca**또한** 설명하고자 하는 근본 내용을

분명하게 이어서 드러내리라.

etassa밍군 제따완 사야도라는 **그** 거룩한 **스승의**

upantike가까이, 면전에서, 그 **회상에서**

vasiya=vasitvā직접 사 개월 동안 **머물면서,**

---

28 원주(본문내용): 밍군 제따완 사야도께서는 1954년 음력 2월 25일, 세랍 86세로 입적하셨다.

29 원주(본문내용): ① pavijjādhāra, ② bhujaṅgappayāta, ③ saṅgīṇī, ④ vaṁsatthavilā, 전체 upajāti gāthā.

sikkhita vipassanā nayo**위빳사나**의 바른 **방법을**

배우고 공부지어,

idappaṇetā위빳사나의 바른 방법에 관한 **이 책을 저술하신**[30]

ayaṁ pi (mahāthero)지혜가 깨끗하신 소바나 **장로께서도**

hitesi sādhunaṁ도와 과, 열반이라는 진실된 **번영을**

얻고자 하는 선한 이들에게

tamhi그 불방일의 수행, 새김확립이라는 **수행을**

cirassa kālato10여 년이란 **오랜 세월 전부터** (paṭṭhāya)시작해서

niyojako여러 이익을 보이면서 격려하시며

지도하시고 **권장하셨다.**[31]

(6) Therassimassānaya vippahāyino,

Pabhāva sambhūta vipassanā nayo;

Tamappamādaṁ viditañca suṭṭhitaṁ,

Punāpyakāsi sādhu mānase aho.

anaya vippahāyino바른 문헌과 이전의 바른 방법을

드러내어 설명하고 보여 주어 **틀린 방법을 제거하는,**

imassa therassa독단도 전혀 없이, 그렇다고

근거가 없는 전래된 견해도 따르지 않고,

오직 바른 것만 좋아하는,

이 책을 저술하신 〔마하시〕 **장로스님의**

pabhāva sambhūta vipassanā nayo연민과 지혜의 **위력으로**

분명하게 드러나는, 바른 **위빳사나** 관찰**방법,** 거룩한 이 책은

30 원주(본문내용): imaṁ ganthaṁ pakaṭṭhena neti karotīti idappaṇetā. 역주: imaṁ이 ganthaṁ책을 pakaṭṭhena분명하게 neti출간되도록 karoti하신, iti그래서 'idappaṇetā이 책을 저술하신'이다.

31 원주(본문내용): ① indavaṁsā, ② piyaṁvadā, ③ vaṁsatthavilā, 전체 upajātigāthā.

tamappamādaṁ**그 불방일**이라는 거룩한 실천행**을,**
sādhu mānase자신과 남, 모두 함께, 이익과 번영을
성취하길 바라는 **선한 이들의 거룩한 마음에**
punā pi가르침이 시작된 처음, 그때와 동일하게 **다시 한 번**
viditañca손에 올려놓은 루비처럼 그들이 **분명하게 알도록,**
suṭṭhitaṁ ca**또한** 부처님의 가르침이 동요 없이 확고하게,
훌륭하게 유지되도록 akāsi**심어 주었다.**
aho팔을 치며 기뻐하고,[32] 마음으로 환희하며 칭송하나니
오! 매우 기쁘고 행복하구나![33]

(7) Svāyañca nāsetva'cirassutānayaṁ,
Dubbodha porāṇa nayañca dīpaye;
Sādhūnaṁ citte, cāppamādaṁ ṭhapento,
Pāpetu santiṁtuvaṭaṁ hitesaketi.

ca**또한** 이제 기원의 말, 축원을 기뻐하며 말하리라.
so ayaṁ위빳사나 수행방법의 핵심들을 뽑아 놓은 **이 책이**
acirassutaṁ**이전에 드러나 분명했던**
anayaṁ모든 **잘못된 수행방법들을**
nāsetu마치 몇 천의 태양 광명이 어둠을 제거해 버리듯이
물리치기를!
dubbodha porāṇa nayañca**매우 알기 힘든,**
부처님의 바람과 일치하는,
이전의 바른 방법들과도 어긋나지 않도록,
바른 방법, **바른 길을,**

---

32 미얀마의 전통에 따르면 기쁨을 표현할 때 한 팔로 다른 팔의 윗부분을 친다고 한다.
33 원주(본문내용): ① indavaṁsā, ②, ③ vaṁsatthavilā, ④ pañcacāmara, 전체 upajātigāthā.

dīpaye=dīpayatu손에 올려놓은 루비처럼

분명하게 드러내기를!

sādhūnaṁ자신과 남, 둘 모두의 행복과 번영을 생기게 하는

선한 이들의 citte황금 그릇같이 깨끗하고 거룩한 **마음에**

appamādaṁ사자 기름과도 같은 **불방일 법들을,**[34]

ṭhapento흘리지 않게 **잘 확립해 놓아,**

hitesake마음속에 들어와서 잘 보전하여,

도와 과, 열반이라는 **진정한 번영을**

얻길 바라는 이들로 하여금

tuvaṭaṁ이번 한생, 헛되지 않게 실천하도록

실천 방법을 잘 제시하여 머뭇거리지 않고 즉시, **빠르게,**

즉 보름이나 한 달 등 안에

santiṁ 열한 가지 불[35]이 꺼져 **적정(寂靜)한 곳**인

열반이란 승리의 땅, 서늘한 그곳**에,**

pāpetu지체 없이 장애 없이 바르고 편안하게 **이르게 하기를!**

iti이상 서문에 관계된 게송이었다.[36]

우 순다라 *U. Sundara(gaṇavācaka)*

불기 2487년 미얀마력 1305년 서기 1943년 음력 9월

쉐보 시 세익쿤 마을 인진또 법당 삐따까 정사

34 사자의 기름은 황금 그릇에 담아야만 변질되지 않는다고 한다.

35 탐욕, 성냄, 어리석음, 태어남, 늙음, 죽음, 슬픔, 비탄, 고통, 근심, 절망을 말한다. 『상윳따 니까야』 제4권, pp.120~123 참조.

36 원주(본문내용): ① vessadevī, 나머지는 indavaṁsā, 전체 upajāti gāthā.

■ 칭송게

사가인 시의 유와띠지 마을
쉐이쎄디 또야 사야도의
칭송하는 게송

Bhadanta sobhanatthero,
Tikkha gambhīra ñāṇiko;
Ganthaṁ yaṁ racayī sammā,
Gambhīra naya maṇḍitaṁ.

tikkha gambhīra ñāṇiko**예리하고 심오한,**
특별한 지혜와 **통찰지를 갖추신,**
Bhadanta sobhanatthero교학과 실천을
모두 두루 갖추신 **소바나 장로께서**
gambhīra naya maṇḍitaṁ이해하기 매우 어려운,
심오한 수행방법들로 잘 장식된
yaṁ ganthaṁ『위빳사나 수행방법론』이라는 **이 책을**
sammā주저하지 않으시고 **바르게** racayī**저술하셨네.**

Abbhūto vata bho! loke,
Sundaro'yaṁ sudullabho;
Passathī'maṁ nayākiṇṇaṁ,
Daṭṭhuṁ dīpaṁ sududdasaṁ.

bho세 가지 생, 윤회의 바다로부터 탈출구를 찾으려는

바른 서원과 경각심을 갖춘, **오, 선한 이들이여!**

loke인간세상, **이 세상에서,**

sudullabho몇 대겁이라고 하는 오랜 세월이

지나더라도 **매우 얻기 힘든,**

sundaro교학의 핵심과 수행자의 실제 체험을

함께 모아 놓아 자세하게 서술한, **매우 훌륭한,**

ayaṁ (gandho)『위빳사나 수행방법론』이라는 **이 책은**

abbhūto vata불교의 가르침, 2천 년이 넘는 동안

일찍이 없었던 미증유의 책이고 **매우 희유한 책이니,**

그리고 오, 이제 세상에 모습을 드러내었으니

(tumhe)세 가지 생, 윤회의 바다로부터 해탈구를 찾으려는

바른 서원, 경각심을 갖춘, **그대** 선한 **이들이여!**

sududdasaṁ수미산으로 덮인 겨자씨처럼 **매우 보기 힘든,**

dīpaṁ격렬하게 파도치는 바다의 한가운데

진정한 안식처인 **섬과 같은 열반의 법을**

daṭṭhuṁ위빳사나를 바탕으로 하여, 도와 과의 지혜로,

빠르게 도착하여, 현재, **직접 보게 하는**

nayākiṇṇaṁ위빳사나 수행방법, 관찰하고 새기는 방법,

바른 길, **바른 방법들을 잘 갖추고 있는,**

imaṁ (ganthaṁ)『위빳사나 수행방법론』이라는 **이 책을**

passatha신심과 지혜를 잘 균형 맞춰

자세하게 살펴보고 읽어 보라.

Ye cimaṁ'nukareyyuṁ te,
Pubbā para visesino;
Dhaṁseyyuṁ attadiṭṭhiñca,

Aññāṇaṁ saccachādanaṁ.

ca**또한** (이 책을 읽는) 좋은 이익, 결과를 말하자면,
ye바른 가르침에 입문한 **어떤 이들이,**
imaṁ (ganthaṁ)여러 방법들, 관찰 방법들로 잘 저술된
『위빳사나 수행방법론』이라는 **이 책에**
anukareyyuṁ**따라서** 실천하고 **노력한다면,**
te이 거룩한 책에 설해진 대로
주저하지 않고 따라서 노력하는 **그러한 이들은,**
pubbā para visesino**처음부터 끝까지 매우 탁월한**
지혜, 새김, 삼매의 **법을** 특별하게 **구족하여,**
attadiṭṭhiñca'나'가 아닌, 정신·물질 두 가지,
다섯 무더기일 뿐인 것을 '나'라고 고집하여
항상 집착하는 **자아사견,** 이 나쁜 번뇌**도,**
saccachādanaṁ네 가지 **진리를** 바르게 모르는,
잘못 아는, **가려 버리는,**
aññāṇaṁ ca**무명**이라는 어둠, 암흑 덩어리의 법**도**
dhaṁseyyuṁ다시는 생겨나지 않도록
바르게 무너뜨릴 수, **없애 버릴 수 있을 것이다.**

Anena nāvākaraṇo padesinā,
Vidhāya maggaṅga mahātariṁ lahuṁ;
Samāruhavho tarituṁ bhavaṇṇavaṁ,
Sudullabhe gotama budhhasāsane.

(tasmā) 『위빳사나 수행방법론』이라는
이 책에서 설명해 준 대로 주저 없이 노력하여

자아사견과 그 사견의 우두머리인 무명의 암흑을
없애고, 무너뜨릴 수 있기 때문에, **그러므로**
(bhonto)세 가지 생, 윤회의 바다를 헤매다가
그 바다를 벗어나려, 건너가려 마음을 낸
오, 선한 이들이여!
(tumhe)**그대,** 세 가지 생, 윤회의 바다로부터 벗어나서
열반에 이르고자 마음을 낸 선한 이들은
sudullabhe몇 아승지 대겁이 지나더라도
매우 얻기 힘들었고 **얻기 힘든,**
Gotama budhhasāsane**고따마 부처님의** 세 가지 가르침이
여전히 밝게 빛나고 있는,
교법이 있는 바로 이 기간 동안에 꼭,[37]
bhavaṇṇavaṁ어리석음, 사견 등을 시작으로
매우 많은 번뇌들의 거친 흐름 때문에,
태어남도 다하지 않고 시작과 끝도 분명하지 않은,
매우 깊고 광활한, **생의 윤회라는 큰 바다를,**
tarituṁ열반이라는 섬에 이르러
벗어날 수 있도록, **건너갈 수 있도록**
nāvākaraṇo padesinā팔정도, 부처님이라고 하는,
〔윤회의〕 생이라는 바다를 건너게 하는 **배를 잘 만들도록**
바른 방법, **길을 제시하는** 지침서인
anena Vipassanā nayaganthena **『위빳사나 수행방법론』이라는**
이 책을 통해서
maggaṅga mahātariṁ**팔정도,** 부처님들이**라고 하는**
〔윤회의〕 생이라는 바다를 건너게 하는 **큰 배를**

---

37 원주(본문내용): 'evattha(꼭)'이라는 강조어를 더하여 대역하였다.

lahuṁ며칠, 몇 달 미루지 말고, 즉시, **서둘러**
vidhāya생겨나는 물질과 정신을
지혜로 파악하여 **준비하고서**
samāruhavho끊임없이 생멸하는 〔윤회라는〕 생의 연속에
계속해서 빠지지 않도록 새김을 확립하여
어서 빨리 **승선하기를!**

Cirañca ṭhātu loke'yaṁ,
Jinasāsana vuddhiyā;
Pakāsentova yogīnaṁ,
Porāṇaṁ bhāvanāyayaṁ.

ca**또한** 특별한 바람을 더 말하자면,
ayaṁ **『위빳사나 수행방법론』이라는 이 책이**
yogīnaṁ바른 가르침에 입문한 **수행자들에게**
porāṇaṁ바르고 훌륭한 **옛 수행방법인**
bhāvanāyayaṁ도와 과, 열반을 얻게 하는 바른 방법인,
위빳사나 수행방법, 관찰방법을
pakāsentova루비를 손에 올려놓고 보듯이
매우 분명하게 꼭 보여 주어
jinasāsana vuddhiyā다섯 가지 마라를 이기신,
승리자이신 부처님의 가르침인
세 가지 실천덕목, 삼학의 큰 **가르침이 더욱 선양되도록**
loke**이 세상에,** 곳곳에 ciraṁ5천 년의 교법, **오랫동안**
ṭhātu흔들리거나 무너지지 않고
거대한 바위가 확고하게 서 있듯이 **유지되게 하기를.**

Ganthakāro mahāthero,
Tathesako bahūjane;
Sakicce niyojento,
Jotetu jinasāsanaṁ.

ganthakāro 『위빳사나 수행방법론』이라는
이 책을 저술하신,
tathesako전해져 내려오는 평범한 방법으로는
만족하지 않으시고
확실한 문헌, **바른 방법을 찾으시는,**
즉 근거가 없는, 평범한 것을 따르지 않으시고
바른 것만 마음에 들어하시는
mahāthero마하시 사야도라고 불리는 **장로스님께서,**
bahūjane몇 천, 몇 만의 **많은 사람들로 하여금,**
sakicce지금 생에서 직접 네 가지 진리의 바른 법을
빠르게 알게 하는, 진실로 훌륭한 일,
위빳사나 수행이란 **자신의 일에 대해**
niyojento보여 주고 설하고 자극하고 **격려하시어**
jinasāsanaṁ다섯 마라를 정복하신 **위대한 승리자이신**
부처님의 거룩한 교법을
jotetu몇 천의 광명을 비추시며 태양보다
더욱더 찬란하게 밝히시기를.

아신 순다라(*Ashin Sundara*)
사가인 시 유와띠지 마을 쉐이쎄디 또야

■ 부호에 대한 설명

= **등호**는 앞의 구와 뒤의 구, 앞의 단어와 뒤의 단어의 의미가 동일하다는 것을 나타낸다.[38]

(예) desanākkama = 가르침의 차례
pisuṇavācā = 이간하는 말
piṭakasampadāna = 문헌의 권위[39]

, **쉼표**[40]는
(1) 그 쉼표의 앞 구절이 문장 중에 같은 위치에 해당하는 구절임을, 또한 그 구절들을 쉼표 바로 뒤의 단어와 이어서 이해하지 말고 건너뛰어 관계된 구절들과 이어서 이해해야 함을 알게 한다. 이 쉼표에서는 잠깐 멈추고 뒤 구절들과 이어서 읽어야 한다.

(예) 그러한 〔위빳사나〕수행법을 거부하는 것은, 부처님의 가르침을 거부하는 것이다.

여기에서 쉼표를 통해 쉼표 앞의 구절이 문장 중에 같은 위치에 해당한다는 것도 알게 한다. 또한 그 구절을 '부처님의 가르침'이라고 하는 바로 뒤 구절과 연결하지 말고, '거부하는 것이다'라는 기본 구절과 이

---

38 그뿐만 아니라 빠알리어 인용구절 중에 마하시 사야도께서 직접 번역하신 구절도 이 등호를 사용하였다. 뒤에 소괄호를 설명할 때도 언급하겠지만 빠알리어 인용구절 중, 마하시 사야도께서 직접 번역하신 구절은 등호로, 역자가 번역한 구절은 소괄호를 사용했다.

39 본 번역본에서는 소괄호로 처리하여 '가르침의 차례(desanākkama)'라고 표현한 경우가 많다.

40 미얀마 어의 문법이 한국어와 어느 정도 비슷하여 마하시 사야도께서 사용하신 그 쉼표에 따라 그대로 사용하도록 노력하였다. 역자의 필요로 한국어 문법에 따라 사용한 곳도 있다.

어야 하는 것도 알게 한다. 따라서 '~면, ~하는, ~해도, ~또한, ~거나, ~면서' 라는 등의 여러 조사들의 뒤에 있는 쉼표를 만나게 되면 이와 마찬가지라고 알아야 한다. 잠깐 멈추고 읽어야 한다.

'그때, 또한, 그 밖에, 따라서, 그래서, 그렇지만' 등의 구절 뒤에, 또 '~때문에, ~면서, ~에, ~로, ~와 함께, ~만, ~지만' 등의 연결 어미 뒤에 있는 쉼표를 만나도 '이 구절, 이 연결 어미들은 그 구절의 바로 다음 구절과 연결되지 않는다. 연결된 구절들은 멀리에 있다. 관계된 피수식 구절들로 건너뛰어 연결하라'라고 알아야 한다. 잠깐 멈추고 읽어야 한다.

⑵ 그 밖에, 같은 위치, 동등한 자격의 두 구절들도 이 쉼표로 구분해 놓았다.

(예) 원인 없는, 두 가지 원인으로 재생연결한 이는

여기에서 '원인 없는'과 '두 가지 원인으로' 이 두 구절은 같은 위치, 동등한 자격의 단어들이다. 재생연결이라고 하는 관계된 구절에 같은 위치, 동등한 자격으로 결합하기 때문에 '원인 없는 재생연결', '두 가지 원인의 재생연결'이라고 두 가지로 나누기 위해 쉼표로 나누었다.[41]

(예) 놀랍도다, 존경스럽도다

여기에서 놀라운 것과 존경스러운 것이 같은 위치, 동등한 자격임을 알게 한다.

---

41 본문에는 의미를 확실하게 나타내기 위해 '원인없는 재생연결, 두 가지 원인으로 재생연결한 이는'이라고 해석하였다.

(예) 경전, 주석서, 복주서가 원래 말하고자 하는 바, 그 의미는

여기에서도 경전이 원래 말하고자 하는 바, 주석서가 원래 말하고자 하는 바, 복주서가 원래 말하고자 하는 바, 이와 같이 세 가지가 같은 자격임을 알게 한다.

(예) 새겨 아는, 특별한 지혜로 알아야 한다.

여기에서 새겨 아는 지혜, 특별한 지혜, 이렇게 지혜라고 하는 구절의 특별한 점 두 가지를 쉼표로 나누어 보였다.

(예) 약설지자(ugghaṭitaññū 略說知者)에게는 지계와 사마타가, 상설지자(vipañcitaññū 詳說知者)에게는 지계가 "매우 특별하게 도움이 된다. 특히 적합하다"라고 말해서는 안 된다.

여기에서 "지계와 사마타는 약설지자에게 특히 도움이 많다"라고 해서는 안 된다. "지계는 상설지자에게 특히 도움이 된다"라고 해서는 안 된다. 이렇게 '말해서는 안 된다'라는 구절과 위의 두 구절이 같은 위치, 같은 자격임을 쉼표로 나누어 보인다.

(예) 몸, 느낌, 마음, 성품, 그중에

여기에서도 네 가지 모두를 분명하게 알게 하기 위해 마지막에도 쉼표로 나누어 놓았다. 그렇지만 이렇게 접사와 결합되어 있는 이 마지막 쉼표는 문장을 쉬기 위한 것이 아니다. 계속 이어서 읽어 나가라.[42]

---

42 한글 맞춤법에는 쉼표보다 더 작은 단위는 가운뎃점으로 표시하도록 되어 있어 '몸·느낌·마음·법'으로 표시하기도 했다. '물질·정신', '해태·혼침' 등이 그 예이다.

(3) 그 밖에 한 단어의 의미를 한 구절씩 나누어 설명하기 위해 이 쉼표로 구분해 놓았다.

(예) ettha: 이 새 책이, 나오게 된, 근본이유, 원인들을, 설명하는, 이 서문에서[43]

“ ” **큰따옴표**는 이 부호 안에 있는 내용들이 이 부호의 앞 구절들과 관계없음을 알게 한다. 따라서 이 부호의 앞에 있는 내용들을 이 부호 안에 있는 내용들과 연결하여 그 의미를 취해서는 안 된다. 이 큰따옴표를 통해 생각하는 모습, 관찰하는 모습, 알고 보는 모습, 말하는 모습, 집착하는 모습 등의 여러 모습들을 처음과 끝으로 나누어 보여 준다. 내용이 짧을 때는 ‘ ’ 작은따옴표로 보여 놓았다. 그 밖에 부속된 구절들이 많은 수식구절, 원인 부사구절, 동작 부사구절, 주어구절 등을 이 큰따옴표로 구분하여 보인 곳도 있다.[44]

《 》 **두겹 소괄호**로 묶어 놓은 내용들은 그 구절의 앞 구절의 자세한 의미, 혹은 그 구절에서 알아야 할 점들을 나타낸다. 따라서 이 괄호의 내

---

43 빠알리어를 미얀마 어로 한 단어씩 번역할 때(이를 대역nissaya이라고 한다.) 음운을 살려 시처럼 번역할 때가 있다. 이때 사용했다는 말씀이다. 또한 한국어에는 이러한 용례가 없으나, 쉼표를 사용해서 큰 무리가 없다고 생각되는 경우에는 음운을 살려 쉼표를 사용하면서 번역하였다. 참고로 본문에서는 이 구절을 'Ettha이 새 책이 나오게 된 연유들과 과정들을 설명하는 서문, 여기에서'라고 번역하였다.

44 마찬가지로 큰따옴표와 작은따옴표의 쓰임이 한글 맞춤법과 완전히 동일하지는 않다. 하지만 마하시 사야도께서 강조하신 뜻을 존중하여 될 수 있으면 그대로 사용해도 큰 무리가 없다고 생각하는 곳은 그대로 사용하고자 한다. 역자의 필요에 의해 사용한 곳도 있다. 즉 대화나 직접인용, 기타 마하시 사야도께서 강조하신 내용은 큰따옴표로 표시하였고, 생각이나 간접인용, 일부 강조내용은 작은따옴표로 표시하였다.

용을 건너뛰어 괄호의 앞 구절과 괄호의 뒤 구절을 이어서 읽어 그 의미를 이해하라.[45,46]

\+ **결합부호**는 구절들을 결합하는 것, 또는 합하여 숫자를 헤아릴 법들, 그리고 아직 특별한 지혜가 생기기 전에 '하나다. 하나의 존재다. 하나의 실체다'라고 생각했던 물질과 정신들이 특별한 지혜가 생겨났을 때 각각 나누어져 구별되어 드러나는 것 등을 나타낸다.

! **느낌표**는 놀라움, 칭송함, 예경함, 감탄, 혹은 화자가 이름을 언급하면서 '오, 아난다여!' 등으로 부르는 모습을 분명하게 나타낸다.

? **물음표**는 질문을 분명하게 나타낸다.

이러한 부호에 대한 설명들을 잘 알고 이해해 두면 이 책을 더욱 쉽게 볼 수 있으리라 기대한다.

저자 아신 소바나 마하테라(*Ashin Sobhana Mahāthera*)
쉐보 시 세익쿤 마을 마하시 선원

---

45 마하시 사야도께서 직접 보충하신 내용을 두겹 소괄호《 》로 사용하셨다는 말이다. 역자가 보충한 내용은 대괄호〔 〕를 사용하였다.

46 ( ) 소괄호는 ① 마하시 사야도께서 본문에 해석 없이 직접 빠알리어로 사용하신 용어에 대해서 인용구절이면 빠알리어(우리말)로, 본문 중의 설명이면 우리말(빠알리어)로 표시하였다. ② 앞서 등호를 설명할 때 언급했듯이 빠알리 인용구절 중에 마하시 사야도께서 직접 번역하신 구절은 등호를 사용하였고, 역자가 번역한 구절은 소괄호를 사용했다. ③ 빠알리 원문을 대역할 때 첨가된 마하시 사야도의 설명도 소괄호를 사용했다. 저자가 보충한 내용은 대괄호를 사용했다. ④ 그리고 본문에서 출전을 표시할 때도 소괄호를 사용하였다. 본문에 표시된 출전은 대부분 마하시 사야도께서 표시한 것이다. 간혹 표시가 되지 않은 경우는 역자가 찾아서 표시하였다. 본문이 복잡할 때는 출전을 원주(본문내용)로 표시하여 각주로 처리했다. 역자가 출전을 표시한 곳은 그리 많지 않아 따로 설명하지는 않았다.

위빳사나 수행방법론

제1권

Namo

Tassa bhagavato

Arahato

Sammāsambuddhassa

아라한이시며

정등각자이신

그분 세존께

귀의합니다

■ 서언(Ganthārambha)

Aho buddho! aho dhammo!
Aho saṅgho anuttaro!
Iti cittaṁ pahaṁsetvā,
Vipassitvā tadā gate.

Vipassanānayaṁ kassaṁ,
Sīghaṁ maggādipāpakaṁ;
Diṭṭhe dhammeva sādhūnaṁ,
Yathāvuttaṁ vipassatanti.

anuttaro'아라한이신 부처님' 등의 공덕으로
그보다 더 높은 이가 없는, **위없는,**
buddho모든 법들을 모두 깨달으신 **부처님께서는**
aho**오!** 말로 다할 수 없을 정도로
매우 놀랍고 존경스럽습니다.
anuttaro'잘 설해진 가르침' 등의 공덕으로
그보다 더 높은 것이 없는, **위없는,**
dhammo네 가지 도, 네 가지 과, 열반, 교학으로 열 가지인 **가르침은**
aho**오!** 말로 다할 수 없을 정도로
매우 놀랍고 존경스럽습니다.
anuttaro'잘 실천하는 승가' 등의 공덕으로
그보다 더 높은 것이 없는, **위없는,**
saṅgho네 가지 도, 네 가지 과의 단계에 계신 **승가는**

aho오! 말로 다할 수 없을 정도로
매우 놀랍고 존경스럽습니다.
iti**이렇게** 숙고하고 생각하여
cittaṁ**마음을** pahaṁsetvā**깨끗하게 하고서,**
tadā gate**그에 따른,** 즉 그때 생겨난
숙고하는 깨끗한 마음, 그리고
그 마음의 의지처인 물질**법들도**
vipassitvā**관찰하고 난 후,**

yathāvuttaṁ이 책에서 설한 **그대로 따라서**
vipassataṁ**관찰하는** sādhūnaṁ**선한 이들로 하여금**
diṭṭhe dhammeva**바로 이번 생에**
일주일, 보름, 한 달 등 안에,
sīghaṁ**빠르게** maggādipāpakaṁ**도 등에,**
즉 도와 과, 열반에 **이르게 하는**
Vipassanānayaṁ **『위빳사나 수행방법론』**이라는
이 책을 이제 (ahaṁ)나는 kassaṁ**저술하리라.**

iti**서언이 끝났다.**

이 책은 모두 7장(章)으로 구성되어 있다.

제1장에서는 일러두는 말과 계청정(sīla visuddhi)을 설명할 것이다.

제2장에서는 마음청정(citta visuddhi)을 설명할 것이다.

제3장에서는 빠라맛타 실재성품과 빤냣띠 개념의 구분, 위빳사나 대상의 분명한 구분, 사마타 선행 수행자들(samatha yānika)이 관찰하고 새기는 모습으로부터 수행법을 원용하는 모습 등을 설명할 것이다.

제4장에서는 〔위빳사나 수행으로〕 관찰하고 새기는 모습과, 바르게 생각하는 모습, 아는 모습을 가르침의 순서에 따라(desanākkama) 설명할 것이다.

제5장에서는 〔수행을 실제로〕 관찰하고 새기는 모습과, 지혜로써 경험하고 보는 모습을 실천수행의 순서에 따라(paṭipattikkama) 설명할 것이다.

제6장에서는 관찰하며 새기는 이들에게 생겨나는 지혜들을 여러 문헌들과 비교, 결정하여 설명할 것이다.

제7장에서는 중대한 위빳사나 열여덟 가지(mahāvipassanā)를 설명할 것이다.[47]

---

47 제1장부터 제4장까지가 제1권으로 묶어 있고 제5장부터 제7장까지가 제2권으로 묶어 있다.

제1장
일러두기와 계청정

일러두기

실재하는 정신과 물질이라는 진실, 무상·고·무아의 특성이라는 진실, 네 가지 진리라는 진실 등을 스스로의 지혜로 보고 알 수 있게 하는 위빳사나 수행법은 부처님께서 바라시는 바이자, 부처님의 확실한 가르침이다. 그러한 〔위빳사나〕 수행법을 거부하는 것은 부처님의 가르침을 거부하는 것이다. 믿고 따르는 이들의 신심, 바람을 무너뜨리는 것이다. 수행하기를 원하는 이들에게 생겨날 수 있는 위빳사나 〔지혜들〕, 도와 과를 잃어버리게 만드는 것이다. 〔그러한 이들에게〕 어떠한 큰 허물들이 있는지 아래 『담마빠다(Dhammapada 法句經)』 게송을 통해서 알아야 한다.

Yo sāsanaṁ arahataṁ, ariyānaṁ dhammajīvinaṁ;
Paṭikkosati dummedho, diṭṭhiṁ nissāya pāpikaṁ;
Phalāni kaṭṭhakasseva, attaghātāya phallati.

(Dhp. 게송 164)

대역

yo dummedho**어떤 어리석은 이는**

pāpikaṁ diṭṭhiṁ nissāya**저열한 사견을 의지하여**

ariyānaṁ**성자이신**, 즉 번뇌가 다하신,

dhammajīvinaṁ**법답게 살아가는**

arahataṁ**아라한**, 즉 특별한 공양을 받기에 적합하신
부처님의 sāsanaṁ**교법을**, 가르침을 paṭikkosati**비방한다**.
assa그의 taṁ paṭikkosanaṁ ca비방과
sa diṭṭhi ca그가 의지하는 사견은
kaṭṭhakassa**대나무의** phalāniva**열매와 같다**.
즉 자기가 의지하는 대나무를 죽이는
그 대나무의 열매와 같다.
so그 비방하는 이는
tādisaṁ phalaṁ비방과 사견이라고 하는 그 열매를
attaghātāya**스스로의 파멸을 위해** phallati **맺는다**.[48]

좋은 기회와 귀중한 법 지금 부처님의 가르침을 바르게 얻은 사람들은 모두 매우 좋은 기회를 가졌다고 할 수 있다. 왜냐하면 그러한 좋은 기회를 통해, 꺼내어 가질 수만 있다면 제일 가치가 높은, 거룩한 도와 과, 열반을 얻을 수 있기 때문이다.

항상하지 않다 하지만 이러한 좋은 기회가 항상 지속되지는 않는다. 왜냐하면 사람의 수명이라는 것은 오래지 않아 다 지나가기 때문이다. 아직 수명이 다하지 않았다 하더라도 늙음을 이기지 못할 때, 건강하지 않을 때, 여러 장애나 위험들과 만났을 때에는 원하는 대로 목적지에 도달하도록 수행할 수 없을 것이다.

시간을 낭비하지 말라 이 책을 읽고 나서 앞에서 말한 이러한 좋은 기

48 원주: 죽음이라는 열매를 맺는 것이다. 또는 죽음이라는 꽃이 핀다는 말이다.

회를 얻은 그대는 이 좋은 기회를 어떻게 사용하고자 하는가? 알고 이해하는 것들을 설명하고 있는 것만으로 만족하면서 지내는 것을 바람직하다고 할 수 있겠는가? 그렇지 않으면 다 읽지도 못한 채, 감각욕망과 관련된 일에만 열중하며 새김 없이 시간을 낭비하는 것을 바람직하다고 말할 수 있겠는가? 사실대로 말하자면 임종의 침상에서 다시 일어날 수 없게 되기 전에, 아무 법이 없는 그러한 상태가 아니라, 의지할 수 있는 법은 손에 거머쥘 수 있도록 수행하기 위해 미리 시간을 사용해야 하지 않겠는가? 시간이 되기 전, 미리 확실하게 수행하도록 아래의 부처님 훈계를 통해 스스로 끊임없이 격려하라.

Ajjeva kiccamātappaṁ, ko jaññā maraṇaṁ suve;
Na hi no saṅgaraṁ tena, mahāsenena maccunā.

(M.iii.226)

대역

suve**내일** (jīvitaṁ vā)살아 있을지,
maraṇaṁ (vā)**죽을지** ko jaññā**누가 알겠는가?**[49]
(iti)이렇게 반조하고
ātappaṁ번뇌를 태워 버리는 위빳사나 **수행을**
ajja eva내일, 모레 등으로 시간을 미루지 말고, **오늘 바로**
kiccam기다리지 말고, 멈추지 말고 **실천하라**.
hi**맞다**. 내일 죽을지, 살지 알 수 없는 이유는,
no**우리들에게는**
mahāsenena물·불·독·무기·질병 등으로

49 원주(본문내용): 'jīvitaṁ vā maraṇaṁ vā ko jānāti?(살아 있을지 죽을지 누가 알겠는가?)'라고 주석서에 설명되어 있다.

죽게 할 수 있는 **대군을 거느린**

tena maccunā죽음 왕이라 불리는 **그 죽음**이라는 법**과**

saṅgaraṁ약속하는 것, 뇌물 주는 것,

대항하기 위해 군대를 양성하는 것 등으로

대항할 수가 na (atthi)**없기 때문이다.**

《tasmā그러니 suve내일 maraṇaṁ죽을지

ko jaññā누가 알겠는가?》[50]

잘못한 후에 잘못한 것을 아는 것은 그리 이익이 많지 않다 좋은 기회일 때 수행하지 않으면 나중에 건강하지 않을 때, 늙어 나이가 들었을 때, 죽음의 침상에 누워 있을 때, 사악처에 떨어졌을 때, '그때 내가 왜 수행을 안 했을까? 잘못했구나, 잘못했구나!'라고 아주 크게 후회하게 된다. 잘못한 후에 잘못한 것을 알고서 걱정하는, 그러한 후회를 하지 않도록 다음의 훈계를 잘 받아들이길 바란다.

Jhāyatha, bhikkhave, mā pamādattha;
Mā pacchā vippaṭisārino ahuvattha.
Ayaṁ vo amhākaṁ anusāsanī.

(M.i.167)

대역

bhikkhave**비구들이여,**

Jhāyatha**선정에 들어라,** 관찰하라. 새겨라.

사마타·위빳사나 수행을 노력하라.

mā pamādattha**방일하지 말라.**

50 M131; 전재성 역주, 한국빠알리성전협회, 『맛지마 니까야』, p.1434 참조.

관찰하지 않고서, 새기지 않고서 지내지 말라.
pacchā좋은 기회가 다 지난 **나중에**
'관찰하고 새기지 않았구나! 잘못했구나!'라고
vippaṭisārino**후회하는**, 걱정하는 **이가** mā ahuvattha**되지 말라**.
ayaṁ**이것이** vo**그대들을 위한** amhākaṁ**우리**, 모든 **붓다들의**
anusāsanī반복해서 가르치는, **거듭된 가르침이다**.[51]

몸소 다 알았는가? 부처님의 가르침은 아주 잘, 바르게 설해진 'svākkhāta(잘 설해진)'의 공덕도 구족하다. 시간을 기다리지 않고 즉시 그 결과를 주는 'akālika(시간이 걸리지 않는)'의 공덕도 구족하다. "와 보라, 수행해 보라. 그러면 좋은 것을 알게 될 것이다"라고 권장할 만한 'ehipassika(와서 보라고 권유할 만한)'의 공덕 등도 구족하다. 이러한 사실을 스스로의 지혜로 알고 보고 확신할 수 있는가?

실망하지 말라 다른 여러 방법들로 수행했음에도 불구하고 만족할 만한 단계에 아직 이르지 못했다고 해서 실망하지 말라. 이 책에서 설명하는 방법대로 7일이든, 15일이든, 한 달이든, 스승에게서 수행법을 배운 뒤 그대로 정확하게 수행해 보라. 만족할 만큼의 특별한 지혜들이 생겨나는 것을 직접 경험하게 될 것이다. 방금 언급한 법의 공덕들이 구족된 것들도 자신의 지혜로 알고 보고 확신할 수 있을 것이다.

사소한 것이라고 생각하지 말라 그러므로 저자가 말하고자 하는 원래 뜻들과 그 근거로 보여 준 경전·주석서·복주서 등에서 말하고자 하는

51 M19; 『맛지마 니까야』, p.274 참조.

본래의 뜻을 확실하고 정확하게 이해하도록 바르게 마음을 가져서 이 『위빳사나 수행방법론』이라는 책을 처음부터 중간, 끝 모두 다 보기를 진심으로 바란다.

낙담하지 말라 이 책의 내용 중에서 이해하지 못하는 경전의 원문이나 그 해석, 그리고 그것의 의미 등을 접하게 되더라도 결코 낙담하지 말라. 그러한 것들을 '아, 〔이러한 것들은〕 나보다 더 이해력이 좋은, 경전에 대해 많이 아는 이들을 위해서만 설명해 놓은 것이다'라고 이해하라. 알고 싶다면 그것을 잘 이해하는 이들에게 가서 물어보아 그 의미를 이해하라.

〔쉽게〕 알 수 있는 것은 그 의미를 해석하지 않았다 책을 조금이나마 간략하게 하기 위해 그 의미를 해석하지 않은 경전 원문들이 있다. 경전을 잘 아는 이들만을 위한 빠알리어 원문들은 경전에 해박한 이들이라면 쉽게 알 수 있을 것이다. 그리고 「새김확립 긴 경(Mahāsatipaṭṭhāna Sutta 大念處經)」의 원문들은 그 「새김확립 긴 경」에 대한 대역[52]들이 그리 드물지 않으므로 원하는 이들이라면 〔그 책을 구해서 참조하면〕 알 수 있을 것이다.[53]

---

52 빠알리어 한 단어나 한 구절에 대해 그 해석을 붙여 놓은 책.

53 독자들을 위하여 저본에서 해석되지 않은 빠알리어 원문들을 할 수 있는 만큼 다 해석해 놓았다. '부호에 대한 설명'에서도 밝혔듯이 역자의 해석인 경우 역해 또는, 빠알리어 원문 다음에 소괄호로 표시하였다. 저본의 해석은 대역, 해석 또는 등호로 표시하였다. 해석은 우 소다나(U Sodhana) 사야도의 조언, 그리고 각묵스님·대림스님·전재성 박사 등의 니까야 번역본, 미얀마에서 출판된 성전·주석서·복주서 대역본들을 참조하였다.

모음 생략과 구어체의 사용 이 책의 일부에서는 옛날에 사용하던 표기법을 그대로 따르지 않고 소리만을 따라서 쓰려 한다.[54]

그리고 경전에서 사용하는 말들을 그대로 따르지 않고 분명하고 알기 쉽게 하기 위해서 구어체로 쓰려고 한다. 이렇게 구어체로 서술한 것들은 특히 제5장에 많이 들어 있다. 부처님께서는 법을 설하실 때 문어체인 산스크리트 어로 설하지 않으시고, 마을 어린아이들까지 많은 이들이 이해할 수 있고 사용하고 말했던 마가다 어로써만 설하셨다. 그러므로 이 구어체도 중시할 만하다. 그러니 '이상하다', 혹은 '저열하다'고 생각하지 말라.

경전지식이 적은 이들을 위해 경전지식이 적은 이라면 제4장과 제5장만 살펴보라. 그 두 장 중에서도 제5장이 특히 중요하다. 제5장을 보는 것만으로도 도와 과, 열반을 증득할 수 있을 정도로 위빳사나 수행을 바르게 실천할 수 있을 것이다.

일러두기가 끝났다.

54 미얀마 어를 구체적으로 예를 들었으나 중요하지 않아 생략하였다.

출가자의 계청정

계의 깨끗함 = 깨끗한 계 "sīlavisuddhi nāma suparisuddhaṁ pātimokkhasaṁvarādi catubbidhaṁ sīlaṁ(계청정이란 완전히 깨끗한 계목단속〔계〕 등 네 가지 계를 말한다)"[55]이라고 하는 『위숫디막가(Visuddhimagga 淸淨道論)』에 따라 훌륭하게, 완벽하게 깨끗한 계목단속(pātimokkha saṁvara) 등의 네 가지 계를 계청정(sīla visuddhi)이라고 한다. 이렇게 일반적으로 말해 놓았어도 출가자의 계청정과 재가자의 계청정, 이러한 두 가지 종류로 나누어 알아야 한다. 출가자의 계청정은 아주 광범위하다. 이 책에서는 간략하게만 설명하겠다.

출가자들은 계목단속(pātimokkha saṁvara), 감각기능단속(indriya saṁvara), 생계청정(ājīvaparisuddhi), 필수품관련(paccayasannissita)이라고 하는 네 가지 계를 완벽하게 청정하도록 해야 한다.

1. 계목단속 계

이 네 가지 중, 부처님께서 제정해 놓으신 율장의 계목들을 몸과 말로 범하지 않도록 단속하는 것을 계목단속 계(pātimokkha saṁvara sīla)

---

55 Vis.ii.221; 대림스님 옮김, 초기불전연구원, 『청정도론』 제3권, p.175 참조.

라고 한다. '단속하는 이로 하여금 여러 가지 위험과 고통으로부터 벗어나게 하는, 단속함으로서의 계'라는 뜻이다.

이 계를 청정하게 하기 위해서는 "aṇumattesu vajjesu bhayadassāvī samādāya sikkhati sikkhāpadesu(작은 허물에 대해서도 위험을 보고서 학습계목들을 잘 수지하여 공부짓습니다)"[56]라는 구절은 '매우 사소한 악작죄(dukkaṭa),[57] 악설죄(dubbhāsita)[58]의 범계라도 도와 과를 증득하지 못하게 방해할 수 있을 뿐만 아니라 사악처에도 떨어지게 할 수 있기 때문에 매우 두려운 것, 위험한 것이라고 명심하고 학습계목(sikkhāpada)이라고 하는 모든 것을 범하지 않도록 단속해야 한다. 범계하지 않도록 단속해야 한다'는 뜻이다. 또한 저지른 범계가 있어도 "잿불을 만진 어린아이가 빨리 손을 떼듯이" 그러한 범계에서 빠르게 출죄(出罪)해야 한다. '별주(parivāsa)[59], 마나타(mānatta)[60]를 행하거나, 버려야 할 물건들과 여법하지 않은 물건들 모두를 버리고서 참회를 하는 등을 통해 깨끗하게 해야 한다'는 뜻이다. 그렇게 저지른 범계에 대해 율장에 따라 여법하게 출죄하고 나서 다시 범계하지 않도록 단속하며 지내는 비구의 계목단속 계는 완전히 청정하다고 말한다.

감각기능단속 계는 광범위하므로 나중에 설명하겠다.

---

56 D.i.59; 각묵스님 옮김, 초기불전연구원, 『디가 니까야』 제1권, p.223 참조.

57 惡作罪. 다른 비구에게 참회를 하면 되는 정도의 사소한 범계.

58 惡說罪. 모욕하려는 의도 없이 종족 등에 대해 농담했을 때 적용되는 범계.

59 승잔죄를 범한 후 6일 동안 여러 권한이 정지된 채 따로 지내는 것.

60 승잔죄를 범하고 스스로 그것을 알면서 숨겼을 때 그 숨긴 날수만큼 따로 지내는 것.

2. 생계청정 계

가사, 공양 등의 필수품들을 여법하지 않은 방법으로 구하지 않고 여법한 방법으로만 구하고 사용하는 것을 생계청정 계(ājivāparisuddhi sīla)라고 한다. 완전히 청정하게 생계를 유지하는 계라는 뜻이다. 법체로는 paccayapariyesanavāyāmo(필수품을 구하는 노력)[61]라고 하는 『위숫디막가(淸淨道論)』의 설명대로 필수품들을 여법한 방법으로만 구하고 얻으려 노력하는 정진(vīriya)일 뿐이다. 여법하지 않은 방법들은 아주 다양하다. 〔그것에 관해서는〕『위숫디막가』[62]를 참조하라.

필수품들을 여법하지 않은 방법으로 구하는 비구에게는 바라이죄(pārājika), 승잔죄(saṅghādisesa), 조죄(thullaccaya), 악작죄[63] 중에서 경우에 따라 어느 하나의 범계에 해당된다. 대부분의 경우 악작죄에 해당되는 경우가 많다. 여법하지 않은 방법으로 구한 필수품들을 사용할 때도 악작죄의 범계를 범한 것이다. 이러한 범계를 범하게 되면 계목〔단속〕 계도 무너지게 된다. 천상의 장애(saggantarā),[64] 도의 장애(maggantarā)[65] 두 가지가 모두 생겨난다. 앞에서 말했던 방법으로 출죄를 해야만 계목단속 계가 청정해질 수 있다. 천상의 장애, 도의 장애로부터 벗어날 수 있다. 따라서 이 생계청정 계도 확실히 깨끗하게 해야 한다.

---

61 Vis.i.29;『청정도론』 제1권, p.171 참조.

62 Vis.i.22~28;『청정도론』 제1권, pp.159~170 참조.

63 이 책의 제1권 p.105의 주 138 참조.

64 천상에 태어나는 것을 가로막는 장애.

65 도를 증득하는 것을 가로막는 장애.

3. 필수품관련 계

(1) 필수품관련 계의 의미

필수품관련 계(paccayasannissita sīla)라고 하는 것은 '추위를 없애기 위해서만 이 가사를 두른다'[66]라는 등으로 가사, 공양, 절, 약이라는 필수품들을 사용할 때 사용하는 그 이익들을 바른 방법에 따라서 숙고하고 보고 아는 것이다. 이 계를 청정하게 하기 위해서는 네 가지 필수품을 의지해서 사용할 때마다 그 이익들을 숙고해야 한다. 공양이라는 필수품에 대해서는 한 모금 먹을 때마다 숙고해야 한다. 그렇게 숙고할 수 없으면 그 다음날 동이 트기 전까지 돌이켜 숙고해야 한다. 숙고하지 않은 채 다음날 동이 터 버리면 빚수용(iṇaparibhoga 借用受用 = 빚을 내서 사용하는 것)이 된다고 주석서에 보여 놓았다.

(2) 빚수용의 의미

'빚수용'이라고 하는 단어는 보시한 재가자들에게 다음 생에 그러한 빚을 갚아야 한다는 말이 아니다. 사실은 빚을 내어서 사용하는 것과 같기 때문에, 바로 그 때문에 빚수용이라고 한다는 뜻이다. 어떻게 같은가? 지계가 완벽하게 청정한 비구에게 한 보시는 "보시를 받는 쪽에서 dakkhiṇāvisuddhi = 보시를 청정하게 하는 계의 요소가 구족되기 때문에" 구족된 결과를 줄 수 있다. 숙고하지 않고 사용하는 비구는 필수품관련 계가 무너지기 때문에 보시를 청정하게 하는 요소가 구족되지 않는

66 '오직 추위를 물리치고, 더위를 물리치고, 파리·모기·바람·햇빛·파충류와 닿는 것을 물리치고, 부끄러운 부분을 가리기 위해서이다'라고 바르게 성찰하며 가사를 수용한다. M.i.12; 『맛지마 니까야』, p.97 참조.

다. 그렇기 때문에 그러한 비구에게 한 보시는 구족된 결과를 줄 수가 없다. 그러므로 보시하는 재가신도가 보시의 결과를 얻기에 적당한 만큼 구족하게 얻을 수 없기 때문에 빚을 빌려 주는 것과 같다. 숙고하지 않고서 사용하는 비구도 보시의 결과를 구족하게 얻게 해 줄 수 없기 때문에 빚을 내어서 사용하는 것과 같다. 그래서 "빚수용 = 빚을 내서 사용하는 것이다"라고 주석서에 설명되어 있다. 아래『대복주서』의 설명을 보라.

Iṇavasena paribhogo iṇaparibhogo, paṭiggāhakato dakkhiṇāvisuddhiyā abhāvato iṇaṁ gahetvā paribhogo viyāti attho.

(Pm.i.72)

대역

iṇavasena**빚을 내서** paribhogo**사용하는 것이** iṇaparibhogo**빚수용이다.** paṭiggāhakato**보시 받는 쪽에서** dakkhiṇāvisuddhiyā**보시를 청정하게 하는 조건이** abhāvato**없기 때문에,** 구족되지 않았기 때문에 iṇaṁ gahetvā**빚을 내어서** paribhogo viya**사용하는 것과 같다.** iti attho**이러한 의미이다.**

그렇다면 "yathā iṇāyiko attano ruciyā (icchitadesaṁ) gantuṁ na labhati, evaṁ iṇaparibhogayutto lokatonissarituṁ na labhati[67](마치 빚진 이는 자기가 원하는 대로 (마음에 드는 곳으로) 갈 수 없듯이 마찬가지로 빚수용에 해당되는 이는 세상에서 벗어날 수 없다)"[68]라는『위숫

67 원주(본문내용): Pm.i.74.

68 *Mahāsi Sayadaw,*『*Visuddhimagga Mahāṭīkā Nissaya*(위숫디막가 대복주서 대역)』제1권, p.176 참조.

디막가(Visuddhimagga 淸淨道論) 대복주서』(이하, 줄여서 『대복주서』) 구절을 어떻게 이해해야 하는가? 숙고하지 않고 사용하는 습관이 있어서 빚수용과 항상 관계된 비구에게는 필수품에 대한 집착, 번뇌가 끊임없이 생겨난다. 그러한 집착 때문에 죽은 후 바로 악처에 떨어질 수 있다. 그렇게 떨어질 수 있는 것을 말하기 위해 "빚수용과 관계된 비구는 세상에서 벗어날 수가 없다, 벗어날 기회가 없다"라고 『대복주서』에서 말했다고 알아야 한다. 집착 때문에 악처에 떨어질 수 있다는 것을 띳사(Tissa) 비구의 일화를 통해서 알 수 있다.

비구와 이에 관한 일화 가사에 집착한 채 죽은 띳사 비구는 그 가사에 붙어 사는 자그마한 이로 태어났다. 죽은 비구의 것이어서 승가의 소유가 된(mataसaṅghika) 그 가사를 비구들이 나누어 가지려고 할 때 이전에 띳사 비구였던 그 이는 "내 물건을 약탈한다"라고 하면서 울부짖고 있었다. 그 소리를 부처님께서 신통으로 들으시고는, 가사를 나누게 되면 이전에 띳사 비구였던 그 이가 비구들에 대해 허물을 범하게 되어 지옥에 태어날 것을 보셨기 때문에 가사를 나누지 말고 기다리라고 하셨다. 7일째가 되는 날, 이전에 띳사 비구였던 그 이는 죽어서 도솔천에 태어났고 그때가 되어서야 부처님께서 가사를 나누게 허락하셨다고 『담마빠다(法句經) 주석서』에 설명되어 있다.[69]

아주 두려운 일이다 이 일화에서 띳사 비구가 이로 살다가 죽어 도솔천에 태어난 사실을 바탕으로 집착이 없었으면 비구의 생에서 죽고 난 바로 다음에 천상에 태어났었을 수도 있다는 것이 분명하다. 비구들이

---

69 무념·응진 역, 옛길, 『법구경 이야기』 제3권, pp.116~118 참조.

가사 나누는 것을 부처님께서 막지 않으셨다면 띳사 비구는 지옥에 바로 떨어졌을 것이다. 집착이라는 것은 매우 허물이 크다. 매우 두려운 것이다.

이 일과 관련해서 부처님께서는 아래의 게송을 설하셨다.

Ayasāva malaṁ samuṭṭhitaṁ,
Tatuṭṭhāya tameva khādati;
Evaṁ atidhonacārīnaṁ,
Sāni kammāni nayanti duggatiṁ.

(Dhp. 게송 240)

대역

Ayasā철판이나 철봉 등의 **철에서**
samuṭṭhitaṁ**생겨난** malaṁ**녹이**
tato uṭṭhāya**그곳,** 철**에서 생겨나**
taṁ eva**바로 그 철만을** khādati iva**부식시키듯이,**
evaṁ**이와 마찬가지로**
atidhonacārīnaṁ**숙고하여 사용하지 않는 이를,**
또는 숙고하는 지혜를 어기면서 실천하는 이를
sāni**그 자신의** 존재상속에서 생겨나는
kammāni집착 등의 행위들, **업들이**
duggatiṁ**악도로** nayanti**끌고 간다.**

이 대목에서 일부 스승들은 '빚수용이 생기게 되면 필수품의 주인들에게 다시 빚을 갚아야 하기 때문에 도와 과를 얻을 수 없다'라고 생각하고 말한다. 그러한 의미로 해석한 곳은 경전, 주석서 어디에도 없다.

그래서 〔방금 말한 일부〕 복주서 스승들의 말은 부처님만의 영역인 그 〔진짜〕 의미를 뜻하는 것도 아니고, 적합하지도 않다.

적합하지 않은 모습 그 일부 스승들의 견해에 따라 말한다면, 빚수용이 도둑수용(theyya paribhoga),[70] 바라이죄를 범하는 것보다 더욱 허물이 커야 할 것이다. 왜냐하면 바라이죄를 범하게 되어 도둑수용을 한 이라 할지라도 재가자나 사미의 자격으로는 도와 과를 얻을 수 있기 때문이다. 아래의 『앙굿따라 니까야(Aṅguttara Nikāya 숫자별 경모음집) 주석서』를 참조하라.

> Imaṁ pana desanaṁ sutvā jātasaṁvegā ṭhānaṁ jahitvā sāmaṇerabhūmiyaṁ ṭhitā dasa sīlāni pūretvā yonisomanasikāre yuttappayuttā keci sotāpannā, keci sakadāgāmino, keci anāgāmino ahesuṁ, keci devaloke nibbattiṁsu, evaṁ pārājikāpannānampi saphalā ahosi.
>
> (AA.i.52)
>
> 역해
>
> 또한 이 〔「불무더기 비유 경」이라는〕 가르침을 듣고 경각심이 생겨나 〔스스로 여기고 있는 비구라는〕 지위를 버리고 사미의 자격으로 머물면서 10계를 구족하고 올바른 마음기울임에 열심히 노력하여 일부는 수다원, 일부는 사다함, 일부는 아나함이 되었고 일부는 천상에 태어났다. 이렇게 바라이죄를 범했더라도 이익을 얻을 수 있다.[71]

---

70 계행이 나쁜 이가 승가 가운데 버젓이 앉아 필수품을 수용하는 것. 『청정도론』 제1권, p.191 참조.

71 *Bhaddanta Jāgara Mahāthera, Nissaya DVD-ROM,* 『*Aṅguttara Nikāya Aṭṭhakathā Nissaya*(앙굿따라 니까야 주석서 대역)』 제1권, p.150 참조.

바라이죄를 범한 비구 60명들이 「불무더기 비유 경(Aggikkhandhopama sutta)」[72]을 듣고 사미의 자격으로 머물면서 수행을 하여 일부는 수다원, 일부는 사다함, 일부는 아나함이 되었고, 일부는 천상에 태어난 사실을 위의 주석서에서 설명해 놓았다. 그 60명의 비구가 바라이죄를 범한 것을 아시고 이 경을 설하시기 위해 부처님께서 유행을 하신 것과 유행의 중간에 멈추셔서 법을 설하신 것 등을 주석서에서 설명하고 있기 때문에 그 비구들이 〔바라이〕죄를 범한 다음에 어느 정도의 기간 동안은 비구의 자격 그대로 머물고 있었다는 것, 〔그렇기 때문에〕 도둑수용을 피하지 못했다는 것 등을 분명하게 알 수 있다. 그러므로 바라이죄를 범한 후 도둑수용에 해당되었던 이들조차 도와 과를 얻을 수 있었는데 계목단속 계가 청정한 비구들이 빚수용 정도 때문에 도와 과를 얻을 수 없다고 어떻게 말할 수 있겠는가? 말할 수 없는 것이 당연하다.

그 밖에 필수품들을 숙고하고 사용하도록 설하신 가르침은 율장에 따라 제정된 명령의 가르침(āṇādesanā)이 아니다. 경전의 가르침일 뿐이다. 그렇기 때문에 숙고하지 않고서 사용하는 것은 명령으로서 제정하신 것을 범한 명령어김 장애(āṇāvītikkama antara)가 생겨나지 않는다. 다른 장애들도[73] 생겨나지 않는다. 그렇기 때문에 악작(惡作) 정도의 범계인 빚수용을 '아주 큰 허물이다'라고 해서는 안 된다.

---

72 『앙굿따라 니까야』 제4권, pp.519~528 참조.

73 이 책의 제1권 pp.103~104 참조.

(3) 범계 여부

필수품관련 계와 범계 여부

"약품들을 주의하지 않고[74] 사용하면 범계에 해당된다"라고 주석서에 설명되어 있기 때문에 필수품관련 계를 어기는 것도 범계에 해당되는 것이 아닌가? 아니다. 그렇다면 그 주석서의 설명을 어떻게 이해해야 하는가? 약품들은 병이 있는 경우에만 사용하도록 허락하셨다. 그것도 '이유가 있다'라고 분명히 알아야만 사용할 수 있다. 이유가 있는지 모른 채 사용하면 이유 없이 그냥 영양분을 섭취하기 위한 목적으로 사용하는 것이 된다. 그래서 다음과 같은 율장의 제정에 따라서 악작에 해당된다.

Yāmakālikaṁ sattāhakālikaṁ yāvajīvikaṁ
Āhāratthāya paṭiggaṇhāti, āpatti dukkaṭassa;
Ajjhohāre ajjhohāre āpatti dukkaṭassa.

(Vi.ii.116)

역해

당일약품, 7일약품, 평생약품들을
영양섭취를 목적으로 받는다면, 악작을 범하는 것이다.
〔그리고〕 삼킬 때마다 삼킬 때마다 악작을 범하는 것이다.[75]

---

74 원문에 'sati를 행하지 않고'라고 되어 있다. 수행과 관련되어 '새기지 않고'라는 뜻보다 뒤에 나오는 설명대로 병이 있는 경우, 혹은 이유가 있다고 분명히 아는 것을 뜻한다고 보아 '주의하지 않고'라고 해석하였다.

75 *Bhaddanta Jāgara Mahāthera, Nissaya DVD-ROM,* 『*Pacittiya Pāli Nissaya*(율장 단타품 대역)』 제1권, p.263 참조. 여기에서 당일약품이란 동이 튼 이후 정오까지만 받고, 먹을 수 있는 식품을 말하고, 7일약품이란 받은 후 7일까지 저장하여 먹을 수 있는 식품을 말한다. 평생약품이란 평생 저장해서 먹을 수 있는 식품을 말한다. *Ṭhānissaro Bhikkhu,* 『*The Buddhist Monastic Code I*』, *Thiland ver.*, pp.266~269; pp.370~376 참조.

이유가 있다는 것을 아는 것, 주의하는 것[76], 숙고하는 것은 여기에서는 동일한 의미다. 예를 들면 새벽임에도 불구하고 아직 해가 떠오르지 않았다라고 생각하고서든지, 정오가 지나 버렸다는 사실을 알면서든지, 당일약품(yāvakālika)인 주식(bhojana)과 부식(khādaniya)[77]을 먹게 되면 의도와 인식이 있었기 때문에 그것은 계목을 어기는 것이라고 명시했기 때문에, 또한 "kāle vikālasaññī āpattidukkaṭassa(적당한 시기임에도 불구하고 적당한 시기가 아니라고 인식한 이도 악작의 범계에 해당된다)"[78]라는 구절에 따라 범계에 해당된다.

따라서 '약품을 사용할 때 주의하지 않고 사용하면 범계에 해당된다'라는 말은 율장의 계목을 어기는 것만을 대상으로 말한 구절이다. 필수품관련 계가 무너지는 것을 목적으로 말한 구절이 아니다. 그렇기 때문에 "사용한 후, 아직 새벽이 되기 전, 그 사이에 숙고함에 의해서도 그 〔필수품관련〕 계는 청정해질 수 있다"라고 복주서에서 설명해 놓았다.

그 밖에 위에서 말한 일부 스승들의 견해는 주석서 등에서 나오는 다음 장로의 견해와도 반대가 된다.

쭐라나가 장로의 견해

Tipiṭaka cūḷanāgatthero panāha — "pātimokkhasaṁvarova sīlaṁ, itarāni tīṇi sīlanti vuttaṭṭhānaṁ nāma

---

76 마찬가지로 원문에 'sati를 행하는 것'이라고 되어 있지만 수행과 관련되어 '새기는'이라는 뜻보다 병이 있는 경우, 혹은 이유가 있다고 분명히 아는 것을 뜻한다고 보아 '주의하는 것'으로 해석하였다.

77 bhojana를 '먹을 것(軟食)'으로, khādaniya를 '씹을 것(硬食)'으로 해석하기도 하나 이는 주식과 부식으로 이해해야 한다. 『*The Buddhist Monastic Code I*』, p.370 참조.

78 Vi.ii.116.

natthī"ti vatvā, taṁ ananujānanto āha — "indriyasaṁvaro nāma chadvāra rakkhaṇamattameva, ājīvapārisuddhi dhammena samena paccayuppattimattaṁ, paccayasannissitaṁ paṭiladdhapaccaye idamatthitaṁ paccavekkhitvā paribhuñjanamattaṁ, nippariyāyena pātimokkhasaṁvarova sīlaṁ, yassa so bhinno, ayaṁ 'chinnasīso viya puriso hatthapāde', sesāni rakkhissatīti na vattabbo. Yassa pana arogo, ayaṁ 'acchinnasīso viya puriso jīvitaṁ', sesāni puna pākatikāni katvā rakkhituṁ samattho"ti.

(SA.iii.262)

해석

삼장법사인 쭐라나가 장로는 다음과 같이 "계목단속만을 계라고 한다. 나머지 세 가지들에 대해서는 '계라고 한다'라고 설해 놓은 경전 근거가 없다"라고 말했다. 그 뒤 "'근거가 있다'라는 **그 말을 허용해서는 안 된다"라고 말하면서 "감각기능단속이라고 하는 것은 여섯 감각기관을 잘 보호하는 것일 뿐이다. 생계청정이라고 하는 것은 여법하게 필수품들을 생기게 하는 것일 뿐이다. 필수품관련** 〔계〕**라고 하는 것도 얻은 필수품들을** '추위를 막기 위해서'라는 등으로 **'이러한 이익을 위해서이다'라고 숙고하고 사용하는 것일 뿐이다. 돌려서 말하지 않고 직접적으로 확실하게 말한다면 계목단속만을 계라고 부른다. 어떤 사람에게 그** 계목단속 계**가 무너졌다고 한다면** 그렇게 계목단속 계가 무너진 **그가 '나머지** 세 가지 **계를 잘 단속할 수 있다'라고 할 수 없다. 비유하자면 머리가 잘려 버린 이가 '나머지 손이나 팔을 잘 보호할 수 있을 것이다'라고 말할 수 없는 것과 마찬가지이다.** 〔반대로〕 **어떤 사람이 원래 그** 계목단속 **계가** 무너짐이 없이 **청정하다면,** 그렇게 계목단속 계가 청정한

그가 나머지 (세 가지) **계들을 다시 원래대로 청정하도록 단속하는 것은 가능하다. 비유하자면 머리가 잘리지 않은 이는 자기 목숨을 보호하기 위해 노력할 수 있는 것과 마찬가지다"라고 말하였다.**

삼장법사 쭐라나가(Cūḷānāga) 장로는 붓다고사 존자보다 훨씬 이전의 분이시다. 삼장 전부를 다 수지하신 분일 뿐만 아니라 주석서의 스승들이 중시하는 분이기도 하다. 그러므로 이 장로의 말씀은 깊이 명심할 만하다.

이 쭐라나가 장로는 "계목단속 계가 무너지지 않았으면 나머지 세 가지 계가 어떻게 무너졌든 관계없이 원래대로 다시 청정하도록 할 수 있다. 출죄할 수 있다"라고 설명해 놓았다. 원래대로 다시 청정해졌을 때 계청정이 되어 도와 과를 증득할 수 있다는 것에 의심할 바는 없을 것이다. 일부 스승들의 견해에 따른다면 '빚수용이 생겨나면 도와 과를 증득할 수 없다'라고 생각하기 때문에 '필수품관련 계를 단 한 번 정도만이라도 무너지게 한다면, 다시 청정해지도록 고칠 수도, 출죄할 수도 없다'라는 의미가 되어 버리고 만다. 그러므로 위 쭐라나가 장로의 견해와는 반대가 된다.

(4) 반조

반조하면서 사용하라

필수품관련 계(paccayasannissita sīla)라고 주석서들에서 밝혀 놓은 반조(paccavekkhaṇā)에 대해서는, 'bhojane mattaññū(음식의 양을 아는 이)', 'bhojane mattaññutā(음식의 양을 아는 상태)'라는 구절에 대해 설명하는 여러 경전, 아비담마 등에서, 혹은 『맛지마 니까야(Majjhima

Nikāya 중간 경모음집)』「모든 번뇌흐름 경(Sabbāsava sutta)」,[79] 『앙굿따라 니까야(여섯 모음, 대품)』「번뇌흐름 경(Āsava sutta)」 등에서[80] 설하셨다. 그렇지만 그 경전, 아비담마 등에서 '계'라고는 직접적으로 설하지 않으셨다. 'bhojane mattaññutā(음식의 양을 아는 상태)'라고 하는 용어나, 'paṭisevanā pahātabba āsavo(수용에 의해서 제거해야 할 번뇌흐름들)를 제거하는 법들'과 같은 용어로만 설하셨을 뿐이다. 그래서 삼장법사 쭐라나가 존자는 '그것들[81]을 계라고 설해 놓은 경전이 없다'라고 말한 것이다. 법체로도 반조(paccavekkhaṇā)는 지혜(ñāṇa), 통찰지(paññā)일 뿐으로, 지혜 공부지음(pañña sikkhā 慧學)에 포함된다. 계 공부지음(sīla sikkhā 戒學)에 포함되지 않는다는 것을 명심해야 한다.

그 밖에 위에 소개한 경전이나 아비담마에서 반조를 설하신 것은 주문을 외우듯이 소리 내어 읽는 것만을 위해서 설하신 것이 아니다. 결의(adhiṭṭhāna)나 공유(vikappanā) 등의 율장의 여러 방법들처럼 사용하는 것만을 위해서 설하신 것도 아니다. 사실은 네 가지 필수품에 관련하여 번뇌흐름들(āsava), 번뇌들(kilesā)[82]이 생겨나지 않게 하기 위해서만이다. 따라서 필수품들을 사용함과 관련해 얻을 수 있는 이익들을 지혜로써 꼭 적절하게 반조하면서 가사 등을 사용해야 한다.

---

79 M2; 『맛지마 니까야』, p.97 참조.

80 A6:58; 『앙굿따라 니까야』 제4권, p.225 참조.

81 계목단속 계를 제외한 나머지 세 가지 계들.

82 나쁜 정신현상들을 설명하는 용어로 'āsava'와 'kilesā'를 자주 사용한다. 'kilesā'라는 용어를 '더럽힌다'라는 의미로 '오염원'이라고 번역하나 이 책에서는 일반적으로 많이 사용하는 '번뇌'라고 번역하였다. 번뇌(煩惱)의 '번(煩)'이라는 단어가 어지럽고 시끄럽고 번민하게 하는 뜻이 있으므로, '마음을 번거롭게 한다'라는 의미를 생각하면 '번뇌'로 번역해도 큰 무리가 없을 듯하다. 그리고 'āsava'를 '번뇌'라고 일반적으로 번역하지만 '마음속에 자주 흘러나온다(savati)'라는 의미를 살려서 '번뇌흐름'이라고 번역하고자 한다. 대림스님·각묵스님 공역, 초기불전연구원, 『아비담마 길라잡이』(하), pp.591~600 참조.

관찰과 새김에 의해서도 반조가 구족된다

"paṭilābhakālepi hi dhātuvasena vā paṭikūlavasena vā paccavekkhitvā ṭhapitāni cīvarādīni tato uttari paribhuñjantassa anavajjova paribhogo, tathā paribhoga kālepi[83](얻을 때에도, 놓여진 가사 등을 요소에 의해서, 또는 혐오함에 의해서 반조하고 나서 그 다음에 사용하는 이의 수용은 허물이 없다. 수용할 때도 마찬가지이다)"[84]라고 하는 『위숫디막가(淸淨道論)』에 따라 사대(四大), 물질과 정신 등으로 위빳사나 관찰을 하고 있는 이에게 필수품들을 얻을 때, 사용할 때 등에 관찰과 새김에 의해서도 반조작용(paccavekkhaṇā kicca)이 성취된다고 알아야 한다. 자세한 것은 재가자의 계를 언급할 때 설명할 것이다.[85]

그러므로 그 이익들을 반조하든지 어떤 수행주제 하나를 실천하든지 하면, 네 가지 필수품들을 사용하는 비구의 '필수품관련 계는 완벽하게 깨끗하다, 청정하다'라고 말한다.

4. 감각기능단속 계

(1) 감각기능단속

여섯 가지 문에 여섯 가지 대상들이 드러나 여섯 가지 의식으로 보고 알 때 번뇌들이 생길 기회를 얻지 못하도록 새김을 행하는 사띠로 가로막고 보

83 원주(본문내용): Vis.i.41.

84 『청정도론』 제1권, p.191 참조.

85 이 책의 제1권 pp.138~144 참조.

호하는 것을 감각기능단속 계(indriyasaṁvara sīla)라고 한다. 이 계를 청정하게 하기 위해서 단속하는 모습은 눈 감각문에 대해서만 자세하게 설명할 것이다. 나머지 문에 대해서는 같은 방법으로 알면 된다.

"cakkhunā rūpaṁ disvā na nimittaggāhī hoti nānubyañjanaggāhī(눈으로 형색을 보고 나서 그 표상이나 부분상을 취하지 않는다)"[86] 라는 등의 경전내용에 따라 눈으로 형색을 볼 때 번뇌들이 생겨나게 하는 원인들인[87] 여성의 모습 등에 마음을 두어서는 안 된다. "diṭṭhamatteyeva saṇṭhāti(단지 보는 것에만 멈춘다)"[88]라는 주석서의 내용에 따라 보이는 형색 물질에만 마음을 멈추게 해야 한다. 복주서에서 그것을 더 자세히 설명할 때 "diṭṭhe diṭṭhamattaṁ bhavissati(볼 때는 단지 보는 것만 생겨나게 하라)"[89]라고 하는 경전내용에 따라 '보이는 형색에 대해 단지 볼 뿐인 마음만 생기게 해야지 그보다 더 나아가서 아름답다거나 늙었다거나 못생겼다고 생각해서는 안 된다'라고 설명하였다.

이성(visabhāga 異性)인 여성·남성의 얼굴, 손, 다리 등을[90] 기억해서 거듭 생각하면 애착(rāga) 등의 번뇌들이 분명하게 생겨난다. 애착 등을 분명하게 생겨나게 하는 그러한 얼굴, 눈썹, 눈동자, 콧등, 입술, 가슴, 배, 손, 발, 몸의 여러 구성요소들을 마음에 담아서는 안 된다. 미소 짓는 모습, 웃는 모습, 말하는 모습, 입술을 삐죽거리는 모습, 곁눈질하는 모

---

86 D.i.66 등.

87 여기서 표상(nimitta)이란 번뇌를 생겨나게 하는 원인이라는 설명이다.

88 Vis.i.20 등.

89 S.ii.295; 『상윳따 니까야』 제4권, p.216 참조.

90 부분상에 대한 설명이다.

습 등의 여러 동작들도 마음에 담아서는 안 된다. "yaṁ tattha bhūtaṁ tadeva gaṇhāti(그 대상에 존재하는 그대로만을 취해야 한다)"[91]라는 주석서의 설명에 따라 보이는 그 대상에 사실대로 분명히 존재하는 머리카락, 털, 손톱·발톱, 이빨, 피부, 살, 힘줄, 뼈 등의 여러 부분들만을 마음에 담아야 한다. 혹은 근본 물질(bhūta rūpa)과 파생 물질(upādā rūpa)로만 마음에 담아야 한다.

(2) 단속이 생겨나는 모습, 무너지는 모습

주석서에서 설명한 대로 인식과정(vīthi)에 따라 자세히 나누어 설명하겠다. 눈 감각문에 형색 물질이 드러날 때 '무엇인가?'라고 반조하는 것 = 전향(āvajjana) 마음이 생겨나서는 사라진다. 그 다음에 그 형색을 보아 아는 눈 의식(cakkhuviññāṇa 眼識)[92] 마음, 받아들여 대상으로 취하는 접수(sampaṭicchanna) 마음, 조사하며 숙고하는 조사(santiraṇa) 마음, 구분하여 결정하는 결정(voṭṭhapana) 마음이 차례대로 한 번씩 생겨나서는 사라진다. 그 다음에 속행 마음들이 생겨난다. 이 속행 마음에서 '계(sīla), 새김(sati), 지혜(ñāṇa), 인욕(khanti), 정진(vīriya)'이라고 하는 다섯 가지 단속(saṁvara)법들이 생겨나면 눈 감각기능에서 단속이 생겨난다. 눈 감각기능단속이 청정하다. 그렇지 않고, '파계(dussīlya), 잊어버림(muṭṭhassacca), 지혜없음(aññāṇa), 참지못함(akhanti), 게으름(kosajja)'이라고 하는 다섯 가지 단속없음(asaṁvara) 법들이 생

91 『*Visuddhimagga Myanmarpyan*(위숫디 막가 미얀마 어 번역)』 제1권, p.62; 『청정도론』 제1권, p.155 참조.

92 cakkhuviññāṇā를 '눈 의식'으로 번역한 이유는 이 책의 제1권 p.422 주 426 참조.

겨나게 되면, 눈 감각기능에서 단속이 무너지게 된다. 눈 감각기능단속이 무너진다. 이렇게 주석서에서 설명했다.[93]

다섯 가지 단속의 의미

단속, 단속없음 법들 각각의 의미를 다음과 같이 알아야 한다.

계목단속 "iminā pātimokkhena[94] upeto hoti samupetoti[95] ayaṁ sīlasaṁvaro(이러한 계목(단속)을 갖추었고, 잘 갖추었다. 그것이 계목단속이다)"[96]라는 주석서에 따라 계목단속(sīlasaṁvara)[97]이라고 하는 것은 계목단속 계(patimokkha saṁvara sīla)일 뿐이다. 파계 단속없음(dussīlya asaṁvara)[98]이라고 하는 것은 계목단속 계가 무너지는 것일 뿐이다. 계목 조항들을 몸이나 말로 범하여 범계에 해당되는 것일 뿐이다. 여기에서 '파계 단속없음(dussīlya asaṁvara)은 범하는 번뇌들(vītikkama kilesā)이기 때문에 다섯 감각문에서는 생겨나지 않고 마음 문에서만 생겨난다'라는 것과 '나머지 단속없음 네 가지들은 여섯 문 모두에서 생겨난다'라는 것을『근본복주서』,『대복주서』에서 설해 놓은 대로 알아야 한다.[99]

---

93 『청정도론』 제1권, pp.157~158 참조.

94 CST4 pātimokkhasaṁvarena.

95 Vbh.511.

96 Vis.i.7;『상윳따 니까야』 제4권, p.216(S.ii.295);『청정도론』 제1권, p.133 참조.

97 계목을 통한 단속이라는 뜻이다.

98 파계로 인한 단속없음이라는 뜻이다.

99 범하는 번뇌들이란 몸이나 말로 악행을 범하게 하는 번뇌들이다. 다섯 감각문에서는 몸이나 말로 악행을 범할 정도로 아직 선명하게 대상을 취하지 않고 단지 실재성품인 형색 정도로만 취한다. 그 다음에 같은 대상에 대해 여러 번의 마음 문 인식과정이 지나면 그 대상의 형체나 명칭까지 취하게 되고 그때서야 말이나 몸으로 악행을 범하게 된다. 그래서 '범하는 번뇌들은 다섯 감각문에서는 생겨나지 않고 마음 문에서만 생겨난다'라고 말하였다.

새김단속 “rakkhati cakkhundriyaṁ cakkhundriye saṁvaraṁ āpajjatīti[100] ayaṁ satisaṁvaro(눈 감각기능을 보호한다, 눈 감각기능에 단속을 행한다. 이것이 새김단속이다)”[101]라는 주석서의 설명에 따라 새김단속(satisaṁvara)[102]이라고 하는 것은 감각기능단속 계(indriya-saṁvara sīla), 바로 그것이다. 법체로는 여섯 문에서 번뇌들(kilesā)이 생겨나지 않도록 보호하는 새김(sati)이라는 마음부수일 뿐이다. 잊어버림 단속없음(muṭṭhassacca asaṁvara)[103]이라고 하는 것은 여섯 대상과 만났을 때 새김을 놓아 버리는 것, 새김을 잊어버리는 것, 새김을 확립하지 않는 것일 뿐이다. 법체로는 “cakkhundriyaṁ asaṁvutaṁ viharantaṁ abhijjhā domanassā pāpakā akusalā dhammā anvāssaveyyuṁ(눈 감각기능을 단속하지 않으며 지내는 머무는 이를 탐애와 싫어함이라고 하는 저열하고 불선한 법들이 계속해서 괴롭힌다)”[104]라는 경전내용에 따라 탐애(abhijjhā)라고 하는 탐욕(lobha)과 싫어함(domanassa)으로 보여지는 성냄(dosa)들일 뿐이다. 복주서들에서는 어리석음(moha)도 포함시킨다고 설명했다.

지혜단속 “sotānaṁ saṁvaraṁ brūmi, paññāyete pidhiyare[105]ti ayaṁ ñāṇasaṁvaro(〔번뇌들의〕 흐름을 단속하는 것을 말하노니 통찰

---

100 D.i.213 등.

101 Vis.i.7; 『청정도론』 제1권, p.133 참조.

102 새김을 통한 단속이라는 뜻이다.

103 잊어버림으로 인한 단속없음이라는 뜻이다.

104 *Neiyin Sayadaw, Nissaya DVD-ROM,* 『*Sīlakkhandha Pāḷito Nissaya*(디가 니까야 계무더기 품 대역)』, p.153; D.i.66; 『디가 니까야』 제1권, p.235 참조.

105 Sn. 게송 1041; 전재성 역주, 한국빠알리성전협회, 『숫타니파타』, p.480 참조.

지를 통해 저지할 수 있다. 이것이 지혜단속이다)”[106]라는 주석서에 따라 갈애(taṇhā), 사견(diṭṭhi), 번뇌(kilesā), 악행들, 무명(avijjā)이라고 하는 불선 흐름들을 저지하고 끊어 내는 성스러운 도의 지혜를 지혜단속(ñāṇasaṁvara)[107]이라고 한다.

《『쭐라 닛데사(Cūḷa niddesa 小義釋)』와 『숫따니빠따(Suttanipāta 經集) 주석서』 등을 근거로 설명하였다.》

필수품관련 계(paccayasannissita sīla)도 ‘지혜단속’에 포함된다고 『위숫디막가(淸淨道論)』에서 설명하였다.[108] 위빳사나 지혜도 이 지혜를 통한 단속에 포함된다. 그 이유는 번뇌의 흐름들을 반조(paccavekkhaṇā)에 의해서 제거하는 것보다 ‘대상 잠재번뇌(ārammaṇānusaya) 등을 부분 제거(tadaṅgapahāna)에 의해서 제거할 수 있는 위빳사나로’ 제거하는 것이 더욱 확실하기 때문이다. “‘sabbe saṅkhārā aniccā’ti jānato passato paññāyete sotā pidhiyyanti(‘모든 형성들은 무상하다’라고 알고 보는 통찰지를 통해 흐름은 저지된다)”[109]라는 등으로 자세하게 풀어서 설명하고 있는 『닛데사(Niddesa 義釋)』의 내용도 위빳사나를 목적으로 설했다고 말할 수 있다. 이러한 것들이 위빳사나 지혜를 ‘지혜단속’이라고 할 수 있는 이유들이다. 따라서 필수품관련 계, 위빳사나 지혜, 도의 지혜들을 지혜단속이라고 알아야 한다. 지혜없음 단속없음(aññāṇa asaṁvara)[110]이라고 하는 것은 그 세 가지 지혜의 반대인 어리

---

106 『*Visuddhimagga Myanmarpyan*(위숫디막가 미얀마 어 번역)』 제1권, p.23; Vis.i.7; 『청정도론』 제1권, p.133 참조.

107 지혜를 통한 단속이라는 뜻이다.

108 『청정도론』 제1권, p.133.

109 Nd2.30.

110 지혜없음으로 인한 단속없음이라는 뜻이다.

석음(moha)이라는 법일 뿐이다.

인욕단속 "khamo hoti sītassa uṇhassāti ayaṁ khantisaṁvaro(추위와 더위를 견딘다, 그것이 인욕을 통한 단속이다)"라는 주석서에 따라 추위, 더위 등과 만나게 되었을 때, 매우 참기 힘든 느낌들이 생겨날 때, 매우 거칠고 저속하여 듣기조차 힘든 비난이나 비방의 말들을 들을 때 등의 순간에 성냄(dosa)을 일으키지 않고 절제하고 참는 것을 인욕단속(khantisaṁvara)[111]이라고 한다. 법체로는 성냄없음(adosa)이라는 마음부수일 뿐이다. 참지못함, 성냄을 참지못함 단속없음(akkhanti asaṁvara)[112]이라고 한다.

정진단속 "uppannaṁ kāmavitakkaṁ nādhivāsetīti ayaṁ vīriyasaṁvaro(생겨나는 감각욕망 사유들을 받아들이지 않는 것, 이것이 정진단속이다)"[113]라는 주석서에 따라 감각욕망 사유 등을 제거하기 위해 노력하는 것을 정진단속(vīriyasaṁvara)[114]이라고 한다. 법체로는 "anuppannānaṁ pāpakānaṁ akusalānaṁ dhammānaṁ anuppādāya chandaṁ janeti vāyamati(아직 생겨나지 않은 저열한 불선법들을 생겨나지 않게 하기 위해 의욕을 일으키고 노력한다)"[115]라는 등으로 설해진 바른 정근(sammappadhāna 精勤)으로서의 정진(vīriya)이다.

---

111 인욕을 통한 단속이라는 뜻이다.

112 참지못함으로 인한 단속없음이라는 뜻이다.

113 『*Visuddhimagga Myanmarpyan*(위숫디막가 미얀마 어 번역)』 제1권, p.23; Vis.i.7; 『청정도론』 제1권, p.133 참조.

114 정진을 통한 단속이라는 뜻이다.

115 *Mahāsi Sayadaw*, 『*Mahāsatipaṭṭhāna thouk Pāḷi Nissaya*(새김확립 긴 경 대역)』, p.249; D.ii.250; 『디가 니까야』 제2권, pp.538~539 참조.

생계청정 계(ājīvapārisuddhisīla)도 이 정진단속에 포함된다고『위숫디막가(淸淨道論)』에서 설명하였다.[116] 감각욕망 사유 등을 제거하기 위해 노력하지 않고 해태·혼침(thinamiddha) 등을 바탕으로 하여 게으름의 모습으로 불신 마음들이 생겨나는 것을 게으름 단속없음(kosajja asaṁvara)[117]이라고 한다.

지금까지 말한 다섯 가지 단속 중에 계목단속(sīlasaṁvara)은 계목단속 계, 바로 그것으로 다른 것과 구별된다. 지혜단속(ñāṇasaṁvara)에 포함되는 필수품관련 계와 정진단속(vīriyasaṁvara)에 포함되는 생계청정 계(ājīvapārisuddhisīla)도 각각 따로 존재하여 다른 것과 구별된다. 따라서 네 가지로 나눈 이 계청정에서 위에서 말한 세 가지 계[118]들을 감각기능단속 계에 포함시켜서는 안 된다. 만약 포함시키게 되면, 계를 네 가지로 나눌 수 없어 한 종류가 될 것이다.

따라서 감각기능단속 계가 청정한 모습을 나머지 네 가지 단속[119]으로써만 알아야 한다. 그 네 가지 단속들 중에서도 지혜단속(ñāṇasaṁvara)에는 위빳사나 지혜, 도의 지혜 등이 포함되기 때문에 수행을 아직 해 보지 않은 상태, 수행하기 이전에는 생겨날 수 없다. 새김, 인욕, 정진이라고 하는 세 가지 단속들만 생겨날 기회가 있다.

---

116 『청정도론』 제1권, p.133 참조.

117 게으름으로 인한 단속없음이라는 뜻이다.

118 계목단속 계, 필수품관련 계, 생계청정 계.

119 계목단속을 제외한 나머지 네 가지 단속을 말한다. 계목단속은 그 자체가 계목단속 계이기 때문이다. 지혜단속의 경우는 필수품관련 계를 제외한 부분, 정진단속의 경우는 생계청정 계를 제외한 나머지 부분이 해당된다.

(3) 수행하기 전에 단속하는 모습

그러므로 수행을 아직 하기 전에 감각기능단속 계를 청정하게 하기 위해서는 새김, 인욕, 정진이라고 하는 세 가지 단속을 생겨나게 해서 청정하게 해야 한다. 청정하도록 노력하는 모습은 "tassa iminā niyamitavasena pariṇāmitavasena samudācāravasena ābhujitavasena ca kusalaṁ nāma jātaṁ hoti[120](그에게 제한함에 의해서, 바꿈에 의해서, 계속 실천함에 의해서, 숙고함에 의해서 선법이라는 것이 생겨난다)"라는 『담마상가니(Dhammasaṅgani 法集論) 주석서』를 통해 알아야 한다.

제한함 '선법에 관한 생각들만 생각할 것이다. 선법에 관한 말들만, 행위들만 말하고 행동할 것이다. 여섯 문에서 선한 마음만을 생기게 할 것이다. 선법이 생기도록 항상 주의할 것이다. 어떠한 것에 대해서든 화내지 않고 참을 것이다. 바르지 않은 생각들을 생각하지 않도록 노력할 것이다'라고 자신의 마음을 미리 제한해 두어야 한다. 이렇게 철저하게 제한해 둔 이는 스스로 제한한 대로 성취하기 위해 불선법이 생겨날 대상들을 대부분 바라지 않게 된다. 그러한 대상들을 피하지 못해 만나게 되더라도 그 대상들에 대해 불선법들이 생겨날 정도로 신경 쓰지 않고 지낼 수 있다. 선법과 관련해서만 생각하고 사유한다. 예를 들면 보시하려는 마음을 아주 강하게 가지고 있는 사람에게 적당하게 가치 있는 물건이 생기게 되면 그것을 자기가 사용해서 즐기려는 마음이 일어나지 않고 보시하려는 마음이 먼저 일어나는 것과 마찬가지이다. 원하지 않는(aniṭṭhā) 대상과 만나게 되더라도 '참아야지'라고 미리 자제해 둔 대로

---

120 원주(본문내용): DhsA.117.

화내지 않고 참을 수 있다. 이것이 제한함(niyamita)에 대한 간략한 설명이다.

바꿈 불신한 마음들이 생겨나게 되면 그 마음을 선한 마음으로 바꾸어야 한다. 바꾸는 모습은 다음과 같다. 여성을 보고 번뇌의 마음이 생겨나면 어머니 연배인 경우에는 친어머니처럼, 누나나 여동생의 나이 또래이면 친누나, 친여동생, 친척처럼 생각하고 그 여성의 고통을 감싸주고 위로하려는 마음인 진실한 연민심(karuṇa)을, 행복하길 바라는 진실한 자애심(mettā)을 일으켜야 한다.

다른 방법으로는 그 여성에게 존재하는 눈물, 눈곱, 콧물, 침, 가래, 대변, 소변 등의 혐오스러운 것들을 떠올리며 계속해서 생각하는 더러움 인식(asubhasaññā 不淨想)을 일으켜야 한다.

또 다른 방법으로는 그 여성의 대상을 마음에서 지워 버리고 경전내용을 생각하는 것, 질문하는 것, 설하는 것, 경전을 보는 것, 독송하는 것, 맡은 여러 크고 작은 소임을 하는 것 등을 통해서도 선한 마음으로 바꾸어야 한다.

그 밖에 「새김확립 긴 경」의 주석에서 설명하고 있는 근원을 구분하여 아는 방법(mūlapariññā), 손님(āgantu)의 상태로 생각하는 방법, 일시적인 상태(tāvakālika)로 생각하는 방법, 무더기·감각장소·요소 등으로 나누어서 생각하는 방법이라고 알려진 성찰(paṭisaṅkhāna)하는 방법 등으로 마음을 바꾸어야 한다.[121] 이것이 바꿈(pariṇāmita)에 대한 간략한 설명이다.

---

121 각묵스님, 초기불전연구원, 『네 가지 마음챙기는 공부』(2008), 개정판 2쇄, pp.153~157 참조.

실천함 교학에 관계된 경전들을 끊임없이 배우는 것, 가르치는 것, 외우는 것, 읽는 것, 생각하는 것, 숙고하는 것, 독송하는 것, 처소와 관련된 여러 가지 일을 끊임없이 하는 것, 설법하는 것, 담론하고 질문하는 것, 법담만을 말하는 것, 듣는 것, 두타행을 실천하는 것, 방금 위에서 언급한 근원을 구분하여 아는(mūlapariññā) 방법 등으로 계속해서 성찰하는 것 등의 선업을 끊임없이 항상 실천해야 한다. 이렇게 쉬지 않고 노력하고 있는 이에게는 불선한 마음들이 생겨날 기회를 얻지 못하고 여섯 문에서 대부분 선한 마음들만 생겨나게 된다. 이것이 실천함(samudācāra)에 대한 간략한 설명이다.

올바르게 마음기울임 여섯 대상과 만날 때마다 올바른 마음기울임(yonisomanasikāra)만을 생겨나게 해야 한다. 선법이 생겨나도록 올바르게, 여법하게 생각해야 한다는 말이다. 생각하는 모습은 다음과 같다. 아무 잘못이 없는데도 누군가 비난을 하면 다음과 같이 생각해야 한다. '〔저 사람이〕 몰라서 비난하는 것이다. 생각한 대로 함부로 말하는 것은, 마음을 잘 다스리지 못하는 이들의 본성(dhammatā)이다. 만약 사실대로 안다면 잘못 비난했다는 것 때문에 그 사람의 마음이 매우 안 좋을 것이다. 내가 지금 비난당하는 것도 잘못이 없는 사람을 비난했었기 때문일 거다. 윤회 윤전(輪廻輪轉)의 빚이 아직 남아 있어 비난당하는 것이니 마음 상할 필요 없다'라는 등으로 올바르게 마음을 기울여야 한다.

또 다른 방법으로는 '비난은 모든 사람이 겪는 세간팔법(lokadhamma)[122]이다. 부처님조차 겪어야 하는 법들인데 하물며 내가 어떻게 겪

122 이득과 손실, 명성과 악명, 칭송과 비난, 행복함과 괴로움. A8:5; 『앙굿따라 니까야』 제5권, p.69 참조.

지 않을 수 있겠는가? 이러한 세간팔법들과 만났을 때 마음이 바뀌는 것도 보통 사람들의 일이다. 참는 것은 거룩한 이들, 선한 이들만의 일이다. 나는 거룩한 이들, 선한 이들의 길만을 따라가리라. 부처님께서도 무지막지한 악당들이 자신의 몸을 톱으로 토막토막 내더라도 그 악당들에 대해서 화내면 안 된다고[123] 훈계하셨다. 만약 화를 낸다면 부처님의 가르침을 따르는 이가 아니라고 하셨다. 지금 비난받는 것은 그 톱으로 잘리는 것보다 당하기에 훨씬 수월하다. 그러니 어찌 부처님의 가르침을 받아들이지 않겠는가?'라는 등으로도 올바르게 마음을 기울여야 한다.

또 다른 방법으로는 '비난하는 사람이라는 것도 성냄을 뿌리로 한 마음과 함께 생겨나는 정신법들, 마음에 의해 생겨난 물질법들일 뿐이다. 다섯 무더기〔五蘊〕일 뿐이고, 물질과 정신일 뿐이다. 비난하는 사람이라고 하는 어떠한 존재는 따로 없다. 그 물질과 정신들도 비난하는 바로 그 사이에 사라져 버린다. 그러니 지금 화낼 일도 없다. 비난하는 물질과 정신들이 없는데도 그 뒤에 화를 내고 있으면 그 물질과 정신들의 연속된 결과인 새로운 물질과 정신들에 대해서 비난하는 것이다. 그렇다면 지금 내가 화를 내는 것은 마치 부모에게 원한을 가져 그들이 죽은 뒤에 그 아들이나 손자에게 복수를 하는 것과 같을 것이다. 비난당하고 있는 그대도 다섯 무더기일 뿐이다. 그 다섯 무더기, 물질과 정신들도 바로 지금 사라져 간다. 그러한 물질과 정신의 연속된 결과인 바로 지금 물질과 정신들이 화를 내고 있다면 부모 시대에는 어찌할 수가 없어 아들, 손자, 손녀 시대가 되어서야 복수를 하는 것과 같다'라는 등으로 올바르게 마음을 기울여야 한다.

---

123 M.i.181; 『맛지마 니까야』, p.290; 『청정도론』 제2권, p.143 참조.

이러한 것들이 올바르게 생각하는 여러 가지 방법들이다. 이렇게 생각하는 방법들은 아주 다양하다. 여기에서는 선업이 생겨나도록 올바르게 마음기울이는 모든 것들이 올바른 마음기울임(yonisomanasikāra)이다. 이것에 대한 여러 가지 내용을 제4장 법 거듭관찰(dhammānupassanā) 중, 장애(nīvaraṇa)를 설명하는 곳에서 설명하겠다.[124] 이상이 숙고함(ābhujita)에 대한 간략한 설명이다.

이렇게 제한함(niyamita) 등을 통해 여섯 문에서 선한 마음만 생겨나게 하면서 감각기능단속 계를 청정하게 해야 한다. 이렇게 노력하고 있는 이에게는 여섯 대상과 만날 때마다 대부분 선법으로서의 새김만 생겨난다. 이러한 새김을 새김단속이라고 한다. 가끔씩 불선법들이 생겨나더라도 '다시는 그렇게 생각하지 말아야지'라고 마음을 다잡아야 한다. 이렇게 다잡는 것도 감각기능단속 계를 청정하게 하는 것이다. 비유하면 참회를 함으로써[125] 범계로부터 청정하게 되는 것과 같다. 원하지 않는(aniṭṭha) 대상과 만나더라도 대부분 참을 수 있게 된다. 이렇게 참는 것을 인욕단속이라고 한다. 감각욕망 사유 등이 생겨나지 않도록, 생겨난 감각욕망 사유를 제거하도록 노력하는 것을 정진단속이라고 한다.

위에 제시한 여러 가지 방법들은 아주 좋은 것들이다. 얼핏 보기에는 쉬워 보일 수도 있다. 하지만 실제로 실천해 보면 생각한 만큼 쉽지 않고 매우 어렵다는 것을 알게 될 것이다. 무엇 때문인가 하면 수행으로

---

124 이 책의 제1권 pp.498~501 참조.

125 비구가 참회를 해야 하는 범죄를 저질렀을 때, 다른 비구에게 그 사실을 고백하면 죄가 없어진다. 이것을 '참회(desana)한다'라고 표현한다.

아직 길들여지지 않은 마음은 매우 거칠기 때문이다. '생각하지 말아야지'라고 마음먹었던 대상들도 마치 경쟁이라도 하듯이 마음대로 생겨난다. 이렇게 마음먹은 대로 그대로 있지 않고 바라지 않는 쪽으로 달아나 버리는 것, 마음이 거친 것 등은 수행으로 아직 길들여지지 않은 마음에 으레 법칙처럼 생겨나는 현상(dhammatā)이다.

(4) 수행으로 단속하는 모습

일부 사람들은 '네 가지 계 모두가 완벽하게 청정해야만 수행을 실천할 수 있다'라고, 혹은 '수행하지 않고서도 감각기능단속 계를 완벽하게 청정하게 할 수 있다'라고 생각하기도 한다. 그렇게 생각한다면 "보는 것 등에만 마음을 멈추어야 한다. 여섯 문 모두에서 어떠한 번뇌들도 전혀 생기게 해서는 안 된다"라고 확실하게 말하고 있는 주석서, 복주서들을 곰곰이 숙고해 보라.[126] 수행을 하지 않고서 어느 누가 여섯 문에서 여섯 대상이 드러나 여섯 의식들이 생겨날 때마다 번뇌들이 생겨나지 않도록 보호할 수 있겠는가? 강력한 위빳사나 수행자(balava vipassaka)[127]에게도 이러한 번뇌들이 여전히 일어날 수가 있다는 사실을 고려해 볼 때 '〔수행 없이는〕 어느 누구도 〔완벽하게〕 보호할 수 없다'라고 알아야 한다. 무엇 때문에 보호할 수 없는가? 감각기능단속으로 제거할 수 있는 번뇌들은 몸과 말로 범하는(vītikkama) 번뇌들이 아니다. 삼매

126 이 책의 제1권 pp.381~397 말루짜뿟따 경에 대한 설명을 참조하라.

127 강력한 위빳사나(balava vipassanā)란 위빳사나 지혜들 가운데 두려움 드러남의 지혜, 허물 거듭관찰의 지혜, 벗어나려는 지혜, 형성평온의 지혜이다. 유약한 위빳사나(taruṇa vipassanā)는 생멸 거듭관찰의 지혜를 시작으로 생겨난다. 이 책의 제1권 pp.169~170과 『상윳따 니까야』 제2권, pp.175~176 주 173 참조.

와 지혜로만 제거할 수 있는 드러난(pariyuṭṭhāna) 번뇌, 잠재된(anusaya) 번뇌들이다. 감각기능단속도 방편으로서의 계(pariyāya sīla)일 뿐이다. 계목단속 계처럼 진짜 계가 아니다. 법체로서 감각기능단속 계에 포함되는 여러 가지 법들인 새김, 지혜, 인욕, 정진 등도 사실은 삼매 공부지음(samādhi sikkhā 定學), 통찰지 공부지음(paññā sikkahā 慧學)에만 포함되기 때문에 수행(bhāvanā)에만 해당된다. 여기에서 지혜단속에 해당되는 것이 도의 지혜라고 밝힌 『숫따니빠따(經集) 주석서』와 『쭐라 닛데사(小義釋)』[128] 등에 특히 유의해야 한다. 이러한 여러 가지 이유들 때문에 감각기능단속 계는 수행 없이는 완벽하게 단속할 수 없다.

수행으로 다스려진 마음은 매우 부드럽고 잘 제어되어 있어 마음 둔 곳에만 머문다. 바라는 것을 곧이곧대로 생각할 수 있다. 이렇게 마음 둔 곳에만 부드럽게, 잘 제어되는 것은 수행으로 잘 길들여진 마음의 변함없는 성품이다. 그렇기 때문에 감각기능단속 계는 수행에 의해서만 완벽히 청정하게 할 수 있다. 수행이 성숙하면 성숙할수록 감각기능단속 계도 더욱 청정하게 된다. 수행이 완벽하게 성숙되었을 때에는 주석서, 복주서에 설해진 대로 완벽히 청정하게 된다. 바로 그렇기 때문에 『위숫디막가(淸淨道論)』에서 "마하 띳사(Mahātissa) 장로처럼 생각해야 한다"라고 말하였다. 그 장로는 더러움(asubha 不淨) 수행을 실천하여 아주 활짝 웃고 있는 여인을 보았어도 마음을 잘 다스릴 수 있었기 때문에 보이는 이빨에서 더러움인식(asubhasaññā 不淨想)을 생겨나게 해 초선정에 이르렀다. 바로 그 초선정을 바탕으로 위빳사나 수행을 하여

128 이 책의 제1권 p.86 참조.

아라한 과에 이르렀다. 그래서『위숫디막가(淸淨道論)』에서 옛 선인의 게송을 아래와 같이 드러내 보였다.

Tassā dantaṭṭhikaṁ disvā, pubbasaññaṁ anussarī;[129]
Tattheva so ṭhito thero, arahattaṁ apāpuṇi.

(Vis.i.20)

역해

그녀의 치아를 보고서, 이전의 인식을 기억했나니,
바로 그 자리에 서서 장로는 아라한이 되었다.[130]

이 게송의 '이전의 인식을 기억했나니(pubbasaññaṁ anussarī)'라는 구절을 통해서 마하 띳사 장로는 뼈에 대한 수행주제(aṭṭhika)를 이전부터 아주 열심히 수행했다는 것을 알 수 있다. 따라서 '마하 띳사 장로처럼 생각해야 한다'라고 한다면 그 장로처럼 아주 열심히 수행을 실천할 필요가 있다. 무엇 때문인가 하면 수행을 실천하지 않는 사람은 수행을 열심히 실천한 사람처럼 바르게 잘 생각할 수 없기 때문이다. 혹은 수행을 실천하지 않고서도 바라밀이 특별히 좋으면 바르게 생각할 수 있다고 할 수도 있다. 특별한 바라밀이 있어서 바르게 생각할 수 있더라도 '더럽다(asubha 不淨)'라고 생각하는 것은 수행일 뿐이므로 '감각기능 단속 계를 수행 없이 완벽히 청정하게 할 수 있다'라고 하면 당연히 안 된다. 그렇기 때문에 '여섯 문 모두에서 번뇌들을 전혀 생겨나게 해서는 안 된다'라고 확실하게 말하고 있는 주석서, 복주서들은 수행을 통해서

---

129 CST4 anussari.

130『청정도론』제1권, p.156 참조.

보호해야 하는 것을 목적으로 한 말들이다.

따라서 수행을 아직 하기 전에 감각기능단속 계를 청정하게 하고 싶다면 위에서 말한 여러 방법들로[131] 할 수 있는 만큼 보호하면 된다. 완전히 청정하길 원한다면 수행만 노력해야 한다. '감각기능단속 계가 아직 완전히 청정하지 않은 채 수행해도 될까?'라고 의심하고 고민하면서 시간을 낭비해서는 안 된다. 수행을 해야 그 수행 마음일어남(bhāvanā cittuppādā)[132]에 모든 단속법들도 포함되어 생겨나 감각기능단속 계도 완전히 청정하게 될 것이다.

(5) 명심해야 할 것의 요약

비구들이라면 먼저 계목단속 계와 생계청정 계를 완벽히 청정하게 해야 한다. 무엇 때문인가 하면 그 두 가지 계가 무너지면 범계에 해당되어 명령어김(āṇāvītikkama)이라는 장애가 생기기 때문이다. 그 두 가지 계 중에서도 계목단속 계가 더 근본적이다. 그 이유는 계목단속 계가 청정하면 생계청정 계도 〔저절로〕 청정하기 때문이다. 청정한 모습은 다음과 같다. 생계청정 계를 어기게 되면 범계에 해당되어 계목단속 계도 무너진다. 그렇기 때문에 계목단속 계가 완전히 청정하기를 바란다면 범계에 해당되는 삿된 생계(micchājīva)라고 하는 모든 것들을 삼가야 한다. 바른 방법에 의지해서만 구하고, 바른 방법에 의해서 얻은 필수품들만 사

131 제한함, 바꿈, 계속 실천함, 숙고함을 통해서.

132 수행하는 마음, 그리고 그 마음과 함께 생겨나는 마음부수 등의 법들을 말한다.

용해야 한다. 그러면 생계청정 계도 청정하게 된다.

감각기능단속 계와 필수품관련 계들도 수행 이전에 할 수 있는 만큼 완전히 청정하게 해야 한다. 그 이유는 청정한 이 두 가지 계도 '후회 없음' 등을 생겨나게 하기 때문이다. 그렇지만 수행 이전에 이 두 가지 계가 청정하지 않다고 해서 수행의 장애가 되지는 않는다. 따라서 이 두 가지 계가 아직 완전하지 않은 것을 핑계로 수행을 미루지 말라. 계목단속 계와 생계청정 계, 이 두 가지 계가 청정한 때를 시작으로 수행을 실천해야 한다. 수행하라. 수행해야 그 수행 마음일어남(bhāvanā cittuppādā)에 포함되어 네 가지 계가 모두 완전히 청정하게 될 것이다. 이렇게 청정해지는 모습은 재가자의 계를 설명하는 단락의 마지막에 더욱 분명하게 설명할 것이다. 이상이 비구의 계청정이 생겨나는 모습이다.

출가자의 계청정이 끝났다.

재가자의 계청정

1. 네 가지 계

재가자의 계청정은 출가자의 계청정보다 그리 광범위하거나 어렵지 않다. 5계나 생계 제8계(ājīvaṭṭhamaka sīla 바른 생계를 여덟 번째로 하는 계)[133]를 수지하여 잘 지키는 것만으로도 계청정이 완성된다. 5계와 생계 제8계가 일부 조문상에 서로 다름에도 불구하고 왜 계청정을 완성하게 하는 것으로는 같다고 말하는가? 그것은 지키는 것, 삼가는 것으로 같기 때문이다.

어떻게 같은가? 5계를 수지한 이가 그 5계를 완전히 지키게 되면 직접적으로 수지하겠다고 맹세한, 분명한 다섯 가지 항목만 지키는 것이 아니다. 말의 업으로는 똑같기 때문에 거짓말에 포함되는, 이간하는 말(pisuṇavacā), 거친 말(pharusavāca), 진리에 관계된 말이 아닌 쓸데없는 말(samphappalāpa), 이러한 말의 업 세 가지도 하지 않도록 잘 보호한다. 몸의 불선업 세 가지, 말의 불선업 네 가지를 완전하게 잘 보호하는 이라면 삿된 생계(micchājīva)도 행하지 않는다. 그래서 5계는 생계

133 세 가지 몸의 악업(살생, 도둑질, 삿된 음행)을 삼가는 것과 네 가지 말의 악업(거짓말, 이간하는 말, 거친 말, 쓸데없는 말)을 삼가는 것, 그리고 여덟 번째로 바른 생계인 계.

제8계와 같다.

생계 제8계를 완벽하게 잘 지키는 이도 마찬가지로 감각대상에 잘못을 범하는 것으로는 똑같아 삿된 음행(kāmesumicchācāra)에 포함되는 음주(surāpāna)도 하지 않도록 잘 지키게 된다. 그래서 생계 제8계도 5계와 같다고 말할 수 있다. 이렇게 지키는 것, 삼가는 것으로 같기 때문에 위의 두 가지 계 중 어느 하나를 수지하고 잘 지키면 계청정이 완전히 구족된다. 이러한 5계, 생계 제8계 중에서 생계유지와 관련되지 않은 몸의 불선업 세 가지, 말의 불선업 네 가지를 잘 삼가는 것이 계목단속계이다. 생계유지와 관련된 몸의 불선업 세 가지, 말의 불선업 네 가지를 잘 삼가는 것이 생계청정 계이다.

생계청정 계에 대해서는 재가자의 계를 출가자의 계와 같다고 알아서는 안 된다. 출가자들의 경우에는 삿된 생계를 행하고 있는 중이거나, 삿된 생계로 얻은 필수품들을 사용하는 중이라면 부처님의 명령(āṇā)을 어긴 것이므로 범계에 해당된다. 바른 생계도 무너진다. 하지만 재가자의 경우에는 생계를 위해서 몸이나 말로 불선업을 행하고 있을 때만 바른 생계가 무너진다. 삿된 생계로 얻은 필수품들을 사용할 때는 생계청정 계가 무너지지 않는다. 무엇 때문인가? 사용하는 중에는 살생 등의 몸의 불선업, 말의 불선업들을 행하고 있는 것도 아니고 출가자들처럼 부처님의 명령을 어기는 것도 아니기 때문이다. 그러므로 재가자의 경우에는 삿된 생계로 얻은 물건들을 출가자처럼 버릴 필요까지는 없다. 버리지 않고서도 생계를 위해서 몸의 불선업, 말의 불선업들을 다시 행하지 않으면 생계청정 계가 무너지지 않고 청정한 것이다.

감각기능단속 계의 경우에는 출가자들과 마찬가지로 수행을 하기 전에 미리 완벽하게 구족하기는 어렵다고 이미 밝힌 바 있다.[134] 재가자의 경우에 대해 특별히 말할 것은 없다.

필수품관련 계도 "재가자들의 경우는 필수품들을 반조하지 않고 사용해도 빚수용(iṇaparibhoga)에 해당되지 않기 때문에" 출가자들에만 해당된다. 그렇기는 해도 경전의 가르침과 관련되기 때문에 필수품들을 숙고하고 사용하면 재가자들에게도 선업들이 늘어나고 불선업들이 줄어들 것이라는 점에 대해서는 의심할 여지가 없다. 또한 수행을 실천하고 있는 동안에는 수행의 마음들이 일어나기 때문에 네 가지 계 모두가 완전히 청정하다. 이는 다음에 분명하게 설명할 것이다.[135]

2. 오랫동안 계가 청정하지 않고서도 계청정이 생겨나는 모습

(1) 잘못된 견해

'계를 여러 날, 여러 달, 여러 해, 이렇게 오랫동안 청정하게 하고 나서 수행을 해야 한다. 그래야 삼매와 지혜가 생겨날 수 있다'라고 생각하는 사람들이 있다. 삼장 경전, 주석서, 복주서 어느 곳에도 '이 정도의 기간 동안 계를 청정하게 한 다음에 수행을 해야 한다'라고 밝혀 놓은 문헌이 없기 때문에 이러한 견해는 그들만의 생각이다. 분명히 설

134 이 책의 제1권 pp.94~95 참조.
135 이 책의 제1권 pp.137~144 참조.

명하면 다음과 같다. 출가자들의 경우에는 계목단속 계를 범하면 '명령어김(ānāvītikkama) 장애'에 해당된다. 그래서 그 계목단속 계를 우선 청정하게 해야 한다. 그렇긴 해도 '얼마 정도 기간 동안 청정하게 한 후에 수행을 해야 한다'라고는 어느 경전, 주석서, 복주서에서도 밝혀 놓지 않았다. 따라서 출가자라면 계목단속 계가 청정한 바로 그 순간부터 수행해도 된다. 재가자는 말할 필요조차 없다. 바라밀이 구족하다면 그때부터 시작해서 삼매와 위빳사나 지혜, 도와 과까지도 증득할 수가 있다.

재가자들이 실천하는 5계는 부처님의 가르침이 있을 때나 없을 때나 존재한다. 그 5계를 범하게 되면 어쨌든 허물이다. 5계를 구족하면 선업이 생겨나는 것이다.

5계를 범하는 것, 구족하는 것은 부처님께서 설하셨기 때문에 허물이 되고, 이익이 되는 것이 아니다. 법의 본래성품(sabhāvahamma)에 따라서 허물이 되고, 이익이 되는 것이다. 따라서 재가자가 그 이전에 계를 어긴 것이 "오무간업(pañcānantariya kamma 五無間業), 비구니를 범한 업(bhikkhunī dūsana kamma), 성자비방업(ariyūpavāda kamma)이 아니면" 도와 과를 얻지 못하도록 방해하는 장애가 되지 않는다. 반대로 오무간업, 비구니를 범한 업, 성자비방업 등의 업을 행했다면 재가자든, 출가자든 이번 생에서는 도와 과를 얻을 수 없다. 여기에서 도와 과를 얻지 못하게 하는 다섯 가지 장애들을 설명하겠다.

(2) 다섯 가지 장애

업 장애 어머니를 죽임(mātughāta), 아버지를 죽임(pitughāta), 아라한을 죽임(arahantaghāta), 부처님 몸에 피가 고이도록 상처 입힘(lohituppāda), 승단을 분열시킴(saṅghabheda 출가자들에게만 해당), 이러한 다섯 가지 업은 죽은 후 바로 다음에(틈이 없이 無間) 악처인 지옥에 확실하게 떨어지게 하기 때문에 무간업(ānatariya kamma 無間業)이라고 한다. 이 오무간업은 천상의 장애, 도의 장애, 두 가지 모두에 해당된다. 계를 지니는 비구니를 범하는 것인 비구니를 범한 업(bhikkhunī dūssana kamma)도 도의 장애에 해당된다. 이 여섯 가지 업을 업 장애(kammantarāya)라고 한다.

번뇌 장애 '선업, 불선업이라고 하는 것은 없다. 행해도 선업, 불선업이 되지 않는다. 선업의 과보, 불선업의 과보 등을 주지 않는다'라는 견해를 고집하는 무작용견(akiriya diṭṭhi 無作用見), '중생들은 죽고 나면 없어진다. 끝이다. 다른 생에 다시 태어나지 않는다. 선업, 불선업들의 좋은 결과, 나쁜 결과라고 하는 것은 없다'라는 견해를 고집하는 허무견(natthika diṭṭhi 虛無見), '좋은 결과, 나쁜 결과를 생기게 하는 선업, 불선업이라고 하는 업이라는 원인은 없다. 이유 없이 저절로 행복하다. 저절로 고통스럽다'라는 견해를 고집하는 무인견(ahetuka diṭṭhi 無因見), 이러한 세 가지 사견은 그 사견을 버릴 수 없을 정도로 고착화되면 죽은 후에 바로 다음에 악처인 지옥에 확실하게 떨어지게 하기 때문에 결정된 사견(niyata micchādiṭṭhi)이라고 한다. 천상의 장애와 도의 장애, 두 가지 장애 모두에 해당된다. 번뇌 장애(kilesantarāya)라고도 한다. 위의 세 가지 사견 중에 첫 번째 사견인 무작용론은 원인을 거부한다. 두 번째 사견인 허무론은 결과를 거부한다. 세 번째 사견인 무인론은 원인과 결과, 둘 다를 거부한다. 그렇지만 원인을 거부하는 것은 결과를 거부하는 것과 같다. 결과를 거부하는 것도 원인을 거부하는 것과 같다. 따라서 세 가지 사견 모두가 간략히 말하면 '원인인 선업, 불선업이란 없다. 그 업들의 좋은 결과, 나쁜 결과도 없다'라고 주장하는 견해라고 알아야 한다.

과보 장애 원인 없는 재생연결로 태어난 것, 두 가지 원인을 가진 재생연결[136]로 태어난 것을 과보 장애(vipākantarāya)라고 한다. 이것은 도의 장애에만 해당된다. 천상의 장애는 아니다. '이렇게 원인 없는 재생연결, 두 가지 원인을 가진 재생연결로 태어난 이는 태어날 때 지혜가 포함되지 않았기 때문에 도와 과를 얻을 수 없다. 하지만 선업이 있으면 사람이나 욕계천신으로는 태어날 수 있다'라고 알아야 한다.

성자비방 장애 그 사람이 성자(聖者)라고 알았든지 몰랐든지 성자의 공덕을 폄하하거나, 계를 무너뜨리게 하거나, 비난하고 비방하는 것을 성자비방 장애(ariyūpavādantarāya)라고 한다. 천상의 장애와 도의 장애, 둘 다에 해당된다. 그렇지만 그분에게 가서 합장하고 용서를 구하게 되면 그러한 장애는 사라진다.[137]

---

136 『아비담마 길라잡이』(상), pp.398~399 참조.

137 『청정도론』 제2권, pp.379~381 참조.

명령어김 장애 출가자의 경우, 알면서 일곱 가지 범계[138] 중 어느 하나를 범하는 것을 명령어김 장애(ānāvītikkamantarāya)라고 한다. 천상의 장애와 도의 장애, 둘 다에 해당된다. 그렇지만 율장에 따라서 출죄(出罪)하게 되면 그러한 장애는 사라진다.

Tepi yāva bhikkhubhāvaṁ vā paṭijānāti, na vuṭṭhāti vā, na deseti vā, tāvadeva, na tato paraṁ.

(MA.ii.9)

대역

yāva**어떤 기간까지** bhikkhubhāvaṁ vā paṭijānāti바라이죄를 범하고서도 여전히 **비구의 지위를 유지하며 지내거나,** na vuṭṭhāti vā중죄인 승잔죄로부터 〔적합한 절차를 통해〕 **출죄하지 않거나,** na deseti vā경죄에 대해서는 **참회하지 않는,** tāvadeva**그 기간 동안만** tepi**그것,** 즉 일곱 가지 죄의 무더기**들도** (antarāyikā)천상의 장애, 도의 **장애가 된다.** tato**그** paraṁ**다음부터는,** 즉 〔바라이죄의 경우라면 그 죄를 밝히고〕 재가자의 상태나, 다시 사미의 상태로 돌아갔을 때, 〔중죄, 곧 승잔죄의 경우에는 별주(parivāsa), 마나타(manatta), 원상회복(abbhāna)의 절차를 다 밟아〕 출죄한 후에, 〔경미한 죄라면〕 참회를 한 후에는 na (antarāyikā)**장애가 되지 않는다.**

---

138 ① 바라이죄(pārājika 波羅夷罪): 이 죄를 범하면 승단에서 축출된다. ② 승잔죄(saṅghādisesa 僧殘罪): 이 죄를 범하면 그 죄를 숨긴 날수만큼 별주의 처벌을 받은 후, 6일 동안 마나타를 또 받고, 마지막으로 20명의 승가 앞에서 원상회복의 절차를 거쳐 출죄된다. ③ 조죄(thullaccaya 粗罪): 이 죄를 범하면 분명한 실토에 의해 죄를 명백히 드러내어, 그 죄목에 해당되는 처벌방법에 의해 출죄된다. 바라이죄와 승잔죄에서 파생된 죄이다. ④ 단타죄(pācittiya 單墮罪): 참회하는 것으로 출죄된다. ⑤ 회과죄(pāṭidesanīya 悔過罪): 네 가지가 있으며 참회하는 것으로 출죄된다. ⑥ 악설죄(dubbhāsita 惡說罪): 모욕하려는 의도 없이 종족 등에 대해 농담했을 때 적용되는 범계다. ⑦ 악작죄(dukkaṭa 惡作罪): 75가지 실천항목(sekkhiya)을 범한 경우의 죄다. 『청정도론』 제1권, p.159 참조.

지금까지 말한 다섯 가지 장애에 해당되는 내용들을 잘 살펴보면 재가자들이 그냥 보통으로 계를 어기는 것은 도와 과를 못 얻도록 가로막는 장애법(antarāyika dhamma)에 해당되지 않는다는 사실이 분명하다. 바로 그렇기 때문에 이전에는 계가 청정하지 못했던 산따띠(Santati) 장관, 아리야(Ariya) 어부, 어떤 소매치기, 사라나니(Saraṇāni) 석가족 거사, 이러한 사람들이 모두 도와 과를 증득할 수 있었다.

(3) 관련 예화

산따띠 장관, 아라한이 되다

반란 진압의 공을 세운 산따띠 장관에게 꼬살라(Kosala) 국의 빠세나디(Pasenadi) 대왕은 7일간 왕의 영화를 하사하였다. 그래서 산따띠 장관은 일주일 내내 술에 취해 왕의 부귀호사를 누리며 즐기면서 지냈다. 7일째 되는 날, 시종들을 거느리며 목욕하러 강둑에 가던 장관은 우연히 마주친 부처님께 〔타고 있던〕 코끼리 위에서 단지 고개를 끄덕이는 것으로만 예를 올렸다. 그러자 부처님께서는 "이 장관은 바로 오늘, 나의 면전에서 게송 하나를 듣고 아라한이 될 것이다. 그리고 재가자로서 반열반에 들 것이다"라고 말씀하셨다. 그 말을 들은 외도들은 "이렇게 코가 삐뚤어지게 술에 취한 사람이 바로 오늘 법을 듣고 재가자로 반열반에 든다니 어떻게 그런 일이 일어날 수 있겠는가! 오늘 드디어 고따마가 거짓말을 했다고 괴롭힐 수 있겠구나"라고 비방했다. 바로 그날 저녁, 장관이 제일 아끼던 무희가 장관을 즐겁게 해 주려고 춤추고 노래하다가 갑자기 죽어 버렸다. 그러자 장관은 참을 수 없을 정도로 커다란 슬픔과 비탄에 빠졌고 그러한 슬픔을 잠재우기 위해 부처님께 찾아갔다. 부처님께서는 아래의 게송을 읊으셨다.

Yaṁ pubbe taṁ visosehi, pacchā te māhu kiñcanaṁ;
Majjhe ce no gahessasi, upasanto carissasi.

(Sn. 게송 955)

대역

pubbe이전에 이미 사라져 버린, **지나간 것,**
물질·정신 형성들**에 대한** yaṁ = ye kilesā**어떤 번뇌들,**
(uppajjeyyuṁ)그 번뇌들이 생겨날 수 있다.
taṁ = te kilesā**그것을,** 즉
과거의 형성들을 집착해서 생겨날 수 있는
그러한 번뇌들을 visosehi**말려 버려라.**[139]
paccha나중에 생겨날, **다가올 것,**
물질·정신 형성들**에 대해** te**그대에게**
kiñcanaṁ애착 등의 **어떠한 것도,** 어떠한 애씀도
mā ahu**생겨나게 하지 말라.**
majjhe현재의 물질·정신 형성들이라는 **중간에 대해서**
ce no gahessasi만약 갈애와 사견으로 **집착하지 않는다면**
(evaṁ sati)이렇게 된다면
(tvaṁ)그대는 upasanto**번뇌의** 뜨거운 **불이**
완전히 그친 이가 되어
carissasi**지낼 수 있을 것이다.**[140,141]

---

139 원주(본문내용): 빠알리어 원문에 'visodhehi'라고 'dh'로 쓴 것은 'sukkhāpehi, visukkhāpehi'라고 설명하고 있는 『닛데사(Niddesa 義釋)』 원문과 일치하지 않는다.

140 원주(본문내용): 『닛데사(Niddesa 義釋)』 원문과 일치하도록 번역하였다.

141 전재성 역주, 한국빠알리성전협회, 『숫타니파타』, p.454 참조.

산따띠 장관은 이 게송을 듣고 아라한이 되었고 부처님께서 미리 말씀한 대로 사람들의 의심을 없애 주기 위해 신통으로 야자나무의 일곱 배 높이 위로 올라가서 바로 그 자리에서 재가자의 신분으로 반열반에 들었다고 『담마빠나(法句經) 주석서』 등에서 설명하고 있다.[142] 게송을 듣고서 아라한이 되었다고 하는 것에 대해서, 또는 이와 비슷한 다른 일화에 대해서도, 물질과 정신을 관찰하고 새기지 않고서 단지 법문을 듣는 것만으로 도와 과를 얻을 수 있다고 생각해서는 안 된다. 법문을 들으면서 물질과 정신을 관찰하고 새기며 위빳사나 지혜, 도와 과의 지혜가 차례대로 생겨나 수다원, 사다함, 아나함, 아라한이 되었다고 알아야 한다. 그렇기 때문에 「새김확립 긴 경(大念處經)」의 주석에서 아래와 같이 설명하였다.

> Yasmā pana kāyavedanācittadhammesu kañci dhammaṁ anāmasitvā bhāvanā nāma natthi, tasmā tepi imināva maggena sokaparideve samatikkantāti veditabbā.
>
> (DA.ii.339)

해석

하지만 게송을 듣고 도와 과에 이르렀다고는 해도 **몸·느낌·마음·법 중의 어느 한 법이라도 고찰하지 않고서는**, 관찰하고 새기지 않고서는 통찰지**수행**(paññābhāvanā)**이라고 할 수 있는 것은 없다. 그러므로 그들** 산따띠 장관이나 빠따짜라 여인**도 이** 새김확립이라고 하는 길, 방법, **도에 의해 슬픔과 비탄을 극복했다고 알아야 한다.**

142 『법구경 이야기』 제2권, pp.398~400 참조.

의미 게송을 듣고 산따띠 장관은 아라한이 되었고 빠따짜라 여인도 수다원이 되었다는 것은 사실이다. 하지만 몸·느낌·마음·법이라고 하는 네 가지 중에서 어느 하나라도 관찰하지 않고 위빳사나 지혜, 도의 지혜 등을 생겨나게 하는 수행은 있을 수 없다. 그렇기 때문에 그들 산따띠 장관과 빠따짜라 여인도 몸·느낌·마음·법을 새기는 사띠(sati), 즉 새김 확립 수행이라는 도만으로 아라한 과, 수다원 과에 이르러 슬픔과 비탄을 완전히 극복했다고 알아야 한다.

위의 〔산따띠 장관의〕 일화에서 '7일 내내, 법문 듣기 전까지 술에 취해 있었다'라고 했기 때문에 그 이전에 계청정을 구족하지 않고서 도와 과에 이른 것이 분명하다. '최종생자(pacchimabhavika 最終生者)[143]이기 때문에 그렇게 〔아라한과에〕 도달할 수 있었던 것 아닌가?'라고 생각하지 말라. 무엇 때문인가? 최종생자라고 해도 만약 비구였다면 그 이전에 계가 청정하지 못한 것이 도를 얻는 데 장애가 되어 도와 과를 얻지 못하기 때문이다. 이러한 내용을 〔산따띠 장관 등과〕 마찬가지로 최종생자였던 웃띠야(Uttiya) 존자에게 훈계하신 부처님의 말씀을 통해서도 알 수 있다.

웃띠야 존자에게 훈계하신 말씀

> Tasmātiha tvaṁ, uttiya, ādimeva visodhehi kusalesu dhammesu. Ko cādi kusalānaṁ dhammānaṁ? Sīlañca suvisuddhaṁ, diṭṭhi ca ujukā. Yato kho te, uttiya, sīlañ-

---

143 이번 생에 아라한이 되어 다시는 태어나지 않는 사람이라는 뜻으로 '최종생자'라고 번역하였다.

ca suvisuddhaṁ bhavissati diṭṭhi ca ujukā, tato tvaṁ, uttiya, sīlaṁ nissāya sīle patiṭṭhāya cattāro satipaṭṭhāne bhāveyyāsi.

(Satipaṭṭhāna saṁyutta, S.iii.344)

대역

Uttiya**웃띠야** 비구**여**, tasmā'수행하도록 간략하게 설해 주십시오'라고 그대가 청했기 때문에, **그러므로** tvaṁ**그대는** kusalesu dhammesu **선법**(善法)들 **중에서** ādimeva**처음을 확실**히 visodhehi**청정하게 하라**. kusalānaṁ dhammānaṁ**선법들 중** 제일 먼저 청정하게 해야 한다는 그 ādi**처음이라고 하는 것은** ko ca**무엇인가?** suvisuddhaṁ**아주 청정한** 계목단속 sīlañca**계와** ujukā**올바른** diṭṭhi ca**정견**, 즉 '업과 업의 결과가 있다'라고 믿는 정견**이다**. Uttiya**웃띠야** 비구**여**, yato kho**실로 어느 때**, 즉 te**그대의** sīlañca계목단속 계**도** suvisuddhaṁ**아주 청정하고** diṭṭhi ca업 자기재산 **정견**(kammassakatā sammādiṭṭhi)[144]**도** ujukā**올바르게** bhavissati**되었을 때**, Uttiya**웃띠야** 비구**여**, tato**그때** tvaṁ**그대는** sīlaṁ nissāya계목단속 **계를 의지하여**, sīle patiṭṭhāya계목단속 계**에 기반을 두고**[145] cattāro satipaṭṭhāne**네 가지 새김확립들을** bhāveyyāsi**수행하라**.

이 경전 내용에서 '계를(sīlaṁ)'이라고 일반적으로만 설하셨어도 『선

144 각자의 업만이 각자의 진정한 재산임을 확실하게 아는 정견.

145 역자는 'patiṭṭhāya'를 '기반을 두고'라고 번역하였다. 저본에는 'patiṭṭhāya'를 '의지하여'라고, 마찬가지로 'patiṭṭhā'도 '의지처, 의지할 곳'이라고 번역하였다. 이 의미도 가지면서 'nissaya(의지)'라는 단어와의 중복을 피하기 위해 '기반을 두고, 기반'이라고 번역해 보았다. '굳건히 머물고서'라고도 번역하는데(『청정도론』 제1권, p.121; 『상윳따 니까야』 제1권, p.176 참조) '머물다'의 의미에 '일시적으로 어느 곳에 머무는'이라는 의미가 있어 그보다는 계를 언제나 바탕으로 하여 수행하는 의미를 살려 보았다. 이 책의 제1권 pp. 144~148 계에 기반을 두는 모습 참조.

정분별(Jhāna vibhaṅga)』과 『깡카띠까(Kaṅkhāṭīkā) 띠』라는 문헌들에서 설명하고 있는 것에 따라 '〔그 계는〕 계목단속 계를 의미한다'라고 자세한 의미를 밝히고 있다. 이 가르침에서 '계목단속 계가 청정할 때 네 가지 새김확립들을 수행하라'라고 가르치셨다. '얼마 정도 오랫동안 청정하게 해야 한다'라고는 가르치지 않으셨다. 이러한 의미에 아주 주의를 기울여야 한다. 그 밖에 '네 가지 새김확립 주제 중 어느 하나만을 관찰하라'라고도 가르치시지 않았고, 〔단지〕 '네 가지 새김확립들을 수행하라'라고만 설하셨기 때문에, 새김의 주제인 네 가지 모두를 다 수행하는 것도 "부처님의 가르침에 해당된다"라고 알아야 한다.[146]

웃띠야 존자는 위의 부처님의 가르침에 따라 수행하였고 머지않아 아라한이 되었다는 내용이 그 경전에 이어서 설명되어 있다. 이 경전에서 웃띠야 존자는 최종생자였다. 하지만 비구로서의 계가 청정하지 못하면 도를 얻는 데 장애가 되기 때문에 계를 먼저 청정하게 하라고 부처님께서 가르치신 것이다. 결정된 사견(niyatamicchādiṭṭhi)을 가지는 것도 장애가 되기 때문에 견해도 바르게 하라고 가르치셨다. 여기에서 부처님께서 웃띠야 존자에게 훈계하신 모습과 산따띠 장관의 일화를 함께 비교해 보면 "최종생자인 존재라고 해도 비구의 계가 무너지는 것은 도와 과의 장애가 된다. 재가자의 계가 무너지는 것은 장애가 되지 않는다"라는 의미가 분명하게 드러난다. 따라서 '최종생자이기 때문에 그 이전에 계가 청정하지 않더라도 도와 과를 얻을 수 있었다'라는 말은 적당하지 않다.

---

146 이 책의 제1권 pp.598~599 특별히 주의해야 할 사항 참조.

어부 아리야가 특별한 도를 얻는 모습

한때 부처님께서는 아리야(Ariya)라고 하는 어부가 법을 증득할 조건이 갖추어짐(upanissaya)을 보시고 사왓티(Sāvatthi)의 북문 근처 마을에서 탁발하신 후 승가 대중과 함께 돌아오셨다. 그때 낚싯대로 고기를 잡고 있던 어부 아리야는 승가 대중과 함께 오시는 부처님을 보고 낚싯대를 내려놓고 그대로 서 있었다. 부처님께서 "그대는 이름이 무엇인가?"라고 물었고 그는 "아리야라고 합니다"라고 답했다. 그러자 부처님께서는 "그대처럼 〔다른 존재들을〕 괴롭히고 죽이는 이를 성자(ariya 아리야)라고 할 수 없다. 성자라면 괴롭히거나 죽이지 않는다"라고 말씀하시고 아래의 게송을 읊으셨다.

Na tena ariyo hoti, yena pāṇāni hiṁsati;
Ahiṁsā sabbapāṇānaṁ, "ariyo"ti pavuccati.

(Dhp. 게송 270)

대역

yena 성냄 등의 어떤 이유 때문에
pāṇāni**생명을**, 중생들을
hiṁsati괴롭히고 죽이며 **해친다면**
tena그 성냄 등의 이유 때문에
na ariyo hoti**성자가 아니다.**
성자라고 할 수 없다.
sabbapāṇānaṁ **일체 생명을**, 중생들을
ahiṁsā**해치지 않기 때문에**
ariyoti**성자라고** pavuccati**부른다.**

이 가르침의 끝에 어부 아리야는 수다원이 되었다고 『담마빠다(法句經) 주석서』에 나와 있다.[147,148]

소매치기 일화

한때 부처님께서 제따와나(Jetavana)에서 법을 설하고 계실 때 법문을 듣던 대중 중에 소매치기 두 사람이 있었다. 두 사람 중 한 사람은 법문을 경청하다가 수다원이 되었다. 다른 한 소매치기는 다른 이의 지갑을 소매치기해서 다섯 닢[149]을 훔쳤다. 그 소매치기가 집에 돌아왔을 때 수다원이 된 친구를 "어이, 친구, 너는 너무 기술이 좋아서 밥벌이조차 하지 못하는구나"라고 놀렸다. 그때 수다원이 된 사람은 '저 사람이 뭘 몰라서 자신을 지혜롭다고 생각하고 있구나'라고 바르게 마음기울이며 생각하고는 그러한 내용을 부처님께 말씀드렸다. 그러자 부처님께서는 다음의 게송을 읊으셨다.

Yo bālo maññati bālyaṁ, paṇḍito vāpi tena so;
Bālo va paṇḍitamānī, sa ve "bālo"ti vuccati.

(Dhp. 게송 63)

대역

yo bālo잘 모르는, **어리석은** 어떤 **이가**
bālyaṁ**스스로** 잘 모르고, **어리석은 줄** maññati**안다면,**
so**그는** tena**그**렇게 스스로
어리석다는 것을 잘 알기 **때문에**

147 원주(본문내용): DhpA.ii.251.
148 『법구경 이야기』 제3권, p.171 참조.
149 '닢'으로 번역한 māsaka는 보통 '냥'으로 번역하는 kahāpaṇa의 1/20에 해당하는 금액이다.

paṇḍito vāpi**지혜로운 이도 될 수 있다.**
(yo pana)어떤 이가
bālo eva스스로 잘 모르는, **진짜 어리석은 이면서도**
paṇḍitamānī'나는 지혜가 있다'라고 생각하며
스스로 현명하다 생각하면,
so지혜가 없으면서도 지혜가 있다고 생각하는 그를
ve**진실로** sabāloti**어리석다고** vuccati**말한다.**[150]

잘 알지 못하고 어리석은 바보이기는 하지만 '나는 잘 모른다, 바보다'라고 안다면 오히려 다행이다. 자기보다 더 잘 알고 더 지혜로운 이들의 가르침을 듣고 자신도 지혜로운 이가 될 수 있기 때문이다. 잘 알지 못하고 어리석은 바보임에도 불구하고 '나는 지혜가 있어, 나는 잘 알아, 잘 이해해'라고 생각하고 있는 이가 진짜 바보이다. 자기만큼 잘 알고 잘 이해하는 이는 없다고 생각하고 어느 누구의 훈계도 받아들이지 않기 때문에 그 사람은 바보의 상태로부터 벗어날 방법이 없다. 지혜로운 이가 될 수가 없다. 그렇기 때문에 그러한 사람을 '진짜 바보'라고 부른다.

사라나니 거사

석가족의 왕족이었던 사라나니(Saraṇāni) 거사가 죽자 부처님께서는 "사라나니는 수다원이 되어 사악처에서 벗어났다"라고 말씀하셨다. 그러자 석가족들은 반박하고 나섰다. 어떻게 반박했는가는 『상윳따 니까야(Saṁyutta Nikāya 주제별 경모음집)』에 다음과 같이 나온다.

---

150 『법구경 이야기』 제2권, p.45 참조.

"Acchariyaṁ vata, bho, abbhutaṁ vata, bho! Ettha dāni ko na sotāpanno bhavissati! Yatra hi nāma saraṇāni sakko kālaṅkato; so bhagavatā byākato — 'sotāpanno avinipātadhammo niyato sambhodhiparāyaṇo'ti. Saraṇāni sakko sikkhādubbalyamāpādi, majjapānaṁ apāyī"ti.

(S55:24)

"Acchariyaṁ vata, bho, abbhutaṁ vata, bho! … Saraṇāni sakko sikkhāya aparipūrakārī (ahosī)"ti.[151]

(S55:25)

해석

놀랍습니다, 여러분. 희유합니다, 여러분. 지금 이 사람들 중에 어느 누구가 수다원이 되지 않겠습니까? 왜냐하면 죽은 사라나니에 대해서 세존께서는 "사라나니는 수다원이 되어 파멸처에 떨어지지 않는 법을 가졌다. 해탈이, 또는 성스러운 도에 의해 태어날 곳과 지혜(gati ñāṇa)가 **확실하고 바른 깨달음으로 나아간다.** 위의 도들을 확실하게 얻을 것이다"**라고 수기하셨습니다, 여러분. 석가족 사라나니는 공부지음에 있어 힘이 아주 약했습니다. 술을 계속 마셨습니다.** (그럼에도 불구하고 수다원이 되었다고 합니다, 여러분.)

(S55:24)

놀랍습니다, 여러분. 희유합니다, 여러분. 지금 이 사람들 중에 어느 누구가 수다원이 되지 않겠습니까? … **석가족 사라나니는 계 공부지음을 구족하도록 실천하지도 않았습니다.** (그럼에도 불구하고 수다원이 되었다고 합니다, 여러분.)

(S55:25)

---

151 원주(본문내용): 앞과 이 부분만 차이가 난다.

위와 같이 반박했다고 한다. 그러한 사실을 마하나마(Mahānāma) 왕이 부처님께 말씀드리자 부처님께서는 여러 종류의 사람에 대한 설법을 연민심으로 자세하게 설하셨다. 설하신 자세한 내용을 알고자 한다면 『상윳따 니까야(수다원 상윳따, 사라나니 품)』「사라나니 경 1, 2」[152]를 참조하라.[153]

그 다음에 자갈밭, 혹은 그루터기들이 잔뜩 어질러진 황무지, 바다 근처 질이 나쁜 땅에 다 썩어 빠진 씨, 질이 좋지 않은 씨를 심으면 그 씨에서 새싹이 날 수 없고 자랄 수 없듯이 바르지 않은 방법에 따라서 실천하고 노력하는 것으로는 도와 과, 열반을 얻을 수 없다는 것, 그리고 매우 좋은 밭에 질이 좋은 씨를 심으면 그 씨에서 새싹이 잘 나서 무성하게 자랄 수 있듯이 정등각자 부처님께서 설하신 바른 방법에 따라 실천하고 노력하는 것으로 도와 과, 열반을 확실하게 얻을 수 있다는 내용을 설하시고 나서, "그런데 하물며 바른 방법에 따라서 노력한 사라나니 거사가 왜 수다원이 되지 못하겠는가?"라고 하시면서 아래의 가르침을 마지막으로 설하셨다.

> "Kimaṅgaṁ pana saraṇāniṁ sakkaṁ. Saraṇāni, Mahānāma, sakko maraṇakāle sikkhāya paripūrakārī〔ahosī〕"ti.
>
> (S.iii.331)

대역

"Saraṇāniṁ sakkaṁ**석가족인 사라나니가** Kimaṅgaṁ pana**왜 수다원이 될 수 없다고 생각하는가?** Mahānāma**마하나마 왕이여,** Saraṇāni

---

152 원주(본문내용): S.iii.326.

153 PTS본에는 Sarakāni로 되어 있다. 『상윳따 니까야』 제6권, pp.305~315 참조.

sakko**석가족인 사라나니는** maraṇakāle**임종에 즈음해서** sikkhāya계 **공부지음을** paripūrakārī**구족하**게 실천하**였다**"iti**라고 말씀하셨다**.

이 경전을 통해서 "사라나니 거사가 그 이전에는 계가 청정하지 않았다"라는 사실, "죽을 즈음에야 수다원이 되어서 계 공부지음을 구족하였다"라는 사실을 분명하게 알 수 있다.

지금까지 말한 어부 아리야, 소매치기, 석가족 사라나니 등은 수다원까지만 되었기 때문에 최종생자(pacchimabhavika)는 아니었다. 그렇기 때문에, "최종생자이기 때문에 그 이전에 계가 청정하지 않아도 도와 과를 얻을 수 있다"라고 하는 것은 근거가 없다.

(4) 제도가능자들의 계청정

1) 제도가능자들이 수행하는 차례

그렇기는 하지만 또 다른 사람들은 "어부 아리야 등 위에서 언급한 사람들은 전부 약설지자(ugghaṭitaññū 略說知者),[154] 상설지자(vipañcitaññū 詳說知者)들이기 때문에 그렇게 될 수 있었다. 제도가능자

154 『앙굿따라 니까야(네 가지 모음)』「약설지자경(Ugghaṭitaññū sutta)」과 그 주석을 통해 다음과 같이 사람을 네 부류로 나눌 수 있다. ① 약설지자(ugghaṭitaññū 略說知者): 설명하는 즉시 법을 관통하는 사람. 즉 간단한 게송만을 듣고 위빳사나 수행이 진전되어 도와 과를 증득할 수 있는 사람. ② 상설지자(vipañcitaññū 詳說知者): 상세하게 그 뜻을 분석할 때 법을 관통하는 사람. 즉 조금 긴 게송이나 법문을 듣고 위빳사나 수행이 진전되어 도와 과를 증득할 수 있는 사람. ③ 제도가능자(neyya 濟度可能者): 설명하고 질문하고 바르게 마음기울이고 선지식을 의지하고 섬기고 공경하며 점차적으로 법을 관통하는 사람. ④ 선업토대자(padaparama 善業土臺者): 많이 듣고 많이 읊고 많이 수지하고 많이 말하더라도 태생적으로 법을 관통하지 못하는 사람. A4:133; 『앙굿따라 니까야』 제2권, p.324 참조.

(neyya)들이라면 그 이전에 오랫동안 계가 청정해야만 도와 과를 얻을 수 있다"라고 말하기도 한다. 그러한 내용들도 또한 어느 경전, 주석서, 복주서에도 없기 때문에 단지 생각만으로 말하는 것일 뿐이다. 제도가능자들이 수행하는 차례들을 아래의 경전을 통해서 살펴보자.

Katamo ca puggalo neyyo? Yassa puggalassa uddesato, paripucchato, yoniso manasikaroto, kalyāṇamitte sevato bhajato payirupāsato, evaṁ anupubbena dhammābhisamayo hoti — ayaṁ vuccati puggalo "neyyo".

(Pug.147)

대역

neyyo**제도가능자는** katamo ca puggalo**어떠한 개인인가?** uddesato**개요설명을 듣고**, 즉 수행주제와 관련된 성전을 배우고, paripucchato 그 의미를 **묻고**, yoniso manasikaroto**올바르게 마음기울이고**, kalyāṇamitte가르치고 지도할 수 있는 **좋은 친구**(선지식 善友)**를** sevato**의지하고** bhajato**가까이하고** payirupāsato**모시는** evaṁ anupubbena**이러한 차례대로** yassa puggalassa**어떤 이가** dhammābhisamayo**법을 관통하는**, 즉 네 가지 진리를 곧바로 꿰뚫어 아는 hoti**이라면** ayaṁ puggalo**이러한 이를** neyyā**제도가능자라고** vuccati**부른다**.

이 경전에서 어떠한 언어로든지 수행방법을 배우는 것을 개요설명(uddesa)이라고 한다. 그러한 수행방법에 대해 잘 모르는 의미를 묻는 것을 질문(paripucchā)이라고 한다. 바른 방법대로 잘 마음을 기울이고 노력하는 것을 올바른 마음기울임(yoniso manasikarā)이라고 한다. 수행하다가 의심이 생겨났을 때 그러한 의심을 제거하기 위해, 혹은 의욕·

신심·정진이 줄어들었을 때 그러한 것들을 북돋기 위해 이러한 등의 이익을 위해 바른 방법을 가르치고 지도하고 설명해 줄 수 있는 스승에게 가서 묻는 것, 방법을 배우는 것 등을 '좋은 친구(선지식 善友)를 의지하고 가까이하고 모시는 것(kalyāṇamitta sevana bhajana payirupāsana)'이라고 한다. 이러한 차례대로 수행하여 도와 과를 증득하는 이를 제도가능자(neyya)라고 한다. 이렇게만 설명되었다. 수행하기 전에 얼마만큼, 얼마나 오랫동안 계가 청정해야 한다고는 말하지 않았다.

> Ugghaṭitaññussa samathapubbaṅgamā vipassanā sappāyā. Neyyassa vipassanāpubbaṅgamo samatho, vipañcitaññussa samathavipassanā yuganaddhā. … Ugghaṭitaññussa adhipaññāsikkhā, vipañcitaññussa adhicittasikkhā ca adhipaññāsikkhā ca, neyyassa adhisīlasikkhā ca adhicittasikkhā ca adhipaññāsikkhā ca.
>
> (NettiA.212-213)

대역

ugghaṭitaññussa**약설지자에게는** samathapubbaṅgamā**사마타가 선행하는** vipassanā**위빳사나가** sappāyā**적당하다.** neyyassa**제도가능자에게는** vipassanāpubbaṅgamo**위빳사나가 선행하는** samatho**사마타가** (sappāyā)적당하다. vipañcitaññussa**상설지자에게는** yuganaddhā**쌍을 이루는** samathavipassanā**사마타 - 위빳사나가** (sappāyā)적당하다. ugghaṭitaññussa**약설지자에게는** adhipaññāsikkhā**높은 통찰지 공부지음(增上慧學)이** (sappāyā)적당하다. vipañcitaññussa**상설지자에게는** adhicittasikkhā ca**높은 마음 공부지음(增上心學)과** adhipaññāsikkhā ca**높은 통찰지 공부지음이** (sappāyā)적당하다. neyyassa**제도가능자에게는** adhisīlasikkhā ca**높은 계 공부지음(增上戒學)과** adhicittasikkhā ca높은 마음 공부지음과 adhipaññāsikkhā ca높은 통찰지 공부지음이 적당하다.

이 주석서에서도 '적당하다'고만 설명하고 있다. 그런 적당한 실천행들을 '완벽하게 구족해야 한다'라고는 설명하고 있지 않다. 그러므로 '제도가능자에게는 세 가지 공부지음(三學) 모두가 적당하다'라고 밝힌 대목을 '모든 제도가능자들은 계와 사마타 선정을 그 이전에 완벽하게 구족해야 한다'라고 이해해서는 안 된다. 그렇게 이해한다면 상설지자와 제도가능자들 모두도 '그 이전에 선정을 얻은 이들'이라고 말하는 것이 될 것이다. 그러나 그렇게는 될 수가 없다. 또한 약설지자, 상설지자들에 대한 설명에서 '계 공부지음이 적당하다'라고 〔특별히〕 말하지 않았기 때문에 약설지자, 상설지자에 해당되는 비구들의 범계도 '명령어김 장애가 되지 않는다'라고 말하는 것이 될 것이다. 하지만 비구가 의도를 가지고 행한(sacittaka) 모든 범계는 다 장애가 된다.[155] 그러므로 "제도가능자의 경우 미리 그 이전에 계·선정의 두 가지 모두를 구족하면 〔그렇게 구족한 계·선정이〕 위빳사나 지혜, 도의 지혜에게 특별히 도움을 줄 수 있기 때문에 삼학 모두가 적당하다고 말한 것이다"라는 의미로만 알아야 한다.

2) 적당한 모습

① 약설지자와 상설지자

약설지자의 경우에는 아주 간략한 법문을 듣는 사이에 매우 빠르게 위빳사나 지혜, 도의 지혜들이 생겨난다. 따라서 사마타 선정에 자주 들어

---

155 이 책의 제1권 p.105 참조.

갈 기회가 없다. 자주 선정에 들어서 힘을 실어 줄 필요도 없다. 약설지자, 상설지자 두 종류의 사람은 모두 법을 듣는 사이에 위빳사나 지혜, 도의 지혜들이 생겨나기 때문에 자기 자신의 계를 돌이켜 반조해서 힘을 실어 줄 필요도 없다. 설하는 사람과 설하는 법에 대해 존경하는 신심만으로 기쁨(pamojja),[156] 희열(pīti) 등이 생겨나서 저절로 힘이 실어진다. 그래서 약설지자에게는 계와 사마타 선정이, 상설지자에게는 계가 '특별히 도움을 준다, 특별히 적당하다'라고 설하지 않은 것이다.

② 제도 가능자

계가 도움 주는 모습

제도가능자의 경우에는 오랫동안 수행을 해야 하기 때문에 가끔씩은 자신의 계를 반조해야 한다. 잘못한 것을 알게 되면 마음이 불편해진다. 후회를 잘하는 일부 사람들에게는 그때 당시에는 계가 청정하더라도 그 이전에 범했던 것을 상기해서 걱정하기도 한다. 〔그러한 걱정을〕 없애지 못하면 그러한 마음 불편함, 걱정 등으로 인해 위빳사나가 무너진다. 아주 오랫동안이든, 처음 수행을 시작해서든, 계가 청정한 것을 보고 알아야만 마음이 편안하고 즐거움이 생겨난다. 마음에 들고 흡족함이라는 기쁨(pāmojja), 희열(pīti)이 생겨난다. 마음의 편안함이라는 경안(passaddhi)도 생겨난다. 마음의 행복함(sukha)도 생겨난다. 마음의 행

---

156 'pamojja'는 '조금 기뻐하는 상태'라고 저본에서 설명하였기 때문에 '기쁨'으로 번역하였다. 그리고 '많이 기뻐하는 상태'인 'pīti'는 '희열'로 번역하였다. '기쁨'이라는 단어는 느낌을 다섯 가지로 나누었을 때 'somanassa(정신적 즐거움)'라는 단어의 번역어로도 쓰인다. 역자는 이러한 중복과 혼돈을 피하기 위해 'pamojja'는 '기쁨'으로, 'somanassa'는 '즐거움'으로 번역하였다. 그런데 또 이 '즐거움'이란 단어는 느낌을 세 가지로 나누었을 때 'sukha'에 해당하는 번역어로도 쓰인다. 마찬가지로 이러한 중복을 피하기 위해 'sukha'를 선정 구성요소로 쓰일 때는 '행복'으로, 느낌의 하나로 쓰일 때는 '행복함'으로 번역하였다.『아비담마 길라잡이』(상), pp.281~282 참조.

복 때문에 삼매(samādhi), 통찰지(paññā)들이 아주 강하게 생겨난다. 따라서 그 이전에 오랜 기간 동안이든, 수행을 갓 시작한 순간부터이든 우선 청정한 계가 제도가능자에게는 특별히 도움을 많이 준다.

사마타가 도움 주는 모습

Yassa hi samādhipi taruṇo, vipassanāpi. Tassa vipassanaṁ paṭṭhapetvā aticiraṁ nisinnassa kāyo kilamati, anto aggi viya uṭṭhahati, kacchehi sedā muccanti, matthakate usumavaṭṭi viya uṭṭhahati, cittaṁ haññati vihaññati vipphandati. So puna samāpattiṁ samāpajjitvā taṁ paridametvā mudukaṁ katvā samassāsetvā puna vipassanaṁ paṭṭhapeti. Tassa puna aticiraṁ nisinnassa tatheva hoti. So puna samāpattiṁ samāpajjitvā tatheva karoti. Vipassanāya hi bahūpakārā samāpatti.

(MA.i.387)

해석

어떤 수행자**에게는** 위빳사나 **삼매도 아직 유약하다. 위빳사나 지혜도 아직 유약하다. 그러한 수행자가 위빳사나 관찰을 행하면서 매우 오랫동안 앉아 있으면 몸이 피곤하게 된다.** 몸 **안에 불이 난 것처럼** 《온몸이 매우 뜨겁게》 **된다. 겨드랑이 사이에서 땀이 흐른다.** 《온몸에서도 땀이 흐를 수도 있다.》 **머리 위에서 연기가 뭉게뭉게 피어오르는 것처럼 된다. 마음을 붙잡을 수 없을 정도로 매우 피곤하고 동요하게 된다. 그때 수행자는 다시** 본삼매증득**에 들어가 그러한** 몸과 마음의 피곤함**을 풀고 부드럽게 하여서** 편안하게, **고요하게 한 다음 다시 위빳사나 관찰을 행한다. 그러다가 다시 오랫동안** 관찰하며 **앉아 있으면 같은 방법으로** 몸과 마음이 피곤하게 된다. 그때 그 수행자는 다시 본삼매증득에 들어가 같은 방법으로 다시 행한다. 이렇게 본삼매증득은 위빳사나에 많은 도움을 준다.[157]

이 주석서에서 설명한 대로 사마타 선정을 이미 얻은 제도가능자들은 '오랫동안 관찰하며 지내서 몸과 마음이 피곤할 때마다' 선정에 들어가 피곤을 푼 후에 다시 관찰할 수 있다. 이렇게 관찰하면서 위빳사나 삼매, 통찰지들을 성숙하게 한다. 삼매와 통찰지가 성숙되었을 때는 몸과 마음의 피곤함이 없다. 밤낮으로 끊임없이 계속해서 관찰할 수 있게 된다. 따라서 사마타 선정도 제도가능자에게는 특별하게 도움을 준다.

위빳사나 행자(vipassanāyānika)들도 위에 설명한 대로 몸과 마음의 피곤함을 대부분 경험하게 된다. 그때 위빳사나 행자들은 이전에 선정을 얻지 않았기 때문에 계속 관찰하던 차례에 따라서만 관찰하여 그 피곤을 풀면서 위빳사나 지혜를 구족하도록 해야 한다.

그러므로 앞에서 보여준 대로 계와 사마타가 특별히 도움을 많이 주기 때문에, 바로 그것 때문에 "제도가능자에게는 삼학 모두가 적당하다"라고 『넷띱빠까라나(Nettippakaraṇa 導論) 주석서』에서 말한 것이다. 그 이전에 오랜 기간 동안 확실하게 구족해야 한다고는 말하지 않았다. 이 사실을 확실하게 기억하라.

그 밖에 앞서 언급했던 사라나니 거사도 '임종에 즈음하여 마음기울이고 수행해서 수다원이 된 제도가능자였다'라고 할 수 있다. 어떤 사람이

---

157 M19; 『맛지마 니까야』, pp.270~271 참조.

설한 법문을 듣고 수다원이 되었다고 어느 경전, 주석서에도 설하지 않았기 때문에 '약설지자, 상설지자'라고는 할 수 없다. 따라서 '제도가능자는 그 이전에 오랜 기간 동안 계를 청정하게 해야만 도와 과를 증득할 수 있다'라고 하는 말은 단지 생각만으로 한 말일 뿐이다.

(5) 선업토대자들의 계청정

이번 생에서는 도와 과를 증득할 수 없는 선업토대자[158]들의 경우에도 그 이전에 계가 비록 청정하지 못했다고 하더라도 위빳사나 지혜는 모두 구족할 수 있다. 구족할 수 있는 모습을 망나니 땀바다티까의 일화[159]를 통해 알 수 있다.

1) 망나니와 수순의 이해

라자가하에 콧수염이 붉어서 땀바다티까(Tambadāṭhika)[160]라 불리는 사람이 있었다. 왕은 그를 망나니에 임명한 후 잡아 온 모든 도적들, 도둑들, 악당들을 처형하게 시켰다. 매일매일 한 사람, 두 사람, 세 사람 등을 죽이면서 땀바다티까는 55년 동안 망나니로서 나랏일을 하였다. 55년째가 되자 그 일에서 벗어나게 되었다. 망나니 일에서 벗어난 바로 그날, 땀바다티까는 그동안 해 보지 못한 것들을 즐겨 보려고 우유로 만든 유미죽을 끓이게 하고, 향수를 바르고, 재스민 꽃으로 장식도 하고,

---

158 여러 장애 때문에 이번 생에서는 도와 과를 얻지 못하는 이. 선업의 바탕, 토대만 될 뿐인 사람이라는 뜻이다. 단지 선업의 기초만 얻을 수 있다고 해서 '선업토대자(padaparama)'라고 번역하였다.

159 『법구경 이야기』 제2권, pp.231~236 참조.

160 tamba: 구릿빛의 + dāṭhika: 콧수염을 가진 이.

새 옷을 잘 차려입었다. 그렇게 잘 치장하고 나서 유미죽을 먹기 위해 적당하게 앉은 바로 그때, 사리뿟따 존자가 〔땀바다티까에 대한〕 연민심으로 탁발을 왔다. 땀바다티까는 존자를 보자마자 매우 존경하는 마음으로 기뻐하면서 공양청을 했고 자리를 내드린 후 자기가 먹으려던 유미죽을 올렸다. 유미죽을 공양하고 나서 사리뿟따 존자는 축원 법문을 해 주었다. 하지만 55년 내내 행했던 악행이 자꾸 생각나서 땀바다티까는 마음이 고요하지 못하였다.

그때 사리뿟따 존자가 그 사실을 알고는, "그 악행들을 그대가 원해서 행했습니까? 아니면 다른 사람이 시켜서 했습니까?"라고 물었다. "왕이 시켜서 했습니다"라고 땀바다티까가 대답했을 때, "그렇다면 그것이 당신의 잘못입니까?"라고 사리뿟따 존자가 다시 물었다. 그 순간 땀바다티까는 '아, 그러면 왕이 잘못한 것이지 나의 잘못은 아니구나'라고 생각하고는[161] 즉시 마음이 고요해져서 법문을 듣고 법문에 마음기울일 수 있게 되어 수순의 이해(anulomika khantī)라고 불리는 형성평온의 지혜(saṅkhārupekkhā ñāṇa)에 이르게 되었다.

> So there anumodanaṁ kathente[162] ekaggacitto hutvā dhammaṁ suṇanto sotāpattimaggassa orato anulomikaṁ khantiṁ nibbattesi.
>
> (DhpA.i.470)

---

161 실제로는 시켜서 죽였어도 살생업에 해당된다. 사리뿟따 존자가 방편으로 마음을 편하게 해 주기 위해 그렇게 질문한 것이다. 경전지식이 많지 않았던 땀바다티까는 '죄가 되지 않는다'라고 생각하고 마음이 고요하게 된 것이다.

162 CST4 karonte.

대역

there**사리뿟따 존자가** anumodanaṁ kathente**축원법문을 설하는 동안** so**그** 땀바다티까는 ekaggacitto hutvā**마음이** 고요하게 **하나**로 집중**되어** dhammaṁ suṇanto**법문을 들으면서** sotāpattimaggassa orato**수다원 도의 바로 아랫부분**, anulomikaṁ도에 **수순하는** khantiṁ**이해**인 형성평온의 지혜[163]**를** nibbattesi**생겨나게 했다**.

《보통의 위빳사나 지혜도 '수순의 이해'라고 부를 수 있다. 그렇지만 여기에서는 '수다원 도의 바로 아랫부분인'이라는 말로 수식을 하고 있기 때문에 도와 가까운 '형성평온의 지혜'를 말한다고 하는 것이 적당하다.》

법을 설하고 나가는 사리뿟따 존자를 배웅한 후 돌아오는 길에, 전생에 원한이 있었던 야차녀가 암소로 변신하여 머리로 들이받아 땀바다티까는 죽게 되었고 바로 도솔천에 태어났다. 그때 법당에서 비구들은 "땀바다티까는 55년 내내 아주 거친 행위를 계속했다. 오늘 그 일에서 겨우 벗어났는데 사리뿟따 존자에게 공양을 올리고 바로 죽어 버렸다. 땀바다티까는 어디에 태어났을까?"라고 수근거리고 있었다. 그 말에 대해 부처님께서는 아래의 게송을 설하셨다.

Subhāsitaṁ suṇitvāna, nagare coraghātako;
Anulomakhantiṁ laddhāna, modatī tidivaṁ gato.

(DhpA.i.407)

---

163 수순의 이해에는 ① 명상의 지혜(sammasana ñāṇa), ② 형성평온의 지혜(saṅkharupekkhā ñāṇa), ③ 도 인식과정이 생겨날 때 수순의 지혜(anuloma ñāṇa)라는 세 가지가 있는데, 『담마빠다(法句經) 주석서』에서는 수다원 도의 아랫부분에 해당하는(sotāpattimaggassas orato) 수순의 이해라고 설명해 놓았기 때문에 '형성평온의 지혜'로 보는 것이 적당하다. 이상은 *Mahāsi Sayadaw*, 『*Ariyāvāsā tayato*(성자의 집에 대한 법문)』, pp.93~94에서 인용하였다. 일창스님, 이솔, 『부처님을 만나다』, p.100 주 149도 참조하라.

대역

nagare**라자가하에서** coraghātako도둑들을 처형하던,

땀바다티까라는 **망나니가,**

subhāsitaṁ사리뿟따 존자가 잘 설한

좋은 법문을 suṇitvāna**잘 듣고서,**

anuloma khantiṁ도에 **수순하는 이해**, 즉

형성평온의 지혜를 laddhāna**얻고서**

tidivaṁgato**천상에 태어나** modatī**기쁨을 누리네.**

그러자 비구들이 그 말이 마음에 걸려서, "부처님, 땀바다티까가 행했던 불선업이 매우 큽니다. 반면에 사리뿟따 존자의 축원법문은 그리 많지도 않았습니다. 어떻게 그 정도로 특별한 지혜를 얻을 수 있습니까?"라고 물었다. 그러자 부처님께서는 "비구들이여, 나 여래의 가르침을 적다거나 많다거나 측량해서는 안 된다. 한마디 말이라도 많은 이익을 가져다주는 말이 높고 거룩한 말이다"라고 하시면서 아래의 게송을 읊으셨다.

Sahassamapi ce vācā, anatthapadasaṁhitā;
Ekaṁ atthapadaṁ seyyo, yaṁ sutvā upasammati.

(Dhp. 게송 100)

대역

anatthapadasaṁhitā**이로움을 주지 않는** 구절로 엮어서 말한

vācā**말은** Sahassaṁ ce pi**천 마디,** 만 마디

헤아릴 수 없이 많더**라도**

(pāpikā eva)**저열할 뿐이다.**

yaṁ어떤 구절을 sutvā듣고서 upasammati완전히 그친다면,
즉 번뇌가 소멸한다면, (tādisaṁ)그러한 성품이 있는,
atthapadaṁ무더기(蘊), 감각장소(入處),
요소(界), 새김확립(念處) 등의 이로움을 주는
ekaṁ (pi)한마디의 말이라도 seyyo더 거룩하다.

이 땀바다티까는 바로 그 생에 도와 과를 증득하지 못했기 때문에 제도가능자라고는 할 수 없다. 약설지자, 상설지자라고는 더욱더 할 수 없다. 그럼에도 불구하고 그 이전에 오랫동안 계를 청정히 하지도 않은 땀바다티까에게 실천지견청정(paṭipadāñāṇadassana visuddhi)의 거의 마지막인[164] 형성평온의 지혜가 생겨난 것은 무엇 때문인가? 이 점을 생각해 볼 필요가 있다. 바로 재가자의 경우에는 그 이전에 계를 어기더라도 장애가 되지 않는다는 것을 보여 주는 것 아닌가?

2) 현생에 도와 과를 증득하지 못하는 원인 두 가지

저열한 친구를 의지함

현생에 도와 과를 증득하지 못하는 원인에 두 가지가 있다. 그 두 가지 중 pāpamittatā = 저열하고 나쁜 친구를 의지함이라고 하는 원인 때문에 아자따삿뚜(Ajātasattu) 왕은 도와 과를 증득하지 못했다. '데와닷따(Devadatta)의 말을 듣고서 행한 부친살해업 장애(pitughātakamm-antarāya) 때문에 도와 과를 얻지 못했다'라는 뜻이다. 〔이러한〕 장애가 있는 이들에게는 도와 과뿐만 아니라 생멸의 지혜(udayabbaya) 등 위빳사나 지혜들도 생겨날 수 없다.

164 칠청정에 대해서는 부록1을 참조하라.

실천함과 설함의 부족

실천함, 설함 등의 부족이라고 하는 행함의 부족(kiriyāparihāni) 때문에도 도와 과를 얻지 못하는 경우가 있다. 『맛지마 니까야(중50편)』 「깐다라까 경(Kandaraka sutta)」에 나오는 뻿사(Pessa)라는 이는 마음 기울임, 수행함이 부족해서 도와 과를 얻지 못했다. 만약 그가 자신을 괴롭히는 고행(attantapa) 등의 마지막까지 법문을 들었다면 수다원이 될 수도 있었지만 법문이 끝나기 전에 일어나 가 버렸기 때문에 도와 과를 잃어버리고 말았다.[165] 지금 시대에 도와 과를 증득할 수 있는 사람들 중에도 바른 방법을 얻었음에도 불구하고 열심히 수행하지 않거나 수행할 시간이 충분치 않아서 도와 과를 얻지 못한 채 한생이 끝나 버리는 사람들도 그 뻿사라는 사람처럼 행함의 부족(kiriyāparihāni) = 마음기울임, 수행함의 부족 때문에 큰 이익을 잃어버리는 것이다.

그 밖에 다난자니(Dhanañjāni) 바라문이 죽어갈 때 그 다난자니 바라문에게 사리뿟따 존자는 위빳사나를 설하지 않고 사마타만을 설했다. 그 때문에 바라문은 사마타 선정만 수행해서 죽은 후 범천세상에 태어났다. 만약 위빳사나 수행을 설했다면 바라문은 바로 그 생에서 도와 과를 증득할 수 있었다. 따라서 다난자니 바라문이 도와 과를 증득하지 못한 것은 법을 설함에 있어서 부족했기 때문이다. 그래서 부처님께서는 사리뿟따 존자를 나무라시면서 범천세상에 가서 다시 법을 설해 주라고 말씀하셨다. 사리뿟따 존자도 즉시 범천세상으로 가서 다시 법을 설했다. 그때부터 사리뿟따 존자는 법을 설할 때면 언제나 네 가지 진리의 법을 항상 포함해서 설했다고 한다.[166] 지금 시대에 도와 과를 증득할 수

---

165 M51; 『맛지마 니까야』, p.603 참조.

166 M97; 『맛지마 니까야』, pp.1090~1100 참조.

있는 사람임에도 불구하고 바른 위빳사나 수행방법을 얻지 못해서 도와 과를 증득하지 못한 채 빈손으로 이 생을 마감하는 이들은 모두 다난자니 바라문처럼 행함의 부족(kiriyāparihāni) = 설함의 부족 때문에 큰 이익을 잃어버리는 것이다.

땀바다티까가 도와 과를 증득하지 못한 것은 마음기울임, 수행함의 부족이라고 하는 행함의 부족 때문만이다. 〔또한〕 형성평온의 지혜까지 〔위빳사나 지혜를〕 얻은 것을 근거로, "설함의 부족도 없었다. 저열한 친구를 의지함(pāpamitta)과 관계된 장애도 없었다"라고 알아야 한다.

지금까지 소개한 여러 일화들을 통해서 최종생자(pacchimabhavika), 약설지자(ugghaṭitaññū), 상설지자(vipañcitaññū)인가 아닌가는 〔도를 얻고 못 얻는〕 바른 원인들이 아니다. 그 이전에 계가 청정하지 못한 것은 출가자들에게만 장애가 되지 재가자들에게는 장애가 되지 않는다는 사실, 이것만이 바른 원인이라고 결정할 수 있다.[167] 또한 그렇지만 계청정이 없으면 위빳사나 지혜, 도 지혜들이 생겨날 수 없기 때문에 산따띠 장관 등에게 계청정이 생겨난 모습을 다음과 같이 알아야 한다.

법문을 듣기 직전이든, 혹은 법문을 듣는 중간이든, 스스로 행했던 악행들을 '다시는 행하지 않으리라'라고 생각하고 마음에 결정했다면, 바로 그 생각과 결정에 의해서 계가 청정하게 되었다고 알아야 한다. 또한

167 이전에 계가 청정하지 못한 재가자들이 도와 과를 증득한 것은 그가 최종생자, 약설지자, 상설지자이기 때문이 아니라, 재가자인 경우에는 이전에 계가 청정하지 않았어도 도와 과를 증득하는 것에 장애가 되지 않기 때문이라고 알아야 한다.

〔그러한〕 생각과 결정이 없을 지라도 관찰하는, 수행하는 마음들이 일어남에 의해서 계청정이 구족된다고 할 수도 있다.

3. 수행에 의해 계청정이 구족되는 모습

(1) 다섯 종류의 계

Ñāṇena avijjāya … Aniccānupassanāya niccasaññāya pahānaṁ sīlaṁ, veramaṇī sīlaṁ, cetanā sīlaṁ, saṁvaro sīlaṁ, avītikkamo sīlaṁ. Evarūpāni sīlāni cittassa avippaṭisārāya saṁvattanti. pāmujjāya … pītiyā … passaddhiyā … somanassāya saṁvattanti. … Ekantanibbidāya virāgāya nirodhāya upasamāya abhiññāya sambodhāya nibbānāya saṁvattanti. … Yo tatha saṁvaraṭṭho, ayaṁ adhisīlasikkhā. Yo tatha avikkhepaṭṭho, ayaṁ adhicittasikkhā. Yo tatha dassanaṭṭho, ayaṁ adhipaññāsikkhā.

(Ps.45-46)

대역

ñāṇena정신·물질 구별의 지혜, 조건파악의 **지혜** 등으로 avijjāya그러한 지혜들의 반대인 어리석음 = **무명을**[168] … aniccanupassanāya명상의 지혜(sammasana ñāṇa) 등에서 생겨나는 **무상 거듭관찰로** niccasaññāya**항상하다는 인식을** pahānaṁ**제거하는 것이** sīlaṁ**계다.** veramaṇi**삼가는 것이** sīlaṁ**계다.** cetanā**의도가** sīlaṁ**계다.** saṁvaro**단속**

168 원주(본문내용): 『대복주서(Pm.i.78)』에 따라 번역하였다.

하는 것이 sīlaṁ계다. avītikkamo범하지 않는 것이 sīlaṁ계다. evarūpāni sīlāni이러한 계들은 cittassa avippaṭisārāya마음에 후회없음을 saṁvattanti생겨나게 한다. pāmujjāya조금 기쁜 것인 기쁨을 … pītiyā크게 기쁜 것인 희열을 … passaddhiyā몸과 마음이 편안한 경안을 … somanassāya즐거움을 saṁvattanti생겨나게 한다. … ekanta nibbidāya확실하게 염오를, virāgāya확실하게 애착 빛바램을, nirodhāya확실하게 소멸을, upasamāya확실하게 그침을, abhiññāya확실하게 특별한 지혜를, sambodhāya확실하게 바른 지혜를, nibbānāya확실하게 열반을 saṁvattanti생겨나게 한다. … tatha 그 위빳사나 수행 마음일어남 중에서, yo saṁvaraṭṭho 어떤 단속하는 성품이 (atthi)있는데, ayaṁ이것이, 단속하는 성품이 adhisīlasikkhā높은 계 공부지음(增上戒學)이다. tatha, 그 위빳사나 수행 마음일어남 중에서, yo avikkhepaṭṭho 어떤 산란하지 않은 성품이 (atthi)있는데, ayaṁ이것이, 산란하지 않은 성품이 adhicittasikkhā높은 마음 공부지음(增上心學)이다. tatha, 그 위빳사나 수행 마음일어남 중에서, yo dassanaṭṭho 어떤 보는 성품이 (atthi)있는데, ayaṁ이것이, 즉 보는 성품이 adhipaññāsikkhā높은 통찰지 공부지음(增上慧學)이다.[169]

제거 계 제거 계(pahāna sīla)[170]의 의미는 다음과 같다. '정신과 물질만 존재한다'라고 아는 지혜로 '개인, 중생'이라고 잘못 아는 무명(avijjā)을 제거한다. '원인과 결과만 존재한다'라고 아는 지혜로 '중생들은 저절로 생겨난다. 혹은 하느님, 범천, 제석천왕 등이 창조해서 생겨난다'라는 등으로 잘못 아는 무명을 제거한다. '항상하지 않다'라고 아는 지혜로 드

169 『청정도론』 제1권, pp.201~203 참조.

170 제거로서의 계라는 뜻이다.

러나는 모든 물질과 정신에 대해서 '항상하다'라고 생각하여 집착하는 번뇌들을 제거한다. 여기서 '제거한다'라는 말도 빛이 드러나면 어둠이 사라지듯이 바르게 아는 것이 생겨나기 때문에 잘못 앎이 앞에서 이끄는 번뇌들이 무너지는 것, 생겨날 기회를 얻지 못하는 것, 생겨나기에 적당하지 않은 것을 뜻한다. 이렇게 번뇌가 생길 기회를 얻지 못하기 때문에 그 다음에 위빳사나 등의 선업들만 계속해서 생겨날 수 있다.

여기서 '그 다음에 선업들이 생겨난다'라고 하는 것은 '그 이전의 위빳사나 수행 때문에 번뇌들이 생길 기회를 얻지 못함'이라고 하는 제거함 때문에 성립할 수 있다. 바로 그 제거함 때문에 다음에 불선업과 섞이지 않고 선업만 계속해서 확실하게 생겨난다. 따라서 그 제거함이 다음 선업들의 의지처 = 지탱함(upadhāraṇa)도 된다. 또한 선업들을 계속해서 확실하게 유지시켜 주기 때문에 안정시킴(samādhāna)도 된다. 이렇게 지탱함, 안정시킴 두 가지 모두에 해당되기 때문에 바로 그 제거함을 "제거하는 것이 계다(pahānaṁ sīlaṁ)"라고 설하셨다.[171] '위빳사나 수행으로 번뇌들이 생겨나지 않게 하는 것을 바로 계라고 이른다'라는 뜻이다. 삼가는 계 등에서도 지탱함과 안정시킴, 이 두 가지 모두에 해당되기 때문에 계라고 이름하는 모습을 같은 방법으로 알기 바란다.

삼감 계 〔삼감 계(veramaṇi sīla)란 살생 등을 삼가는 자의 절제(virati)이다. 그러나〕 위빳사나 수행의 마음들이 생겨날 때에는 절제 마음부수들이 생겨나지 않는다고 모든 주석서, 복주서에서 설하고 있다. 하지만

171 『청정도론』 제1권, p.134 참조.

위빳사나 수행의 마음들은 모든 악행, 삿된 생계들의 반대가 되기 때문에 부분 제거(tadaṅgapahāna)를 통해 삼가는 작용을 구족하게 할 수 있다. 어떻게 할 수 있는가? 도의 절제[172]는 열반만을 대상으로 한다. 그 때에는 삼가야 할 것들(viramitabba vatthu)을 대상으로 취하지도 않고 '삼가야지'라고 마음먹지도 않는다. 그렇지만 악행, 삿된 생계들을 근절 제거(samuccheda pahāna)를 통해 제거할 수 있기 때문에 삼가는 작용을 구족하게 할 수 있는 것과 마찬가지이다.

구족하게 할 수 있는 모습 정신·물질 구별의 지혜 등이 생겨나면 그렇게 관찰하는 대상에 대해 '개인, 중생'이라고 집착하거나, '중생은 저절로 생겨난다'라는 등으로 집착하거나, '항상하다, 행복하다, 나다'라고 집착하는 번뇌들이 생겨날 수 없다. 이것이 바로 대상에 잠재된(ārammaṇanusaya) 〔번뇌〕가 사라지는 것이다. 번뇌가 생겨날 수 없기 때문에 개인, 중생 등으로 생각하는 드러난(pariyuṭṭhāna) 〔번뇌〕가 생겨날 수 없다. 〔개인, 중생 등으로〕 생각하지 않기 때문에 개인, 중생이라고 여기고서 살생 등을 범하지 않는다. 〔이것이 범하는(vītikkama) 번뇌가 생겨나지 않는 모습이다.〕 이렇게 대상에 잠재된 번뇌로부터 범하는 번뇌까지 모든 번뇌들이 생겨날 수 없기 때문에 정신·물질 구별의 지혜 등이 생겨날 때마다 그러한 번뇌들을 삼가는 일이 구족된다. 그래서 '삼가는 것이 계다'라고 설하셨다.

의도 계 〔의도 계(cetanā sīla)란 살생 등을 버린 자의 일곱 가지 의도

---

172 도의 마음과 함께 일어나는 절제.

(cetanā)이다.〕 위빳사나 수행을 할 때에는 관찰하도록 격려하고 자극하는 의도가 관찰할 때마다 포함되어 생겨난다. 마음을 지키지 않는 일반 사람들에게 그 의도는 악행을 행하도록 조장하고 자극한다. 수행자에게 신심·바람·정진 등이 아직 여릴 때는 관찰할 때 격려함이 적다. 그리 분명하지 않다. 신심·바람(의욕)·정진 등의 힘이 매우 강해졌을 때에는 매우 분명하다. 이 의도의 격려함 때문에 관찰하는 작용이 구족될 수 있다. 따라서 의도가 선업의 법들을 지탱함, 안정시킴에 해당되기 때문에 '의도가 계다'라고 설하셨다.

단속 계 감각기능단속 계(indriyasaṁvara)에서 설명했던 다섯 가지 단속을 단속 계(saṁvara sīla)라고 한다. 위빳사나 관찰을 하는 이는 관찰할 때마다 위빳사나 마음이 생겨날 때 포함되는 다섯 가지 단속에 의해서 단속없음 법들이 생겨나지 않도록 가로막고, 보호하고 있는 것이다. 각각 말하자면 새김, 지혜, 인욕, 정진만을 단속 계라고 알아야 한다.

범하지 않음 계 관찰해서 사실대로 바르게 아는 마음은 잘못 아는 것 = 어리석음 등에게 그것이 일어날 기회를 주지 않기 때문에 그러한 어리석음 등을 '범하지 않는다, 이르지 않는다'라고 할 수 있다. 분명하게 설명하자면 살생 의도가 생겨나면 살생을 '범한다, 이른다'라고 말한다. 살생을 삼가려는 마음이 일어나면 '범하지 않는다, 이르지 않는다'라고 말한다. 그와 마찬가지로 관찰하지 않는 마음은 잠재된 번뇌, 드러난 번뇌, 범하는 번뇌들에게 그것들이 일어날 기회를 주기 때문에 그 '번뇌들을 범한다'라고 말한다. 관찰하는 마음은 그러한 번뇌들에게 그것들이 일어날 기회를 주지 않기 때문에 '그 번뇌들을 범하지 않는다'라고 말한다. 그러므로 관찰하는 마음, 그것을 두고 '범하지 않음 계(avītikkama sīla)'라고 설하셨다.

이 다섯 가지 계의 종류 중에서 의도 계, 단속 계만 법체로 따로 실재한다. 제거 계는 번뇌들을 제거함, 번뇌들이 생겨나지 않음, 생겨날 기회를 못 얻음, 사라짐일 뿐이다. 삼감으로서의 계, 범하지 않음으로서의 계들은 "veramaṇivasena … avītikkamanavasena ca cetaso pavattisabbhāvaṁ sandhāya vuttā(〔살생 등을〕 삼감을 통해서 … 범하지 않음을 통해서 마음일어남이 존재한다는 것에 관해 설명했다)"[173]라는 『위숫디막가(清淨道論)』에 따라 법체로는 위빳사나 마음일어남일 뿐이다.[174] 그렇지만 따로 확실하게 계에 해당되는 의도와 단속을 제외한, 마음과 함께 생겨나는 나머지 법들만 '삼감 계, 범하지 않음 계'라고 알아야 한다.

이렇게 나눌 때 삼감 계와 범하지 않음 계가 법체로는 같지만 잠재된 번뇌, 드러난 번뇌, 범하는 번뇌들을 삼가는 것이 구족됨을 '삼감 계'라고 한다. 자신에게 그 번뇌들이 생겨날 기회를 주지 않아서 그러한 번뇌들을 범하지 않음, 이르지 않음을 '범하지 않음 계'라고 한다. 이렇게 서로 다르다고 알아야 한다.

"yo tatha saṁvaraṭṭho(그 단속하는 성품이)"[175] 등의 의미는 다음과

---

173 『*Visuddhimagga Myanmarpyan*(위숫디막가 미얀마 어 번역)』 제1권, pp.136~137; Vis.i.48; 『청정도론』 제1권, p.203 참조.

174 위빳사나 마음과 그 위빳사나 마음이 생겨날 때 같이 포함된 마음부수 등의 법들을 말한다.

175 이 책의 제1권 pp.131~132에 있는 내용이다.

같다. 제거, 삼감, 의도, 범하지 않음이라고 하는 네 가지 계를 계목단속(sīlasaṁvara)이라고 알아야 한다. 관찰대상인 물질과 정신으로 뛰어들듯이 드러나는 새김을 새김단속(satisaṁvara)이라고 한다. 아는 지혜를 지혜단속(ñāṇasaṁvara)이라고 한다. 드러나는 모든 대상에 대해 허물을 범하지 않는, 잘못을 범하는 것의 반대인 성냄없음을 인욕단속(khantisaṁvara)이라고 한다. 노력함이라고 하는 정진을 정진단속(vīriyasaṁvara)이라고 한다. 이 다섯 가지 단속이라고 하는 보호함의 성품이 거듭해서 관찰할 때마다 위빳사나 마음일어남에 구족되어 생겨난다. 이러한 보호함, 다섯 가지 단속을 위빳사나 마음 하나하나에 구족되어 있는 높은 계 공부지음(adhisīlasikkhā)이라고 한다.

여기에서 비록 지혜, 새김, 정진 등을 '계'라고는 했지만 이것은 어디까지나 방편으로 말한 것일 뿐이다. 엄밀하게 말하면 지혜는 확실하게 지혜 무더기이다. 새김, 정진 또한 삼매 무더기에만 포함된다.[176]

(2) 수행으로 모든 계가 구족되는 모습

위빳사나 마음이 생겨날 때 네 가지 계가 모두 구족되는 모습도 다음과 같이 알아야 한다.

수행으로 세 가지 계가 구족되는 모습 계목단속이라고 설명했던 제

176 여덟 가지 도 구성요소(八支道)와 세 가지 공부지음(三學)의 관계는 다음과 같다. 바른 말, 바른 행위, 바른 생계는 계 무더기에 포함되고, 바른 정진, 바른 새김, 바른 삼매는 삼매 무더기에 포함되고, 바른 견해, 바른 사유는 통찰지 무더기에 해당된다. 『청정도론』 제2권, p.579 참조.

거 계, 삼감 계, 의도 계, 범하지 않음 계를 통해 계목단속 계와 생계청정 계를 구족하게 된다. 그 이유는, 제거 계 등으로 인해 잠재된 번뇌, 드러난 번뇌, 범하는 번뇌 등의 모든 번뇌들이 생겨날 기회를 얻지 못해 몸으로, 혹은 말로 범하는 것이 전혀 생겨나지 않기 때문이다.

새김단속, 지혜단속, 인욕단속, 정진단속들은 감각기능단속 계이다. 이 네 가지 단속 중에 필수품들을 사용하는 때에 관찰하여 아는 지혜단속이 필수품관련 계를 구족하게 한다. 그 이유는, 반조하여 사용해야 한다고 부처님께서 설하신 것은 필수품에 관련하여 번뇌들이 생겨나지 않도록 하기 위함이다. 반조에 의해서는 드러난 번뇌, 범하는 번뇌만 제거할 수 있다. 잠재된 번뇌는 제거할 수 없다. 하지만 위빳사나 지혜로는 그 필수품에 관련하여 생길 수 있는 잠재된 번뇌마저도 제거할 수 있다. 그렇기 때문에 지혜단속으로 필수품관련 계가 완벽히 청정하게 된다고 확실하게 알아야 한다.

수행으로 필수품관련 계가 구족되는 모습 수행을 할 때에도 계속해서 잘못을 범해 왔기 때문에 반조(paccavekkhaṇa)를 '수행보다 더 크고 거룩한 것'이라고 생각하기도 한다. 그렇게 생각하기 때문에 '수행만으로 반조함이 구족된다'는 것을 설명한 여러 근거들이 있음에도 불구하고 그것만으로는 믿지 못하는 일부 사람들이 있다. 사실대로 말하자면 사마타, 위빳사나 수행들은 반조의 지혜와는 비교할 수 없을 정도로 크고 광범위하고 거룩한 것이다. 따라서 어떤 수행 하나를 손가락 한 번 튕기는 시간 정도만 생각해도 필수품관련 계가 구족된다는 것을 부처님께서 직접 설하셨다. 『앙굿따라 니까야(하나의 모음)』에서 근거를 보여 주겠다. 이것은 출가자들에게만 해당되는 내용이다.

Accharāsaṅghātamattampi ce, bhikkhave, bhikkhu mettācittaṁ āsevati … bhāveti … manasikaroti, ayaṁ vuccati, bhikkhave, bhikkhu arittajjhāno viharati, satthusāsanakaro, ovādapatikaro, amoghaṁ raṭṭhapiṇḍaṁ bhuñjati. Ko pana vādo ye naṁ bahulīkaronti.

(Accharāsaṅghāta vagga, A.i.9)

대역

bhikkhave**비구들이여**, bhikkhu**비구가** mettācittaṁ중생들이 행복하기를 바라는 **자애의 마음을** acharāsaṅghātamattampi**손가락 한 번 튕길** 정도의 짧은 시간만이**라도** ce āsevati**만약 의지한다면** … ce bhāveti**닦는다면** … ce manasikaroti**마음기울인다면**, bhikkhave**비구들이여**, ayaṁ bhikkhu**이 비구를** arittajjhāno viharati'관찰함이라는 **선정을 여의지 않고 지내는 이'**, satthu sāsanakaro'**스승**이신 부처님**의 교법을 받드는**, 행하는 **이'**, satthu ovādapatikaro'**스승**이신 부처님**의 훈계를 따르는**, 행하는 **이'**, raṭṭhapiṇḍaṁ'**신도**가 정성스럽게 보시한 **공양을** amoghaṁ bhuñjati**헛되지 않게 공양하는 이'라고** vuccati**부른다**. ye하물며 **어떤 비구가** naṁ**그** 자애의 **마음을** bahulīkaronti**많이 행한다면**, (tesu)**그** 비구**에 대해서** ko pana vādo**무슨 말이 더 필요할 것인가?** 관찰함을 여의지 않고 지내는 이, 부처님의 가르침을 따라서 실천하는 이, 많은 이익을 생겨나게 하면서 공양하는 이라고 확실하게 그렇게 말할 수 있다.[177]

Accharāsaṅghātamattampi ce, bhikkhave, bhikkhu kāye

177 『앙굿따라 니까야』 제1권, p.89 참조.

kāyānupassī viharati … vedanāsu vedanānupassī … citte cittānupassī … dhammesu dhammānupassī viharati ātāpī sampajāno satimā vineyya loke abhijjhādomanassaṁ, ayaṁ vuccati, bhikkhave, bhikkhu arittajjhāno viharati, satthusāsanakaro, ovādapatikaro, amoghaṁ raṭṭhapiṇḍaṁ bhuñjati. Ko pana vādo ye naṁ bahulīkaronti.

(Apara accharāsaṅghāta vagga, A.i.41)

역해

비구들이여, 비구가 손가락 한 번 튕길 정도의 짧은 시간만이라도 노력과 바른 앎과 새김을 갖추어 몸에 대해 몸을 거듭 관찰하여 세상에 대한 탐애와 싫어함을 버리며 지낸다면 … 느낌에 대해 느낌을 거듭 관찰하여 … 마음에 대해 마음을 거듭 관찰하여 … 법에 대해 법을 거듭 관찰하여 세상에 대한 탐애와 싫어함을 버리며 지낸다면[178], 비구들이여, 그 비구를 '관찰함이라는 선정을 여의지 않고 지내는 이', '스승이신 부처님의 교법을 받드는 이', '스승이신 부처님의 훈계를 따르는 이', '신도가 정성스럽게 보시한 공양을 헛되지 않게 공양하는 이'라고 부른다. 하물며 그 새김확립 수행을 많이 행하는 이에 대해서는 무슨 말이 더 필요할 것인가?[179]

두 번째 경의 의미는 〔첫 번째 경에서 이미 설명했기 때문에〕 쉬울 것이다. 그 밖에 첫 번째 경에서 '자애의 마음'이라고 하는 구절에 대해 "mettāya sabbapubbabhāgo nāma neva appanā, na upacāro, sattānaṁ hitapharaṇamattameva(자애의 모든 작용들의 앞부분이라고 하

178 『*Mahāsatipaṭṭhāna thouk Pāḷi Nissaya*(새김확립 긴 경 대역)』, pp.22~30, pp.81~114 참조.
179 『앙굿따라 니까야』 제1권, p.165 참조.

는 것은 본삼매가 아니고, 근접삼매도 아니다. 중생들로 하여금 번영을 성취하게 하려는 것일 뿐이다)"[180]라고 설명하였고, 또한 "idha pana mettā pubbabhāgena hitapharaṇappavattanamatteneva āsevatīti veditabbo(그런데 여기에서는 번영을 성취하게 하려는 것일 뿐인, 자애 선정의 앞부분인 자애 정도로 의지한다. 이렇게 알아야 한다)"[181]라고 설명한 주석서에 따라 근접삼매나 본삼매가 아직 아닌 모든 이들이 생각할 수 있는 보통의 자애 마음만을 말한다.

그렇다면 이러한 여러 경전들을 통해 다음과 같은 것을 알 수 있다. 즉 그러한 자애 마음이든, 그 밖의 사마타 수행이든, 몸 거듭관찰 등의 위빳사나 수행이든, 손가락 한 번 튕길 정도의 아주 짧은 순간만이라도 마음을 기울인다면 그러한 비구는 부처님의 가르침을 따라서 실천하고 있기 때문에 유학(sekkha 有學)에 포함된다. 그래서 신도들이 보시한 공양을 그러한 비구들이 사용하는 것은 '아주 많은 이익이 있다'라고, '무채수용(ānaṇyaparibhoga 無債受用), 유산수용(dāyajjaparibhoga 遺産受用), 주인수용(sāmiparibhoga 主人受用)[182]이라고 할 수 있다'라고 할 만하다. 끊임없이 쉬지 않고 수행하고 있는 이에 대해서는 말할 필요조차도 없다는 것도 보여 준다. 그래서 주석서에서는 다음과 같이 설명하고 있다.

Paribhuñjatīti cattāro paribhogā — theyyaparibhogo,

---

180 AA.i.53; *Bhaddanta Jāgara Mahāthera, Nissaya DVD-ROM,* 『*Aṅguttara Nikāya Aṭṭhakathā Nissaya*(앙굿따라 니까야 주석서 대역)』 제1권, p.154 참조.

181 AA.i.53; 『*Aṅguttara Nikāya Aṭṭhakathā Nissaya*』, 제1권, p.155 참조.

182 네 가지 수용이 있다. ① 계행이 나쁜 이가 필수품들을 수용하는 것을 '도둑수용'이라고 한다. ② 계를 지니는 이가 반조하지 않고 수용하는 것을 '빚수용'이라고 한다. ③ 유학(有學)들이 수용하는 것을 '유산수용'이라고 한다. ④ 아라한들이 수용하는 것을 '주인수용'이라고 한다. 『청정도론』 제1권, pp.191~193 참조.

iṇaparibhogo, dāyajjaparibhogo, sāmiparibhogoti. …
Tatha imassa bhikkhuno ayaṁ raṭṭhapiṇḍaparibhogo dvīhi kāraṇehi amogho hoti. Accharā saṅghātamattampi mettācittaṁ āsevanto bhikkhu raṭṭhapiṇḍassa sāmiko hutvā anaṇo hutvā dāyādo hutvā paribhuñjatīti pissa amogho raṭṭhapiṇḍaparibhogo. Accharā saṅghāta-mattampi mettaṁ āsevantassa bhikkhuno dinnadānaṁ mahaṭṭhiyaṁ hoti mahapphalaṁ mahānisaṁsaṁ mahājutikaṁ mahāvipphārantipissa amogho raṭṭhapiṇ-ḍaparibhogo. … Ye pana imaṁ mettācittaṁ bahulaṁ āsevanti bhāventi punappunaṁ karonti, te amoghaṁ raṭṭhapiṇḍaṁ paribhuñjantīti ettha vattabbameva kiṁ? Evamrūpā hi bhikkhū raṭṭhapiṇḍassa sāmino aṇaṇā dāyādā hutvā paribhuñjanti.

(AA.i.54)

역해

'수용한다'라는 구절에서 수용에는 네 가지가 있다. 도둑수용, 빚수용, 유산수용, 주인수용이 그것이다. … 여기에서 〔자애를 닦는〕 이 비구가, 신도들이 보시한 공양을 수용하는 것은 두 가지 모습으로 헛되지 않다. (1) 손가락 한 번 튕길 정도라도 자애의 마음을 의지하는 비구는 신도가 보시한 공양에 대해 주인이 되고 빚이 없게 되고, 상속자가 되어 수용하기 때문에 이 때문에도 헛되지 않은 수용이다. (2) 손가락 한 번 튕길 정도라도 자애의 마음을 의지하는 비구에게 보시한 공양은 많은 이익이 있고, 많은 결과, 많은 결실이 있고, 크게 빛나며, 크게 퍼진다. 이 때문에도 헛되지 않은 수용이다. 더군다나 이러한 자애의 마음을 자주 의지하고, 닦고, 거듭 행하는 이에 대해서 어찌 신도들이 보시한 공양을 헛되지 않게 수용한다고 말할 수 없겠는가? 진실로 그 비구는 신도들이 보시한 공양을 주인으로서, 빚이 없는 이로서, 상속자로서 수용하는 것이다.[183]

간략한 해석 손가락 한 번 튕길 정도의 짧은 시간 정도만이라도 자애를 실천한 비구가 공양을 수용하는 것은 스스로에게도 이익이 많고 공양을 올린 신도에게도 이익이 많은 이 두 가지 이유 때문에 헛되지 않은 수용(amoghaparibhoga)이라고 한다.

스스로에게 이익이 많은 모습은 다음과 같다. 자애를 실천하여 수용하기 때문에 주인수용《공양을 소유하는 이로서 사용함》, 무채수용《빚을 지지 않고 수용함》, 유산수용《유산을 받은 이로서 사용함》들만 생겨난다. 반조하지 않더라도 빚수용이 되지 않는다. 《'빚이 없게 되어(anaṇo hutvā)'라는 구절에 특히 주의를 기울여야 한다.》 그 밖에 수용함에 관련하여 자애의 수행선업도 증장시킨다. 이것은 스스로에게 이익이 많은 모습이다.

공양을 보시한 신도에게 이익이 많은 모습은 다음과 같다. 수행을 증장시키고 있는 비구는 수다원 과를 얻도록 노력하고 있는, 여덟 번째 보시할 만한 개인(aṭṭhamkadakkhiṇeyya puggala) 중의 중간 정도에 위치한다.[184] 그렇기 때문에 그러한 사람에게 보시한 신도는 많은 보시의

---

183 『Aṅguttara Nikāya Aṭṭhakathā Nissaya(앙굿따라 니까야 주석서 대역)』 제1권, p.158 참조.

184 보시할 만한 개인(puggalā dakkhiṇeyyā)은 경전에 일곱 종류, 여덟 종류, 아홉 종류, 열 종류 등 여러 종류로 설하셨다. 본문의 '여덟 번째 보시할 만한 개인'이란 아라한 과, 아라한 도, 아나함 과, 아나함 도, 사다함 과, 사다함 도, 수다원 과, 수다원 도라고 하는 여덟 종류의 보시할 만한 개인 중, 여덟 번째인 수다원 도의 위치에 있는 이를 말한다. 『앙굿따라 니까야』 제5권, p.266 참조. 이 수다원 도에 위치한 이들 중에서도 낮은 단계로는 삼보에 귀의한 이들이 해당되고, 중간 단계로는 수다원 과를 얻기 위해 수행하고 있는 이들이 해당되고, 높은 단계로는 출세간의 수다원 도의 순간에 있는 이들이 해당된다. 『맛지마 니까야』, p.1531, 주 2520 참조.

이익을 얻을 수 있다. 이것이 보시자에게 이익이 많은 모습이다.

이렇게 두 사람 모두, 양쪽 모두에게 이익을 많게 하기 때문에 '헛되지 않은 수용'이라고 한다. 자애의 수행을 끊임없이 실천하고 있는 비구에 대해서는 말할 것도 없다. 그러한 비구는 공양의 진짜 주인, 진실로 빚이 없는 이, 진짜 상속인으로서 수용하는 것이라고 말한다.

주석서에서 자애수행만을 직접적으로 설명하고 있다고 해서, "자애수행 하나만 그러한 많은 이익들을 줄 수 있다"라고 알아서는 안 된다. 경전에서 모든 사마타 수행, 모든 선정 증득, 몸 거듭관찰 등의 모든 위빳사나 수행들도 같은 방법으로 설하셨다.[185] 따라서 모든 수행이 그러한 이익들을 줄 수 있는 것들이라고 알아야 한다. 주석서에서 다른 수행들을 설명하지 않은 것은 제일 처음에만 설명하는 방법[186]때문이다. 그래서 '위빳사나 지혜로도 필수품관련 계를 구족하게 한다, 완벽하게 한다'라고 의심 없이(nissaṁsaya) 알아야 한다.

4. 계에 기반을 두는 모습

이 정도의 근거를 통해 재가자들의 경우에는 그 이전에 오랜 기간 동안 계를 지켰든지, 지키지 않았든지, 위빳사나를 수행하는 마음이 생겨나는 것만으로 네 가지 계 모두가 완전히 청정하게 되어 계청정이 생겨

185 『앙굿따라 니까야』 제1권, pp.163~175 참조.

186 이 내용이 「자애경」을 설명할 때 제일 처음 나왔기 때문에 자애를 대표로 설명했고, 나머지 수행들은 「자애경」에서 설명한 것과 같은 방법으로 알라고 설명하는 방법을 말한다.

난다는 것을 분명하게 알 수 있다. 그렇다고는 해도 수행만으로 계청정을 구족한 이가 삼매, 통찰지를 닦을 때 "sīle patiṭṭhāya naro sapañño, cittaṁ paññañca bhāvayaṁ(통찰지〔= 태어나면서부터 갖춘 지혜〕를 갖춘 이는 계에 기반을 두고 마음과 통찰지〔= 위빳사나 지혜〕를 닦는다)"[187]라는 가르침에서 '어떤 계에 어떻게 기반을 두고[188] 닦는가?'라고 질문할 수가 있다.

모든 수행자가 삼매와 통찰지를 닦는 것은 강하게 의지하는 조건(upanissaya paccaya)인 앞부분 계(pubbabhaga sīla)와 의지하는 조건(nissaya paccaya)인 〔수행과〕 동시에 생겨나는 계(sahajāta sīla), 이렇게 강하게 의지하는 조건, 의지하는 조건 두 가지에 기반을 두고, 의지하여 닦는 것이다. 더 분명하게 설명하겠다.

강하게 의지하는 조건이라는 기반 아주 오래 전부터 시작해서든, 갓 수행을 시작할 때든, 보호할 만한, 지킬 만한 계들을 잘 지킨 이들에게 존재하는 그 계는 다음에 생겨날 위빳사나 삼매와 통찰지, 도 삼매와 통찰지들에게 자연적으로 강하게 의지하는 조건[189]으로서 의지처, 기반

---

187 이 책의 pp.160~162에 다시 설명이 나온다. 자세한 설명은『청정도론』 제1권, pp.121~131 참조.

188 'patiṭṭhāya'를 '기반을 두고'라고 번역한 이유에 대해서는 이 책의 p.110 주 145를 참조하라.

189 강하게 의지하는 조건(upanissaya paccaya)에는 ① 대상으로서 강하게 의지하는 조건(ārammaṇūpanissaya paccaya), ② 틈이 없이 강하게 의지하는 조건(anantarūpanissaya paccaya), ③ 자연적으로 강하게 의지하는 조건(pakatūpanissaya paccaya)이 있다. 이 중 자연적으로 강하게 의지하는 조건이란 대상조건도 아니고 틈이 없는 조건도 아닌, 자연적 성품으로 강하게 의지하는 조건이 되는 것이다. 혹은 자신 스스로 직접 증득한 법들, 또는 외부 대상 중 직접 경험하여 본 법들을 '자연적으로 강하게 의지하는 조건'이라고 한다. *Ledi Sayadaw,*『*Paṭṭhānuddesa Dīpanī Nissaya*(빳타나 개요 해설서 대역)』,『*Ledi Dīpanī Paunchouk pathamatwek*(레디 해설서 총전집)』 제1권, p.656 참조.

(upanissayapatiṭṭhā)이 된다. 〔계를 그 이전부터〕 지키고 보호해 왔던 사람이든, 지키지 않은 사람이든 그 이전에 위빳사나를 수행하는 마음이 생겨날 때, 도와 과의 마음이 생겨날 때 그 마음에 포함된 계도 다음의 위빳사나 삼매와 통찰지, 도 삼매와 통찰지들에게 자연적으로 강하게 의지하는 조건으로서 의지처, 기반이 된다.

의지하는 조건이라는 기반 각각의 위빳사나 마음이 생겨날 때, 도 마음이 생겨날 때 그 마음에 포함된 계는 그 마음들이 생겨날 때 포함된 각각의 삼매와 통찰지들에게 함께 생긴 의지하는 조건[190]으로서 의지처, 기반(nissayapatiṭṭhā)이 된다.

그러므로 그 이전부터 계청정을 구족한 이들은 '강하게 의지하는 계와 의지하는 계, 둘 다에 기반을 두고 삼매와 통찰지를 닦는다'라고 말한다.

위빳사나 수행만으로 계청정을 구족한 사람에게는 제일 처음 관찰하는 마음이 생겨날 때는 함께 생긴 의지하는 조건(sahajātanissaya paccaya)으로서의 계, 그것에만 의지해서, 기반을 두고 삼매와 통찰지를 닦아야 한다는 말이고, 두 번째 관찰하는 마음이 생겨날 때 등에서는

---

190 의지하는 조건(nissaya paccaya)에는 ① 함께 생긴 의지하는 조건(sahajāta nissaya paccaya), ② 토대로서 먼저 생긴 의지하는 조건(vatthupurejāta nissaya paccaya), ③ 토대와 대상으로서 먼저 생긴 의지하는 조건(vatthārammaṇapurejāta nissaya paccaya)이 있다. 그중 함께 생긴 의지하는 조건은 함께 생긴 마음, 마음부수라는 정신법들 서로 간에 의지하는 조건이 되는 법들이다. 『*Paṭṭhānuddesa Dīpanī Nissaya*(빳타나 개요 해설서 대역)』, 『*Ledi Dīpanī Paunchouk pathamatwek*(레디 해설서 총전집)』 제1권, p.650 참조.

강하게 의지하는 계와 의지하는 계, 둘 다에 의지해서, 기반을 두고 위빳사나 삼매와 통찰지, 도 삼매와 통찰지들을 닦는다는 말이다. 그렇기 때문에『대복주서』에서 다음과 같이 설명하였다.

Patiṭṭhāyāti duvidhā patiṭṭhā nissayūpanissayabhedato. Tattha upanissayapatiṭṭhā lokiya, itarā lokuttarā abhinditvā gaheṇe. Bhinditvā pana gahaṇe, "yathā lokiya cittuppādesu sahajātānaṁ, purimapacchimānañca vasena nissayūpanissayapatiṭṭhā sambhavati", evaṁ lokuttaresu heṭṭhima maggaphala sīlavasena upanissayapatiṭṭhāpi sambhavati. "Patiṭṭhāyā"ti ca padassa yadā upanissayapatiṭṭhā adhippetā, tadā "saddhaṁ upanissayā"tiādīsu viya purimakālakiriyāvasena attho veditabbo. Tenāha "pubbeva kho panassa kāyakammaṁ vacīkammaṁ ājīvo suparisuddho hotī"ti. Yadā pana nissayapatiṭṭhā adhippetā, tadā "cakkhuñca paṭiccā"ti ādīsu viya samānakālakiriyā vasena attho veditabbo.

(Pm.i.13)

해석

'기반을 두고'라는 구절에서 '기반'은 의지하는 조건(으로서의 기반)**과 강하게 의지하는 조건**(으로서의 기반), **이 두 가지로 나누어진다. 그** 두 가지 **중에** 네 가지 도 삼매·통찰지를 **구별하지 않고** 모아서 **취한다면 세간** 계는 **강하게 의지하는 조건으로서 기반**, 의지처이다. **출세간** 계는 **의지하는 조건으로서 기반**, 의지처**이다.** 네 가지 도를 **구별하여 취한다면, "세간** 위빳사나 **마음이 생겨날 때 함**

께 생겨나는 계와 삼매·통찰지의 **관계로서, 또한 그 이전에 생겨난 계와 이후에 생겨난** 삼매·통찰지의 **관계로서 '의지하는 조건으로서 기반', '강하게 의지하는 조건으로서의 기반', 두 가지 모두에 해당되는 것처럼", 그와 마찬가지로 출세간 계들 중에 아랫단계의 도의 계, 과의 계들도 강하게 의지하는 조건으로도 기반이 될 수 있다.** 《아랫단계의 도와 과의 계는 그 윗단계의 도의 삼매·통찰지에 대해 강하게 의지하는 조건이므로 강하게 의지하는 조건으로도 기반이 될 수 있다는 말이다.》 이것뿐만 아니다. **또한 '기반을 두고'라는 구절이 강하게 의지하는 조건으로서 기반을 의미한다면 '믿음을 의지하여' 등의 구절처럼** '기반을 두고'의 구절을 **그 이전 시간작용으로 그 의미를 알아야 한다.** 《'sīle patiṭṭhāya = 계에 기반을 둔 후에, 두고 나서'라는 의미라고 알아야 한다는 말이다.》 **그렇기 때문에 '그 비구의 몸의 업, 말의 업, 생계가 그 이전에 이미 청정하다'라고 설하셨다.** 반면에 **의지하는 조건으로서 기반을 의미한다면, '또한 눈을 조건으로 하여' 등의 구절처럼** '기반을 두고'의 구절을 **동일한 시간작용으로 그 의미를 알아야 한다.** 《'sīle patiṭṭhāya = 계에 기반을 두면서, 기반을 둔 상태로'라는 의미라고 알아야 한다는 말이다.》

5. 특히 기억해야 할 것

수행만으로 계청정이 구족될 수 있다는 것을 지금까지 자세히 설명한 것은 '수행을 실천하길 원한다면 계를 우선 청정하도록 오랜 기간 동안 잘 지키고 보호해야 한다. 그 후에 수행을 실천하는 것이 좋다. 지금

금방 계를 지키고 바로 즉시 수행하는 것은 좋지 않다'라고 생각하며 말하는 이들에게, 또한 그러한 말을 믿는 이들에게 '수행에 장애가 생겨나지 않기를, 비난할 만한 것이 아닌 것을 비난해서 불선업이 생기게 하지 않기를'이라고 바라고 기대해서 말한 것이다. 계를 소중하게 생각하지 않아도 된다는 바람으로 설명한 것이 아니다.

사실대로 말하자면 계는 아주 중시해야 할 실천행이다. 사악처에서 매우 큰 고통(atidukkha)을 받고 있는 중생들 중에서 계가 무너져 사악처에 떨어진 이들이 99퍼센트 이상이다. 인간세상, 욕계천상세상에서 행복하게 지내는 이들 중에서도 계가 청정해서 사람, 욕계천신으로 태어난 이들이 50퍼센트보다 적지 않다. 도와 과를 증득한 이들 중에서도 그 이전에 계가 청정한 상태에서 도와 과를 얻은 이들이 더 많다. 산따띠 장관 등의 사람들처럼 그 이전에 계가 청정하지 않고서도 도와 과를 증득한 이들은 아주 적다.

그렇기 때문에 계는 누구를 막론하고 목숨처럼 소중히 여기면서 중시하고 보호하며 지켜야 한다. '나중에 지키지, 뭐'하면서 건성으로 대하면 안 된다. 왜냐하면 그렇게 건성으로 대하면서 계를 범하고 있는 그 순간에 갑자기 죽게 되면 눈 깜짝할 사이에 사악처에 떨어지기 때문이다. 수행을 실천하길 원하는 이들에게는 더 말할 것도 없다. 그렇게 수행하길 원하는 이들은 계를 목숨보다 더 소중하게 생각하고 계가 완전히 청정하도록 지키고 보호해야 한다.

따라서 수행을 실천하기를 원하는 이는 평소에 계가 청정하더라도 '삼매와 통찰지에 도움을 줄 수 있기를'이라고 바라면서 우선 5계나 생계 제8계(ājīvaṭṭhamaka sīla)를 먼저 수지해서 실천해야 한다.[191] 모든 걱정거리(palibodha)들을 제거하고 7일 혹은 그보다 더 오랜 기간 동안 밤낮으로 열심히 수행하길 원한다면 8계, 10계를 수지하여 실천해야 한다.

그 이익은 이전에 잘 지키고 실천해 온 그 계를 수행 도중에 돌이켜 생각할 때마다 '나의 계는 청정하다'라고 마음에 흐뭇함이 생겨날 것이다. 조금 기뻐하고 만족함[192]이 생겨날 것이다. 크게 기뻐하고 만족함[193]이 생겨날 것이다. 몸과 마음의 고요함과 편안함[194]이 생겨날 것이다. 많은 행복[195]이 생겨날 것이다. 마음의 집중[196]이 생겨날 것이다. 생겨나는 대로의 물질과 정신을 관찰할 수 있게 되어 사실대로 아는 여실지견

---

191 이렇게 수지해서 실천해야 계가 굳건하다. 수지하지 않고 그냥 지키는 계는 소의 계행(go-sīla)라고 한다. 소가 살생 등을 하지 않듯이 수지를 하지 않고 '나는 원래 살생을 하지 않는다'라면서 그냥 계를 지키면 나중에 그 계를 범할 기회가 생겼을 때 쉽게 계가 무너진다. 『맛지마 니까야 주석서』에 "'계를 구족한 범부에게'라는 구절에서 '계를 갖춘 범부'라는 이들은 소의 계행(=행위)을 하는 요소(=성품)가 있다. 즉 〔본래 성품으로〕〔없는 공덕을 있는 것처럼〕 허풍 떨지 않고 〔있는 잘못을 없는 것처럼〕 속이지 않으며 다른 이를 괴롭히지 않고 여법하게 농사나 장사로 생계를 유지한다. '…수다원 과를 실현하기 위해 실천하는 이들〔= 수다원 도의 위치에 있는 이들〕에게'라는 구절에서 제일 아래 단계로는 삼보에 귀의한 재가신자도 '수다원 과를 실현하기 위해 실천하는 이'라고 한다. 그들에게 보시한 보시도 〔그 과보가 헤아릴 수 없고 측량할 수 없다. 5계에 기반을 둔 이에게 〔한 보시는〕 그보다 더 큰 결실이 있다"라고 설명되어 있다. MA.iv.223; *Bhaddanta Jāgara Mahāthera, Nissaya DVD-ROM,* 『*Majjhima Nikāya Uparipaṇṇāsa Aṭṭhakathā Nissaya*(맛지마 니까야 후50편 주석서 대역)』 제2권, p.242 참조. 계를 수지하지 않고 지키는 이와 5계를 수지하고 지키는 이를 분명히 구분하였다. 『맛지마 니까야』 p.1531 참조.

192 기쁨(pamojja)을 뜻한다.

193 희열(pīti)을 뜻한다.

194 경안(passaddhi)을 뜻한다.

195 행복(sukha)을 뜻한다.

196 삼매(samādhi)를 뜻한다.

(yathābhūta ñāṇa) 등이 생겨날 것이다. 이상이 재가자의 계청정이 생겨나는 모습이다.

재가자의 계청정이 끝났다.

제1장 일러두기와 계청정이 끝났다.

제2장

마음청정

위빳사나 수행자의 마음청정

1. 마음청정이란 삼매다

마음의 깨끗함 = 깨끗한 마음 마음청정(citta visuddhi)이라는 명칭은 마음을 대표로 해서 부르는 이름이다. 사실은 아주 힘이 좋은 사마타 삼매, 위빳사나 삼매가 생겨날 때 이런저런 대상들을 생각하는 장애(nīvaraṇa)들이 중간중간에 들어오지 않고 사마타 대상, 또는 위빳사나 대상에만 집중해서 머무는 삼매만 계속해서 깨끗하게 생겨나는데 엄밀하게 말하면 그러한 삼매만을 마음청정이라고 말한다. 그 삼매의 힘 때문에 그 삼매와 결합한 마음도 장애로부터 청정하게 된다.

삼매 세 가지 마음청정이라고 부르는 이 삼매에는 "근접삼매(upacāra samādhi), 본삼매(appanā samādhi), 찰나삼매(khaṇika samādhi)"의 세 가지 종류가 있다.

세 가지 삼매 중에 근접삼매는 사마타 수행을 실천하는 수행자에게 수행하는 중간중간에 들어와 생기는 여러 가지 생각들이라는 장애들이 사라졌을 때 닮은 표상(paṭibhāga nimitta)이나 특별히 깨끗한 부처님의 공덕 등을 대상으로 계속 이어져 생겨나는 욕계삼매(kāmāvacara samādhi)를 말한다. 본삼매에 근접해서 생겨나는 삼매라는 뜻이다. 엄밀하게 말하면 이 삼매들 중에 까시나, 더러움(asubha 不淨), 몸에 대한 새김(kāyagatāsati), 들숨날숨(ānāpāna), 거룩한 마음가짐(brahmā vihāra), 무색계 선정 등의 수행주제를 실천해서 생겨나는 삼매만을 근접삼매라고 말한다. 여덟 가지 거듭새김(anussati), 음식혐오인식(paṭikūlasaññā), 요소구분(dhātuvavatthāna) 등의 수행주제를 실천해서 생겨나는 삼매는 본삼매에 근접해서 생겨나는 삼매가 아니기 때문에 엄밀하게 말하면 근접삼매라고 말할 수 없다. 하지만 장애로부터 청정한 모습으로는 진짜 근접삼매와 똑같기 때문에 근접삼매라고 말하는 것이다.

사선(四禪)으로 나누면 네 가지, 오선(五禪)으로 나누면 다섯 가지가 있는 색계 선정과 무색계 선정 네 가지, 이러한 여덟 가지, 혹은 아홉 가지 선정증득(samāpatti)을 본삼매라고 한다. 까시나 등의 대상 속으로 뚫고 들어가듯이 흔들리지 않고 고요한 삼매라는 뜻이다.

위빳사나 수행을 하는 수행자가 신심, 정진, 새김, 삼매, 통찰지의 힘이 좋고 균형을 잘 이루게 되면 관찰하고 새기는 것만 계속 이어져 마음이 깨끗하게 된다. 이런저런 대상들을 생각하는 장애들도 중간중간에 끼어들어 와 생겨나지 않는다. 그렇게 일정 기간 동안 관찰할 때마다 물질과 정신이라는 대상에만 고요히 집중되는 삼매가 아주 분명하게 생겨난다. 이러한 삼매를 찰나삼매라고 한다. 관찰하고 새기는 마음 그 한 순간만 머물러 집중하는 삼매라는 뜻이다.

사마타 행자의 마음청정 이 세 가지 삼매 가운데 근접삼매나 본삼매 중 어느 하나를 바탕으로 해서 위빳사나 관찰을 하는 수행자를 "사마타 행자(samatha yānika)"라고 한다. 사마타라는 운송수단이 있는 이, 사마타라는 운송수단으로 도와 과, 열반으로 가는 이라는 뜻이다.[197] 그렇기 때문에 근접삼매와 본삼매, 이 두 가지가 사마타 수행자의 의지처인 마음청정이다.

위빳사나 행자의 마음청정 근접삼매, 본삼매라는 두 가지 삼매를 의지하지 않고 위빳사나만 관찰하는 이를 "위빳사나 행자(vipassanā yānika)"라고 한다.[198] 사마타 수행을 실천하지 않고 위빳사나 그 자체만으로 가는 이, 위빳사나라는 운송수단만으로 도와 과, 열반으로 가는 이라는 뜻이다. 따라서 찰나삼매가 바로 위빳사나 행자의 의지처인 마음청정이다.

지금까지 말한 모든 내용은 앞으로 설명할 주석서, 복주서의 내용과 일치한다.

---

197 사마타만을 수행하는 이가 아니라 '사마타를 먼저 수행하고 위빳사나를 나중에 수행하는 이'라는 뜻이다.

198 『대복주서』에서는 suddhavipassanāyāniko(순수 위빳사나 수행자)라고 설명하였다. 이 책의 제1권 pp.158~159 참조.

2. 위숫디막가와 대복주서

Cittavisuddhi nāma saupacārā aṭṭha samāpattiyo.

(Vis.ii.222)

해석

근접삼매와 함께 여덟까지 선정증득을 마음청정이라고 말한다.

이 (『위숫디막가(清淨道論)』라는) 주석서에서 찰나삼매를 언급하지 않았어도 앞으로 언급할 복주서, 주석서, 경전 등에서 그 찰나삼매가 분명하게 드러날 것이다. 그러므로 여기서 다음과 같이 확실하게 기억해야 한다. 즉 사마타 행자의 수행하는 모습을 대표로 보이려고 했기 때문에, 그 이전에 따로 특별히 수행을 해야 하는 마음청정만을 보이려고 했기 때문에, 찰나삼매는 그 이전에는 생겨나지 않고 위빳사나 관찰하는 마음이 일어날 때만 포함되어 생겨나기 때문에, 장애들로부터 벗어나 청정하여 근접삼매와 같은 이 위빳사나 찰나삼매를 "sesāni dvādasapi upacāra kammaṭṭhānāneva(나머지 열두 가지도 근접삼매를 (생겨나게 하는) 수행주제이다)"[199]라고 하는 「새김확립 경(Satipaṭṭhāna Sutta 念處經)」의 주석처럼 근접삼매에 포함시켜 설명했기 때문에, 이러한 여

---

199 이 구절이 그대로 나오는 곳은 찾지 못했다. 「새김확립 긴 경」의 주석 원문에는 'sesāni upacārakammaṭṭhānāni(나머지는 근접삼매 주제이다. DA.ii.395)'라고 되어 있다. 이 구절의 앞부분에는 「새김확립 긴 경」에서 말한 21가지 수행주제 중 들숨날숨 한 가지, 32신체부분 한 가지, 공동묘지 관찰 9가지, 모두 11가지가 본삼매에 들게 하는 것이라고, 또한 『디가 니까야』를 수지하시는 마하시와(Mahāsiva) 장로께서는 공동묘지 관찰을 허물을 관찰하는 것으로 간주해서 들숨날숨 한 가지, 32신체부분 한 가지, 모두 두 가지가 본삼매에 들게 하는 것이라는 내용이 나온다. 그러면 근접삼매를 생겨나게 하는 주제는 10가지, 혹은 19가지가 된다. 『네 가지 마음챙기는 공부』(2008), 개정판 2쇄, p.289 참조. 또는 사마타 수행주제 마흔 가지를 설명하고 있는 『위숫디막가』에 찾아보아도 '여덟 가지 거듭새김과 음식 혐오 인식과 요소구분이라는 10가지 수행주제가 근접삼매를 가져온다'라고 설명되어 있다. 『청정도론』 제1권, p.317 참조.

러 가지 이유들 때문에 찰나삼매를 〔『위숫디막가(淸淨道論)』에서〕 따로 설명하지 않고 빼 버린 것이라고 알아야 한다. 이렇게 알아야 모든 경전 문헌들과 일치하게 아는 것이다. 아래 근거문헌들을 자세히 살펴보라.

Samathova yānaṁ samathayānaṁ, taṁ etassa atthīti samathayāniko. Jhāne, jhānūpacāre vā patiṭṭhāya vipassanaṁ anuyuñjantassetaṁ nāmaṁ. … samathayānikassa samathamukhena vipassanābhiniveso, vipassanāyānikassa pana samathaṁ anissāyāti āha - "suddhavipassanāyāniko"ti, samathabhāvanāya amissitavipassanā yānavāti attho.

(Pm.ii.350, 351)

대역

Samathova**바로 그 사마타가** yānaṁ**운송수단이기 때문에** '**samathayānaṁ사마타라는 운송수단'이라고 한다.** etassa**그에게** taṁ**그것**, 즉 사마타라는 운송수단이 atthi**있다.** iti**그래서** (so)그를 '**samathayāniko 사마타를 타고 가는 사람 = 사마타 행자'라고 부른다.** etaṁ**이** '사마타 행자'라는 **명칭은** jhāne jhānūpacāre vā patiṭṭhāya**선정이나,** 선정에 근접해서 생겨나는 **근접삼매에 기반을 두고** vipassanaṁ anuyuñjantassa**위빳사나에 몰두하는 이에 대한** nāmaṁ**명칭이다.** samathayānikassa**사마타 행자에게는** samathamukhena**사마타를 우선 행하는** vipassanābhiniveso**위빳사나의 천착,** 즉 처음 마음에 새김이 (hoti)있다. vipassanāyānikassa pana**반대로 위빳사나 행자에게는** samathaṁ anissāya**사마타를 의지하지 않는** vipassanābhiniveso**위빳사나의 천착,** 즉 처음 마음에 새김이 (hoti)있다. iti**그래서** suddhavipassanāyāniko ti **'순수 위빳사나 행자'라고** āha주석서의 스승들은 말한다. 'samathabhāvanāya**사마타 수행과** amissitavipassanā yānavā**섞이지 않는 위빳사나라는 운송수단이 있는 이**'iti**라는** 이것이 attho**의미다**. 즉 '순수 위빳사나 행자'라는 구절의 의미다.

근접삼매, 본삼매에 의지하고서, 또는 그러한 삼매들을 기초로 삼고서 위빳사나 수행을 하는 이들을 사마타 행자(samathayānika)라고 한다. 그러한 두 가지 삼매들을 의지하지 않고서, 그러한 두 가지 삼매라는 기초, 바탕 없이 위빳사나만으로 시작해서 수행하는 이들을 순수 위빳사나 행자(suddhavipassanāyānika)라고 한다. 이러한 의미는 위에서 밝힌 복주서의 말이 직접 보여 주고 있다. "데와닷따는 낮에 먹지 않았지만 아주 뚱뚱했다"라고 말하면, '밤에 먹는다'라는 것을 알 수 있는 것처럼, 삼매 세 가지 중에 "근접삼매, 본삼매의 두 가지를 의지하지 않고 위빳사나 수행을 한다"라고 말하면, '찰나삼매를 의지한다'라고 알 수 있기 때문에, "위빳사나 행자는 찰나삼매를 의지해서 위빳사나 관찰을 한다"라고 하는 의미도 '의미구족(atthāpanna)의 방법'으로 알려 준다. 아래 『대복주서』도 그 의미를 직접 보여 준다.

Samathayānikassa hi upacārappanābhedaṁ[200] samādhiṁ itarassakhaṇikasamādhiṁ, ubhayesampi vimokkhamukhattayaṁ vinā na kadācipi lokuttarādhigamo sambhavati. Tenāha - "samādhiñceva vipassanañca bhāvayamāno"ti.

(Pm.i.15)

200 CST4 upacārappanāppabhedaṁ.

대역

samathayānikassa**사마타 행자에게는** upacārappanābhedaṁ samādhiṁ**근접삼매와 본삼매**라고 두 가지로 **나누어지는 삼매** vinā**없이는** kadācipi**어떠한 경우에도** lokuttarādhigamo**출세간법의 증득이** na sambhavati**생겨나지 않는다**. itarassa **위빳사나 행자에게는** khaṇikasamādhiṁ **찰나삼매** vinā**없이는** kadācipi**어떠한 경우에도** lokuttarādhigamo**출세간법의 증득이** na sambhavati**생겨나지 않는다**. ubhayesampi사마타 행자, 위빳사나 행자, 이 **두 수행자 모두에게도** vimokkha mukhattayaṁ '무상 거듭관찰(aniccānupassanā), 괴로움 거듭관찰(dukkhānupassanā), 무아 거듭관찰(anattānupassanā)'이라고 하는 세 가지 **해탈의 관문** vinā**없이는** kadācipi**어떠한 경우에도** lokuttarādhigamo **출세간법의 증득이** na sambhavati**생겨나지 않는다**. tena**그래서** samādhiñceva vipassanañca bhavayamānoti**'삼매와 위빳사나를 닦으면서'라고** āha주석서에서 **설명하였다**.

이 복주서의 의미를 그 근본 의미와 함께 분명하게 알게 하기 위해 주석서에서 설명한 모습을 우선 밝히겠다.

Sīle patiṭṭhāya naro sapañño,
Cittaṁ paññañca bhāvayaṁ;
Ātāpī nipako bhikkhu,
So imaṁ vijaṭaye jaṭaṁ.

(S.i.13)

역해

통찰지를 갖춘 이는 계에 기반을 두고,
마음과 통찰지를 닦는다.

열심히 노력하는 현명한 비구,
그가 이 엉킴을 풀 수 있다.

이 게송에서 "cittaṁ paññañca bhāvayaṁ. so imaṁ vijaṭaye jaṭaṁ(마음과 통찰지를 닦는다, 그가 이 엉킴을 풀 수 있다)"라는 두 구절만을 이어서 살펴보라. 그 두 구절 중 우선 뒷구절을 먼저 설명해 보자.

so**그 사람이** imaṁ jaṭaṁ**이 갈애라고 하는 엉킴을** vijaṭaye**풀 수 있다.**

"그 사람이 이 갈애라고 하는 엉킴을 풀 수 있다"라는 정도로만 말하면, '어떻게 노력하면 풀 수 있는가?'라는 것을 알 수 없다. 그래서 '이렇게 노력하면 풀 수 있다'라고 노력하는 모습을 설명하는 것이 필요하기 때문에 "cittaṁ paññañca bhāvayaṁ(마음과 통찰지를 닦는다)"라는 앞의 구절도 설하신 것이다.

cittaṁ(cittañca)**마음과** paññañca**통찰지를** bhāvayaṁ**닦는다.**

위의 구절을 번역해 보면 '마음과 통찰지를 닦으면 풀 수 있다'라는 의미가 드러난다. 이 경전 내용에서 'cittaṁ'이라고 마음을 대표로 해서 설해 놓으셨다. 그 구절에서 ['마음'이라는 구절은] '삼매'만 그 의미로 취해야 하고, 'paññañca'라는 구절도 다른 통찰지를 그 의미로 취하지 말고 위빳사나 통찰지만 그 의미로 취해야 한다는 것을 알려 주기 위해 주석서에서 'samādhiñceva vipassanañca bhavayamānoti(삼매와 위빳사나를 닦으면서)'[201]라고 말한 것이다.

---

201 SA.i.48.

위의 주석서에서는 '어떠한 사람이 어떠한 삼매를 닦아야 하는가?'라는 것도 아직 분명하지 않다. '이러한 삼매, 위빳사나 두 가지 모두를 무엇 때문에 닦아야 하는가?'라는 것도 아직 분명하지 않다. 그래서 그 의미들을 분명하게 하기 위해서 〔앞의〕 복주서에서 '사마타 행자에게는(samathayānikassa hi)' 등으로 설명한 것이다.

복주서의 의미 "사마타 행자라면 근접삼매와 본삼매, 이 두 가지 삼매 중 어느 하나를 닦아야만 도와 과를 얻을 수 있지 그렇지 않으면 아무것도 얻을 수 없다. 위빳사나 행자라면 찰나삼매를 닦아야만 도와 과를 얻을 수 있지 그렇지 않으면 아무것도 얻을 수 없다. 사마타 행자, 위빳사나 행자, 둘 모두 해탈의 관문이라고 하는 세 가지 거듭관찰(anupassanā)[202]을 적절하게 닦는 수행자라야만 도와 과를 얻을 수 있고 갈애의 엉킴을 풀 수 있지 그러한 삼매와 위빳사나를 닦지 않으면 아무런 도와 과도 얻을 수 없고 갈애의 엉킴도 풀 수 없기 때문에 'samādhiñceva vipassanañca bhavayamānoti(삼매와 위빳사나를 닦으면서)'라고 『위숫디막가(淸淨道論)』[203]라는 주석서의 스승이 설명하였다"라는 의미이다.

202 무상 거듭관찰, 괴로움 거듭관찰, 무아 거듭관찰.

203 원주(본문내용): Vis.i.3.

3. 맛지마 니까야 주석서 - 도를 닦는 두 가지 방법

방금 설명한 복주서의 말을 통해 '위빳사나 행자는 근접삼매, 본삼매 들을 닦을 필요가 없다. 찰나삼매만 닦으면 된다. 찰나삼매를 닦아야만 마음청정이 생겨나 도와 과를 얻을 수 있다'라는 의미를 분명히 알 수 있다. 그렇지만 다른 주석서와 일치해야만 확신할 수 있고 확실하기 때문에 서로 비교하는 의미로 『맛지마 니까야(근본50편)』「법 상속자 경(Dhammadāyāda sutta)」의 주석에 나오는 두 가지 수행방법을 드러내어 보이겠다.

(1) 사마타 행자

Bhāvanānayoti koci samathapubbaṅgamaṁ vipassanaṁ bhāveti, koci vipassanā pubbaṅgamaṁ samathaṁ. Kathaṁ? Idhekacco paṭhamaṁ upacārasamādhiṁ vā appanāsamādhiṁ vā uppādeti, ayaṁ samatho; so tañca taṁsampayutte ca dhamme aniccādīhi vipassati, ayaṁ vipassanā. Iti paṭhamaṁ samatho, pacchā vipassanā. Tena vuccati "samathapubbaṅgamaṁ vipassanaṁ bhāvetī"ti. Tassa samathapubbaṅgamaṁ vipassanaṁ bhāvayato maggo sañjāyati.

(MA.i.112)

대역

bhāvanā nayoti'성스러운 도를 **닦는 방법'의 의미는 다음과 같다.** koci **어떤 이는** samathapubbaṅgamaṁ**사마타가 선행하는** vipassanaṁ**위빳사나를** bhāveti**닦는다.** koci**어떤 이는** vipassanāpubbaṅgamaṁ**위빳사나**

가 선행하는 samathaṁ사마타를 bhāveti닦는다. kathaṁ어떻게 닦는가? idha이 불교교법에서 ekacco어떤 이는 upacārasamādhiṁ vā근접삼매나 혹은 appanāsamādhiṁ vā본삼매를 paṭhamaṁ위빳사나 수행을 하기 전에 먼저, 우선 uppādeti생겨나게 한다. ayaṁ이것, 즉 근접삼매, 본삼매가 samatho사마타이다. so사마타를 먼저 닦은 그는 tañca그 삼매를, 또한 taṁsampayutte ca dhamme그 삼매와 결합된 마음, 마음부수라는 법들을 aniccādīhi무상 등으로 vipassati관찰한다. ayaṁ관찰하는 통찰지, 이것이 vipassanā위빳사나이다. iti이렇게 paṭhamaṁ samatho처음에는 사마타, pacchā vipassanā다음에는 위빳사나가 생긴다. tena그래서 (so)그 사마타 행자를 samathapubbaṅgamaṁ vipassanaṁ bhāvetīti'사마타가 선행하는 위빳사나를 닦는다'라고 vuccati부른다. samathapubbaṅgamaṁ사마타가 선행하는 vipassanaṁ위빳사나를 bhāvayato닦는 tassa그 사마타 행자에게 maggo성스러운 도가 sañjāyati생겨난다.

이 사마타 선행 수행(samathapubbaṅgama bhāvanā)이 "paṭhamo samathayānikassa vasena vutto(처음에는 사마타 행자를 대상으로 말했다)"[204]라는 그 복주서의 설명에 따라 사마타 행자가 성스러운 도를 닦는(ariyamaggabhāvanā) 방법이다. 이 주석서의 말 중에서 '삼매와 그 삼매와 결합하는 법들을 위빳사나 수행으로 관찰한다'라는 말을 마음속에 확실히 새겨야 한다. 사마타 행자라면 대부분은 이렇게만 관찰한다는 말이다. 또한 이어서 설명할 다음과 같은 특별한 의미에도 주의를 기울여야 한다. 즉 주석서에는 "삼매를 생겨나게 한 후에 무상 등으로 관찰한다"라고만 설명해 놓았다. '정신·물질 구별의 지혜, 조건파악

204 MAṬ.i.204.

의 지혜, 이 두 가지를 생겨나게 한다'라고는 설명하지 않았다. 그렇다고 해서, '그 두 가지 지혜는 사마타 수행 전에 이미 수행했었다'라고 생각해서는 안 된다. 또한 '그 두 가지 지혜 없이 무상 거듭관찰 등이 생겨난다'라고 생각해서도 안 된다. 따라서 "사마타 수행을 먼저 한 후에 그 두 가지 지혜로 관찰하고 그 후에 무상 등으로 관찰한다"라는 의미로만 이해해야 한다. 왜 이렇게 이해해야 하는가? "aniccādīhi vipassati(무상 등으로 관찰한다)"라는 말은 대표방법으로 말한 것이기 때문이다. 대표방법이라는 것은 대표를 언급함으로써 대표가 아닌 부속적인 것들도 알게 하는 방법이다. 그러므로 대표인 무상 거듭관찰을 직접적으로 언급함으로써 대표가 아닌 두 가지 지혜들도[205] 주석서의 스승들이 알게 하였다고 기억해야 한다. 비유하자면 '왕이 행차한다'라고 말하면 '왕이 거느린 신하들도 다 따라간다'라고 알 수 있는 것과 마찬가지이다. 이렇게 말한 대로 알지 않고 '무상 등의 관찰(aniccādi vipassanā)을 시작으로 수행한다'라고 생각하면 위빳사나 지혜의 차례를 설명하는 모든 문헌들과 일치하지 않게 된다. 이것이 또 하나 특별히 주의를 기울여야 할 내용이다.

(2) 위빳사나 행자

Idha panekacco vuttappakāraṁ samathaṁ anuppādetvāva pañcupādānakkhandhe aniccādīhi vipassati, ayaṁ vipassanā. Tassa vipassanāpāripūriyā tattha jātānaṁ dhammānaṁ vosaggārammaṇato uppajjati cittassa

205 정신·물질 구별의 지혜와 조건파악의 지혜.

ekaggatā, ayaṁ samatho. Iti paṭhamaṁ vipassanā, pacchā samatho. Tena vuccati "vipassanāpubbaṅgamaṁ samathaṁ bhāvetī"ti. Tassa vipassanāpubbaṅgamaṁ samathaṁ bhāvayato maggo sañjāyati, so taṁ maggaṁ āsevati bhāveti bahulīkaroti, tassa taṁ maggaṁ āsevato bhāvayato bahulīkaroto saṁyojanāni pahīyanti, anusayā byantī honti.

(MA.i.113)

대역

pana**그리고** 위빳사나 선행 수행(vipassanāpubbaṅgama bhānvanā)이란, idha**이** 불교 **교법에서** ekacco**어떤 이는** vuttappakāraṁ사마타가 선행하는 방법에서 **이미 말했던** 근접삼매, 본삼매로 나눠지는 samathaṁ 두 가지 종류의 **사마타를** anuppādetvā eva**전혀 생겨나게 하지 않고서** pañcupādānakkhandhe**다섯 취착무더기**(五取蘊)**를** aniccādīhi**무상 등으로** vipassati**관찰한다**. ayaṁ**이것이**, 즉 관찰하는 이 통찰지가 vipassanā**위빳사나이다**. tassa**그**렇게 관찰하는 이**에게** vipassanā pāripūriyā**위빳사나** 지혜**가** 예리해지고 **구족하게 되면** tattha jātānaṁ dhammānaṁ**그** 위빳사나 관찰을 하는 마음이 생겨날 **때** 같이 **생겨난** 마음, 마음부수 등의 **법들이** vosaggārammaṇato외부**대상들을 보내 버리기 때문에**, 즉 내부대상인 위빳사나 대상만으로 뛰어들기 때문에 cittassa ekaggatā'마음이 한 가지 대상만을 취함'이라고 부르는 집중, 고요함, **마음하나됨이** uppajjati**생겨난다**. ayaṁ위빳사나 마음의 집중, **이것이** samatho**사마타이다**. iti**이렇게** paṭhamaṁ vipassanā **처음에는 위빳사나**, pacchā samatho**다음에는 사마타**가 생긴다. tena**그래서** (so)그 위빳사나 행자를 vipassnā pubbaṅgamaṁ samathaṁ bhāvetīti'**위빳사나가 선행하는 사마타를 닦는다'라고** vuccati**부른다**. vipassanā pubbaṅgamaṁ**위빳사나가 선행하는** samathaṁ위빳사나 마음의 고요함, 집중이라는 **사마타를** 《복주서는 도의 삼매라고 설명하였다》 bhāvayato**닦는** tassa**그** 위빳사나 행자**에게** maggo첫 번째 성스러운 **도가** sañjāyati**생겨난다.** 《"maggo sañjāyatīti paṭhamo lokuttaramaggo nibbattati[206]('도가 생겨난다'라는 말은 첫 번째 출세간 도가 생겨난다는 말이다)"라는 『앙굿따라 니까야 주석서』에 근거해서 설명한 것이다. 복주서에서는 '위빳사나 도'라고도 설명하고 있다.》

so**그는,** 수다원 도를 증득한 이는 taṁ maggaṁ**그** 수다원 **도를** āsevati bhāveti bahulīkaroti사다함 도 등을 생겨나게 하기 위해 **의지하고, 닦고, 많이 행한다.** 《"so taṁ magganti ekacittakkhaṇikamaggassa āsevanādīni nāma natthi, dutiyamagggādayo pana uppādento tameva āsevati bhāveti bahulīkarotīti vuccati[207]('그는 그 도를'이라고 하는 것은 도의 마음 한 찰나를 위해서는 '의지한다'라는 등이라고 할 만한 것이 없다. 두 번째 도 등을 다시 증득하기 위해서, 바로 그것을 위해서 의지하고, 닦고, 많이 행하는 것을 말한다)"라고 하는 『앙굿따라 니까야 주석서』에 근거해서 설명한 것이다.》

taṁ maggaṁ**그** 수다원 **도를** āsevato bhāvayato bahulīkaroto**의지하고, 닦고, 많이 행하는** tassa**그에게** saṁyojanāni**족쇄들이** pahīyanti**제거된다.** anusayā**잠재번뇌들이** byantī사라지고 **파괴**honti**된다.**

위빳사나 선행 수행은 "dutiyo vipassanāyānikassa vasena vutto[208](두 번째는 위빳사나 행자를 대상으로 말한 것이다)"라는 그 복주서의 설명에 따라 위빳사나 행자가 성스러운 도를 닦는 방법이다. 이 방법에

---

206 AA.ii.346.

207 AA.ii.346.

208 MAṬ.i.204.

서 "vuttappakāraṁ samathaṁ anuppādetvā eva(〔사마타 선행 수행에서〕 이미 말했던 〔근접삼매, 본삼매로 나눠지는 두 가지 종류의〕 사마타를 전혀 생겨나게 하지 않고서)"라는 구절을 통해 이전에 근접삼매나 본삼매, 이 두 가지 모두를 닦지 않고 처음부터 위빳사나만 닦는다는 것을 분명하게 알 수 있다. 또한 "aniccādīhi vipassati(무상 등으로 관찰한다)"라고 대표로 한 말을 통해 대표가 아닌 정신·물질 구별의 지혜와 조건파악의 지혜, 이 두 가지를 먼저 생겨나게 하고 나서 무상 등으로 관찰한다는 것을 알려 준다. "tassa vipassanā pāripūriyā … cittassa ekaggatā uppajjati(그에게 위빳사나가 구족하게 되면 〔그때 생겨난 법들이 외부대상을 보내 버리기 때문에〕 마음하나됨이 생겨난다)"라는 구절을 통해 위빳사나가 성숙되고 구족되었을 때 삼매가 생겨나는 것을 알려 준다. '구족된 위빳사나'의 경지를 '출현으로 이끄는 위빳사나(vuṭṭhāgāminī vipassnā)'라고, 그리고 '구족된 삼매'의 경지를 '도의 삼매'라고 복주서에서 설명하고 있다. 그렇게 말했어도 "vipassanaṁ pubbaṅgamaṁ purecārikaṁ katvā samathaṁ uppādetīti, pakatiyā vipassanālābhi vipassanāya ṭhatvā samādhiṁ uppādetīti attho[209] ('위빳사나를 선행하여 먼저 행하고서 사마타를 구족한다'라는 말은 보통 위빳사나를 증득한 이는 그 위빳사나를 의지해서 삼매를 생겨나게 한다는 뜻이다)"라고 하는 『앙굿따라 니까야 주석서』에서 "위빳사나에 기반을 두고 삼매를 생겨나게 한다"라고만 말했다. 도의 삼매라고 말하지도 않았고, 그 도의 삼매를 목적으로 한 것으로도 설명하지 않는다. 그리고는 "그 삼매를 닦는 이에게 최초의 출세간 도가 생겨난다"라고

---

209 AA.ii.346.

그 주석서에서 다시 설명하고 있다.

그렇게 설명했어도 '도 삼매를 닦는 이에게 도가 생겨난다'라고 그 의미를 취하게 되면 '황금을 때리면 황금이 된다'라는 말과 같게 되어 버린다. 무엇 때문인가? 도 삼매가 도 구성요소 중의 하나이어서 도일뿐이기 때문이다. 그 밖에 사마타를 선행하는 방법에서 선행하는 사마타와 나중에 뒤따르는 위빳사나, 둘 모두 세간의 법들인 것처럼 이 위빳사나를 선행하는 방법에서도 선행하는 위빳사나와 나중에 뒤따르는 사마타, 둘 모두가 세간법이이어야 하기 때문이다. 이러한 여러 이유들 때문에 〔위빳사나를 먼저 닦고 나중에 사마타를 닦는 방법에서의〕 '사마타'는 "위빳사나와 결합한 찰나삼매(khaṇika samādhi)"라고 그 의미를 취하는 것이 적당하다. 그러한 삼매와 결합하는 '구족된 위빳사나'도 높은 단계, 중간 단계, 낮은 단계의 세 가지로 나누어서 알아야 한다. 그것에 대해 자세히 설명해 보겠다.

높은 단계의 위빳사나와 삼매 높은 단계의 위빳사나 지혜는 "무너짐의 지혜를 시작으로 〔위빳사나가〕 매우 높은 수준으로 구족되었다"라고 알아야 한다. 그때를 시작으로 높은 단계의 찰나삼매가 생겨난다. 이 설명은 사라짐의 특성에 확립한 하나됨(vayalakkhaṇūpaṭṭhānekatta), 그리고 무너짐의 지혜를 설명하는 『빠띠삼비다막가(Paṭisambhidāmagga 無碍解道)』, 『위숫디막가(清淨道論)』와 일치한다. 제2장의 끝에서, 그리고 무너짐의 지혜를 보이는 부분에서 분명하게 설명할 것이다.[210]

---

210 이 책의 제1권 p.247; 제2권 pp.306~311 참조.

중간 단계의 위빳사나와 삼매 중간단계의 위빳사나는 "생멸의 지혜를 시작으로 〔위빳사나가 중간 수준으로〕 구족되었다"라고 알아야 한다. 그 때를 시작으로 중간 단계의 찰나삼매가 생겨난다. 이 설명도 생멸의 지혜를 "최초의 유약한 위빳사나(paṭhamataruṇavipassanā)"라고 한 것, 그리고 그 지혜를 구족한 이를 "위빳사나를 시작하는 이(āraddha vipassaka)"라고 한 것[211] 등 『위숫디막가(淸淨道論)』와 일치한다. 이 지혜를 "도와 과에 이르도록 확실하게 실천해야 하는 기본요소"라고 설명한 경전, "생멸을 거듭 관찰하는 이(udayabbayānupassī)" 등의 경전 구절들과도 일치한다. 무엇 때문인가? 이 생멸의 지혜가 "매우 구족된 위빳사나들 중에 제일 첫 번째 위빳사나이다"라는 사실을 여러 경전, 주석서들을 통해 알 수 있기 때문이다.

낮은 단계의 위빳사나와 삼매 낮은 단계로는 "정신·물질 구별의 지혜를 시작으로 〔위빳사나가 낮은 수준으로〕 구족되었다"라고 알아야 한다. 그때를 시작으로 낮은 단계의 찰나삼매가 생겨난다. 그러한 삼매에 의해, 여러 가지로 생각함 등의 장애들이 관찰하는 중간에 끼어들 수가 없다. 관찰하는 마음이 장애들로부터 벗어나 깨끗하게 된다. 그렇기 때문에 정신과 물질을 그 고유특성 등으로 아는 정신·물질 구별의 지혜 등이 생겨날 수 있다. 장애로부터 벗어난 깨끗한 모습으로는 근접삼매와 비슷하기 때문에 이 찰나삼매는 그때를 시작으로 확실하게 생겨난다. 만약 생겨나지 않으면 물질과 정신일 뿐이라는 것을 그것의 고유특성에 따라 알 수가 없다. 지금 수행하고 있는 수행자들도 〔장애들로부터 벗어

211 āraddha를 '열심히 행하는'이라고도 번역이 가능하나 이 책의 제2권 p.277을 근거로 '위빳사나를 시작하는 이'라고 번역하였다.

난〕 그때를 시작으로 그러한 〔찰나〕삼매들이 생겨난다. 그러한 찰나삼매를 바로 정신·물질 구별의 지혜 등의 조건이 되는 마음청정이라고 한다.

이 낮은 단계의 삼매를 설명하는 것도 “yo tatha avikkhepaṭṭho, ayaṁ adhicittasikkhā”[212]라고 설명한 『빠띠삼비다막가(無碍解道)』 내용과 일치한다. “ñāṇena avijjāya pahānaṁ sīlaṁ(지혜로 무명을 제거하는 것이 계다)”[213] 등과 연결하였을 때, 이 경전내용을 다음과 같이 해석해야 한다.

> tatha**그** 정신·물질 구별의 지혜, 조건파악의 지혜와 결합하는 위빳사나 마음이 생겨날 **때** yo avikkhepaṭṭho**어떤 산란하지 않은 성품이** (atthi)있다. ayaṁ**이** 산란하지 않은 **성품을** adhicittasikkhā**높은 마음 공부지음**(增上心學)**이라고 한다**.

정신·물질 구별의 지혜, 조건파악의 지혜를 위빳사나라고 부를 수 있는 이유는 아래와 같이 『담마상가니(Dhammasaṅganī 法集論) 주석서』, 『맛지마 니까야 주석서』, 『상윳따 니까야 주석서』 등에 설명되어 있기 때문이다.

> Yaṁ nāmarūpaparicchedādīsu vipassanāñāṇesu paṭipakkhabhāvato dīpālokeneva tamassa, tena tena vipassanāñāṇena tassa tassa anatthassa pahānaṁ.

---

212 바로 아래에 해석되어 있다. 이 책의 제1권 pp.131~132 참조.

213 이 책의 제1권 p.131 참조.

Seyyatidaṁ — nāmarūpavavatthānena sakkāyadiṭṭhiyā, paccayapariggahena ahetuvisamahetu diṭṭhīnaṁ, … gotrabhunā saṅkhāranimittagāhassa pahānaṁ, etaṁ tadaṅgappahānaṁ nāma.

(DhsA.386; MA.i.24; SA.ii.233)

역해

정신·물질 구별의 지혜 등 위빳사나 지혜들과 반대인 성품이기 때문에 '등불 빛으로 어둠을 제거하듯이' 각각의 위빳사나 지혜로 각각의 이익없음(= 이익없음을 생겨나게 하는 불선법들)을 제거한다. 예를 들면 정신·물질 구분의 지혜로 존재더미 사견(有身見)을 제거하고, 조건파악의 지혜로 무인론·창조론을 제거하고, … 종성의 지혜로 형성표상을 취하는 것을 제거한다. 이것을 '부분 제거'라고 한다.[214]

이 찰나삼매가 힘이 좋아졌을 때를 시작으로 관찰해야 하는 물질·정신 대상들은 새로 바뀌어도 관찰하는 마음의 집중은 하나로 이어지는 듯이 된다. 첫 번째 관찰하는 마음의 집중처럼 두 번째, 세 번째 관찰하는 마음 등도 마찬가지로 집중된다. 그때에는 마치 사마타 선정들과 비슷한 상태가 되기도 한다. (사마타 수행과) 다른 점은 사마타 선정의 대상은 바뀜이 없이 하나의 대상이다. 물질과 정신일 뿐으로도 드러나지 않는다. 생겨남과 사라짐으로도 드러나지 않는다. 위빳사나 삼매의 대상들은 새로운 것이어서 계속 바뀐다. 물질과 정신일 뿐으로도 드러난다. 지혜가 성숙되었을 때는 생겨남과 사라짐도 드러난다. 이것만 차이

214 *Bhaddanta Jāgara Mahāthera, Nissaya DVD-ROM,*『*Saṁyutta Nikāya Khandhavagga Aṭṭhakathā Nissaya*(상윳따 니까야 무더기 품 주석서 대역)』, pp.15~16 참조.

가 난다. 집중되는 모습은 다르지 않다. 그래서 『대복주서』에서도 다음과 같이 설명하고 있다.

> Khaṇikacittekaggatāti khaṇamattaṭṭhitiko samādhi, sopi hi ārammaṇe nirantaraṁ ekākārena pavattamāno paṭipakkhena anabhibhūto appito viya cittaṁ niccalaṁ ṭhapeti.
>
> (Pm.i.342)

대역

khaṇikacittekaggatāti**'찰나의 마음하나됨'이라고 하는 것은** khaṇamattaṭṭhitiko위빳사나 마음의 그 **찰나만 머무는** samādhi**삼매이다.** hi**맞다.** sopi**그** 위빳사나 **찰나삼매도** ārammaṇe관찰하는 물질·정신 **대상에** ekākārena**한** 종류의 집중된 **모습으로** nirantaraṁ**끊임없이** 계속해서 pavattamāno**생겨나면서** paṭipakkhena anabhibhūto**반대되는** 장애**법들과 섞이지 않고서,** 결합하지 않고서, appito viya**마치** 대상에 몰입하는 선정의 삼매, 즉 **본삼매처럼** cittaṁ위빳사나 **마음을** niccalaṁ**동요함 없이** 고요하게 ṭhapeti**머물게 한다.**

이 복주서의 구절은 "samādahaṁ cittaṁ(삼매에 든 마음을)"이라고 하는 들숨날숨(ānāpāna)에 대한 설명에서 "위빳사나 마음을 찰나삼매로 고요히 머물게 할 수 있다"라고 설명하고 있는 주석서를 뒷받침해 주는 말이다. 그 의미는 '근접삼매, 본삼매만 마음을 고요히 머물게 할 수 있는 것은 아니다. 위빳사나 찰나삼매도 고요히 머물게 할 수 있다'라는 뜻이다. "어느 정도 힘이 있으면 고요히 머물게 할 수 있는가?"라고 질문한다면 "ārammaṇe nirantaraṁ ekakārena pavattamāno(대상에 한 모습으로 끊임없이 생겨나면서)"라고 대답할 것이다. 근접삼매와 비슷하게 되었을 때 관찰하는 사이에 이런저런 생각 등의 장애들이 생겨나지 않게 된다. 관찰하는 것만 계속 이어져 생겨난다. 그렇게 되었을 때 고요히 잘 머물게 할 수 있다는 뜻이다. 또한 "paṭipakkhena anabhibhūto appito viya(반대되는 장애법들과 섞이지 않고 마치 본삼매처럼)"이라는 구절을 통해 생멸의 지혜, 무너짐의 지혜 등과 결합하는 찰나삼매는 그것보다 더 힘이 좋아져서 본삼매처럼 위력이 있다는 사실을 알 수 있다. 그러한 삼매는 반대되는 법들이 괴롭힐 수 없고 방해할 수 없어 본삼매처럼 마음을 고요히 머물게 할 수 있다는 뜻이다. 이상 삼매 세 가지를 나누어 설명하였다.

"vosaggārammaṇato(외부 대상들을 보내 버리기 때문에)"라는 구절에서[215] 보내 버림(vosagga)이라는 단어는 보내 버려 향함(vosaggapariṇamiṁ)이라는 구절처럼 포기(pariccāga)라는 의미, 뛰어듦(pakkhandana)이라는 의미, 두 가지 모두 다 적당하다. 그 두 가지 의미 중에서 포기라는 의미로(pariccāgattha) 말하면 'ārammaṇānaṁ vosaggo pariccāgo(대상을 보내 버리고 포기하고)'라고 그 의미를 해석할 수 있다. 〔여기에서〕 대상(ārammaṇa)에 해당하는 것은 외부(bahiddha)대상을 취해야 한다. "'bahiddhā vā cittaṁ vikkhipati(또는 밖으로, 외부대상에 대해 마음이 산만하다)'[216] 라는 『상윳따 니까야(새김확립 상윳따)』에 따라" 위빳사나 수행을 할 때 관찰하지 않고 반조하거나 생각했었던 모든 대상들을 외부대상이라고 부른다. 이는 위빳사나의 대상이 아닌 밖의 대상이라는 뜻이다.

---

215 이 책의 제1권 pp.165~167 참조.

216 S.iii.134; 『상윳따 니까야』 제5권, p.470 참조.

뛰어듦이라는 의미로(pakkhandanattha) 말한다면 'ārammaṇe vosaggo pakkhandanaṁ(대상에 보내 버리고 뛰어들고)'라고 그 의미를 해석할 수 있다. 이 의미에서 대상에 해당하는 것은 위빳사나의 영역인 내부대상이다. "'ajjhattaṁ satimā sukhamasmi(안으로, 내부대상에 대해 새김을 갖춰 〔나는〕 행복하다)'[217]라고 하는 『상윳따 니까야(새김확립 상윳따)』에 따라" 관찰해야 하는 물질대상과 정신대상 모두를 내부대상이라고 부른다. 위빳사나의 대상인, 안의 대상이라는 뜻이다. 내부영역(gocarajjhatta)이라고도 부른다.

여기에서 그 두 가지 해석 모두 명칭으로만 서로 다르다. 의미로는 똑같다. 어떻게 같은가? '외부대상을 포기한다. 즉 관찰하지 않고서 다른 생각을 하거나 숙고하지 않는다'라고 하면 '내부대상에만 뛰어든다. 즉 관찰할 만한 대상을 끊임없이 계속 이어서 관찰하고 있다'라는 의미도 나타내게 된다. 그 밖에 '내부대상에만 뛰어든다. 즉 계속 이어서 관찰만 한다'라고 해도 '외부대상을 버린다. 즉 관찰하지 않고서 다른 생각을 하거나 숙고하지 않는다'라는 의미도 나타내게 된다. 그러므로 의미로는 동일하다.

꼭 기억해야 할 것 '위빳사나 행자는 근접삼매, 본삼매를 먼저 생겨나게 하지 않고 처음부터 위빳사나만 수행한다. 그러한 위빳사나 행자에게는 근접삼매, 본삼매 없이 위빳사나 지혜가 먼저 생겨난다. 위빳사나가 구족되었을 때 삼매가 생겨난다'라는 의미를 확실히 기억하게 하기 위해 〔지금까지〕 위빳사나를 선행하는 방법을 보여 준 주석서를 통해 설명한 것이다.

---

217 S.iii.135; 『상윳따 니까야』 제5권, p.471 참조.

4. 빠띠삼비다막가

수행방법 두 가지를 설명한 이러한 주석서의 구절은 경전에서 취한 구절들이다. 조금만 더 분명하게 하기 위해서 일부만 보충하였다. 대부분은 경전과 동일하기 때문에 '경전에서 그대로 옮겨서 설명하였다'라고까지 말할 수 있다. 그렇기 때문에 그러한 주석서의 설명을 '경전과 일치하는가?'라고 질문할 필요도 의심할 필요도 없다. 원한다면 『앙굿따라니까야(네 가지 모음, 실천 품)』과 『빠띠삼비다막가(無碍解道)』「쌍에 대한 논의(yuganaddhakathā)」 등을 살펴보라. 여기에서는 쉬운 내용으로 살펴보기 위해 『빠띠삼비다막가』의 한 구절을 발췌하여 설명하겠다.

> Rūpaṁ aniccato anupassanaṭṭhena vipassanā, rūpaṁ dukkhato … ananttato anupassanaṭṭhena vipassanā. Tattha jātānaṁ dhammānaṁ ca vosaggārammaṇatā cittassa ekaggatā avikkhepo samādhi. Iti paṭhamaṁ vipassanā, pacchā samatho. Tena vuccati — "vipassanā-pubbaṅgamaṁ samathaṁ bhāveti"ti.
>
> (Ps.287)

대역

rūpaṁ**물질을** aniccato**무상하다고** anupassanaṭṭhena**(거듭) 관찰한다는 의미로,** 또는 (거듭) 관찰하는 성품이 vipassanā**위빳사나이다.** rūpaṁ **물질을** dukkhato**괴로움이라고** … ananttato주재하는 자아가 아닌 **무아라고** anupassanaṭṭhena**(거듭) 관찰한다는 의미로,** 또는 (거듭) 관찰하는 성품이 vipassanā**위빳사나이다.** ca위빳사나 뿐만이 아니다. **또한** tattha**그때,** 즉 그 위빳사나 순간에 위빳사나 마음이 생겨날 때 jātānaṁ dhammānaṁ**생겨난** 마음과 마음부수라고 하는 **법들이** vosa-ggārammaṇatā**대상을 보내 버리는 성품,** 즉 외부의 대상을 포기하여

보내 버리는 성품, 또는 내부영역의 대상에 뛰어드는 것으로 보내 버리는 성품인 cittassa ekaggatā**마음하나됨,** 즉 위빳사나 마음이 하나의 대상에만 있음**인** avikkhepo**산란않음이** samādhi**삼매이다.**[218] 《'iti' 등은 위에서 설명한 것과 의미가 같다. 위를 참조하라.》[219]

이 〔『빠띠삼비다막가』의〕 내용은 다음과 같은 『맛지마 니까야(근본50편) 복주서』의 설명과 일치한다.

Tatthajātānanti tasmiṁ ariyamaggakkhaṇe jātānaṁ[220] sammādiṭṭhi ādīnaṁ dhammānaṁ. Niddhāraṇe cetaṁ sāmivacanaṁ. Vosaggārammaṇatāti[221] vosaggassa[222] ārammaṇatāya. … nibbānassa ārammaṇakaraṇenāti attho. Cittassa ekaggatāti iminā[223] maggasamādhiṁ[224] āha.

(MAṬ.i.204)

해석

'그때 생겨난'이라는 구절은, '그 성스러운 도의 순간에 생겨난'[225] 정견 등의 법들이라는 뜻이다. 나머지는 동일하다. '대상을 보내 버

---

218 임승택 역주, 가산불교문화원, 『빠띠삼비다막가 역주』, p.682 참조.

219 이 책의 제1권 pp.166~167 참조.

220 CST4 uppannānaṁ.

221 CST4 vosaggārammaṇatoti.

222 CST4 vavassaggassa.

223 CST4 iminā 생략.

224 CST4 maggasammasamādhiṁ.

225 원주(본문내용): 지시대명사(niyattasabbanāma) 'ta'가 의미하는 보통의 의미 세 가지 중 무엇을 의미하는지 매우 알기 어렵다. 역주: 'ta'가 의미하는 보통의 의미 세 가지란 시간, 장소, 사람을 말한다.

리기 때문에'라는 구절은 '대상을 보내 버리기 때문에 … 열반을 대상으로 행하기 때문에'라는 뜻이다. '마음하나됨'이라는 구절은 '도 삼매(도 마음이 〔열반이라고 하는〕 하나의 대상에만 있음, 산란하지 않음)**'를 말한다.**

5. 쌍 수행법과 법 들뜸 제거법

〔다른 여러〕 경전들에서는 〔이 두 수행법 외에도〕 쌍 수행법(yuganaddha bhāvanā), 법 들뜸 제거법(dhammuddhacca pahāna) 등의 수행법 네 가지를 언급하고 있다. 하지만 이 주석서에서 〔사마타 선행 수행법, 순수 위빳사나 수행법이라는〕 이 두 가지 방법만을 설명한 것은, 나머지 두 가지 수행법(= 쌍 수행법, 법 들뜸 제거법)들이 주석서에서 소개한 방법 두 가지에 포함되는 방법이라 묶어서 설명했기 때문이다. 포함되는 모습은 다음과 같다.

쌍 수행법 선정을 얻은 수행자는 초선정에 입정한 후 〔출정해서〕 그 선정을 위빳사나로 관찰한다. 다시 제2선에 입정한 후 〔출정해서〕 그 선정을 위빳사나로 관찰한다. 이러한 방법으로 선정에 차례대로 한 번씩 입정한 후 또 차례대로 위빳사나로 관찰하면서 사마타와 위빳사나를 쌍으로 짝을 지어서 도가 생길 때까지 실천하는 수행방법을 쌍 수행법(yuganaddhabhāvanā)이라고 한다. 이 방법은 사마타를 먼저 행한 후 위빳사나를 관찰하기 때문에 사마타 선행 수행법(samatha pubbaṅgama)에 포함된다.

법 들뜸 제거법 사마타 행자든 위빳사나 행자든 생멸의 지혜가 생기기 시작할 때부터 광명, 지혜, 희열, 경안 등 위빳사나의 부수번뇌(vipassanupakkilesa)[226] 들이 생겨난다. 그때 그러한 광명 등을 '특별한 법이구나!'라든지, '특별한 법을 얻어서 이러한 것들이 생겨났구나'라고 생각하면서 숙고하고 반조하게 된다. 그렇게 숙고하고 반조하면 법에 대하여 들뜸이 생겨나기 때문에 그것을 법 들뜸(dhammuddhacca)이라고 한다. 이러한 법 들뜸이 생겨난 수행자에게는 이전에 항상 분명하던 물질과 정신들도 분명하지 않게 된다. 관찰도 마치 정지된 것처럼 된다. 더구나 퇴보하거나 무너진 것처럼 되기도 한다. 따라서 그러한 법 들뜸을 제거해야 한다. 광명 등에 신경 쓰지 말고 관찰하는 것에만 계속 신경을 써서 관찰해야 한다. 그렇게 관찰하면 법 들뜸은 저절로 사라지고 제거된다. 그때 원래 드러나던 물질과 정신이 더욱 분명하게 드러난다. 관찰도 내부영역(gocarajjhatta)이라고 부르는 물질·정신 대상에만 밀착된다. 그때를 시작으로 위빳사나 지혜가 단계적으로 높아져서 도의 지혜에 이르게 된다. 이렇게 법 들뜸을 제거하여 도를 생기게 하는 방법을 법 들뜸 제거법이라고 한다. 이 방법은 사마타 행자와 위빳사나 행자 둘 다에 해당된다. 따라서 그 주석서에서 두 가지 수행법만을 보인 것이다.

6. 정리

'위빳사나 행자들은 마음청정을 생겨나게 하기 위해 사마타를 미리

226 수행할 때 나타나는 여러 가지 특이한 현상들을 보통 '경계'라고 하지만, 일반 독자들을 위해, 그리고 upakilesa라는 단어의 'upa'라는 의미를 살려서 '부수번뇌'라고 번역해 보았다.

수행할 필요가 없다. 처음부터 위빳사나만 수행하면 된다. 위빳사나의 힘이 좋아졌을 때 생겨나는 찰나삼매가 바로 그 수행자의 마음청정이다' 라는 의미를 지금까지 언급한 여러 경전, 주석서, 복주서들을 근거로 분명하게 알 수 있다. 그러한 근거 문헌들은 위빳사나 행자들이 관찰하는 모습을 기초로 한 문헌들이다. 그래서 마음청정을 위해 수행하는 방법을 이『위빳사나 수행방법론』에서는 특별히 설명할 필요가 없을 것이다. 그래도 벗어남 여덟 가지와 벗어남의 장애 여덟 가지, 삼매의 장애 여섯 가지, 그 삼매의 장애들로부터 벗어나게 하는 해결법 여섯 가지, 또한 위빳사나 마음이 한 대상에 머무는 모습 등을 알면 위빳사나와 함께 같이 생겨나는 찰나삼매를 닦는 이에게 많은 도움이 될 것이기 때문에 그러한 벗어남 여섯 가지 등을『빠띠삼비다막가(無碍解道)』「들숨날숨에 관한 논의(Ānāpāna kathā)」[227]에서 발췌하여 설명하겠다.

위빳사나 수행자의 마음청정이 끝났다.

---

227 원주(본문내용): Ps.162-163.

벗어남과 벗어남의 장애

1. 첫 번째 벗어남과 장애

Nekkhammaṁ ariyānaṁ niyyānaṁ. Tena ca nekkhammena ariyā niyyanti. Kāmacchando niyyānāvaraṇaṁ. Tena ca kāmacchandena nivutattā nekkhammaṁ ariyā niyyānaṁ nappajānātīti — kāmacchando niyyānāvaraṇaṁ.

(Ps.162)

대역

nekkhammaṁ**출리**(위빳사나 선업)**는** ariyānaṁ niyyānaṁ**성자들의 벗어남,** (장애로부터) 벗어나게 하는 원인**이다.** ca**또** 벗어남인 이유는, tena nekkhammena**그** 위빳사나 선업이라고 하는 **출리를 통해** ariyā**성자들은** niyyanti윤회의 고통에서 **벗어나기** 때문이다. kāmacchando**감각욕망 바람은** niyyānāvaraṇaṁ**벗어남의 장애이다.** ca**또** 장애인 이유는, tena kāmacchandena**그 감각욕망 바람이** nivutattā가로막고 **방해하기 때문에** nekkhammaṁ ariyā niyyānaṁ**성자들의 벗어남인** 위빳사나 선업인 **출리를** nappajānāti**(분명하게) 알지 못하기 때문이다.** iti**그래서** kāmacchando**감각욕망 바람은** niyyānāvaraṇaṁ**벗어남의 장애이다.**

Pabbajjā paṭhamaṁ jhānaṁ, nibbānañca vipassanā;
Sabbepi kusalā dhammā, nekkhammanti pavuccare.

(ItA.331)

역해

출가와 초선, 열반과 위빳사나
모든 선한 법들도 출리라고 부른다.

위와 같은 게송에 따라 출가·초선·열반·위빳사나와 함께 모든 선한 법들을 각각의 경우에 따라 출리(nekkhamma 出離)라고 부른다. 『대복주서』에는 탐욕없음을 바탕으로 한 선한 법을 출리라고 한다고 설명하고 있다. 이것은 그곳의 의미에 따라서 설명한 것이다. 지금은 위빳사나 삼매에 대한 내용을 말하고 있으므로 위빳사나 선업만 출리에 해당한다고 그 의미를 취하고자 한다. 다음에 설명할 다른 벗어남들에 대해서도 같은 방법으로 위빳사나 삼매와 관련된 것만 대상으로 취해 설명하겠다.

여섯 문에서 물질과 정신들이 드러날 때마다, 생겨날 때마다 그 물질과 정신들을 관찰하지 않으면 '물질과 정신일뿐이다'라는 것을 모른다. '원인과 결과일 뿐이다'라는 것도 모른다. '무상, 고, 무아'라는 것도 모른다. 이렇게 모르기 때문에 그 모르는 대상이든, 그와 비슷한 다른 대상에 대해서 좋아함, 즐김, 바람, 고대함이 생겨난다. 〔반대로〕 물질과 정신들이 드러날 때마다, 생겨날 때마다 그 물질과 정신들을 관찰하게 되면 '물질과 정신일뿐이다'라고 하는 것을 안다. '원인과 결과일 뿐이다'라는 것도 안다. '무상, 고, 무아'라는 것도 안다. 그렇게 알기 때문에 그 아는 대상이나 그와 비슷한 다른 대상에 대해서 좋아함, 즐김, 바람, 고대함이 사라진다. 이렇게 좋아함, 바람으로부터 벗어나게 하고 그것들을 사라지게 하기 때문에 위빳사나 선업을 출리라고 한다. 출리라고 하는 이 위빳사나에 의해서 성자들이 벗어난다는 말이다. '위빳사나 〔지혜〕를 단계적으로 생겨나게 해서 도의 지혜로 열반을 증득하여 윤회의 고통에서 벗어난다'라는 의미이다. 이렇게 벗어남을 생겨나게 하기 때문에 위빳사나 선업을 성자들의 벗어남이라고 한다. '성자들로 하여금 윤회의 고통에서 벗어나게 하는 법'이라는 뜻이다.

좋아함, 바람, 고대함이라는 감각욕망 바람(kāmacchanda)은 위빳사나를 방해하고 가로막기 때문에 벗어남의 장애(niyyānāvaraṇa)라고 한다. 방해하고 가로막는 모습은 다음과 같다. 사람들마다 이번 생의 행복을 위해 자기 일, 남의 일, 남편 일, 부인 일, 자식 일, 친척·가족·친구 일, 제자나 신도 일, 스승과 관련된 일 등 헤아릴 수 없을 정도로 해야 할 많은 일들이 있다. 그러한 모든 일들은 행복하기를 바라는 감각욕망 바람으로부터 시작되었다. 그러한 여러 일들에 대하여 갖가지로 생각하고 노력해야 한다. 아직 얻지 못한 것을 얻어야 한다. 얻은 것을 잘 간수해서 보호해야 한다. 따라서 조금 쉴 시간조차 얻을 수 없다. 위빳사나 수행을 하려는 마음조차 〔그 사이에〕 끼워 넣을 수 없다. 설사 〔수행할〕 생각을 했다 하더라도 실제로 수행은 하지 못한다. 제일 나쁜 상태는 전혀 마음을 보호하지 않고서 생각하고 싶은 대로 마음대로 생각하고 지내며 즐기는 것이다. 원하는 대로 말하고 오가며 즐긴다. 그렇게 즐기기 때문에 법을 수행하려고 생각해도 지금 가진 몸의 행복, 마음의 행복이 사라질까 걱정하게 된다. 그래서 수행하지 않고 그냥 지낸다. 수행할 수 없기 때문에 그 사람에게는 위빳사나가 생겨나지 않는다. 따라서 '위빳사나라고 하는 것이 어떠한 법인가?'라는 것을 스스로의 지혜로 알 수 없다. 위빳사나라고 하는 '벗어남의 법'을 얻지 못하기 때문에 그러한 사람들은 모두 윤회의 고통에서 벗어날 수 없다.

그렇게 벗어날 수 없게 된 근본원인을 찾아보면 '행복하게 잘 먹고 잘 살기를 바라고 고대하는 감각욕망 바람 때문이다'라는 것을 분명하게 알 수 있다. 그래서 '바로 그 감각욕망 바람이 위빳사나가 생길 기회를 얻지 못하도록 방해하고 가로막는다. 고통으로부터 벗어나지 못하도록 방해하고 가로막는다'라고 알아야 한다. 다음 생에 윤회할 때 행복하게 잘 살기를 바라는 감각욕망 바람 때문에 위빳사나를 수행하지 못하는 경우도 있다. 이러한 것이 위빳사나라는 '벗어남'을 먼저 생겨나지 못하도록 방해하고 가로막는 모습이다.

수행하고 있는 중에도 관찰하는 중간에 감각욕망 바람이 생겨나서 위빳사나를 방해하고 가로막는다. 어떻게 가로막는가? 감각욕망 대상들을 생각하고 바라면서 수행하기 전처럼 〔마음이〕 거칠게 되기도 한다. 수행하는 것에 관련하여 너무 예민하거나 민감하게 되기도 한다. 어떻게 예민하게 되는가? 관찰이 잘되는 것을 좋아한다. 특별한 대상들이 나타나는 것을 좋아한다. 좋아해서 거듭 숙고하고 반조한다. 관찰이 잘되는 것을 말하고 싶어 한다. 가까운 이들에게 수행하도록 권유하고 싶어 한다. 관찰이 잘되기를 기대한다. 특별한 지혜들을 기대한다. 도와 과, 열반을 기대한다.

여기에서 "도와 과, 열반을 갈망하는 것은 갈애가 아니다. 선업의 바람(chanda)이다. 갈애는 출세간의 법을 대상으로 할 수 없다"라고 말하는 이들이 있다. 그렇게 말한다면 '범부들의 선업 바람들도 진짜 도와 과, 열반을 대상으로 할 수 있는가, 없는가?'를 한번 생각해 보아야 한다. "범부의 마음들 중에, 수다원 도 바로 앞에 생겨나는 종성(gotrabhū) 마음, 그 마음 하나만 진짜 열반을 대상으로 할 수 있다. 나머지 모든 〔범부의〕 마음들은 〔열반을〕 대상으로 할 수 없다. 진짜 도와 과, 열반은 범부들의 마음으로는 절대로 대상으로 할 수 없다"라고 여러 문헌들에서 설명하고 있기 때문에 종성 〔마음〕이 아닌 〔세간적인〕 바람들은 진짜 도와 과, 열반을 대상으로 할 수 없다. 그렇기 때문에 범부들이 기대하고 고대하는 도와 과, 열반은 진짜 빠라맛타 실재성품이 아니다. 전해 듣거나 추론(anumāna) 등에 의해서 알게 된 명칭 개념, 표현(ākāra) 개념, 형체(saṇṭhāna) 개념일 뿐이라고 알아야 한다. 선업의 바람이 그렇게 빤냣띠 개념일 뿐인 도와 과, 열반을 대상으로 할 수 있듯이 갈애도 그것들을 대상으로 할 수 있다. 갈망할 수 있다. 바로 그렇기 때문에 『맛지마 니까야(후50편)』「여섯 감각장소 분별 경(Saḷāyatana vibhaṅga sutta)」에서 "anuttaresu vimokkhesu pihaṁ upaṭṭhāpeti = 위없는 해탈인 아라한 과에 대한 열망을 생겨나게 한다"라고 설하셨다.[228] 그 의미를 복주서에서 "anussutiladdhaṁ pana parikappasiddhaṁ arahattaṁ uddissa patthanaṁ ṭhapeti = 전해 듣고 알아서 생각하고 분별하여 분명해진 아라한 과를 대상으로 소망을 생겨나게 한다"[229]라고 설명해 놓았다. 「제석천왕 질문 경(Sakkapañhā sutta)」의 복주에서도 "anussavūpaladdhe pana anuttaravimokkhe uddissa pihaṁ

228 M.iii.261; 『맛지마 니까야』, p.1486 참조.

229 MAṬ.ii.383.

uppādento[230] 'tattha pihaṁ upaṭṭhāpetī'ti vutto = 진짜 출세간법을 대상으로 해서는 갈애가 생겨날 수 없다고 하더라도 전해 듣고 알게 된 아라한 과라는 법을 대상으로 해서 열망을 생겨나게 하는 것, 바로 그것을 두고 '그 아라한 과에 대한 열망을 생겨나게 한다'라고 설하신 것이다"라고 설명하였다.

이러한 바람, 갈망들이 생겨나지 않으면 그때는 위빳사나만 계속해서 생겨난다. 그렇다면 바람이나 갈망들이 일어나는 것은 "우리 감각욕망 바람들이 생겨날 거야. 너희 위빳사나들은 생겨나지 마라"라고 방해하는 것과 같다. 이것뿐만 아니다. 일부 사람들에게는 삼매와 지혜가 아주 성숙되어 있을 때 그러한 바람, 갈망이 생겨나는 것과 동시에 위빳사나 관찰이 현저하게 퇴보하고 무너져 버리기도 한다. 그렇게 되었을 때 마음의 불편함들까지 생겨나기도 한다. 이것이 수행하는 중에 방해하고 가로막는 모습이다.

이렇게 방해하고 가로막는 것을 두고 "감각욕망 바람이 방해하고 가로막기 때문에 성자들의 벗어남인 위빳사나 선업을 알지 못한다"라고 한다. '알지 못한다'라는 것은 들어서 아는 지혜(sutamaya ñāṇa)로 알지 못하는 것을 말하지 않는다. 수행으로 아는 지혜(bhāvanāmaya ñāṇa)로 자기 자신에게서 생겨나지 않아 알지 못하는 것만을 말한다. 그래서 성자들의 벗어남인 위빳사나가 생겨나지 않도록 방해하고 가로막기 때문에 감각욕망 바람을 벗어남의 장애(niyyānāvaraṇa)라고 부른

---

230 CST4 upaṭṭhapento.

다. 〔줄여서〕 장애(nīvaraṇa)라고도 부른다. 『빠띠삼비다막가(無碍解道)』에서는 "kenaṭṭhena nīvaraṇā niyyānāvaraṇaṭṭhena nīvaraṇā(무슨 의미로 장애라 하는가? 벗어남을 방해한다는 의미로 장애라고 한다)"[231]라고 설하였다.

기억해야 할 것의 요약 출리(nekkhamma)라고 하는 위빳사나 선업은 성자들의 벗어남이기 때문에 벗어남(niyyāna)이라고 한다. 윤회의 고통에서 벗어나기를 원하는 이는 성자들의 벗어남인 위빳사나만 의지하고 실천해야 한다.

감각욕망 바람(kāmacchanda)은 벗어남인 위빳사나를 방해하고 가로막기 때문에 벗어남의 장애(niyyānāvaraṇa)라고 한다. 그 감각욕망 바람은 삼가야 한다. 생겨나더라도 즉시 관찰해서 제거해야 한다.

2. 두 번째 벗어남과 장애

Abyāpādo ariyānaṁ niyyānaṁ. Tena ca abyāpādena ariyā niyyanti. Byāpādo niyyānāvaraṇaṁ. Tena ca byāpādena nivutattā abyāpādaṁ ariyānaṁ niyyānaṁ nappajānātīti — byāpādo niyyānāvaraṇaṁ.

(Ps.162)

대역

abyāpādo**분노없음**(화내지 않음)은 ariyānaṁ niyyānaṁ**성자들의 벗어**

231 Ps.162.

남, 〔장애로부터〕 벗어나게 하는 원인**이다.** … byāpādo**분노**(화냄)**는** niyyānāvaraṇaṁ**벗어남의 장애이다.** 《해석하지 않은 부분은 첫 번째 벗어남 구절을 참조하여 알기 바란다.》

관찰하는 위빳사나 마음과 함께 생겨나는 화내지 않음, 성냄없음(adosa)을 분노없음(abyāpāda)이라고 한다. 마음에 들지 않는 대상과 만나더라도, 좋지 않은 느낌들이 생겨나더라도, 관찰이 잘 안되더라도 화내지 않고 관찰함에 의해서 성자들은 열반을 증득하고서 윤회의 고통에서 벗어난다. 따라서 그러한 화내지 않음을 성자들의 벗어남이라고 말한다. 관찰할 때 분노없음이라고 하는 이 벗어남을 의지해서 실천해야 한다.

사람에 대해서나, 어떠한 물건에 대해서나, 관찰이 잘 안되는 것에 대해서 화내고 성내는 것을 분노(byāpāda)라고 한다. 분노가 생겨나면 화내지 않고 관찰함이라고 하는 벗어남의 법을 알지 못하게, 얻지 못하게, 생겨나지 못하게 한다. 이렇게 화냄, 성냄은 벗어남을 방해하기 때문에 벗어남의 장애라고 한다. 그것은 삼가야 한다.

어떤 한 사람에 대해 화냄, 생각 속에서 어떤 사람과 만나 다투거나 싸움, 고통스러운 느낌들이 생겨나서 성냄, 보이는 형색이나 들리는 소리 등에 대해 화냄, 관찰이 잘 안되어 화냄과 실망함 등의 분노가 생겨나면 그것을 새겨서 제거해야 한다. 그것(= 분노)들을 잘 새긴 다음 원래 관찰하던 대상만 잘 집중해서 관찰해야 한다. 그렇게 한 번, 두 번 정도 새기는 것만으로 분노가 사라지지 않으면 〔분노가〕 계속해서 생겨날 때마다 거듭거듭 반복해서 새겨야 한다. 끝내는 분노가 완전히 사라질 것이다.

3. 세 번째 벗어남과 장애

Ālokasaññā ariyānaṁ niyyānaṁ. Tāya ca ālokasaññāya ariyā niyyanti. Thinamiddhaṁ niyyānāvaraṇaṁ. Tena ca thinamiddhena nivutattā ālokasaññaṁ ariyānaṁ niyyānaṁ nappajānātīti — thinamiddhaṁ niyyānāvaraṇaṁ.

(Ps.162)

대역

ālokasaññā광명을 마음에 새기고 기억함인 **광명인식** 즉, 분명하게 하여 관찰함**은** ariyānaṁ niyyānaṁ**성자들의 벗어남,**〔장애로부터〕 벗어나게 하는 원인**이다.** … thinamiddhaṁ게으름, 졸림, 나른함인 **해태·혼침은** niyyānāvaraṇaṁ**벗어남의 장애이다.**《해석하지 않은 부분은 첫 번째 벗어남 구절을 참조하여 알기 바란다.》

햇빛, 달빛, 별빛, 수행으로 생겨난 광명 등을 생각하는 것, 숙고하는 것을 광명인식(ālokasaññā 光明想)이라고 한다. 그러한 빛, 광명들을 숙고하면, 졸림이나 나른함을 생겨나게 하는 해태·혼침(thinamiddha)을 제거할 수 있다. 그래서 나른하여 졸음이 올 때는 광명인식으로 제거하고 위빳사나를 수행해야 한다. 이렇게 수행해서 열반을 증득하여 윤회의 고통에서 벗어날 수 있기 때문에 광명인식을 '성자들의 벗어남'이라고 한다. 그 밖에 물질과 정신을 쉽게 드러나도록, 분명하도록 해서 생각하는 것, 관찰하는 것도 위빳사나에 있어서 광명인식이라고 할 수 있다. 쉽게 드러나도록, 분명하도록 해서 관찰할 수 있을 때 졸림, 나른함, 흐리멍덩함, 무거움, 지겨움 등이 사라진다. 밤이든 낮이든 항상 졸림, 나른함이 없이 계속해서 또렷한 마음으로 지낼 수 있다. 관찰을 그

만하고 자려고 할 때도 잠에 빠지지 않고 드러나는 대로, 생겨나는 대로의 물질과 정신을 저절로 관찰하면서, 알면서 지내게 된다. 따라서 물질과 정신을 분명하게 생각할 수 있게 하는 이 광명인식으로도 해태·혼침을 제거하고 위빳사나 지혜, 도의 지혜를 차례차례 생겨나게 해서 윤회의 고통으로부터 벗어날 수 있다. 그렇기 때문에 분명하도록 해서 관찰하는 것도 성자들의 벗어남이라고 할 수 있다.

졸림, 나른함의 원인인 흐리멍덩함, 지겨워함 등도 해태·혼침이라고 한다. 졸리지는 않지만 관찰하는 것을 지겨워하는 것도 해태·혼침이다. 이러한 해태·혼침은 광명인식을 방해하기 때문에 벗어남의 장애이다. 따라서 그것이 생겨났을 때 특히 분명하도록 관찰하여 제거해야 한다.

4. 네 번째 벗어남과 장애

Avikkhepo ariyānaṁ niyyānaṁ. Tena ca avikkhepena ariyā niyyanti. Uddhaccaṁ niyyānāvaraṇaṁ. Tena ca uddhaccena nivutattā avikkhepaṁ ariyānaṁ niyyānaṁ nappajānātīti — uddhaccaṁ niyyānāvaraṇaṁ.

(Ps.162)

대역

avikkhepo**산란않음은** ariyānaṁ niyyānaṁ**성자들의 벗어남**, 〔장애로부터〕 벗어나게 하는 원인**이다**. … uddhaccaṁ**들뜸은** niyyānāvaraṇaṁ**벗어남의 장애이다**. 《해석하지 않은 부분은 첫 번째 벗어남 구절을 참조하여 알기 바란다.》

관찰하는 정신과 물질에 집중되어 고요히 머무는 찰나삼매를 산란않음(avikkhepa)이라고 한다. 산란함의 반대되는 법, 산란하지 않음이라는 법이라는 뜻이다. 삼매의 힘이 좋을 때는 마음이 새기는 대상마다 파고 들어가듯이 생겨난다. 마음과 대상들이 '착착'하며 붙어 가듯이 생겨난다. 비유하면 무거운 쌀자루들을 땅에 던지면 떨어지는 곳에만 '착착' 하며 머무는 것처럼, 날카로운 창을 부드러운 땅에 던져 꽂으면 떨어지는 곳에 꽂히면서 그대로 있는 것처럼, 매우 끈적끈적한 물건을 벽에 던지면 닿는 곳에만 '착'하며 붙어서 그대로 있는 것처럼, 물질·정신 대상들은 여러 가지로 바뀌더라도 새기는 대상마다 마음이 찰나삼매로 잘 집중되고 고요히 머물게 된다. 성자들은 그러한 찰나삼매를 통해 위빳사나 지혜, 도와 과들을 생겨나게 하여 윤회의 고통으로부터 벗어난다. 그렇기 때문에 관찰할 때마다 산란하지 않고 집중되어 머무는 찰나삼매는 성자들의 벗어남이기 때문에 벗어남(niyyāna)이라고 한다. 이 삼매를 의지해서 수행해야 한다.

어느 대상 하나를 생각하고 있는 동안 그 대상과 다른 곳으로 마음이 달아나 버리는 것처럼 집중되지 않는 것, 고요하게 머물지 않는 것 = 산란하고 산만함을 들뜸(uddhacca)이라고 한다. '이르는 대상으로부터 달아나 버리는 것처럼 산란한 성품'이라는 뜻이다. 이 들뜸 때문에 마음은 하나의 대상에 잘 머무르지 못하고 여러 대상들로 달아나 버린다. 들뜸의 힘이 약하면 조금만 달아난다. 들뜸의 힘이 강하면 아주 많이 달아나 버린다. 위빳사나 관찰에 관련해서도 산란하게 된다. 산란한 모습은 다음과 같다. 새겼는지, 새기지 못했는지를 반조하면서도 산란하다. 방법이 맞는지 안 맞는지를 반조하면서도 산란하다. 대상이 잘 드러나는가, 드러나지 않는가를 반조하면서도 산란하다. '어떤 것을 새겨야지'하면서 너무 자주 주의를 기울이면서도 산란하다. 그렇게 산란하게 생각하고 있을 때는 위빳사나 삼매가 생겨날 수 없다. 생겨난 삼매도 그 산란함 때문에 대상에 잘 집중되지 못하고, 머물 수 없다. 따라서 산란함, 들뜸은 벗어남을 방해하기 때문에 벗어남의 장애라고 한다. 그러한 산란함이 생겨나면 관찰해서 제거해야 한다. 그럴 때는 항상 관찰하던 대상에 특히 주의를 기울여 관찰하라.

5. 다섯 번째 벗어남과 장애

Dhammavavatthānaṁ ariyānaṁ niyyānaṁ. Tena ca dhammavavatthānena ariyā niyyanti. Vicikicchā niyyānāvaraṇaṁ. Tāya ca vicikicchāya nivutattā dhammavavatthānaṁ ariyānaṁ niyyānaṁ nappajānātīti — vicikicchā niyyānāvaraṇaṁ.

(Ps.162)

대역

dhammavavatthānaṁ선업과 불선업들을 구분하여 결정할 수 있는 **법 구분**의 지혜는 ariyānaṁ niyyānaṁ**성자들의 벗어남,** [장애로부터] 벗어나게 하는 원인**이다.** … vicikicchā선법인가, 불선법인가 라는 등으로 결정하지 못하는 **의심은** niyyānāvaraṇaṁ**벗어남의 장애이다.** 《해석하지 않은 부분은 첫 번째 벗어남 구절을 참조하여 알기 바란다.》

'이것은 허물이 없는 선법인가, 이것은 허물이 있는 불선법인가?'라고 구분하여 결정할 수 있는 지혜를 법 구분(dhammavavatthāna)이라고 한다. 성자들은 이 지혜로 사실대로 바르게 알아 모든 불선법을 제거하고 모든 선법을 실천하여 열반을 증득하여 윤회의 고통으로부터 벗어난다. 따라서 선법과 불선법들을 구분하여 결정할 수 있는 지혜를 성자들의 벗어남이라고 한다. '이 법이 선법인가, 불선법인가?'라고 결정하지 못하는 의심은 결정할 수 있는 지혜를 방해하기 때문에 벗어남의 장애라고 한다. 의심을 아직 제거하지 않은 이는 불선법도 제거하지 못하고 선법도 실천하지 못하기 때문에 윤회의 고통으로부터 벗어날 수 없다.

위빳사나를 수행할 때는 위빳사나 선법이 맞는지 아닌지를 구분하여 결정할 수 있는 지혜와 위빳사나 수행에 도움을 주는 선법인지 아닌지를 구분하여 결정할 수 있는 지혜들만 필요하다. 따라서 그 두 가지 지혜만을 위빳사나 수행에 있어서 '벗어남'의 법이라고 알아야 한다. 위빳사나가 맞는지 아닌지를 구분하여 잘 결정할 수 있는 지혜에 대해서는 제3장과 제4장에서 특히 분명하게 설명할 것이다. 간략하게 설명하자면 상속(santati)현재, 찰나(khaṇa)현재[232]로서의 물질과 정신들이 생겨날 때마다 관찰하는 것을 직접적(paccakkha)으로 아는 위빳사나라고 한다. 직접관찰 지혜가 성숙되었을 때 추론(anumāna)을 통해 유추하여 결정하고 관찰한다. 이 직접관찰 위빳사나, 추론관찰 위빳사나 두 가지만을 위빳사나 선업이라고 한다. 그것 외의 다른 여러 가지 생각들은 위

232 찰나현재, 상속현재에 대해서는『청정도론』제2권, pp.391~392 참조.

빳사나 선업이 아니라고 결정하여 알아야 한다. 이러한 지혜로 성자들은 진짜 위빳사나를 실천하고 열반을 증득하여 윤회의 고통에서 벗어난다. 그 밖에 계, 두타행, 사마타 등과 올바른 마음기울임, 반조 등은 '위빳사나에 도움이 되는 선업'이라고 결정할 수 있는 지혜도 성자들의 벗어남이다. 따라서 이러한 벗어남 두 가지를 배움에 의해서, 법문을 듣고서, 질문을 통해서 생겨나게 해야 한다.

'생겨나는 물질과 정신들을 관찰하는 것만으로 위빳사나 선업이 생겨날까? 생겨나지 않는 것 아닌가?'라는 등으로 의심하고 고민하는 것을 의심(vicikicchā)이라고 한다. 이 의심은 매우 나쁜 법이다. 자기에게 생겨나더라도 의심인 줄 모르는 경우가 많다. 양쪽 모두 치우치지 않게 조사하고 반조할 수 있는 지혜라고 생각하기도 한다. 바로 의심이 지혜를 가장하고서 속이는 것이다. 따라서 지혜로운 이들에게 주의를 주기 위해서 『넷띱빠까라나(導論) 주석서』「근거를 가져옴(yuttihāra)」을 설명한 부분에 다음과 같이 되어 있다.

> ubhayapakkhasantīraṇamukhena vicikicchā vañceti.
>
> (NettiA.90)

대역

ubhayapakkhasantīraṇamukhena**양쪽 모두를 조사함**, 치우치지 않고 반조함**을 앞세워서** vicikicchā**의심은** vañceti**속인다**.

의심은 경전지식이 적은 이에게는 그리 많이 생겨나지 않는다. 스승을 믿고 〔스승에게〕 맡겨 버리기 때문에 가르치는 대로, 곧이곧대로 수행할 수 있다. 그래서 〔그런 이들은〕 스승이 없다면 수행조차 할 수 없다. 경전지식이 많은 이들이라면 바른 방법을 만나기만 하면 스승이 없어도 수행을 할 수 있기는 하다. 그렇다고는 해도 가 보지 않은 길을 가는 이가 '이 길이 맞는지, 저 길이 맞는지' 의심하면서 여행을 계속할 수 없는 것처럼 여러 가지 방법들을 많이 듣고 알고 있는 이는 그것에 따라 의심도 많이 생겨나 수행의 여행을 계속할 수 없다. 그래서 이 의심을 "두 갈래로 나누어진 갈림길과 같다"라고 「개미언덕 경(Vammika sutta)」[233]에서 설해 놓으셨다. 어떻게 같은가? 많은 물건을 가지고 여행을 하는 이가 갈림길과 만나 '어떤 길로 가야할까?'라고 결정을 하지 못해 멈추어 서 있었다. 그때 뒤에서 따라오던 도적들이 그 여행자를 잡아 약탈하고 죽여 버렸다. 이 비유에서 갈림길에서 결정할 수 없어 멈추어 서 있는 것과 마찬가지로 위빳사나 수행을 하는 이도 어리둥절 의심하고 있으면 계속해서 관찰할 수가 없다. 그때 도적들의 손에 약탈당하고 죽임을 당하는 것과 마찬가지로 번뇌라는 적들의 손에 떨어져 윤회의 고통에서 벗어나지 못한다. 그 의심을 관찰하여 제거해서 멈추지 않고, 쉬지 않고, 계속해서[234] 수행해 나가야만 윤회의 고통에서 벗어날 수 있다. 그렇기 때문에 의심은 갈림길과 같다.

의심은 부처님, 가르침, 승가, 삼학, 과거의 오온, 미래의 오온, 현재의 오온, 연기라고 하는 여덟 가지에 대해 생겨난다. 방금 설명한 스승, 수행방법, 그 방법으로 수행해서 특별한 법을 얻은 이, 자신의 수행이라고 하는 네 가지에 대해서도 의심이 생겨난다. 그래서 그러한 여러 의심들

---

233 M23; 『맛지마 니까야』 p.313 참조.

234 저본에 이렇게 같은 의미를 반복했기 때문에 의미의 중요성을 생각해서 그대로 생략하지 않고 번역하였다.

을 제거하고 위빳사나 수행을 잘 실천하여 도와 과, 열반을 빠르게 증득하게 하기 위한 내용들을 이 『위빳사나 수행방법론』에서 계청정이 생겨나는 모습을 시작으로 많은 곳에 분명하게 설명했다. 다음에도 다시 분명하게 설명할 것들이 많이 남아 있다. 특히 제3장과 제4장에서 그러한 설명들을 많이 할 것이다.

제5장에서 설명할 방법대로 감, 섬, 앉음, 누움, 굽힘, 폄 등의 동작들을 새기는 것은 확실하게 선업이라고 결정해야 한다. 선업인지 아닌지 의심하면 안 된다. 그 이유는 다음과 같다. 감 등을 계속 새길 때 가는 동작 등으로 생겨나는 물질과 정신들을 사실대로 바르게 아는 지혜(ñāṇa)가 생겨난다. 새기는 새김(sati)이 생겨난다. 깨끗한 믿음(saddhā)이 생겨난다. 애착하지 않는 탐욕없음(alobha)이 생겨난다. 화내지 않는 성냄없음(adosa)이 생겨난다. 이러한 지혜, 새김, 신심, 탐욕없음, 성냄없음 등의 법들은 모두 허물이 없는 법들이다. 이렇게 허물이 없는 법들만 새길 때마다 생겨나기 때문에 '새기면 위빳사나 선업이 생겨난다. 새기지 않으면 생겨나지 않는다'라고 의심하지 말고 결정해야 한다. 비유하면 땅 까시나 수행을 하는 이가 '땅, 땅'이라고 하든지, '흙, 흙'이라고 하든지 수행할 때마다 허물이 없는 법들만 생겨나기 때문에 새길 때마다 사마타 선업이 생겨나는 것과 같다. 이상은 자신의 수행에 대해서 의심하지 않도록 간단하게 설명한 것이다. 자세한 것은 제4장에서 설명할 것이다.

지금까지 말한 의심이 생겨나면 "생겨나는 순간의 물질과 정신들을 새기는 것은 확실히 위빳사나 선업이다"라고 결정할 수 있는 지혜가 생겨날 수 없다. 그러한 지혜라고 하는 벗어남이 없으면 위빳사나를 실천해서 윤회의 고통에서 벗어날 수 없다. 따라서 의심은 벗어남의 장애이다. 부처님 등에 대해 의심하는 것은 모든 선법에 대해 결정할 수 있는 지혜도 가로막는다. 따라서 그러한 의심도 벗어남의 장애이다. 그렇기 때문에 이러한 의심을 '조사하는 지혜'라고 생각하고는 받아들여 놓지 말라. 생겨날 때마다 새겨서 제거해야 한다. 제거하지 않으면 윤회의 고통으로부터 벗어날 수 없도록 가로막고 방해할 것이다. 그러니 특히 주의해야 한다.

6. 여섯 번째 벗어남과 장애

Ñāṇaṁ ariyānaṁ niyyānaṁ. Tena ca ñāṇena ariyā niyyanti. Avijjā niyyānāvaraṇaṁ. Tāya ca avijjāya nivutattā ñāṇaṁ ariyānaṁ niyyānaṁ nappajānātīti — avijjā niyyānāvaraṇaṁ.

(Ps.162)

대역

ñāṇaṁ정신과 물질이라고 구분하여 알 수 있는 지혜, 원인 때문에 생겨나는 결과인 정신·물질 법들일 뿐이라고 구분하여 아는 **지혜는** ariyānaṁ niyyānaṁ**성자들의 벗어남,** (장애로부터) 벗어나게 하는 원인**이다.** … avijjā개인·중생·실체라고 잘못 아는 어리석음, 하느님·제석천·범천 등의 창조주가 중생들을 생겨나게 했다든가 혹은 저절로 생겨났다고 잘못 아는 **무명은** niyyānāvaraṇaṁ**벗어남의 장애이다.** 《해석하지 않은 부분은 첫 번째 벗어남 구절을 참조하여 알기 바란다.》

'지혜(ñāṇaṁ), 무명(avijjā)'이라고 하는 구절은 『대복주서』를 의지해서 번역하였다. 그렇지만 '지혜'를 모든 위빳사나 지혜와 도의 지혜까지 취하는 것도 일리가 있다. 무명도 그 지혜의 반대가 되는 모든 무명을 취하는 것도 적당하다. 〔이 책은 위빳사나에 관련된 책이므로〕 위빳사나 〔수행〕에서 생겨나는 모든 위빳사나 지혜와 그것의 반대되는 모든 무명을 다 취해서 설명하겠다.

물질과 정신이 생겨날 때마다 그것을 새기는 수행자는 새길 때마다 "대상 쪽으로 갈 수 있는 = 〔대상을〕 알 수 있는 정신의 성품일 뿐"이라고, "대상 쪽으로 갈 수 없는 = 〔대상을〕 알 수 없는 물질의 성품일 뿐"이라고 처음 수행을 시작해서는 그렇게 먼저 바르게 안다. 그보다 더 지혜가 무르익었을 때 '이러한 여러 원인들 때문에 이 물질과 정신들이 생겨난다. 이러한 여러 원인들이 있기 때문에 이러한 물질과 정신들이 생겨난다. 원인 때문에 생겨나는 결과법들일 뿐이다' 등으로 원인과 함께 물질과 정신들을 바르게 안다. 그보다 더 무르익게 되면 항상하지 않다고, 괴로움일 뿐이라고, 마음대로 할 수 있는 실체가 아니라고 바르게 안다. 그보다 더 무르익게 되면 생겨나서는 즉시 사라지고 사라져 가는 것이라고 안다. 그보다 더 무르익게 되면 계속 사라져 가기만 하고 있다고 새길 때마다 안다. 관찰할 때마다 생겨나는 그러한 모든 앎을 지혜(ñāṇa)라고 한다. 성자들은 이러한 모든 앎, 위빳사나 지혜를 생겨나게 해서 열반을 증득하여 윤회의 고통에서 벗어난다. 그래서 이 모든 앎, 위빳사나 지혜를 성자들의 벗어남이라고 한다. 위빳사나 지혜라고 하는 벗어남을 의지해서 수행해야 한다.

물질과 정신이 생겨날 때마다 그것을 관찰하지 않고 방일하게 지내는 수행자는 그 물질과 정신들을 '물질과 정신일 뿐이다'라고도 알지 못한다. '원인 때문에 생겨나는 결과의 물질과 정신일 뿐이다'라고도 알지 못한다. 무상, 고, 무아라고도 알지 못한다. 생겨나서는 즉시 사라져 가는 것이라고도 알지 못한다. 계속해서 사라져 가기만 한다고도 알지 못한다. 이렇게 알지 못하기 때문에 분명하지만 관찰하지 않은 그러한 물질과 정신들을 '개인, 중생, 실체'라고도 잘못 안다. '저절로 생겨나는 중생'이라고, '어떤 한 존재가 창조해서 생겨나는 중생'이라고 잘못 안다. '항상하다, 행복하다, 나다'라고도 잘못 안다. '생겨남, 사라짐이라고는 없다. 한 존재, 한 개인, 한 실체다'라고도 잘못 안다. '무너짐이 없이 항상하다'라고도 잘못 안다. 여기에서, 그 순간에는 아직 이와 같이 생각하지 않더라도 나중에 다시 돌이켜 생각할 때 잘못 아는 것으로 집착하고 생각하는 것이 확실하게 생겨나기 때문에 '관찰하지 않은 그 물질과 정신에 대해서 잘못 앎이 생겨난다'라고만 기억해야 한다. '안다'라는 것은 지혜(ñāṇa), 명지(vijjā 明智)이다. 그것의 반대되는 '모른다'라는 것은 어리석음(moha), 무명(avijjā)이다. '안다'라는 것을 반대로 뒤집으면 '모른다'가 된다. 마찬가지로 지혜, 명지를 반대로 뒤집으면 지혜없음, 무명이 된다. 따라서 방금 말한 모름, 잘못 앎, 그 모든 것을 무명이라고 한다.

무명은 관찰을 하지 않는 이에게는 계속 이어져 연결되어 많이 생겨난다. 관찰하고 있는 이라도 아직 지혜가 여릴 때는 무명만 우선해서 잘못 알면서 생겨난다. 그렇지 않다 하더라도 무명의 뒤를 따라서 생겨난, 그 무명을 대신한 일반 선한 마음들이 '마치 무명처럼' 먼저 잘못 알면서 생겨난다. 무명의 반대되는 앎, 지혜는 늦기만 하다. 그래서 갓 수행을 시작했을 때는 관찰은 하고 있지만 물질과 정신일 뿐이라고 구분할 수 없이 보통의 앎과 봄대로만 생각한다. 개념으로서의 대상, '형성 덩어리 표상'을 무너뜨리지 못한다. 무너뜨리지 못하는 모습은 다음과 같다.

볼 때, 보는 순간에 봄이나 형색을 관찰하는 것 = 사실대로 바르게 아는 것이 먼저 일어나지 않고 '내가 본다'라든지, '무엇을 본다'라고 잘못 아는 무명이 먼저 생겨난다. 무명을 '알지 못하는 법'이라고 표현하는 것은 실재하는 바른 성품에 따라서 알지 못하는 것을 두고 말하는 것이다. '형성 덩어리 표상'이라고 하는 보통 알고 있는 빤냣띠 개념대로는 빠르게 잘 안다.[235] 이렇게 무명과 그 무명의 뒤를 따라 생기는 마음들이 제일 먼저 생겨나 잘못 알기 때문에 "대상의 바른 성품을 알지 못하도록 무명이 덮어 버리고 있다"라고 여러 문헌들에서 설명하고 있다. 여섯 가지 문, 여섯 가지 대상, 여섯 가지 의식 등 위빳사나의 대상인 물질과 정신들이 생겨날 때마다 무명만이 먼저 생겨나서 그것들을 잘못 알고만 있으면, 사실대로 아는 위빳사나 지혜라고 하는 벗어남의 법은 생겨날 수 없다. 그래서 무명을 벗어남의 장애라고 한다.

간략히 기억할 것 물질과 정신이 생겨날 때마다 관찰하는 것을 '지혜라는 벗어남'이라고 한다. 새길 때마다 '그러한 〔지혜라는〕 벗어남을 실천한다'라고 한다. 새기지 않고 〔다른 것을〕 생각하는 무명을 벗어남의 장애라고 한다. 새기지 않을 때마다 '잊어버림'이라든지, '생각함'이라고 하며 무명을 관찰하여 제거해야 한다. 무명의 뒤를 따르는 마음도 여기에서 무명이라고 알아야 한다.

---

235 단지 물질과 정신일 뿐이라고 바르게 알지 못하고, (수행하지 않은 채) 보통으로 아는 대로, 형색들이 한 덩어리, 한 무더기, 하나의 실체인 것처럼 나타나는 표상이라는 빤냣띠, 즉 개념으로 즉시 안다는 뜻이다.

7. 일곱 번째 벗어남과 장애

Pāmujjaṁ[236] ariyānaṁ niyyānaṁ. Tena ca pāmujjena ariyā niyyanti. Arati niyyānāvaraṇaṁ. Tāya ca aratiyā nivutattā dhammavavatthānaṁ ariyānaṁ niyyānaṁ nappajānātīti — arati niyyānāvaraṇaṁ.

(Ps.162)

대역

pāmujjaṁ**기쁨은** ariyānaṁ niyyānaṁ**성자들의 벗어남,** 〔장애로부터〕 벗어나게 하는 원인**이다.** … arati**지겨움은** niyyānāvaraṇaṁ**벗어남의 장애이다.** 《해석하지 않은 부분은 첫 번째 벗어남 구절을 참조하여 알기 바란다.》

『대복주서』에서는 기쁨을 '선정을 얻는 것의 원인'이라고 설명하고 있다. 〔선정을 얻는 것의 원인이라는 설명은〕 그곳〔『대복주서』〕의 내용에 따라 설명한 것일 뿐이다. '위빳사나 삼매를 얻는 것의 원인은 아니다'라는 뜻이 아니다. 무엇 때문인가? 기쁨에 이어서 희열(pīti), 경안(passaddhi), 행복(sukha), 삼매(samādhi), 여실지견(yathābhūta ñāṇa) 등이 생겨나는 것을 여러 경전들에서 직접적으로 설해 놓았기 때문이다. 그렇다면 위빳사나 삼매의 관점으로 설명해 보면 다음과 같다.

관찰이 잘될 때에는 거듭 새길 때마다 기쁨, 만족감들이 생겨난다. 이렇게 기뻐하고 만족해 하는 것을 기쁨(pāmujja)이라고 한다. 기쁨 때문에 관찰하는 것을 기뻐한다. 수행의 희락(bhāvanārati) 때문에 차례대

236 CST4 pāmojjaṁ.

로 위빳사나 지혜들을 닦을 수 있어 성자들은 윤회의 고통에서 벗어난다. 그래서 기쁨을 성자들의 벗어남이라고 한다. 기쁨은 마음의 성품이 부드러운 이에게는 생겨나기가 쉽다. 조사함, 반조함이 많아 마음의 성품이 딱딱한 이에게는 생겨나기가 어렵다. 비유하자면 어린아이는 천 원, 2천 원 정도만 얻어도 기뻐하고 만족하지만 어른이라면 그 정도로는 만족하지 않고 만 원, 10만 원, 100만 원 정도를 얻어야 기뻐하는 것과 같다. 그렇지만 아무리 마음의 성품이 딱딱하더라도 생멸의 지혜가 생겨나면서부터 새김이 좋아질 때는 기쁨이 생겨나기 마련이다. 그래서 『담마빠다(法句經)』에서 다음과 같이 설하셨다.

Yato yato sammasati, khandhānaṁ udayabbayaṁ;
Labhate pītipāmujjaṁ[237], amataṁ taṁ vijānataṁ.

(Dhp. 게송 374)

대역

yato yato**어떤 각각**의 물질과 정신들**에 대해서**
khandhānaṁ udayabbayaṁ**무더기**(오온)**의 생멸을**
sammasati**명상한다**, 주시한다.
(tato tato)그렇게 주시하는 각각의 물질과 정신들에 대해서
pītipāmujjaṁ크게 좋아함인 **희열과**
조금 좋아함인 **기쁨을** labhate**얻는다**.
taṁ**그것**(희열과 기쁨)**은** vijānataṁ생멸을 〔**분명히**〕 **아는 이**,
위빳사나 수행자**에게는** 그로 하여금
죽음없음(不死)인 열반으로
확실하게 이르게 하기 때문에 '거룩한 열반'**이다**.

---

237 CST4 Labhatī pītipāmojjaṁ.

제5장에서 설명하겠지만 관찰하는 이에게는 새김과 삼매, 지혜가 성숙되었을 때 기쁨이 저절로 분명하게 생겨날 것이다. 생기게 하려고 따로 노력할 필요가 없다. 그렇지만 수행이 잘되지 않아 지겨움이 생겨나면 삼보의 공덕, 위빳사나 수행의 이익, 수행하기 시작했을 때부터 계가 특별히 청정한 모습, 관찰하는 마음이 번뇌로부터 벗어나 깨끗하고 거룩하고 청정한 모습 등을 숙고하여 기쁨을 일부러 생겨나게도 해야 한다.

위빳사나 수행을 하기 싫어하는 것을 지겨움(arati)이라고 한다. 이 지겨움이 방해하고 가로막아서 위빳사나 수행을 실천하지 않는 이들이 많다. 수행할 수 있는 이들은 드러낼 수조차 없을 정도로 아주 적다. 〔그렇게 수행하지 않는 이들은 자신이〕 고통과 괴로움을 겪는 것에 대해 허물하거나 불평할 근거가 없다.[238] 그래서 『담마빠다(法句經)』에 다음과 같이 설하셨다.

Andhībhūto[239] ayaṁ loko, tanukettha vipassati;
Sakuṇo jālamuttova, appo saggāya gacchati.

(Dhp. 게송 174)

대역

ayaṁ loko**이 세상 사람들은**
andhībhūto윤회의 두려움에서 벗어나려는 지혜,
위빳사나 지혜라고 하는 눈이 없기 때문에,

238 스스로 수행하지 않아서 고통을 겪는 것이기 때문에 '왜 나는 이러한 고통을 겪어야 하는가'라고 허물하거나 "오, 괴롭구나. 오, 고통스럽구나"라고 불평할 이유가 없다.

239 CST4 Andhabhūto.

보통의 눈이 있어도 **장님과 같다.**

ettha장님과 같은 **이러한 사람들 중에**

tanuko아주 적은, **소수의 사람만이**

vipassati**위빳사나 관찰을 할 수 있다.**

jālamutto**그물에서 벗어난** sakuṇo**새가** appo iva**매우 적듯이,**

appo**아주 적은 이들만**

saggāya**천상** = 선처, 혹은 열반**으로** gacchati**갈 수 있다.**[240]

아주 소수의 수행하는 이들 중에서도 일부 수행자에게, 새김이 좋지 않을 때, 특별한 지혜에 아직 도달하지 못했을 때 지겨움이 생겨나기도 한다. 지겹고 하기 싫어질 때에는 수행을 즐거워함이 사라진다. 계속 수행할 수 없게 되기도 한다. 수행하지 않으면 윤회의 고통에서 벗어날 수 없다. 그래서 위빳사나 수행에서 지겨움을 벗어남의 장애라고 한다. 지겨움이 생겨나면 앞에서 말했던 대로 삼보의 공덕 등을 숙고해서 제거해야 한다. 경각심의 대상(saṁvega vatthu) 여덟 가지[241]를 숙고해서도 제거해야 한다. 생겨날 때마다 그 지겨움을 관찰함에 의해서도 제거해야 한다.

---

240 원주(본문내용): 주석서에서 'saggāya선처로'라는 구절을 '선처 또는 열반을 증득한다(sugatiṁ vā nibbānaṁ vā pāpuṇati)'라고 해석하여 이를 따랐다.

241 태어남, 늙음, 병듦, 죽음, 지옥의 고통, 과거 윤회로 인한 고통, 미래 윤회로 인한 고통, 현재 먹을 것을 구함과 관련한 고통. (DA.ii.383).

8. 여덟 번째 벗어남과 장애

Sabbepi kusalā dhammā ariyānaṁ niyyānaṁ. Tehi ca kusalehi dhammehi ariyā niyyanti. Sabbepi akusalā dhammā niyyānāvaraṇaṁ.[242] Tehi ca akusalehi dhammehi nivutattā kusale dhamme ariyānaṁ niyyānaṁ nappajānātīti — sabbepi akusalā dhammā niyyānāvaraṇaṁ.[243]

(Ps.162)

대역

sabbepi kusalā dhammā**선법 모두도** ariyānaṁ niyyānaṁ**성자들의 벗어남,** 〔장애로부터〕 벗어나게 하는 원인**이다.** ca**또,** 벗어남인 이유는 tehi kusalehi dhammehi**그 선법을 통해** ariyā**성자들은** niyyanti윤회의 고통에서 **벗어나기 때문이다.** sabbepi akusalā dhammā**불선법 모두도** niyyānāvaraṇaṁ**벗어남의 장애이다.** ca**또,** 장애인 이유는 tehi akusalehi dhammehi**그 불선법이** nivutattā가로막고 **방해하기 때문에** kusale dhamme ariyānaṁ niyyānaṁ**성자들의 벗어남인 선법을** nappajānāti〔**분명하게**〕 **알지 못하기 때문이다.** iti**그래서** sabbepi akusalā dhammā**불선법 모두도** niyyānāvaraṇaṁ**벗어남의 장애이다.**

(1) 모든 선법을 실천하면 된다

보시(dāna), 지계(sīla), 수행(bhāvanā), 소임을 행함(veyyāvacca) 등 선법이라고 하는 모든 것은 성자들의 벗어남인 법들이다. '모두도

242 CST4 niyyānāvaraṇā.

243 CST4 niyyānāvaraṇā.

(sabbepi)'라는 단어에서 '~도(pi)' 라는 단어는 부분 부분의 선법들을 합한 말이다. "어떠한 선법도 벗어남이 아닌 것은 없다. 'sammāpaṇihitaṁ cittaṁ(바르게 둔 마음을);[244] sammāpaṇihitāya diṭṭhiyā(바르게 둔 견해로)'[245]라는 가르침에 따라 윤회의 고통에서 벗어나기를 바라며 바르게 마음을 두면 모두 벗어남〔의 법에〕 해당된다"라는 뜻이다. 무엇 때문인가? 자신에게 생겨나게 해야 하는 바로 그 모든 선법들에 의해서 성자들은 열반을 증득하여 윤회의 고통에서 벗어나기 때문이다. 따라서 윤회의 고통에서 벗어나길 원하는 이라면 그 윤회의 고통에서 벗어나기를 바라면서 보시, 지계, 수행, 소임을 행함 등의 모든 선법들을 할 수 있는 만큼 노력하고 실천하고 닦아야 한다. '실천하면 안 된다. 닦으면 안 된다'라고 하는 선법이라고는 없다.

(2) 위빳사나만 실천하면 된다

그렇지만 위빳사나 수행을 밤낮으로 끊임없이 계속해서 수행하고 있는 동안에는 위빳사나 선법만을 '바탕이 되는 벗어남의 법'이라고 알아야 한다. 그러므로 위빳사나만 중점적으로 실천해야 한다. 몇 분, 몇 초도 끊어짐 없이 생겨나게 해야 하고 실천해야 한다. 무엇 때문인가? 세간 선법들 중에 위빳사나 선법이 제일 거룩하기 때문이다. 위빳사나 지혜가 끝남과 동시에 도의 지혜로 열반을 대상으로 하여 〔윤회의 고통에

---

244 *Dutiya Bākarā Sayadaw, Nissaya DVD-ROM,*『*Aṅguttara Nikāya Aṭṭhaka-Ekadasaka Nipāta Pāḷito Nissaya Tik*(新 앙굿따라 니까야 여덟~열한 가지 모음 대역)』, p.320; A.iii.324;『앙굿따라 니까야』 제6권, p.194 참조.

245 *Bhaddanta Jāgara Mahāthera, Nissaya DVD-ROM,*『*Saṁyutta Nikāya Mahāvagga Pāḷito Nissaya*(상윳따 니까야 대품 대역)』 제1권, p.22; S.iii.9;『상윳따 니까야』 제5권, p.196 참조.

서〕 벗어나기 때문이다. 그렇기 때문에 열심히 위빳사나 수행을 하고 있는 중에는 위빳사나 수행을 그만두고 다른 어떤 선업을 실천할 필요가 없다. 하다못해 사마타 선업조차 닦을 필요가 없다. 그러니 위빳사나 수행을 방해하여 장애가 되는 여러 선법들에 주의를 기울이지 않아도 된다는 말은 할 필요조차 없다. 이 의미를『담마빠다(法句經)』에 나오는 앗따닷타(Attadattha) 장로의 일화를 통해 알 수 있다.

자기 이익만 보라

부처님께서 반열반에 드실 즈음 한 비구가 '4개월이 지나면 부처님께서 반열반에 드실 것이다. 하지만 나는 아직 비구의 일을 끝마치지 못했다. 부처님께서 아직 살아 계실 때 아라한이 되도록 노력하는 것이 좋겠다'라고 생각하고 자기의 진짜 이익인 수행만을 실천하면서 지냈다. 승가의 모임에조차 참석하지 않았다. 그래서 그 비구를 'Attadattha(앗따닷타)' 비구라고 불렀다. '자기의〔Attano〕 이익만을〔atthaṁ〕 실천하는 이'라는 뜻이다. 그때 범부인 어떤 비구가 그것을 못마땅하게 생각하고 부처님께 "부처님, 앗따닷타 비구는 부처님을 존경하지 않습니다. 자애와 연민이 없습니다. 그 비구는 부처님께서 반열반에 드는 일에 관련한 승가모임에조차 참석하지 않습니다. 〔부처님을〕 매우 싫어하는 것 같습니다"라고 불평하며 아뢰었다. 그러자 부처님께서는 앗따닷타 비구를 불러 그 일에 관해 물으셨고 자초지종을 듣고 나신 후 "사두"라고 칭찬하시고 나서, 모든 비구들에게 다음과 같이 훈계하셨다. 그 내용이『담마빠다(法句經) 주석서』에 다음과 같이 나온다.

Satthā tassa sādhukāraṁ katvā[246] "bhikkhave, yassa mayi sineho atthi, tena attadatthattherena[247] viya bhavituṁ vaṭṭati. Na hi bhikkhave gandhādīhi pūjentā maṁ pūjenti, dhammānudhammapaṭipattiyā pana maṁ pūjenti. Tasmā aññenapi attadatthasadiseneva bhavitabba"nti.

(DhpA.ii.102)

해석

부처님께서는 그 앗따닷타 **비구를 "사두"라고 칭찬하시고 나서 "오, 비구들이여! 나** 여래를 **진실로** 존경하고 **좋아하는 이라면 앗따닷타 존자처럼 행해야 한다. 오, 비구들이여! 향 등으로 공양하는 것은 나** 여래를 **예경하는 것이라고 말할 수 없다.** 출세간**법에 알맞은 실천을 행하는 것만이 나** 여래를 **예경하는 것이라고 말할 수 있다. 그러니 그대들도 앗따닷타 존자와 같이 실천해야 한다"라고 말씀하였다.**

그리고 나서 아래의 게송을 읊으셨다.

Attadatthaṁ paratthena, bahunāpi na hāpaye;
Attadatthamabhiññāya, sadatthapasuto siyā.

(Dhp. 게송 166)

대역

paratthena bahunāpi**다른 이의 많은 이익이라는 핑계로도**

attadatthaṁ**자신의 이익을,** 자신의 일을

246 CST4 datvā.

247 CST4 attadatthena.

na hāpaye**늦추지 말라.**

attadatthaṁ abhiññāya**자신의 진짜 이익**, 번영을

잘 알고 이해하고서

sadatthapasuto **그** 자신의 **일만을**

열심히 노력해야 siyā**하느니라.**[248]

의미 세간의 측면으로 말하자면 다른 사람에게 100만 원이나 되는 이익이 생긴다 할지라도 자신에게 단돈 만 원, 천 원이라도 손실이 생긴다면 그렇게까지 노력하지 않듯이 법의 측면에서도 다른 사람이 아라한이 되게 할 정도의 일이라도 그 일 때문에 자신이 수다원 정도도 되지 못하는 손실이 생긴다면 그 일을 해서는 안 된다. 무엇 때문인가? 다른 사람의 이익이 아무리 많더라도 자신을 조금도 행복하게 해 주지 않기 때문이다. 하지만 자신의 이익이 아무리 작아도 그것은 스스로를 그 정도 행복하게 해 줄 수 있기 때문이다. 따라서 자신의 이익, 자신의 일을 알고 이해하고 자신의 일만을 끊임없이 노력해야 한다는 말이다. 거룩한 일을 노력하고 있는 중에는 그 일이 아무리 자신만을 위하는 일일지라도 그 일을 그만두고 저열한 일을 하기 위해 노력하지 않는다. 비유하면 하루에 만 원을 벌 수 있는 일을 하고 있는 이가 그 일을 그만두고 하루에 천 원을 벌 수 있는 일을 하지 않는 것과 같다. 그래서 주석서에 다음과 같이 설명하고 있다.

"Attadatthaṁ na hāpaye[249]"ti bhikkhunā nāma saṅghassa

248 『법구경 이야기』 제2권, pp.499~500 참조.

249 CST4 hāpamī.

uppannaṁ cetiyappaṭisaṅkharaṇādi kiccaṁ vā upajjhāyādi vattaṁ vā na hāpetabbaṁ. Ābhisamācārikavattañhi pūrentoyeva ariyaphalādīni saccikaroti, tasmā ayampi attadattho yeva[250]. Yo pana accāraddha vipassako "ajja vā suve vā"ti paṭivedhaṁ patthayamāno vicarati, tena upajjhāyādīnipi[251] hāpetvā attano kiccameva kātabbaṁ.

(DhpA.ii.102)

해석

'자신의 이익을 늦추지 말라'라는 구절과 관련해서 비구들의 경우, 승가와 관련되어 생겨나는 탑을 보수하는 **일, 은사스님 등에 대한 의무들은 무시해서는 안 된다.** 무엇 때문인가? **바르고 원만한 실천행(abhisamācārika)**[252]**이라는 소임을 완벽하게 실천해야만 성스러운 과 등을 실현할 수 있기 때문이다. 그러므로** 탑 보수 등 승가와 관련된 일, 은사스님 등에 대한 의무라는 **그러한 일들도 바로 자신의 일이다. 그렇지만 어떤 비구는 매우 열심히 위빳사나 수행을 한다. '오늘 내일 꼭 도와 과, 열반을 증득하리라'라고 마음먹고 열심히 수행한다. 그러한 비구의 경우에는 은사스님 등에 대한 의무도 무시하고 자신의 일**인 위빳사나 수행**만을 실천해도 된다.**

위 주석서의 내용 중에 '은사스님 등에 대한 의무도(upajjhāyādīpi)'라는 구절에서 "높여 줌을 나타내는 '~도(pi)'라는 단어(sambhāvanājotakapi)"에 의해[253] 다음과 같이 '〔원칙적으로는〕 은사스님과 같이 지

250 CST4 va.

251 CST4 upajjhāyavattādinipi.

252 等正行. 생계 제8계를 제외한 나머지 모든 계. 『청정도론』 제1권, p.140 참조.

253 직역하면 '칭송을 나타내는'이다. 이 '~도'라는 조사의 앞에 있는 단어를 칭송하는, 높여 준다는 말이다.

내는 비구는 은사스님에 대한 의무, 〔자신이〕 은사인 비구는 은사스님으로서의 의무 등을 저버려서는 안 된다. 저버리면 의무를 게을리한 악작(vattabheda dukkata)의 잘못을 범하게 된다. 계목단속 계도 무너진다. 천상의 장애, 도의 장애도 생겨난다. 〔하지만 열심히 위빳사나 수행을 하려는 이는〕 이 정도로 매우 무겁고 중한 은사스님에 대한 의무 등도 행하지 않고 위빳사나만 수행해도 된다. 〔위빳사나만 수행해도 그것은〕 범계를 저지르는 것이 아니다. 〔하물며〕 그 정도로 중요하지 않은 탑 보수의 일 등, 승가와 관련된 일을 하지 않고 위빳사나만 수행해도 된다는 것은 말할 것도 없다'라고 알 수 있다. 여기에서 은사스님에 대한 의무 등을 행하지 않고 아주 열심히 위빳사나만 수행하기 원하는 비구는 먼저 은사스님 등을 찾아가서 허락을 구하고 나서 수행해야 한다. 그래야만 범계에서 벗어날 수 있다.

반열반에 드실 때의 훈계와 최상의 예경

부처님께서 꾸시나라(Kusinārā), 말라(Mallā) 왕의 살라(Sāla)나무 정원에서 마지막으로 반열반에 드시기 위한 자리에 누우셨을 때 일만 우주의 천신과 범천들이 와서 자리가 없을 정도로 이 우주를 완전히 가득 메우며 부처님을 마지막으로 뵙고 예경드렸다. 여러 가지 꽃, 향기, 악기들로 예경드렸다. 그러한 예경에 대해 부처님께서 다음과 같이 말씀하셨다.

> Na kho, ānanda, ettāvatā tathāgato sakkato vā hoti garukato vā mānito vā pūjito vā apacito vā. Yo kho, ānanda, bhikkhu vā bhikkhunī va upāsako vā upāsikā vā dhammānudhammappaṭipanno viharati sāmicippaṭipanno anudhammecārī, so tathāgataṁ sakkaroti garuṁ

karoti māneti pūjeti apaciyati, paramāya pūjāya. Tasmātihānanda dhammānudhammappaṭipannā viharissāma sāmicippaṭipannā anudhammacārinoti. Evañhi vo, ānanda, sikkhitabbaṁ.

(D.ii.114)

해석

오, 아난다여, 그러나 이러한 것으로는〔= 꽃이나 향기, 악기 연주 등으로는〕 **여래를 존경하고 존중하고 숭상하고 예경하고 공경하는 것이 아니다. 아난다여, 비구나 비구니나 청신사나 청신녀가** 〔도와 과, 열반이라는 출세간〕**법에 이르게 하는 법을 닦고, 합당하게 도를 닦고, 법을 따라 행하며 머무는 것이 참으로 최고의 예배로 여래를 존경하고 존중하고 숭상하고 예경하고 공경하는 것이다. 그러므로 아난다여, 여기서 '우리는** 〔출세간〕**법에 이르게 하는 법을 닦고, 합당하게 도를 닦고, 법을 따라 행하며 머물러야 한다'라고 그대들은 실천해야 한다.**

의미 부처님께 예경하고 합장 공경하는 것, 꽃과 향기 등으로 헌공하는 것들은 선법이다. 그러므로 성자들의 벗어남에 해당된다. 그럼에도 불구하고 그러한 예경, 합장공경, 헌공 등으로는 부처님을 진실로 예경하는 것이라고 할 수 없다고 하셨다. 그 말이 보여 주고 있는 부처님의 거룩한 바람을 주석서에서는 다음과 같이 설명한다. 4아승기와 10만 대겁이란 긴 세월 동안 바라밀(pāramī), 실천행(cariya), 버림(cāga) 등을 매우 힘들게 실천하고 구족하여 부처님이 되신 것은 천신과 인간들로 하여금 도와 과를 증득하게 함이었다. 꽃과 향으로 헌공을 받고자 함이 아니었다. 그러한 헌공 정도로 '큰 선업을 행했다'라고 만족하면 거룩한 계, 사마타, 위빳사나 선업이라고 하는 〔윤회에서〕 벗어남(niyyāna)〔에 해당되는 수행)을 노력하지 않아 바로 이번 생에 도와 과, 열반을 증득할 수 없다. 윤회의 고통에서 벗어날 수 없다. 그것뿐만 아니다. 그러한 예경은 부처님의 교법을 하루조차, 죽 한 숟가락 마실 시간 정도조차 머물게 할 수 없다. 천 개의 큰 절, 천 개의 큰 탑들을 짓고 세우는 것도 그 시주자에게만 큰 이익을 가져다 주는 선업이다. 부처님의 교법을 머물게 할 수 있는 예경이 아니다. 지계, 사마타, 위빳사나라고 하는 실천(paṭipatti)을 행하는 것만이 부처님의 바람에 딱 들어맞는 예경이라고 말한다. 부처님의 가르침도 오래 머물게 할 수 있다. 그러므로 실천함으로 예경하는 것만을 중시하도록 위의 말씀을 하신 것이다. 이상이 그 경에 대한 주석서의 설명이다. 〔완역은 아니다.〕『맛지마 니까야(근본50편)』「법 상속자 경(Dhammadāyāda sutta)」에서도 다음과 같이 훈계하셨다.

> Dhammadāyādā me, bhikkhave, bhavatha, mā āmisadāyādā. Atthi me tumhesu anukampā — 'kinti me sāvakā dhammadāyādā yādā bhaveyyuṁ, no āmisadāyādā'ti.
>
> (M.i.15)

해석

오, 비구들이여! 그대들은 나 여래의 거룩한 **법이라는 유산을 상속받는 이가 되라.** 저열한 **물질이라는 유산을 상속받는 이가 되지 말라.** 나 여래에게는 그대들에 대해 "나 여래의 **제자들이 어떻게 해야 법 상속자가 되겠는가? 물질 상속자가 되지 않겠는가?"라는 연민심이 있다.**[254]

---

254 M3;『맛지마 니까야』, p.100 참조.

의미 부처님께서 허락하신 가사, 음식, 정사, 약, 이러한 네 가지 필수품들을 저열한 진짜 물질상속이라고 한다. 그러한 네 가지 필수품들을 받고 사용하는 것만으로 만족하고 있는 비구를 저열한 진짜 물질상속자(āmisadāyāda)라고 한다. 행복한 삶을 바라면서 행한 모든 선업은 저열한 방편 물질상속이라고 한다. 그러한 선업을 행하는 것만으로 만족하는 비구를 저열한 방편 물질상속자라고 한다. 좋은 업을 바탕으로 만나기 힘든 부처님의 가르침과 만났음에도 불구하고 그러한 저열한 물질상속만을 받는 이는 윤회의 고통에서 벗어날 수 없다. 그러한 이들이 크나큰 윤회의 고통과 만나면서 지내야 하는 것을 보시고 부처님께 연민심이 생겨났다. 사랑하는 아들딸이 매우 큰 고통을 당할 것을 본 부모에게 심장이 뛰, 연민심이 생겨나는 것과 같다. 그래서 저열한 물질상속을 받는 것만으로 만족하며 지내지 말라고 훈계하신 것이다.

도와 과, 열반을 고귀한 진짜 법상속이라고 말한다. 그 도와 과, 열반은 그것의 원인인 실천(paṭipatti)과 서로 분리되지 않기 때문에 지금 생에서 도와 과를 얻게 할 수 있는 계, 삼매, 위빳사나도 '분리되지 않은(avinābhava) 방법'으로 진짜 법상속이라고 할 수 있다. 열반을 목표로 행한 보시, 지계 등의 모든 선업은 방편 법상속이라고 한다. 무엇 때문인가? 그 선업으로 인해 다음 생에서는 도와 과, 열반을 얻을 수 있기 때문이다. 이러한 진짜 법상속과 방편 법상속, 이 두 가지를 받도록, 얻을 수 있도록 노력해야 한다. 그 두 가지 중에서도 진짜 법상속인 도와 과, 열반을 바로 이번 생에서 얻도록 그 열반의 원인으로서 진짜 법상속인 계, 삼매, 위빳사나들을 실천해야 한다는 말이다.

부처님께서 이번 생에 도와 과, 열반을 증득할 수 있도록 노력하기를 매우 바라셨다는 사실은 뽓틸라(Poṭṭhila) 존자에게 훈계한 모습을 통해

분명하게 알 수 있다. 간략한 일화는 제4장에서 설명할 것이다.[255]

부처님의 바람이 매우 높고 거룩한 모습

그뿐만 아니다. 부처님의 바람은 매우 높고 거룩하다. 바로 이번 생에 하나의 도, 하나의 과를 얻는 정도만으로 만족하지 않으신다. 아라한 과에 이를 때까지 수행해야만 만족하시고 마음에 들어 하신다. 그래서 『담마빠다(法句經)』에 다음과 같이 설하셨다.

> Na sīlabbatamattena, bāhusaccena vā pana;
> Atha vā samādhilābhena, vivittasayanena vā.
>
> (Dhp. 게송 271)

> Phusāmi nekkhammaṁ sukhaṁ, aputhujjanasevitaṁ;
> Bhikkhu vissāsamāpādi, appatto āsavakkhayaṁ.
>
> (Dhp. 게송 272)

대역

bhikkhu**비구여**, (tvaṁ)그대는
āsavakkhayaṁ**번뇌흐름 다함**이라고 하는 아라한 과**에**
appatto**아직 이르지 못하고서**
sīlabbatamattena**계율준수**, 즉 계가 청정한 것, 그리고,
두타행을 실천하는 것**만으로**
vissāsaṁ na āpādi마음 놓고 안심할 수 있는 곳에
아직 도달한 것이 아니다. 마음 놓지 말라.
bāhusaccena vā pana**또한** 삼장을 수지할 정도로

255 이 책의 제1권 pp.407~411 참조.

많이 배우는 것만으로도
vissāsaṁ na āpādi마음 놓고 안심할 수 있는 곳에
아직 도달한 것이 아니다. 마음 놓지 말라.
atha vā samādhilābhena선정증득 여덟 가지인
삼매를 얻는 것만으로도
vissāsaṁ na āpādi마음 놓고 안심할 수 있는 곳에
아직 도달한 것이 아니다. 마음 놓지 말라.

vivittasayanena vā**고요한 곳**, 숲 속 정사**에서**
혼자 사는 것만으로도
vissāsaṁ na āpādi마음 놓고 안심할 수 있는 곳에
아직 도달한 것이 아니다. 마음 놓지 말라.
aputhujjanasevitaṁ**범부들이 못 누리는**
nekkhammaṁ sukhaṁ**출리의 행복**인 아나함 과의 행복을
phussāmi**얻을 수 있어도**, 도달할 수 있어도
vissāsaṁ na āpādi마음 놓고 **안심할 수 있는 곳에**
아직 **도달한 것이 아니다**. 마음 놓지 말라.[256,257]

이 게송은 계 등을 구족한 비구들을 훈계하는 가르침이다. 그러한 비구들 중 일부는 '우리는 계가 청정하다. 언제든지 아라한이 될 수 있다'라고 생각하고는 법을 수행하지 않고 마음 놓고 지낸다. 일부는 '나는 두타행을 구족했다. 나는 많은 경전지식(bahussuta)을 구족했다. 나는 여덟 가지 선정증득을 구족했다. 나는 마을에서 먼 고요한 숲 속 절에서

---

256 원주(본문내용): 여기서 'mā bhāyi' 등의 말에 따라 'ma' 라는 단어가 더욱 일반적이기 때문에 'mā sīlabbatamattena'라고 하는 것이 더 적당하다.

257 『법구경 이야기』 제3권, pp.173~174 참조.

지내기 때문에 아라한이 되는 것은 그리 어렵지 않다'라고 생각하고는 위빳사나를 수행하지 않으며 마음 놓고 지낸다. 일부 아나함 비구도 '나는 아나함 도와 과를 증득했다. 언제든 아라한이 되는 것은 어렵지 않다'라고 생각하고는 아라한 도와 과를 얻기 위해 위빳사나를 수행하지 않으며 마음 놓고 지낸다. 그러한 비구들을 훈계하는 게송들이다. '아라한이 되기 전에는 마음 놓지 말라. 아라한이 될 때까지 쉬지 말고 수행해야 한다'라는 뜻이다. 부처님의 마음속 의향(ajjhāsaya)은 높고도 거룩하다.

지금까지 설명한 부처님의 가르침에 따라 위빳사나 수행은 '자신의 일' 중에서도 제일 거룩한 일이다. 위빳사나를 수행하는 이를 '제일 거룩한 실천행으로 부처님을 존경하고 있다, 예경하고 있다'고 말한다. 거룩한 법을 상속받는 법 상속자(dhammadāyāda)라고도 부른다. 지계 등만으로 만족하지 않고 수행하고 있기 때문에 '부처님의 바람을 잘 따르는 이'라고도 부른다. 그러므로 위빳사나 수행을 1분, 1초의 틈도 없이 닦으면서 위빳사나 수행만을 중시해야 한다. 〔위빳사나 수행을 하고 있는 동안에는〕 그 밖의 다른 선업을 행할 필요가 없다. 그렇기는 하지만 감각욕망의 사유 등 때문에 관찰이 잘되지 않을 때에는 그러한 사유들을 제거하기 위해서 다른 여러 가지를 숙고해야 한다. 『맛지마 니까야(근본50편)』「사유중지 경(Vitakkasaṇṭhāna sutta)」[258] 등을 바탕으로 반조하는 모습, 숙고하는 모습을 간략하게 설명하겠다.

---

258 M20; 『맛지마 니까야』, pp.275~279 참조.

(3) 특별히 숙고하는 여러 모습들

첫 번째 숙고하는 모습 여성, 남성 등의 이성에 대해 탐욕(lobha)이 생겨나면 더러움수행(asubha bhāvanā 不淨)을 닦아야 한다. 성냄(dosa)이 생겨나면 자애수행(mettā bhāvanā)을 닦아야 한다. 형성된 사물들(saṅkhāravatthu)에 대해 탐욕이 생겨나면 주인없음(assāmika), 일시적인 상태(tāvakālika)를 숙고하면서 무상에 대한 마음기울임(anicca-manasikāra)을 닦아야 한다. 성냄이 생겨나면 요소에 대한 마음기울임(dhātumanasikāra)도 닦아야 한다. 이렇게 숙고하는 모습들은 감각기능 단속을 설명할 때도 언급했었다.[259] 들뜸, 의심과 결합한 어리석음(moha)이 생겨나면 질문, 법문을 듣는 것 등으로 제거해야 한다.

또 다른 방법으로는 어떤 번뇌를 막론하고 번뇌가 생겨나면 사마타 수행 중 어느 하나를 수행해서 제거해야 한다. 〔사마타 수행이라면〕 전부가 〔번뇌들을〕 제거할 수 있는 수행들이다. 〔위빳사나〕 관찰을 하는 시간이 너무 길어져서 몸과 마음이 피곤하면 〔그리고 이미〕 사마타 수행을 능숙히 한 수행자라면 사마타를 숙고해야 한다. 사마타 수행을 하지 않은 이라면 계속 새기던 대로, 능숙하게 새기던 대로 새겨야 한다. 이 내용은 재가자의 계를 설명하는 곳에서 주석서와 함께 설명했다.[260] 출가자의 경우 계와 관련하여 후회(kukkucca)가 생겨나면 참회 등으로 출죄(出罪)하여 제거해야 한다. 이러한 첫 번째 숙고하는 모습은 경전지식이 많은 이, 능숙한 사마타 수행이 있는 이에게만 해당된다.

---

259 이 책의 제1권 pp.90~92 참조.

260 이 책의 제1권 pp.122~123 참조.

두 번째 숙고하는 모습 생겨난 감각욕망 사유 등의 허물을 반조해야 한다. 그러한 사유들은 〔그대로 두면〕 차츰 심해져서 계를 파하게 하여 사악처에 이르게 한다. 선처인 인간세상, 욕계천상세상에 태어나지 못하도록 방해한다. 윤회의 고통에서 벗어날 수 없도록 방해한다. 그 〔나쁜〕 사유들이 원하는 대로 따라서 자신의 몸과 마음의 무더기를 애지중지하며 살펴 주고 돌보았기 때문에 계속된 윤회 속에서 여러 가지 고통들과 만났어야 했다. 이러한 등으로 허물을 반조하고 〔나쁜〕 사유들이 생겨날 때마다 제거해야 한다. 다음은 이렇게 반조하는 모습을 보여 주는 옛 스승의 게송이다.[261]

Nāhaṁ dāso bhaṭo tuyhaṁ, nāhaṁ posemi dāni taṁ;
Tvameva posento dukkhaṁ, patto vaṭṭe anappakaṁ.

대역

(bho attabhāva)그대여,
감각욕망 사유 등을 생겨나게 하는,
오! 몸과 마음의 무더기여!
ahaṁ**나는** tuyhaṁ**그대의**
na dāso**노예도 아니다.**
na bhaṭo일당이나 월급을 받는 **일꾼도 아니다.**
idāni부처님의 가르침을 얻은 좋은 기회인 **지금,**
ahaṁ**나는** taṁ**그대,** 오온의 무더기를 na posemi**더 이상**
따라 좋아하며 **돌보지 않으리라.**
tvaṁ eva**그대,** 오온의 무더기**만을** posento**돌보면서,**

261 CST4 본에서는 찾을 수 없었다.

따라 좋아하며 지냈기 때문에,

vaṭṭe**윤회하면서** anappakaṁ dukkhaṁ**많은 고통을**

patto**받아야만 했다.**

세 번째 숙고하는 모습 어떤 한 대상과 관련하여 감각욕망 사유 등이 계속해서 생겨나면 그 대상을 중시하지 말고 마음 쓰지 말고 지내야 한다. 관찰할 때마다, 새길 때마다 그러한 대상들이 생겨나면 관찰하고 새기는 것도 멈추어야 한다. 이렇게 수행을 잠시 멈추는 것은 기대감이 너무 클 때, 애쓰고 노력하는 정진이 너무 지나칠 때 등에 일부 수행자들에게 도움이 많이 된다. 그럴 때는 삼십 분이나, 두 시간, 세 시간 나아가 하룻낮, 하룻밤 동안 위빳사나 수행을 완전히 쉬어 버리고 같이 지내는 사람과 자유롭게 대화도 나누면서 새김에 신경 쓰지 말고 지내야 한다. 탑에 가서 예경을 드려도 된다. 목욕을 하거나 옷을 세탁해도 된다. 잘 때도 관찰하거나 새기려 하지 말고 마음 놓고 푹 자야 한다. 정해진 시간이 되면 다시 관찰하라. 이 방법은 아주 예리한 형성평온의 지혜에 오랫동안 머물고 있지만 기대감이나 노력이 너무 지나쳐서 도의 지혜에 이르지 못하는 이에게 아주 큰 도움을 주는 방법이다. 그래서 경전에는 "assati amanasikāro āpajjitabbo = 새김이 없음, 마음기울임이 없음에 도달해야 한다"라고 설하셨다. 주석서에서도 다음과 같이 설명했다. 즉 그러한 사유들을 생각하지 않고 그대로 두는 것에 의해서도 제거할 수 없으면 입에 익혀 놓았던 글을 소리 내어 독송해야 한다. 글을 읽어야 한다. 가방 속에서 물건들을 꺼내어 '이것은 성냥갑, 이것은 성냥, 이것은 면도기, 이것은 손톱깎이, 이것은 바늘' 등으로 반복해서, 거듭 보고 관찰하라고 설명했다. 수행꾸띠를 짓는 일 등의 여러 일들을 통해서 그

러한 사유들을 제거한 옛 스승의 방법도 일화와 함께 주석서에서 설명하고 있다.[262]

네 번째 숙고하는 모습 다른 생각이나 망상을 하게 되면 그 생각의 이유를 찾아야 한다. 아직 생각이 분명하게 일어나기 전에 어떤 한 대상과 관련하여 분명하지 않은 작은 생각이 제일 먼저 생겨난다. 처음 시작하는 작은 생각이 생겨남과 동시에 새겨 알 수 있다면 생각이나 망상이 선명하게 생겨나지 않고 사라진다. 이러한 생각은 망상하는 것을 좋아하고 즐기는 이들에게만 길게 생겨난다. 원하지 않고서 일어날 때마다 관찰하여 새기고 있는 이들에게는 생겨나자마자 사라지기도 한다. 혹은 시간이 조금 지나서 아는 것과 동시에 사라지기도 한다. 그렇게도 사라지지 않고 그대로 생겨나면 마지막 생각의 원인인 앞의 생각들을 반조해야 한다. 이런 방법으로 제일 처음의 생각까지 찾아야 한다. 찾아서 제일 처음 원인을 알게 되면 '이제 그러한 생각은 생겨나지 않게 하리라'라고 결의를 하고 다시 관찰해야 한다.

다섯 번째 숙고하는 모습 이 다섯 번째 방법은 특별히 다르게 숙고하는 방법이 아니다. 계속 관찰하던 대로 더욱 열심히 관찰하는 방법이다. 어떠한 번뇌가 생겨나더라도 그 번뇌가 생겨날 때마다 관찰하고 새기면

---

262 찟딸라빱바따 띳사(Cittalapabbata Tissa) 장로의 일화이다. 출가생활에 염증을 느낀 띳사 비구는 스승에게 속퇴하려는 뜻을 비추었다. 스승은 띳사 비구가 도를 증득할 인연이 있다는 것을 아시고, 수행주제를 놓지 않으면서 꾸띠(한 스님이 머물 정도의 초막)를 만들도록 권유하였다. 띳사 비구는 동의했고, 꾸띠를 다 지은 날 침대를 깔고 스승에게 알렸다. 스승은 하룻밤 그곳에 머물게 시켰는데 바로 그날, 자신이 성취한 것에 희열이 생겨나 그 희열을 바탕으로 위빳사나 수행을 실천해 아라한이 되었다. AA.i.35; DPPN. vol 1, p.872.

서 숙고하거나 수행의 멈춤 없이 '너희 번뇌들이 무엇이든 간에 너희들을 이기도록 관찰하리라'라고 겁주는 것처럼 아주 열심히 새기던 대로만 끊임없이 관찰해야 한다. 그래서 경전에 "tena, bhikkhave, bhikkhunā dantebhidantamādhāya jivhāya tāluṁ āhacca cetasā cittaṁ abhiniggaṇhitabbaṁ = 오, 비구들이여! 다른 방법으로 사유들을 제거할 수 없으면 그 비구는 아랫니로 윗니를 받치고 (어금니를 악물고) 혀로 입천장을 닿게 하여 관찰하는 마음으로 망상하며 달아나는 마음을 눌러야 한다"라고 설하셨다.[263]

이 다섯 번째 방법에 따라 물러서지 말고 노력하면 산란한 마음을 확실하게 제압할 것이다. 따라서 이 다섯 번째 방법은 며칠, 몇 달 등 조금 짧은 기간 동안만 수행하는 이, 경전지식이 적은 이들에게는 특히 적합한 방법이다. 따라서 위빳사나 수행자라면 이 다섯 번째 방법을 특히 중시해야 한다. 이 방법으로 닦은 수행은 다른 곳에 일부러 마음을 보내지 않고, 계속 관찰만 해 나가기 때문에 전향이 없는 수행(appaṇidhāya bhāvanā)이라고 한다. 앞에서 말한 다른 네 가지 방법으로 망상들을 제거하여 닦는 수행은 다른 대상에 마음을 일부러 보낸 후에 다시 관찰하는 것이기 때문에 전향이 있는 수행(paṇidhāya bhāvanā)이라고 한다. 이 전향이 있는 수행은 기간을 길게 잡고 수행하는 경전지식이 많은, 지혜가 있는 수행자에게만 적합하다. 이 전향이 있는 수행과 전향이 없는 수행, 두 가지 방법은『상윳따 니까야(새김확립 상윳따)』[264]에 나온다. 그 밖에 장애들을 제거하기 위해 반조하는 여러 방법들[265]과 일곱 가지 깨

---

263 M.i.170;『맛지마 니까야』, p.277 참조.

264 원주(본문내용): S.iii.135.

265『네 가지 마음챙기는 공부』, pp.215~226 참조.

달음 구성요소(七覺支)를 닦기 위해 반조하는 여러 방법들[266]도 「새김확립 긴 경(大念處經)」의 주석 등에서 밝히고 있다. 그러한 방법들도 대부분 '전향이 있는 수행'에 포함되는 방법들이다.

여섯 번째 숙고하는 모습 모든 선업들은 성자들의 벗어남에 해당되는 법들이다. 어떠한 선업을 막론하고 모두 다 실천할 만한 것들이다. 그렇지만 위빳사나를 끊임없이 수행하는 동안에는 위빳사나만을 중시해서 실천해야 한다. 너무 망상이 많아 새길 수 없을 정도가 되었을 때는 숙고하는 여러 방법들 중 적당한 것으로 그 망상을 제거하고 나서 다시 관찰해야 한다. 경전지식이 적은 이들에게는 수행 지도자가 적당하게 지도하고 가르쳐 주어야 한다.

모든 불선업들은 벗어남을 방해하고 가로막는 법들일 뿐이다. 위빳사나 수행을 할 때 관찰하지 못하고 망상하고 생각하며 달아나는 모든 망상이나 생각들은 위빳사나를 방해하고 가로막는 법들일 뿐이다. 그러한 법들이 생겨날 때마다 관찰하여 제거해야 한다.

벗어남과 벗어남의 장애가 끝났다.

---

266 『네 가지 마음챙기는 공부』, pp.237~257 참조.

삼매의 장애와 해결하는 여러 방법들

1. 첫 번째, 두 번째 장애와 해결하는 방법

(1) Atītānudhāvanaṁ cittaṁ vikkhepānupatitaṁ; taṁ vivajjayitvā ekaṭṭhāne samādahati — evampi cittaṁ na vikkhepaṁ gacchati.

(2) Anāgatappaṭikaṅkhanaṁ[267] cittaṁ vikampitaṁ; taṁ vivajjayitvā tattheva adhimoceti — evampi cittaṁ na vikkhepaṁ gacchati.

(Ps.166)

대역

(1) atītānudhāvanaṁ**과거로 거슬러 가는**(과거 대상에 따라 달아나는) cittaṁ**마음은** vikkhepānupatitaṁ**산란에 빠진다**. 산란함이 따라온다. 《samādhissa paribandho삼매의 족쇄, 장애이다.》[268] taṁ**그것**(과거대상)**을** vivajjayitvā**버리고서**, 삼가고서 ekaṭṭhāne**하나의** 현재**대상에** samādahati**바르게 둔다**. evampi**이렇게 해도**, 마음을 현재대상에 두어도 cittaṁ**마음은** vikkhepaṁ**산란함에** na gacchati**빠지지 않는다**.

---

267 CST4 anāgatapaṭikaṅkhanaṁ.

268 원주(본문내용): 이 구절은 부수번뇌(upakkilesa)를 설명하는 곳에서 가져와 분명하게 하기 위해 넣은 것이다.

(2) anāgatappaṭikaṅkhanaṁ**미래**대상**을 기대하는** cittaṁ**마음은** vikampitaṁ **동요한다**. 《samādhissa paribandho삼매의 족쇄, 장애이다.》 taṁ**그것** (미래대상)**을** vivajjayitvā**버리고서**, 삼가고서 ekaṭṭhāne**하나의** 현재**대상에만** adhimoceti**주의를 기울인다**. evampi**이렇게 해도**, 주의를 기울여도 cittaṁ**마음은** vikkhepaṁ**산란함에** na gacchati**빠지지 않는다**.

(1) 보고 난 뒤, 듣고 난 뒤, 냄새 맡고 난 뒤, 맛보고 난 뒤, 닿고 난 뒤, 생각하고 난 뒤, 생겨났던 그 모든 것을 '과거대상'이라고 한다. 이 지나가 버린 대상을 돌이켜 생각하고 반조하는 마음은 산란함에 빠진다. 이를 산란한 마음이라고 한다. 어떻게 생각하는가? 위빳사나 관찰을 하는 중에 이미 지나간 과거, 며칠 전, 몇 달 전, 몇 년 전에 보았던, 들었던, 만났던, 생각했던 대상, 물건들을 생각하게 된다. '새김이 좋았던가, 안 좋았던가?'라고도 돌이켜 생각하게 된다. 새기지 못하고 지나쳐 버린 것도 조금 시간이 지난 후에 돌이켜 생각하기도 한다. '조금 전 수행할 때 수행이 어떠했는가? 대상이 잘 드러났는가, 잘 드러나지 않았는가? 물질인가? 정신인가?' 등으로도 생각한다. 이러한 모든 생각, 망상, 반조는 과거로 달아나 산란한 마음이다. 위빳사나 삼매의 장애다. 그렇기 때문에 그러한 산란한 마음이 거듭 생겨날 때마다 그것을 관찰하여 하나의 현재 대상에만 마음을 두어야 한다. "생겨나는 그 대상만을 새겨야 한다"는 뜻이다. 위빳사나 삼매를 설명하는 곳이기 때문에 여기에서 '현재대상'이라고 말했다. 사마타를 설명하는 곳이라면 사마타 대상에만 마음을 두어야 한다. 다음에 위빳사나 삼매를 대상으로 특별히 설명할 때에도 같은 방법으로 알면 된다. 이렇게 생겨나는 현재만을 관찰하며 지내면 마음은 들뜨지 않고 집중되고 고요하게 된다.

⑵ 볼, 들을, 닿을, 생각할, 생겨날 모든 것들을 '미래대상'이라고 한다. 지금은 없지만 나중에 생길 그러한 대상들을 기대하고 바라며 계획하는 마음은 동요하는 성품이 있다. 고요하지 않다. 어떻게 기대하는가? 나중에 보게 되고, 듣게 될 것에 대해, 또는 '행복하게 되기를'이라고 바라며 생각한다. 만나고 싶은 사람들과 만나고 있는 모습, 어떤 일을 어떻게 잘 하고 있는 모습, 천상에 태어난 모습 등을 실제로 일어난 것처럼 생각 속에서 경험하기도 한다. 새겨야 할 대상을 기대하기도 한다. 관찰이 잘 되기를 기대하기도 한다. 특별한 지혜, 특별한 법들이 생겨나기를 기대하기도 한다. '어떻게 특별한 현상들이 일어날까?'라고 기대하기도 한다. '다른 수행자처럼 수행이 잘 될까?'라고 생각하기도 한다. 이러한 아직 일어나지 않은 대상들을 기대하며 생각하는 마음은 동요하는 성품이 있다. 고요하지 못하다. 산란하다. 위빳사나 삼매의 장애이다. 그러므로 그러한 마음도 생겨날 때마다 새겨서 현재만을 대상으로 해야 한다. '생겨나는 현재만 새겨야 한다'는 뜻이다. 이렇게 관찰하며 지내면 마음은 들뜨지 않고 집중되고 고요하게 된다.

요약 과거의 것을 돌이키지 말라. 새로운 것도 계획하지 말라. 생겨나는 현재 그 물질과 정신만을 놓치지 않도록 관찰하라.

2. 세 번째, 네 번째 장애와 해결하는 방법

(3) Līnaṁ cittaṁ kosajjānupatitaṁ; taṁ paggaṇhitvā kosajjaṁ pajahati — evampi cittaṁ na vikkhepaṁ gacchati.

(4) Atipaggahitaṁ cittaṁ uddhaccānupatitaṁ; taṁ viniggaṇhitvā uddhaccaṁ pajahati — evampi cittaṁ na vikkhepaṁ gacchati.

(Ps.166)

대역

(3) līnaṁ**움츠러든** cittaṁ**마음은** kosajjānupatitaṁ**나태에 빠진다**. 나태가 따라온다. taṁ**그** 움츠러든 **마음을** paggaṇhitvā북돋고 **격려하여** kosajjaṁ**나태를** pajahati**제거한다**. evampi**이렇게 해도**, 제거해도 cittaṁ**마음은** vikkhepaṁ**산란함에** na gacchati**빠지지 않는다**.

(4) atipaggahitaṁ너무 고취된, 너무 지나치게 노력하는 **과도한** cittaṁ**마음은** uddhaccānupatitaṁ**들뜸에 빠진다**. 들뜸이 따라온다. taṁ**그** 지나치게 노력하는 **마음을** viniggaṇhitvā억제하고 **절제하여** uddhaccaṁ**들뜸을** pajahati**제거한다**. evampi**이렇게 해도**, 제거해도 cittaṁ**마음은** vikkhepaṁ**산란함에** na gacchati**빠지지 않는다**.

(3) 새김이 좋지 않을 때, 특별한 지혜들이 생겨나지 않을 때, 수행이 잘 진전되지 않을 때는 움츠러드는 마음이 생겨난다. 수행하기를 싫어하는 마음, 지겨워하는 마음이다. 위빳사나 삼매의 장애이다. 그러므로 그러한 지겨워함이 생겨날 때마다 새겨서 제거해야 한다. 그 정도로 제거할 수 없으면 마음을 고취시키도록 격려하고 북돋아 주어야 한다. 격려하는 모습을 '정진 깨달음 구성요소'를 생겨나게 하는 방법들로 주석

서에서 보인 열한 가지를 통해서 알아야 한다.[269] 그중 일부를 설명하겠다.

사악처의 두려움을 숙고하라 지옥에 태어난 중생들의 몸은 3가우따[270]나 된다. 그렇게 몸집이 큰 지옥중생들을 지옥의 옥졸들이 불길이 활활 타오르고 있는 철판 위에 바로 눕힌다. 그 다음에 오른손 손바닥을 야자수 크기만 한, 시뻘겋게 달궈진 쇠창살로 지지면서 꽂는다. 왼손 손바닥도 같은 방법으로 지지면서 꽂는다. 오른발, 왼발, 허리 가운데도 같은 방법으로 지지면서 꽂는다. 그와 마찬가지로 엎드린 상태로, 가로누운 상태 등으로 다섯 곳을 쇠창살로 지지며 괴롭힌다. 악업이 다하지 않는 한 지옥중생들은 죽을 수 없다. 이렇게 괴로움을 겪는 지옥중생들은 그 활활 타오르는 철판을 보는 것만으로도 크나큰 고통을 받는다. 매우 거칠고 잔인하고 잔혹하게 말하는 지옥옥졸들의 음성을 듣고도 크나큰 고통을 느낀다. 쇠 철판 위에 억지로 눕혀져 눌림을 당하고 불태워지고 큰 쇠창살로 지져지는 것 등을 보는 것, 잔혹하게 쇠창살로 지짐을 당하는 것 때문에도 매우 크나큰 몸의 고통, 마음의 고통들을 받는다. 그때 "구해 주세요, 불쌍히 봐주세요, 편안하게 해 주세요"라는 등으로 눈물을 흘리고 동정심에 호소하며 간청해도 누구도 어떤 도움, 어떤 연민도 베풀어 주지 않는다. 아버지도 없이, 어머니도 없이, 가족도 없이, 친구도 없이, 오직 혼자서 매우 힘들게 크나큰 고통들에 울부짖으며, 신음하며, 단 1분, 1초의 틈도 없이 고통당해야 한다. 그때에 위빳사나를 수행할 기회는 당연히 없다.

---

269 『네 가지 마음챙기는 공부』, pp.234~249; 『청정도론』 제1권, p.356 참조.

270 1가우따(gāvuta)는 1/4 요자나(yojana 유순)이다.

그 밖에 다섯 종류의 계박을 당해도 죽지 않으면 그 지옥중생을 지옥 옥졸들이 지붕 높이의 큰 괭이로 8각 모양, 6각 모양 등이 되도록 재단해서 조각낸다. 그러면 피가 강이 되어 흐른다. 다시 그 피에서 불이 생겨나 재단되어 조각난 몸에 붙어 불태운다. 그러면 한계를 알 수 없는 고통을 받는다. 그때에 위빳사나를 수행할 기회는 역시 없다.

그 정도로도 죽지 않으면 발을 위로 하고 머리를 아래로 하여 매달고서 큰 접시만 한 손도끼로 얇게 얇게 저민다.

그 정도로도 죽지 않으면 불이 활활 타오르는 쇠수레에 소나 말처럼 묶어서 숯불로 뒤덮인 산 위로 오르게 한다. 오르지 못하면 또 활활 타오르는 쇠 채찍으로 심하게 내리쳐 오르게 한다. 산 정상에 도착하면 다시 내려가게 한다. 이렇게 올라가고 내려가게 한다.

그 정도로도 죽지 않으면 펄펄 끓고 활활 타오르는 큰 구리가마솥(lohakumbhī) 속에 던져 넣는다. 그 지옥중생들은 구리가마솥에 '쉭' 하며 던져서 거품을 일으키면서 가라앉는다. 그리고 3만 년이 되어야 가마솥의 바닥에 이르고 또다시 3만 년이 지나야 위로 떠오른다. 테두리에 걸쳐지기도 한다. 마치 밥솥이 끓을 때 쌀알들이 둥둥 떠다니는 것과 같다. 역시 한계를 알 수 없는 고통들을 겪어야 한다. 이때도 수행할 기회를 가질 수 없다.[271]

아직 업이 다하지 않아 이 정도로도 죽지 않으면 지옥 옥졸들은 그 가마솥에서 지옥 중생들을 건져내어 불이 활활 타오르고 있는 대지옥에 던져 넣는다. 그 대지옥은 가로, 세로, 높이가 전부 100요자나[272]이다. 육면이 동일한 정육면체의 쇠 상자와 같다. 동쪽 벽에서 타올라 서쪽 벽에

---

271 『법구경 이야기』 제1권, pp.26~29 참조.

272 1요자나(yojana) = 약 11km.

부딪히면 서쪽의 벽을 뚫고 바깥으로 100요자나까지 불타오른다. 서쪽 벽, 남쪽 벽, 북쪽 벽, 위의 벽, 아래의 벽 등에서도 불이 같은 방법으로 타오른다. 그 대지옥 안에서 이리저리 도망 다니고 구르면서 비명을 지르며 고통을 받아야 한다. 오랜 세월이 지나면 가끔 그 대지옥의 한 대문이 열린다. 그때 지옥중생들은 달아나려고 그 대문을 향해 필사적으로 달려간다. 일부는 가는 도중에 피곤하여 지쳐 쓰러져 뒹굴어 버린다. 일부는 문 근처까지만 도달한다. 일부는 밖으로 나오기도 한다. 몇 십만 년이라는 오랜 시간이 지나면 그 문은 다시 닫힌다.

밖으로 빠져 나온 이들도 나오자마자 똥물지옥에 떨어진다. 그 똥물 속에 잠겨 있을 때 코끼리 코만 한, 긴 배의 크기만 한 벌레들에게 잡아먹힌다.

그 지옥에서 벗어나더라도 잿더미지옥에 떨어진다. 그 지옥에서는 집채만 한 크기의 숯불이 활활 타오르는 잿더미로 불태워져 고통을 받아야 한다.

그 지옥에서 벗어나더라도 가시나무숲지옥에 떨어진다. 그 가시나무에는 불이 활활 타오르는 40cm 크기의 가시가 있다. 지옥옥졸들은 지옥중생들을 때리고 괴롭히며 그 가시나무를 오르내리게 한다. 지옥 중생들이 그 나무를 올라갈 때는 가시가 아래로 향한다. 내려올 때는 위 방향으로 바뀐다. 놀랍고 두려워서 급하게 올라가고 내려가는 지옥 중생들의 몸은 그 가시에 찔리고 뚫린다.

그 지옥에서 벗어나더라도 칼잎나무숲지옥에 떨어진다. 그 지옥에 떨어지자마자 면도칼과 같은 모양의 양날이 있는 칼잎들이 떨어지며 지옥중생들의 몸을 자른다. 손, 발, 귀, 코, 몸을 여러 부분으로 자른다. 일어나 도망치면 철판 같은 땅에서 다시 면도칼이 솟아난다. 쇠기둥들도 앞에서 둘러싼다.

그 지옥에서 벗어나더라도 덩굴강(vettaraṇī)지옥에 떨어진다. 그 지옥은 활활 타오르는 쇳물이 가득 차 있다. 날카로운 면도날과도 같은 덩굴들과 연잎들이 있다. 강바닥에는 날카로운 면도날들이 깔려 있다. 강둑에도 면도날과도 같은 날카로운 덩굴과 날카로운 잎들이 있다. 지옥중생들은 그 강에 떨어지면 강바닥에 날카로운 면도날이 있기 때문에, 뜨거운 쇳물로 불태워지는 것 등 때문에 휙 하며 넘어진다. 넘어지면 다시 활활 타오르는 뜨거운 쇳물 강에서 위로 아래로 떠다닌다. 강가에 있는 면도날 같은 덩굴과 날카로운 풀, 강물에 있는 면도날 같은 덩굴과 날카로운 풀 등으로 지옥중생들의 몸이 잘게 나누어진다. 그때에 수행할 기회는 얻을 수 없다.

위로 올라가고 아래로 휩쓸리며 매우 큰 고통을 당하는 그 지옥중생들을 지옥옥졸들이 낚싯대로 건져 올려 "무엇을 원하는가?"라고 묻는다. "배가 고픕니다"라고 대답하면 활활 타오르는 쇠구슬로 가득 찬 쇠바구니를 가져온다. 그때 지옥중생들은 두려워서 입을 꽉 다문다. 그러면 지옥옥졸들 중 한 명이 쇠로 된 괭이로 억지로 한쪽 입을 벌린다. 다른 한 옥졸도 같은 방법으로 한쪽 입을 벌린다. 그렇게 입이 활짝 벌어졌을 때 활활 타오르는 그 쇳덩이를 하나씩 입에 집어넣어 먹인다. 그 쇳덩이는 입, 혀, 입안, 목, 장들을 불태우고 나서 항문으로 나온다. "목이 마릅니다"라고 대답하면 펄펄 끓는 쇳물을 입속에 집어넣는다. 그 쇳물은 마찬가지 방법으로 입 등을 불태우고 항문으로 나온다. 지옥중생들은 움직이지도 못하고 매우 큰 고통을 당해야 한다. 업이 아직 다하지 않으면 그 지옥중생들을 대지옥으로 다시 처넣는다.

이러한 지옥의 고통들을 「바보와 현자 경(Bālapaṇḍita sutta)」,[273] 「저승사자 경(Devadūta sutta)」[274] 등에서 자세하게 설명하고 있다. 위 내용들은 그러한 경전들에서 발췌하여 간략하게 설명한 것이다. 이렇게 지옥에 태어나 큰 고통을 당하고 있는 이는 위빳사나를 수행할 기회가 없다. 그렇기 때문에 다음과 같이 스스로 훈계해야 한다.

'위빳사나를 수행하고 있는 오! 선남자여! 그대, 방일하지 말라. 게으르지 말라. 방일하고 게으르면 그대는 윤회에서 벗어나지 못할 것이다. 윤회에서 벗어나지 못하면 때때로 지옥에도 떨어질 것이다. 그러면 매우 큰 고통들을 겪어야 한다. 과거 생에도 고통을 받아 왔다. 지옥의 고통을 겪고 있을 때 크고 작은 눈물을 아무리 많이 흘리며 통곡해도 그대, 이 위빳사나 수행을 할 기회를 얻지 못한다. 지금 바로 이 순간, 그대는 수행할 좋은 기회를 얻었다. 그러니 그대, 게으르지 말라. 방일하지 말라. 위빳사나 수행만을 아주 열심히 하라!'

이러한 의미를 알려 주기 위해 설하신 다음의 부처님 게송을 정성스럽게 따라야 한다.

Jhāya (tuvaṁ) bhikkhu mā pamādo,
Mā te kāmaguṇe ramessu cittaṁ;
Mā lohaguḷaṁ gilī pamatto,

273 M129; 『맛지마 니까야』, pp.1406~1410 참조.
274 M130; 『맛지마 니까야』, pp.1423~1428 참조.

Ma kandi "dukkhamida"nti ḍayhamāno.

(Dhp. 게송 371)

대역

bhikkhu**비구여!** (tuvaṁ)그대는

jhāya쉬지 말고 물러서지 말고

잘 균형 맞춰 관찰하라! **수행하라!**

mā pamādo**방일하지 말라!**

te cittaṁ**그대의 마음을** kāmaguṇe다섯 가지 **감각욕망 대상에**

mā ramessu좋아하고 **즐기게 하지 말라!**

pamatto**방일하여**, 방일하게 지내어

(nirayaṁ patvā)가끔씩 지옥에도 떨어져

lohaguḷaṁ불이 활활 타오르는, **뜨거운 쇠구슬을**

mā gilī원하지도 않으면서 어쩔 수 없이 **삼키지 말라!**

dayhamāno지옥의 불로 **뜨겁게 태워지며**

"idaṁ dukkha"nti **"아, 이것은 괴롭구나!"라고**

ma kandi소리치며 **울부짖지 말라!**

'축생으로 태어난 경우, 그물 등에 잡혀 있을 때 등에도 수행할 기회가 없다. 끝에 날카로운 쇠를 달아 놓은 몰이 막대나 보통의 몰이 막대들에 찔리고 맞으면서 화물짐과 수레짐을 나르는 말 또는 소, 물소 등으로 태어났을 때도 수행할 기회가 없다.'

'아귀세상에서 몇 십만 년이라는 오랜 기간 동안 두 분의 부처님, 세 분의 부처님, 네 분의 부처님의 사이라는 긴 시간 동안 배고프고 목마르며 불에 타오를 때도 수행할 기회가 없다.'

‘깔라깐지까(kālakañjika) 아수라[275] 세상에서 뼈와 살가죽만으로 3요자나 크기의 몸을 지탱하며 먹지도 못하고 마시지도 못하면서 바람과 뜨거운 햇볕으로 고통받을 때도 수행할 기회가 없다.’

‘설사 그 축생, 아귀, 아수라들이 수행한다 할지라도 위빳사나 지혜, 도의 지혜들을 얻을 수는 없다. 오, 선한 이여! 사람으로 태어난 바로 지금만이 위빳사나를 수행할 수 있는 시기이다. 그러니 그대여! 방일하지 말라! 수행하라!’

이것이 사악처의 위험을 숙고해서 격려하고 북돋아 주는 모습이다.

이익을 숙고하라 ‘이 위빳사나 수행으로 도와 과, 열반을 증득한다. 사악처의 고통, 윤회의 고통으로부터 벗어난다. 이렇게 큰 이익을 건성건성 게으르게 수행해서 어떻게 얻을 수 있겠는가? 세상에 만 원, 10만 원, 100만 원을 벌기 위해서도 아주 열심히 노력해야 하지 않는가? 7일, 15일, 한 달 등으로 열심히 노력하면 모든 고통을 소멸시킬 이 수행을 어찌 마음 다해 노력하지 않는가? 피곤함을 무릅쓰고 하루 열심히 일해서 일 년 내내 행복할 것 같으면 그 일을 아주 마음을 다해서 해야 한다. 피곤함을 무릅쓰고 한 달 열심히 일해서 평생을 행복하게 지낼 것 같으면 더욱 마음 다해 일해야 한다. 15일, 한 달, 두 달 등으로 피곤을 무릅쓰고 열심히 수행하면 계속된 윤회 속에서 겪게 될 모든 고통들로부터 벗어날 수 있게 하는 위빳사나 수행을 어찌 세간의 일보다 노력하지 않

275 살과 피가 없어 피부가 마른 나뭇잎의 색을 띤다. 눈이 머리에 붙어 있으며 가재 눈처럼 튀어나와 있다. 바늘 구멍만 한 입도 머리에 붙어 있어 먹을 것을 만났을 때는 몸을 숙여야 한다. *Mingun Sayadaw*, 『*Mahābuddhawin*(마하붓다윈)』 제1-2권, pp.139~140; 『대불전경』 II, pp.37~38 참조.

는가? 오, 선한 이여! 도와 과, 열반이라고 하는 매우 크나큰 이익을 얻게 할 수 있는 위빳사나 수행을 열심히 노력하라!' 《수행의 이익을 숙고하여 격려하는 모습이다.》

실천하는 길을 숙고하라 '이 위빳사나 수행은 보통 일반 사람들이 갈 수 있는 길, 여정이 아니다. 모든 부처님, 벽지불, 성제자들만 가는 길이다. 게으르고 저열한 이들은 이 길을 갈 수 없다. 이 길을 가는 이는 부처님, 벽지불, 성제자들의 특별한 공덕, 특별한 실천행을 일부분이나마 갖추며 지내는 것이다. 오, 선한 이여! 부처님 등 거룩한 이들의 공덕, 실천행을 가지려고 하는 이때, 어찌 건성으로 지내는가! 그러한 거룩한 분들이 가셨던 길을 본받아 수행하면서 가야하지 않겠는가!' 《실천하는 길을 숙고하는 방법이다.》

보시자들의 은혜를 숙고하라 《이렇게 숙고하는 방법은 출가자들에게만 해당된다.》 신도들은 아침저녁으로 쉬지도 못하고 힘들게 재산을 구한다. 목숨을 걸고 일을 하기도 한다. 하지만 그렇게 해서 얻은 재산을 자신들을 위해서는 적당한 만큼만 사용한다. 좋은 것들은 스님들에게 보시한다. 그러한 보시는 친척이기 때문에 하는 것도 아니다. 〔이전에 그 스님이〕 도움을 주었기 때문에도 아니다. 승진하도록, 재산이 많아지고 부자가 되도록 해 주길 바라서 보시하는 것도 아니다. 사실을 말하자면 '스님들은 계, 삼매, 통찰지를 구족하였다. 그러한 스님들에게 보시하는 것은 헤아릴 수 없는 사람의 행복, 천상의 행복, 열반의 행복을 얻게 해 준다. 보리수 씨만큼만 보시하여도 큰 보리수 크기보다 더한 아주 큰 이익을 얻을 수 있다. 밥 한 숟갈, 반찬 한 접시, 과일 하나, 빵 한 조각,

가사 한 벌, 작은 꾸띠 한 채, 약 한 봉지 정도만 보시해도 헤아릴 수 없이 많은 생 동안 사람과 천상의 영화, 행복을 얻게 해 준다. 열반까지 얻게 해 준다'라고 이러한 많은 이익을 기대하고 바라면서 스스로 사용할 것들 중에서 나누어 보시하는 것이다. 《청정한 보시만을 말한다.》 이러한 청정한 마음으로 보시하여도 보시 받는 스님에게 계, 삼매, 통찰지가 갖추어지지 않으면 그 보시는 보시자가 바라는 만큼의 큰 이익을 줄 수 없다. 보시 받는 스님이 지계, 삼매, 지혜를 갖추어야만 많은 이익을 줄 수 있다. 그러므로 자신의 계, 삼매, 지혜를 믿고 의지하여 보시한 재가신도에게 보시의 많은 이익을 구족하게 얻게 해 주길 원하는 비구라면 계, 삼매, 위빳사나 등의 지혜를 갖추도록 노력해야 한다. 게으르게 건성건성 지내지 말라. 게으르게 건성건성 지내면 자기를 믿고 의지하는 재가신도들을 전혀 신경쓰지 않는 것과 같다. 그래서 「바란다면 경(Ākaṅkheyya sutta)」에서 다음과 같이 설하셨다.

> Ākaṅkheyya ce, bhikkhave, bhikkhu 'yesāhaṁ cīvara piṇḍapāta senāsana gilānapaccayabhesajjaparikkhāraṁ paribhuñjāmi tesaṁ te kārā mahapphalā assu mahānisaṁsā'ti, sīlesvevassa paripūrakārī, ajjhattaṁ cetosamathamanuyutto anirākatajjhāno, vipassanāya samannāgato, brūhetā suññāgārānaṁ.
>
> (M.i.39)

해석

오! 비구여! '나는 그 신도가 보시한 가사, 공양, 정사, 약을 사용한다. 그 재가신자가 이러한 필수품들을 보시한 결과로 많은 이익, 과보를 받게 되기를!'이라고 만약 어떤 비구가 바란다면, 그 비구는 계를 완

벽하게 실천해야 한다. 자신의 마음을 고요하도록 사마타를 수행해야 한다. 선정과 떨어져서 지내서는 안 된다. 위빳사나를 성취하도록 실천해야 한다. 고요한 정사에서 지내며 사마타, 위빳사나를 닦아야 한다.[276]

따라서 다음과 같이 숙고하며 격려해야 한다. '오, 비구여! 생각해 보라! 그대를 믿고 의지해 재가신자들이 공양, 가사 등을 보시했다. 그대로부터 어떤 것 하나를 얻길 바라서 보시한 것이 아니다. 사람〔의 행복〕, 욕계천상〔의 행복〕, 열반〔의 행복〕이라고 하는 세 가지 행복만을 바라며 보시한 것이다. 그러한 필수품들을 사용할 수 있기 때문에 그대는 배고픔 때문에도 괴로움을 겪지 않는다. 추위, 더위 등에 의해서도 괴로움을 겪지 않는다. 필수품을 얻기 위해서도 그리 힘들게 고생하고 애쓰고 걱정하고 신경쓰지도 않는다. 부처님의 가르침도 수월하게 수행할 기회를 얻었다. 그러니 〔보시한〕 재가신자들의 은혜가 아주 많다. 그럼에도 불구하고 그대가 게으르게 빈둥빈둥 지내며 계, 삼매, 위빳사나를 성취하도록 수행하지 않는다면 그대를 믿고 의지하는 그 재가신자들에게 보시의 이익을 적당한 만큼 줄 수가 없다. 그러니 은혜에 보답할 수 있도록 게으름 부리지 말고 위빳사나를 열심히 실천하라!' 《보시자들의 은혜를 숙고하여 격려하는 모습이다.》

위의 여러 가지 방법대로 격려하여 네 가지 구성요소 정진(caturaṅga vīriya)으로 열심히 노력하는 비구는 여러 주석서들에서 보인 마하밋따(Mahāmitta) 장로처럼, 『앙굿따라 니까야(하나의 모음) 주석서』에 나오

---

276 M6; 『맛지마 니까야』, p.130 참조.

는 삔다빠띠까 띳사(Piṇḍapātika Tissa) 장로처럼 아라한 과에까지 이를 수 있다. 그래서 『상윳따 니까야』에서 다음과 같이 설하셨다.

"Alameva saddhāpabbajitena kulaputtena vīriyaṁ ārabhituṁ — 'kāmaṁ taco ca nhāru ca aṭṭhi ca avasissatu, sarīre upasussatu maṁsalohitaṁ. Yaṁ taṁ purisathāmena purisavīriyena purisaparakkamena pattabbaṁ, na taṁ apāpuṇitvā vīriyassa saṇṭhānaṁ bhavissatī'"ti. …
"Na bhikkhave hīnena aggassa patti hoti. Aggena ca kho, bhikkhave, aggassa patti hoti. … Tasmātiha, bhikkhave, vīriyaṁ ārabhatha appattassa pattiyā, anadhigatassa adhigamāya, asacchikatassa sacchikiriyāya. 'Evaṁ no ayaṁ (amhākaṁ) pabbajjā avañjhā bhavissati saphalā saudrayā. Yesañca mayaṁ paribhuñjāma cīvara piṇḍapāta senāsana gilānapaccayabhes — ajjaparikkhāraṁ tesaṁ te kārā amhesu mahapphalā bhavissanti mahānisaṁsā'ti — evañhi vo, bhikkhave, sikkhitabbaṁ. Attatthaṁ vā hi, bhikkhave, sampassamānena alemeva appamādena sampādetuṁ; paratthaṁ vā hi, bhikkhave, sampassamānena alameva appamādena sampādetuṁ; ubhayatthaṁ vā hi, bhikkhave, sampassamānena alameva appamādena sampādetu"nti.[277]

(S.i.266)

277 원주(본문내용): 너무 길어서 일부는 생략하였다. 찾을 수 있다면 SA.ii.46; 『상윳따 니까야(인연 상윳따, 십력품)』「십력경(Dasabalā sutta)」의 주석을 참조하기 바란다.

해석

'도와 과, 열반을 얻을 것이다'라고 믿고서 **비구가 된 출가자라면,** 네 가지 구성요소를 구족한 **정진으로 노력해야 한다. 즉 '내 몸에 (1) 피부만 (2) 힘줄만 (3) 뼈만 남을 테면 남아라.** 《이상이 세 가지 요소이다.》 (4) **살과 피가 마를 테면 말라라.** 《이것이 하나의 요소이다.》 **대장부의 힘, 대장부의 정진, 대장부의 용기로만 얻을 수 있는 그것,** 그 도와 과, 열반**을 얻기 전에는 노력을 그만두고 쉬지 않으리라'라고 하는** 네 가지 구성요소를 구족한 **정진으로 노력하는 것이 바람직하다.**

… **오! 비구여! 낮고 저열한 것**(믿음, 정진, 새김, 삼매, 통찰지)**으로는 거룩한 것**(도와 과)**에 이를 수 없다. 오! 비구여! 높고 거룩한 것**(믿음, 정진, 새김, 삼매, 통찰지)**으로만 거룩한 것**(도와 과)**에 이를 수 있다.**

… **오! 비구여! 그러므로 그대는 아직 이르지 못한 곳에 이르도록, 얻지 못한 것을 얻도록, 실현하지 못한 것을 실현하도록 노력해야 한다. '이렇게 수행하면 내가 출가하여 비구가 된 것이 쓸모없는 것, 무의미한 것이 되지 않을 것이다. 이익이 있을 것이다. 거룩한 결과가 있을 것이다. 그대뿐만 아니다. 재가신자들이 보시한 가사, 공양, 정사, 약을 나는 사용한다. 나에게 보시한 그 재가신자들에게 많은 이익, 결실이 있게 되기를'이라고 바라면서 노력해야 한다. 오! 비구여! 그대는 이와 같이 실천해야 한다. 오! 비구여! 또한 자신의 이익을 기대하는 이라면 방일하지 않음**이라고 하는 새김**으로** 계, 삼매, 통찰지를 **구족하도록 노력해야 한다. 오! 비구여! 다른 이의 이익을 기대하는 이라면 방일하지 않음**이라고 하는 새김**으로** 계, 삼매, 통찰지를 **구족하도록 노력해야 한다. 오! 비구여! 자신의 이익, 다른 이의 이익, 둘 모두의 이익을 기대하는 이라면 방일하지 않음**이라

고 하는 새김으로 계, 삼매, 통찰지를 **구족하도록 노력해야 한다.**[278]

그 밖에 출세간의 유산을 상속받는 것의 거룩함을 숙고하거나 스승이신 부처님의 거룩함을 숙고하는 것 등으로도 마음을 격려하고 북돋아야 한다. 또 희열 깨달음 구성요소를 일으키는 방법들 중에 부처님의 공덕, 가르침의 공덕, 승가의 공덕을 숙고하는 것, 매우 열심히 정진했던 소나(Soṇa) 장로 등의 수행했던 모습[279]을 숙고하는 것, 자신의 계가 청정함을 숙고하는 것, 아주 공경할 만한 경전의 가르침을 숙고하는 것 등으로도 마음을 기쁘게 하고 힘이 생기게 해야 한다.[280] 이러한 방법들 중 어느 하나로든, 여러 방법으로든 격려하여 마음이 고취되었을 때 다시 마음이 들뜨지 않도록 주의를 기울이고 고요하게 지내야 한다. 그러면 잘 관찰할 수 있을 것이다.

⑷ 때로 너무 마음이 고취되어 주의를 기울임이 넘쳐 정진이 지나친 마음들이 생겨나기도 한다. '어떠한 모습, 어떠한 방법으로 새기자. 아주 미세한 작은 대상도 놓치지 않도록 새기자'라는 등으로 자주 주의를 기울여 생각하기도 한다. '새겼는가, 새기지 못했는가?'라고 자주 생각하기도 한다. '어떤 것을 아직 새기지 못했지? 다음에는 하나도 남기지 않도록 새겨야지'라고도 자주 생각하기도 한다. '노력으로 할 수 있는 만큼은 다 했다. 이보다 더 노력은 못하겠다'라고도 자주 생각한다. 어금니를 악물고, 팔에 힘을 주고, 주먹을 꽉 쥐며 수행한다. 이렇게 자주 숙고하

---

278 『상윳따 니까야』 제2권, pp.171~172 참조.

279 『앙굿따라 니까야』 제4권, pp.203~206 참조.

280 『네 가지 마음챙기는 공부』, pp.249~251; 『청정도론』 제1권, p.356 참조.

고 생각하면서 주의를 너무 많이 기울이면 들뜬 마음이 생겨난다. 이러한 들뜸이 따라오기 때문에 새기는 마음이 대상에 잘 밀착되지 못한다. 새겨야 할 대상에서 자꾸 달아나고 있는 것처럼 된다. 따라서 주의를 너무 많이 기울여 들뜬 마음은 위빳사나 삼매의 장애이다.

제일 처음의 장애에 나왔던 산란(vikkhepa)과 이 들뜸(uddhacca)은 들뜬 상태로는 동일하다. 하지만 지나가 버린 과거의 대상들에 관련하여 들뜬 마음은 마음이 멀리 달아나 버리는 것과 같기 때문에 산란(vikkhepa)이라고 한다. 너무 자주 주의를 기울여서 새김과 관련하여 가까이 마음이 들뜬 것은 새기는 대상에서 달아나고 있는 것처럼, 대상과 조금 떨어진 것처럼 수행이 진행되기 때문에 들뜸(uddhacca)이라고 한다. 이렇게 다른 점을 알아야 한다.

주의를 너무 많이 기울였을 때는 그렇게 주의를 기울이며 숙고하고 생각하는 마음들도 잘 새길 수 없다. 새기는 대상들도 분명하게 드러나지 않는다. 그래서 새김이 좋지 않게 된다. 그때는 가라앉혀야 한다. "원하는 대로 되게 할 수 있는 나라고 하는 것은 없다. 아무리 열심히 노력하더라도 새김이 좋은 위빳사나 지혜가 생길 수도 있고 생기지 않을 수도 있다. 되는 대로 내버려 두리라. 새기지 못하고 놓치는 것이 있어도 좋다. 새김이 끊어지지만 않도록, 자연스럽게 새기기만 하리라"라고 마음을 가라앉혀서 새겨야 한다. 이렇게 가라앉히는 것만으로도 주의를 너무 많이 기울여서 산란한 들뜸을 제거하는 일이 성취된다. 들뜨지 않는다. 일부 수행자는 가라앉힘과 동시에 마음이 고요해진다. 새김이 매우 좋아진다. 따라서 "노력이 너무 지나친 것을 절제함, 가라앉힘으로도 마음이 들뜨지 않고 고요해진다"라고 설하신 것이다.

요약 노력이 너무 모자라면 격려하라. 너무 긴장하여 지나치면 가라앉혀라. 느슨하지도 않고 지나치지도 않게 균형을 맞춰 새겨야 마음이 고요하다.

3. 다섯 번째, 여섯 번째 장애와 해결하는 방법

(5) Abhinataṁ cittaṁ rāgānupatitaṁ; Taṁ sampajāno hutvā rāgaṁ pajahati — evampi cittaṁ na vikkhepaṁ gacchati.

(6) Apanataṁ cittaṁ byāpādānupatitaṁ; Taṁ sampajāno hutvā byāpādaṁ pajahati — evampi cittaṁ na vikkhepaṁ gacchati.

(Ps.166)

대역

(5) abhinataṁ**지나치게 향하는**[281] cittaṁ**마음은** rāgānupatitaṁ**애착에 빠진다**. 애착이 따라온다. taṁ**그** 지나치게 향하는 **마음을** sampajāno hutvā(**바르게**) **알고서** rāgaṁ좋아하는 **애착을** pajahati**제거한다**. evampi**이렇게 해서도**, 제거해서도 cittaṁ**마음은** vikkhepaṁ**산란함에** na gacchati**빠지지 않는다**.

(6) apanataṁ**벗어나게 향하는**[282] cittaṁ**마음은** byāpādānupatitaṁ**분노에 빠진다**. 분노가 따라온다. taṁ**그** 벗어나게 향하는 **마음을** sampajāno hutvā(**바르게**) **알고서** byāpādaṁ싫어하는 성냄인 **분노를** pajahati제거

281 '아래로 구부러진'으로 번역하기도 하나 저본의 번역을 따랐다.
282 '옆으로 구부러진'으로 번역하기도 하나 저본의 번역을 따랐다.

한다. evampi**이렇게 해서도**, 제거해서도 cittaṁ**마음은** vikkhepaṁ**산란함에** na gacchati**빠지지 않는다**.

(5) 새김이 잘되는 것을 좋아하고 흡족해하며 행복해하는 마음을 지나치게 향하는 마음이라고 한다. 생겨날 특별한 위빳사나 지혜, 도와 과라는 특별한 법들을 너무 자주 기대하며 바라는 마음도 지나치게 향하는 마음이다. 이렇게 지나치게 향하는 마음은 좋아함, 바람과 결합하여 생겨난다. 위빳사나 삼매를 무너뜨릴 수 있기 때문에 장애이다. 어떻게 무너뜨리는가는 제일 처음의 벗어남과 장애에서 자세하게 설명했었다.[283] 그러므로 지나치게 향하는 마음이 생겨날 때는 그것을 따라 새겨야 한다. 새겨 확실하게 알고 보면 지나치게 바라는 탐욕을 제거하는 일이 성취된다. 그러한 마음이 다시는 일어나지 않고 사라질 것이다. 이렇게 아는 것만으로 애착 등의 번뇌를 제거할 수 있다는 것에 대해서는 제4장에서 설명할 『상윳따 니까야 주석서』, 『맛지마 니까야 주석서』들을 통해 특별히 분명하게 설명할 것이다.[284] 지나치게 향하는 애착이 생겨나지 않고 계속 새기면서 지낼 때 마음은 산란하지 않고 고요하게 될 것이다.

(6) 며칠, 몇 달 등 오랫동안 노력했어도 새김이 잘 되지 않는 이에게 '안 될 것 같다'라고 사기가 저하된 마음이 생겨난다. 그러한 마음은 위빳사나 수행과 그 수행으로 인해 생겨날 특별한 지혜와 특별한 법들로부터 너무 벗어난 '벗어나게 향하는 마음'이라고 한다. 생각으로 몇 번이

---

283 이 책의 제1권 p.184 참조.

284 이 책의 제1권 pp.399~405 참조.

나 수행센터에서 달아난다. 그러한 마음은 성냄, 화와 결합하여 생겨난다. 그러한 마음이 생겨나면 집중이나 고요함이 전혀 없게 된다. 〔그러니〕 어떻게 새김이 좋을 수가 있겠는가? 따라서 〔마음의〕 벗어남(= 실망함, 의기소침함)은 위빳사나의 매우 큰 장애이다. 따라서 새기기 싫어하는 마음, 수행을 그만두고 싶어 하는 마음들, 성냄들도 새겨서 제거해야 한다. 한 번, 두 번 새겨서 고요해지지 않더라도 의기소침하지 말라. 생겨나는 대로만 거듭 새기고, 새기고 있던 것만을 계속 새겨라. 결국 실망함이 전혀 없이 고요하고 행복하게 새길 수 있을 것이다. 그래서 "taṁ 그 벗어나게 향하는 마음을 sampajāno hutvā〔바르게〕 알고서 byāpādaṁ싫어하는 성냄인 분노를 pajahati제거한다. evampi이렇게 해도, 제거해도 cittaṁ 마음은 vikkhepaṁ산란함에 na gacchati빠지지 않는다"라고 말씀하셨다.

요약 좋아하고 바라면서도 지내지 말라. 실망하면서도 지내지 말라. 좋아하고 바랄 때마다 새겨라. 기대하고 고대할 때마다 새겨라. 실망할 때마다 새겨라.

4. 위빳사나 마음이 한 대상에 머무는 모습

Imehi chahi ṭhānehi parisuddhaṁ cittaṁ pariyodātaṁ ekattagataṁ hoti. Katame te ekattā? Dānavosaggupaṭṭhānekattaṁ, samathanimittupaṭṭhānekattaṁ, vayalakkhaṇupaṭṭhānekattaṁ, nirodhupaṭṭhānekattaṁ. Dānavosaggupaṭṭhānekattaṁ cāgādhimuttānaṁ, samathanimittupaṭṭhānekattañca adhicittamanuyuttānaṁ, vayalakkhaṇupaṭṭhānekattañca vipassakānaṁ, nirodhupaṭṭhānekattañca ariyapuggalānaṁ.

(Ps.166-167)

대역

imehi chahi ṭhānehi**이러한 여섯 가지** 장애들을 제거함**에 의해** parisuddhaṁ**두루 청정하고** pariyodātaṁ**두루 깨끗한** cittaṁ**마음은** ekattagataṁ함께하는 번뇌가 없이 '마음의 **하나됨'에 이르게** hoti**된다.** te ekattā**그** '마음의 **하나됨'이란** katame**무엇인가?** dānavosaggupaṭṭhānekattaṁ**보시와 보내 버림으로 드러나는 하나됨이 하나,** samathanimittupaṭṭhānekattaṁ**사마타의** 대상인 **표상으로 드러나는 하나됨이 하나,** vayalakkhaṇupaṭṭhānekattaṁ**사라짐의 특성으로 드러나는 하나됨이 하나,** nirodhupaṭṭhānekattaṁ형성들이 완전히 **소멸**하여 고요해진 열반으**로 드러나는 하나됨이 하나,** (iti)이러한 네 가지들**이다.** 이 중 dānavosaggupaṭṭhānekattaṁ**보시와 보내 버림으로 드러나는 하나됨은** cāgādhimuttānaṁ**버림**(보시)**에 마음 향하는 이의** '(ekattaṁ)하나된 상태'이다. samathanimittupaṭṭhānekattaaṁ**사마타의** 대상인 **표상으로 드러나는 하나됨은** adhicittamanuyuttānaṁ**높은 마음**인 사마타 수행**에 힘쓰고 있는 이의** '(ekattaṁ)하나된 상태'이다. vayalakkhaṇupaṭṭhānekattaṁ**사라짐의 특성으로 드러나는 하나됨은** vipassakānaṁ**위빳사나 수행자의** '(ekattaṁ)하나된 상태'이다. nirodhupaṭṭhānekattañca**또한** 형성들이 완전히 **소멸**하여 고요해진 열반으**로 드러나는 하나됨은** ariyapuggalānaṁ도와 과에 이른 **성자들의** '(ekattaṁ)**하나된 상태'이다.**

지금까지 말한 여섯 가지 해결하는 방법으로 삼매의 장애들을 제거한 이의 마음은 과거로도 달아나지 않고 미래를 바라지도 않고, 움츠러들고 물러남도 없고 너무 지나치게 애쓰지도 않고, 지나치게 바라지도 않고 실망하지도 않으면서 생겨나는 물질과 정신만을 계속해서 관찰하고 새기게 된다. 그러한 위빳사나 마음을 '장애들로부터 완전히 벗어나 청정하고 깨끗하다'고 말한다. '마음의 하나됨(ekatta)에 머문다'라고 말한다. 삼매의 힘이 좋아져서 새김의 중간에 다른 번뇌들이 끼어들어 생겨나지 않는다. 새기는 수행의 마음이 함께하는 번뇌와 섞이지 않는다. 따라서 그렇게 힘이 좋은 삼매를 '하나됨'이라고 한다. 번뇌와 섞이지 않음, 수행하는 마음 하나만 일어나고 있는 상태, 법이라는 뜻이다. 그 삼매와 함께 생겨나는 수행의 마음을 '마음의 하나됨에 이른다(ekattagata)'라고 한다. '번뇌와 섞이지 않고 한 종류만 생겨나는 삼매에 머문다'라는 뜻이다.

하나됨 네 가지 중에 버림 거듭새김(cāgānussati) 수행을 닦는 이에게는 삼매가 성숙되었을 때 버리고 보시하고 있는 모습만 드러난다. 다른 대상은 드러나지 않는다. 그때 수행하는 마음은 번뇌들과 섞이지 않고 한 종류만 생겨나기 때문에 보시와 보내 버림으로 드러나는 하나됨(dānavosaggupaṭṭhānekatta)에만 머문다고 말한다. '보시하고 버리는 모습만 드러나면서 수행하는 마음 하나만 생겨나는 삼매에 머문다'라는 뜻이다.

그 외의 다른 사마타 수행을 닦는 이에게는 삼매가 성숙되었을 때 각자가 숙고하고 있는 사마타의 대상, 표상만 드러난다. 다른 대상은 드러나지 않는다. 그때 수행하는 마음은 번뇌와 섞이지 않고 한 종류만 생겨나기 때문에 사마타 표상으로 드러나는 하나됨(samathanimittupaṭṭhānekatta)에만 머문다고 말한다. '각자가 숙고하고 있는 사마타 대상인 표상만 드러나면서 수행의 마음 하나만 생겨나는 근접삼매, 본삼매에 머문다'라는 뜻이다. 그러한『빠띠삼비다막가』의 설명에 따라, '각자가 숙고하고 있는 사마타 대상인 표상만 드러나면서 수행의 마음 하나만 생겨나고 있는 때를 시작으로 사마타 선행 수행자에게 마음청정이 생겨나 마음이 깨끗해진다'라고 알아야 한다. 부처님공덕 거듭새김(Buddhānussati) 수행을 닦는 이에게 부처님〔모습〕이 대상으로 나타나면 최상의 수행, 뼈 무더기가 드러나면 중간의 수행, 여성 등이 드러나면 저열한 수행이라고 말하는 사람들도 있다. 이 말을 방금 설명한『빠띠삼비다막가』와 비교해서 살펴보라.

위빳사나 수행자에게 정신·물질 구별의 지혜를 시작으로 삼매가 성숙되었을 때 '새겨지는 물질과 정신일 뿐이다'라고만 드러난다. 다른 대상이 드러나지 않는다. 그때 이러저러한 대상을 생각하고 숙고하며 생겨나는 장애들과 섞이지 않고 관찰하는 마음 한 종류만 계속 생겨난다. 그때를 시작으로 관찰하는 마음을 '하나됨에 머문다, 장애로부터 깨끗하다'라고 알아야 한다. 특히 무너짐의 지혜를 시작으로 수순의 지혜까지, 새길 때마다 물질과 정신이 사라지는 특성만이 드러난다. 그때 새길 때마다 위빳사나 마음이 번뇌와 섞이지 않기 때문에 사라짐의 특성으로 드러나는 하나됨(vayalakkhaṇupaṭṭhānekatta)에만 머문다고 말한다. '물질과 정신의 사라지는 특성만 드러나면서 위빳사나 마음 하나만 생겨나는 찰나삼매에 머문다'라는 뜻이다. 이 경전내용을 근거로 하여, "위빳사나 행자들에게는 무너짐의 지혜를 시작으로 해서 높은 단계의 찰나삼매가 생겨난다"라고 앞서 언급했다.[285] 소멸의 특성만 드러나면서 새기는 마음이 하나됨에 잘 머무는 모습은 무너짐의 지혜 등에 이른

285 이 책의 제1권 p.169 참조.

수행자에게는 아주 분명하다.

위빳사나가 끝이 나면 도와 과에 이른다. 그 도와 과에 이른 성자들에게는, 관찰대상인 물질·정신 형성들이 완전히 소멸하여 고요해진 열반만 드러난다. 다른 대상이 드러나지 않는다. 그래서 '도의 마음, 과의 마음은 소멸로 드러나는 하나됨(nirodhupaṭṭhānekatta)에만 머문다'라고 말한다. '모든 물질·정신 형성들이 완전히 소멸한 열반만 드러나면서 도의 마음, 과의 마음 하나만 생겨나는 삼매에 머문다'라는 뜻이다. 이 '하나됨'에 머무는 모습도 거기에 도달해 본 적이 있는 수행자에게는 아주 분명하다.

이 정도의 내용이면 위빳사나 행자에게 마음청정이 생기도록 수행하는 모습, 그리고 그 마음청정이 생기는 모습을 충분히 알 수 있을 것이다.

삼매의 장애와 해결하는 여러 방법들이 끝났다.

제2장 마음청정이 끝났다.

제3장

위빳사나 수행의 관찰대상

제3장에서는 빠라맛타(실재성품)와 빤냣띠(개념)를 나누어 설명하고 위빳사나 수행의 관찰대상〔에 해당하는〕 법들을 분석하여 설명하고자 한다. 사마타 선행 수행자들이 관찰하는 모습에서 수행방법을 원용하는 모습도 설명할 것이다.

빠라맛타와 빤냣띠의 구별

1. 빠라맛타의 의미에 대한 성전들

(1) 띠까 쬬와 주석서

Paramo uttamo aviparito attho paramattho.

(AsVṬ.73)

대역

paramo uttamo**수승하고**, 즉 거룩하고[286] aviparito**틀리지 않은**, 옳은 attho**의미·성품이** paramattho**빠라맛타**, 즉 거룩한 의미·성품, 옳은 의미·성품**이다**.

의미 그릇된 의미, 성품을 '옳고 거룩하다'고 말할 수 없다. 옳고 정확한 의미, 성품만을 '옳고 거룩하다'고 말할 수 있다. 그러므로 마음, 마음부수, 물질, 열반이라고 하는 성품 네 가지는 결코 틀리지 않고[287] 옳은 것일 뿐이므로 빠라맛타[288](paramattha 수승한 성품 殊勝義) 법이라고

286 뒤에 'paramo'와 'uttamo'의 의미는 동일하다고 설명되어 있고 본문에서도 '수승한'이라고 한 의미로만 번역되어 있다.

287 미얀마 어로 '변하지 않는'으로도 번역할 수 있으나 나중에 '틀리지 않는'으로 알아야 한다고 마하시 사야도께서 설명하셨으므로 처음부터 '틀리지 않는'으로 번역하였다.

288 빠라맛타, 빤냣띠의 글자 그대로의 의미(수승한 성품, 시설된 것)와 내포된 의미(옳고 직접 알 수 있는 성품, 개념·명칭)를 그대로 표현하기 어려워 빠알리어 그대로 번역하였다. 가끔은 빠라맛타(실재성품)·빤냣띠(개념)로도 표현하였다. 뒷부분에서는 실재성품·개념으로도 표현하였다.

이른다. 이것이 위『띠까 쬬』[289] 구절의 의미이다.

Paramo uttamo attapaccakkho attho paramattho.[290]

(주석서에 따라서)

대역

paramo uttamo**수승하고**, 즉 거룩하고 attapaccakkho**스스로 직접 알 수 있는** attho성품·**의미가** paramattho**빠라맛타**, 즉 스스로 직접 알 수 있는 성품**이다**.

의미 소문 등에 의해서 알아지는 성품은 옳은 것도 있고 틀린 것도 있다. 그러므로 그러한 성품들을 빠라맛타 = 수승한 성품이라고 부를 수 없다. 스스로 직접 알 수 있는 성품은 틀리는 일이 없다. 항상 옳기만 하다. 그러므로 스스로 경험해서 직접 알 수 있는 마음, 마음부수, 물질, 열반이라고 하는 성품 네 가지를 빠라맛타 법이라고 이른다.

(2) 까타왓투 주석서

까타왓투 주석서

『까타왓투(Kathāvatthu 論事) 주석서』에서는 아래와 같이 설명하였다.

---

289 『아비담맛타 상가하(Abhidhammattha saṅgaha 아비담마 집론서)』에 대한 복주서의 하나인 『아비담맛타 위바위니 띠까(Abhidhammattha Vibhāvinī Tīkā)』 의 다른 이름이다. '『아비담맛타 위바위니 띠까』라는 책이 더욱 유명해지기를(*kyo* 쬬)'이라는 뜻이 담겨 있다고 한다.

290 정확하게 이렇게 표현된 구절은 CST4본에서는 찾을 수 없었다. 'attapaccakkho pana paramatthoti'라는 구절이 (PaMṬ.49)에 나온다.

Saccikaṭṭhoti māyāmarīci ādayo viya abhūtākārena aggahetabbo bhūtaṭṭho. Paramatthoti anussavādivasena aggahetabbo uttamattho.

(PaA.112)

대역

Saccikaṭṭhoti**'삿찌깟타(saccikaṭṭha 眞實義)'라고 하는 것은** māyā marīci ādayo viya**환술로 보여 주는 물건이나 신기루 등과 같이** abhūtākārena aggahetabbo**실재하지 않은 것으로,** 그래서 옳지 않은 것으로 **파악되지 않는,** bhūtattho**'실재하는,** 그래서 옳은 **성품'이라는 뜻이다.** paramatthoti**'빠라맛타(paramattha 殊勝義)'라고 하는 것은** anussavādivasena**소문 등으로** aggahetabbo**파악되기에 적당하지 않는,** 파악할 수 없는 uttamattho**거룩한 성품이라는 뜻이다.**

Attano pana bhūtatāya eva saccikaṭṭho, attapaccakkhatāya ca paramattho, taṁ sandhāyāha.

(PaA.113)

대역

pana**또한** 사실대로 말하자면, (so)그 57가지 **법들은** attano bhūtatāya eva**스스로 실재하기 때문에,** 그래서 옳기 때문에, **바로 그렇기 때문에** saccikaṭṭho**삿찌깟타(saccikaṭṭha 眞實義)라고 한다.** attapaccakkhatāya**스스로에게 직접 드러나기 때문에** paramattho ca**빠라맛타(paramattha 殊勝義)라고도 한다.** taṁ무더기 다섯 가지〔5온〕, 감각장소 열두 가지〔12입처〕, 요소 열여덟 가지〔18계〕, 기능 스물두 가지〔22근〕이라고 하는 그 57가지의 **법들을** sandhāya**대상으로** āha**말하였다.**

이 주석서에서 삿찌깟타에 해당하는 것도 57가지 법들이다. 빠라맛타에 해당하는 것도 57가지 법들뿐이다. 요약하자면 마음·마음부수·물질·열반 이 네 가지이다. 그보다 더 줄이자면 물질과 정신, 두 가지일 뿐이다. 그러므로 알기 쉽도록 여기에서는 물질과 정신, 이 두 가지만을 설명하기로 한다.

마술사가 진흙, 종이, 돌 등을 주문이나 묘약 등으로 금, 은, 루비로 만들어서 보여 주면 보는 이들은 그것을 진짜 금, 진짜 은, 진짜 루비라고 생각한다. 그와 같은 상황에서 금, 은, 루비라고 생각하는 것들(의미, 성품)은 옳지 않은 모습으로 취해지기 때문에 비실재의(abhūtattha 非實在義) = 비진실의(asaccikaṭṭha 非眞實義) = 옳지 않은 의미라고 한다. 날씨가 더울 때 물을 찾아 나선 사슴들은 멀리서 보이는 신기루를 물이라고 생각한다. 이렇게 생각할 때도 물이라고 생각하는 의미는 옳지 않은 모습으로 취하는 것이기 때문에 비실재의 = 비진실의 = 옳지 않은 의미일 뿐이다. 그와 마찬가지로 실제로는 존재하지 않는데도 불구하고 실제로 존재하는 것처럼 여겨지고 생각되는 '명칭 빤냣띠', 여자·남자·손·발 등의 '뜻 빤냣띠' 등의 여러 가지도 비실재의 = 비진실의 = 옳지 않은 의미일 뿐이다.

실재하는 물질과 정신들은 그것들처럼 실재하지 않으면서 실재한다고 여겨지는 법들이 아니다. 진실로, 실제로 존재하기 때문에 그 존재하는 것에 따라서, 생겨나고 사라지는 것에 따라서 여겨지고 알 수 있는 성품들이다. 그러므로 그 실재하는 물질과 정신들을 실재의(bhūtattha 實在義) = 진실의(saccikaṭṭha 眞實義) = 옳은 의미라고 한다. '틀리지 않고 옳은 성품들'이라는 뜻이다.

옳은 모습은 다음과 같다. 눈으로 형색물질을 보는 이는 '모양을 본다', 혹은 '보이는 형색이 있다'라고 안다. 이렇게 알 수 있는 형색물질은 금, 은, 루비라고 생각되는 환술로 만들어 낸 것, 물이라고 생각되는 신기루처럼 옳지 않은 것이 아니다. 아는 그대로 옳기도 하다. 실제로 존재하기도 한다. 왜냐하면 보이는 대상이 존재하지 않으면 보는 것이 생겨날 수가 없기 때문이다. 그러므로 눈으로 보이는 형색물질은 실재의(bhūtattha 實在義) = 진실의(saccikaṭṭha 眞實義)이다. 진실의(saccikaṭṭha 眞實義)라면 수승의(paramattha 殊勝義)라고도 할 수 있다. 보고 난 그 다음에 여러 모습이나 형체가 생겨나도록 마음 문(意門)으로 생각하여 결정한다. '긴 것을 본다, 짧은 것을 본다, 둥근 것을 본다, 모난 것을 본다, 사각형을 본다, 원을 본다, 여자를 본다, 남자를 본다, 얼굴을 본다, 팔을 본다' 등 여러 가지로 생각하여 결정한다. 여기에서 과거에 경험하지 못했거나 기억하지 않았던 대상에 대해서는 오랫동안 숙고해야 하기 때문에 그처럼 생각하고 결정하는 것이 분명하게 드러난다. 이전에 경험했거나 익혔던 대상에 대해서는 오랫동안 숙고하지 않기 때문에 그처럼 생각하는 것이 분명하지 않다. 분명하지 않기 때문에 '그러한 모습이나 형체만 본다'라고 생각한다. 앞의 마음, 뒤의 마음이 서로 분리된 것을 알지 못하는 일반 범부에게 으레 생겨나는 성품(dhammāta)이다. 그래서 『담마상가니(法集論) 근본복주서』에서는 다음과 같이 설명하였다.

> Cakkhuviññāṇassa hi rūpe abhinipātamattaṁ kiccaṁ, na adhippāyasahabhuno calanavikārassa gahaṇaṁ. Cittassa pana lahuparivattitāya cakkhuviññāṇavīthiyā

anantaraṁ manoviññāṇena viññātampi calanaṁ cakkhunā diṭṭhiṁ viya maññanti avisesa viduno.

(DhsMṬ.i.72)

대역

rūpe abhinipātamattaṁ**형색 쪽으로 나아가는 것**, 즉 형색을 보는 것만이 cakkhuviññāṇassa kiccaṁ**눈 의식(眼識)**[291]**의 작용이다**. adhippāyasahabhuno calanavikārassa**의도와 함께 생기는 특별한 움직임을** gahaṇaṁ**파악하는 것은** na눈 의식의 작용이 **아니다**. 〔마음 의식(意識)의 작용이다.〕 pana**하지만** cittassa lahuparivattitāya**마음이 매우 빠르게 바뀌기 때문에** cakkhuviññāṇavīthiyā anantaraṁ**눈 의식 인식과정 바로 다음에** manoviññāṇena viññātampi calanaṁ**마음 의식으로 알아지는 움직임들도** cakkhunā diṭṭhiṁ viya**마치 눈으로 보는 것처럼** avisesa viduno앞의 마음과 뒤의 마음이 서로 **다른 점을 모르는 이들**인 일반 범부들은 maññanti**생각한다**.

팔의 움직임 등을 볼 때 눈 의식으로는 모양만을 본다. '손'이라든지, '움직인다'라고는 알지 못한다. 그렇지만 마음은 매우 빠르다. 그렇기 때문에 앞의 마음과 뒤의 마음을 분별하지 못하는 일반 범부들은 눈 의식의 바로 다음에 생각하고 숙고하여 알아지는 움직임들도 '눈으로 한번에 본다'라고 생각한다는 뜻이다. 위빳사나 수행을 열심히 한 이들에게는 형색을 보는 마음이 따로, 팔이라고 아는 마음이 따로, '움직인다'라고 아는 마음이 따로인 것을 스스로의 지혜로 알 수 있다.

---

291 안식, 이식, 비식, 설식, 신식, 의식을 번역함에 있어, viññāṇa를 의식이라 번역하고, 그 앞에 붙여지는 cakkhu 등의 단어를 그대로 한글로 번역하여 눈 의식, 귀 의식 … 마음 의식이라 번역하였다. 이 책의 제1권 p.422 주 426 참조.

그래도 여기에서 일반 범부들도 잘 믿고 이해할 수 있도록 비유로써 설명해 보겠다. 저녁에 어두울 때 횃불을 돌리면서 보여 주면 그것을 보는 이는 '둥근 불빛을 본다'라고 생각한다. 길게, 혹은 삼각형으로 움직여 보여 주면, '긴 불빛을 본다, 삼각형 불빛을 본다'라는 등으로 생각한다. 하지만 실제로는 둥근 불빛의 모습 등은 동시에 존재하지 않기 때문에 그 모양을 동시에 볼 수 없다. 불이 타오르는 여러 단계만 많은 장소에 실제로 존재한다. 그러한 여러 단계의 형색들을 많은 장소에서 차례차례로 보는 것이다. 그러한 여러 형색들을 합해서 생각하는, 다음의 여러 마음들에 의해서만 그러한 모양이나 형체들이 분명하게 드러난다. 이 비유는 위의 내용을 직접적으로 보여 주는 비유이다.

또 다른 방법으로 설명해 보겠다. 글을 아직 잘 읽지 못하는 이는 글자들을 보고 나서 한 자 다음에 한 자, 한 구절 다음에 한 구절, 이렇게 오랫동안 생각하고 나서야 읽을 수 있다. 그러한 이는 오랫동안 생각해야 하기 때문에 그렇게 생각하는 모습이 그에게 분명하다. 하지만 글을 잘 읽을 수 있는 이에게는 생각하는 모습이 분명하지 않다. 단지 읽는 것만으로도 읽어 갈 수 있다고 생각한다. 하지만 빠르게 생각하는 것이 〔실제로는〕 마찬가지로 존재한다. 이것과 마찬가지이다.

경험해 보지 않았던 대상에 대해서는 봄과 생각함이 서로 분리되어 분명하다. 〔하지만〕 경험해 보았던 대상에 대해서는 오랫동안 생각하지 않아도 되기 때문에 생각하는 모습이 분명하지 않다. 그래서 '보는 것만으로 여자, 남자 등으로 모든 것을 한번에 안다. 여자, 남자 등만을 본다'라고 생각한다. 하지만 보고 난 후, 빠르게 생각하는 과정이 분명히 있다. 그 생각하는 것에 의해서만 여자, 남자 등의 의미들을 결정할 수 있다. 이처럼 보는 순간에는 알 수 없고 생각하고 숙고한 후에 취해지는 '여자, 남자' 등의 의미들은 마치 둥근 불빛의 모습과 마찬가지로 실제로는 분명하게 존재하는 것이 아니다. 그러므로 실재의, 진실의, 수승의라고 할 수가 없다. 여러 가지로 알게 하고 불리는 것일 뿐이므로 세속적 빤냣띠(samutipaññatti)라고만 할 수 있다. 이러한 빤냣띠 법[292]이 분명하게 존재하지 않는 모습은 다음과 같이 생각해 보아도 알 수 있다.

생각하는 모습은 다음과 같다. 여자, 남자 등으로 생각할 수 있는 어떠한 것에서 볼 수 있는 형색이라는 것을 빼어내 버리면 볼 수 있는 여자, 남자 등이라는 것은 있을 수가 없다. 그러므로 보는 것의 대상이 되는 성품은 형색이라는 물질만 해당된다. 여자라든가 남자 등이 아니다. 형색이라는 물질의 모임만을 볼 수 있다. 여자, 남자 등은 볼 수가 없다. "'보인다'라고 생각되어지는 여자, 남자 등의 빤냣띠 개념법은 〔실제로〕 '보인다'라는 현상에 따를 것 같으면 분명하게 존재하지 않는다"라고 알아야 한다. 여기에서 '볼 수는 없을지라도 감촉할 수 있는 여자, 남자 등은 존재한다고 할 수 있지 않는가?'라고 질문할 수도 있다. 그 닿을 수 있는 성품들도 여자라든가 남자 등이 아니다. 볼 수 있는 형색이라는 물질과 마찬가지로 닿을 수 있는 감촉이라는 물질들일 뿐이다. 그러한 감촉이라는 물질만 닿을 수 있다. 여자, 남자 등은 닿을 수 없다. 무엇 때문인가? 닿아서 알 수 있는 감촉이라는 물질을 모두 빼내 버리면 닿을 수 있는 여자, 남자 등이라고 불릴 만한 것은 있을 수 없기 때문이다. 그러므로 여자, 남자 등의 빤냣띠들을 비실재의, 비진실의라고 한다. '여자, 남자 등을 본다, 닿는다'라는 등으로 생각하는 것에 따를 것 같으면 옳

292 저본에는 빤냣띠에도 '법'을 붙여 표현하였다.

지 않은 법들이라는 의미다. 비진실의이므로 비수승의이다. '빠라맛타 법이 아니다'라는 뜻이다.

'cakkhupasāda(눈 감성물질)'라고 하는 눈의 선명함도 분명하게 존재한다. 바로 그렇기 때문에 그 눈 감성물질에 형색 물질이 드러나 보는 것이 생겨날 수 있다. 눈 감성물질이 존재하지 않으면 형색 물질이 드러날 수가 없다. 그러니 어떻게 볼 수 있겠는가? 비유하자면 깨끗한 거울이 있어야 그 거울에 드러나는 모습을 볼 수 있다. 깨끗한 거울이 없다면 모습이 드러나지 않으므로 거울에서 모습을 볼 수가 없는 것과 마찬가지이다. 그러므로 '볼 수 있을 정도로 깨끗한 눈 감성물질이라는 것이 존재한다'라고 알고 볼 수 있는 눈 감성물질도 실재의, 진실의, 수승의라고 할 수 있다.

보는 것도 분명하게 존재한다. 존재하기 때문에 여러 형색들을 알 수 있다. 존재하지 않으면 '어떤 것을 보았다'라고 알 수도 없다. 말할 수도 없다. 그러므로 눈 의식(眼識)이라고 하는 보는 성품도 실재의, 진실의, 수승의라고 할 수 있다.

들리는 소리 물질, 들을 수 있는 귀 감성물질, 듣는 것 = 귀 의식(耳識) 등에 대해서도 생각하고 알고 보는 것에 따라 분명하게 존재하기 때문에 실재의, 진실의, 수승의라고 할 수 있는 것도 같은 방법으로 알 수 있다.

스스로 알 수 있어야 빠라맛타이다

전해들은 소문만으로 믿어 알 수 있는 의미들은 옳은 것도 있고 틀린 것도 있다. 항상 옳기만 한 것이 아니다. 그러므로 그러한 의미들을 'uttamattha paramattha'라고 할 수가 없다. '거룩하고 수승한 의미라고 할 수 없다'는 뜻이다. 스스로 경험해서 직접 알 수 있는 의미들만 알고 보는 것에 따라 항상 옳다. 그러므로 스스로 직접 알 수 있는 의미들만을 'uttamattha paramattha'라고 할 수 있다. '거룩하고 수승한 의미라고 할 수 있다'는 뜻이다.

"소문 등에 의해서(anussavādivasena)"라고 설명한 주석서의 '~등(ādi)'이라는 말에 의해서 '전설(paramparā), 인용(itikirā), 문헌의 권위(piṭakasampadāna), 생각(takkahetu), 방편(nayahetu), 특징에 따른 사유(ākāraparivitakka), 사견에 따른 이해(diṭṭhinijjhānakhanti) 등에 의해서 취해지는 의미들은 빠라맛타라고 할 수 없다. 직접 알 수 있는 의미만 빠라맛타이다'라는 의미를 알 수 있다. 〔자세히 설명하자면〕 다음과 같다.

전설(paramparā): 스승, 할아버지, 할머니, 부모 등을 통해 대대로 전해져 내려온 말에 의해 알아지는 의미들은 거짓과 진실, 두 가지 모두 생겨날 수 있다. 그러므로 빠라맛타라고 할 수 없다.

인용(itikirā): '~라고 하더라'고 하면서 스스로 알지 못하면서 인용해서 하는 말에 의해 알아지는 의미들도 거짓과 진실, 두 가지 모두 생겨날 수 있다. 그러므로 빠라맛타이라고 할 수 없다.

문헌의 권위(piṭakasampadāna): 각자가 의지하는 문헌과 일치하는 것에 의해 취하는 의미들도 그 문헌이 옳을 때만 옳다. 문헌이 옳다고 하더라도 그 의미를 취하는 방법이 옳아야지만 또한 옳다. 그러므로 그러한 의미들도 빠라맛타라고 할 수 없다.

생각(takkahetu): 생각하고 숙고하여서 취해지는 의미들도 거짓과 진실, 두 가지 모두 생겨날 수 있으므로 빠라맛타라고 할 수 없다.

방편(nayahetu): 어떠한 방편에 의지해서 취해지는 의미들도 그 의지한 방편이 옳아야지만 옳다. 방편이 그르면 틀리다. 그러므로 빠라맛타라고 할 수 없다.

특징에 따른 사유(ākāraparivitakka): 적당한 근거, 특징으로 생각하여 취해지는 의미들도 옳기만 한 것은 아니므로 빠라맛타라고 할 수 없다.

사견에 따른 이해(diṭṭhinijjhānakhanti): 생각하여 경험해 본 자신의 견해와 일치하면 옳다라고 하며 취해지는 의미들도 옳기만 한 것은 아니므로 빠라맛타라고 할 수 없다.

이러한 소문 등에 의해서 취해지는 의미들은 항상 사실인 것은 아니다. 바로 그렇기 때문에 「깔라마 경(Kālāma sutta)」 등에서 "소문 등에 의해서 취하여 알지 말라"라고 금하신 후에 스스로 알도록 노력하여 스스로 알 수 있는 의미, 성품들만을 진실이라고 취해야 한다고 부처님께서 설하셨다.

실재하는 물질, 실재하는 정신들은 소문 등의 말을 통해서 취할 만한, 알 만한 = 취할 수 있는, 알 수 있는 법들이 아니다. 스스로 보고 경험해서 직접 취할 만한, 알 만한 = 취할 수 있는, 알 수 있는 법들이다. "anussavādivasena aggahetabbo(소문 등에 의해 파악하기에 적당하지 않다)"라는 주석서에서 '적당하다(araha), 가능하다(sakka)'의 의미를 표시하는 '~해야 한다(tabba)'와 함께 설하신 것을 특별히 주의하라. 이 의미는 다음에 설명할 복복주서를 통해 분명하게 드러날 것이다.

소문 등만으로는 빠라맛타를 알 수 없는 모습

태어날 때부터 눈이 먼 이에게 흰색, 붉은색, 원, 사각형 등의 여러 색깔과 모양을 다른 이가 아무리 설명하고 보여 주더라도 그는 사실대로 알 수가 없다. '본다'는 성품에 관해서도 아무리 설명해도 사실대로 알 수가 없다. 〔태어날 때부터〕 냄새를 맡지 못하는 이에게 향기로운 냄새, 썩은 냄새와 함께 '냄새 맡는다'라는 성품에 대해서 아무리 설명해도 그는 사실대로 알 수가 없다. 아직 〔한번도〕 먹어 보지 못했던 빵, 과일의 특별한 맛을 아무리 설명해도 사실대로 알 수가 없다. 두통, 치통, 복통 등을 자신이 일찍이 경험해 보지 못했다면 다른 이가 아무리 설명해도 그러한 병들 때문에 생기는 고통스러운 느낌들을 사실대로 알 수가 없다. 위빳사나 지혜, 선정, 도와 과 등을 아직 증득하지 못한 이는 여러 문헌에서 아무리 설명해도 사실대로 알 수가 없다. 여기에서 전해 듣는(anussava) 방법, 추론(anumāna)하는 방법으로 아는 것을 '사실대로 안다'라고 하지 않는다. 위빳사나 수행자, 선정을 얻은 이, 〔도와 과를 얻은〕 성자들이 아는 것을 '사실대로 안다'라고 말한다. 그러므로 소문 등에 의해서 추측하여 알 수 있는 의미, 성품들 모두는 "빠라맛타 = 실재하는 물질과 정신이 아니다. 단지 빤냣띠 = 개념일 뿐이다"라고 알아야 한다.

빠라맛타를 직접 아는 모습

형색이라는 물질은 스스로 볼 수 있고, 직접 알 수 있다. 볼 수 있을 만큼 깨끗한 눈이라는 물질과 눈 의식(眼識)이라는 보는 마음 등도 자신에게 분명히 존재하기 때문에 직접 알 수 있다. 소리라는 물질, 깨끗한 귀라는 물질, 귀 의식(耳識) 등의 정신과 물질들에 대해서도 같은 방법으로 직접 알 수 있다. 그러한 물질과 정신들은 위빳사나 지혜로 수행을 해서도 직접 알 수 있다. 도의 지혜, 과의 지혜, 반조의 지혜 등에 의해서도 직접 보고 경험하여 알 수 있다. 이렇게 직접 보고 알 만하고, 직접 보고 알 수 있기 때문에 그러한 물질과 정신 등의 법들을 직접의(paccakkhattha 直接義), 최승의(uttamattha 最勝義), 수승의(paramattha 殊勝義)라고 부른다. 스스로 경험하여 직접 알 수 있는 그러한 법들은 사실대로 확실히 존재하는 것에 따라서 알 수 있기 때문에 옳은 성품이다. 소문, 문헌 등에 따라서 생각하여 취할 만한 의미, 성품이 아니기 때문에 틀리지 않은 성품들이다. 그러므로 실재의(bhūtattha 實在義), 진실의(saccikaṭṭha 眞實義)라고도 한다. 아래 『빤짜빠까라나(pañcapakarana 五論) 근본복주서』에서 다음과 같이 설명하고 있다.

(3) 빤짜빠까라나 근본복주서와 복복주서

Anussavādivasena gayhamāno tathāpi hoti aññathāpīti tādiso ñeyyo na paramattho, atthapaccakkho pana paramatthoti dassento āha "anussavādivasena aggahetabbo uttamattho"ti.

(PaMṬ.49)

대역

anussavādivasena**소문 등에 의해서** gayhamāno취하게 되는, 알게 되는, **파악되는 것**(의미, 성품)**은** tathāpi hoti아는 대로 **그럴 수도 있고** aññathāpi**다를 수도 있다**. iti**그래서** 옳고 그른 두 가지 종류, 두 가지 말이 될 수 있기 때문에 tādiso**그와 같이** ñeyyo**알 수 있는 성품은** na paramattho**빠라맛타가 아니다**. pana**반대로**, 사실대로 말하자면,

atthapaccakkho**각자 스스로 경험할 수 있는 성품만이** paramattho**빠라맛타이다.** iti dassento**이렇게 설명하기 위해** "anussavādivasena aggahetabbo uttamattho"ti**"소문 등에 의해서 취할 수 없는 거룩한 성품이다"라고** āha주석서에서 **말하였다.**

Aviparītabhāvato eva paramo padhāno atthoti paramattho, ñāṇassa paccakkhabhūto dhammānaṁ aniddisitabbasabhāvo. Tena vuttaṁ "uttamattho"ti.

(PaAnṬ.59)

대역

aviparītabhāvato eva**틀리지 않은,** 옳은 **성품, 바로 그렇기 때문에** paramo padhāno**수승하고 기본이 되는** attho**성품,** 의미**이다.** iti**그래서** paramattho**빠라맛타(殊勝義)라고 한다.** ñāṇassa**지혜에** paccakkhabhūto **직접 드러나서 생기는** dhammānaṁ물질·정신 **법들이다.** aniddisitabbasabhāvo'이렇고 이런 모습이다'라고 나타내거나 **설명할 수 없는** 고유한 **성품이다.** tena**그래서** "uttamattho"ti**"웃따맛타(最勝義)"라고** vuttaṁ주석서에서 **말하였다.**

의미 실재하는 물질·정신의 성품들은 새기고 아는 것에 따라서 틀리지 않고 그릇되지 않고 옳기만 하므로 거룩하고 기본이 되는 성품들이다. 그래서 '빠라맛타'라고 한다. 그러한 빠라맛타 법들이라고 하는 것은 성찰(paṭisaṅkhā)의 지혜, 위빳사나 지혜 등에 의해서 직접 경험할 수 있는 분명한 성품들이다. 설명 등에 의해서 "'이러한 성품들이다'라고 나타내 보일 수 없는 물질·정신의 성품들이다. 물질과 정신의 고유특성(sabhāvalakkhaṇā)일 뿐이다"라는 의미이다.

이 복복주서에서 "설명할 수 없는 고유성품(aniddisitabba sabhāvo)"이라는 구절은 "소문 등에 의해서 파악할 수 없는(anussavādivasena aggahetabbo)"이라는 복주서의 구절과 의미로서는 같다. '스스로 경험하지 못하고 소문 등만을 통해서는 빠라맛타 실재법을 알 수가 없다'라고 복주서에서 설명했다. '다른 이가 알고 이해하도록 설명해 줄 수 없다'라고 복복주서에서 설명했다. 이렇게 설명하는 모습만 다를 뿐이다. '스스로 직접 경험해야만 알 수 있다'라는 의미로는 같을 뿐이다. 그러나 "설명할 수 없는 고유성품(aniddisitabba sabhāvo)"이라는 이 구절의 의미는 알기에 쉽지가 않다. 그래서 반문과 대답으로 분명하게 설명하겠다.

"'땅 요소는 딱딱하고 거친 성품이다. 마음은 대상을 아는 성품이다. 접촉은 대상과 닿는 성품이다'라는 등으로 물질과 정신의 고유특성(sabhāvalakkhaṇā, 自性)을 설명할 수 있지 않은가? 그럼에도 불구하고 무엇 때문에 설명할 수 없는 고유성품(aniddisitabba sabhāvo)이라고 하는가?"라고 반문할 수가 있다. 물질과 정신의 성품을 설명할 수 있는 것은 사실이다. 바로 그렇기 때문에 여러 경전이나 주석서, 복주서 등에서 〔그렇게〕 설명하고 보이고 있다. 하지만 그렇게 단지 설명하고 나타내 보이는 것만으로 알 수 있는 성품들은 직접(paccakkha) 알 수 있는 진짜 빠라맛타가 아니다. 땅 요소, 마음, 접촉 등의 이름만을 아는 것이기 때문에 진실한 빤냣띠(vijjamāna paññatti), 생겨난 빤냣띠(tajjā paññatti)라고 부르는 명칭 빤냣띠일 뿐이다. 단단함이라는 표현, 대상을 앎이라는 표현, 닿고 접촉함이라는 표현, 이러한 등의 표현들을 아는 것은 표현 빤냣띠(ākāra paññatti)만 생겨나는 것이다. 가루 모양, 덩어리 모양, 어떤 형색 등으로 아는 것은 형체 빤냣띠(saṇṭhāna paññatti)

만 생겨나는 것이다. 비유하자면 경전을 배운 적이 있는 이가 경전에서 설명한 것에 따라서 '도와 과, 열반은 어떠한 성품이 있다'라고 알기도 알고, 설명할 수도 있다. 하지만 범부들은 진짜 도와 과를 절대로 대상으로 할 수도 없고, 알 수도 없다. 실재하는 열반도 종성(gotrabhū)의 지혜에 이르기 전에는 절대로 대상으로 할 수도 없고 알 수도 없다. 그러므로 범부들이 '알고 이해했다'라고 하는 그 도와 과, 열반은 직접 아는 것이 아니다. 빠라맛타 실재성품이 아니다. 소문(anussava)이나, 전설(paraṁparā), 문헌의 권위(piṭakasampadāna), 방편(nayahetu) 등에 의해서만 알아지는 의미들이기 때문에 앞에서 말했던 대로 명칭 빤냣띠(nāma paññatti), 표현 빤냣띠(ākāra paññatti), 형체 빤냣띠(saṇṭhāna paññatti) 등일 뿐이다. 확실히 분명하게 여기서 예를 들은 비유처럼 세간의 물질과 정신들 중에서도 스스로 직접 경험하지 않고 설명해 주는 것만으로 알 수 있는 성품들을 '빠라맛타가 아니다. 명칭 빤냣띠, 표현 빤냣띠, 형체 빤냣띠일 뿐이다'라고 알아야 한다.

경전지식과 함께 직접 아는 모습 범부들은 욕계의 물질과 정신들이 스스로에게 분명히 생겨나기 때문에 〔그 욕계의 물질과 정신들을〕 직접 알 수 있다. 여섯 문에서 생겨나기 때문에도 직접 알 수 있고 위빳사나 수행을 통해서도 직접 알 수 있다. 본삼매를 증득한 이라면 고귀한 법들[293]도 직접 알 수 있다. 그렇게 알 때 '경전에서 설명한 땅 요소, 마음, 접촉 등은 이러한 성품들이다'라든가, '법을 설하는 이들이 설한 땅 요소, 마음, 접촉 등이 이러한 성품들이다'라고 〔아는 것은〕 경전지식과 함께

---

293 색계 본삼매, 무색계 본삼매와 관련된 법들.

사실대로 아는 것이다. 비유하자면 사과를 아직 먹어 보지 않은 이가 다른 이가 말하는 것을 듣는 것만으로 사과의 맛을 사실대로 알 수는 없다. 스스로 먹어 보았을 때 직접 경험하여 '다른 이가 말한 사과의 맛이 이런 성품이구나'라고 사실대로 아는 것과 같다. 여기에서 '출세간법들만 매우 의미가 심오하므로 범부가 알지 못한다. 그 밖의 모든 세간법들은 누구를 막론하고 알 수 있다'라고 생각하는 사람들이 있다. 그렇게 생각하면 안 된다는 것을 이해시키기 위해 이 사과의 비유를 든 것이다. 태어날 때부터 눈이 먼 이는 모양을 사실대로 알 수가 없다는 것 등도 앞에서 설명했다.[294]

이렇게 직접 알 수 없는 이에게는 물질과 정신의 고유특성을 사실대로 알도록 설명해 줄 수 없음을 알려주기 위해 복복주서의 스승들이 "dhammānaṁ aniddisitabba sabhāvo"라고 설하신 것이다. '물질과 정신의 실재하는 고유특성은 설명할 수가 없다. 설명하는 것만으로는 알게 할 수 없다. 스스로 직접 경험해야만 사실대로 알 수 있다. 이렇게 알아지는 성품들만을 빠라맛타 실재성품이라고 한다'라는 의미이다. 매우 심오한 내용이다. 거듭 생각해 보라.

지금까지 설명한 "paramo uttamo aviparīto attho"라고 하는 『띠까쬬』의 구절은[295] 『까타왓투(論事) 주석서』, 『빤짜빠까라나(五論) 복복주서』와 일치하는 내용이다.

---

294 이 책의 제1권 p.261 참조.

295 이 책의 제1권 p.250 참조.

(4) 성전들이 일치하는 모습

"수승한(paramo)"이라는 구절을 '거룩한(uttamo)'이라고 설명한 것은 말과 의미가 동일하게 보인 것이다. '거룩한 의미(uttamattho)'는 "틀리지 않고 옳다. 바로 그렇기 때문에 수승하고 기본이 되는 의미이다(aviparītabhāvato eva paramo pamāno attho)"라는 복복주서와 완전히 일치한다. "'수승한(paramo)'이라는 구절과 설하는 의미(abhidheyyattha)는 동일하기 때문에 그렇게 설명하였다"라고도 알아야 한다.

'진실의'라는 단어와 '수승의'라는 단어는 말로써만 다르지 설하는 법의 의미로서는 동일하다. 그 두 단어 모두 무더기(5온), 감각장소(12처), 요소(18계), 기능(22근)이라는 57가지 법들만을 설하는 것이다. 그 단어들을 'saccika+attha, parama+attha'라고 나누어 보면, 'attha'라는 단어가 서로 같기 때문에 〔attha라는 단어로는〕 특별히 다른 것을 설명할 필요가 없다. 'saccika'와 'parama'만 설하는 의미로서 같다는 것만 설명하면 된다. 옳은(saccika) 법들이라고 하는 것도 57가지 법들뿐이다. 수승한(parama) 법들이라고 하는 것도 그 57가지 법들뿐이다. 그러므로 법들의 의미로서는 두 단어가 같다.

이렇게 설하는 의미의 방법으로는 같기 때문에 paramo(수승한)를 sacciko(옳은)라고도 설명할 수 있다. "진실, 그것이 바로 옳은 것이다(saccameva saccikaṁ)"라는 복복주서의 구절에 따라 '옳은(saccika)'이라는 단어는 '진실한(sacca)'이라는 단어와 의미로서 일치하므로 진실(sacco)이라고도 설명할 수 있다. 그 외에 '옳다'라는 의미를 설명하는 것으로 옳은(saccika), 진실한(sacca)이라는 단어와 의미가 동일한 실재인(bhūta), 여실(如實)한(yathābhūta), 그러한(tatha), 여진(如眞)한

(taccha), 허위아닌(avitatha), 틀리지 않는(aviparīta) 등의 단어로도 설명할 수 있다. 그러므로 옳은(saccika)이라는 말과 의미로서 동일한 틀리지 않은(aviparīta)이라는 말을 사용해서 수승한(paramo)이라는 단어에 틀리지 않은(aviparīto)이라고 덧붙여서 『띠까 꾜』에서 설명한 것이다.

2. 빠라맛타와 빤냣띠의 올바른 의미

(1) 빠라맛타의 올바른 의미

지금까지 설명한 주석서, 복주서의 내용 모두를 모아서 빠라맛타(paramattha)라는 단어의 올바른 의미를 다음과 같이 알아야 한다. 직접 스스로 알 수 있는 마음·마음부수·물질·열반이라고 하는 의미, 성품 네 가지는 "틀리지 않고, 본래 성품대로 옳기 때문에 거룩한 성품 = 빠라맛타라고 한다"는 이 정확한 의미를 마음에 항상 분명히 새겨 놓아라.

이 빠라맛타(paramattha)라는 단어를 설명하는 데 있어 "빠라맛타라는 것은 무너지지 않고 변하지 않고 파괴되지 않는 것이다. 빤냣띠만 무너지고 변하고 파괴된다"라는 것을 근거로 내세워 "빠라맛타라는 것은 그 특성으로 무너지지 않기 때문에, 결과를 주는 것으로 무너지지 않기 때문에, 물질을 '무너진다'라고 설했어도[296] 성품으로는 무너지지 않기 때문에 〔빠라맛타라고 한다〕"라는 등으로 많은 스승들이 여러 가지로 생각을 굴린 후에 설명하고 글을 쓰고 있다. 그렇게 설명하는 내용이나 글은 『까타왓투(論事) 주석서』, 『빤짜빠까라나(五論) 복복주서』와 일치하

---

296 S.ii.71; ruppatīti rūpa = 무너진다. 그래서 물질이다.

지 않기 때문에, 그리고 '틀리지 않은(aviparīta)'이라는 구절과 '변하지 않는(avipariṇata)'이라는 구절의 의미가 다른 것에 주의를 기울이지 않은 해석이기 때문에, 또한 '파우빤'이라는 미얀마 말에 '틀리다'와 '변한다'라는 두 가지 의미가 있음을 숙고하지 않았기 때문에, 이러한 여러 이유 때문에 『띠까 쬬』의 설명을 자신에 맞게 적당히 생각하여 설명하고 글을 쓴 것에 지나지 않는다.

조금 더 설명해 보면 '파우빤'이라는 미얀마 말에는 '변하다, 무너지다'라는 의미와 '틀리다, 그릇되다'라는 두 가지 의미가 있다. 그것과 마찬가지로 '마파우빤'이라는 말에도 '변하지 않는다, 무너지지 않는다'와 '틀리지 않다, 옳다'라는 두 가지 의미가 있다. 'sammāsambhuddho'라는 단어를 미얀마 어로 번역해 보자. sammā(('마파우마빤'하게)) + saṁ((스스로)) + buddho((진리를 깨달으신 붓다)), 즉 sammāsambuddho·(('마파우마빤'하게 스스로 진리를 깨달으신 부처님, 즉 정등각자)), 이렇게 하나하나 나누어 살펴보면 '마파우마빤'하게 깨달으신 부처님, 스스로 깨달으신 부처님 이렇게 나눌 수 있다. 그럼 여기서 '마파우마빤'하게 깨달으신 부처님이라고 하는 것은 무엇을 말하는 것이겠는가? 스승의 가르침을 받지 않고 스스로 깨달았다고 해도 틀리게, 그릇되게 깨달은 것이 아니라 '틀리지 않게, 바르게 깨달았다'라는 것을 의미하지 않는가? 그러므로 거기에서 '마파우마빤'이라고 하는 것은 '틀리지 않은, 옳은, 올바른'이란 의미를 나타낸다고 알아야 한다.

빠알리어에 'vi+pari+na'라고 분석되는 'vipariṇata'라는 단어와 'vi+pari+i'라고 분석되는 'viparīta'라는 조금 비슷한 단어가 있다. 그 두 단어 모두 '파우빤'이라고 미얀마 어로 번역한다. 그렇지만 그 의미는 분명히 달라서 vipariṇata는 '파우빤 = 변하는, 무너지는'의 의미이고, viparīta는 '파우빤 = 틀린, 그릇된 = 원래의 상태와 정반대의 상태인'의 의미이다.

이 두 단어의 반대어인 avipariṇata, aviparīta라는 단어도 미얀마 어로는 '마파우마빤'이라고만 번역되는데 그것도 의미는 분명히 달라서 avipariṇata는 '마파우마빤 = 변하지 않는, 원래대로 항상한'의 의미이고, aviparīta는 '마파우마빤 = 틀리지 않은, 원래 있는 대로 옳은'의 의미이다. 그렇다면 『띠까 쬬』에서 'aviparīto = 마파우마빤'이라는 단어는 '옳은'이라는 의미를 가진다고 분명히 알아야 한다.

이 정도로도 만족되지 않으면 인식전도(saññāvipallāsa) 등의 단어의 의미들과 『띠까 쬬』「범주(samuccaya)의 장」, "sammā aviparītato passatīti sammadiṭṭhi(바르게, 틀리지 않게 본다. 그래서 바른 견해라고 한다)"라는 구절에서 'sammā'라는 단어를 'a-viparītato'라고 설명한 것, 여러 주석서와 복주서 등에서 이 'aviparīta'라는 단어를 해석한 것 등을 조사해 보라.

(2) 빤냣띠의 올바른 의미

앞에서 언급한 〔빠라맛타에 대해 잘못된 설명을 하는〕 여러 스승들의 말 중에서 '빤냣띠만 변하고 무너진다'라는 말도 틀린 말이다. 왜냐하면 빤냣띠라고 하는 것에는 생겨남 – 머묾 – 사라짐이라고 하는 것도 없고 〔빤냣띠라고 하는 것은〕 법체로도 분명하게 존재하는 것이 아니어서 변하거나 무너질 수 없기 때문이다. 분명하게 설명하겠다. 명칭 빤냣띠, 뜻 빤냣띠라고 하는 모든 빤냣띠는 생겨나는 것도 아니고, 머무는 것도 아니고, 무너지는 것도 아니다. 실제로 분명히 존재하는 것도 아니다. 그렇게 〔실제로〕 존재하지 않으면서 생각하고 숙고하는 마음에 드러나는 것만으로 생겨나는 대상들이다. 어떤 사람들의 이름을 생각해 보라. 그러한 이름이 언제 생겨났는가? 머리 위에 있는가? 몸 안에 있는가? 어느 곳에 머물고 있는가? 언제 사라져 가는가? 바르게 말하자면 그러한 이름들은 생겨나는 것도 아니고 어느 곳에 머무는 것도 아니고 무너지는 것도 아니다. 생각하고 숙고할 때만 마음에 드러나는 것일 뿐인 대상 아닌가? 사람들 모두가 기억하지 않고 잊어버리면 그러한 이름은 사라져 버린 것처럼 될 것이다. 하지만 그것도 사라져 버린 것이 아니다. 바로 그렇기 때문에 4아승기와 10만 대겁 전에 분명히 존재했던 수메다(Sumedha) 수행자라는 명칭 빤냣띠가 지금까지도 사람들의 마음속에 분명히 드러날 수 있는 것이다. 여자, 남자, 항아리, 옷 등의 모든 명칭 빤냣띠도 사람의 이름과 마찬가지다.

즉 여자, 남자, 항아리, 옷 등으로 부르는 사람에 대한 빤냣띠, 사물에 대한 빤냣띠도 사람의 이름과 마찬가지로 생겨남, 머묾, 사라짐이라는 것이 없다. 사실대로 말하자면 어느 곳에도 분명하게 존재하지 않는 것들일 뿐이다. 그럼에도 보이는 형색 무더기, 들리는 소리 무더기, 감촉되는 감촉 무더기 등을 근거로 유추하여 여자, 남자 등으로 부를 만한 어떠한 것이 실제로 존재하는 것처럼 생각한다. 보는 마음, 듣는 마음, 닿아 아는 마음 등과 그러한 모습이 생겨나도록 숙고하는 그 이후의 마음들을 나눌 수 없기 때문에 그렇게 생각한다는 내용을 앞에서 설명했다. 분명하게 존재하지 않는 모습도 간략하게 설명했다.[297] 여기서는 비유를 통해 설명해 보겠다.

---

297 이 책의 제1권 pp.256~257 참조.

'수레'라고 하는 어떤 물건에서, 바퀴, 바퀴축, 바퀴살, 차체, 멍에 등의 여러 부분들을 하나하나 분리하여 놓으면 '수레'라고 부를 만한 어떤 사물이 없는 것처럼, 그와 마찬가지로 '여자', '남자'라는 등으로 부르는 물질과 정신의 연속에서 분명히 존재하는 물질과 정신들을 분리하여 놓으면 '여자', '남자'라고 하는 사람이라는 빤냣띠, 모습이라는 빤냣띠를 찾아 볼 수가 없다. '어느 곳에 존재한다'라고도 말할 수 없다. 그와 마찬가지로 흰개미의 행렬, 모래주머니, 동아줄, 강물의 흐름, 나무 등의 비유로도 비교하여 숙고해 볼 만하다.

'흰개미의 행렬'이라고 생각되는 것에 실제로는 흰개미만 있다. 행렬이라는 것의 모습은 없다. 흰개미들을 제거해 버리면 '행렬'이라는 것을 찾아볼 수 없다. 그와 마찬가지로 물질과 정신들의 연속만이 존재한다. 사람이라든가 구체적인 모습, 형체는 존재하지 않는다. 물질과 정신이라는 것을 모두 제거해 버리면 그러한 모습들을 찾아볼 수 없다. 다음의 비유에서도 이와 마찬가지로 비교하여 생각해 보라.

모래주머니 하나를 높은 곳에 매달아 놓은 후 아래쪽 끝에 구멍 하나를 뚫어 놓으면 '모래의 나열이 떨어지고 있다'라고 생각한다. 모래주머니를 앞쪽으로 쏟으면 '모래의 나열이 앞으로 쏟아진다'라고 생각한다. 하지만 모래의 나열이 실제로 있는 것은 아니다. 모래의 낱알들만 존재한다. 모래의 나열이 실제로 앞으로 가는 것이 아니다. 모래주머니가 앞쪽으로 기울어져 모래의 낱알들만이 쏟아지고 있는 것일 뿐이다. 모래가 다 떨어졌거나, 구멍을 막아서 모래의 나열을 보지 못하게 되었을 때도 '모래의 나열이 없어졌다'라고 할 수 없다. 무엇 때문인가? 떨어지고 있는 모래 낱알들을 제외하고는 다른 어떠한 것이 없는, 그 모래의 나열이라고 하는 것은 없어지게 할 수 없기 때문이다. 사실대로 말하자면 그 모래의 나열이 없어진 것은 새로운 모래 낱알들이 떨어지지 않는 것이다. 이 비유를 통해 물질·정신 무더기를 제외하고 다른 어떠한 개인 등이 따로 없는 모습, 움직이면서 새로 생겨나는 물질을 제외하고 움직이고 있는 팔이나 다리라는 것이 따로 없는 모습, 새로운 물질과 정신이 생겨나지 않는 것을 제외하고 죽어야 하는 다른 특별한 개인이라는 것이 따로 없는 모습을 비교하여 생각해 보라.

'야자수 동아줄'이라고 하는 것에는 야자수 가닥들만 존재한다. '동아줄'이라고 할 만한 모습, 형체가 따로 있는 것이 아니다. 여러 가느다란 가닥들을 빼 버리고 나면 그 동아줄의 모습은 찾아 볼 수 없기 때문이다. 그러한 가닥들의 모임을 취해 '엄지손가락 길이, 엄지발가락 길이처럼 짧다'라고 생각한다. '50cm, 1m 정도로 길다'라고도 생각한다. 사실대로 말하자면 매우 가늘고 짧은 가닥들만 존재한다. 짧은 동아줄, 긴 동아줄이라는 모습은 따로 존재하지 않는다. 이 비유를 통해 실체가 없는 물질·정신 무더기 외에 다른 어떠한 크고 튼튼한 사람이라는 것이 없다는 것, 눈 깜짝할 사이 정도만 존속하는 물질과 정신 외에 한 시간, 하루, 한 달, 1년 등으로 오랫동안 생명이 유지되는 개인이라는 것이 따로 없는 모습을 비교하여 생각해 보라.

강물의 흐름에서 이전의 물이 아래로 흘러가고 있고 그 각각의 장소에 새로운 물이 도달하여 오고 있다. 그래서 그러한 강물의 물들이 항상 머물고 있다고 생각한다. 하지만 그것을 한 장소에서 집중하여 보고 있으면 처음 본 물이 따로, 두 번째로 본 물이 따로, 이런 등으로 서로 다른 것일 뿐이다. 이 비유를 통해 '어떤 한 사람의 여자, 남자를 항상 보고 있다, 항상 만나고 있다'라고 생각할 만한 어떠한 상속 빤냣띠(santati paññatti)가 분명히 존재하지 않는 모습을 비교하여 생각해 보라.

나무에는 줄기, 큰 가지, 작은 가지, 뿌리, 잎 등만 분명히 존재한다. 나무라는 것은 분명히 존재하지 않는다. 줄기 등의 부분을 빼어 버리고 나면 나무라는 다른 어떠한 것을 찾아볼 수 없기 때문이다. 또한 소나무나 전나무 등의 어떤 〔상록수〕 나무들에서는 새잎과 예전의 잎이 바뀌는 모습이 두드러지지가 않다. 〔하지만〕 끊임없이 예전의 잎이 떨어지고 새잎이 생겨나고 있다. 그러한 나무들에는 녹색의 잎들의 모임들이 항상 있는 것처럼 생각한다. 하지만 예전의 잎이 떨어지는 것, 새잎이 생겨나는 것에서 유추하여 '저 잎들의 모임이 항상 존재하는 것이 아니다'라고 알 수 있다. 이 비유를 통해 모임(samūha)·형체(saṇṭhāna)·상속(santati) 빤냣띠(paññatti)가 분명히 존재하지 않는 모습을 비교하여 생각해 보라.

지금까지 말한 여러 비유들을 거듭 자세하게 비교해 보면 '여자, 남자 등의 뜻 빤냣띠도 사람이라는 이름과 마찬가지로 언젠가 생겨나는 것도 아니고, 무너지는 것도 아니다. 어느 곳에 분명히 존재하고 있는 것도 아니다. 생각하고 숙고할 때마다 그 생각 속에 드러나는 대상일 뿐이다'라는 것을 누구를 막론하고 알 수 있을 것이다. 그러므로 "빤냣띠라고 하는 것은 무너지고 사라지는 것이 없다. 분명하게 존재하지도 않는다"라고 확실히 알아야 한다.

3. 빠라맛타와 빤냣띠의 다른 점

(1) 빠라맛타와 빤냣띠

물질과 정신이라는 빠라맛타 실재법들 중에 열반이라는 법은 형성되지 않은(asaṅkhata 無爲의) 빠라맛타라고 한다. '어떤 조건들에 의해 형성되지 않은 법'이라는 뜻이다. 바로 그렇기 때문에 생성, 소멸이 없이 항상 그대로 영원하고(nicca), 견고한(dhuva) 법이라고도 한다. 나머지 빠라맛타 법들은 모두 형성된(saṅkhata 有爲의) 빠라맛타이다. '관계되는 여러 조건들에 의해서 형성된, 생겨난 법들'이라는 뜻이다. 바로 그렇기 때문에 실제로 생성됨과 소멸함이 존재하여 '무상하고(anicca) 견고하지 않은(adhuva) 법'이라고도 한다. 그러한 유위법들은 자신(ajjhatta)과 남(bahiddha)이라는 두 가지 연속에서 생성, 머묾, 소멸하면서 실제로 생겨났던 것도 있고, 생겨나고 있는 것도 있고, 생겨날 것도 있다. 따라서 〔그렇게〕 자신과 남이라는 두 가지 연속에서 실제로 생겨났던 것도 아니고, 생겨나고 있는 것도 아니고, 생겨날 것도 아니고, 열반도 아니면서 마음속 생각에 드러나는 모든 대상들은 빤냣띠 개념법들일 뿐이다. 명칭 빤냣띠와 뜻 빤냣띠, 이렇게 두 가지 빤냣띠 중 어느 하나의 빤냣띠이다. 여러 사람들이 부르고 말하는 갖가지 명칭과 소리가 명칭 빤냣띠이다. 그러한 소리에 의해 알게 하는 뜻, 의미가 뜻 빤냣띠이다.

분명하게 말하자면 'rūpārammaṇa'라는 빠알리어 용어, '루빠용'이라고 하는 빠알리어와 미얀마 어를 합성한 번역,[298] '아신아용(형색 대상)'

---

298 미얀마 어에서는 ārammaṇa(아람마나, 대상)를 '아용'으로 번역하여 rūpārammaṇa를 '루빠용'이라고 빠알리어와 미얀마 어를 합성하여 번역하기도 한다.

이라는 미얀마 어 번역[299] 이러한 모든 명칭은 생각하고 숙고하는 마음속에서 드러나는 대상일 뿐이다. 자신, 남이라는 존재상속에서 생겨났던 것도 아니다. 생겨나고 있는 것도 아니다. 생겨날 것도 아니다. 그 밖에 '어느 곳에 분명하게 존재하고 있다'라고 직접 알 수도 없다. 그래서 '명칭 빤냣띠'라고 한다. 빠라맛타가 아니다.

그 〔'형색 대상'이라고 하는〕 명칭 빤냣띠를 통해 알게 하는 〔'형색'이라고 하는〕 의미는 눈으로 볼 수 있는 성품들이다. 그러한 성품들을 보고 있을 때, 보고 난 것을 위빳사나 수행으로 관찰할 때, 보았던 것으로 숙고할 때 이러한 때에 직접 알 수 있다. 이렇게 직접 알 수 있는 그러한 형색은 빠라맛타 실재성품이다. 그처럼 실제로 보고 난 후 보고 있는 것을 대상으로 하지 않고 생각하고 숙고하는 마음속에서만 드러나는 형색들은 명칭 빤냣띠, 표현 빤냣띠, 형체 빤냣띠 중 어느 하나의 빤냣띠일 뿐이다. 빠라맛타 실재성품이 아니다.

왜냐하면 그러한 대상들은 자신과 남, 이러한 두 가지 존재상속에서 실제로 생겨났거나, 생겨나고 있거나, 생겨날 것이 아니고, '어느 곳에 분명히 존재한다'라고 직접 알 수도 없기 때문이다. 비유하자면 귀신을 무서워하는 사람은 귀신이 진짜 놀래키지 않았는데도 근처에 무서운 무언가가 있는 것처럼 생각한다. 꿈을 꾼 이는 이전에 경험하지 못한 대상이 실제로 있는 것처럼 생각한다. 그렇지만 그들에게 드러나는 그 대상은 실제로 존재하는 것이 아니라 마음속에서 〔생각으로〕 드러나는 것일 뿐이다. 그러므로 '마음으로 만들어 내어 드러나는 대상 모두는 빤냣띠일 뿐이다'라고 알아야 한다.

---

299 한국어 번역을 첨가하였다.

〔이 형색 대상과 마찬가지로〕 cakkhupasāda(눈 감성물질), cakkhu-viññāṇa(눈 의식 眼識), saddārammaṇa(소리 대상), sotapasāda(귀 감성물질), sotaviññāṇa(귀 의식 耳識) 등도 명칭만으로는 모두 빤냣띠일 뿐이다. 직접 알 수 있는 성품들만을 진짜 빠라맛타(nibbatthita paramattha)라고 한다.

'생각 속에서 단지 드러나는 것은 모두 빤냣띠이다'라는 것도 같은 방법으로 자세하게 알라.

감, 섬, 앉음, 누움, 굽힘, 폄 등 여러 동작들의 명칭들도 빤냣띠일 뿐이다. 그러한 명칭들은 가려는 마음 등과 그러한 마음 때문에 생긴 물질들을 보이기 때문에 진실한 빤냣띠(vijjāmāna paññātti), 생겨난 빤냣띠(tajjā paññātti)라고 한다.[300] 여기서 '단어는 그 각각의 요소가 모여 의미가 성취된다(dhātvatthakriyā)'[301]라는 말에 따라 〔앞에서 언급한 감, 섬, 앉음, 누움 등의 단어들의〕 법체들을 분석해 보면 마음·마음부수·물질· 법들뿐인 사실을 지혜 있는 이라면 주의를 기울여 보라. 그렇지만 그 빤냣띠를 통해 알 수 있는 의미들은 일반 사람들이 아는 의미, 위빳사나 수행자들이 아는 의미, 이렇게 두 가지로 나누어진다.

(2) 빤냣띠로 알 수 있는 의미

일반 사람들이 아는 모습 일반 사람들은 '내가 간다, 내가 선다, 내가

300 빠라맛타 법들을 지칭하는 빤냣띠들이다.

301 dhātu(요소)+attha(의미)+kriyā(성취).

앉는다, 내가 눕는다, 내가 굽힌다, 손과 발을 굽힌다'라는 등으로 나, 손, 발 등의 모습과 함께 안다. 이렇게 아는 의미는 개인 빤냣띠(puggala paññatti), 형체 빤냣띠(saṇṭhāna paññāti)이다. 빠라맛타가 아니다. 무엇 때문인가? 가려는 마음 등과 가는 물질 등을 제외하고 다른 어떠한 사물, 형체가 따로 있는 것이 아니기 때문에 위빳사나 지혜 등으로 직접 경험할 수 없다. 이렇게 분명하게 존재하지 않아서 직접 알 수 없는 성품이기 때문이다. 여기에서 "진실한 빤냣띠, 생겨난 빤냣띠를 통해 알 수 있는 의미라면 모두 빠라맛타라고 해도 적당하지 않은가? 왜 빤냣띠일 뿐이라고 하는가?"라고 질문한다면 안다는 것은 마음으로 생각하는 것에 따라 생겨나기 때문이라고 대답할 수 있다. rūpa(물질), vedanā(느낌), pathavī(땅) 등의 진실한(vijjamāna) 빤냣띠들은 부처님께서 출현하시기 전부터도 사용되고 있었다. 〔하지만〕 그 때는 그러한 빤냣띠들을 통해 빠라맛타 실재법들을 알 수 없었다. 대부분 형체 빤냣띠만 알 수 있었다. 지금 불교에 입문한 지혜 있는 이들도 그러한 여러 빤냣띠를 통해 생각하는 것에 따라 형체 빤냣띠 등도 여전히 안다. 그러므로 '진실한 빤냣띠를 통해서는 빠라맛타만을 알 수 있다'라고 단정해서는 안 된다고 알아야 한다.

위빳사나 수행자가 아는 모습 생겨나는 물질과 정신을 끊임없이 관찰하는 이는 지혜가 성숙되었을 때 가려는 마음도 안다. 그러한 마음 때문에 한 동작씩 한 동작씩 움직여 가는 물질도 안다. 앞의 움직임이 다음의 움직임에 도달하지 않고 사라져 가는 것도 차례대로 안다. 따라서 '내가 간다는 말은 부르는 명칭일 뿐이다. 가는 나라고 하는 것이 없다. 가려는 마음과 움직이는 물질의 여러 단계만 존재한다'라고 스스로의 지혜로 결정하여 안다.

설 때도 마찬가지로 서려는 마음도 안다. 서려는 마음 때문에 뻣뻣하게 머무는 물질의 여러 단계도 안다. 한 순간에서 다음 순간으로 이르지 않고 그 물질들 하나하나가 사라져 가는 것도 안다. 따라서 '내가 선다는 말은 부르는 명칭일 뿐이다. 서는 나라는 것은 없다. 서려는 마음과 뻣뻣한 물질의 여러 단계만 존재한다'라고 스스로의 지혜로 결정하여 안다.

굽힐 때도 마찬가지로 굽히려는 마음도 안다. 그 마음 때문에 안쪽으로 한 동작 한 동작 움직여 변하는 것도 안다. 한 동작에서 다음 동작에 이르지 않고 사라져 가는 것도 안다. 따라서 '손을 굽힌다, 발을 굽힌다, 내가 굽힌다는 말은 부르는 명칭일 뿐이다. 굽히는 팔, 다리, 나라는 것은 없다. 굽히려는 마음과 한 동작 한 동작씩 움직이는 여러 단계만 존재한다'라고 스스로의 지혜로 결정하여 안다.

앉을 때, 누울 때, 펼 때 등에서 아는 모습도 각각 같은 방법이다. 이렇게 아는 의미가 실재하는 물질과 정신, 진짜 빠라맛타(nibbattita paramattha)이다. 무엇 때문인가? 스스로 직접 관찰하여 얻은 위빳사나 지혜(paccakkha vipassanā ñāṇa)로 실재하는 그대로 직접 알 수 있는 성품들이기 때문이다. 이것이 생겨난(tajjā) 빤냣띠에서 빠라맛타와 빤냣띠가 다른 모습이다.

잇티(itthi 여자) · 뿌리사(purisa 남자) · 핫타(hattha 손) · 빠다(pāda 다리) · 가따(ghaṭa 항아리) · 빠따(paṭa 천) 등의 빠알리어 명칭, 메인마 · 야웃짜 · 레 · 치 · 오우 · 버소우 등의 미얀마 어 명칭, 이러한 명칭 모두는 명칭 빤냣띠일 뿐이다. 실제로 분명하게 존재하지 않는 여자라는 모습 등만을 보이기 위한 것이기 때문에 진실하지 않은(avijjamāna) 빤냣띠라고도 한다. 그러한 빤냣띠에 의해 알아지는 여자·남자라는 형체의 실체, 손·발·항아리·천이라는 형체의 실체도 실제로는 분명하게 존재하지 않기 때문에 직접 경험할 수 없는, 알 수 없는 의미들이다. 그러므로 〔이렇게 남자라는 명칭으로 알 수 있는 의미들은〕 뜻 빤냣띠일 뿐이다.

어떻게 직접 알 수 없는가? 여자, 남자라고 생각하는 것들은 실재하는 물질과 정신의 연속적 모임들일 뿐이다. 그러한 물질과 정신들에 대해 볼 때는 형색 물질만을 보고 직접 알 수 있다. 여자, 남자 등은 직접 볼 수 있는 것이 아니다. 마찬가지로 들을 때 등에는 소리라는 물질만을 듣고, 냄새라는 물질만을 냄새 맡고, 맛이라는 물질만을 맛보고 직접 알 수 있다. 닿을 때도 거칠거나 부드러운 땅 요소 물질, 차갑거나 더운 불 요소 물질, 뻣뻣하거나 느슨한 바람 요소 물질만을 닿아서 직접 알 수 있다.[302] 여자, 남자라는 모습의 실체들은 직접 알 수 있는 것이 아니다. 그러한 여자 등은 보는 것 등이 생겨난 후 그 다음에 생각하고 숙고하는 세 번째 인식과정(vīthi)에 이르러야 알 수 있다.[303] 그렇게 아는 것도 직접 아는 것이 아니다. 생각해 본 것, 기억한 것에 따라서 유추하여 아는 것일 뿐이다. 그러나 자신의 존재상속에서 생겨나고 있거나, 생겨난 물질과 정신은 생겨난 대로 반조하는 성찰의(paṭisaṅkha) 지혜로도 직접

---

302 감촉은 땅 요소, 불 요소, 바람 요소의 화합이다. 물 요소는 포함되지 않는다. 그래서 이 세 가지만 언급하였다.

303 형색을 대상으로 제일 처음 눈 감각문에 인식과정이 생겨난다. 이때에는 빠라맛타 실재성품으로서 형색을 대상으로 한다. 그 다음에 마음 문(意門) 인식과정이 생겨나는데 이때에도 빠라맛타 실재성품으로서 형색을 대상으로 한다. 그 다음 마음 문(意門) 인식과정에서는 '모습'이라는 빤냣띠를 대상으로 한다. 그 다음에는 '명칭'이라는 빤냣띠를 대상으로 한다. *Mahāsi Sayadaw,* 『*Malukyaputta thouk tayato*(말루짜뿟따 경에 대한 법문)』, pp.33~36 참조.

알 수 있다. 관찰하는 위빳사나 지혜로도 스스로 알 수 있다. 그러한 성찰의 지혜, 위빳사나의 지혜로는 여자 등의 의미는 직접 경험하지 못하기 때문에 '그러한 〔여자, 남자 등이라는〕 뜻 빤냣띠들은 분명하게 존재하지 않는다'라는 것을 결정하여 알 수 있다. 그러므로 높은 위빳사나 지혜를 구족한 이는 '빠라맛타가 드러나면 빤냣띠는 가라앉는다'는 현자의 말처럼 빠라맛타로서 진짜 물질과 정신만 분명하게 알고 본다. 빤냣띠라는 것은 분명하게 존재하지 않는 법이라고 알고 본다. 그러한 위빳사나 지혜가 아직 생겨나지 않은 이에게는 '빤냣띠가 드러나면 빠라맛타는 가라앉는다'라는 현자의 말처럼 빤냣띠만 분명하게 드러난다. 빠라맛타로서 진짜 물질과 정신은 가라앉아서 드러나지 않는다. 그러므로 일반 사람들은 '여자, 남자' 등의 모습만 분명하여 그것만을 직접 알 수 있는 것처럼 생각하거나, 혹은 형색을 보는 것 등의 물질과 정신들은 일부러 생각하고 나서야 알 수 있는 것처럼 생각한다. 앞의 마음과 뒤의 마음이 다른 것을 아직 알지 못하기 때문에 그렇게 생각하는 것이라고 앞에서 설명했다. 이것이 진실하지 않은(avijjamāna) 빤냣띠에서 빤냣띠와 빠라맛타가 다른 점이다.

빠라맛타와 빤냣띠의 구별이 끝났다.

위빳사나의 대상

1. 분명한 대상

여기서는 위빳사나 수행의 대상에 해당되는 법들을 자세하게 설명할 것이다. 정신·물질 구별의 지혜 등 진짜 위빳사나 지혜가 생겨나기를 원하는 수행자는 위에서 말한 빠라맛타 실재성품과 빤냣띠 개념, 이 두 가지 중에서 빠라맛타 실재성품인 물질과 정신만 관찰해야 한다. 빤냣띠 개념이라고 하는 어떠한 것도 관찰해서는 안 된다.

빠라맛타인 물질과 정신 중에서도 세간법만을 관찰해야 한다. 출세간법은 관찰해서는 안 된다. 무엇 때문인가? 얻지 못했기 때문에, 아직 알지 못하기 때문에 그 출세간법들은 범부들에게 고유특성(sabhāvalakkhaṇā) 등으로 사실대로 바르게 드러나지 않는다. 성자들의 경우 그러한 출세간법들을 사실대로 바르게 알 수는 있지만 그 출세간법들을 관찰하는 것은 아무런 이익이 없다. 이것에 대해서 자세히 설명하겠다.

세간법들을 관찰하는 것은 그러한 법들에 대해 항상하다고(nicca), 행복하다고(sukha), 자아(atta)라고 집착하는 번뇌들을 제거하는 이익이 있다. 출세간법들에 대해서는 그렇게 집착하는 번뇌 자체가 없다. 따라서 그 〔집착하지 않는 출세간의〕 법들을 관찰해도 번뇌를 제거한다는 이익이 없다. 비유하자면 맨땅을 평평하게 만들려는 이는 높은 곳을 깎아 내고 낮은 곳을 돋우어야만 평평한 땅이라는 결실을 얻을 수 있다.

원래 평평한 곳을 깎아 내거나 돋우는 일은 전혀 이익이 없는 것과 같다. 바로 그렇기 때문에 『위숫디막가(淸淨道論)』에 "anadhigatattā[304](얻지 못했기 때문에)"라고 그 이유를 설명했다. 아직 얻지 못했기 때문에 출세간법들을 관찰해서는 안 된다는 말이다. 〔이 이유는〕 범부만을 대상으로 해서 한 말이다. 성자들을 대상으로는 『디가 니까야(Dīgha Nikāya 긴 경모음집) 복주서』에 "avisayattā, visayattepi ca payojanābhāvato[305](대상으로 할 수 없기 때문에, 대상으로 할 수 있어도 이익이 없기 때문에)"라고 그 이유를 자세하게 설명해 놓았다. 범부들은 출세간법들을 대상으로 할 수 없기 때문에, 그리고 성자들은 출세간법들을 대상으로 할 수 있더라도 이익이 없기 때문에 〔출세간법들을〕 관찰해서는 안 된다는 뜻이다.

위빳사나는 직접(paccakkha)관찰 위빳사나와 추론(anumāna)관찰 위빳사나의 두 가지로 나누어진다. 그중 실제로 생겨나는 물질과 정신들을 마치 손으로 잡아서 보듯이 직접 새기고 아는 지혜를 '직접관찰 위빳사나'라고 한다. 이 직접관찰 위빳사나를 통해 실제로 생멸하고 있는 물질·정신 법들의 고유특성 등도 바르게 안다. 생겨남, 사라짐, 무상의 특성 등도 바르게 안다. 따라서 위빳사나 수행자는 처음 수행을 시작해서 수순의 지혜(anuloma ñāṇa)까지 이 직접관찰 위빳사나만 끊임없이 수행해야 한다.

정신·물질 구별의 지혜 등 여러 지혜 단계마다 직접관찰 위빳사나의 힘이 아주 예리하고 구족되었을 때 직접 알 수 없는 물질·정신들도 직접

---

304 원주(본문내용): Vis.ii.223.

305 원주(본문내용): DAṬ.ii.343.

알 수 있는 물질·정신들과 비교해서 숙고하고 결정할 수 있는 지혜가 생긴다. 이 지혜를 '추론관찰 위빳사나'라고 말한다. 이 추론관찰 위빳사나는 안과 밖, 과거와 미래, 현재에 생겨나는 모든 세간법들을 대상으로 할 수 있다. 그렇지만 직접관찰 위빳사나처럼 물질과 정신들의 고유특성 등을 실제 생멸하는 대로 대상으로 해서 아는 것이 아니다. 특별히 주의를 기울여서 생겨나도록 노력해야 하는 지혜도 아니다. 직접관찰 위빳사나가 아주 예리해졌을 때 저절로 생겨나는 지혜일뿐이다. 그러므로 지금부터는 직접관찰 위빳사나의 대상만을 자세하게 설명할 것이다.

세간법들 중에서도 비상비비상처 선정은 처음 수행하는 이들이 관찰할 수가 없다. 비상비비상처 선정은 매우 미묘하기 때문에 사리뿟따 존자에게도 분명하게 드러나지 않았다는 내용을 나중에 「차례대로 경(Anupada sutta)」에서 설명할 것이다.[306] 고귀한 법들[307]은 선정을 얻은 이들만 직접 관찰할 수 있다. 선정을 얻지 못한 이들은 관찰할 수 없다. 무엇 때문인가? 자신의 존재상속에서 아직 생겨나 본 적이 없는 법은 고유특성 등으로 잘 드러나지 않기 때문이다. 이 내용은 "아직 얻지 못했기 때문에(anadhigattā) 출세간법을 관찰해서는 안 된다"라고 말한 주석서를 참조해서도 알 수 있다. 그래서 『대복주서』에서 다음과 같이 설명해 놓았다.

> lābhino eva mahaggatacittāni supākaṭāni honti.
>
> (Pm.ii.353)

306 이 책의 제1권 pp.351~353 참조.

307 색계, 무색계 선정마음들, 그리고 그와 결합한 법들.

대역

mahaggatacittāni**고귀한 마음들은** lābhino eva**그것을 얻은 이들에게만** supākaṭāni실제 위빳사나 지혜로 관찰할 수 있을 정도로 **분명하게 드러나게** honti**된다**.

이 복주서에서 공유하지 않는(avadhāraṇa 한정)의 의미를 가진 '~만, ~뿐(eva)'이라는 단어와 '분명하게 드러난다(supākaṭāni)'라는 단어를 통해 "선정을 얻은 이에게만 고귀한 마음들이 분명하게 드러난다. 선정을 얻지 못한 이에게는 분명하게 드러나지 않는다"라는 의미를 알려준다. 여기에서 '분명하게 드러난다'라고 하는 것은 선정법들이 가지고 있는 고유특성 등을 실제 생겨나는 대로 직접관찰〔위빳사나〕 지혜로 알 수 있을 정도로 분명하다는 말이다. '잘 드러나지 않는다'라고 하는 것도 직접관찰〔위빳사나〕 지혜로 알 수 있을 정도로는 분명하지는 않고 추론관찰〔위빳사나〕 지혜로 알 수 있을 정도로만 드러난다는 말이다. 따라서 선정을 얻지 못한 이는 고귀한 법들을 관찰해서는 안 된다. 욕계법들만 관찰해야 한다. 그렇지만 욕계법들에 대한 직접관찰 위빳사나 지혜가 성숙되었을 때에는 고귀한 법들에 대해서도 추론관찰 위빳사나 지혜가 생겨난다. 그렇기 때문에 '관찰해야 하는 법들이 아직 남아있다'라고 생각해서는 안 된다.

욕계법들 중에서도 분명한 물질과 정신들만을 관찰해야 한다. 분명하지 않은 일부 물질과 정신들을 경전내용을 숙고하며 유추해서 관찰해서는 안 된다. 아래 『위숫디막가(淸淨道論)』의 내용을 보라.

Yepi ca sammasanupagā, tesu ye yassa pākaṭā honti sukhena pariggahaṁ gacchanti, tesu tena sammasanaṁ ārabhitabbaṁ.

(Vis.ii.233)

대역

ca관찰해서는 안 될 법이 출세간법뿐만 아니다. **또한** ye sammasanupagā**어떤 명상할 만한** 세간**법들이** (santi)있는데, tesu pi**그** 세간법 **중에서도** ye**어떤 물질과 정신들은** yassa**어떤 이에게** pākaṭā honti **분명하게 드러난다.** sukhena pariggahaṁ숙고하지 않고서도 **쉽게 관찰할 수 있게** gacchanti**된다.** tesu**그것,** 즉 분명하여 쉽게 관찰할 수 있는 그 물질과 정신들**에 대해** tena**그는** sammasanaṁ**명상을** ārabhitabbaṁ**노력해야 한다.**

물질 28가지[308] 중에서도 빠라맛타로서 실재하는 물질이기 때문에 유형 물질(rūpa–rūpa)이라고도 하고, 업·마음·온도·음식들이 직접 생겨나게 한 것이기 때문에 구체적 물질(nipphanna–rūpa)이라고도 하고, 생성 – 머묾 – 소멸이라고 하는 형성된(saṅkhata) 특성이 있기 때문에 유특성 물질(salakkhaṇa–rūpa)[309]이라고도 하고, 위빳사나 관찰의 대상이기 때문에 명상 물질(sammasana–rūpa)이라고도 불리는 18가지 물질만 관찰해야 한다. 그 외의 추상적 물질(anipphanna–rūpa) 10가지는 기본적으로 관찰할 필요가 없다. 그래서 『대복주서』에 다음과 같이 설해져 있다.

---

308 부록5에 간략하게 첨부하였다.

309 특성을 가진 물질이라는 뜻이다. 특성 그 자체인 '특성 물질(lakkhaṇa-rūpa)'과 구별하라.

Rūparūpāneva hi idha pariggayhanti, na rūpaparicchedavikāralakkhaṇāni.

(Pm.ii.353)

대역

idha**여기서** rūparūpāneva구체적 물질, 유특성 물질, 명상 물질이라고 부르는 **유형 물질** 18가지**만** pariggaṇhanti**파악**해서 관찰해야 **한다**. rūpaparicchedavikāralakkhaṇāni**물질들의 경계**일 뿐인 허공 요소(ākāsadhātu)**와** 몸 암시(kāya viññatti) · 말 암시(vacī viññatti)라는 **암시**물질 2가지, 물질의 가벼움(rūpassa lahutā) · 물질의 부드러움(rūpassa mudutā) · 물질의 적합함(rūpassa kammaññatā)이라고 하는 **변화 물질** 3가지, 생성(upaccaya) · 상속(santati) · 쇠퇴(jaratā) · 무상함(aniccatā)이라고 하는 **특성 물질** 4가지**들은** na(pariggaṇhanti)**파악**해서 관찰**하지 않는다**. 관찰해서는 안 된다.

마음과 마음부수들 중에서도 아라한에게만 생겨나는 작용의 속행 마음들은 범부나 유학들은 관찰할 수 없다. 따라서 위빳사나 행자인 범부, 유학의 수행자가 직접관찰 위빳사나 수행으로 관찰할 수 있는 대상들은 아래와 같다고 확실하게 알아야 한다.

- 감성 물질 5가지, 대상 물질 7가지, 성 물질 2가지, 물 요소 1가지, 심장 물질 1가지, 음식 물질 1가지, 생명 물질 1가지, 이상 구체적 물질 18가지,
- 불선 마음 12가지, 미소 짓는 마음을 제외한 원인없는 마음 17가지, 욕계 큰 선 마음 8가지, 욕계 큰 과보 마음 8가지, 이상 욕계 마음 45가지,

• 그 마음들과 결합한 마음부수 52가지,

이러한 물질, 마음, 마음부수들 중 현재 직접적으로 분명한 법들 하나하나만을 기본으로 해서 관찰해야 한다.

물질과 정신이 분명한 모습 'cakkhupasāda'라고 부르는 깨끗한 눈 감성물질, 형색 대상이라고 부르는 보이는 형색 물질, 눈 의식(眼識)이라고 부르는 보는 마음, 그리고 그 마음과 함께 하나의 인식과정으로 연속해서 생겨나는 마음들, 그러한 마음들과 결합한 마음부수들, 이러한 물질과 정신들이 마치 대면이나 한 듯 보는 순간에 매우 분명하다. 그렇지만 그러한 여러 물질과 정신들 중에 어느 하나만 고유특성 등을 새겨 알 수 있을 정도로 〔다른 것보다 더욱〕 분명하다. '하나의 인식과정으로 연속해서 생겨나는 마음들'이라고 하는 것은 다섯 감각문 전향(五門轉向) 마음 1가지, 접수 마음 2가지, 조사 마음 3가지, 결정 마음 1가지, 욕계 선·불선 마음 20가지, 등록 마음 11가지, 이렇게 눈 감각문을 조건으로 생겨나는 38가지 마음들이다. 같은 것을 다시 헤아리지 않는 방법(aggahitaggahaṇa)으로 헤아리면 35가지의 마음들이다.[310] 들을 때 등에 대해서는 간략하게만 설명하겠다. 방금 설명한 볼 때의 경우와 같이 알면 된다.[311]

귀 감성물질, 들리는 소리, 귀 의식(耳識)과 함께 차례대로 일어나는 마음, 마음부수들, 이러한 물질과 정신들이 들을 때 분명하다.

코 감성물질, 냄새 물질, 코 의식(鼻識)과 함께 차례대로 일어나는 마

310 조사 마음 세 가지가 등록의 역할도 같이 한다. 따라서 38에서 3을 빼면 35가지이다.

311 인식과정도 부록3에 간략하게 첨부하였다.

음, 마음부수들, 이러한 물질과 정신들이 냄새 맡을 때 분명하다.

혀 감성물질, 맛 물질, 혀 의식(舌識)과 함께 차례대로 일어나는 마음, 마음부수들, 이러한 물질과 정신들이 맛을 볼 때 분명하다.

몸 감성물질, 감촉 물질《딱딱하고 거칠고 부드럽고 미끄러운 땅 요소, 뜨겁고 차가운 불 요소, 움직이고 탱탱하고 느슨한 바람 요소》, 몸 의식(身識)과 함께 차례대로 일어나는 마음, 마음부수들, 이러한 물질과 정신들이 닿을 때 분명하다.

여성, 남성들의 마음에 〔여성, 남성으로서의〕 자만이 생길 때 여성물질(itthibhāva), 남성물질(pumbhāva)들이 직접적으로 분명하다.

침을 삼킬 때와 뱉을 때, 눈물, 콧물, 땀 등이 흐를 때 물 요소가 분명하다.

숙고하고 생각할 때나 관찰할 때 생각하는 마음, 새기는 마음과 심장 토대(hadayavatthu)라고 부르는, 그 마음들의 의지처인 심장 물질도 직접적으로 분명하다. '생각하는 마음'이라고 하는 것은 마음 문 전향(意門轉向) 마음 1가지, 욕계 선·불선 마음 20가지, 등록 마음 11가지, 이러한 32가지 마음들이다. '새기는 마음'이라고 하는 것은 마음 문 전향 마음 1가지, 욕계 큰 선 마음 8가지, 등록 마음 11가지, 이러한 20가지 마음들이다.

여기에서 "bhāventopi tesaṁyeva aññatarena bhāveti(수행할 때도 바로 그것들 중의 어떤 것으로 수행한다)"라고 하는 『담마상가니(法集論) 주석서』,[312] "kadāci paricayabalena ñāṇavippayuttacittehipi

---

312 원주(본문내용): DhsA.204.

sammasanaṁ(가끔씩은 능숙한 힘에 의해 지혜와 결합하지 않은 마음으로도 명상한다)"라고 하는 『띠까 쬬』[313], "paguṇaṁ samathavipassanābhāvanaṁ anuyuñjantassa anatarantarā ñāṇavippayuttacittenāpi manasikāro pavattati(능숙하게 사마타와 위빳사나 수행을 노력하는 이에게 가끔씩 지혜와 결합하지 않는 마음으로 마음기울임도 생겨난다)"라고 하는 『이띠웃따까(Itivuttaka 如是語經) 주석서』[314] 등에 따라 '가끔씩 지혜와 결합하지 않는 위빳사나 속행들도 생겨난다'라고 알아야 한다. 그 밖에 "aniccato dukkhato anattato vipassanti, kusale niruddhe vipāko tadārammaṇatā uppajjati(무상이라고, 괴로움이라고, 무아라고 관찰한다. 〔그 위빳사나〕 선(善) 〔마음〕들이 사라진 후 과보인 등록들이 생겨난다)"라고 하는 『빳타나(發趣論)』[315]에 따라 '유약한(taruṇa) 위빳사나 속행의 다음에도 등록이 생겨난다'라고도 알아야 한다.

먹고 마신 후에 힘이 생길 때, 먹지 못해 힘이 없을 때 'āhāra'라고 하는 음식 물질도 직접적으로 분명하다. 감성물질, 성 물질, 심장 물질이 끊임없이 계속해서 생겨남이 분명할 때, 그러한 물질들의 힘이 무너지지 않도록, 쇠퇴하지 않도록 해 주는 성품인 'jīvita'라고 하는 생명 물질도 직접적으로 분명하다.

지금까지 설명한 대로 각각의 순간에 직접적으로 분명한 법들 중에 특히 분명한 어떤 한 법만을 기본으로 해서 관찰해야 한다.

---

313 원주(본문내용): cetasikapariccheda appamaññā sampayoga(마음부수 분별 중, 무량〔이라는 마음부수의〕 결합)에 대한 설명, AsVT.102.

314 원주(본문내용): ItA.196.

315 원주(본문내용): Ptn.i.133.

2. 내부 대상 – 제자들이 일반적으로 사유하는 모습

안과 밖의 두 가지 물질들 중에 어떠한 법들을 관찰해야 하는가? 두 가지 모두 관찰해야 한다. 그렇지만 내부의 물질을 바라밀이나 지혜에 따라 생겨나는 차례에 따라서 직접관찰 위빳사나 지혜로 관찰을 하고, 그러한 〔직접관찰 위빳사나〕 지혜가 성숙되었을 때 외부의 물질들도 다른 특별한 존재로 구분하지 않고 외부의 물질로 묶어서 추론관찰 위빳사나에 의해 반조, 결정하여 관찰하는 이 두 가지 관찰하는 모습만이 제자들의 영역이다. 따라서 자신의 존재상속에 생겨나는 내부의 물질만을 기본으로 해서 관찰해야 한다. 아래의 내용은 제자들이 일반적으로 사유하는 법들 중 일부분만 관찰해서 마하목갈라나(Mahāmoggallāna) 존자가 아라한이 되었다는 것을 보이는 「차례대로 경(Anupada sutta)」의 주석 그리고 그 주석에 대해 다시 설명한 복주서의 내용이다.

> Ekadesamevāti saka attabhāve saṅkhāre anavasesato pariggahetuñca sammasituñca asakkonto[316] attano abhinīhārasamudāgata ñāṇabalānurūpaṁ ekadesameva pariggahetvā sammasanto. … Tasmā sasantānagate sabbadhamme, parasantānagate ca tesaṁ santāna-vibhāgaṁ akatvā bahiddhābhāva sāmaññato samma-sati[317]. Ayaṁ sāvakānaṁ sammasanacāro.
>
> (MAṬ.iii.274)

316 CST4 asakkontaṁ.

317 CST4 sammasanaṁ.

대역

Ekadesamevāti'일부분만'이라고 하는 뜻은 다음과 같다. saka attabhāve자신에게 생겨나는 saṅkhāre형성들을 anavasesato pariggahetuñca sammasituñca asakkonto남김없이 파악할 수도 없었고 명상할 수도 없었던[318] 마하목갈라나 존자는 attano abhinīhārasamudāgata ñāṇabalānurūpaṁ자신의 바라밀로 인해 생겨난 지혜의 힘에 따라 ekadesameva'일부분만' pariggahetvā파악하고 sammasanto명상하면서 … tasmā따라서 sasantānagate자신에게 생겨나는 sabbadhamme법들 전부를 sammasati명상한다. parasantānagate ca다른 사람들에게(= 외부에서) 생겨나는 법들은 tesaṁ그 다른 사람들의 santānavibhāgaṁ존재로 차별을 akatvā두지 않고 bahiddhābhāva sāmaññato외부 대상으로 동일하게 묶어서 sammasati명상한다. ayaṁ이것, 즉 내부, 외부의 법들이 sāvakānaṁ제자들의 sammasanacāroa명상영역이다.

따라서 외부 대상을 일부러 찾아서든, 숙고하고 반조해서든 일부러 생겨나게 하여 관찰해서는 안 된다. 외부의 형색, 소리 등을 일부러 찾아서 관찰하는 이에게는 마음의 산란함이 많다. 그러한 산란함을 새길 수 없기 때문에 삼매, 지혜도 빠르게 성숙되지 않는다. 그래서 보름, 한 달 정도의 시간이 지나도 전혀 수행이 나아지지 않는다. 경전지식이 많아 반조하고 생각하면서 관찰하는 이에게도 직접관찰 위빳사나 지혜가 생기지 않기 때문에 삼매, 지혜가 성숙되지 않는다. 따라서 외부의 대상은 여섯 문에서 저절로 생겨났을 때만 관찰해야 한다. 항상 내부의 대상만을 관찰하도록 노력해야 한다. 그렇게 '내부 대상을 관찰하는 것만으

318 저본에는 'pariggahetuṁ asakkonto'라고만 설명하였다. 빠알리어 원문대로 'sammasituñca'를 첨가하여 해석하였다.

로 모든 물질과 정신에 대해 관찰하는 일이 다 성취된다'라는 사실을 아래『대복주서』를 통해서도 알아야 한다.

> Ajjhattaṁ vā hi vipassanābhiniveso hotu bahiddhā vā, ajjhattasiddhiyaṁ pana lakkhaṇato sabbampi nāmarūpaṁ anavasesato pariggahitameva hoti.
>
> (Pm.ii.368)

대역

vipassanābhiniveso**위빳사나를 천착하는** = 처음 마음에 새기는 **이는** ajjhattaṁ vā hotu자신의 **내부나** bahiddhā vā다른 이에게 생겨나는 대상인 **외부 대상에 대해** 〔관찰하는데〕, pana**특히** ajjhattasiddhiyaṁ**내부 대상을 관찰하여 성취하면** lakkhaṇato고유특성, 공통특성 등의 **특성으로** sabbampi nāmarūpaṁ**물질과 정신 모두도** anavasesato pariggahitameva**남김없이 파악한 것이**, 관찰한 것이 hoti**된다**.

위빳사나 관찰을 시작할 때 내부를 관찰하든 외부를 관찰하든 내부의 물질과 정신들을 관찰할 때마다 놓치지 않고 관찰할 수 있다면 모든 물질과 정신들을 특성으로 남김없이 파악하는 것이라고 할 수 있다, 즉 남김없이 관찰했다고 말할 수 있다는 뜻이다.

3. 현재 대상

(1) 현재만을 관찰해야 하는 이유

과거, 미래, 현재의 법들 중에 어떠한 법을 관찰해야 하는가? 기간

(addhā)현재, 상속(santati)현재, 찰나(khaṇa)현재[319]법들만 직접 관찰하는 지혜로 관찰해야 한다. 직접관찰 위빳사나 지혜가 성숙되었을 때 과거나 미래의 법들도 숙고하고 결정하여 관찰하는 추론관찰 위빳사나 지혜가 저절로 생겨난다. 따라서 과거나 미래의 법들을 일부러 애써 마음 기울여 관찰해서는 안 된다.

무엇 때문인가? 과거나 미래의 법들은 수행자가 고유특성 등으로 사실대로 바르게 알 수 없기 때문이다. 생각해 보라. 이미 지나가 버린 여러 과거 생들의 물질과 정신들을 생겨났던 대로 사실대로 바르게 알 수 있겠는가? '검은색의 형색이 있었다, 흰색의 형색이 있었다.[320] 눈 감성물질, 귀 감성물질 등이 갖추어졌었다, 갖추어지지 않았었다.[321] 여성 물질이 갖추어졌었다, 남성 물질이 갖추어졌었다'[322]라는 등으로 〔과거에〕 생겨났던 물질들을 사실대로 바르게 알 수 있겠는가? '어떠한 마음, 마음부수들이 생겨났었다, 어떠어떠한 마음 다음에 어떠어떠한 마음들이 생겨났었다'라는 등으로 생겨났던 정신들을 사실대로 바르게 알 수 있겠는가? 지나가 버린 여러 과거 생들은 너무 먼 과거라 치고 바로 이번 생에 대해서 생각해 보자. 지나가 버린 지난 해, 지난 달, 지난 날들 중에 생겨났던 물질과 정신들을 지금 반조해 보면, 생겨났던 그대로 바르게 알 수 있겠는가? 지나가 버린 몇 시간 전, 10분 전, 5분 전에 생겨났던 물질과 정신들조차 모두 자세하게 고유한 특성 등으로 사실대로 알 수가 없다. 이렇게 알 수 없다는 사실을 지금 당장 믿을 수 없다 하더라도

319 세 가지 현재에 대한 자세한 내용은 『청정도론』 제2권, pp.390~392 참조.

320 흑인이었다, 백인이었다.

321 눈이나 귀가 온전했었다, 온전하지 않았었다.

322 남자였다, 여자였다.

생겨나는 〔현재의〕 물질과 정신들을 끊임없이 새기며 실제로 수행해 보면 옳다고 결정해서 받아들일 수 있을 것이다.

또한 미래의 법들은 미리 알 수가 없다. 오른발을 들어서 내딛을 때 '왼발을 들어서 내딛을 때 어떠한 물질과 정신들이 생겨날 것이다'라고 확실하게 알 수 없다. '선업이 생겨날 것이다'라고 생각하더라도 그 순간 불선업도 생겨날 수 있다. '행복할 것이다'라고 생각하더라도 마음 불편함이 생겨날 수도 있다. 그래서 '미래는 미리 알 수 없다'라고 말하는 것이다. 그렇게 알 수 없기 때문에 둔기에 맞음, 집이나 건물에 깔림, 높은 곳에서 떨어짐, 불에 탐, 물에 빠짐, 뱀이나 지네에 물림, 가시에 찔림, 그루터기에 걸려 넘어짐 등과 갑자기 만나게 된 이들도 그렇게 고통에 이르기 전까지는 '아주 행복할 것이다'라고만 생각하면서 지낸다. 일부 사람들은 죽기 바로 직전까지도 '오래도록 길게 살면서 행복할 것이다'라고 기대하기도 한다. 만약 미래에 대해 사실대로 바르게 알 수 있다고 하자. 그러면 점치는 이들, 신을 모시는 이들은 할 일이 없을 것이다. 그렇지만 미래의 법들이 생각하고 추측한 대로 그대로 생겨날 때도 있다. 그렇게 추측하는 것도 마치 홀짝 게임에서처럼 우연히 추측해서 맞힌 것일 뿐이다. 확실하게 맞힌 것이 아니다.

현재의 법들은 자신에게서 계속해서 생겨나고 있다. 여섯 문에서 계속 생겨나고 있다. 그래서 새김, 지혜로 관찰하면 제일 분명한 물질과 정신 중 어느 하나를 고유특성 등으로 바르게 직접 알 수 있는 것이다.

비유하자면 번갯불이 번쩍할 때 그것을 확실히 보게 되면 그 번개가 친 장소나 모습 등을 바르게 알 수 있다. 그렇지 않고 번갯불이 번쩍한 뒤에야 보게 되면 번개가 친 장소를 알 수 없다. 번갯불의 모습을 알 수 없는 것은 말할 필요도 없다. 마찬가지로 번개가 치기도 전에 미리 '어느 장소에 번개가 칠 것이다'라고 추측하더라도 번개는 그대로 생겨나지 않는다. 이 비유와 마찬가지로 과거나 미래는 바르게 알 수 없다. 현재만 바르게 직접 알 수 있다. 따라서 과거나 미래의 법들에 일부러 마음을 기울여 관찰해서는 안 된다. 현재만을 직접관찰 위빳사나 지혜로 관찰해야 한다.

또 다른 이유 하나는 관찰하지 않은 현재법들에는 대상에 제압당한(ārammaṇādhiggahita)〔번뇌〕, 대상에 잠재된(ārammaṇānusaya)〔번뇌〕라고 부르는 번뇌들이 자리 잡는다. 관찰한 법들에는 자리 잡지 않는다. 그래서 현재 대상들을 관찰하는 위빳사나 수행은 부분 제거(tadaṅgapahāna)를 통해 그러한 번뇌들도 제거할 수 있다. 또한 그러한 번뇌들과 연관되어 생겨날 업, 업의 결과인 무더기〔蘊〕들도 제거할 수 있다. 이렇게 번뇌가 자리 잡는 모습, 그것을 제거하는 모습은 제7장 무상 거듭관찰(aniccānupassanā)에서 분명하게 설명할 것이다.[323]

생겨날 때 관찰하지 않은 과거법들에는 대상 잠재번뇌들이 이미 자리 잡았다. 그러한 과거법들을 집착해서 생겨나는 덩어리 개념(ghana paññatti)이 마치 사진을 찍어 놓은 것처럼 그 순간부터 시작해서 마음의 흐름에 분명하게 존재한다. 따라서 보았던, 들었던, 냄새 맡았던, 먹었던, 닿았던, 생각했던 그 과거의 물질과 정신들을 돌이켜 생각할 때마다 덩어리 개념이 분명하여 항상하다고, 행복하다고, 자아라고 생각하고 보고 집착하는 것이 생겨난다. '물질과 정신일 뿐이다, 무상하다, 괴

323 이 책의 제2권 pp.563~581 참조.

로움이다, 무아일 뿐이다'라고 거듭 돌이켜 반조하더라도 원래부터 사진을 찍어 놓은 것처럼 마음속에서 집착하며 그 덩어리 개념을 완전히 제거할 수 없다. '영원하다, 행복하다, 자아이다'라고 원래 생각하고 보던 대로 집착하는 번뇌들도 다시 억누를 수 없다.

비유하자면 어떤 부족에서는 부모, 스승들이 어린아이들을 아주 대담하도록 가르친다고 한다. 무서운 귀신 등을 매우 기묘한 형색일 뿐인 것처럼 미리 말해 주고 듣게 한다. 어떤 민족은 그러한 무서운 귀신 등이 아예 존재하지 않는다고 가르친다. 그러한 민족에서 자란 어린아이들은 어린 시절부터 두려움에 대해서는 잘 모른다. 어른이 되었을 때 무서운 귀신의 형색 등을 보았을 때도 두려워하거나 놀라지 않는다. '조금 이상한 것을 보았다'라고만 생각한다. 이 비유와 마찬가지로 생겨날 때, 바로 그 순간에 관찰하여 덩어리 개념이 드러나지 않기 때문에 집착하지 않은 물질과 정신에 대해서는 다시 돌이켜 생각해 보더라도 번뇌가 생겨날 수 없다는 것을 알아야 한다.

미얀마의 일부 부족에서는 부모나 스승들이 아이가 어릴 때부터 무서운 귀신 형색 등으로 놀라게 한다. 그래서 그 어린아이는 어릴 때부터 '귀신은 매우 무서운 것이다'라고 집착한다. 직접 만나지 않았더라도 두려워하기도 한다. 현명한 스승들이 '무서운 것이 아니다'라고 말하고 설명해 주어도 두려움이 사라지지 않는다. '무서운 것이 아니야'라고 반복해서 스스로 생각하더라도 두려운 마음을 완전히 제거할 수 없다. 이 비유를 통해 알 수 있듯이 '생겨날 때 관찰하지 않아 덩어리 개념이 드러나 집착한 과거의 물질·정신 법들을 다시 돌이켜 생각함에 의해서는 그 덩어리 개념이 드러나는 것, 집착하는 것 등을 완전히 제거할 수 없다'라고 알아야 한다. 그래서 과거법들을 단지 숙고함에 의해서 관찰하는 것은 바른 성품대로 알 수 없을 뿐만 아니라 '번뇌들을 제거할 수 있음'이라는 이익도 얻지 못한다.

미래법들은 지금 아직 생겨나지 않았다. 그러한 법을 아직 생겨나지 않은 현재에 미리 관찰하여 숙고해 놓아도 나중에 실제로 생겨날 때 관찰할 수 없으면 덩어리 개념이 드러나 '항상하다, 행복하다, 자아이다'라고 집착하는 번뇌들이 생겨날 것이다. 미리 관찰해 놓았기 때문에 번뇌들이 자리 잡지 않는 일은 없다. 따라서 미래법들을 미리 숙고하여 관찰하더라도 바른 성품대로 알 수 없을 뿐만 아니라 '번뇌들을 제거할 수 있음'이라고 하는 이익도 〔과거법과〕 마찬가지로 얻지 못한다.

바로 그러한 이유 때문에도 과거나 미래의 법들에 대해 일부러 마음을 기울여 관찰해서는 안 된다. 직접관찰 위빳사나 지혜가 성숙되었을 때 현재법들과 비교하여 유추하는 추론관찰 위빳사나 지혜만으로 관찰해야 한다.

현재법들을 관찰하는 것이야말로 앞에서 설명한 대로 실제로 생멸하고 있는 물질과 정신들의 바른 성품도 알고 번뇌들도 제거할 수 있다. 따라서 현재법들에만 마음을 기울여 관찰해야 한다. 이상이 현재법만을 관찰해야 하는 근거, 이유이다.

(2) 훌륭한 하룻밤 경

이것에 대해 의심 없이 결정할 수 있도록, 법 구분의 지혜(dhammavavatthāna ñāṇa)가 확실히 생겨나도록 하기 위해 근거경전들을 알려 주겠다.

(1) Atītaṁ nā'nvāgameyya,
Nappaṭikaṅkhe anagataṁ;
Yadatītaṁ pahīnaṁ taṁ,
Appattañca anāgataṁ.

(M.iii.225)

대역

atītaṁ**과거**에 생겨났던

yaṁ (khandhapañcakaṁ)어떤 다섯 무더기들이 (atthi)있다.

taṁ**그것**, 다섯 무더기들**은**

pahīnaṁ**이미 사라져 버렸다**, 무너져 버렸다.[324]

(tasmā)그렇게 사라져 버렸고 무너져 버렸기 때문에

atītaṁ**과거**에 생겨났던 다섯 무더기들**을**

na anuāgameyya**돌이켜 따라가지 말라**.

다시 돌아오게 하지 말라. 즉

갈애와 사견으로 돌이켜 숙고하며 지내지 말라.

anagataṁ ca**미래**의 오취온**도**

appattaṁ**아직 생겨나지 않았다**, 도달하지 않았다.[325]

(tasmā)그렇게 아직 생겨나지 않았기 때문에

anāgataṁ**미래**의 오취온**을**

nappaṭikaṅkhe갈애와 사견으로 **미리 기대하지 말라**.

바라지 말라.

---

324 원주(본문내용): 'niruddhaṁ atthaṅgataṁ'이라는 주석서의 설명에 따라 해석하였다.

325 원주(본문내용): 'ajātaṁ anibbattaṁ'이라는 주석서의 설명에 따라 해석하였다.

(2) Paccuppannañca yaṁ dhammaṁ,
Tattha tattha vipassati;
Asaṁhīraṁ asaṁkuppaṁ,
Taṁ vidvā anubrūhaye.

(M.iii.225)

대역

paccuppannaṁ**현재의**
dhammaṁ ca다섯 무더기라는 **법들도**
tattha tattha**각각** 생겨나는 **그 순간에**
yaṁ vipassati어떤 일곱 가지 거듭관찰[326]을 통해 **관찰하나니**,
asaṁhīraṁ갈애와 사견이 잡아당기지 않아
제압되지 않고, 혹은 제압되지 않도록,
asaṁkuppaṁ갈애와 사견 때문에
무너지지 않고, 혹은 무너지지 않도록,
taṁ (vipassanaṁ) 현재의 다섯 무더기를
생겨날 때 관찰하는 **그 위빳사나** 지혜를
vidvā**현자라면** anubrūhaye**실천해야 한다**.

《『넷띱빠까라나(導論)』의 옛날본에는 "yaṁ dhammaṁ"이라고 되어 있었다. 『맛지마 니까야(후50편)』에는 "yo dhammaṁ"이라고 나온다. 그래서 그곳에서는 '그 지혜 있는 이가 관찰한다. 그 지혜 있는 이가 실천한다'라고 번역하였다. 'taṁ' 이라는 구절을 근거로 보면 'yaṁ' 이라는 단어의 의미가 더욱 분명해진다.》

(3) Ajjeva kicca'mātappaṁ,
Ko jaññā maraṇaṁ suve;

326 뒷부분에 설명할 것이다.

Na hino saṅgaraṁ tena,

Mahāsenena maccunā.

(M.iii.226)

대역

suve**내일** (jīvitaṁ vā)살아 있을 지,

maraṇaṁ (vā)**죽을지** ko jaññā**누가 알겠는가?**[327]

(iti)이렇게 반조하고,

ātappaṁ번뇌를 태워 버리는 위빳사나 **수행을**

ajja eva내일, 모레 등으로 시간을 미루지 말고, **오늘 바로**

kiccam기다리지 말고, 멈추지 말고 **실천하라**.

hi**맞다**. 내일 죽을지, 살지 알 수 없는 이유는,

no**우리들에게는**

mahāsenena물·불·독·무기·질병 등으로

죽게 할 수 있는 **대군을 거느린**

tena maccunā죽음 왕이라 불리는 **그 죽음**이라는 법**과**

saṅgaraṁ약속하는 것, 뇌물 주는 것,

대항하기 위해 군대를 양성하는 것 등으로

대항할 수가 na (atthi)**없기 때문이다**.

《tasmā그러니 suve내일 maraṇaṁ죽을지

ko jaññā누가 알겠는가?》[328]

(4) Evaṁ vihāriṁ ātāpiṁ,

Ahorattamatanditaṁ;

---

327 원주(본문내용): 'jīvitaṁ vā maraṇaṁ vā ko jānāti?(살아 있을지 죽을지 누가 알겠는가?)'라고 주석서에 설명되어 있다.

328 원문에는 '앞의 제1장 일러두기의 해석을 참고하라'고 설명했으나 편의를 위해 번역을 그대로 소개하였다.

Taṁ ve bhaddekarattoti,
Santo ācikkhate muni.

(M.iii.226)

대역

ahorattaṁ**밤낮으로 끊임없이** atanditaṁ**게으르지 않게,**
ātāpiṁ번뇌를 뜨겁게 말려 버리는 노력을 하며 **열심히**
evaṁ vihāriṁ**이와 같이** 관찰하며 **수행하는**
taṁ**그** 지혜로운 이를 ve**진실로**
bhaddekarattoti**훌륭하게 하룻밤을 보내는 이라고**
santo번뇌 없어 고요하여 **적정한** muni**성자**이신
부처님께서는 ācikkhate**말씀하시네.**[329]

〔부처님께서〕 이 게송을 자세하게 설명하시면서 "evaṁrūpo ahosiṁ atītamaddhānanti tatha nandiṁ samanvāneti('〔나는〕 과거에 이러한 물질을 갖고 있었다'라고 그것에 대해 즐거워한다)"라는 등으로 과거를 따라가는 모습을 설명하셨다. 주석서에서도 "kāḷopi samāno indanīlamaṇivaṇṇo ahosinti evaṁ manuññarūpavaseneva = 피부가 검은 이들도 '갈색 에메랄드 빛이 났다'라고 아주 좋아할 만한 형색으로만 기억한다"라는 등으로 설명하였다. 따라서 〔여기에서 말하는 과거는〕 일반적으로 말하는 과거를 취해야만 그 의미가 성립할 것이다. 기간(addhā)과거만을 취한다면 과거 여러 생들을 기억하고 반조할 수 있는 신통을 가진 이들에게만 해당될 것이다. 하지만 이 경은 신통을 얻지 못한 이들에게도 설하신 경이다. 따라서 모든 이들에게 많이 생겨나는 모

329 M131; 『맛지마 니까야』, pp.1433~1434 참조.

습에 따라서 과거, 미래를 따라가는 모습을 설명하겠다.

과거를 돌이키지 말라 이미 지나가 버린 과거의 눈 감성물질, 보였던 얼굴·손·발 등의 형색 물질, 보는 성품, 이러한 등의 다섯 취착무더기(五取蘊)의 법들은 사라져 버렸다. 현재는 없다. 따라서 사라져 버린 그러한 법들을 갈애, 사견으로 집착해서 생각하며, 그리워하며 지내면 안 된다.

어떻게 갈애로 집착하는가? '내 눈은 깨끗했다. 내 눈은 좋았다. 아주 작고 미세한 것도 볼 수 있었다. 얼굴도 예뻤다. 눈동자, 눈썹, 팔, 발들도 아름다웠다. 살과 피부도 희고 깨끗했다. 아름다운 옷들과 장식들을 구족했었다. 과거에 누구를 보았다. 그를 보아서 매우 좋았다'라는 등으로 과거에 보았던 것을 집착해서 좋아하고 행복해하며 생각하고 회상한다.

어떻게 사견으로 집착하는가? '내가 본다. 중생이 본다. 나를 본다. 중생을 본다'라고 생각하면서 볼 때를 시작으로 지금까지 항상 존재하고 있는 것으로, 또는 죽으면 다른 한 생으로 건너갈 중생으로, 죽으면 완전히 사라져 버릴 중생으로 생각하고 있다.

이렇게 과거에 보았던 것을 집착해서 갈애, 사견으로 생각하고 회상하며 지내면 안 된다. 마찬가지로 들은 것, 냄새 맡은 것, 닿은 것, 생각했던 것과 관련해서도 과거에 분명히 알았던 대상들을 생각하고 회상하며 지내면 안 된다. 특히 생각하여 아는 것에 관련하여 이전에 관찰이 잘 되었던 것, 잘 되지 않았던 것도 돌이켜 생각하며 지내면 안 된다.

미래를 기대하지 말라 나중에 생겨날 법들도 지금 아직 생겨나지 않았다. 지금은 아직 없다. 그러한 법들을 기대하고 바라는 것은 '복권 당첨되면 어떻게 써야지'라고 생각하며 시간을 낭비하고 지내는 것과 같다.

따라서 '내 눈이 깨끗하기를. 눈이 침침하고 흐릿하고 멀지 말기를. 살과 피부가 부드럽고 계속 아름답기를. 아름다운 것만을 보게 되기를. 좋은 것만을 사용하고, 좋은 이들과만 만나게 되기를. 그렇게 본 것이 무너지지 않기를'이라는 등으로 앞으로 볼 것에 관련하여 기대하고 바라면서 지내면 안 된다. 앞으로 듣게 될 것들 등에 대해서도 같은 방법으로 알아야 한다. 특히 앞으로 생각해야 할 것에 대해서 '관찰이 좋기를, 특별한 현상들이 드러나기를, 특별한 지혜들이 생겨나기를'이라고 기대하고 바라면서 지내도 안 된다.

생겨날 때마다 그것만을 놓치지 않고 새겨라 볼 때, 들을 때, 냄새 맡을 때, 닿을 때, 가고 있을 때, 서 있을 때, 앉아 있을 때, 누워 있을 때, 굽힐 때, 펼 때, 생각할 때, 그 순간 생겨나고 있는 현재의 법들을 '물질과 정신, 무상·고·무아'라고 알고 보도록 관찰해야 한다. 만약 관찰하지 못한다면 그러한 법들을 '항상하다. 행복하다. 좋다. 아름답다. 마음대로 할 수 있는, 실체가 있는 어떠한 것이다'라고 생각하여 집착하고 애착하는 갈애가 생겨날 것이다. 잘못된 견해인 사견이 생겨날 것이다. 그러면 마음은 갈애와 사견에 따라서 감각욕망의 사유 등만을 생각하며 생겨날 것이다. 어떻게 생겨나는가? 볼 때 새기지 않으면 '누구를 보았다. 여성을 보았다. 남성을 보았다. 그는 누구의 아들이다, 딸이다. 누구의 아버지다, 어머니다. 무슨 일로 왔다. 그의 마음·성품이 어떠하다. 말하는 모습이 어떻다'라는 등으로 생각하고 망상하기도 한다. 이 정도뿐만 아니다. 좋아할 만한, 애착할 만한 것을 보면 '그의 얼굴이 아주 깨끗하구나. 말하는 모습이 아주 점잖구나. 가는 모습이 아주 우아하구나. 그와 대화를 나누면 아주 좋겠구나. 가까운 친구가 되면 좋겠구나'라는 등으로 감각욕망의 사유가 끝이 없이 생겨나기도 한다. 싫어하는 대상을 보게 되면 '그의 모습은 너무 추하다. 마음의 품성이 나쁘다. 나에게 불이익이 되는 것만 일삼고 있다. 그가 죽으면 좋겠다. 어떻게 해야 죽을까《byāpāda 분노》', '그가 고통에 빠지면 좋겠다. 어떠한 고통에 빠지기를. 어떻게 해야 괴롭힐 수 있을까《vihiṁsā 해침》'라는 등으로 분노의 사유, 해침의 사유들이 끝이 없이 생겨나기도 한다. 그러한 마음을 'saṁhīra = 갈애와 사견으로 잡아당겨진, 따라가 포함되어진' 〔마음〕이라고 한다. 'saṁkuppa = 갈애와 사견 때문에 무너져 버린' 〔마음〕이라고 한다.

들을 때 등에서 관찰할 수 없어 갈애와 사견으로 잡아당겨진, 갈애와 사견에 따라 포함되어진, 무너져 버린 모습도 같은 방법으로 알 수 있다.

《'rūpaṁ attato samanupassati(물질을 자아로 여기고)'라는 등의 경전 구절에 대한 설명과 지금까지의 의미들을 잘 비교하고 검토해 보길 바란다.》

관찰할 수 있으면 새길 때마다 위빳사나 마음은 갈애와 사견에 따라 감각욕망의 사유 등을 생각하지 않는다. 그래서 관찰하는 위빳사나 〔마음을〕 'asaṁhīra = 갈애와 사견으로 잡아당겨지지 않은, 따라 포함되어지지 않은, asaṁkuppa = 갈애와 사견 때문에 무너져 버리지 않은' 〔마음〕이라고 한다. 생겨나는 물질과 정신을 관찰하며, 그러한 위빳사나 지혜를 '다시 내버림 거듭관찰(paṭinissaggānupassanā)'이라고 부르는 형성평온의 지혜(saṅkhārupekkhā ñāṇa)를 끝으로 계속해서 수순의 지혜(anuloma ñāṇa), 종성의 지혜(gotrabhū ñāṇa), 도의 지혜(magga ñāṇa), 과의 지혜(phala ñāṇa)까지 이르도록 끊임없이 닦아야 한다는 말이다.

『위숫디막가(清淨道論)』에서는 기간현재(addhā paccuppanna)에 대

한 예를 들 때 이 경에 대한 마하깟짜야나(Mahākaccāyana) 존자의 자세한 설명(詳說)을 통해 예를 들지 않았는가?[330]'라고 말할 수도 있다. 맞다. 그렇기는 하지만 'saṁhīra = 갈애와 사견으로 잡아당겨진, 따라 포함되어진, saṁkuppa = 갈애와 사견 때문에 무너져 버린' 마음이 생겨나는 것에만 기간현재 전체가 관계된다. 위빳사나에서는 기간현재 전체와 관계되는 것은 아니다. 따라서 재생연결과 죽음으로 구분되는 법 전체를 다 묶어서 관찰해야 하는 것도 아니다. 〔과거의 것을〕 유추해서 관찰해야 하는 것도 아니다. 〔미래의 것을〕 아직 생겨나기 전에 미리 추측해서 관찰해야 하는 것도 아니다.[331] 생겨나서 이미 많은 시간이 지난 후에 돌이켜 반조하며 관찰해야 하는 것도 아니다. 사실은 각각의 물질과 정신들이 생겨날 때 그러한 생겨나는 순간에 관찰해야 한다. 이 의미를 더욱 분명히 알게 하기 위해 개요설명(uddesa)에서는 'tattha tattha'라는 처격 부사구를 첨가하여 설해 놓으셨다. 『넷띱빠까라나(導論) 주석서』에 설명되어 있는 모습은 아래와 같다.

> Tattha tatthāti paccuppannampi dhammaṁ yattha yattheva so uppanno tattha tattheva aniccānupassanādīhi sattahi anupassanāhi vipassati.
>
> (NettiA.239)

---

330 『청정도론』 제2권, p.392 참조.

331 「훌륭한 하룻밤 경」에서 설명하는 '잡아당겨진, 무너진'이라는 것은 기간현재를 말한다고 『위숫디막가』에서 언급하고 있다. 기간현재는 태어나서 죽을 때까지를 전부 현재라고 취하는 것이다. 하지만 그러한 의미는 실제 위빳사나에는 적용되지 않는다. 따라서 이번 생에 태어난 후 지금까지의 과거 현상들을 〔모아서〕 일부러 숙고해서 관찰하라는 것도 아니고 앞으로 죽을 때까지 일어날 미래 현상을 〔모아서〕 추측해서 관찰하라는 것도 아니라는 뜻이다.

대역

tattha tatthāti'**각각** 생겨나는 **그 순간에'라는 뜻은 다음과 같다. 즉** paccuppannampi**현재대상이더라도** dhammaṁ**그** 다섯 무더기의 **법들을** 《'~관찰한다'와 연결하라》 yattha yattheva**각각** 해당되는 **어떤 순간에만** so그 현재 **법들은** uppanno**생겨나는데** tattha tattha eva**그렇게 각각 생겨나는 그 순간에만** aniccānupassanādīhi**무상 거듭관찰 등의** sattahi anupassanāhi**일곱 가지 거듭관찰로** vipasati**관찰한다.** 《『넷띱빠까라나(導論)』에 있는 대로의 원래 경전 내용이다. 『맛지마 니까야(후50편) 주석서』에는 'yattha yattheva uppannaṁ, tattha tattheva ca naṁ' 등으로, 또한 'yo vipassati'라는 등으로만 조금 다르다.》

이 주석서의 내용 중 "현재대상이더라도(paccuppannampi)"라는 구절에서 두드러진 점을 나타내는(sambhāvanā jotaka) '~도(pi)'라는 단어를 통해 '재생연결과 죽음으로 구분되는 현재 생의 모든 법들이 기간 현재인 것이 맞기는 하다. 그렇기는 해도 그러한 모든 법들을 다 모아서 관찰해서는 안 된다. 하나하나를 유추해서 관찰해서도 안 된다. 생겨나는 순간의 법들만 관찰해야 한다'라는 사실을 알려 준다. "tattha tattheva"라는 구절에서 '공유하지 않음'을 나타내는(avadhāraṇa jotaka) '~만(eva)'이라는 단어도 '그 현재법이 아직 생겨나기 전에 관찰해서도 안 된다. 생겨난 후 오랜 기간이 지나서 관찰해도 안 된다. 생겨날 때 생겨나는 그 순간에만 관찰해야 한다'라는 것을 알려 준다. 거듭관찰(anupassanā) 일곱 가지라는 것은 무상(anicca), 괴로움(dukkha), 무아(anatta), 염오(nibbidā), 애착 빛바램(virāga), 소멸(nirodha), 다시 내버림(paṭinissaggā) 거듭관찰들이다. 이것들에 관해서는 제7장에 분명하게 설명할 것이다.

이러한 경전, 주석서들에서 '생겨나는 순간에만 관찰해야 한다'라고 밝히고 있기 때문에 '기간현재'라고 〔『위숫디막가(淸淨道論)』에서〕 말하였더라도 위빳사나의 대상은 '상속(santati)현재', '찰나(khaṇika)현재' 일 뿐이다. 재생연결과 임종으로 구분되는 기간현재 전체〔= 한생 전체〕가 아니다. 이곳〔= 위빳사나〕에서만 아니다. 위빳사나에서와 마찬가지로 다른 사람의 마음을 직접적으로 아는 타심통(cetopariya abhinnāna)을 설명하면서도 "기간현재는 속행의 차례에 따라 구분해서 취해야 한다"라고 『위숫디막가』에서 아래와 같이 말하고 있다.

"Addhāpaccuppannaṁ pana javanavārena dīpetabba"nti saṁyuttaṭṭhakathāyaṁ vuttaṁ. Taṁ suṭṭhu vuttaṁ.

(Vis.ii.63)

대역

addhāpaccuppannaṁ pana**또한 '기간현재는** javanavārena**속행의 차례로** dīpetabbanti**설명되어야 한다'라고** saṁyuttaṭṭhakathāyaṁ **『상윳따 니까야 주석서』에서** vuttaṁ**설명했는데** taṁ**그것은** suṭṭhu vuttaṁ**아주 옳게 말한 것이다.**[332]

Addhāpaccuppannaṁ javanavārena dīpetabbaṁ, na sakalena paccuppannaddhunāti adhippāyo.

(Pm.ii.66)

---

332 『청정도론』 제2권, p.393 참조.

대역

addhāpaccuppannaṁ**기간현재를** javanavārena**속행의 차례로** dīpetabbaṁ**설명해야 한다**. sakalena paccuppannaddhunā기간**현재 전체로**[333] na (dīpetabbaṁ)**설명하면 안 된다**. iti adhippāyo**이것이** 주석서의 **의미이다**.

이러한 경전, 주석서, 복주서들을 통해 '다른 사람의 마음을 구분하여 직접 아는 타심통에서나, 그보다 더 특별히 깨끗하게 구분하여 물질과 정신들을 아는 직접관찰 위빳사나에서는 기간현재라고 말은 하였어도 그 의미를 현재 생 전체로 이해해서는 안 된다. 속행의 차례에 의해 구분되는, 지금 생겨나고 있는 현재법만이라고 이해해야 한다'라는 의미를 분명히 알 수 있다. 추론관찰 위빳사나에서는 기간현재 전체를 취해도 된다. 따라서 이 「훌륭한 하룻밤 경(Bhaddekaratta sutta)」과 그 주석들을 통해 "생겨나는 현재법만 직접관찰 위빳사나의 대상이다"라고 확실하게 믿고 알아야 한다.

(3) 새김확립 긴 경

「새김확립 긴 경(大念處經)」과 그 주석에도 생겨날 때의 현재법들만 관찰해야 한다는 것을 직접적으로 설명하고 있다. 어떻게 설명하고 있는가? 몸 거듭관찰의 장에서 "gacchantovā gacchāmīti pajānāti = 갈 때는 '간다'라고 〔분명히〕[334] 안다"라는 등으로 현재 시제로만 설하셨다.

---

333 즉 태어나서 죽을 때까지라고 하는 기간현재 전체로.

334 저본에는 '안다'라고만 번역하였다.

'가 버린 이가 안다, 가 버렸다고 안다, 갈 사람이 안다, 갈 것이라고 안다'라는 등으로 과거 시제, 미래 시제로 설하지 않으셨다.

느낌 거듭관찰의 장에서도 "sukhaṁ vā vedanaṁ vedayamāno sukhaṁ vedanaṁ vedayāmīti pajānāti = 행복한 느낌을 느끼고 있는 이가 느끼는 그 순간에 '행복한 느낌을 느낀다'라고 〔분명히〕 안다"라는 등으로 현재 시제로만 설하셨다. "행복한 느낌을 느꼈던 이, 느낄 이, 느꼈었다, 느낄 것이다'라는 등으로 과거 시제, 미래 시제로 설하지 않으셨다.

법 거듭관찰의 장에서도 "santaṁ vā ajjhattaṁ kāmacchandaṁ atthi me ajjhattam kāmacchandoti pajānāti = 지금 있는, 생겨나는 내부의 감각욕망 바람을 '나에게 내부의 감각욕망 바람이 있다'라고 〔분명히〕 안다"라는 등으로 현재 시제로만 설하였다. '있었던, 생겼던 감각욕망 바람을 안다. 있을, 생길 감각욕망 바람을 안다. 나에게 감각욕망이 있었다, 생겼었다고 안다. 있을 것이다, 생길 것이다'라고 이렇게 과거, 미래 시제로는 설하지 않으셨다.

마음 거듭관찰의 장에서는 "sarāgaṁ vā cittaṁ sarāgaṁ cittanti pajānāti(탐욕 있는 마음은 탐욕 있는 마음이라고 〔분명히〕 안다)"라는 등으로 경전 그 자체만으로는 어떠한 시제를 표현하는지 분명하지 않다. 그래서 그렇게 분명하지 않은 것을 분명하도록 설명해 주는 주석서 스승들이 아래와 같이 설명하였다. 아래의 설명에 따라 이 마음 거듭관찰도 나머지 관찰들과 마찬가지로 생기는 순간의 마음만을 알도록 부처님께서 의도하셨다는 사실이 분명하다.

Yasmiṁ yasmiṁ khaṇe yaṁ yaṁ cittaṁ pavattati, taṁ taṁ sallakkhento attano vā citte, parassa vā citte, kālena vā attano, kālena vā parassa citte cittānupassī viharati.

(DA.ii.367)

대역

yasmiṁ yasmiṁ khaṇe**각각의 어떠한 순간에** yaṁ yaṁ cittaṁ**각각의 어떠한 마음들이** pavattati**생겨난다.** (tasmiṁ tasmiṁ khaṇe)그 각각의 순간에[335]taṁ taṁ**그렇게 생겨나는 각각의 마음들을** sallakkhento**주시하는**[336], 새기는 **이는,** attano vā citte**자신의 마음에 대해서든** parassa vā citte**남의 마음에 대해서든** kālena vā attano kālena vā parassa citte**때로는 자신의 마음에 대해서, 때로는 남의 마음에 대해**서 cittānupassī**마음을 거듭관찰하며** viharati**머문다.**

말하고자 하는 근본 의미 마음이 생겨날 때마다 생겨나는 현재의 마음들을 새기면 '마음이라고 새기며 지낸다'라고 말한다. '마음 거듭관찰을 수행하고 있다'라고 말한다는 뜻이다. 이 주석서에서 '새기는 이(sallakkhento)'라고 번역한 것은 단어 그대로의 의미에 따른 것이다. 일부러 바꾸어서 의역한 의미가 아니다. 따라서 '관찰한다, 새긴다, 주시한다'라는 단어들은 '말하고자 하는 바, 그 의미는 동일한 단어들이다'라

335 원주(본문내용): 앞에 부정대명사가 있는데 뒤에 한정대명사가 없으면 안 되기 때문에 첨가한 것이다.

336 'sallakkhento'라는 단어를 저본에는 '새기는'이라고 번역하였다. 그 이유는 아래에 설명되어 있다. 뒷부분에서는 '주시하는'이라고 번역했다.

고 기억하라.[337]

어떤 이들은 마음 거듭관찰 수행법을 설명한 위 주석서의 구절을 살펴보지 않고 그 구절의 앞에 나오는 '탐욕 있는 마음' 등이 뜻하는 마음의 숫자들을 설명한 구절들만을 '관찰하는 수행법을 설명한 구절이다'라고 생각해서, "'탐욕과 함께하는 여덟 가지 마음을 탐욕 있는 마음이라고 한다. 출세간 선한 마음, 무기(無記) 마음들을 탐욕 없는 마음이라고 한다'라는 등으로 생각하고 반조하는 것이 마음 거듭관찰 수행을 하는 것이다"라고 말하곤 한다. 그것은 위의 주석서의 설명에 주의를 하지 않고 "sarāganti aṭṭhavidhaṁ lobhasahagataṁ('탐욕 있는 마음'이란 여덟 가지로 나눠지는 탐욕과 함께하는 마음이다)"라는 등으로 설명하면서 숫자를 헤아린 것만 알려 준 주석서 스승들의 의도를 이해하지 못했기 때문에, 또한 위빳사나 수행에 대한 바른 방법들을 알지 못하기 때문에, 또한 위빳사나의 바른 성품을 이해하지 못했기 때문에, 이러한 여러 이유들 때문에 잘못 생각하고 잘못 말하는 것이다.

그것은 무엇 때문인가? 위의 주석서 설명에 따르면 '실제로 생겨나는 마음을, 생겨날 때마다 새겨야 마음 거듭관찰을 수행하는 것이다'라는 것이 분명하다. 그러므로 '탐욕과 함께하는 여덟 가지 마음을 탐욕 있는 마음이라고 한다. 출세간 선한 마음, 무기(無記) 마음들을 탐욕 없는 마음이라고 한다'라는 등으로 반조하며 지내는 수행자에 대해서 '자신에게, 혹은 다른 사람에게 실제로 생겨나고 있는 마음, 실제로 생겨났던

337 대상을 '새긴다'라는 용어가 어색할 수 있으나 'sati'의 어원과 미얀마 어 번역에 따라 그대로 사용하고자 한다. 이 단락에서 보는 것처럼 '관찰한다, 주시한다'라는 단어와 동일한 의미를 가진다고 알기 바란다.

마음, 실제로 생겨날 마음들을 숙고한다'라고 말할 수 있는가? 나와 남이 두 가지, 과거·현재·미래 이 세 가지 시간에 실제로 생겨나는 마음을 숙고하지 않는다면 어떠한 법을 숙고하고 있는 것인가? '탐욕과 함께하는 마음', '탐욕 있는 마음' 등의 명칭 개념이나 여덟 가지라는 숫자 개념만 숙고하는 것 아닌가? 그렇게 개념만 숙고하는 것이기 때문에 일부 스승들이 말하는 대로 숙고하는 것은 위의 주석서 설명들에 따라 '마음 거듭관찰'이라고 하는 바른 위빳사나 수행이 될 수 없다. 그래서 그러한 일부 스승들의 견해나 의견들을 '잘못된 견해나 잘못된 의견'이라고 말한 것이다.

이뿐만 아니다. 잘못된 점들이 아직 더 남아 있다. 어떠한 점들인가? 타심통에 대한 설명에서도 "sarāgaṁ vā cittaṁ sarāgaṁ cittanti pajānāti(탐욕 있는 마음은 탐욕 있는 마음이라고 분명히 안다)"라는 등으로 이 마음 거듭관찰의 경전내용에 따라 설명해 놓았다. 그 주석서에서도 같은 방법으로 설명하였다. 그곳에서 방금 말한 일부 스승들의 견해에 따른다면 '탐욕과 함께하는 마음 여덟 가지를 탐욕 있는 마음이라고 한다'라는 등으로 숙고하고 생각할 수 있다면 타심통이 생겨났다고 할 것이다. 그렇게 말해서는 안 된다. 따라서 그 타심통에 대한 설명에서 "탐욕 있는 마음 등의 개수 정도만 주석서의 스승들께서 설명했다. 타심통이라고 하는 것은 다른 이의 마음을 그 마음이 생겨나는 차례에 따라서 사실대로 알아야 생겨난다"라고 이해해야 하는 것이 분명하다. 그와 마찬가지로 이 마음 거듭관찰에서도 "'탐욕 있는 마음이란 탐욕과 함께하는 마음 여덟 가지를 말한다'라는 등으로 〔주석서의 스승들께서〕 숫자만을 보였다. 마음 거듭관찰이 생겨나는 모습을 보이지 않았다. 마음 거듭

관찰이 생겨나는 모습은 'yasmiṁ yasmiṁ khaṇe(각각의 순간에)' 라는 등의 구절을 통해서만 설명했다"라는 의미가 분명하다. 그러므로 「새김확립 긴 경(大念處經)」과 그 주석에 의해서도 '생겨나는 순간, 현재 법들만 직접관찰 위빳사나의 대상이다'라고 확실히 알아야 한다.

이와 같은 경전, 주석서, 복주서들을 통해서 '생겨날 때의 현재법들을 관찰하는 것만 직접관찰 위빳사나 선업을 생겨나게 한다'라고 결정하는 법 구분의 지혜(dhammavavatthāna ñāṇa)가 확실하게 생겨날 것이다. 만약 이 정도로도 아직 의심이 해결되지 않으면 수행방법의 원용에서 설명할 여러 경전, 주석서, 복주서들을 통해 그러한 의심을 제거하라. 그 정도로도 의심을 제거할 수 없으면 제6장 생멸의 지혜와 무너짐의 지혜에서 설명할 여러 경전, 주석서, 복주서들을 통해서도 제거할 수 있을 것이다. 그러한 여러 경전들에서 "찰나현재법들을 관찰하는 지혜만이 직접관찰 생멸의 지혜, 직접관찰 무너짐의 지혜들을 생겨나게 한다"라는 것과, "그러한 직접관찰 〔위빳사나〕 지혜들이 예리하고 구족되었을 때라야 과거, 미래의 법들을 유추해서 관찰하는 추론관찰 〔위빳사나〕 지혜가 생겨난다"라는 것을 그대로 알려 주고 있다. 그러한 여러 문헌들을 통해서도 의심을 제거할 수 없다면 '법 구분의 지혜라고 하는 성자들의 벗어남(niyyāna)을, 의심이라고 하는 장애법이 바로 지금 현생에 도와 과, 열반을 증득하지 못하도록 가로막고 방해하고 있구나'라고 생각하며 슬퍼할 일만 남았을 뿐이다.

4. 추론관찰 위빳사나의 대상

Yaṁ kiñci rūpaṁ atītānāgatapaccuppannaṁ, ajjhattaṁ vā bahiddhā vā, oḷārikaṁ vā sukhumaṁ vā, hīnaṁ vā paṇītaṁ vā, yaṁ dūre santike vā, sabbaṁ rūpaṁ aniccato vavattheti, ekaṁ sammasanaṁ.

(Ps.51)

역해

어떠한 물질이든, 그것이 과거의 것이거나 미래의 것이거나 현재의 것이거나, 안의 것이거나 밖의 것이거나, 거칠거나 미세하거나, 저열하거나 수승하거나, 멀리 있거나 가까이 있거나, 그 모든 물질을 '무상하다'라고 구분한다. 그것이 하나의 명상이다.[338]

"『빠띠삼비다막가(無碍解道)』에서 설한 이러한 등의 내용에 따른다면 과거법을 제일 먼저 관찰해야 하지 않는가?"〔라고 질문할 수도 있다.〕 그렇게 관찰해서는 안 된다. 무엇 때문인가? 경전과 아비담마에서 설한 것은 설하는 차례대로, 가르침의 순서[339]에 의해서만 설한 내용이다. 수행의 순서에 의해 특별히 설한 경이 아니다. 또한 위의 경전에서 설명한 명상의 지혜(sammasana ñāṇa)도 직접관찰 위빳사나가 아니다. 추론관찰 위빳사나일 뿐이다. 따라서 위의 경전을 근거로 과거를 시작으로 관찰해야 한다고 말하면 안 된다.

분명하게 설명해 보겠다. 위빳사나라고 하는 것은 여섯 문에서 생겨나는 법들을 생겨나는 차례 그대로 놓치지 않도록 관찰하며 실천하는

---

338 『청정도론』, 제3권, p.220 참조.

339 순서에는 일어남의 순서, 버리는 순서, 수행의 순서(paṭipattikkama), 지혜의 순서, 가르침의 순서(desanākkama) 등이 있다. 『청정도론』 제2권, p.494 참조.

수행이다. 그렇게 관찰해야만 물질과 정신의 고유특성 등을 사실대로 바르게 알 수 있다. 그렇다면 위의 경에 나오는 순서대로 관찰하는 것이 〔물질·정신 법들을〕 생겨나는 차례대로 관찰하는 것인지, 아닌지 한번 생각해 보아야 한다. 과거가 끝나면 미래가 생기지 않는다. 현재만 생겨난다. 미래가 끝나도 현재가 생겨나지 않는다. 현재는 〔미래보다〕 먼저 생겨난다. 내부 〔물질〕, 거친 물질들이 생겨난 후에야 외부 〔물질〕, 미세한 물질들이 생겨나는 것이 아니다. 따라서 과거의 법을 관찰한 후에 미래의 법을 관찰한다면 중간의 현재의 법들은 관찰하지 않고 있을 것이다. 미래가 다한 다음에 현재를 관찰한다면 서로 순서가 반대되는 것이다. 예를 들어 '오른발을 움직일 때 앞으로 생겨날 왼발의 움직임을 관찰한 다음 그 후에 다시 현재 움직이고 있는 오른발을 관찰해야 한다'라고 한다면, 그러한 수행은 생겨날 수조차 없다. 설사 생겨난다 하더라도 현재를 관찰하는 생멸의 지혜, 무너짐의 지혜와 부합하지 않는다. 밖의 대상 등을 먼저 관찰한 후에 안의 대상 등을 나중에 관찰해도 된다. 바로 그렇기 때문에 여러 주석서들에서 "bahiddhā abhinivisitvā ajjhattaṁ vuṭṭhāti(밖에서 천착한 후에 안에서 벗어난다)"[340]라는 등으로 설하였다. 먼저 밖에서 관찰한 후에 안을 관찰하다가 도에 이른다는 말이다. 그 밖에 이미 소멸해 버려서 지금은 분명하지 않는 과거의 법들, 아직 생겨나지 않아서 지금 분명하지 않은 미래의 법들을 숙고하고 반조하는 것으로는 지금 이 순간 분명한 현재의 법들처럼 고유특성 등을 사실대로 바르게 알 수 없다는 것을 앞에서 설명했다. 고유특성 등조차 바르게 알 수 없는 과거, 미래의 법들을 시작으로 관찰하여 생김 – 머묾 –

---

340 DhsA.270.

소멸이라고 하는 형성된 특성(saṅkhata lakkhaṇā)들을 실제로 생기고 머물고 사라지는 것에 따라 어떻게 바르게 알 수 있겠는가? 형성된 특성을 바르게 알지 못하는 이에게는 상속 개념과 덩어리 개념조차 무너지지 않기 때문에 무상·고·무아의 바른 성품을 스스로 아는 지혜도 절대로 생겨나지 않는다. 따라서 위에서 보인『빠띠삼비다막가(無碍解道)』의 경전내용은 '잘 외워서 그 순서대로 관찰해야 한다'라고 수행의 순서를 보인 경이 아니라 경전과 아비담마에서 기억하기 쉽도록 가르침의 순서에 따라서만 설한 내용이다.

명상의 지혜가 직접관찰 위빳사나가 아닌 모습에 대해서는 앞의 경전에서 명상의 지혜의 대상을 보인 'sabbaṁ rūpaṁ(모든 물질은)'이라는 등의 구절을 특히 주의해서 살펴보라. 이 내용에 따르면 한 순간씩 생겨나는 각각의 법들을 따로따로 구분하여 관찰해야 한다고 말하지 않았다. 모든 것들을 모아서 하나로 취해 관찰하라고 말했다. 예를 들어 느낌을 관찰하는 부분에서 한 번씩 생겨나는 느낌 하나하나를 각각 따로따로 관찰하지 말고 존재하는 모든 느낌들을 모아서 하나로 취해 관찰하라고 말했다. 그렇게 하나로 묶어서 관찰한다면 그러한 법들 각각의 고유한 특성 등을 한 순간의 지혜로 어떻게 직접 알 수 있겠는가? 따라서 직접관찰〔위빳사나〕 지혜가 아니라는 말이다. 사실대로 말하자면 직접관찰〔위빳사나〕 지혜가 성숙되었을 때 직접 관찰하는〔현재의〕 물질과 정신을 미루어 유추하여 물질, 느낌 등을 모두 모아서 숙고하고 사유하는 추론관찰〔위빳사나〕 지혜이다. 그러한 추론관찰〔위빳사나〕 지혜에서는 '어떠한 세간법만을 관찰해야 한다, 어떠한 법을 먼저 관찰해야 한다'라고 제한하고 구분함이 없다. 원래 타고난 지혜가 예리한 이나 경전지식이 많은 이들에게는 〔그러한 추론관찰 위빳사나 지혜가〕 많이, 광범위하게 반조하며 생겨난다. 바로 그렇기 때문에 『빠띠삼비다막가(無碍解道)』와 『위숫디막가(淸淨道論)』에 그러한 지혜에 관해서 아주 자세하게 설명한 것이다. 이 추론적 명상의 지혜는 생멸의 지혜 앞부분에만 생겨나는 것이 아니다. 생멸의 지혜, 무너짐의 지혜들이 아주 예리해져 구족되었을 때에도 스스로의 지혜로 결정할 수 있을 정도로 숙고하고 명상하며 생겨날 수 있다. 생멸의 지혜, 무너짐의 지혜 등을 설명할 때 근거가 되는 경전들을 알려 줄 것이다.

추론관찰 위빳사나의 여러 이름들

추론관찰 위빳사나는 물질과 정신 하나하나만을 구분해서 관찰하는 것이 아니다. 모든 것을 묶어서 한 묶음으로 관찰한다. 그렇기 때문에 묶음명상(kalāpa sammasana)[341]이라고도 부른다. 직접적으로 알고 난 물질과 정신들에서 그 방법을 의지하여 관찰하고 반조하는 것이기 때문에 방법적 위빳사나(nayavipassanā), 방법적 통찰(naya dassana), 방법적 마음기울임(naya manasikāra)이라고도 부른다. 방법적 통찰, 방법적 마음기울임에 관한 것은 아래 『까타왓투(論事) 주석서』에 나온 대로 알아야 한다.

> Ekasaṅkhārassāpi aniccatāya diṭṭhāya sabbe saṅkhārā aniccāti avasesesu nayato manasikāro hoti. ··· sabbe

341 'kalāpa sammasana'를 '깔라빠에 대한 명상'이라고 번역하기도 한다. 지금 이곳에서의 'kalāpa'는 물질 단위로서의 깔라빠가 아니라 하나로 묶은 다발이라는 의미이기 때문에 오해의 소지가 있어 '묶음명상'이라고 번역했다. 한역으로는 취사유(聚思惟)라고 한다. '묶어서 명상한다'라는 의미이다.

saṅkhārā aniccāti ādivacanaṁ nayato dassanaṁ sandhāya vuttaṁ, na ekakkhaṇe ārammaṇato.

(PaA.251)

대역

ekasaṅkhārassapi**하나의 형성에 대해서라도** aniccatāya**무상한 성품을,** 즉 무상의 특성을 diṭṭhāya**직접**관찰 지혜로 **보는 것으로** 'sabbe saṅkhārā**모든 형성들이** aniccāti**무상하다'고** avasesesu**나머지** 형성들**에 대해서도,** 즉 직접 보지 못한 형성들에 대해서도 nayato manasikāro 〔그〕 **방법을 의지한 마음기울임이** hoti**있다.** … sabbe saṅkhārā aniccāti ādivacanaṁ**'모든 형성들은 무상하다'라는 등의,** 즉 "'모든 형성들은 무상하다'라고 지혜로 분명히 알 때"라는 **말은** nayato dassanaṁ sandhāya〔그〕 **방법으로,** 방법을 의지하여 **본다는 것을 대상으로** vuttaṁ**말하였다.** ekakkhaṇe**한 순간에** ārammaṇato〔그 모든 것들을〕 직접 **대상으로 하여** (dassanaṁ sandhāya)**본다,** 관찰한다**는 것을 대상으로** na (vuttaṁ)**말한 것이 아니다.**

이 주석서의 내용 중 "하나의 형성에 대해서라도(ekasaṅkhāra-ssāpi)"라는 구절에서 폄하의 의미를 지니는(garahā jotaka) '~도(api)'라는 단어에 의해 "하나의 형성에 대해서 무상의 특성을 보는 것만으로도 모든 형성들을 항상하지 않다고 관찰하는 것이라 할 수 있다. 많은 형성들의 무상의 특성을 여러 번 직접 보게 되면 추론관찰 위빳사나라고 부르는 방법적 마음기울임(nayamanasikāra)이 생겨난다는 것은 말할 필요조차 없다"는 것을 알 수 있다.

"무상의 특성으로 직접 보아(aniccatāya diṭṭhāya)"라는 구절은 직접관찰 위빳사나로 보는 것을 알려 준다.

"나머지 〔형성들에 대해서는〕 방법적 마음기울임이 생겨난다(avasesesu nayato manasikāro)"라는 구절은 직접 볼 수 없는 형성들에 대해서는 방법적 마음기울임, 방법적인 통찰, 방법적 위빳사나라 부르는 추론관찰 〔위빳사나〕 지혜가 생겨나는 것을 보여 준다. 그리고 그러한 지혜들은 한 다발로 모아서 명상하기 때문에 묶음명상(kalāpa sammasana)이라고도 『위숫디막가(淸淨道論)』에서 말하였다.

"방법을 의지하여 본다, 통찰한다는 의미로 말한 것이다(nayato dassanaṁ sandhāya vuttaṁ)" 등의 구절은 "sabbe saṅkhārā aniccāti, sabbe saṅkhārā dukkhāti, sabbe dhammā anattāti, yadā paññāya passati('모든 형성들은 무상하다. 모든 형성들은 괴로움이다. 모든 법들은 무아이다'라고 통찰지로 바르게 볼 때)"[342]라는 등의 비슷한 여러 가르침들이 직접관찰 위빳사나로 관찰하는 것을 설명하는 것이 아니라 직접관찰 〔위빳사나〕 지혜로 관찰하고 난 다음 모든 형성들을 모아서, 그 방법을 의지해서 관찰하는 것만을 설명하는 것임을 알게 한다. 즉 "그러한 가르침들은 추론관찰 〔위빳사나〕 지혜로 관찰하는 모습만을 보여 주기 위해 설하신 가르침이지 직접관찰 〔위빳사나〕 지혜로 관찰하는 모습을 보여 주기 위해 설하신 가르침이 아니다"라는 뜻이다. 이 주석서의 가르침에 따라 추론관찰 위빳사나는 처음에 먼저 실천해야 하는, 실천할 수 있는 지혜가 아니다. 하나의 형성, 혹은 많은 형성들에 대해 무상의 특성 등을 직접관찰 지혜로 보고 알고 난 후에 저절로 생겨나는 지혜들이다. 그렇게 명상의 지혜는 우선해서 생겨나는 지혜가 아니라 뒤에 따라오는 추론관찰 지혜일 뿐이기 때문에, 바로 그 때문에도 명상의 지

342 Dhp. 게송 278, 279, 280.

혜에 관련한 경전에 의지해서 '과거를 시작으로 관찰해야 한다'라고 해서는 안 된다. 여기에서 특별히 언급할 것이 있다. 『위숫디막가』에서 경전이 아니라 주석서의 방법으로 설명한 명상의 지혜를 닦는 방법들 중 물질 7개조(rūpasattaka)에서 〔두 번째인〕 연령성숙 사라짐(vayovuddhatthaṅgama)의 마지막 부분[343]과 〔세 번째부터 여섯 번째인〕 음식, 온도, 업, 마음에서 생긴 것에 따라 관찰하는 것,[344] 그리고 정신 7개조(arūpasattaka)에서 〔두 번째부터 일곱 번째까지인〕 쌍으로 등의 여섯 가지 방법[345]은 직접관찰 위빳사나에 포함된다. 그러한 방법들에서 물질과 정신의 대상은 대부분 현재대상이다.

위빳사나의 대상이 끝났다.

---

343 다리의 한 동작을 ① 들어올림, ② 뻗음, ③ 앞으로 옮김, 또는 옆으로 피함, ④ 놓음, ⑤ 딛음, ⑥ 누름의 여섯 단계로 관찰하는 것이다. 이 책의 제2권 p.220; 『청정도론』 제3권, pp.248~249 참조.

344 이 책의 제2권 pp.223~241; 『청정도론』 제3권, pp.251~253 참조.

345 이 책의 제2권 pp.242~251; 『청정도론』 제3권, pp.256~260 참조.

수행방법의 원용

1. 수행방법의 원용

이제 사마타 행자들이 관찰하는 모습에서 〔위빳사나 행자들이 위빳사나 수행을 하는〕 방법을 원용(援用)하는 것에 대해 설명하겠다. 이것을 설명하는 목적은 무엇 때문인가? 이 『위빳사나 수행방법론』에서 보일 위빳사나 수행방법은 「새김확립 긴 경(大念處經)」에서 직접적으로 설한 방법이다. 다른 여러 경전들과도 일치하는 방법이다. 그렇지만 〔이렇게〕 수행방법의 근거들을 접하지 못하면 일부 사람들에게 이 '새김확립 수행법'에 대한 의심이 사라지지 않을 수도 있다. 그러한 의심을 이 수행방법의 원용에서 제거하여 법 구분의 지혜를 확실하게 생겨나게 하기 위해서이다.

(1) 사마타 행자의 관찰법–앙굿따라 니까야

Idha, bhikkhave, bhikkhu vivicceva kāmehi vivicca akusalehi dhammehi savitakkaṁ savicāraṁ vivekajaṁ pītisukhaṁ paṭhamaṁ jhānaṁ upasampajja viharati. So 'yadeva tattha hoti rūpagataṁ vedanāgataṁ saññāgataṁ saṅkhāragataṁ viññāṇagataṁ', te dhamme aniccato dukkhato rogato gaṇḍato sallato aghato ābādhato parato palokato suññāto anattato samanupassati.

(Navaṅguttara Mahāvagga, A.iii.220)

대역

bhikkhave비구들이여, idha이 교법에서 bhikkhu비구는 vivicceva kāmehi 감각욕망으로부터 완전히 멀리 떠나고, vivicca akusalehi dhammehi불선법들로부터 완전히 멀리 떠난 뒤, savitakkaṁ savicāraṁ일으킨 생각과 지속적 고찰이 있고, vivekajaṁ pītisukhaṁ장애들로부터 멀리 떠났기 때문에 생겨나는 희열과 행복이 있는 paṭhamaṁ jhānaṁ초선에 upasampajja이르러 = 입정하여 viharati지낸다. tattha그 초선이 생겨나는 때 yadeva rūpagataṁ vedanāgataṁ saññāgataṁ saṅkhāragataṁ viññāṇagataṁ어떤 뭇 물질, 뭇 느낌, 뭇 인식, 뭇 형성, 뭇 의식들만 hoti있다. so그 비구는 te dhamme그 물질·느낌·인식·형성·의식이라는 법들을 aniccato무상하다고 samanupassati관찰한다. dukkhato괴로움이라고 관찰한다. rogato엄습한 고질병이라고, gaṇḍato터진 종기라고, sallato 찔린 화살이라고, aghato죄악이라고, 즉 나쁜 행위와 같다고, ābādhato질병이라고, parato남이라고, 즉 모르는 사람, 외부 사람과 같다고, palokato부서진다고, suññāto공하다고, 즉 영혼이나 실체가 없는, 비어 있는 것이라고, anattato무아라고, 즉 주재하는 자아가 아닌, 성품의 법일 뿐이라고 samanupassati(바르게) 관찰한다.[346]

위의 경전내용을 통해 "선정을 얻은 비구는 위빳사나를 관찰하기 전에 우선 바탕을 마련한다는 의미로 초선정에 입정한다. 그리고 그 선정에서 출정하자마자 위빳사나 관찰을 한다. 관찰도 다른 특별한 것을 찾아서 관찰하는 것이 아니다. 그 초선정이 생겨날 때 분명하게 생겨난 무

346 『앙굿따라 니까야』 제5권, p.468 참조.

더기(오온)만을 관찰한다”라는 것을 분명하게 보여 준다. 그 밖에 나머지 색계선정, 무색계선정들도 먼저 입정한 후에 출정해서 관찰하는 모습을 그 경전에서 같은 방법으로 보여 준다. 다른 여러 경전들에서도 사마타 행자들의 수행방법을 같은 방법으로 보여 주고 있다. 따라서 〔이 모든 경전들은〕 “어느 하나의 선정에 먼저 입정한 다음 그 선정에서 출정했을 때 선정에 입정한 동안 분명하게 생겨난 물질과 정신들을 관찰한다”라는 것을 보여 주는 경전들이다. ‘여러 경전지식에 따라 물질과 정신들을 유추해서, 숙고해서 관찰한다’라고 알려 주는 경전은 없다. 이 수행방법의 원용에서 우선 이러한 의미에 확실하게 주의를 기울이기 바란다.

위의 경전에서 무상 등으로만 설하셨다고 해서 ‘무상 거듭관찰 등의 단계에서만 그렇게 관찰해야 한다. 정신·물질 구별의 지혜, 조건파악의 지혜 등의 단계에서는 정신과 물질을 숙고해서 관찰해야 한다’라고 잘못 생각하지 말라. 대표인 무상 거듭관찰 등을 말하면 대표가 아닌 앞의 두 가지 지혜들도 포함된다는 것을 앞서 수행법 두 가지를 나누는 곳[347]에서 언급했다. 바로 그렇기 때문에 이 경전을 근거로 하여 『위숫디막가(清淨道論)』에서는 아래와 같이 말하고 있다.

(2) 사마타 행자의 관찰법 – 위숫디막가

1) 성전과 간략한 의미

Nāmarūpānaṁ yāthāvadassanaṁ diṭṭhivisuddhi nāma.

---

347 이 책의 제1권 p.165 참조.

Taṁ sampādetukāmena samathayānikena tāva ṭhapetvā nevasaññānāsaññāyatanaṁ avasessa rūpārūpāvacarajjhānānaṁ aññatarato vuṭṭhāya vitakkādīni jhānaṅgāni, taṁsampayuttakā[348] ca dhammā lakkhaṇarasādivasena pariggahetabba.

(Vis.ii.222)

대역

nāmarūpānaṁ**정신과 물질을** yāthāvadassanaṁ있는 그대로, **사실대로 바르게** 알고 **보는 것이** diṭṭhivisuddhi nāma**견해청정(見淸淨)이다.** taṁ**그것,** 즉 견해청정을 sampādetukāmena**성취하고자 하는** samathayānikena**사마타 행자는** tāva**우선** nevasaññānāsaññāyatanaṁ ṭhapetvā**비상비비상처를 제외한** avasessa rūpārūpāvacarajjhānānaṁ**나머지 색계와 무색계 선정 가운데** aññatarato**어느 하나로부터** vuṭṭhāya**출정하여** vitakkādīni jhānaṅgāni ca**일으킨 생각 등의 선정 구성요소, 또는** taṁsampayuttakā ca dhammā**그** 선정**과 결합한** 접촉, 인식, 의도, 마음 등의 **법들을** lakkhaṇarasādivasena**특성·역할 등을 통해서** pariggahetabba**파악해야 한다.** 관찰해야 한다.[349]

간략한 의미 정신과 물질들을 생겨나는 그대로 바르게 아는 지혜를 견해청정이라고 한다. 사마타 행자가 견해청정을 성취하려면 비상비비상처를 제외한 나머지 색계선정, 무색계선정 중 어느 한 선정에 우선 입정해야 한다. 그리고 그 선정에서 출정했을 때 그 선정 마음이 생겨날 때 포함되어 분명하게 〔같이〕 생겨나는 일으킨 생각, 지속적 고찰, 희열, 행

348 CST4 taṁsampayuttā.

349 『청정도론』 제3권, pp.175~176 참조.

복, 평온, 마음하나됨이라고 하는 선정 구성요소들을 관찰해야 한다. 그 선정과 결합되어 함께 생겨나는 접촉, 인식, 의도, 마음, 바람 등의 법들도 관찰해야 한다. 어떻게 관찰해야 하는가? 고유특성, 역할 등으로 알고 보며 관찰해야 한다.

2) 특성 · 역할 등을 통해서

여기에서 '특성·역할 등을 통해서'라고 하는 구절을 통해 "선정 구성요소 법들, 그 법들과 함께 생겨나는 마음, 마음부수의 법들을 파악하여 관찰할 때 그 법들의 고유특성·역할 등을 파악해서 관찰하고, 알고 보아야 한다. 그러한 법들의 명칭, 모습, 개수 등을 파악해서 관찰하고, 알고 보는 것이 아니다"라는 의미를 알려 준다. 예를 들면 'abhidhammaṁ ekadesavasena jānāmi = 아비담마를 일부분으로 안다'라고 한다면 '아비담마를 안다'고는 말하지만 '모든 것을 아는 것은 아니다. 일부분만 안다'라고 하는 것과 같고 'candaṁ heṭṭhimatalavasena passami = 달 아랫면을 본다'라고 한다면 달을 보기는 보지만 '달의 모든 면을 보는 것이 아니다. 아랫면만 본다'라고 하는 것과 같다. 마찬가지로 '특성·역할 등으로 파악해야 한다'라고 하는 이 구절도 '그 선정 구성요소 법들, 그것과 결합한 마음, 마음부수의 법들의 특성·역할 등만을 파악해서 관찰하고 알고 보아야 한다'라는 뜻이다. 그렇지만 빠라맛타 실재성품이라고 하는 것에서 특성 등만 진실한 실재성품이다. 특성 등을 제외한 다른 어떤 실재성품이라고 하는 것은 없다. 따라서 특성 등을 아는 것은 실재성품의 어느 한 부분만을 아는 것이 아니다. 실재성품 전체를 완전히 아는 것이다. 예를 들면 마음과 대상의 닿음이라고 하는 특성(phusana lakkhaṇā)을 아는 것은 접촉의 한 부분만 아는 것이 아니다. 접촉 전체를 완벽하게 아는 것과 같다. '~를 통해서(vasena)'라는 구절로 설명한 여러 경전에도 방금 설명한 방법대로 그 의미를 취해야 하는 구절들이 많이 있다. 지혜 있는 이들이 주의해야 할 부분이다.

3) 물질을 설명하지 않은 이유 세 가지

처음 수행을 시작한 이들은 '관찰할 수 없기 때문에' 비상비비상처를 제외한다고 복주서에서 그 이유를 설명하였다. 다음에 「차례대로 경(Anupada sutta)」에서 분명하게 설명할 것이다. 그 밖에 파악해야 하는 법들을 설명한 곳에서 다른 경전에서는 설명한 물질을 설명하지 않는 이유가 있다. 왜냐하면 사마타 행자에게는 일반적으로 선정의 마음이 생겨날 때 함께 생겨난 정신법들이 먼저 드러난다. 따라서 그러한 정신법들을 먼저 관찰하는 경우가 많다. 물질이 먼저 드러나 그 물질을 시작으로 관찰하는 경우는 적다. 그렇게 드문 관찰방법도 위빳사나 행자들이 관찰하는 모습과 함께 설명할 것이다. 그래서 여기에서는 '일반적인 관찰 모습을 설명했기 때문에'도 물질을 설명하지 않고 남겨 두었다. 또한 '정신을 대표로 하여 관찰하는 모습을 설명했기 때문에'도 물질을 설명하지 않고 남겨 두었다. 또한 '물질과 정신, 두 가지를 동시에 관찰할 수 없기 때문에'도 물질을 설명하지 않고 남겨 두었다. 바로 그렇기 때문에 그러한 선정의 의지처인 심장 물질에 대해 관찰하는 모습을 이어서 따로 설명했다. 따라서 이 『위숫디막가(淸淨道論)』의 내용은 앞에서 언급한 『앙굿따라 니까야』의 내용과 완전히 일치한다. '비상비비상처와 물질을 설명하지 않았기 때문에 경전처럼 완벽한 내용이 아니다'라고 알아서는 안 된다. 방금 설명한 이유 세 가지에 대한 근거를 지금부터 알려 주겠다.

① 첫 번째 이유

Arūpe vipassanābhiniveso yebhuyyena samathayānikassa hoti.

(Pm.ii.470)

대역

arūpe**정신에 대한** vipassanābhiniveso**위빳사나 천착**, 즉 처음 마음에 새김이 yebhuyyena**대부분** samathayānikassa**사마타 행자에게** hoti**생긴다.**[350]

(('물질을 시작으로 관찰하는 이는 드물다'라고 확장해서 알아야 한다. 이것이 첫 번째 이유를 설명하는 근거이다.))

위빳사나 행자의 경우에는 물질을 시작으로 관찰하는 경우가 많다. 정신을 시작으로 관찰하는 것은 드물다. 따라서 위의 『대복주서』에서도 〔사마타 행자에 대한 설명 앞에〕 "rūpe vipassanābhiniveso yebhuyyena vipassanāyānikassa hoti(물질에 대한 위빳사나 천착, 즉 처음 마음에 새김이 대부분 위빳사나 행자에게 생긴다)"[351]라고 하였다. 이 복주서에 따라 물질을 시작으로 관찰하는 모습은 제5장에서 설명할 것이다.

② 두 번째 이유

Jhānaṅgāni pariggaṇhāti arūpamukhena vipassanaṁ abhinivisanto.

(DAṬ.ii.300)

350 사마타 행자는 처음에 대부분 정신에 대해 위빳사나를 천착한다는 뜻이다.

351 위빳사나 행자는 처음에 대부분 물질에 대해 위빳사나를 천착한다는 뜻이다.

대역

arūpamukhena**정신을 향해**, 즉 정신을 기본으로 vipassanaṁ**위빳사나를** abhinivisanto**천착하는**, 즉 처음 마음에 새기는 **이는** jhānaṅgāni**선정요소를** pariggaṇhāti**파악한다**.
《이것이 두 번째 이유를 설명하는 근거이다.》

이 복주서에서 "정신을 향해, 정신을 기본으로(arūpamukhena)"라는 구절을 통해 "동시에 생겨나는 정신과 물질 중에 분명한 정신만을 관찰한다. 물질을 따로 특별히 관찰하지는 않는다. 그렇지만 그 정신을 기본으로 하여 관찰하는 것으로 물질과 정신, 두 가지 모두를 관찰하는 일이 성취된다"라는 의미를 알려 준다. 그와 마찬가지로 "분명한 물질을 기본으로 하여 관찰하는 것으로도 정신을 따로 관찰함이 없이 물질과 정신의 두 가지 모두를 관찰하는 일이 성취된다"라고 알아야 한다.

그래서 복주서에서 다음과 같이 설명하였다.

"assāsapassāse pariggaṇhāti rūpamukhena vipassanaṁ abhinivisanto"

(DAṬ.ii.300)

해석

물질을 통해, 즉 물질을 기본으로 하여 **위빳사나를 천착하는**, 즉 처음 마음에 새기는, 들숨날숨〔새김〕 선정을 얻은 **이는 들숨과 날숨을 파악한다**.

들숨날숨 새김에서 위빳사나가 생겨나는 모습

위 복주서의 내용은 들숨날숨 새김으로 선정을 얻은 이가 위빳사나 관찰을 시작하는 모습을 설명한 주석서의 "so jhānā vuṭṭhahitvā assāsapassāse vā pariggaṇhati jhanaṅgāni vā(그는 선정에서 출정하여 들숨날숨이나 선정 구성요소들을 파악한다)"[352]라는 구절을 설명한 것이기 때문에 '들숨과 날숨을 관찰한다'라고만 설명했다. 따라서 "물질을 기본으로 하여 처음 위빳사나를 관찰하는 사마타 행자들은 다른 어떤 물질을 관찰해도 좋다"라고 알아야 한다. 특히 '들숨날숨을 관찰하면 사마타 수행만 생겨난다. 위빳사나는 되지 않는다'라고 잘못 생각하거나 잘못 말하지 않도록 이 주석서와 복주서의 내용에 특히 주의를 해야 한다. 또한 그 문헌들에서 "선정에서 출정하여 파악한다"라고 설명했다고 해서 '선정을 얻은 이들에게만 위빳사나가 생겨난다'라는 올바르지 않은 마음기울임(ayonisomanasikāra), 잘못된 파악(duggahitaggāha)도 생겨나게 해서는 안 된다. 무엇 때문인가? 현재 분명한 욕계법들 중 '어떠한 법들은 사마타 행자만 관찰해야 하고 위빳사나 행자는 관찰하면 안 된다'라고 설한 어떠한 경전, 주석서, 복주서도 없기 때문이다. 사실은 어떤 하나의 욕계법들을 관찰하여 사마타 행자에게 위빳사나가 생겨날 수 있는 것과 마찬가지로 현재 분명한 그 욕계법들을 관찰하여 위빳사나 행자들에게도 진짜 위빳사나 수행이 생겨날 수 있다. 생겨나지 못할 이유가 없다. 서로 다른 점은 선정을 얻었든 얻지 않았든 들숨과 날숨의 모습이나 표상을 유추해서 관찰하면 사마타만 생겨난다. 위빳사나가 생겨나지 않는다. 닿음이나 움직임만을 기본으로 해서 관찰하면 위빳사나만 생겨난다. 선정을 닮는 사마타가 생겨나지 않는다. 바로 그렇기 때문에 『맛지마 니까야(후50편)』「들숨날숨 새김 경(Ānāpānasati

---

352 DA.ii.355.

sutta)」에서는 다음과 같이 설하셨다.

kāyesu kāyaññatarāhaṁ, bhikkhave, evaṁ vadāmi yadidaṁ — assāsapassāsā.

(M.iii.126)

대역

bhikkhave**비구들이여**, 'yadidaṁ(= ye ime) assāsapassāsā**이러한 어떤 들숨과 날숨이** (santi)있다. (te)그 들숨과 날숨은 kāyesu땅 요소(pathavī), 물 요소(āpo), 불 요소(tejo), 바람 요소(vāyo)라고 하는 네 가지 **몸들**(물질들) **중** aññataraṁ kāyaṁ**어떤 한 가지인** 바람 요소라는 **몸**(물질) **이다'라고** ahaṁ**나는** evaṁ vadāmi**이와 같이 말한다.**

또는 다르게 해석하면 다음과 같다.

비구들이여, "들숨과 날숨은 kāyesu25가지 **몸들**(물질들) **중** aññataraṁ kāyaṁ**어떤 하나인** 감촉 감각장소(phoṭṭhabbāyatana)에 해당되는 바람이라는 **몸**(물질)**이다"라고 나는 말한다.**

Kāyaññataranti pathavīkāyādīsu catūsu kāyesu aññataraṁ vadāmi, vāyo kāyaṁ vadāmīti attho. Athavā cakkhāyatanaṁ … kabaḷīkāro āhāroti pañcavīsati rūpakoṭṭhāsā rūpakāyo nāma. Tesu ānāpānaṁ phoṭṭhabbāyatane saṅgahitattā kāyaññataraṁ hoti, tasmāpi evamāha.

(MA.iv.99)

역해

'어떤 한 가지 몸이다'라는 구절의 의미는 '땅 〔요소라는〕 몸 등 네 가지 몸 중 어느 한 가지, 즉 바람 〔요소라는〕 몸이다'라는 뜻이다. 여기서 눈 감각장소 … 음식의 영양분이라는 25가지를 물질 무더기, 물질인 몸이라고 한다. 그중에 들숨날숨은 감촉 감각장소에 포함되는 어떤 한 가지 몸이다. 그래서 위와 같이 말씀하셨다.

위와 같은 주석서의 설명에 따라 두 가지 의미로 해석하였다. 여기서 물질 25가지라고 한 것은 『담마상가니(法集論)』에서 직접적으로 설한 물질 25가지이다. 『맛지마 니까야(근본50편)』「소 치는 사람 긴 경(Mahāgopāla sutta)」의 주석, 『상윳따 니까야』「소 치는 사람 경(Gopāla sutta)」의 주석 등에서 그 25가지 물질을 설명해 놓았다.[353]

③ 세 번째 이유

Rūpārūpadhammānaṁ accanta vidhuratāya ekajjhaṁ asammasitabbatthā.

(Pm.ii.399)

대역

rūpārūpadhammānaṁ**물질법과 비물질법은** accanta vidhuratāya**확실히 서로 반대되기 때문에** ekajjhāṁ**하나로 모아서** asammasitabbatthā**명상할 수 없기 때문에**

《이것이 세 번째 이유를 보여 주는 근거이다.》

---

353 감각장소 다섯, 대상 다섯, 여성 물질, 남성 물질, 생명 물질, 몸 암시, 말 암시, 허공 요소, 물 요소, 물질의 가벼움, 물질의 부드러움, 물질의 적합함, 생성, 상속, 쇠퇴, 무상, 음식 물질이다. MA.ii.159.

'물질은 대상을 알 수 없다. 정신은 대상을 알 수 있다. 그렇게 서로 반대이기 때문에 직접관찰 위빳사나에서는 물질과 정신을 묶어서 대상으로 할 수 없다. 관찰할 수 없다'는 뜻이다.

(3) 수행방법의 원용

지금까지의 내용을 통해 "사마타 행자는 자신에게 일반적으로 생겨나는 선정 마음에 포함된 여러 정신법들, 마음의 의지처인 물질법, 마음 때문에 생겨나는 여러 물질법들 중 분명한 법 어느 하나만을 기본으로 하여 관찰해야 한다는 것을 『앙굿따라 니까야』와 『위숫디막가(淸淨道論)』 등에서 동일하게 보여 주고 있다"라는 것을 분명히 알 수 있다. 따라서 사마타 행자가 관찰하는 모습에서 〔위빳사나 행자의 위빳사나 수행〕방법을 원용한다면 "위빳사나 행자도 자신에게 일반적으로 생겨나는 물질과 정신들 중 어느 하나만을 기본으로 하여 관찰해야 한다"라고 말할 수 있다. 서로 다른 점은 사마타 행자에게는 입정할 수 있는 선정이 있어서 그 선정 등을 관찰할 수 있다. 하지만 위빳사나 행자에게는 그러한 선정이 없기 때문에 자신에게 존재하는, 보는 마음 등만을 관찰해야 한다. 이 정도만 서로 다르다. 관찰하는 모습은 서로 다르지 않다.

따라서 위빳사나 행자는 보는 순간에 보는 마음, 마음부수 등 정신법들, 또는 그러한 정신의 토대 물질, 또는 보이는 형색 물질 등을 관찰해야 한다. 들을 때, 냄새 맡을 때, 맛볼 때, 닿을 때 등에도 같은 방법으로 알아야 한다. 생각할 때는 생각하는 마음, 숙고하는 마음, 관찰하는 마음, 마음부수 등의 정신법들, 그 정신의 토대 물질, 대상으로 취한 정신과 물질, 또는 마음 때문에 생겨난 물질 등을 관찰해야 한다.

이렇게 관찰할 때도 동시에 생겨나는 정신과 물질 모두를 아비담마 문헌에서 보여준 대로 마치 파 놓은 구멍에 양귀비 씨를 꼼꼼하게 심듯이 〔하나하나 자세하게〕 숙고하며 찾아서 관찰하라는 것이 아니다. 특별히 분명한 어느 하나의 법만을 기본으로 관찰해야 한다. "attano abhinīhāra samudāgata ñāṇabalānurūpaṁ ekadesameva pariggahetvā sammasanto[354](자신의 의향에 따라 생겨난 지혜의 힘에 적당한 일부분만 파악하고서 명상한다)", "rūpamukhena … arūpamukhena vipassanaṁ abhinivisanto.[355](물질을 통해서 … 정신을 통해서 위빳사나를 천착한다)"라는 복주서의 설명에 유의하라. 물질 두 가지, 세 가지, 정신 두 가지, 세 가지 등이라도 직접관찰 위빳사나에서는 하나로 묶어 관찰할 수 없다. 무엇 때문인가? 땅 요소, 접촉 등 각각의 정신과 물질, 물 요소, 느낌 등의 다른 정신과 물질은 고유특성 등으로 서로 다르기 때문이다. 서로 다른 그 고유특성 등을 직접관찰 지혜로 하나로 묶어서 대상으로 할 수 없고, 알 수 없기 때문이다. 그렇지만 분명한 어느 하나의 물질과 정신을 관찰하여 알면 그것과 동시에 생겨나는 다른 물질과 정신을 관찰하는 일, 아는 일이 성취된다.

---

354 MAṬ.ii.274.

355 MAṬ.i.349.

2. 사대를 모두 알지 않고 아라한이 되는 모습

도와 과에 이른 사람들마다 물질과 정신을 아는 모습은 다 같다거나 경전과 주석서들에서 자세하게 설명한 그대로 모든 것을 알아야만 도와 과에 이를 수 있다고 생각하는 이들이 있다. 그렇게 생각해서는 안 된다. 무엇 때문인가? 자신의 바라밀, 지혜의 정도에 따라서만 알 수 있기 때문이다. 자세하게 설명하자면 제일 지혜가 예리한 이라면 제자들의 영역 정도에서 광범위하게 알 수 있다. 그렇지만 아비담마의 가르침에 따라 알 수는 없다. 〔다음에 나올〕「차례대로 경」에서 분명하게 설명할 것이다. 제일 지혜가 둔한 이라면 도와 과에 이를 수 있을 정도만, 일부분만 알 수 있다.

바로 그렇기 때문에 『맛지마 니까야(근본50편)』「근본 법문 경(Mūlapariyāya sutta)」의 주석에서 다음과 같이 설명하였다.

> Sāvakā hi catunnaṁ dhātūnaṁ ekadesameva sammasitvā nibbānaṁ pāpuṇanti.
>
> (MA.i.54)

대역

sāvakā**제자들은** hi**실로** catunnaṁ dhātūnaṁ'땅 요소, 물 요소, 불 요소, 바람 요소'라고 하는 **사대 중에서** ekadesameva**어느 한 부분만을** sammasitvā**명상하고** nibbānaṁ**열반에** pāpuṇanti**이른다**.

주석서뿐만 아니다. 『상윳따 니까야(감각장소 상윳따)』「낑수까 나무 비유경(Kiṁsukopama sutta)」[356]에서도 이러한 의미를 보여 주고 있다.

---

356 S35:245; 『상윳따 니까야』 제4권, pp.403~409 참조.

어떻게 보여 주고 있는가? "어느 정도까지 알면 〔비구의〕 특별한 지혜가 깨끗하게 됩니까? 아라한이 됩니까?"라는 한 비구의 질문에 대해 아라한인 네 명의 비구가 각자 수행하여 알고 본 모습대로 각각 다음과 같이 설명하였다.

첫 번째 아라한의 대답

Yato kho, āvuso, channaṁ phassāyatanānaṁ samudayañca attaṅgamañca yathābhūtaṁ pajānāti, ettāvatā kho, āvuso, bhikkhuno dassanaṁ suvisuddhaṁ hoti.

(S.ii.396)

해석

도반이여, 그때 접촉이 생기는 원인인 여섯 가지 내부 감각장소들의 생겨남과 사라짐을 사실대로 바르게 압니다. 도반이여, 이 정도로 알면 비구의 지혜로 봄이 아주 청정합니다. 즉 아라한이 됩니다.

이 대답은 여섯 가지 내부 감각장소들만을 관찰하여 아라한이 된 장로의 대답이다. 이 아라한 비구의 관찰방법을 살펴보면 외부의 모든 법들은 관찰하지 않았다는 것을 알 수 있다. 내부법들 중에서도 눈, 귀, 코, 혀, 몸이라고 하는 다섯 가지 물질만을 관찰했고 나머지 물질들은 관찰하지 않았다는 것을 알 수 있다. 정신법들 중에서도 마음 하나만을 관찰했다. 마음부수들은 관찰하지 않았다는 것을 알 수 있다. 하지만 장로는 이 방법대로 관찰하여 아라한이 되었다. 이 방법은 적당하지 않다고 감히 어느 누가 말할 수 있겠는가? 사실대로 말하자면 '자세하게 설한 경전, 주석서들과 일치한다. 적당하다'라고만 해야 한다. 어떻게 일치하는가? 분명한 내부의 몸 감각장소를 기본으로 하여 관찰하게 되면 그와 동시에 생겨나는 외부의 여섯 감각장소들을 관찰하는 일, 아는 일들도 성취된다. 따라서 '모든 물질과 정신을 관찰한다, 안다'라고 할 수 있기 때문에 자세하게 설명한 경전, 주석서들과 일치한다.

두 번째 아라한의 대답

다섯 취착무더기의 생성과 소멸을 알면 아라한이 됩니다.

이 대답은 특별히 설명할 필요가 없다.

세 번째 아라한의 대답

Yato kho, āvuso, catunnaṁ mahābhūtānaṁ samudayañca attaṅgamañca yathābhūtaṁ pajānāti, ettāvatā kho, āvuso, bhikkhuno dassanaṁ suvisuddhaṁ hoti.

(S.ii.396)

해석

도반이여, 그때 사대(四大) 물질의 생성과 소멸을 사실대로 바르게 압니다. 도반이여, 이 정도로 알면 비구의 지혜로 봄이 아주 청정합니다. 즉 아라한이 됩니다.

이 아라한의 관찰모습에서 사대를 제외한 나머지 물질법과 정신법 모두는 관찰하지 않았다는 사실을 알 수 있다. 하지만 아라한이 되게 할 수 있는 바른 관찰방법인 것은 확실하다. 따라서 사대 물질을 기본으로 하여 관찰하는 것은 그 사대 물질과 한 무더기로, 동시에 생겨나는 물질과 정신들에 대해 관찰하는 일, 아는 일이 다 성취되기 때문에 '자세하게 설명한 경전, 주석서들과 어긋나지 않는다'라고만 알아야 한다. 무엇 때문인가? 그 경전, 주석서들에서는 각각 개인들의 간략하게, 혹은 자세하게 관찰하는 모습, 아는 모습 모두를 모아서 설명한 것이다. 그 모든 것을, 모든 개인마다 다 기본으로 하여 관찰해야, 알아야 한다는 뜻이 아니기 때문이다.

네 번째 아라한의 대답

Yaṁ kiñci samudayadhammaṁ, sabbaṁ taṁ nirodhadhammanti yathābhūtaṁ pajānāti, ettāvatā kho, āvuso, bhikkhuno dassanaṁ suvisuddhaṁ hoti.

(S.ii.396)

해석

'생겨나는 성품이 있는 모든 법들은 사라지는 성품이 있다'라고 사실대로 바르게 알면 비구의 지혜로 봄이 아주 청정합니다. 즉 아라한이 됩니다.

이 대답도 따로 설명할 것이 없다.

질문을 한 비구에게는 '모든 아라한마다 모든 물질과 정신을 알아야 하고, 아는 모습도 동일할 것이다'라는 생각, 견해가 있었다. 그래서 어떤 대답에서는 〔관찰한〕 물질과 정신들이 충분하지 않았고, 그 밖에 서로서로 관찰하는 모습도 다른 그 네 가지 대답을 들었을 때, 〔그러한 대답에〕 수긍할 수가 없어 부처님께 찾아가 다시 여쭈었다. 그러자 부처님께서는 "yathā yathā adhimuttānaṁ tesaṁ sappurisānaṁ dassanaṁ suvisuddhaṁ hoti, tathā tathā kho tehi sappurisehi byākataṁ"[357]라

357 S.ii.398.

고 설하셨다. '각자가 아라한이 될 때까지 관찰한 모습 그대로 각각 대답하였다. 네 가지 대답 모두 아라한이 되는 바른 방법들이다'라는 뜻이다.

지금까지 언급한 경전, 주석서를 통해 "동시에 생겨나는 물질과 정신들을 아비담마 문헌들에서 자세하게 보인 대로 아주 꼼꼼하고 완벽하게 관찰할 수 없어도, 볼 때 등에서 특별히 분명한 물질과 정신 어느 하나를 관찰하는 것만으로 동시에 한 무더기로 생겨나는 물질과 정신 모두에 대해 관찰하는 일, 아는 일을 성취할 수 있어 아라한 과에까지 도달할 수 있다"라는 것을 분명히 알기 바란다. 여기에서 알아 두면 매우 좋은, 사리뿟따(Sāriputta) 존자의 관찰방법을 「차례대로 경(Anupada sutta)」을 통해 알려 주겠다.

3. 사리뿟따 존자의 위빳사나

> Sāriputto, bhikkhave, addhamāsaṁ anupadadhammavipassanaṁ vipassati. Tatridaṁ, bhikkhave, sāriputtassa anupadadhammavipassanāya hoti. Idha, bhikkhave, sāriputto vivicceva kāmehi vivicca akusalehi dhamehi savitakkaṁ savicāraṁ vivekajaṁ pītisukhaṁ paṭhamaṁ jhānaṁ upasampajja viharati. Ye ca paṭhame jhāne dhammā, vitakko ca vicāro ca pīti ca sukhaṁ ca cittekaggatā ca, phasso vedanā saññā cetanā cittaṁ chando

adhimokkho vīriyaṁ sati upekkhā manasikāro — tyāssa dhammā anupadavavatthitā honti. Tyāssa dhammā viditā uppajjanti, viditā upaṭṭhahanti, viditā abbhatthaṁ gacchanti. So evaṁ pajānāti — 'evaṁ kirime[358] dhammā ahutvā sambhonti, hutvā paṭiventī'ti.

(M.iii.79)

해석

비구들이여, 사리뿟따는 지난 보름 동안 '차례대로 법 관찰 위빳사나'로 관찰하였다. 오, 비구들이여, 지금 설하는 것은 사리뿟따가 그 차례대로 법 관찰 위빳사나를 통해 관찰할 때의 순서이다. 오, 비구들이여, 이 교법에서 사리뿟따는 감각욕망으로부터 완전히 멀리 떠나고, 장애 등의 불선법들로부터 완전히 멀리 떠난 뒤, 일으킨 생각과 지속적 고찰이 있고, 장애들로부터 멀리 떠났기 때문에 생겨나는 희열과 행복이 있는 초선에 이르러 머문다. 일으킨 생각, 지속적 고찰, 희열, 행복, 마음하나됨, 접촉, 느낌, 인식, 의도, 마음, 바람, 결심, 정진, 새김, 중립, 마음기울임, 이러한 열여섯 가지 법들이 그 초선에 포함된 법들이다. 사리뿟따는 그 열여섯 가지 법들을 차례대로 분석한다. 그러한 법들이 사리뿟따에게 분명하게 일어난다. 분명하게 머문다. 분명하게 사라진다. 사리뿟따는 다음과 같이 안다. '이러한 법들에는 확실히 다음과 같은 성품이 있다. 즉 그 전에 없었다가 새로 생겨나는 것이다. 생겨나서는 다시 사라져 버린다'라고 분명하게 안다.

간략한 의미 사리뿟따 존자는 '차례대로 법 관찰 위빳사나(anupadadhammavipassanā)'라는 위빳사나 수행으로 15일 내내 관찰하여 아라

358 CST4 kirame.

한이 되었다. 어떻게 관찰했는가? 우선 초선정에 입정하였다. 그리고 그 초선정에서 출정하였을 때 그 선정 마음이 생겨날 때에 포함된 법들 중 열여섯 가지들을 각각 분석할 수 있었다. 사리뿟따 존자에게는 그러한 법들의 처음 = 생성도 분명하였다. 중간 = 머묾도 분명하였다. 끝 = 소멸도 분명하였다. 따라서 사리뿟따 존자는 다음과 같이 알고 보았다. 즉 '이 법들은 선정에 입정하기 전에는 아직 없었다. 〔선정에 들었을 때〕 지금에서야 생겨났다. 생겨나서는 다시 사라져 버린다'라고 알고 보았다. 무소유처까지 나머지 색계, 무색계 선정들도 차례대로 입정하고 같은 방법으로 관찰하였다. 관찰한 법들 중에 일으킨 생각 등의 일부 선정 구성요소들이 없는 것, 바뀜, 그리고 평온(sampasāda) 등의 새로운 법들이 약간 포함되는 것 정도만 다르다.

자세한 의미 초선에 입정한 후[359] 다시 그 선정만 관찰한다. 다음 제2선에 입정한 후 그 선정만 관찰한다. 이러한 방법으로 선정증득 여덟 가지에 차례대로 입정하여 차례대로 위빳사나 관찰하는 것도 차례대로 법 관찰 위빳사나(anupadadhammavipassanā)라고 한다. '차례대로 선정증득의 법들을 관찰하는 위빳사나'라는 말이다. 어느 하나의 선정에 입정한 후[360] 그 선정이 생겨날 때 포함된 선정 구성 요소의 법들, 접촉제5법[361] 등을 경전에서 설한 차례대로 관찰하는 것도 차례대로 법 관찰 위빳사나라고 한다. '선정 마음이 생겨나는 순간에 포함된 여러 법들을 차례대로 관찰하는 위빳사나'라는 말이다.

---

359 입정하여 출정한 후.

360 입정한 후 그리고 출정하고서.

361 접촉을 다섯 번째로 하는 법들(느낌, 인식, 의도, 의식, 접촉).

《'samāpattivasena vā jhānaṅgavasena vā anupaṭipāṭiyā dhammavipassanaṁ[362](선정증득에 따라서, 또는 선정 구성요소에 따라서 차례대로 법에 대한 관찰을)'이라고 주석서에서 설명했다.》

이 두 가지 방법 중에, 두 번째 방법에 따라 관찰하는 것은 선정에 한 번만 입정한 후에 열여섯 번 계속 이어서 관찰하는 것처럼 생겨난다. 그렇지만 무너짐의 지혜에 대한 『빠띠삼비다막가(無碍解道)』의 설명에서 "대상 하나하나의 소멸을 관찰하고 나면, 그 관찰하는 마음 자체를 바로 이어서 다시 관찰한다"고 하였다.[363] 『위숫디막가(淸淨道論)』의 정신 7개조(nāmasattaka)에 대한 설명서도[364] "처음의 마음을 두 번째 마음으로 관찰하고, 그 두 번째 마음을 세 번째 마음으로 다시 관찰한다"라고 하였다. 이러한 방법에 따라 마음 하나하나에 대해 한 번씩만 관찰하는 모습을 보였다. 따라서 〔사리뿟따 존자는〕 선정에 처음 한 번 입정한 후 〔출정하여〕 일으킨 생각을 관찰하고, 다시 두 번째로 입정한 후 지속적 고찰을 관찰하고 이러한 방법으로 열여섯 번 선정에 입정한 후 차례대로 열여섯 번 관찰했다고 〔그 의미를〕 취하는 것이 적당하다. 사리뿟따 존자는 차례대로 법 관찰 위빳사나의 두 가지 수행방법으로 보름 동안 관찰하여 아라한이 되었다. 목갈라나 존자는 7일 정도만 관찰하여 아라한이 되었다.

사리뿟따 존자의 지혜가 목갈라나 존자의 지혜보다 더 큼에도 불구하고 왜 더 오래 수행해야 했는가? 차례대로 법 관찰 위빳사나라는 수

362 MA.iv.58.

363 이 책의 제2권 pp.308~309 참조.

364 이 책의 제2권 p.243; 『청정도론』 제3권, pp.257~258.

행방법으로 아주 자세하게, 광범위하게 관찰했기 때문이다. 주석서에서 "목갈라나 존자는 그렇게 관찰하는 방법이 자세하지 않았기 때문에 7일 정도만으로 수행의 일을 마쳤다"라고 아래와 같이 설명하고 있다.

> Mahāmoggalānatthero hi sāvakānaṁ sammasanacāraṁ yaṭṭhikoṭiyā uppīḷento viya ekadesameva sammasanto satta divase vāyamitvā arahattaṁ patto. Sāriputtatthero ṭhapetvā buddhānaṁ paccekabuddhānañca sammasanacāraṁ sāvakānaṁ sammasanacāraṁ nippadesaṁ sammasi. Evaṁ sammasanto addhamāsaṁ vāyamitvā[365] arahattañca kira patvā aññāsi — "… añño sāvako nāma paññāya mayā pattabbaṁ pattuṁ samattho nāma na bhavissatī"ti.
>
> (MA.iv.58)

해석

마하목갈라나 존자는 일반제자들의 주 명상대상들을 마치 지팡이 끝으로 띄엄띄엄 **짚어 가듯이 일부분만 명상하며 7일 동안 노력하여 아라한 과에 이르렀다. 사리뿟따 존자는 '부처님과 벽지불들의 주 명상대상들을 제외하고', 일반제자들의 주 명상대상 모두를 남김없이 명상하였다. 그렇게 명상하며 보름 동안 노력하여 아라한 과에 이르렀다.** ('arahattaṁ patto'를 뒤에 첨가하였다.) … 아라한 과에 이른 후에 (그렇게 안 후에) **'지혜에 있어서 나를 따라올 다른 제자는 없다'라고 알았다.**

365 CST4 vāyami.

"sammasanaṁ carati etthāti sammasanacāro, vipassanāya bhūmi[366]('이곳에서〔= 이것에 대해〕 명상을 행한다' 그래서 '명상대상'이라고 한다. 위빳사나의 영역〔= 대상〕을 말한다)'라고 설명한 복주서에 따라 위빳사나에 의해 주로 관찰되는 대상, 위빳사나로 관찰할 만한 대상을 '주 명상대상(sammasanacāra)'이라고 한다. 그중에 직접관찰 지혜로 관찰해야 하는 내부법들, 추론관찰 지혜로 숙고하여 결정해야 하는 외부법들이라고 하는 이러한 법 무더기들이 제자들의 주 명상대상이다. 이에 대한 복주서의 설명을 앞의 제3장 위빳사나의 대상에서[367] 언급했다. 목갈라나 존자의 관찰이 성근 모습을 설명한 "마치 지팡이 끝으로 띄엄띄엄 짚어 가듯이(yaṭṭikoṭiyā uppīḷento viya)"라는 비유 구절을 깊이 숙고해 보라. 지팡이를 짚고 걸어 갈 때 지팡이가 땅에 닿는 부분은 매우 적고 닿지 않는 부분이 아주 넓은 것과 마찬가지로 제자들의 주 명상대상 중, 관찰하지 않은 법들이 많았고 관찰한 법은 아주 적었다. '〔관찰이〕 성글었다'라는 의미이다. 상수제자 중에 두 번째 제자인 마하목갈라나 존자의 관찰모습조차 지팡이를 짚는 비유를 할 정도로 그렇게 성글다면, 대제자들의 관찰모습은 그보다 더 성글 것이다. 일반 아라한, 아나함, 사다함, 수다원, 범부들의 관찰모습도 단계적으로 더욱 성글 것이라고 유추해서 알아야 한다. 바로 그렇기 때문에 『맛지마 니까야(중50편)』「깐나깟탈라 경(Kaṇṇakatthala sutta)」[368]의 주석에서는 '범부 등 아래 사람들의 수행은 수다원 등 위 사람들의 수행에 미치지 못하다'고 말했다.

---

366 MAṬ.ii.274.

367 이 책의 제1권 p.287 참조.

368 M90; 『맛지마 니까야』, pp.1008~1014 참조.

차례대로 관찰 위빳사나가 생기는 모습 사리뿟따 존자는 초선정 등에 차례대로 입정하였다. 입정한 선정마다 〔그 선정에서〕 출정하자마자 일으킨 생각 등을 관찰하여 고유특성 등으로 알았다. 어떻게 알았는가? “abhiniropanalakkhaṇo vitakko vittatīti jānāti[369]('대상을 향해 달려가는 특성이 있는 일으킨 생각이 생겨난다'라고 안다)”라는 등의 주석서에 따라 ⑴ 일으킨 생각을 관찰하면 '대상을 향해 달려가는 특성이 있는 일으킨 생각이 생겨난다'[370]라고 알았다. '일으킨 생각이 생겨난다'라고 아는 것만으로 대상을 향해 달려감이라는 특성을 통해 일으킨 생각을 구분하는 것이라고 할 수 있다. 지속적 고찰 등을 고유특성으로 구분하여 아는 모습도 같은 방법으로 알면 된다. ⑵ 지속적 고찰을 관찰하면 '대상을 거듭거듭 고찰하는 특성이 있는 지속적 고찰이 생겨난다'라고 알았다. ⑶ 희열을 관찰하면 '온몸에 퍼지는 특성이 있는 기쁨, 희열이 생겨난다'라고 알았다. ⑷ 행복을 관찰하면 '즐거워하는 특성이 있는 행복이 생겨난다'라고 알았다. ⑸ 마음하나됨을 관찰하면 '산란하지 않는 특성이 있는 마음하나됨이 생겨난다'라고 알았다. ⑹ 접촉을 관찰하면 '대상과 닿음이라는 특성이 있는 접촉이 생겨난다'라고 알았다. ⑺ 느낌을 관찰하면 '느끼는 특성이 있는 느낌이 생겨난다'라고 알았다. ⑻ 인식을 관찰하면 '인식하는 특성이 있는 인식이 생겨난다'라고 알았다. ⑼ 의도를 관찰하면 '격려하는 특성이 있는 의도가 생겨난다'라고 알았다. ⑽ 마음을 관찰하면 '대상을 아는 특성이 있는 마음이 생겨난다'라고 알았다. ⑾ 바람을 관찰하면 '원하고 바라는 특성이 있는 바람이 생겨난다'라고 알았다. ⑿ 결심을 관찰하면 '결정하는 특성이 있는 결심이 생겨난다'라

369 MA.iv.59.

370 마치 지금 생겨나는 것처럼 분명한 것을 표현하기 위해 원문 그대로 현재형으로 표현하였다.

고 알았다. ⒀ 정진을 관찰하면 '노력하고 북돋우는 특성이 있는 정진이 생겨난다'라고 알았다. ⒁ 새김을 관찰하면 '대상에 확립함이라는 특성이 있는 새김이 생겨난다'라고 알았다. ⒂ 중립을 관찰하면 '모자라지도 않고 넘치지도 않는 특성이 있는 중립이 생겨난다'라고 알았다. ⒃ 마음기울임을 관찰하면 '대상을 반조함, 대상에 마음을 향함이라는 특성이 있는 마음기울임이 생겨난다'라고 알았다. 그렇게 실제로 생겨난 대로 열여섯 가지의 법들을 알았기 때문에 "tyāssa dhammā anupadavavatthitā honti"라고 설하셨다. '사리뿟따 존자는 그 열여섯 가지의 법들을 차례대로 분석하여 안다'는 뜻이다. 〔이것이 사리뿟따 존자에게 차례대로 관찰 위빳사나(anupada vipassanā)가 생겨난 모습이다.〕

'그 법들이 사리뿟따 존자에게 분명하게 생겨나고, 분명하게 머물고, 분명하게 사라진다'고 말했다고 해서 그 선정의 마음 자체가 자신의 생성, 머묾, 소멸을 안다고 생각해서는 안 된다. 또한 선정과 〔그 법들을〕 아는 마음이 동시에 생겨난다고 생각해서도 안 된다. 그렇기 때문에 주석서에서 다음과 같이 설명하였다.

> Yathā hi teneva aṅgulaggena taṁ aṅgulaggaṁ na sakkā phusituṁ, evameva teneva cittena tassa 〔cittassa〕[371] uppādo vā ṭhiti vā bhaṅgo vā na sakkā jānituntі. Evaṁ tāva taṁñāṇatā mocetabbā. Yadi pana dve cittāni ekato uppajjeyyuṁ, ekena cittena ekassa uppādo vā ṭhiti vā bhaṅgo vā sakkā bhaveyya jānituṁ. Dve pana phassā vā

371 CST4본에는 첨가되어 있다.

vedanā vā saññā vā cetanā vā cittāni vā ekato uppajjanakāni nāma natthi, ekamekameva[372] uppajjati. Evaṁ ñāṇabahutā mocetabbā.

(MA.iv.59)

해석

한 손가락 끝으로 같은 손가락 끝에 닿을 수 없는 것과 마찬가지로 한 마음으로 그 똑같은 마음이 일어나고, 머물고, 사라지는 것을 알 수 없다. 이렇게 선정의 마음을 바로 그 선정의 마음으로 안다는 **생각에서 벗어나야 한다. 또한 마음 두 가지가 동시에 일어난다고 하자. 그래서 한 마음으로 다른 마음〔의 생겨남과 머묾과 사라짐〕[373]을 알 수 있다고 하자. 그렇지만 접촉도 두 개, 느낌도 두 개, 인식도 두 개, 의도도 두 개, 마음도 두 개가 동시에 생겨날 수는 없다. 하나씩만 생겨난다. 따라서 이와 같이 여러 지혜가 동시에 생겨난다는 생각에서도 벗어나야 한다.**

그렇지만 사리뿟따 존자는 그 열여섯 가지 법들의 의지처인 토대와 대상들을 분석하여 알았기 때문에 선정에서 출정하여 관찰했어도 그 법들의 생겨남이 지금 현재 생겨나는 것처럼 분명했다. 머묾도 지금 현재 머물고 있는 것처럼 분명했다. 사라짐도 지금 현재 사라지고 있는 것처럼 분명했다. 그렇게 분명한 법들을 관찰하는 것, 아는 것만을 생멸의 지혜, 무너짐의 지혜 등에서 '찰나현재〔에 해당하는〕 법을 관찰한다, 안다'라고 말한다.[374] 그렇기 때문에 '분명하게 생겨난다(viditā uppajja-

372 CST4 ekekameva.

373 빠알리어 저본에는 번역되지 않아 첨가하였다.

374 이 책의 제2권 p.272 참조.

nti)'라는 등으로 설하셨다. '그 이전에는 없다가 새로 생겨난다'라고 아는 것이 생겨남(udaya)을 알고 보는 지혜이다. '생겨나서는 다시 사라진다'라고 아는 것이 사라짐(vaya)을 알고 보는 지혜이다. 이것이 주석서에 따라 설명한 자세한 의미이다.

주의사항 제자들의 주 명상대상들을 남김없이 관찰한 사리뿟따 존자의 위빳사나에서, 마음 한 번마다 관찰한 법들을 살펴보면 "최대로 16가지만이다"라고 경전과 주석서에 분명하게 설하였다. 그중에 행복과 느낌은 법체로는 같기 때문에 정확히는 15가지이다. 아비담마의 가르침에서 초선의 마음과 결합한 마음부수들은 모두 35가지라고 설하고 있다. 그중에 가끔씩만 결합하는 연민, 같이 기뻐함, 이 두 가지 법을 제외하면 모두 33가지만 남는다. 따라서 선정의 마음을 하나로 헤아려, 초선정의 마음이 생겨날 때 모두 34가지 법들이 포함된 것을 알 수 있다. 그 34가지 법들 중에 '15가지 법들만을 관찰했다'라고 경전과 주석서에서 분명하게 밝히고 있다. 나머지 19가지들을 관찰했는지, 관찰하지 않았는지는 분명하지 않다. 복주서에 나오는 두 가지 견해들 중에 스승들의 견해(ācariya vāda)에서는 "그 16가지만 분명했고, 그것들만을 관찰했다"라고 말한다. 다른 종파의 견해(apare vāda)에서는 "나머지 법들이 분명하지 않았다고 해서는 안 된다"라고 말한다. 여기에서 '16가지만 관찰했다'라고 하더라도 마음이 한 번 일어날 때 포함된 16가지의 법들을 스스로의 지혜로 분명하게 하나하나 분석하여 관찰할 수 있었던 사리뿟따 존자의 지혜, 통찰지는 매우 칭송할 만하다. 바르게 위빳사나 관찰을 실천해 보았던 수행자들이라면 그들의 마음속에 존경하고 존경해도 다하지 못할 만큼 매우 거룩하고 위대한 지혜로 여겨질 것이다. 반대로 바른 위빳사나 지혜를 증득해 본 적도 없으면서 마음과 마음부수의 결합, 조합 등의 숫자만 잘 헤아리는 이들이라면 '16가지만 관찰하면 충분하지 않다거나 그리 어려운 것도 아니라고 생각할 것이다. 그렇게 불경(不敬)하게 생각하지 않도록 매우 주의를 기울여야 한다.

4. 그릇된 견해

'물질에서 물질묶음(rūpakalāpa)들이 묶여진 모습, 마음과 마음부수의 결합 모습, 특성·역할·나타남·가까운 원인, 그리고 인식과정이 생겨나는 모습 등을 〔아비담마에 따라〕 다 외우고 익히고 난 후 그렇게 익히고 외운 것에 따라 숙고하는 것만으로 물질과 정신을 파악하는 일, 위빳사나 관찰하는 일이 성취된다'라고 생각하는 이들이 있다.

그러한 견해와 지금까지 보여 준 경전, 주석서, 복주서들을 한번 잘 비교해 보라. 자기 자신, 혹은 다른 사람에게 실제로 생겨나고 있는 정신과 물질들을 생겨나는 대로 관찰하여 알아야만 바른 위빳사나라 할 수 있다고 문헌들은 설명하고 있다. 경전지식에 따라 숙고하는 정도만으로 위빳사나가 성취된다고 설명하지 않았다. 〔단지〕 숙고하여 취한 모든 물질과 정신은 자신, 혹은 다른 사람에게서 실제로 생겨나는 것이 아니기 때문에 실재성품이 아니라는 것, 마음속에서 유추해서 생각한 개념일 뿐이라는 것들을 거듭 설명했다. 바로 그렇기 때문에 '경전지식에 따라 숙고하기만 하면 어떠한 법을 막론하고 분명하게 안다'라고 생각하게 된다. '아직 얻지 못했던 선정, 도와 과, 열반들도 분명하게 안다'라고 생각하게 된다. '어떠한 법은 조금 덜 분명하고, 어떠한 법은 아주 많이 분명하다'

라고 서로 다름이 없이, 동일하게 생각하게 된다. 사실은 한 번도 들어본 적이 없는 가릉빈가(karavīka) 새소리는 이전에 들어 본 적이 있는 앵무새 소리처럼 분명할 수 없다. 그와 마찬가지로 자신에게 없는 선정과 도, 과의 법들이 자신에게 〔분명히〕 존재하는 '형색, 봄' 등처럼 분명할 수 없다. 아주 미묘한 선정법들이 거친 욕계법들처럼 분명할 수 없다. 그렇다면 숙고할 때마다 분명한 모습으로는 동일한 것은 무슨 이유 때문인가?[375] 경전지식으로 숙고해서 취한 대상들은 직접 알 수 있는 실재성품이 아니라 개념일 뿐이어서 그 숙고하는 것도 진짜 위빳사나가 아니기 때문 아닌가? 진짜 위빳사나의 경우, 비상비비상처 선정은 매우 미묘해서 사리뿟따 존자에게도 다른 선정들처럼 분명하지 않았다. 그렇기 때문에 그 비상비비상처를 차례대로 관찰법으로 관찰할 수 없었다. 다른 선정들에 대한 관찰을 바탕으로 해서 묶음명상(kalāpa sammasana)의 방법으로만 관찰했다. 관찰모습에 대한 경전근거는 다음과 같다.

> Puna ca paraṁ, bhikkhave, sāriputto sabbaso ākiñcaññāyatanaṁ samatikkamma nevasaññānāsaññāyatanaṁ upasampajja viharati. So tāya samāpattiyā sato vuṭṭhahasi[376]. So tāya samāpattiyā sato vuṭṭhahitvā ye dhammā atītā niruddhā vipariṇatā, te dhamme samanupassati — 'evaṁ kirime[377] dhammā ahutvā sambhonti, hutvā paṭiventī'ti.
>
> (M.iii.77)

375 마음속으로 숙고하게 되면 그러한 선정 등의 법들이 서로 동일하게 분명한 것은 무엇 때문인가?

376 CST4 vuṭṭhahati.

377 CST4 kirame.

해석

오, 비구들이여, 다시 사리뿟따는 무소유처에서 완전히 초월하여 비상비비상처에 입정하여 머문다. 그는 그 선정의 **증득에서 새기며 출정한다. 그렇게 출정하고 나서 '그 법들은 지나갔다, 사라졌다, 무너졌다'라고 그 지나간, 사라진, 무너진 법들을 〔바르게〕 관찰한다.** 어떻게 관찰하는가? **'이 법들은** 이러한 성품이 있는 것이 사실이다. **그 전에 없었다가 생겨났다. 생겨나서는 다시 사라져 버린다'라고** 관찰한다.

다른 선정들에 대해서는 일으킨 생각, 지속적 고찰 등을 차례대로 분석하여 관찰하는 모습과 그 법들의 생성, 머묾, 소멸이 분명한 모습을 특별히 보이면서 직접적으로 설명하였다. 하지만 이 비상비비상처에 대해서는 그렇게 설하지 않고 "ye dhammā atītā niruddhā vipariṇatā, te dhamme samanupassati(지나간, 사라진, 무너진 법들이 있다. 그 법들을 〔바르게〕 관찰한다)"라고 일반적으로만 설하셨다. 그렇게 설하신 특별한 이유는 무엇인가? 주석서에서 다음과 같이 설명하고 있다.

Te dhamme samanupassatīti yasmā nevasaññānāsaññāyatane buddhānaṁ yeva anupadadhammavipassanā hoti, na sāvakānaṁ, tasmā ettha kalāpavipassanaṁ dassento evamāha.

(MA.iv.61)

대역

Te dhamme samanupassatīti**'그 법들을 〔바르게〕 관찰한다'라는 구절의 의미는** nevasaññānāsaññāyatane**비상비비상처에 대해서는** buddhānaṁ yeva**부처님들에게만** anupadadhammavipassanā**'차례대로 법 관찰 위**

빳사나'가 yasmā hoti**있다.** 생겨난다.[378] 《~ 'tasmā그래서'와 연결하라.》 sāvakānaṁ**제자들에게는** 'saṅkhārāvasesa sukhumabhāappattiyā〔비상비비상처가〕 거친 형성들을 제외한 나머지 미묘한 형성들이기 때문에, dubbiññeyyattā알기 어렵기 때문에, vinibbhujītvā gahetuṁ각각 나누어 취할 수가 asakkuṇeyyabhāvato없기 때문에' 《〔의미를 더욱〕 분명하게 하기 위해 그 이유를 밝힌 복주서의 설명을 첨가하였다.》 anupadadhammavipassanā'차례대로 법 관찰 위빳사나'가 na hoti**없다.** 생겨나지 않는다. tasmā**그래서** ettha**이것,** 즉 비상비비상처**에 대해서는** 'kalāpavipassanaṁ**묶음 위빳사나'로 관찰함을** dassento**보여 주기 위해** evaṁ**이렇게** '그 법들을 관찰한다'라고 āha**설하셨다.**

의미 비상비비상처에 포함된 인식, 마음하나됨, 접촉, 느낌 등의 법들에 대해서는 부처님들만 차례대로 각각 분석하여 관찰할 수 있다. 사리뿟따 등의 제자들은 각각 분석하여 관찰할 수 없다. 무엇 때문인가? 비상비비상처는 거친 형성들을 제외한 나머지인 성품이 있다. 매우 미묘하다. 잠에 갓 들기 직전의 마지막 마음, 기절하기 직전 마지막 마음, 죽기 직전의 마지막 마음, 그러한 마음들과 비교될 정도로 매우 미묘하다고 알아야 한다. 그렇게 미묘하기 때문에 그 〔비상비비상처〕 선정은 제자들에게는 분명하지 않다. 따라서 그 선정에 포함된 법들을 각각 따로 관찰하여 고유특성으로 분석할 수 없다. 그래서 사리뿟따 존자가 비상비비상처에서 출정했을 때 그 선정을 하나로 묶어서만 관찰한 것이다. 앞의 여러 선정들과 마찬가지로 이 선정의 법들도 '앞의 선정들처럼 그 이전에는 존재하지 않다가 생겨났고, 생겨나서는 사라져 버린다'라고

---

378 비상비비상처에 대해서는 부처님들만 '차례대로 법 관찰 위빳사나'를 할 수 있기 때문에.

방법을 의지해서 묶음 위빳사나 관찰법으로만 관찰했다. 그 묶음 관찰법을 보여 주기 위해 이 선정에서는 "te dhamme samanupassati(그 법들을 〔바르게〕 관찰한다)'라고 일반적으로만 설하셨다는 의미이다. 묶음 위빳사나(kalāpa vipassanā), 묶음명상(kalāpa sammasana), 방법적 위빳사나(naya vipassanā), 방법적 마음기울임(naya manasikāra)은 이름만 다를 뿐이지 의미로는 동일하다.

숙고해 보라 경전지식에 따라 유추해서 관찰한다면 아래 선정들이 드러나는 모습과 비상비비상처가 드러나는 모습이 서로 다를 수 있겠는가? 다를 수 없다. 그렇다면 "사리뿟따 존자에게는 〔자신에게〕 분명한 아래의 선정들에 대해서만 '차례대로 관찰 위빳사나'가 생겨났다. 분명하지 않은 비상비비상처에 대해서는 '차례대로 관찰 위빳사나'가 생겨나지 않고 '묶음 위빳사나'가 생겨났다"라고 이렇게 서로 다른 점은 무엇 때문이겠는가? 사리뿟따 존자의 관찰이 들어서 아는 지혜(sutamaya ñāṇa), 생각해서 아는 지혜(cintāmaya ñāṇa)가 아니라 자신에게 실제로 생겨나고 있는 법들을 바로 그 생겨나는 대로 관찰하는, 수행에 의한 직접관찰 위빳사나 지혜(bhāvanāmaya paccakkhavipassanā)이기 때문에 분명할 만한 법들만 분명하고 분명하지 않을 법들은 분명하지 않았기 때문 아닌가? 만약 경전지식에 따라 숙고하여 관찰하는 것으로 진짜 위빳사나가 생겨날 수 있다고 가정한다면 사리뿟따 존자는 비상비비상처 마음이 일어날 때의 법들도 경전지식에 따라 각각 숙고하여 관찰하여 차례대로 법 관찰 위빳사나를 실천했을 것이다. 그렇지만 그렇게 실천할 수 없었다는 것은 경전지식에 따라 유추하여 숙고하는 것이 진짜 위빳사나가 아니기 때문 아닌가? 따라서 '실제로 생겨나고 사라지는 진짜 물질과 정신들을 관찰하여 새겨 알고 보지 않고 단지 생각으로 유추해 낸 대상, 개념일 뿐인 물질과 정신들을 경전지식에 따라 유추하고 숙고하는 것만으로 위빳사나가 생겨난다'라는 견해와 주장들을 삼가고 버리길 바란다.

> 'Pare sandiṭṭhiparāmāsī ādhānaggāhī duppaṭinissaggī bhavissanti, mayamettha asandiṭṭhiparāmāsī anādhānaggāhī suppaṭinissaggī bhavissāmā'ti sallekho karaṇīyo, cittaṁ uppādetabbaṁ.
>
> (Sallekha suta, M.i.52)

대역

pare**다른 이들이** sandiṭṭhiparāmāsī**자신의 그릇된 견해로** 거듭 그릇되게 **사유하는 이**, ādhānaggāhī그 견해를 완고하게 **고집하는 이**, duppaṭinissaggī바르고 적당한 근거, 문헌들을 보고 알아도 그 견해를 **잘 버리지 않는 이라** bhavissanti**하더라도** ettha**이에 대해** "mayam**나는** 'asandiṭṭhiparāmāsī**내 자신의 그릇된 견해로** 거듭 그릇되게 **사유하지 않는 이**, anādhānaggāhī그 견해를 완고하게 **고집하지 않는 이**, suppaṭinissaggī바르고 적당한 근거, 문헌들을 보고 알면 그 잘못된 견해를 **잘 버리는 이가** bhavissāma**되리라**'iti**라고 이렇게** sallekho **번뇌비움을** karaṇīyo**잘 행하리라**"iti**라는** cittaṁ**마음을** uppādetabbaṁ **일으켜야 한다.**[379]

---

379 *Mahāsi Sayadaw,*『*Sallekha thouk tayatogyi*(번뇌비움 경에 대한 법문)』 제2권, p.288; M2;『맛지마 니까야』, p.146 참조.

5. 결어

이 제3장 수행방법의 원용에서 밝힌 『앙굿따라 니까야』 경전내용들, 「차례대로 경」 등은 사마타 행자들이 위빳사나 관찰을 하는 모습을 직접적으로 드러내 보인 경전들이다. 다른 여러 경전들에서도 같은 방법으로 설하셨다. 따라서 사마타 행자들의 관찰모습에서 방법을 원용하여 위빳사나 행자들의 관찰모습을 알 수 있다. 방법을 원용하는 모습은 다음과 같다. 사마타 행자들이 자신에게 현재 생겨나고 있는 물질법과 정신법들을 관찰하는 것처럼 위빳사나 행자들도 자기에게 현재 생겨나고 있는 물질법과 정신법들, 또는 여섯 문에서 현재 드러나는 물질법과 정신법들을 관찰해야 한다. 분명한 법 하나만이 차례대로 관찰 위빳사나(anupada vipassanā)의 영역이듯이, 고유특성 등을 분석하여 관찰할 수 있을 정도로 분명한 법 하나만이 직접관찰 위빳사나(paccakkha vipassanā)의 영역이다. 사마타 행자에게 비상비비상처는 묶음 위빳사나(kalāpa vipassanā)의 영역이듯이 위빳사나 행자에게 자신에게 존재하지 않는 법들, 분명하지 않은 법들, 미세하여 고유특성 등을 알 수 없는 법들은 추론관찰 위빳사나(anumāna vipassanā), 묶음 위빳사나의 영역이다. 따라서 분명하지 않은 법들을 일부러 숙고하고 생각하여 관찰해서는 안 된다. 숙고하고 생각해서 관찰하더라도 처음 수행을 시작하는 이들에게는 분명하지 않다. 바로 그렇기 때문에 처음 수행을 시작한 이는 비상비비상처에 대해 관찰해서는 안 된다. 분명한 법들을 관찰하여 직접 알고 보는 직접관찰 위빳사나의 지혜가 예리해지고 깨끗해진 바로 그때라야 비로소 그렇게 분명하지 않은 법들을 추론관찰 위빳사나로 결정하여 관찰할 수 있다. 바로 그렇기 때문에 사리뿟따 존자가 분명한 아래의 선정들만을 관찰하여 직접관찰 위빳사나가 깨끗해졌을 때 비상비비상처를 묶음 위빳사나로 관찰했던 것이다.

수행방법의 원용이 끝났다.

제3장 위빳사나 수행의 관찰대상이 끝났다.

제4장

관찰방법과 경전의 대조

제4장에서는 〔위빳사나〕 관찰방법과
바르게 생각하는 모습, 아는 모습을
경전, 주석서, 복주서에 근거하여 분명하게 밝힐 것이다.

위빳사나 관찰방법의 개요

1. 기본적인 관찰방법

사마타 행자가 바로 전 입정했을 때 생겨난 마음, 그 마음과 함께 생겨나는 정신현상들, 그 마음의 토대물질, 그 마음 때문에 생긴 물질 등을 관찰해야 하는 것처럼, 위빳사나 행자도 현재 보고, 듣고, 냄새 맡고, 맛보고, 닿고, 아는 마음들과, 그러한 마음들의 토대물질, 그 마음 때문에 생겨난 물질, 그 마음의 대상물질 등을 관찰해야 한다는 내용을 앞의 제3장 수행방법의 원용에서 보여 주었다. 여기서 '보는 마음'이라는 것은 전향을 시작으로, 등록을 끝으로 하는, 눈 감각문에서 생겨나는 인식과정(cakkhudvāravīthi) 전체를 말한다. 위빳사나에서는 각각의 마음이 생겨나는 것을 따로따로 분석하여 관찰할 수는 없다. 한 인식과정 전체만을 분석하여 관찰할 수 있다는 사실을 보여 주는 경전, 주석서, 복주서들이 분명하게 존재한다. 특히 제6장 무너짐의 지혜 단계에서도 분명하게 설명할 것이다.

어떻게 관찰해야 하는가? 보고 있는 순간에 볼 때마다 '본다, 본다'[380]하며 새겨야 한다. 듣는 순간 등에서도 '들린다, 들린다' 등으로 새겨야 한다.

---

380 미얀마에서는 명칭을 이렇게 동사형으로 붙인다.

보는 순간에 '본다'하며 새기면 어떠한 법들을 새겨 알게 되는가? "'눈 감성물질, 형색 감각장소, 눈 의식(眼識), 접촉, 느낌'이라고 하는 이 다섯 가지 법들을 새긴다. 이 다섯 가지 법들을 안다"라고 간략하게 기억하라.

아는 모습은 다음과 같다. 깨끗한 눈이라는 물질이 분명하면 cakkhupasāda = 눈 감성물질을 기본으로 하여 안다. 보이는 형색 물질이 분명하면 rūpāyatana = 형색 감각장소를 기본으로 하여 안다. 보는 마음이 분명하면 cakkhuviññāṇa = 눈 의식을 기본으로 하여 안다. 형색과 보는 것의 닿음이 분명하면 cakkhusamphassa = 눈 접촉을 기본으로 하여 안다. 보아서 좋음, 좋지 않음, 좋지도 않고 싫지도 않음이 분명하면 cakkhusamphassajā vedanā = 눈 접촉으로 인한 느낌을 기본으로 하여 안다.

2. 생겨난 개념으로 관찰하는 의미

그렇다면 그 의미와 용어를 일치시키기 위해 "눈 감성물질이 분명하면 '눈 감성물질'이라고, 형색이 분명하면 '형색'이라고, 보아서 아는 것이 분명하면 '눈 의식'이라고, 접촉이 분명하면 '눈 접촉'이라고, 느낌이 분명하면 '보아서 느낌'이라고 관찰하는 것이 적당하지 않는가?"라고 질문할 수도 있다. 물론 그처럼 관찰하는 것이 의미와 용어가 일치한다는 측면에서 보면 적당하다. 하지만 그렇게 새기고 있으면 '이번에 볼 때는 어떤 법이 더 분명한가? 어떻게 새겨야 하는가?'라는 등의 생각이 많이 생겨난다. 그러면 앞의 새김과 뒤의 새김이 이어지지 않는다. 바로 현재의 법을 따라 관찰할 수도 없다. 숙고하는 마음들도 새길 수 없다. 따라서 새김, 삼매, 지혜들도 빠르게 성숙되지 않는다. 그래서 의미와 명칭을 일치시키도록 숙고하고 생각해서 관찰해서는 안 된다. 볼 때마다 '본다, 본다'하며 일반적으로만 새겨야 한다. 그렇게 새기면 방금 언급한 여러 허물들로부터도 벗어난다. 볼 때 특별히 분명한 법 하나를 기본으로 해서도 알 수 있다. 그렇게 알 수 있기 때문에 '본다'라는 작용명칭은 생겨날 때의 물질과 정신만을 알고 보는데 필요한, 새기고 있는 수행자들에게 있어서 진실한 개념(vijjamāna paññatti), 생겨난 개념(tajjā paññatti)이다.

진실한 개념(vijjamāna paññatti)이란 분명하게 존재하는 빠라맛타 실재성품에 대한 명칭이다. 바로 그 명칭이 "tassa paramattha sabhāvassa anurūpaṁ jāyatīti tajjā, sā eva paññāpetabbaṁ paramattha sabhāvaṁ paññāpetīti tajjāpaññatti(그 빠라맛타 실재성품이라는 고유성품에 따라 생겨난다고 해서 tajjā(생겨난)이다. 그것 자체가 나타내야 할 빠라맛타 실재성품의 고유성품을 알게 한다고 해서 생겨난 개념(tajjāpaññatti)이라고 한다)"라고 하는 어의(語義)에 따라 빠라맛타 실재성품이 가지는 고유성품에 따라 생겨나 실재성품의 고유성품을 알게 하기 때문에 생겨난 개념이라고 한다. 이 방법과 마찬가지로 빠라맛타의 고유성품을 보여 주는 pathavī(땅), phassa(접촉) 등의 빠알리어 명칭들, 혹은 땅, 딱딱함, 거칢, 부드러움, 닿음, 들림, 감 등의 모든 명칭들도 생겨난 개념이다. 이는 제3장 빠라맛타와 빤냣띠의 구별에서도 설명했다.[381]

---

381 이 책의 제1권 p.277 참조.

"'본다' 등의 생겨난 개념을 통해 관찰하고 새기면 그러한 〔명칭〕개념들도 대상으로 하게 되는 것 아닌가?"라고 질문할 수도 있다. 수행이 아직 성숙하기 전에는 〔개념을〕 대상으로 할 수도 있다. 그렇지만 처음 수행을 시작할 때는 명칭을 통해 분명하게 구별하면서 새겨야만 빠르게 마음이 집중되어 실재성품인 물질과 정신을 알 수 있다. '앞뒤의 물질·정신들이 이어진 것이다. 연속된 것이다'라고 하는 상속(santati) 〔개념〕, 덩어리(ghana) 〔개념〕들을 나누고 끊어내고 무너뜨려 무상의 특성 등을 바른 성품에 따라 알 수 있다. 〔그리하여〕 수행이 성숙되었을 때 비로소 새기는 마음은 더 이상 명칭 개념들을 대상으로 하지 않는다. 생멸하고 있는 실재성품인 물질과 정신만을 알면서 생겨난다. 아직 수행을 해 보지 않은 이들이라면 아래 『대복주서』에서 설명한 것을 근거로 이러한 사실을 믿어 보라.

Nanuca tajjāpaññattivasena sabhāvadhammo gayhatīti? Saccaṁ gayhati pubbabhāge, bhāvanāya pana vaḍḍhamānāya paññattiṁ samatikkamitvā sabhāveyeva cittaṁ tiṭṭhati.

(Pm.i.266)

대역

Nanuca다음과 같이 반문을 해 보자. **그렇다면** "sabhāvadhammo빠라맛타인 **고유성품법을** tajjāpaññattivasena**생겨난 개념을 통해** gayhati **파악하는 것 아닌가?**"라고 iti이와 같이 반문할 수도 있다. pubbabhāge수행의 **처음 부분에는** saccaṁ gayhati**그렇게 파악하는 것이 사실이다**. pana**하지만** 개념을 통해 파악하더라도 bhāvanāya**수행이** vaḍḍhamānāya**진전되**고 성숙되**면** paññattiṁ**개념을** samatikkamitvā**넘**

어서, 제거하고 버리고서, cittaṁ파악하는 **마음이** sabhāve빠라맛타인 **고유성품에만** tiṭṭhati**머문다**.

이것은 부처님공덕 거듭새김(buddhānussati)에 대한 설명에서 나온 구절이다. 하지만 이 복주서의 설명은 위빳사나에 대해서도 그 방법을 의지해서 추론하여 믿게 할 수 있는 근거가 되기에 충분하다. 생멸의 지혜 등이 생겨날 때 설명할 수 없을 정도로 매우 빠르게 물질과 정신들이 드러나기 때문에 명칭을 붙여 새기지 못하고, 생멸하고 있는 성품들을 단지 알기만 알 뿐으로 새기는 것을 제5장에서 설명할 것이다.[382] 〔혹은〕 수행하여 그러한 지혜들에 도달하게 되었을 때 직접 분명하게 경험할 것이다. 따라서 '어떠한 법을 새겨야 하는가?'라고 숙고하고 생각하며 지내면 안 된다. 계속해서 볼 때마다 '본다, 본다'라고만 새겨야 한다. 그렇게 새기는 이에게, 분명한 법들이 특성과 역할, 나타남, 가까운 원인 중 어느 하나의 모습으로 수행 초기에 드러난다. 그러한 법들을 드러나는 대로만 바르게 안다. 그렇게 바르게 드러나도록, 알도록 관찰하는 바로 그것을 목적으로 해서 『위숫디막가(淸淨道論)』에서 "특성과 역할 등으로 파악해야 한다(lakkhaṇarasādivasena pariggahetabbā)"라고 설명한 것이다. 그 의미는 제3장 수행방법의 원용에서 설명했다.[383]

382 이 책의 제2권 p.88 참조.

383 이 책의 제1권 p.326 참조.

3. 경전지식 없이 특성 등을 알 수 있는 모습

경전지식이 없는 이가 특성 등을 알 수 있는가? 알 수 있다. 그 이유는 무엇인가? 지금 현재 생겨나고 있는 물질과 정신들을 즉시 새김과 지혜로 잘 새기기 때문이다.

자세하게 설명하겠다. 고유특성(sabhāva lakkhaṇā)이라고 하는 것은 물질과 정신들의 '본질'이라고 부를 만한 본래 성품이다. 역할(rasa)이라고 하는 것은 물질과 정신들의 능력, 작용이다. 나타남(paccupaṭṭhāna)이라고 하는 것은 관찰하는 이의 지혜에 그 물질과 정신들이 분명하게 드러나는 모습들이다. 가까운 원인(padaṭṭhāna)이라고 하는 것은 그 물질과 정신들의 가장 가까운 원인들이다. 따라서 실재하는 물질법과 정신법들이 그것을 관찰하는 이의 지혜에 자신의 바른 성품에 따라 드러날 때는 그 특성 등의 하나에 따라서만 드러난다. 그러한 실재 물질과 정신들을 사실대로 알 때도 그 특성 등의 하나에 따라서만 알 수 있다. 다른 어떤 모습으로는 드러나지도 않고, 알 수도 없다.[384] 만약 특성 등이 아닌 다른 어떤 모습으로 드러났다고, 알았다고 하자. 그렇게 드러난 법, 알게 된 법은 진짜 물질과 정신이 아니다. 명칭 개념, 형태 개념, 숫자 개념, 모양 개념 등 여러 가지 개념들일 뿐이다.

생겨나고 있는 물질과 정신들을 생겨날 때마다 즉시 새겨 알아 가는 이는 알아야 할 물질과 정신들 없이 추측하여 아는 것도 아니다. '이러한 성품이 물질이다, 이러한 성품이 정신이다'라고 기억했던 대로 숙고하고 생각해서 아는 것도 아니다. 사실은 각각의 순간에 생겨나고 있는 법들을 생겨나는 대로만 아는 것이다. 따라서 고유특성이 분명하면 그

---

384 저본에는 강조를 위해 단어가 반복되었다.

특성을 알고, 역할이 분명하면 역할을 안다. 나타남이나 가까운 원인이 분명하면 그러한 것들을 안다. 비유하자면 하늘에 번개가 칠 때 그것을 관찰하는 이는 《번개의 특성인》 번쩍하며 빛나는 것도 사실대로 안다. 《번개의 역할인》 어둠을 물리치는 작용도 사실대로 안다. 《번개의 드러남인》 굽은 것, 직선, 원형 등의 여러 형태, 모습으로도 사실대로 안다. 《번개의 가까운 원인인》 번쩍하는 것의 근본원인인 구름도 사실대로 안다. 번개가 번쩍할 때 보지 않고서 생각하는 것만으로, 실제 번쩍하는 그 번개에 대한 것을 사실대로 알 수는 없다.

이와 마찬가지로 생겨날 때마다 관찰하고 새기면 경전지식이 없어도 실제로 생겨나고 있는 물질과 정신들의 특성 등을 사실대로 알 수 있다. 경전지식이 많은 이라 할지라도 생겨날 때마다 관찰하지 않고 〔단지〕 숙고하고 생각하는 것만으로는 실제로 생겨나고 있는 물질과 정신들의 특성 등을 사실대로 알 수 없다. 직접 한번 살펴보라. 자기 몸에서 생겨나고 있는 뻣뻣함, 아픔, 통증 등의 고통스러운 느낌 하나하나를 잘 집중하여 오래도록 '뻣뻣함, 뻣뻣함' 등으로 새겨 보라. '좋지 않은 감촉들을 느낌'이라고 하는 특성이든, '마음을 피곤하게 하고 힘이 없게 함'이라고 하는 역할이든, '몸으로 참기 힘듦 = 아픔'이라고 하는 나타남이든, '좋지 않은 감촉과 마음의 닿음'이라고 하는 가까운 원인이든, 경전지식이 없어도 직접관찰 〔위빳사나〕 지혜로 사실대로 바르게 알 수 있는 것이 분명할 것이다.

그렇지만 가까운 원인은 직접 관찰하는 물질과 정신들이 아닌 그것에서 벗어난 다른 법들이다. 따라서 처음 수행을 시작하여 물질과 정신을 구별하는 단계에서는 그 가까운 원인을 그리 알려고 할 필요가 없다. 그렇게 필요하지 않기 때문에 『아비담맛타 상가하(Abhidhammattha saṅgaha)』에 대한 해석서인『띠까 쬬』에서는 “lakkhaṇa-rasa-paccupaṭṭhāna-padaṭṭhāna vasena nāmarūpa pariggaho diṭṭhivisuddhi nāma[385](특성－역할－나타남－가까운 원인의 힘으로 물질과 정신을 파악하는 것을 견해청정이라고 한다)”라는 구절에 대해 주석할 때 가까운 원인으로 파악하는 것을 설명하지 않고 특성·역할·나타남, 이 세 가지의 양상으로만 파악하는 지혜를 ‘견해청정’이라고 설명해 놓았다. 그러한 설명은 다음과 같은『대복주서』의 설명과도 일치하기 때문에 아주 적합한 설명이다.

Padaṭṭhānaṁ panettha aññadhammatāya na uddhaṭaṁ.

(Pm.i.449)

대역

aññadhammatāya관찰하고 있는 요소가 아닌 **다른,** 그것에서 벗어난 **법이기 때문에** padaṭṭhānaṁ**가까운 원인을** ettha〔여기서〕 사대(四大) 요소를 관찰하는 **이곳에서** na uddhaṭaṁ**드러내 보이지 않았다.**

의미 ‘사대(四大) 요소 구분’이라는 수행주제로 수행하고 있는 이가 땅 요소를 관찰한다면 그 땅 요소만을 직접 관찰하면 된다. 그 땅 요소의 가까운 원인인 다른 세 가지 요소들은 관찰할 필요가 없다. 물 요소 등을 관찰할 때도 마찬가지이다. 따라서 땅 요소 등을 각각 관찰하고 있는 이가 그러한 법들의 가까운 원인인 다른 요소들을 생각하고 있으면 다른 요소들을 관찰하는 것이 되고 만다. 관찰하고자 하는 대상을 관찰하는 것이 아니게 된다. 그래서 주석서에서는 ‘요소 구분’이라는 수행주제

385 As.64.

에 대해서는 가까운 원인으로 수행하는 모습을 설명하지 않았다는 말이다.

『띠까 쬬』의 설명과 일치하는 모습 '정신·물질 구별의 지혜'라는 단계에서도 '사대 요소 구분'이라는 수행주제에서처럼 생겨나고 있는 물질과 정신만을 구분하여 아는 것만 필요하다. 그러한 법들의 가까운 원인은 아직 알 필요가 없다. 무엇 때문인가? 그러한 가까운 원인들은 비록 물질과 정신들을 생겨나게 하는 법들이지만 직접적으로 새겨야 하는 물질과 정신들이 아닌 다른, 그것에서 벗어난 법들이기 때문이다.

만약 가까운 원인에 따라 관찰하고 있다면 땅 요소인 물질을 관찰할 때 그 요소를 관찰하지 않고 〔땅 요소의 가까운 원인인〕 나머지 세 가지 요소들을 먼저 관찰해야 할 것이다. 눈 감성물질이 분명할 때 그것을 관찰하지 않고 그것이 의지하는 물질인 사대를 먼저 관찰해야 할 것이다. 느낌이 분명할 때 〔그것을 관찰하지 않고 그것의 가까운 원인인〕 접촉을 먼저 관찰해야 할 것이다. 접촉이 분명할 때 〔그것을 관찰하지 않고 그것의 가까운 원인인〕 대상을 먼저 관찰해야 할 것이다. 이러한 등으로 분명하여 우선 관찰해야 할 법을 관찰하기 전에 분명하지 않은, 그것에서 벗어난 법들을 먼저 생각하고 숙고하여 관찰하고 난 다음에 분명한 법을 다시 관찰하는 것이 되고 만다.

그렇게 관찰하고 있으면 원인법들도 알고 있기 때문에 '조건파악의 지혜'만 생겨난다. 정신·물질 구별의 지혜가 생겨나지 않는다. 따라서 정신·물질 구별의 지혜 단계에서는 가까운 원인에 따라 관찰하는 모습을 설명하지 않은 『띠까 쬬』의 설명은 방금 언급한 『대복주서』의 설명과 일치한다. 『아비담맛타 상가하』에서 가까운 원인을 넣어서 설명한 것은 조건파악의 지혜에 거의 도달할 때 즉 견해청정의 마지막에 이르러 가까운 원인에 따라 드러남, 관찰함도 생겨날 수 있기 때문에 그렇게 설명한 것이다.

4. 특성 중 하나만 알 수 있다

특성 등에서 하나씩만을 알 수 있다. 물질과 정신 하나씩을 한 번씩 새길 때 특성과 역할, 나타남, 가까운 원인들 중 하나씩만 분명하다. 하나씩만 새길 수 있다. 두 가지, 세 가지가 한꺼번에 드러나지 않는다. 또 그것을 동시에 알 수도 없다. 그리고 그러한 것들을 동시에 다 새길 수 있어야 〔위빳사나〕 일이 다 성취되는 것도 아니다. 한 번씩 새길 때 하나씩 수행이 성취된다. 그렇기 때문에 『대복주서』에서 다음과 같이 분명하게 설명하고 있다.

> Kasmā panettha ubhayaggahaṇaṁ? Puggalajjhāsayato. Ekaccassa hi dhātuyo manasikarontassa tā sabhāvato gahetabbataṁ gacchanti, ekaccassa sakiccakaraṇato, yo rasoti vuccati.
>
> (Pm.i.433)

대역

pana**또한** 다음과 같이 반문한다고 해 보자. ettha**이** '사대 요소 구분'이라는 **수행에서** ubhayaggahaṇaṁ특성·역할, 이 **두 가지를 함께 취한 것은**, 함께 언급한 것은 kasmā**무엇 때문인가?** puggalajjhāsayato각

개개인의 여러 가지 성향에 따라서 ubhayaggahaṇaṁ특성·역할, 이 두 가지를 함께 취한, 함께 언급한 것hoti**이다.** hi**자세하게 설명하겠다.** dhātuyo사대 **요소에 대해** manasikarontassa**마음기울이고 있는** ekaccassa**어떤 이에게** tā**그** 사대 **요소들이** sabhāvato**고유성품,** 고유특성**으로** gahetabbataṁ**취하기에 적당하게,** 관찰하기에 적당하게 gacchanti**된다.** ekaccassa**어떤 이에게는** sakiccakaraṇato**각자의 역할을 행하는 것으로** gahetabbataṁ**취하기에 적당하게,** 관찰하기에 적당하게 gacchanti**되는데,** yo**그** 각자의 역할을 행하는 **것을** rasoti**역할이라고** vuccati**부른다.**

의미 사대 요소를 관찰하는 이는 특성으로만 관찰해도 관찰이 성취된다. 역할로만 관찰해도 관찰이 성취된다. 특성과 역할, 두 가지 모두로 동시에 관찰하는 것은 적당하지 않다. 관찰하려 해도 관찰할 수도 없다. 그럼에도 불구하고 무엇 때문에 주석서에서는 특성과 역할, 두 가지 모두로 관찰하는 모습을 설하였는가? 여러 종류의 사람들의 다양한 성향들과 맞춰 주기 위해서 그렇게 설한 것이다.

자세하게 설명하자면 어떤 이들에게는 사대를 관찰하면서 그 사대가 고유특성으로 드러난다. 그 수행자들은 사대의 고유특성으로만 관찰할 수 있고 알 수 있다. 어떤 이들에게는 사대가 각자 역할을 행하는 것으로 드러난다. 그러한 이들은 사대가 역할을 행하는 것으로만 관찰할 수 있고 알 수 있다. '자기 역할을 행하는 것'이 바로 'rasa'라고 불리는 역할이다.

말하고자 하는 바의 요약 일부 수행자에게는 특성만 분명하여 그 특성만 관찰할 수 있고 알 수 있다. 일부 수행자에게는 역할만 분명하여 그 역할만 관찰할 수 있고 알 수 있다. 그래서 여러 종류의 사람들에게 드러나는 모습, 아는 모습을 전부 포함하려고 했기 때문에 주석서에서 특성과 역할, 두 가지를 언급한 것이다. 한 수행자에게 특성과 역할, 두 가지를 모두 관찰하라고 설명한 것이 아니라는 뜻이다.

위빳사나 관찰방법의 개요가 끝났다.

여섯 문에서 새기는 모습

1. 볼 때 새기는 모습

(1) 볼 때 다섯 가지 법들이 드러나는 모습

'본다'하며 새기는 이에게 보는 순간에 분명한 다섯 가지 법들 중 어느 하나가 특성, 역할 등 가운데 어느 하나에 따라서 드러난다. 새기는 이도 그렇게 드러난 법을 드러난 것에 따라서 바르게 사실대로 안다. 그렇게 아는 모습을 차례대로 설명하겠다.

눈 감성물질 '형색이 드러날 정도로 눈이 깨끗하다, 또는 눈이 좋다'라고 아는 것이 눈 감성물질(cakkhupasāda)을 특성으로 바르게 아는 것이다. 깨끗한 눈이라는 물질의 고유특성을 아는 것이라는 뜻이다. 이후에도 같은 방법으로 알면 된다. '형색 쪽으로 보내 준다, 형색을 보게 한다'라고 아는 것이 역할로 바르게 아는 것이다. 'rūpesu āviñchana = 대상 쪽으로 기울인다. 기울게 한다. 보게 한다'라는 표현들은 그 의미로는 동일하다. 그래서 알기 쉽게 하기 위해 '대상 쪽으로 보낸다, 보게 한다'라고 하였다. 이 책에서 단어 그대로의 의미에 따라 아주 철저히 밝히지 않고 설명해 놓은 것을 볼 때마다 위와 같은 방법으로 알기 바란다. '보는 것이 머무는 곳이다, 혹은 이것을 통해서 본다'라는 등으로 아는 것이 나타남으로 바르게 아는 것이다. "'업 때문에 생긴 근본 물질(kammajabhūtarūpa)'인 눈동자라는 물질이 있기 때문에 눈 감성 물질이 있다"라고 아는 것이 가까운 원인으로 바르게 아는 것이다.

형색 감각장소 형색 감각장소(rūpāyatana)인 형색 물질을 바르게 알 때는 '눈에 드러난다'《특성》, '볼 수 있다〔보이는 대상이다〕'《역할》, '보는 것이 다니는 곳 = 보는 것만이 이른다'《나타남》, '근본 물질이라고 부르는 딱딱한 물질 등에 의지하고 있다'라고 안다《가까운 원인》.

위에서도 설명했듯이 눈 감성물질이나 형색 물질을 특성 등 가운데서 어느 하나에 따라 아는 것은 "cakkhuñca pajānāti, rūpe ca pajānāti(눈도 분명히 안다, 형색도 분명히 안다)"라고 하는 「새김확립 긴 경(大念處經)」과 "cakkhupasādaṁ, rūpañca yāthāvasarasalakkhaṇavasena pajānāti = cakkhupasādaṁ눈 감성물질, rūpañca또는 형색 물질을 yāthāvasarasalakkhaṇavasena사실대로 바르게 그 역할, 특성에 따라 pajānāti〔분명히〕 안다"라는 그 주석서와 일치한다.

일부 수행자들은 사마타 수행주제 중 사대 요소 구분이라는 수행에서 설명해 놓은 대로 입자로 마음기울임(cuṇṇamanasikarā)[386]을 원용하여 위빳사나 수행에서도 그렇게 물질을 입자로, 가루로 드러나도록 마음을 기울이고 숙고하고 있다. 그렇게 숙고하는 것은 특성 등에 따라서 바르게 아는 것이 생겨날 수 없기 때문에 적합하지 않다.

---

386 『청정도론』 제2권, pp.264~265 참조.

눈 의식 보아 아는 것인 눈 의식(cakkhuviññāna)을 바르게 알 때 '눈에서 본다, 형색을 본다'라든가《특성》, '형색만 대상으로 한다, 단지 보는 것일 뿐이다'라든가《역할》, '형색 쪽으로 향하고 있다'라든가《나타남》, '마음을 기울이기 때문에 본다. 눈과 보이는 대상인 형색이 있기 때문에 본다. 업이 좋아 본다. 업이 좋지 않아 본다'라고 안다《가까운 원인》.[387]

눈 접촉 보아 닿는 것인 눈 접촉(cakkhusampassa)을 바르게 알 때, '형색과 만난다'《특성》, '형색과 부딪힌다, 닿는다'《역할》, '눈과 형색, 보는 것이 서로 결합한다'《나타남》, '형색이 드러나서 닿는다'라고 안다《가까운 원인》.

행복함 보고서 좋은 느낌인 행복함(sukha)을 바르게 알 때 '보아서 좋다'《특성》, '좋은 것으로 느낀다'《역할》, '마음속에 좋은 것으로 드러난다'《나타남》, '마음이 고요해서 편안하다. 좋은 형색과 만나서 행복한 것이다. 보고 싶은 것과 만나서 행복한 것이다'라고 안다《가까운 원인》.

괴로움 보고서 좋지 않은 느낌인 괴로움(dukkha)을 바르게 알 때 '보아서 좋지 않다, 보기 싫다'《특성》, '나쁜 것으로 느낀다'《역할》, '마음속에 참기 힘든 것으로 드러난다'《나타남》, '의지하는 물질이 있어 좋지 않은 것이다. 나쁜 형색과 만나서 괴로운 것이다. 보고 싶지 않은 것과 만

---

387 원주(본문내용): rūpārammaṇāya kiriyamanodhātuyā apagamapadaṭṭhānaṁ('형색이라는 대상이 작용 마음 요소(=다섯 감각문 전향 마음)를 떠남'이라는 가까운 원인): 무더기 상설(Khandhaniddesa)에서의 설명; saṅkhārapadaṭṭhānaṁ, vatthārammaṇa padaṭṭhānaṁ vā('형성'이라는 가까운 원인, 또는 '토대와 대상'이라는 가까운 원인): 연기(Paṭiccasamuppāda)에서의 설명.

나서 괴로운 것이다'라고 안다《가까운 원인》.

무덤덤함 괴롭지도 않고 행복하지도 않은(adukkhamasukha) 느낌이라고도 부르는 무덤덤함(upekkhā)을 바르게 알 때 '보아서 좋지도 않고 나쁘지도 않다'《특성》, '보는 것을 기쁘게도 슬프게도 하지 않는다'《역할》, '고요하고 미묘하다'《나타남》, '즐겁게 하는, 흥이 나게 하는 것이 포함되지 않아 나쁘지도 않고 좋지도 않은 채, 그냥 보는 것이 그저 그렇다. 좋지도 않고 나쁘지도 않은 그저 그런 형색과 만나게 되어 좋지도 않고 싫지도 않은 채, 보기에 그저 그렇다'라고 안다《가까운 원인》.[388]

행복함, 괴로움들은 눈 의식(眼識)과는 결합하지 않지만[389] 위빳사나에 관련한 여러 경전들에 여섯 가지 문 모두에서 세 가지 느낌 모두를 설명하고 있는 것에 따라 '본다'라고 새겨 알 때 조사·속행·등록 마음들과 결합된 느낌들도 취해서 세 가지 느낌 모두를 다 드러내 보였다. 「특별하게 알아야 경(Abhiññeyyā sutta)」, 「구분하여 알아야 경(Pariññeyya sutta)」 등에서 분명하게 설명할 것이다.

특별히 유의할 점 여기에서 여러분들의 경전지식을 위해 알아 두면 좋은 점 하나를 설명하려고 한다. "upekkhā pana akusalavipākabhūtā aniṭṭhattā dukkhe avarodhetabbā, itarā iṭṭhattā sukhe(또한 무덤덤함은 불선(不善)과보로 생겨난, 원하지 않는 대상에 대해서는 괴로움이

388 원주(본문내용): nippītikacittapadaṭṭhānā upekkhā(무덤덤함은 즐겁지 않은 마음이라는 가까운 원인이 있다), phassapadaṭṭhāna vedanā(느낌은 접촉이라는 가까운 원인이 있다).

389 눈 의식(眼識)은 무덤덤함과만 결합한다. 『아비담마 길라잡이』(상), p.284 참조.

라고, 반대인 원하는 대상에 대해서는 즐거움이라고 부를 수 있다)"라고 하는 『〔위방가(Vibhaṅga 分別論)〕 근본복주서』,[390] 『대복주서』[391]에 따라 원하지 않는 대상을 보는 마음과 결합한 무덤덤한 느낌을 괴로움(dukkha)이라고, 원하는 대상을 보는 마음과 결합한 무덤덤한 느낌을 행복함(sukha)이라고 부를 만하다. 그 밖에 '원하지 않는(aniṭṭhattā), 원하는(iṭṭhattā)'이라고 하는 원인을 토대로 하여 좋지도 않고 나쁘지도 않은 그저 그런 형색을 보는 마음과 결합한 무덤덤한 느낌만 무덤덤함(upekkhā)이라고 부르는 것이 적당하다.

눈 의식 등의 마음들이 무덤덤한 느낌만 결합하더라도 매우 좋은 형색, 소리, 냄새, 맛 등과 만나 느낄 때는 좋은 느낌이 분명하다. 매우 나쁜 형색, 소리, 냄새, 맛 등과 만나 느낄 때는 좋지 않은 느낌이 분명하다. 냄새, 맛에 대해서는 더욱 분명하다. 향수 냄새, 꽃 냄새를 맡을 때나 맛있는 음식, 밥, 반찬, 빵, 쥬스 등을 먹고 마실 때 좋은 느낌이 분명하다. 썩은 냄새, 고기 비린내 등을 맡을 때나 맛없는, 아주 쓴 약을 먹거나 마실 때 나쁜 느낌이 분명하다. 그 밖에 몸 의식(身識)이 행복한 느낌, 괴로운 느낌과만 결합하더라도 닿을 때마다 좋은 느낌, 좋지 않은 느낌만 분명한 것은 아니다. 좋지도 않고 나쁘지도 않은 그저 그런 감촉들과 닿을 때는 무덤덤한 느낌도 분명하다. 그렇지만 그러한 중간 정도의 느낌을 중간 정도로 좋은 대상과의 감촉(iṭṭhamajjhatta phoṭṭhabba)에 따라 생겨난 낮은 단계의 행복한 느낌이라고만 기억하라. 이것이 복주서들을 근거로 하여 경전지식을 위해 설명한, 특별히 유의해야 할 점이다.

390 원주(본문내용): VbhMṬ.ii.121.

391 원주(본문내용): Pm.ii.326.

(2) 성전 근거

볼 때마다 보는 작용을 성취하게 하는 눈, 형색, 보아 앎 = 눈 의식(眼識), 닿음, 느낌이라고 하는 다섯 가지 법들을 '본다, 본다'하며 새겨 지금까지 설명한 대로 특성 · 역할 · 나타남에 따라, 각자의 성향에 따라 알아야 한다. 견해청정(diṭṭhivisuddhi)의 마지막에, 견해청정의 단계가 끝날 때 즈음에 가까운 원인에 의해서도 적절하게 알 수 있다는 것을 나타내기 위해 『상윳따 니까야(여섯 감각장소 상윳따)』와 『빠띠삼비다막가(無碍解道)』에 아래와 같이 설명하였다.

1) 특별하게 알아야 경

Cakkhuṁ, bhikkhave, abhiññeyyaṁ; rūpā abhiññeyyā; cakkhuviññāṇaṁ abhiññeyyaṁ; cakkhusamphasso abhiññeyyo; yamidaṁ cakkhusamphassapaccayā uppajjati vedayitaṁ sukhaṁ vā dukkhaṁ vā adukkhamasukhaṁ vā, tampi abhinneyyaṁ.

(S.ii.258; Ps.6)

대역

bhikkhave**비구들이여**, cakkhuṁ**눈을** abhiññeyyaṁ**특별하게 알아야 한다**. 즉 대상으로 해서 알아야 한다, 새겨 아는 특별한 지혜로 알아야 한다.[392] rūpā**형색을** abhiññeyyā**특별하게 알아야 한다**. cakkhuviññāṇaṁ**눈 의식**(眼識)**을** abhiññeyyaṁ**특별하게 알아야 한다**. cakkhu-

392 'abhiññā'를 '보통으로 아는 것보다 더 뛰어나게, 특별하게 아는 지혜'라고 설명하는 저본의 번역에 따라 '특별지'로 번역하였다. 그리고 'abhiññeyya'도 '특별하게 알아야 한다'라고 번역하였다. 이 단어와 연관되어 'pariññā'라는 단어는 뒤에도 설명하겠지만 '알아야 할 내용을 분명히 구분하여 아는 지혜'라고 설명하는 저본의 번역에 따라 '구분지'라고 번역하였다. 이 단어와 연관되어 'pariññeyya'라는 단어도 '구분하여 알아야 한다'라고 번역하였다.

samphasso**눈 접촉을** abhiññeyyo**특별하게 알아야 한다**. cakkhusa-mphassapaccayā**눈 접촉을 조건으로 하여** sukhaṁ vā**즐겁거나**, dukkhaṁ vā**괴롭거나**, adukkhamasukhaṁ vā**괴롭지도 않고 행복하지도 않은** yam idaṁ vedayitaṁ**이러한 어떤 느낌들이** uppajjati**생겨나면** tampi**그것들도** abhinneyyaṁ**특별하게 알아야 한다**. 즉 대상으로 해서 알아야 한다, 새겨 아는 특별한 지혜로 알아야 한다.

들어서 아는 지혜, 생각해서 아는 지혜는 위빳사나가 아니다

물질과 정신들이 생겨날 때마다 그 고유특성 등을 새겨 아는 것은 알아야 할(neyya) 법들을 대상으로 해서 아는 것이기도 하다. 들어서 아는 지혜, 생각해서 아는 지혜, 사마타 수행에 의한 지혜들보다 더욱 특별히 아는 것이기도 하다. 따라서 'abiññeyyaṁ = 대상으로 해서 알아야 한다, 특별한 지혜로 알아야 한다'라고 하는 두 가지 의미 모두 여기에서는 '새겨 안다'라는 의미와 동일하다. 그래서 'abhiññeyyaṁ'을 '새겨 알아야 한다'라고도 그 의미를 해석하였다. 근거가 되는『대복주서』의 내용을 이어서 설명하겠다.

Sabhāvadhammānaṁ lakkhaṇasallakkhaṇato ñeyya abhimukhā paññā abhiññāpaññā.

(Pm.ii.387)

대역

sabhāvadhammānaṁ물질과 정신이라는 **고유성품법들의** lakkhaṇasa-llakkhaṇato고유**특성을 주시함에 의해**, 즉 새김에 의해《이것은 기초만을 보이는 것이다. 역할 등을 새기는 것도 포함된다.》ñeyya abhimukhā**알아야 할** 물질·정신 **법들을 향**해서 관찰**하는** paññā**통찰**

지가 abhiññā paññā'숙지 구분지(ñatā pariññā 熟知 區分智, 知遍智)'라고 하는 **특별 통찰지**(abhiññāpaññā)**이다.** 《법체로는 '정신·물질 구별의 지혜'와 '조건파악의 지혜' 두 가지이다.》

Apica sutamayāya, cintāmayāya, ekaccabhāvanāmayāya ca abhivisiṭṭhāya paññāya ñatā abhiññātā.

(Pm.ii.507)

대역

Apica**또** 다른 방법으로는 sutamayāya (ca)**들어서 아는 지혜나** cintāmayāya (ca)**생각해서 아는 지혜나** ekacca bhāvanāmayāya ca**또는 다른 어떤 수행으로 인한 지혜**《선정과 결합한 통찰지나 신통 통찰지(abhiññāpaññā)들을 말한다》도 아닌, '정신·물질 구별의 지혜', '조건파악의 지혜'라고 하는 abhivisiṭṭhāya**탁월한** paññāya**통찰지를 통해** ñatā**알아야 할** 물질·정신 **법들이** abhiññātā숙지 구분지라는 특별 통찰지(abhiññāpaññā)로 **특별하게 알아야 할 법들이다.**

이 복주서의 설명 두 가지 중에서 앞부분은 숙지 구분지(ñata pariññā)[393]를 설명하는 특별지(abhiññā 特別智)를 설명하는 구절이다. 그 설명에 의해 물질과 정신들의 고유특성 등을 새기며 대상으로 해서 아는 것이 숙지 구분지(ñata pariññā)라고 하는 특별 통찰지(abhiññā paññā)라는 것을 알려 주고 있다. 뒷부분은 숙지 구분지(ñata pariññā)를 통해 알아야 하는 물질과 정신들, 즉 특별 통찰지를 통해 특별하게 알아

393 'pariññā'를 '통달지'라고도 번역하나, '물질·정신뿐이라고, 무상·고·무아라고 분명히 구분하여 아는 지혜'라는 저본의 번역에 따라 '구분지'로 번역하였다. 이 구분지에는 ① 숙지 구분지(ñāta pariññā), ② 조사 구분지(tīraṇa pariññā), ③ 제거 구분지(pahāna pariññā)가 있다. 『청정도론』 제3권, pp.387~388 참조.

야 할 법들(abhiññātā)을 설명하는 구절이다. 그 설명에 의해 '앞에서 보인 대로 특성 등을 새기며 아는 것은 들어서 아는 지혜, 생각해서 아는 지혜, 〔위빳사나가 아닌〕 다른 수행에 의해서 생겨난 지혜들보다 더욱 특별하기 때문에 특별 통찰지(abhiññā paññā)라고 한다. 그러한 지혜로 알아야 하는 물질과 정신들을 특별 통찰지로 알아야 할 법들(abhiññātā)이라고 한다'라는 것을 알려 주고 있다. 따라서 '들어서 아는 지혜, 생각해서 아는 지혜는 정신·물질 구별의 지혜조차 생겨나게 하지 못한다. 그보다 더 높은 위빳사나 지혜가 생겨나게 하지 못하는 것은 말할 필요조차 없다'라고 결정해야 한다.

이 「특별하게 알아야 경(Abhiññeyya sutta)」에서 "눈을 새겨 특별하게 알아야 한다. 형색을 새겨 특별하게 알아야 한다. … "라는 등으로 차례대로 각각 설하신 것은 가르침의 방법일 뿐이다. 한 번씩 볼 때마다 다섯 번씩 관찰해야 한다고 알아서는 안 된다. 무엇 때문인가? 다섯 번씩 관찰하고 있으면 그렇게 관찰하고 있는 동안에도 봄 등이 많이 계속해서 생겨나기 때문이다. 그렇게 한 번씩 생겨날 때마다 다섯 번씩 관찰하면 〔관찰이 현상을〕 따라잡을 수 없다. 따라잡을 수 있다고 하더라도 "대상의 소멸을 알고, 그 아는 마음의 소멸을 바로 다음의 인식과정으로 알 수 있어야 무너짐의 지혜(bhaṅga ñāṇa)가 생겨난다"[394]라고 하는 『빠띠삼비다막가(無碍解道)』 등의 설명과 일치하지 않는다. 따라서 한 번씩 볼 때마다 보여준 방법대로 한 번씩만 관찰해야 한다. 그렇게 새기면서 특별히 분명한 한 가지 법만을 대표로 해서 아는 것에 의해 다섯

---

394 이 책의 제2권 pp.308~309 참조.

가지 법들 모두를 관찰하는 일이 성취된다. 아는 일이 구족된다. 성취되는 모습은 뒤에 「구분하여 알아야 경(Pariññeyya sutta)」에서 설명할 것이다.

이렇게 새겨 알면서 숙지 구분지(ñatapariññā)라고 부르는 정신·물질 구별의 지혜, 조건파악의 지혜들이 청정해지고 분명해졌을 때 '본다'하며 새길 때마다 '이러한 봄 등은 이전에는 존재하지 않았다가 지금에서야 생겨난다'라고 그 다섯 가지 법들의 생겨남도 안다. '생겨나서는 사라져 없어져 버린다'라고 소멸함도 안다. 특별히 청정해지고 분명하게 되었을 때는 '쉭하며 순식간에 사라져 버린다'라고도 안다. 생멸을 경험하여 보게 되었을 때부터 시작하여 생겨나서는 사라져 가는 것만을 경험하기 때문에 '항상하지 않구나'라고 무상의 특성(aniccalakkhaṇā)도 바르게 안다. 생멸과 떨어질 수 없는 것을 경험하기 때문에 '괴로움일 뿐이구나. 좋지 않은 것들일 뿐이구나'라고 괴로움의 특성(dukkhalakkhaṇā)도 바르게 안다. 생겨나게 하고 싶지 않아도 생겨나는 것, 사라지게 하고 싶지 않아도 사라지는 것만을 경험하기 때문에, '원하는 대로 되게 할 수 있는 나라고 하는 것이 아니구나. 자아라고 하는 것이 없구나'라고 무아의 특성(anattalakkhaṇā)도 바르게 안다. 이렇게 아는 것은 볼 때 존재하는 다섯 가지 법들을 생겨남, 사라짐, 무상의 특성 등으로 구분하여 바르게 아는 것이다. 볼 때마다 이렇게 관찰하면서 알아야 한다는 것을 말하기 위해 『상윳따 니까야』와 『빠띠삼비다막가(無碍解道)』 등에서 아래와 같이 「구분하여 알아야 경(Pariññeyya sutta)」을 설하셨다.

2) 구분하여 알아야 경

Cakkhuṁ, bhikkhave, pariññeyyaṁ; rūpā pariññeyyā;

cakkhuviññāṇaṁ pariññeyyaṁ; cakkhusamphasso pariññeyyo; yamidaṁ cakkhusamphassapaccayā uppajjati vedayitaṁ sukhaṁ vā dukkhaṁ vā adukkhamasukhaṁ vā, tampi pariññeyyaṁ.

(Ps.23)

해석

비구들이여, 눈을 pariññeyyaṁ생성, 소멸, 무상의 특성 등으로 구분하여 알아야 한다. 형색을 **구분하여 알아야 한다. 눈 의식(眼識)을 구분하여 알아야 한다. 눈 접촉을 구분하여 알아야 한다. 눈 접촉을 조건으로 하여 즐겁거나, 괴롭거나, 괴롭지도 않고 행복하지도 않은 이러한 어떤 느낌들이 생겨나면 그것들도 구분하여 알아야 한다.**

이 「특별하게 알아야 경(Abhiññeyya sutta)」, 「구분하여 알아야 경(Pariññeyya sutta)」을 여섯 문 모두에 대해 같은 방법으로 설하셨다.

“sotaṁ abhiññeyya, saddā abhiññeyyā(귀를 특별하게 알아야 한다, 소리를 특별하게 알아야 한다)”라는 등으로 경전지식이 있는 이들은 자세하게 알 수 있을 것이다. 그래서 나머지 부분은 설명하지 않았다.

이 「구분하여 알아야 경」에서도 “볼 때마다 한 번씩만 새겨, 하나의 법을 대표로 하여 그 법의 생성과 소멸, 무상의 특성 등을 알면 그 각각의 보는 순간에 포함된 다섯 가지 법들 모두를 구분하여 아는 일이 성취된다. 그 법들에 대해 ‘영원하다’고, ‘행복하다’고, ‘자아’라고 집착하여 번뇌가 생겨나지 않도록 아는 일이 구족된다”라는 의미를 설명해 준다. 더 분명하게 설명하자면 보는 것과 관련하여 번뇌가 생겨나는 것은 볼 때 분명했던 어떤 법 하나를 원인으로 해서 생겨나는 것이다. 분명하지 않았던, 알지 못했던 어떤 한 가지 법을 시작으로, 원인으로 생겨나는 것이 아니다. 예를 들어 어떤 한 사람을 좋아하거나 싫어하는 것은 그 사람을 이전에 만나 보았기 때문에도 생겨난다. 그 사람에 대해서 전해 들었기 때문에도 생겨난다. 만약 그 사람을 만나 보지도 못했고, 듣지도 못했고, 이 세상에 있다는 사실조차 알지 못한다고 해 보자. 그 사람에 대해서는 좋아함이 생겨날 수 없다. 싫어함도 생겨날 수 없다. 무엇 때문인가? 그 사람이 자신의 마음에 분명하지 않기 때문에, 알지 못하기 때문이 아닌가? 이와 마찬가지로 어떤 형색 하나를 이전에도 본 적이 없었고, 지금 보고 있는 것도 아니고, '그러한 형색을 볼 수 있을 것이다'라고 생각조차 하지 못하는 어떤 형색이 있다고 하자. 예를 들자면, 자기가 한 번도 가 보지 않았던 나라, 전혀 알지 못하는 나라의 어떤 마을, 천상의 어느 세계, 이 우주의 어느 곳에 있는 여성, 남성의 형색들이다. 그러한 형색과 관련해서는 탐욕, 성냄 등의 번뇌들이 결코 생겨날 수 없다. 무엇 때문인가? 그러한 형색들은 자기 마음에 분명하지 않기 때문이다.

(3) 말루짜뿟따 경

1) 위빳사나 수행방법을 알려 주는 질문과 대답

바로 그렇기 때문에 수행주제를 청한 말루짜뿟따(Mālukyaputta)[395]

395 PTS본에는 말룽꺄뿟따(Māluṅkyaputta)로 되어 있고 미얀마 어본에는 말루짜뿟따(Mālukyaputta)로 되어 있다.

비구에게 부처님께서 수행주제를 주실 때 다음과 같은 질문을 통해서 번뇌의 성품과 위빳사나 수행의 성품을 분명하게 알게 해 주셨다.[396]

부처님의 질문 (1)

"Taṁ kiṁ maññasi, mālukyaputta, ye te cakkhuviññeyyā rūpā adiṭṭhā adiṭṭhapubbā, na ca passasi, na ca te hoti passeyyanti. Atthi te tattha chando vā rāgo vā pemaṁ vā?" (S.ii.295)

해석

"말루짜뿟따여, 어떻게 생각하는가? 눈으로 볼 수 있는 형색 중에 아직 보지도 못했고, 전에도 본 적이 없었고, 지금 보고 있는 것도 아니고, '볼 수 있을 것이다'라고 생각조차 생겨나지 않는, 그러한 형색에 대하여 바람이나 애착이나 애정이 그대에게 있겠는가? 〔= 생겨나겠는가?〕"

말루짜뿟따 비구의 대답 (1)

"No hetaṁ, bhante."

해석

"세존이시여, 없습니다. 〔= 생겨나지 않습니다.〕"

이 첫 번째 질문을 통해서 마음에 전혀 분명하지 않아 생각할 수도 없고 사유할 수도 없는 형색들에 대해서는 저절로 번뇌가 사라진다는 것을 직접 알려 주고 있다. '그러한 형색들에 대해서는 위빳사나 관찰로

396 S35:95; 『상윳따 니까야』 제4권, pp.214~224 참조.

제거할 필요가 없다. 저절로 번뇌가 생겨날 수 없어 사라져 버린다'라는 뜻이다. 볼 수 있어 마음에 분명하게 드러나는 형색들에 대해서만 생각하고 사유하여 번뇌가 생겨날 수 있다는 것도 반대(byatireka)방법[397]을 통해 알려 주고 있다. 또한 분명하지 않은 형색들처럼 좋아함이나 싫어함이 생겨나지 않도록 위빳사나로 가로막고 저지할 수 있으면, 그러한 분명한 형색들에 대해서도 번뇌가 생겨날 수 없다. 따라서 '분명하지 않은 형색들처럼 되도록, 분명한 형색들만 위빳사나로 관찰하여 번뇌를 제거해야 한다'는 의미도 추론(neyyattha)방법,[398] 자명(avuttasiddhi)방법,[399] 암시(atthāpanna)방법[400] 등으로 설명하고 있다.

어떤 사람을 보고 나서 좋아함이나 싫어함이 생겨날 때, 무슨 법이 분명하기 때문에 그렇게 좋아하고 싫어하는가? 피부나 겉모습에 드러나는 형색 물질이 분명하기 때문이다. 그 형색을 시작으로 계속 숙고하였을 때 내부의 살을 포함한 온몸 전체가 좋은 것, 싫은 것이 되어 마음속에 분명하게 드러난다. 그래서 온몸에 대해 좋아함과 싫어함이 생겨난다.

만약 겉에 드러나는 그 형색들을 보지 않았다고 하자. 〔그러면〕 내부의 살을 비롯한 온몸 전체를 숙고할 수도 없다. 좋아하는 것으로나 싫어하는 것으로 드러나지도 않는다. 좋아함, 싫어함도 생겨날 수 없다. 따라서 볼 때조차 분명하지 않아서 마음속에서 집착할 수 없는 법에 대해서는 번뇌가 생겨나지 못하고 사라지는 것이 저절로 성취된다. 그렇게

397 반대되는 사실도 알게 하는 방법.
398 추론하여 알 수 있는 방법.
399 직접적으로 설하지 않았어도 성취되는 방법.
400 직접 설하지 않고서 둘러서 의미를 알게 하는 방법.

분명하지 않은 법들을 〔일부러〕 숙고해서 관찰하여 제거할 필요가 없다. 볼 때 분명하여 집착할 수 있는 법들만 돌이켜 숙고할 때마다 번뇌가 생겨날 수 있다. 번뇌가 저절로 사라지지 않는다. 따라서 그렇게 분명한 법들을 분명하지 않은 법들처럼 좋아하는 것, 싫어하는 것으로 드러나지 않도록 관찰하고 새길 필요가 있다는 이 의미가 매우 분명하다.

부처님의 질문 (2)

"말루짜뿟따여, 어떻게 생각하는가? 귀로 들을 수 있는 소리 중에 아직 듣지도 못했고, 이전에 들은 적도 없었고, 지금 듣고 있는 것도 아니고, '들을 수 있을 것이다'라고 생각조차 생겨나지 않는 그러한 소리에 대하여 바람이나 애착이나 애정이 그대에게 있겠는가? 〔= 생겨나겠는가?〕"

말루짜뿟따 비구의 대답 (2)

"세존이시여, 없습니다. 〔= 생겨나지 않습니다.〕"

부처님의 질문 (3)

"말루짜뿟따여, 어떻게 생각하는가? 코로 냄새 맡을 수 있는 냄새 중에 아직 맡지도 못했고, 이전에 맡은 적도 없었고, 지금 맡고 있는 것도 아니고, '맡을 수 있을 것이다'라고 생각조차 생겨나지 않는 그러한 냄새에 대하여 바람이나 애착이나 애정이 그대에게 있겠는가? 〔= 생겨나겠는가?〕"

말루짜뿟따 비구의 대답 (3)

"세존이시여, 없습니다. 〔= 생겨나지 않습니다.〕"

부처님의 질문 (4)

"말루짜뿟따여, 어떻게 생각하는가? 혀로 맛볼 수 있는 맛 중에 아직 맛보지도 못했고, 이전에 맛본 적도 없었고, 지금 맛보고 있는 것도 아니고, '맛볼 수 있을 것이다'라고 생각조차 생겨나지 않는 그러한 맛에 대하여 바람이나 애착이나 애정이 그대에게 있겠는가? (= 생겨나겠는가?)"

말루짜뿟따 비구의 대답 (4)

"세존이시여, 없습니다. (= 생겨나지 않습니다.)"

부처님의 질문 (5)

"말루짜뿟따여, 어떻게 생각하는가? 몸으로 닿을 수 있는 감촉 중에 아직 닿지도 못했고, 이전에 닿은 적도 없었고, 지금 닿고 있는 것도 아니고, '닿을 수 있을 것이다'라고 생각조차 생겨나지 않는 그러한 감촉에 대하여 바람이나 애착이나 애정이 그대에게 있겠는가? (= 생겨나겠는가?)"

말루짜뿟따 비구의 대답 (5)

"세존이시여, 없습니다. (= 생겨나지 않습니다.)"

부처님의 질문 (6)

"말루짜뿟따여, 어떻게 생각하는가? 마음으로 알 수 있는 성품법 중에 아직 알지도 못했고, 이전에 안 적도 없었고, 지금 알고 있는 것도 아니고, '알 수 있을 것이다'라고 생각조차 생겨나지 않는 그러한 성품법에 대하여 바람이나 애착이나 애정이 그대에게 있겠는가? (= 생겨나겠는가?)"

말루짜뿟따 비구의 대답 (6)

"세존이시여, 없습니다.〔= 생겨나지 않습니다.〕"

이 여섯 가지 질문들을 통해 '여섯 문에서 분명한 법들만 집착하여 번뇌들이 생겨난다. 분명하지 않은 법들은 집착하지 않는다. 따라서 분명한 법들만을 마치 분명하지 않은 법들처럼 좋아하는 것, 싫어하는 것으로 드러나지 않도록 위빳사나 관찰을 해야 한다'는 것을 알려 주고 있다. 바로 그렇기 때문에 부처님께서는 말루짜뿟따 비구에게 아래와 같이 수행법을 설하셨다.

2) 위빳사나 수행방법의 핵심

"Ettha ca te, mālukyaputta, diṭṭha-suta-muta-viññātesu dhammesu diṭṭhe diṭṭhamattaṁ bhavissati, sute sutamattaṁ bhavissati, mute mutamattaṁ bhavissati, viññāte viññātamattaṁ bhavissati."

"Yato kho te, mālukyaputta, diṭṭha-suta-muta-viññātesu dhammesu diṭṭhe diṭṭhamattaṁ bhavissati, sute sutamattaṁ bhavissati, mute mutamattaṁ bhavissati, viññāte viññātamattaṁ bhavissati; tato tvaṁ, mālukyaputta, na tena."

"Yato tvaṁ, mālukyaputta, na tena; tato tvaṁ, mālukyaputta, na tattha."

"Yato tvaṁ, mālukyaputta, na tattha; tato tvaṁ, mālukyaputta, nevidha, na huraṁ, na ubhayamantarena. Esevanto dukkhassā"ti.

(S.ii.295)

대역

mālukyaputta말루짜뿟따 비구여, ettha ca diṭṭha-suta-muta-viññātesu dhammesu보이고, 들리고, 감각되고, 알게 된 이러한 법들 중에서도 te그대에게 diṭṭhe보이는 형색에 대해서는 diṭṭhamattaṁ보는 것만 bhavissati생겨날 것이다. sute들리는 소리에 대해서는 sutamattaṁ듣는 것만 bhavissati생겨날 것이다. mute감각된 것에는, 즉 맡아진 냄새에는, 맛보아진 맛에는, 닿은 감촉에는, mutamattaṁ감각하는 것만 bhavissati생겨날 것이다. viññāte알아지는 성품에 대해서는 viññāta-mattaṁ아는 것만 bhavissati생겨날 것이다.[401]

mālukyaputta말루짜뿟따 비구여, yato kho어느 때 te그대에게 diṭṭha-suta-muta-viññātesu dhammesu보이고, 들리고, 감각되고, 알게 된 이러한 법들 중에서 diṭṭhe diṭṭhamattaṁ bhavissat … … viññāte viññāta-mattaṁ bhavissati보이는 형색에 대해서는 보는 것만 생겨난다면, 들리는 소리에 대해서는 듣는 것만 생겨난다면, 감각된 것에는, 즉 맡아진 냄새에는, 맛보아진 맛에는, 닿은 감촉에는 감각하는 것만 생겨난다면, 알아지는 성품에 대해서는 아는 것만 생겨난다면, mālukyaputta말루짜뿟따 비구여, tato그때 tvaṁ그대는 tena그 보이는 형색, 들리는 소리, 감각된 냄새·맛·감촉, 알아지는 성품들과 관련하여 번뇌와 함께 na (bhavissati)생겨나지 않을 것이다.

Yato tvaṁ mālukyaputta na tena말루짜뿟따 비구여, 그때 그대가 그 보

---

401 원주: 이 구절까지는 위빳사나 수행방법을 설명하고 있다. 『우다나』의 「바히야 경(Bāhiya sutta)」에서 "Evañhi te, bāhiya, sikkhitabbaṁ = 오, 바히야여! 그대는 이렇게 설한 대로 공부지어야 한다"라고 직접 설명하였다. 그 경의 주석에서도 "sikkhitabbanti adhisīlasikkhādīnaṁ tissannampi sikkhānaṁ vasena sikkhanaṁ kātabbaṁ = '공부지어야 한다'라고 하는 것은 높은 계 공부지음 등, 세 가지 공부지음 모두를 통해서 공부지음을 행해야 한다"라고, 또한 "evaṁ imāya paṭipadāya tayā bāhiya tissannaṁ sikkhānaṁ anupavattanavasena sikkhitabbaṁ = 오, 바히야여! 그대는 이렇게 설한 실천으로 세 가지 공부지음들을 끊임없이 생겨나게 함을 통해서 공부지어야 한다"라고 설명하였다.

이는 대상 등**과 관련하여** 번뇌와 **함께 생겨나지 않는다면** tato tvaṁ, mālukyaputta, na tattha**말루짜뿟따 비구여,** 그렇게 관계하지 않을 때에 **그대는 그** 보이는 형색 등**에** 번뇌로〔= 번뇌에 따라서〕 **머물지 않을 것이다.**

Yato tvaṁ, mālukyaputta, na tattha**말루짜뿟따 비구여, 그때 그대가 그 것**(보이는 형색) 등**에** 번뇌로〔= 번뇌에 따라서〕 **머물지 않는다면,** mālukyaputta**말루짜뿟따 비구여,** tato그렇게 번뇌에 따라서 머물지 않을 때, tvaṁ**그대는** neva idha**이곳**(이 세상)**에도 없고,** na huraṁ**저곳**(저 세상)**에도 없고,** na ubhayamantarena이 세상, 저 세상, **양쪽**(세상) **모두에도 없다.**[402] eso eva**바로 이것,** 즉 물질과 정신의 연속이 없는 것만이, 또는 이 두 세상 모두에 번뇌로 집착하는 그대가 없는 것만이, dukkhassā번뇌의 고통, 윤회윤전 **고통의** anto**끝**인 열반**이다.**

〔이 구절을 〕『우다나(Udanā 感興語) 주석서』에서 'aññe(일부는)'이라고 언급해 놓은 일부 스승들의 견해로 해석하면 다음과 같다.

말루짜뿟따 비구여, tato번뇌로〔= 번뇌에 따라〕 머물지 않을 **그때** tvaṁ**그대는** neva idha**이곳,** 즉 눈, 귀, 코, 혀, 몸, 마음이라고 하는 내부의 여섯 감각장소**에도 없고,** na huraṁ**저곳,** 즉 형색, 소리, 냄새, 맛, 감촉, 성품 대상이라고 하는 외부의 여섯 감각장소**에도 없고,** na ubhayamantarena**양쪽의 중간,** 즉 내부의 감각장소, 외부의 감각장소의 중간에 생겨나는〔눈 의식, 귀 의식, 코 의식, 혀 의식, 몸 의식, 마음 의식이라고 하는〕 여섯 의식**에도** na**없다.** 즉 두 가지 감각장소

---

402 마하시 사야도의 『*Malukyaputta thouk tayato*(말루짜뿟따 경에 대한 법문)』에는 '이 세상, 저 세상이라고 하는 그 두 세상을 제외한 다른 곳에도 없다'라고 해석되어 있다. 『*Malukyaputta thouk tayato*(말루짜뿟따 경에 대한 법문)』, p.54 참조.

를 제외하고서 취할 수 있는 여섯 의식에도 없다. eso eva**바로 이것**, 즉 여섯 문, 여섯 대상, 여섯 의식에 그대가 없는 것 = 문, 대상, 의식이 드러나지 않는 것**만이** dukkhassā번뇌의 고통, 윤회의 **고통의** anto**끝**인 열반**이다**.

형색을 보게 될 때 단지 보는 것에만 멈추게 해야 한다. 보이는 형색을 계속해서 생각하여 번뇌들을 생기게 해서는 안 된다. 그러한 번뇌가 생겨날 기회를 얻지 못하도록 보이는 형색을 관찰해야 한다. 그렇게 관찰하면 형색 물질을 바른 성품대로 알 수 있다. 어떻게 아는가? '보이는 성품일 뿐이다'라고, '생겨나서는 사라지는 것이다'라고, '새기는 동안에 사라지고 소멸해 버린다'라고 안다. 그래서 '항상하지 않다. 괴로움이다. 나가 아니다'라고 구분하여 결정할 수 있다. 그러한 형색이 아주 분명하게 보인다고 하더라도 마치 보이지 않는 형색과 같이 되어 버린다. 마음속에 좋아하는 것, 싫어하는 것, 어떠한 모습이나 형체로 집착하여 머물지 않는다. 다시 돌이켜 생각해 보더라도 새길 때 드러나던 대로만 드러난다. 사라져 버리는 것으로, 무상(anicca)한 것으로, 괴로움(dukkha)인 것으로, 무아(anatta)인 것으로만 드러난다. 따라서 '누구를 보았다, 아주 좋아할 만한 사람이다, 아주 싫은 사람이다'라는 등으로 그 형색에 관련하여 생각하고 숙고하는 번뇌들이 생겨나지 못한다. 이렇게 번뇌들이 생겨나지 못하도록 볼 때마다 관찰해야 한다는 뜻이다.

소리를 들을 때, 냄새를 맡을 때, 맛을 먹어 보아 알 때, 여러 감촉들과 닿을 때, 다가오는 여러 성품법들을 생각하여 알 때도, 그것에 연속하여 망상하고 숙고하는 번뇌들이 생겨날 기회를 얻지 못하도록 관찰하고 새겨, 단지 듣는 것 등에만 멈추게 해야 한다는 뜻이다. 이렇게 단지 보는 것 등에만 멈추도록 끊임없이 관찰하여 위빳사나와 관련된 계, 삼매, 통찰지들이 단계적으로 향상되어 도의 계, 삼매, 통찰지들을 생겨나게 해야 한다는 뜻이다.

"vipassanāya visayaṁ diṭṭhādihi catūhi koṭṭhāsehi vibhajitvā tatthassa ñata – tīraṇa – pariññaṁ dasseti(위빳사나의 대상을 봄 등의 네 가지 무더기로 나누어 각각에 대해 그에게 숙지 – 조사 구분지를 설명했다)"[403]라고, 또는 "heṭṭhimāhi visuddhīhi saddhiṁ saṅkhepeneva vipassanā kathitā(아래의 청정 등과 함께 간략하게 위빳사나를 설명하였다)"[404]라고 설명해 놓은 『우다나(感興語) 주석서』 등에 따라 이 경전에 대한 주석에서도 "'ettha ca … bhavissati(〔제일 처음 부분인〕 말루짜뿟따 비구여, 보이고 들리고 감각되고 알게 된 이러한 법들 중에서도 … 알 때는 아는 것만 생겨날 것이다)'라는 구절로는 위빳사나 수행방법을 설명했고, 'yato kho(〔그 다음 부분부터 끝까지인〕 볼 때 보는 것만 생겨난다면 …)'라는 구절로는 도와 과, 그리고 제거 구분지(pahānapariññā 斷遍知)가 생겨나는 모습을 설명했다"라고, 또는 "그 중에서도 'yato kho … na tena(볼 때 보는 것만 생겨난다면 … 번뇌와 함께 생겨나지 않을 것이다)'라는 구절로는 도를 설명했고, 'yato tvaṁ … na tattha(번뇌와 함께 생겨나지 않는다면 … 그것에 번뇌로 머물지 않을 것이다)'라는 구절로는 과를 설명했고, 'yato tvaṁ … esevanto dukkhassa(그것에 번뇌로 머물지 않는다면 … 모든 고통의 끝이다)'라는 구절로는 열반을 설명했다"라고 설명하였다. 그 설명에 따라 이제

403 UdA.82.

404 UdA.84.

'yato kho' 등의 의미를 설명하겠다.

보이는 형색, 들리는 소리 등을 '보인다, 들린다' 등으로 끊임없이 새기다가 어느 때 마음이 단지 보는 것, 단지 듣는 것 등에만 멈추게 된다. 보이는 형색 등도 단지 보이는 성품일 뿐, 단지 들리는 성품일 뿐인 것 등으로만 드러난다. 생멸하는 성품일 뿐, 무상·고·무아인 성품일 뿐으로 드러난다. 좋아할 만한 것, 싫어할 만한 것, 어떤 모습, 실체, 입자로는 드러나지 않는다. 그때 관찰하는 그 대상들이 "마치 분명하지 않아 볼 수 없고, 들을 수 없고, 감각할 수 없고, 알 수 없는 대상들처럼" 되어 버린다. 번뇌들의 대상이 되지 못한다. 그러한 대상들을 집착해서 번뇌들이 생겨날 수 없다. 바로 그렇게 번뇌들이 생겨날 수 없게 된 상태에 대해서 '그 대상에 대해 대상에 잠재된(ārammaṇanusaya) 번뇌가 잠재할 수 없다'라든가, '위빳사나가 번뇌들을 부분 제거(tadaṅga pahāna)를 통해 제거했다'라든가, '부분 멀리떠남(tadaṅga viveka), 빛바램(virāga), 소멸(nirodha), 보내 버림(vosagga)이라고 한다'라고 여러 경전, 주석서, 복주서 등에 설명해 놓고 있다. 그러한 사람에 대해서도 '부분 적멸한 이(tadaṅganibbuta) = 관찰이라는 원인 때문에 한 찰나의 마음이 번뇌로부터 고요해진 이'라고『상윳따 니까야(무더기 상윳따)』에서 설하셨다. 그러한 이는 보이는 형색 등에 관련한 번뇌들과 함께하지 않는다. '보이는 형색 등을 애착하면서 지내지 않는다. 싫어하면서 지내지도 않는다. 항상하고 행복하고 어떤 실체가 있는 것이라는 등으로 생각하면서 지내지도 않는다"라는 뜻이다. 그 사람의 지혜는 '항상하다'는 인식 등을 제거할 수 있기 때문에 제거 구분지(pahānapariññā)라고 한다. 보이는 형색 등의 소멸을 알면서 생겨나면 위빳사나 제거 구분지(vipassanā pahānapariññā)이다. 보이는 형색 등과 새겨 아는 등의 모든 형성들이 완전히 사라진, 소멸한 열반을 알면서 생겨나면 도 제거 구분지(magga pahānapariññā)이다. 도의 바로 다음에 열반을 대상으로 하면서 과의 마음이 생겨난다. 그 과에 이미 이른 이는 보이는 형색 등에 번뇌로써 머물지 않는다. '보이는 형색 등에 갈애, 자만, 사견이 생겨나지 않는다'라는 뜻이다. 도와 과라고 하는 것은 여기에서는 대표(ukkaṭṭha) 방법[405]에 따라 아라한 도와 과를 뜻한다.

"이 세상에도 없고, 저 세상에도 없고, 이 세상과 저 세상이라고 하는 그 두 세상 모두에도 없다"라는 구절에 대한 주석서의 설명은 다음과 같다. 아라한 과에 이르러 아라한이 된 이는 모든 물질과 정신들에 대한 집착이 없기 때문에 현재 바로 이 생, 이 세상에 머물러 있다고 말할 수 없다. 반열반의 죽음 다음에 새로운 물질과 정신의 생겨남도 없기 때문에 다음 생, 저 세상에도 존재하지 않는다. 이렇게 두 세상 모두에 없는 것 = 집착이 사라져 새로운 물질과 정신이 생겨나지 않는 것, 그것이 바로 모든 번뇌의 고통, 윤회 윤전의 고통이 완전히 사라진 무여열반(anupādisesa nibbāna)이라고 설명하고 있다.

일부 스승들의 견해 도와 과에 이르는 순간에는 눈, 귀, 코, 혀, 몸, 마음이라고 하는 안의 감각장소인 여섯 문도 드러나지 않는다. 그러한 것을 대상으로 하지도 않는다. 형색, 소리, 냄새, 맛, 감촉, 성품 대상이라고 하는 밖의 감각장소인 세간의 여섯 대상도 드러나지 않는다. 또한 그

---

405 제일 훌륭한 것을 대표로 말하는 방법.

러한 것들을 대상으로 하지도 않는다. 눈 의식(眼識), 귀 의식(耳識), 코 의식(鼻識), 혀 의식(舌識), 몸 의식(身識), 마음 의식(意識) 등의 여섯 의식들도 드러나지 않는다. 또한 그러한 것들을 대상으로 하지도 않는다. 이러한 문, 대상, 의식들이 완전히 소멸한 성품만을 대상으로 하여 도의 마음, 과의 마음들이 생겨난다. 그러한 도와 과의 마음으로 알 수 있는 《문, 대상, 의식들이》 소멸함이라는 성품만을 모든 고통이 완전히 사라진 열반이라고 한다는 뜻이다.

3) 열반과 먼 이, 가까운 이

말루짜뿟따 비구는 이렇게 간략하게 설해진 위빳사나 수행방법을 듣고서 스스로 이해하고 깨달은 그 의미를 다음과 같이 자세하게 부처님께 아뢰었다.

(1) Rūpaṁ disvā sati muṭṭhā,
Piyaṁ nimittaṁ manasikaroto;
Sārattacitto vedeti,
Tañca ajjhosa tiṭṭhati.

(S.ii.295)

대역

Rūpaṁ**형색을** disvā**보고 나서**
piyaṁ nimittaṁ**좋아하는 표상**(대상)**에 대해**
manasikaroto**마음기울이는 이에게**
《'위빳사나 관찰을 해야 한다'라는 마음기울임 = 올바른 마음기울임(yoniso manāsikāra)이 없기 때문에 올바르지 않은 마음기울임(ayoniso manāsikāra)이 생겨난 것을 보이고 있다》

sati새기는 **사띠가** muṭṭhā**잊혀진다.**

《그 순간에 단지 보는 것만 분명하게 드러남에도 불구하고 단지 보는 것일 뿐으로, 무상·고·무아인 것으로 아는 새김을 확립하지 못한 것을 말한다.》

so그렇게 새기지 못하는 **그는**

sārattacitto좋아하고 **애착하는 마음으로** vedeti**느낀다.**

《싫어할 만한 대상으로 마음기울이면 더럽혀진(paduṭṭha) 마음으로 느끼고, 중간의 표상으로 마음기울이면 혼미한(sammūlha) 마음으로 느끼는 것은 직접 말하지 않았지만 그러한 것도 포함한다고 알아야 한다.》

tañca**그** 보이는 형색이라는 **대상도**

ajjhosa삼켜서 가지듯이, 마음속에 **움켜쥐고** tiṭṭhati**머문다.**

(2) Tassa vaḍḍhanti vedanā,
Anekā rūpasambhavā;
Abhijjhā ca vihesā ca,
Cittamassūpahaññati;
Evaṁ ācinato dukkhaṁ,
Ārā nibbānamuccati.

(S.ii.295)

대역

tassa〔보이는 대상을 집착하여 움켜쥐는〕 **그 사람에게,**

rūpasambhavā〔집착하여 움켜쥔〕 **형색을 시작으로 생겨나는**

anekā**여러 가지**(= 많은) vedanā좋고 나쁜 **느낌들이나,**

abhijjhā ca바라고 좋아하는 **탐애(貪愛)나,**

vihesā**괴롭힘**(= 괴롭히고자 하는 성냄)**이** vaḍḍhanti**늘어난다.**

assa**그의** cittaṁ**마음은** ūpahaññati탐욕과 성냄 등으로 **피곤하다.**

evaṁ**이렇게** dukkhaṁ번뇌의 고통, 윤회 윤전의 **고통들을**

ācinato받아들여 **모으는 이에게**

nibbānaṁ모든 고통이 사라진 **열반은**

ārā**멀다고** vuccati**말한다**.

《볼 때 새겨 알지 못하면 열반에 이를 수 없다는 것을 보여 주고 있다.》

(3) Na so rajjati rūpesu,
Rūpaṁ disvā paṭissato;
Virattacitto vedeti,
Tañca nājjhosa tiṭṭhati.

(S.ii.296)

대역

(yo)어떤 위빳사나 수행자는

rūpaṁ**형색을** disvā**보고 나서**, 또는 형색을 보면〔바로〕

paṭissato'본다'라고 **다시 새긴다**.

so이렇게 다시 새기는 **그는**

rūpesu보이는 **형색에 대해** na rajjati**애착하지 않는다**.

virattacitto애착이 없는 마음이 되어,

애착 없는 마음으로 vedeti**느낀다**.

tañca**그 형색** 대상**도**

na ajjhosa tiṭṭhati마음속에 **움켜쥐지 않고 머문다**.

혹은 움켜쥐고서 머물지 않는다.

(4) Yathāssa passato rūpaṁ,
Sevato cāpi vedanaṁ;
Khīyati nopaciyati,

Evaṁ so caratissato;
Evaṁ apacinato dukkhaṁ,
Santike nibbāna vuccati.

(S.ii.297)

대역

yatha**그처럼, 즉** 새겨 아는 것과 함께 생겨나는 것처럼
rūpaṁ**형색을** passato cāpi**보기도 하지만,**
vedanaṁ**느낌을** sevato cāpi**의지하기도 하지만,**[406]
assa**그에게** dukkhaṁ형색과 관련하여
생겨날 수 있는 번뇌의 고통, 윤회 윤전의 **고통들이**
khīyati다하기만 **한다.** na upaciyati**모여지지 않는다.**
evaṁ (tatha)**이처럼, 즉** 새겨 아는 것과 함께 생겨나는 것처럼
sato 볼 때마다 **새기며**
so**그 수행자는** carati**실천한다.**
evaṁ**이러한 방법을 통해**
dukkhaṁ보고 나서 즉시 관찰하여 새기는 것에 의해
관찰하여 새기지 않으면 생겨날 수 있는
번뇌의 고통, 윤회 윤전의 **고통들을**
apacinato**무너뜨리고 있는 이에게**
nibbānaṁ고통이 사라진 **'열반은 santike가깝다'**, 또는
'열반을 가까이 한다'**라고** vuccati**부른다.**[407]
《볼 때 새기면 열반에 이를 수 있다는 것을 알려 주고 있다.》

---

406 원주(본문내용): '~도(ca)'라는 단어로 'samuccayattha(포함한다)'라는 의미, '~만(api)'이라는 단어로 'sambhāvanattha(〔뒷구절을〕 높여 주는)'라는 의미를 나타낸다.

407 『*Malukyaputta thouk tayato*(말루짜뿟따 경에 대한 법문)』, pp.61~76 참조.

들을 때 등에서 열반과 멀어지는 모습, 가까워지는 모습들을 설명하는 게송들도 위와 마찬가지이다. 원하면『상윳따 니까야(여섯 감각장소 상윳따)』를 살펴보라. 말루짜뿟따 비구가 이 게송들을 부처님께 아뢰었을 때, 부처님께서는 말루짜뿟따 비구에게 "훌륭하다"라고 칭찬하시고는 "간단하게 설한 위빳사나 수행방법의 그 자세한 의미를 그대가 나에게 말한 대로 기억하라"라고 하시고 그 게송을 똑같이 다시 설하셨다. 말루짜뿟따 비구는 간략한 위빳사나 수행방법에 따라 노력하여 머지않아 큰제자[408] 아라한 중의 한 분이 되었다는 내용이 같은 경전에 나온다.

알아야 할 내용 이「말루짜뿟따 경」을 통해 다음과 같은 의미가 분명하게 드러난다. 즉 '여섯 의식으로 알 수 없어 분명하지 않는 법들에 대해서는 번뇌들이 저절로 사라진다. 따라서 그러한 법들을 일부러 찾아서 관찰할 필요가 없다'라는 의미가 분명하다. '여섯 의식으로 알 수 있어 분명한 법들에 대해서만 관찰하여 《관찰하지 않으면 생겨날》 번뇌들을 제거해야 한다'라는 의미도 분명하다. '분명한 법들을 관찰하게 되면 분명한 법이든, 분명하지 않은 법이든, 모든 법들에 대해 번뇌들이 생겨나지 않는다. 따라서 분명한 법들을 관찰하는 것으로 모든 법들에 대해 관찰하는 일, 아는 일이 성취된다'라는 의미도 분명하다. 그래서 "볼 때마다 한 번씩만 새겨서 그 한 가지 법의 생겨남, 사라짐, 무상의 특성 등을 기본으로 하여 알면, 볼 때 존재하는 모든 다섯 가지 법들을 구분하여 아는 일이 성취된다"라고 했던 것이다.

---

408 부처님 좌·우 40명씩, 80명의 대제자를 뜻하는 것은 아니다.

(4) 번뇌를 새겨 제거하는 모습

1) 번뇌가 제거되는 모습

볼 때마다 '본다, 본다'하며 끊임없이 관찰하고 새겨도 지혜의 힘이 아직 여릴 때는 번뇌의 속행들이 자주 끼어들어 와 생겨나기도 한다. 그렇게 생겨난다고 해서 실망하면 안 된다. 새김을 줄여서도 안 된다. 그 번뇌의 마음도 새겨 제거하기만 해야 한다.

비유하자면 옷을 세탁하는 이가 한두 번 밟고 치고 문지르는 것 정도만으로 옷이 깨끗해지지 않더라도 손을 놓지 말고 거듭거듭 치고 문지르고 밟아서 옷을 깨끗하게 해야 하는 것과 같다. 〔옷 세탁과 위빳사나 수행이 서로〕 다른 점은 옷을 세탁할 때는 한 번에 얼마 정도 깨끗해졌고 얼마 정도 아직 남았다는 것을 알 수 있다. 하지만 위빳사나 수행에서는 오늘 번뇌가 얼마 정도 사라졌고 얼마 정도 아직 남아 있다는 것을 알 수가 없다. 차례대로 관찰하여 도와 과에 이르고 나서야 얼마 정도 사라졌다는 것을 알 수 있다. 이렇게 알 수 없는 모습, 알 수 있는 모습을 도끼자루의 비유와 같다고 『상윳따 니까야(무더기 상윳따)』[409]에서 설하고 있다. 어떻게 같은가? 도끼를 잡는 곳인 도끼자루가 매일매일 마찰이 되어서 닳아 없어져도 나무꾼은 오늘 손잡이 부분이 얼마 정도 파였는지 알 수 없는 것처럼, 새길 때마다 번뇌들이 사라지고 있어도 위빳사나 수행자들은 〔번뇌들이〕 얼마 정도 사라졌는가 알 수가 없다. 며칠, 몇 달, 몇 년 동안 도끼를 사용하여 그 자루에 손자국이 확실하게 드러났을 때라야 '도끼자루가 얼마 정도 닳았구나'라고 알 수 있듯이 위빳사나 수행자도 도와 과에 이르고 났을 때에야 번뇌들이 얼마 정도 사라졌는지

409 S22:101; 『상윳따 니까야』 제3권, p.413 참조.

알 수 있다.

그렇다고 하더라도 위빳사나 지혜가 성숙되었을 때는 번뇌의 속행이 가끔씩만 생겨난다. 생겨난다고 하더라도 새김과 동시에 사라져 버린다. 그리고 다시 생겨나지도 않는다. 대부분의 경우는 새김만 계속해서 생겨난다. 지혜가 매우 성숙되었을 때는 좋아할 만한 형색을 보아 눈 감각문에 인식과정이 생겨날 때도 번뇌의 속행이 생겨나지 않고 선업의 속행만, 혹은 결정까지만 생겨난다.[410] 보는 인식과정의 마음들도 바로 다음에 관찰을 하게 되어 중간에 방해받지 않고 위빳사나 관찰만 계속해서 생겨난다. 그러한 수행자들에게는 아직 위빳사나 관찰을 하고 있는 단계라도 번뇌와 떨어진 모습, 번뇌가 사라진 모습이 분명하다. 이렇게 분명한 모습을『상윳따 니까야(무더기 상윳따)』「괴로움을 일으키는 법 경(Dukkhadhamma sutta)」의 주석을 통해 알 수 있다.

Dandho, bhikkhave, satuppādoti satiyā uppādoyeva dandho, uppannamattāya pana tāya keci kilesā niggahitāva honti, na saṇṭhātuṁ sakkonti. Cakkhudvārasmiṁ hi rāgādīsu uppannesu dutiyajavanavāre "kilesā me uppannā"ti ñatvā tatiya javanavāre saṁvarajavanaṁyeva javati. Anacchariyañcetaṁ, yaṁ vipassako tatiyajavanavāre kilese nigganheyya. Cakkhudvāre pana iṭṭhārammaṇe apāthagate bhavaṅgaṁ āvaṭṭetvā āvajjanādīsu uppannesu voṭṭhabbanānantaraṁ sampatta-

410 눈 감각문에서 인식과정이 생겨나는 순서는 '지나간 바왕가 - 바왕가 동요 - 바왕가 끊어짐 - 다섯 감각문 전향 - 눈 의식 - 접수 - 조사 - 결정 - 속행 - 등록'의 차례로 생겨난다. 부록2를 참조하라

kilesajavanavāraṁ nivattetvā kusalameva uppādeti. Āraddhavipassakānaṁ hi ayamānisaṁso bhāvanāpaṭisaṅkhāre patiṭṭhitabhāvassa.

(SA.iii.96)

대역

Dandho, bhikkhave, satuppādoti'비구들이여, 새김은 비록 느리게 일어난다 하더라도'란 satiyā'번뇌가 생겨났다'라고 관찰하는 새김의 uppādoyeva생겨남만 느리다. pana반대로 번뇌가 사라짐은 느리지 않다는 것을 말하고자 한다. tāya그것('번뇌가 생겨났다'라고 새기는 새김)이 uppannamattāya생겨나자마자 keci kilesā어떠한 번뇌들은 niggahitāva확실히 제압honti된다. saṇṭhātuṁ〔계속〕 유지되는 것이 na sakkonti가능하지 않다. hi자세하게 설명하리라. cakkhudvārasmiṁ눈 감각문에서 rāgādīsu uppannesu애착 등이 생겨나는 dutiya javanavāre두 번째 속행 차례에 'me나에게 kilesā번뇌가 uppannāti생겨난다'라고 ñatvā알고서, 또는 알기 때문에 tatiya javanavāre세 번째 속행 차례에 saṁvarajavanaṁyeva단속이라는 위빳사나 속행만 javati속행한다. 생겨난다. ca이어서 말하리라. 하지만 vipassako위빳사나 수행자가 tatiyajavanavāre세 번째 속행 차례에서 kilese번뇌를 yaṁ niggaṇheyya제압하는 etaṁ이것은 anacchariyaṁ아직 놀라운 것이 아니다. pana진짜 놀라운 것은 cakkhudvāre눈 감각문에 iṭṭhārammaṇe apāthagate원하는 대상이 들어 와 bhavaṅgaṁ āvaṭṭetvā āvajjanādīsu uppannesu 바왕가를 전환하여 전향 마음 등이 생겨난 뒤 voṭṭhabbanānantaraṁ결정 마음의 바로 다음에 sampattakilesajavanavāraṁ도달하는 번뇌의 속행 차례를 nivattetvā바꾸어〔대신하여〕 kusalameva선업만을 uppādeti 생겨나게 한다. ayaṁ번뇌의 차례에 선업을 생겨나게 하는 이러한 것이 āraddhavipassakānaṁ처음 위빳사나 수행을 노력하는, 또는 처음 위빳사나 수행을 노력하여 생멸의 지혜 등을 성취한 위빳사나

수행자가 bhāvanāpaṭisaṅkhāre patiṭṭhitabhāvassa마음을 개선하는 것인 수행에 잘 머무는 것의 ānisaṁso이익이다.[411]

이 경전, 주석서를 통해 '중간 정도의 위빳사나 지혜가 구족된 수행자에게 볼 때 눈 감각문에서 생겨나는 인식과정 등에서 가끔씩 번뇌의 속행들이 생겨나지만 그것을 새겨 알 수 있으면 세 번째 인식과정 등에 선업 속행, 위빳사나 속행들만 생겨난다'는 것을 알 수 있다. "놀라운 것이 아니다(anacchariyaṁ)"라고 하는 주석서의 설명을 통해 "아주 예리한 위빳사나 지혜가 구족된 수행자에게는 '불선 마음조차 생겨나게 하지 않는다. 관찰함만 계속 생겨난다'라는 것이 확실하게 결정된 사실이기(niyamita) 때문에 눈 감각문에서 생겨나는 인식과정 등에서 번뇌 속행이 생겨나지 않고 선업 속행만 생겨나거나 혹은 첫 번째 인식과정을 두 번째 인식과정으로 관찰할 수 있다"는 것을 알 수 있다. 결정 마음에만 멈추는 모습은 『맛지마 니까야(근본50편)』「코끼리 발자취 비유 긴 경(Mahāhatthipadopama sutta)」의 주석을 통해 알 수 있다.

2) 다섯 감각문에서 속행이 고요한 모습

Balavavipassakassa sacepi cakkhudvārādīsu ārammaṇe āpāthagate ayoniso āvajjanaṁ uppajjati, voṭṭhabbanaṁ patvā ekaṁ dve vāre āsevanaṁ labhitvā cittaṁ bhavaṅgameva otarati, na rāgādivasena uppajjati, ayaṁ koṭippatto tikkhavipassako.

---

411 S35:244; 『상윳따 니까야』 제4권, pp.400~401 참조. 뒷부분의 해석이 저본의 해석과 다른 점에 주의하라.

Aparassa rāgādivasena ekaṁ vāraṁ javanaṁ javati, javanapariyosāne pana rāgādivasena evaṁ me javanaṁ javitanti āvajjato ārammaṇaṁ pariggahitameva hoti, puna vāraṁ tathā na javati.
Aparassa ekavāraṁ evaṁ āvajjato puna dutiyavāraṁ rāgādivasena javanaṁ javatiyeva, dutiyavārāvasāne pana evaṁ me javanaṁ javitanti āvajjato ārammaṇaṁ pariggahitameva hoti, tatiyavāre tathā na uppajjati.

(MA.ii.129)

대역

balavavipassakassa염오의 지혜 등을 구족하여 〔관찰의〕 힘이 좋은 강력한 위빳사나 수행자에게 cakkhudvārādīsu눈 감각문 등에 ārammaṇe āpāthagate대상이 드러나 ayoniso āvajjanaṁ올바르지 않은 전향이 sace pi uppajjati만약 생겨나더라도 voṭṭhabbanaṁ patvā결정 마음에 이르러 ekaṁ dve vāre한 번이나 두 번의 āsevanaṁ labhitvā연속함, 반복함을 얻은 후 cittaṁ마음은 bhavaṅgameva바왕가에만 otarati떨어진다. rāgādivasena애착 등의 힘에 의해서는 na uppajjati〔속행이〕 생겨나지 않는다. ayaṁ이 수행자는 koṭippatto tikkhavipassako최상에 이른, 제일 예리한 위빳사나 관찰자이다.

aparassa또 다른 (중간 정도의 위빳사나를 관찰하는) 이에게 rāgādivasena애착 등의 힘에 의한 javanaṁ속행이 ekaṁ vāraṁ한 번 javati속행한다. 생겨난다. pana그렇지만 javanapariyosāne속행의 끝에 'me나에게 rāgādivasena javanaṁ애착 등의 힘에 의한 속행이 evaṁ javitanti이렇게 속행하였다. 지나갔다. 생겨났다'라고 āvajjato전향하여 ārammaṇaṁ pariggahitameva대상을 잘 파악하게만, 관찰하게만 hoti된다. 《'속행의 끝에 관찰한다'라고 하더라도 바왕가에 빠진 바로 그 다음에 관찰하는 것을 말한다.》 puna vāraṁ〔그리고〕 다시 두 번째 인식과정

에 tathā na javati**그렇게**, 즉 그러한 애착 등에 의해 **속행하지 않는다**. 생겨나지 않는다.

aparassa**또 다른** (제일 낮은 단계의 위빳사나를 관찰하는) **이에게** evaṁ**이렇게** 말한 대로 ekavāraṁ āvajjato (pi)**한 번 정도 전향하더라도**, 관찰하더라도 dutiyavāraṁ**두 번째 인식과정에** rāgādivasena javanaṁ**애착 등**의 힘**으로 속행들이** puna javatiyeva**다시 속행한다**. dutiyavārāvasāne pana**하지만 두 번째 인식과정의 끝에** 'me**나에게** javanaṁ〔애착 등의 힘에 의한〕 **속행이** evaṁ javitanti**이렇게 속행되었다**. 지나갔다. 생겨났다'라고 āvajjato**전향하여** ārammaṇaṁ pariggahitameva**대상을 잘 파악하게만**, 관찰하게만 hoti**된다**. tatiyavāre〔그리고 다시〕 **세 번째 인식과정에** tathā na uppajjati**그렇게**, 즉 그러한 애착 등에 의한 〔속행이〕 **생겨나지 않는다**.[412]

이 주석서에서 설명한 세 가지 수행자 중 세 번째 수행자가 둔한 위빳사나 수행자(mandhavipassaka), 두 번째 수행자가 중간의 위빳사나 수행자(majjhimavipassaka), 첫 번째 수행자가 예리한 위빳사나 수행자(tikkhavipassaka)이다. 또 다른 방법으로 말하자면 세 번째 수행자가 낮은 단계의 강력한 위빳사나(balava vipassanā)를 구족한 수행자, 두 번째·첫 번째 수행자가 중간·높은 단계의 강력한 위빳사나를 구족한 수행자이다.

그중 둔한 위빳사나 수행자에게는 볼 때 눈 감각문 인식과정 등에 생겨나는 번뇌들을 한 번 정도 새겨도 다시 번뇌의 속행이 생겨난다. 그것을 다시 새겼을 때라야 번뇌의 속행이 생겨나지 않는다. 선업의 속행, 위빳사나 속행들이 생겨난다.

---

412 M28; 『맛지마 니까야』, pp.364~376 참조.

두 번째 수행자〔= 중간 정도의 수행자〕에게 생겨나는 모습은 앞에서 이미 설명했다.

첫 번째인 예리한 수행자에게는 번뇌들이 생겨날 만한 대상과 접하고 나서 'ayoniso manasikāra'라고 부르는 올바르지 않은 마음기울임〔= 전향 마음〕이 생겨나더라도 앞에서 관찰했던 그 힘 때문에, 그 전향이 강력하게 생겨날 수 없다. 그렇기 때문에 다섯 의식, 접수, 조사 등도 대상을 분명하게 취할 수 없다. 그러한 마음들이 대상들을 분명하게 취할 수 없기 때문에 결정이라고 하는 마음 문(意門) 전향 마음도[413] 좋아하는 것, 싫어하는 것 등으로 나누지 못하고 결정할 수 없게 되어 조사하고 반조하는 성품으로 두 번, 세 번 정도만 생겨난다. 여기에서 '앞 마음의 모습대로 다음 마음들이 거듭 생겨나는 것'을 대상으로 '반복함을 얻어서(āsevanaṁ labhitvā)'라고 말한 것이지 '반복하는 조건(āsevana paccaya)과 그 조건에 따라 생겨남'을 대상으로 말한 것이 아니다. 이렇게 두 번, 세 번 생겨나더라도 결정할 수 없기 때문에 속행이 생겨나지 않고 바왕가 마음만 생겨난다. 마음 문에서도 이 결정을 끝으로 하는 인식과정(vuṭṭhovāra vīthi)들만 생겨난다. 이러한 인식과정들이 생겨날 때는 〔대상들이〕 그리 분명하지가 않다. 마치 본 듯 못 본 듯, 들은 듯 못 들은 듯, 생각한 듯 생각하지 않은 듯이 드러나는 정도이다. 바왕가에서 벗어났을 때 그렇게 매우 불분명한 그 보임, 들림 등을 관찰하는 마음 문(意門)의 위빳사나 인식과정(manodvāravipassanā vīthi)이 생겨난다. 이러한 수행자에게는 다섯 감각문에서 선·불선 속행들이 완전히 잠재워진다. 마음 문 하나에서만 위빳사나 속행들이 생겨난다. 이렇게 첫

---

413 마음 문에서 마음 문 전향 마음이 다섯 감각문에서는 결정 역할을 한다.

번째 인식과정에서 속행이 잠재워져 대상이 매우 불분명한 것, 두 번째 마음 문 인식과정에서 너무 지나치지도 않고 모자라지도 않는 중립평온(tatramajjhatthupekkhā)이 분명하여 관찰을 하는 위빳사나 속행이 고요하게 생겨나는 것은 형성평온의 지혜(saṅkhārupekkhā ñāṇa)가 매우 성숙되었을 때 많이 생겨난다. 수행하여 그 지혜에 이르렀을 때 스스로 직접 분명하게 될 것이다.

3) 여섯 구성요소평온을 구족하는 모습

그 때에 이르렀을 때는 비록 범부이긴 하지만 '마치 아라한인 것처럼 여섯 구성요소평온(chaḷaṅgupekkhā)이 구족되었다'라고 할 만하다. 그렇기 때문에 『앙굿따라 니까야(다섯의 모음, 띠깐다끼 품)』「띠깐다끼 경(Tikaṇḍakī sutta)」의 다섯 번째 차례에 다음과 같이 설하셨다.

> Sādhu, bhikkhave, bhikkhu kālena kālaṁ paṭikūlañca appaṭikūlañca tadubhayaṁ abhinivajjetvā upekkhako vihareyya sato sampajāno.
>
> (A.ii.150)
>
> 해석
>
> **오, 비구여, 비구가 가끔 싫어하는 것, 좋아하는 것, 이 두 가지 모두를 제거한 뒤 새기고 바르게 알면서 평온하게 지낼 수 있다. 이렇게 지내는 것이 매우 훌륭하다.**[414]

그 주석에서도 다음과 같이 설명하였다.

---

414 A5:144; 『앙굿따라 니까야』 제3권, p.330 참조.

Chaḷaṅgupekkhāvasena pañcamo. Chaḷaṅgupekkhā cesā khīṇāsavassa upekkhā sadisā, na pana khīṇāsavupekkhā … imasmiṁ sutte pañcasu ṭhānesu vipassanāva kathitā. Taṁ āraddhavipassako kātuṁ sakkoti.

(AA.iii.52)

해석

다섯 번째는 '여섯 구성요소평온'으로 설한 것이다. 이 '여섯 구성요소평온'이라고 하는 것도 번뇌가 다한 아라한의 평온과 동등한 평온이다. 아라한의 평온, 그 자체가 아니다. … 이 경에서는 다섯 장소에서의 위빳사나만 설한 것이다. 그 위빳사나를 (처음 수행을 시작해서 생멸의 지혜 등을 구족한) **처음 열심히 노력하는 위빳사나 수행자가 행하는 것이 가능하다.**

『맛지마 니까야(근본50편)』「코끼리 발자취 비유 긴 경(Mahāhatthipadopama sutta)」의 주석에서도 다음과 같이 설명하였다.

Upekkhā kusalanissitā saṇṭhātīti idha chaḷaṅgupekkhā, sā panesā kiñcāpi khīṇāsavassa iṭṭhāniṭṭhesu ārammaṇesu arajjanādivasena pavattati, ayaṁ pana bhikkhu vīriyabalena bhāvanāsiddhiyā attano vipassanaṁ khīṇāsavassa chaḷaṅgupekkhāṭhāne ṭhepetīti vipassanāva chaḷaṅgupekkhā nāma jātā.

(MA.ii.130)

해석

'선(善)한 것에 의지한 평온이 확립된다'라는 구절에서 평온(upekkhā)이라고 하는 것은 **여섯 구성요소평온을 말한다. 그** 여섯 구성요소평온은 원하거나 원하지 않는 대상에 대해 애착함이 없는 것 등의 모습으로 아라한에 생겨나는 것이기는 하지만 위빳사나 수행을 하는 이 비구는 정진의 힘으로 수행을 통해 성취한 자신의 관찰을 번뇌가 다한 아라한의 여섯 구성요소평온의 위치에 두었다. 그래서 바로 이 위빳사나를 여섯 구성요소평온이라고 한다.

이렇게 설명한 대로 다섯 감각문에서 속행이 잠재워질 때까지 관찰하도록 도마뱀을 잡는 비유를 통해 어린 사미가 뽓틸라 장로에게 수행주제를 다음과 같이 주었다.

4) 뽓틸라 장로의 일화

부처님 당시에 뽓틸라(Poṭṭhila)라고 하는 장로스님 한 분이 있었다. 그 장로는 위빳시(Vipassī) 부처님 등 과거 여섯 부처님 재세시마다 비구가 되어 삼장을 수지하여 경전을 가르쳤던 분이었다. 그는 고따마 부처님 당시에도 경전들을 가르치고 있었다. 하지만 수행은 하지 않았다. 그래서 부처님께서는 그 장로를 볼 때마다 주의를 주기 위해 "아무 쓸모없는 뽓틸라여(tuccha poṭṭhila)"라고 부르셨다. 그러자 뽓틸라 장로에게 경각심(saṁvega)이 생겨났다. '나는 주석서와 함께 삼장을 수지하고 500명의 비구들에게 계속해서 경전을 가르치고 있다. 그런데도 부처님께서는 나에게 아무 쓸모없는 뽓틸라라고 말씀하신다. 그것은 내가 선정, 위빳사나, 도와 과라는 특별한 법들을 얻지 못했기 때문에 그렇게 말씀하신 것이다'라고 경각심을 내서 수행을 하려고 120요자나나 떨어진 곳으로 떠났다. 아라한이신 비구 30명이 머무는 숲 속 절에 이르러 제일 법랍이 높은 큰스님 앞에 가서 수행주제를 청하였다. 그때 제일 큰

스님은 '경전을 많이 안다는 자만이 방해할 것이다'라고 알았기 때문에 자신이 수행주제를 주지 않고 두 번째 장로에게 보내 버렸다. 두 번째 장로도 세 번째 장로에게 보내 버렸고, 그렇게 같은 방법으로 차례대로 보내서 마지막에는 일곱 살인 어린 아라한 사미에게까지 이르게 되었다.

칭송하고 존경할 만하다 그때 뽓틸라 장로에게는 경전지식에 대한 자만이 다 없어졌기 때문에 어린 사미 앞에 합장하고 공손하게 수행주제를 청하였다.[415]

《삼장을 수지하는 매우 명성이 자자한 강사였음에도 불구하고 '내가 잘 하고 이해하는 대로만 수행하리라, 다른 이에게 가서 그 밑에서 배우지는 않으리라'라고 마음먹지 않고, 이 정도로 법에 대해 정성스럽게 생각하는 것은 매우 칭송할 만하다! 매우 올곧아 순종하는 공덕, 자만이 없는 공덕을 구족하셨다! 매우 존경할 만하다!》

그때 어린 사미는 "오, 스님! 저는 어리기도 어리고, 경전지식도 적습니다. 오히려 제가 스님께 배워야 합니다"라고 말하면서 거절하였다. 그래도 뽓틸라 장로가 다시 청을 하자 "가르치는대로 잘 따르면 수행주제를 드리겠습니다"라고 사미가 말했다. "무엇이든 따르겠습니다. 불구덩이 속에 뛰어들라고 해도 뛰어들겠습니다"라고 장로가 장담하였다. 사미는 한번 시험해 보려고 "그렇다면 저 연못 속으로 들어가 보십시오"라고 근처에 있던 연못에 들어가게 했다. 장로는 그 한마디에 매우 값비

---

415 원주: 법랍이 매우 높은 비구가 〔자신보다 법랍이〕 낮은 이에게 오체투지(patiṭṭhitavandanā, 몸의 다섯 곳을 땅에 닿게 하는 예경)를 해서는 안 되지만 가르침을 듣는 것, 훈계를 듣는 것, 용서를 구하는 것, 법을 청하는 것 등을 행할 때는 합장예경(añjalīkamma)은 가능하다고 알아야 한다.

싼 가사를 입은 채로 연못에 바로 들어갔다. 가사 끝자락이 약간 젖을 정도로 들어갔을 때, "돌아오세요"라고 어린 사미가 말하자 그 한마디에 바로 다시 올라왔다. 그 때 사미가 아래와 같이 수행주제를 주었다.

"스님! 여섯 개의 구멍이 난 개미언덕이 있다고 합시다. 그 개미언덕에 들락거리는 도마뱀을 잡으려면 다섯 구멍을 막아 버리고 나머지 한 구멍에서만 기다려서 잡아야 합니다. 그와 마찬가지로 여섯 문에서 여섯 대상들이 드러나더라도 다섯 감각문을 닫아 버리고 마음 문 하나에서만 수행하십시오."

이 수행주제에서 '다섯 감각문을 닫아버린다'라고 하는 것은 그 다섯 감각문에서 '속행을 잠재워야 한다'라는 말이다. 보이지 않도록, 들리지 않도록 닫아 버린다는 말이 아니다. 그렇게 닫아 버리려 해도 되지 않는다. 혀나 몸 감각문은 완전히 닫아 버릴 수 없다는 것에 주의하라. 닫을 수 있다고 하더라도 그렇게 닫아 버리는 것은 아무런 이익이 없기 때문에 부처님께서 『맛지마 니까야(후50편)』「기능 수행 경(Indriyabhāvanā sutta)」에서 아래와 같이 〔문 자체를 닫아 버리는 것을〕 배제하셨다.

단지 보지 않는 것으로는 수행이 되지 않는다

> Evaṁ sante kho, uttara, andho bhāvitindriyo bhavissati, badhiro bhāvitindriyo bhavissti; yathā pārāsiviyassa brāhmaṇassa vacanaṁ. Andho hi, uttara, cakkhunā rūpaṁ na passati, badhiro sotena saddaṁ na suṇāti.
>
> (M.iii.348)

해석

오, 웃따라여! 형색을 눈으로 보지 않는 것 등을 '감각기능을 닦는 수행(indriyabhāvanā)이다'라고 하는 **그대 스승 빠라시위야(Pārāsiviya) 바라문의 말대로라면 눈이 먼 장님들은** 감각기능을 **잘 닦는 이들일 것이다. 귀가 먼 이도** 감각기능을 **잘 닦는 이들일 것이다. 오, 웃따라여! 하지만 단지 눈이 먼 이는 눈으로 형색을 보지 못하고, 귀가 먼 이는 귀로 소리를 듣지 못하는 것일 뿐이다.**[416]

이 「기능 수행 경(Indriyabhāvanā sutta)」이나 위빳사나와 관계된 여러 경전들에서 "cakkhunā rūpaṁ disvā, sotena saddaṁ sutvā(눈으로 형색을 보고 나서, 귀로 소리를 듣고 나서)"라는 등으로 여섯 대상을 알고 난 후에야 관찰하여 보호하는 모습들을 보여 준다. 여섯 대상을 완전히 알지 못하고 보호하는 모습은 보여 주지 않는다. 따라서 그 모든 경전들에 따라 '다섯 감각문에서 속행이 잠재워지게 하는 것이 다섯 감각문들을 닫는 것이다'라고 의심 없이 알아야 한다. '마음 문 하나에서만 수행하십시오'라는 구절은 "그 마음 문에서만 관찰하는 위빳사나 속행이 생겨나게 하십시오"라는 뜻이다. 간단히 말하면 '여섯 구성요소평온(chaḷaṅgupekkhā)에 이르도록 노력하십시오'라는 뜻이다.

뽓틸라 장로는 주석서와 함께 삼장을 수지한 사람이었기 때문에 그 정도만 수행방법을 듣고서도 마치 암흑 속에서 빛이 밝혀진 것처럼 분명하게 이해하였다. 그리고 그 방법대로 노력하고 있을 때 부처님께서 120요자나나 되는 먼 곳에서 광명을 비추시며 스스로를 나타내 보이고 나서 아래의 게송을 설하시며 격려하셨다.

---

416 M152; 『맛지마 니까야』, p.1620 참조.

Yogā ve jāyate bhūrī, ayogā bhūrisaṅkhayo;
Etaṁ dvedhāpathaṁ ñatvā, bhavāya vibhavāya ca;
Tathāttānaṁ niveseyya, yathā bhūrī pavaḍḍhati.

(Dhp. 게송 282)

대역

yogā**수행**을 노력함 **때문에**
bhūrī**지혜가** ve jāyate**확실히 생겨난다.**
ayogā**수행없음**, 수행을 노력하지 않음 **때문에**
bhūrisaṅkhayo**지혜가 무너진**(hoti)**다.**
bhavāya ca〔지혜의〕 **향상과**
vibhavāya ca**향상하지 않음** = 무너짐을 **위해** (pavattaṁ)**생겨나는**
etaṁ dvedhāpathaṁ**그 두 갈림길을** ñatvā**잘 알고서**,
yathā nivesiyamāne**어떻게 자신을 머물게 하면**
bhūrī위빳사나 지혜, 도의 지혜라고 하는 **지혜가**
pavaḍḍhati**커지는 데에**
tathā**그렇게**, 즉 위빳사나 지혜, 도의 지혜가 커지도록
attānaṁ**자신을** niveseyya**머물게 하라.**

이 게송의 끝에 뽓틸라 장로는 아라한이 되었다고 『담마빠다(法句經) 주석서』에서 설명하였다.[417]

지금까지 볼 때 '본다'하며 새기는 이에게 특별한 지혜가 성숙하게 되어 위빳사나를 관찰하면서 여섯 구성요소평온까지 이르러 번뇌들이 잠재워지는 것이 분명한 모습을 설명하였다. 들을 때 등에도 보는 것에서 설명한 것과 마찬가지로 '들린다, 들린다' 등으로 새겨 어느 한 법을 기

417 『법구경 이야기』 제3권, pp.193~196 참조.

초로 하여 아는 모습을 시작으로 여섯 구성요소평온이 생겨나는 모습까지 그 자세한 의미를 알면 된다.

(5) 직접적으로 보여 주는 여러 근거들

마음이 한 번 생겨날 때 어느 법 하나를 기초로 하여 아는 것에 의해 모든 것을 아는 일이 성취된다는 사실을 〔지금까지 보여 준〕 여러 경전, 주석서, 복주서들을 통해서도 〔충분히〕 알 수 있지만, 법 구분의 지혜(dhammavavatthāna ñāṇa)를 더욱 확고하고 굳건하게 하기 위해 그 의미를 직접적으로 설명해 주는 몇몇 주석서, 복주서를 다시 한번 소개하겠다.

> Evaṁ suvisuddha rūpapariggahasssa panassa arūpadhammā tīhi ākārehi upaṭṭhahanti phassavasena vā vedanāvasena vā viññāṇavasena vā.
>
> (Vis.ii.226)

대역

evaṁ**이와 같이** 지금까지 말한 방법을 통해 suvisuddharūpapariggahasssa**물질을 파악하는 것이 매우 분명해진** assa**그 수행자에게** arūpadhammā**정신법들이** phassavasena vā**접촉을 통해서나**, vedanāvasena vā**느낌을 통해서나**, viññāṇavasena vā**의식을 통해서나**, tīhi ākārehi**이 세 가지 양상으로** upaṭṭhahanti**분명하게 드러난다**.[418]

418 『청정도론』 제3권, p.184 참조.

의미 물질을 파악하여 관찰하는 것이 분명해진 수행자에게 물질을 새길 때마다 그 새김이라고 하는 정신법들이 저절로 드러난다. 새겨야 하는 물질을 대상으로 하여 제일 먼저 생겨나는 몸 의식(身識), 눈 의식(眼識) 등의 다섯 감각문에서 생겨나는 정신법들도 저절로 드러난다. 그렇지만 모두가 한꺼번에 분명히 드러나는 것이 아니다. 접촉(phassa)이 분명한 것으로도 드러나고 느낌(vedanā)이 분명한 것으로도 드러난다. 의식(viññāṇa)이 분명한 것으로도 드러난다. 수행을 처음 시작하는 이에게는 접촉, 느낌, 의식 중에서 어느 하나를 통해 분명하게 드러난다. 어떻게 드러나는가? 단단함, 거칢, 부드러움 등의 땅 요소와 부딪혀 닿을 때 그 땅 요소를 '닿음, 혹은 단단함, 거칢, 부드러움' 등으로 관찰하면, 어떤 수행자에게는 그 단단함, 거칢, 부드러움과 닿아서 부딪히는 것과 같은 성품인 '접촉'이 분명하다. 어떤 수행자에게는 그 단단함, 거칢, 부드러움을 느끼는 '느낌'이 분명하다. 어떤 수행자에게는 그 단단함, 거칢, 부드러움을 단지 아는 것일 뿐인 '의식'이 분명하다. 그 세 사람 중에 접촉이 분명한 사람은 그 접촉만을 바른 성품에 따라 직접관찰〔위빳사나〕 지혜로 관찰할 수 있다. 그렇기는 하지만 접촉 하나만 생겨나는 것이 아니다. 그 접촉과 결합되어 느낌, 인식, 의도 등의 여러 형성들, 의식도 함께 생겨난다. 접촉 하나만 분리해서 끄집어낼 수도 없다. 따라서 접촉 하나만 분명해서 그렇게 분명한 접촉 하나만 알면 같이 생겨나는 느낌, 인식, 형성들, 의식도 '드러난다'라고 할 수 있다. 그러한 것들도 '안다'라고 할 수 있다. '드러나지 않는다, 알지 못한다'라고 해서는 안 된다.

비유하자면 단단하게 서로 묶어 놓은 실 다섯 가닥이 있는데 그중 네 가닥은 물속에 잠겨 있고, 나머지 한 가닥만 물 밖에 드러나 있다고 하

자. 드러난 그 줄을 보고서 잡아당겨 끌어올리면 그 가닥만 딸려오는 것이 아니다. 묶여 있는 다섯 가닥 전부가 딸려오는 것과 마찬가지다. 이 비유에서 드러난 실 가닥은 분명하게 드러난 접촉과 같다. 잠겨있는 실 가닥들은 〔분명하게 드러나지 않는〕 느낌 등과 같다. 드러난 가닥을 잡아당기면 잠겨 있던 가닥들도 딸려오는 것처럼 분명히 드러난 접촉을 새겨 알면 분명하지 않은 느낌 등도 포함되는 것과 같다. 느낌, 의식이 분명한 이들이 아는 모습도 같은 방법으로 알면 된다. 그래서 『대복주서』에서 다음과 같이 설명하였다.

> Tenassa phusanākārena supākaṭabhāvena upaṭṭhānaṁ dasseti. Phassa pana upaṭṭhite yasmiṁ ārammaṇe so phasso, tassa anubhavanalakkhaṇā vedanā, sañjānanalakkhaṇā saññā, āyūhanalakkhaṇā cetanā, vijānanalakkhaṇaṁ[419] viññāṇanti imepi pākaṭā honti.
>
> (Pm.ii.356)

대역

tena접촉이 분명하다는 것을 보여 주는 **그 말을 통해** assa**그 접촉은** phusanākārena닿아서 **부딪히는 모습으로** supākaṭabhāvena직접관찰 지혜로 알 수 있을 정도로 **매우 분명한 상태로** upaṭṭhānaṁ**드러나는 것을** dasseti**보여 준다.** pana**하지만** phassa upaṭṭhite**접촉이 분명하면** yasmiṁ ārammaṇe so phasso**어떤 대상에 대해 접촉이 생겨나는데,** tassa**그 대상을** anubhavana lakkhaṇā vedanā**느끼는 특성의 느낌,** sañjānana lakkhaṇā saññā**인식하는 특성의 인식,** āyūhana lakkhaṇā cetanā**애쓰는 특성의 의도,** vijānana lakkhaṇaṁ viññāṇaṁ단지 **아는 특성의 의**

---

419 CST4 paṭivijānanalakkhaṇaṁ.

식, iti이렇게 imepi이러한 법들도 pākaṭā분명하게 honti된다.

의미 '접촉이 분명하게 드러난다'라는 것을 보여 주는 주석서의 말을 통해 고유특성을 관찰할 수 있을 정도로 접촉이 매우 분명하게 드러난다는 것을 알 수 있다. 그렇지만 접촉이 분명하면 접촉이 대상으로 하는 바로 그 같은 대상을 느끼는 느낌, 인식하는 인식, 애쓰는 의도, 아는 의식 등의 결합된 법들도 분명하게 된다. 분명하다고 말할 수 있다. 드러나는 일이 성취된다는 말이다. 『디가 니까야』「제석천왕 질문 경(Sakkapañha sutta)」의 주석, 『맛지마 니까야』「새김확립 경(Satipaṭṭhāna sutta)」의 주석, 『위방가(分別論)』「새김확립 분별(Satipaṭṭhā vibhaṅga)」의 주석에 다음과 같이 설하고 있다.

> Yassa phasso pākaṭo hoti, sopi na kevalaṁ phassova uppajjati, tena saddhiṁ tadeva ārammaṇaṁ anubhavamānā vedanāpi uppajjati, sañjānanamānā saññāpi, cetayamānā cetanāpi, vijānanamānaṁ viññāṇampi uppajjatīti phassapañcamakeyeva pariggaṇhāti.
>
> (DA.ii.314; MA.i.280; VbhA.252)

대역

yassa phasso pākaṭo**어떤 이에게 접촉이 분명하게** hoti**된다**. sopi접촉이 분명하게 된 **그 수행자도** ⟪~ 파악한다.⟫ 'kevalaṁ phassova**온전히 접촉만** na uppajjati**생겨나지는 않는다**. tena saddhiṁ**그** 접촉**과 함께** tadevārammaṇaṁ**바로 그** 접촉의 **대상을** anubhavamānā vedanāpi uppajjati**느끼는 느낌도 생겨난다**. sañjānanamānā saññāpi**인식하는 인식도** 생겨난다. cetayamānā cetanāpi격려하고 **애쓰는 의도도** 생겨난

다. vijānanamānaṁ viññāṇampi uppajjati**단지 아는 의식도 생겨난다'라고** iti**이렇게** phassapañcamakeyeva다섯 가지 **'접촉제5법'**[420]**만 파악한다**. 관찰한다.

이 구절에 대한 바른 해석 '어떤 수행자에게 접촉이 분명하게 드러난다. 〔그러면〕 그 수행자는 그 접촉만을 고유특성 등으로 관찰한다. 그렇기는 해도 접촉제5법 다섯 가지를 다 관찰한다고 말할 수 있다. 무엇 때문인가? 접촉 혼자서만 생겨나는 것이 아니기 때문이다. 느낌, 인식, 의도, 의식도 그 접촉과 결합되어 함께 생겨나기 때문이다'라는 것이 위 주석서가 나타내고자 하는 바른 의미이다.

이 구절에 대한 잘못된 해석 위의 구절을 '접촉이 분명히 드러나더라도 그 접촉 하나만 생겨나지 않고 느낌 등도 같이 생겨난다고 들어서 아는 지혜(sutamaya ñāṇa)로 분명하게 드러나지 않은 법들에 대해서 유추하고 숙고하여 접촉제5법 다섯 가지를 모두 관찰해야 한다'라는 의미로 해석해서는 안 된다. 무엇 때문인가? 지금까지 언급한 경전, 주석서, 복주서들에서 들어서 아는 지혜로 유추해서 관찰하는 모습은 설명하지 않았고 수행을 통한 지혜(bhāvanāmaya ñāṇa), 직접관찰 지혜를 통해 관찰하는 모습만 설명했기 때문이다.

그 밖에 'cando vaṇṇavasena manussānaṁ pākaṭo = 달은 형색을 통해서 사람들에게 분명하게 드러난다'라고 할 때 달에게 있는 형색, 모습만 사람들에게 분명하다. 그 달의 형색, 모습만 사람들이 보아서 알 수 있다. 나머지 냄새, 맛, 감촉 등은 분명하게 드러나지 않는다. 그렇지만

420 접촉을 다섯 번째로 하는 다섯 가지 법(느낌, 인식, 의도, 의식, 접촉).

달의 형색, 모습을 보면 '달 전체를 보아 안다'라고 말하는 것과 마찬가지로 '접촉을 통해서(phassa vasena) 분명하게 드러난다'라는 앞의 구절에서 '접촉만 분명하다. 나머지 법들은 분명하지 않다. 그렇지만 분명한 접촉을 새겨 알면 나머지 법들도 포함되기 때문에 분명하다고 말할 수 있다'라는 내용을 본질적으로 보여 준다. 만약 '드러난다'라는 단어가 들어서 아는 지혜에 따라 유추해서 관찰하는 것을 의미한다면 접촉이 드러나는 것을 대표로 설명할 필요조차 없을 것이다. 무엇 때문인가? 접촉이 분명하지 않아도 들어서 아는 지혜로 유추하여 관찰할 수 있을 것이고, 또한 그렇게 관찰할 때는 모든 법들이 비슷하게 드러날 것이기 때문이다. 「차례대로 경(Anupada sutta)」을 다시 상기해 보라. 초선에 포함된 열여섯 가지 법만을 관찰한 것, 나머지 법들은 관찰하지 않은 것, 분명하지 않은 비상비비상처 선정에 대해서는 어느 한 법도 차례대로의 방법으로 관찰하지 않은 것 등을 살펴보지 않았는가? 비상비비상처 선정을 포함시키지 않고 설명하는 『위숫디막가(清淨道論)』도 살펴보지 않았는가? 따라서 위 주석서의 내용은 "분명한 접촉을 관찰하면 나머지 법들은 저절로 포함되는 모습을 보인 것이다"라는 사실을 알려 준다고 알아야 한다.

Idha pana cakkhuviññāṇasampayuttā tayo khandhā. Tehi cakkhuviññāṇena saha viññātabbattā "cakkhuviññāṇa viññātabbā"ti vuttā.

(Saḷāyatana saṁyutta Aṭṭhakathā, SA.iii.6)

해석

이 경에서는 눈 의식(眼識)과 결합한 무더기 세 가지이다. 맞다. 세 가지 마음부수 무더기[421]라는 **그것들을 눈 의식과 함께** 알아야 하고, **알 수 있기 때문에 '눈 의식을 통해 알 수 있는,** 또는 알아야 하는 **법들'이라고 설하신 것이다.**

Phassāhāre tīhi pariññāhi pariññāte tisso vedanā pariññātāva honti tammūlakattā taṁsampayuttattā ca.

(Nidāna saṁyutta Aṭṭhakathā, SA.ii.103)

해석

접촉음식(觸食)을 숙지 구분지(ñāta pariññā), 조사 구분지(tīraṇa pariññā), 제거 구분지(pahāna pariññā)라는 **세 가지 구분지를 통해 분명하게 구분하여 알면 느낌 세 가지도 분명하게 구분하여 안 것이 된다.** 무엇 때문인가? 그 접촉이 **바탕이기 때문이고** 그 접촉과 **결합되어 있기 때문이다.**[422]

《여기서 정신·물질 구별의 지혜(nāmarūpa pariccheda ñāṇa), 조건파악의 지혜(paccayapariggaha ñāṇa), 이 두 가지 지혜를 숙지 구분지(ñāta pariññā)라고 한다. 명상의 지혜(sammasana ñāṇa), 생멸의 지혜(udayabbaya ñāṇa), 이 두 가지 지혜를 조사 구분지(tīraṇa pariññā)라고 한다. 나머지 여러 위빳사나 지혜와 도의 지혜를 제거 구분지(pahāna pariññā) 라고 한다.[423]》

Viññāṇasmiṁ hi pariññāte taṁ pariññātameva hoti

---

421 느낌 무더기(수온), 인식 무더기(상온), 형성 무더기(행온)

422 『상윳따 니까야』 제2권, p.303 주 351 참조.

423 『청정도론』 제3권, pp.218~219 참조. pariññā를 '구분지'로 번역한 이유는 이 책의 제1권 p.377 주 393을 참조.

tammūlakattā sahuppannattā ca.

(Nidāna saṁyutta Aṭṭhakathā, SA.ii.105)

해석

의식을 분명하게 구분하여 알면, 그 정신·물질 **법들도 분명하게 구분하여 아는 것이 된다.** 무엇 때문인가? 그 의식이 **바탕이기 때문이고** 그 의식과 **함께 생겨났기 때문이다.**

위의 『상윳따 니까야』 등에서 "결합하는 마음부수라는 정신법들을 눈 의식(眼識)과 함께 알아야 한다"라고도 했고, "접촉을 알면 그 접촉 때문에 생긴 느낌, 그 접촉과 결합하는 느낌을 아는 것이 된다"라고도 했고, "의식을 알면 그 의식 때문에 생겨난 정신법과 물질법들, 그 의식과 함께 생겨나는 정신법과 물질법들을 아는 것이 된다"라고도 했기 때문에 다섯 가지 접촉제5법들만 아는 일이 성취된 것이 아니라 '분명한 어느 한 가지 법을 새겨 알면 그 인식과정에 포함된 마음과 마음부수, 모두를 아는 일이 성취된다'라고 알아야 한다. 이뿐만 아니다. '함께 생겨났기 때문에(sahuppannattā)'라는 단어에 따라 '분명한 어떤 한 가지 물질이나 정신을 새겨 알면 함께 생겨나는 모든 물질과 정신들을 아는 일이 성취된다'라고도 알아야 한다. 아래 『맛지마 니까야(후50편)』 「다양한 요소 경(Bahudhātuka sutta)」과 그 주석을 통해서도 이러한 의미를 확실하게 알아야 한다.

"Chayimā, ānanda, dhātuyo – pathavīdhātu, āpodhātu, tejodhātu, vāyodhātu, ākāsadhātu, viññāṇadhātu. Imā kho, ānanda, cha dhātuyo yato jānāti passati – ettāvatāpi kho, ānanda, 'dhātukusalo bhikkhū'ti alaṁ vacanāyā"ti.

(M.iii.81)

해석

오, 아난다여! 땅 요소, 물 요소, 불 요소, 바람 요소, 허공 요소, 의식 요소라고 하는 여섯 가지 요소가 있다. 오, 아난다여! 이 여섯 가지 요소를 위빳사나 도의 지혜로 알고 보면, 오, 아난다여! 이렇게 알고 보는 것에 의해서도 '요소를 능숙하게 〔알고 보는〕 비구'라고 부를 수 있다.[424]

Jānāti passatīti saha vipassanāya maggo vutto. Pathavīdhātuādayo saviññāṇakakāyaṁ suññato nissattato dassetuṁ vuttā. Tāpi purimāhi aṭṭhārasahi dhātūhi pūretabbā. Pūrentena viññāṇadhātuto nīharitvā pūretabbā. Viññāṇadhātu hesā cakkhuviññāṇādivasena chabbidhā hoti. Tattha cakkhuviññāṇadhātuyā pariggahitāya tassā vatthu cakkhudhātu, ārammaṇaṁ rūpadhātūti dve dhātuyo pariggahitāva honti. Esa nayo sabbattha. Manoviññāṇadhātuyā pana pariggahitāya tassā purimapacchimavasena manodhātu, ārammaṇavasena dhammadhātūti dve dhātuyo pariggahitāva honti. Iti … idampi ekassa bhikkhuno niggamanaṁ matthakaṁ pāpetvā kathitaṁ hoti.

(MA.iv.72)

해석

'알고 본다'라고 하는 것은 위빳사나와 도를 말하는 것이다. 《즉 들

424 M115; 『맛지마 니까야』, p.1281 참조.

어서 아는 것, 생각해서 아는 것이 아니라 수행에 의한 위빳사나로 알고 보는 것, 도로써 알고 보는 것만을 말한다는 뜻이다.》 **의식과 함께 생겨나는 몸이** '중생, 자아라고 할 만한 것이 없다'라는 의미로 **공(空)하다는 것을, 중생이 아니라는 것을 보여 주기 위해서 땅 요소 등을 설하셨다. 이 여섯 가지 요소들도 앞에서 설한**[425] **열여덟 가지 요소들에 대응시킬 수 있다.** 그렇게 대응시킬 때는 의식 요소를 풀어서 대응시켜야 한다. 어떻게 대응시키는가? **이 의식 요소는 눈 의식 등 여섯 가지로 나누어진다. 그** 여섯 가지 의식 중에 **눈 의식 요소를 파악하면 그** 눈 의식 요소**가 의지하고 있는 눈 요소,** 〔대상인〕 **형색 요소, 이 두 가지 요소도 파악한 것이 된다. 다른 모든 의식 요소도 같은 방법이다.** 특별한 것은 **마음 의식 요소를 파악할 때는, 그** 마음 의식 요소의 **앞에 생겨나는** 접수 마음, **나중에 생겨나는** 다섯 감각문 전향 마음이라고 하는 **마음 요소,** 그 마음 요소의 **대상이 되는 법 요소라고 하는 두 가지 요소도 파악한 것이 된다.** … **따라서 이** 여섯 가지 요소의 **가르침도 한 비구로 하여금** 〔윤회에서〕 **벗어나게 하는 실천의 궁극을 성취하게 한다는 것을 보여 주고 있다.**

설명 위 경전에서는 여섯 가지 요소를 위빳사나 지혜, 도의 지혜로 알고 보면 '요소를 능숙하게 알고 보는 비구(아라한)가 된다'라고 말할 수 있다는 것을 보여 준다. 이렇게 설명하는 곳에서 여섯 가지 요소를 아는 이라면 〔열여덟 가지 요소(18界)로 나누었을 때〕 감촉 요소와 의식 요소만을 구족하게 알 수 있다. 〔열여덟 가지 요소로 나누었을 때〕 법 요소에서는 물 요소, 허공 요소, 이 둘 만을 알 수 있다. 나머지 법 요소들과 눈, 귀, 코, 혀, 몸, 형색, 소리, 냄새, 맛 요소들은 알 수 없다. "그럼에도 불구

425 이 구절의 바로 앞부분에 열여덟 가지 요소를 언급하였다.

하고 '열여덟 가지 요소를 잘 아는 이'라고 말씀하신 것은 무슨 까닭인가?"라고 의심할 여지가 있다. 그러한 의심을 해결해 주기 위해 주석서에서 "이 여섯 가지 요소들도 앞에서 설한(tāpi purimāhi)"이라는 등으로 설해 놓았다.

의미 의식 요소에는 눈 의식(眼識) 요소, 귀 의식(耳識) 요소, 코 의식(鼻識) 요소, 혀 의식(舌識) 요소, 몸 의식(身識) 요소, 마음 의식(意識) 요소, 이렇게 여섯 가지 요소가 있다.[426] 그중 '보는 것'이라고 하는 눈 의식 요소를 알면, 그 눈 의식이 토대로 하고 있는 눈 감성물질인 눈 요소와 보이는 대상인 형색 요소도 아는 것이 된다. 아는 일이 성취된다는 말이다. '듣는 것'이라고 하는 귀 의식 요소를 알면 그 귀 의식이 토대로 하고 있는 귀 감성물질인 귀 요소와 들리는 대상인 소리 요소도 아는 것

426 viññāṇā를 '의식(意識)'으로 번역하였다. (vijānātīti viññāṇaṁ: 분별하여 알기 때문에 '의식'이라고 한다.) 그리고 mano를 '마음(意)'으로 번역하였다. (manana mattaṁ mano: 단지 아는 것을 '마음(意)'이라고 한다.) 다섯 의식 열 가지는 현재(paccakkha = 직접) 분명한 대상들을 보는 것 등의 작용이 있기 때문에 어느 정도 분별하여 아는 작용과 결합한다. 따라서 vijānana라는 분별하여 아는 힘이 있는 'viññāṇa'라는 단어로 특별히 보여 눈 의식(cakkhuviññāṇa) 등으로 불린다. 또한 단지 아는 것만이 아니기 때문에 'mano'라는 단어로는 부르지 않는다. 다섯 감각문 전향 마음과 접수 마음 두 가지는 다섯 감각문에서 단지 전향하는 것, 받아들이는 것만 행할 수 있다. 그러한 전향, 접수 작용들은 그리 큰 작용이 아니다. 따라서 vijānana, viññāṇa라고 특별하게 부를 수 없다. 단지 아는 것 정도만이기 때문에 manodhātu(마음 요소 意界)라고 부른다. 조사 등의 나머지 76가지 마음들은 조사, 결정, 속행, 등록, 새로운 생으로 재생연결 등의 작용들을 수행한다. 그래서 매우 특별한 'vijānana' 힘과 결합한다. 따라서 조사 등의 마음들은 다섯 감각문 전향 마음과 접수 마음처럼 단지 아는 mano 정도가 아니다. 또한 다섯 의식 열 가지 마음들처럼 단지 '의식'정도도 아니다. 'mano'라는 단어와 'viññāṇa'라는 단어, 두 가지로 특별하기 때문에 'manoviññāṇa dhātu(마음 의식 요소)'라고 부른다. '매우 특별하게 아는 요소'라는 뜻이다. 이것은 의미가 비슷한 두 단어를 함께 사용하여 매우 특별한(atisaya) 의미를 보이는 것이다. 예) devadevo: 천신 중의 천신, brahmabrahmā: 범천 중의 범천. 강종미 편역, 『아비담마 해설서 I』(2009), pp.420~421; *Ashin Janakā Bhivaṁsa*, 『*Thinghyouk Bhāsāṭīkā*(아비담맛타 상가하 역주해석서)』, pp.205~206 참조.

이 된다. '냄새 맡는 것'이라고 하는 코 의식 요소를 알면 그 코 의식이 토대로 하고 있는 코 감성물질인 코 요소와 대상인 냄새 요소도 아는 것이 된다. '맛보아 아는 것'이라고 하는 혀 의식 요소를 알면 그 혀 의식이 토대로 하고 있는 혀 감성물질인 혀 요소와 맛보아 알아지는 대상인 맛 요소도 아는 것이 된다. '닿아서 아는 것'이라고 하는 몸 의식 요소를 알면 그 몸 의식이 토대로 하고 있는 몸 감성물질인 몸 요소와 닿아서 알아지는 대상인 감촉 요소도 아는 것이 된다. 이 감촉 요소를 경전에서는 직접 설하셨다. 따라서 닿는 순간에 거칠거나 부드럽거나,[427] 덥거나 차갑거나,[428] 팽팽하거나 느슨한[429] 감촉들을 직접관찰〔위빳사나〕 지혜로 관찰해서 아는 것이다. '아는 것'이라고 하는 마음 의식 요소를 알면 그〔마음 의식 요소〕의 앞에 생겨나는 접수 마음, 나중에 생겨나는 다섯 감각문(五門) 전향 마음이라고 하는 마음(意 mano) 요소와 그 마음 요소의 대상인 법 요소도 아는 것이 된다.[430]

---

427 땅 요소.

428 불 요소.

429 바람 요소.

430 원주: 접수 마음은 조사·결정·속행·등록·바왕가라고 하는 마음 의식 요소의 앞에 생겨나고, 다섯 감각문 전향 마음은 그러한 마음들의 뒤에 생겨나기 때문에 여기에서 접수 마음을 '마음 의식 요소의 앞에'라고 했고, 다섯 감각문 전향 마음을 '그 요소의 뒤에'라고 말했다. 〔역주: 즉 마음 의식 요소들을 하나로 묶고, 그것을 기준으로 앞·뒤를 표현한 것이다. 한 인식과정에서 생겨나는 기준으로 보면 다섯 감각문 전향 마음은 바왕가의 다음에 생겨난다고 표현할 수 있지만 접수 마음은 다섯 의식의 뒤에 생겨나기 때문에 인식과정에서 생겨나는 순서를 기준으로는 표현할 수 없다. 그래서 위와 같이 표현한 것이다.〕
『위방가 주석서(Sammohavinodanī)』「요소분별(Dhātu vibhaṅga)」에 대한 주석 중에서 "viññāṇadhātuggahaṇena tassā purecārika pacchācārikattā manodhātu gahitāva hoti(의식 요소를 취하는 것으로 그 〔의식 요소의〕 앞서고 뒤따르는 마음 요소도 취하게 된다)"라는 내용과 일치하게, 또한 이 〔『다양한 요소 경』〕 주석에서도 '"pañcaviññāṇadhātuyā pana pariggahitāya tassā purimāpacchima vasena manodhātu, manoviññāṇadhātuyā ca pariggahitāya tassā ārammaṇavasena dhammādhātūti dve dhātuyo pariggahitāva honti (또한 다섯 의식 요소들

이렇게 나머지 요소들도 아는 일이 성취되기 때문에 여섯 가지 요소만을 기초로 해서 알아도 열여덟 가지 요소 전부를 아는 것이라고 말할 수 있다는 뜻이다.

이 경전, 주석서의 내용을 통해 “어느 한 가지 의식 요소를 알면 그 요소가 의지하는 물질, 그 요소의 대상인 물질과 정신, 그 요소의 앞의 마음과 뒤의 마음, 정신 요소라고 하는 이러한 정신과 물질들도 아는 것이 된다, 즉 아는 일이 성취된다”라는 것이 분명하다. 따라서 “함께 생겨났기 때문에(sahuppannattā)”[431]라는 구절을 의지해서 “분명한 물질과 정신, 어느 하나를 새겨 알면, 함께 생겨나고 있는 모든 물질과 정신들을 아는 일도 성취된다”라고 하는 의미를 확실하게 알아야 한다.

2. 들을 때 등에 새기는 모습

이제 들을 때 등에서 새기는 모습, 드러나는 모습, 아는 모습을 간략하게 설명하겠다.

(前五識)들을 취하는 것으로 그 다섯 의식 요소들의 앞서고 뒤따르는 마음 요소, 마음 의식 요소, 또한 대상인 법 요소, 이 두 가지 요소도 포함된다)”라고 설명되어 있으므로 그 의미가 더욱 분명하고 이해하기 쉬울 것이다. 〔역주: 『맛지마 니까야 주석서』에는 마음 의식 요소(意識界)를 기준으로 그 앞의 접수 마음, 뒤의 다섯 감각문 전향 마음이라는 마음 요소(意界)를 설명했지만, 『위방가 주석서』에서는 다섯 의식 요소를 기준으로 그 앞의 마음 요소, 뒤의 마음 의식 요소(意識界)를 설명했고, 이것은 한 인식과정의 순서에 따라 설명한 것이기 때문에 더욱 이해하기 쉬울 것이라는 뜻이다.〕

431 이 책의 제1권 p.419 참조.

(1) 들을 때 새기는 모습

들을 때마다 '들린다, 들린다 〔혹은 듣는다, 듣는다〕'하며 새기는 이에게 그 들을 때 분명한 다섯 가지 법들[432] 중의 어느 하나가 특성 등 어느 하나로 드러난다. 그리고 그러한 법들을 그렇게 드러나는 대로만 안다. 그렇게 드러나고 아는 것은 숙지 구분지(ñata pariññā)에 의해 바르게 드러나는 것 아는 것이다. 조사 구분지, 제거 구분지에 의해서는 생겨남, 사라짐, 무상의 특성 등으로도 바르게 드러나고 안다.

귀 감성물질 귀 감성물질(sotapasāda)을 바르게 알 때 '소리가 드러날 정도로 귀가 깨끗하다, 귀가 좋다'라든가《특성》, '소리 쪽으로 다가가게 한다, 듣게 한다'라든가《역할》, '들리는 것의 토대가 된다, 이곳에서 듣는다'라든가《나타남》, '업에 의해 생겨난 분명한 거친 물질(kammajabhūta rūpa)인 귀라는 물질이 있기 때문에 귀가 깨끗하다'라고 안다《가까운 원인》. "sotañca pajānati(귀도 분명히 안다)"라고 하는 「새김확립 긴 경(大念處經)」의 내용과도 일치하게 아는 것이다.

소리 감각장소 소리 물질인 소리 감각장소(saddāyatana)를 바르게 알 때 '귀에 드러난다'라든가《특성》, '들린다'라든가《역할》, '듣는 것이 대상으로 하는 것이다, 듣는 것이 이것에만 이른다'라든가《나타남》, '업에 의해 생겨난 단단한 물질에 의지하고 있다'라고 안다《가까운 원인》. "sadde ca pajānāti(소리도 분명히 안다)"라는 〔「새김확립 긴 경(大念處經)」의 내용과도〕 일치한다.

---

432 귀 감성물질, 소리 대상, 귀 의식(耳識), 귀 접촉, 느낌

귀 의식 듣고 아는 것인 귀 의식(sotaviññāṇa)을 바르게 알 때 '귀에서 듣는다, 소리를 듣는다'라든가《특성》, '소리만을 대상으로 취한다, 단지 듣는 것이다'라든가《역할》, '소리쪽으로 향한다'라든가《나타남》, '마음을 기울이기 때문에 듣는다, 귀와 들리는 소리가 있기 때문에 듣는다, 업이 좋아서 듣는다, 업이 좋지 않아서 듣는다'라고 안다《가까운 원인》.

⑵ 냄새 맡을 때 새기는 모습

냄새 맡을 때마다 '맡는다, 맡는다'이라고 새기는 이에게 냄새 맡을 때마다 분명한 다섯 가지 법들 중에 어느 하나가 특성 등 어느 하나로 드러난다. 그리고 그러한 법들을 그렇게 드러나는 대로만 안다. 〔그렇게 드러나고 아는 것은〕 숙지 구분지(ñāta pariññā)에 의해 바르게 드러나는 것, 아는 것이다. 그 위의 구분지에 의해서는 생겨남, 사라짐, 무상의 특성 등으로도 바르게 드러나고 안다.

코 감성물질 코 감성물질(ghānapasāda)을 바르게 알 때 '냄새가 드러날 정도로 코가 깨끗하다, 코가 좋다'라든가《특성》, '냄새 쪽으로 다가가게 한다, 냄새 맡게 한다'라든가《역할》, '냄새 맡는 것의 토대가 된다, 이곳에서 냄새 맡는다'라든가《나타남》, '업에 의해 생겨난 분명한 거친 물질(kammajabhūta rūpa)인 코 물질이 있기 때문에 코가 깨끗하다'라고 안다《가까운 원인》. "ghānañca pajānati(코도 분명히 안다)"라고 하는 〔「새김확립 긴 경(大念處經)」의〕 내용과도 일치한다.

냄새 감각장소 냄새 물질인 냄새 감각장소(gandhāyatana)를 바르게 알 때 '코에 드러난다'라든가(특성), '냄새 맡아진다'라든가(역할), '냄새 맡는 것이 대상으로 하는 것이다, 냄새 맡는 것이 이것에만 이른다'라든가(나타남), '업에 의해 생겨난 단단한 물질에 의지하고 있다'라고 안다(가까운 원인). "gandhe ca pajānāti(냄새도 분명히 안다)"라는 〔「새김 확립 긴 경(大念處經)」의 내용과도〕 일치한다.

코 의식 냄새 맡아 아는 것인 코 의식(ghānaviññāṇa)을 바르게 알 때 '코에서 냄새 맡는다, 냄새를 맡는다'라든가(특성), '냄새만을 대상으로 취한다. 단지 냄새 맡는 것이다'라든가(역할), '냄새 쪽으로 향한다'라든가(나타남), '마음을 기울이기 때문에 냄새 맡는다, 코와 냄새가 있기 때문에 냄새 맡는다, 업이 좋아서 냄새 맡는다, 업이 좋지 않아서 냄새 맡는다'라고 안다(가까운 원인).

(3) 맛볼 때 새기는 모습

단맛, 신맛, 매운맛, 떫은맛, 짠맛, 쓴맛 등의 여러 맛들을 먹어 맛보아 알 때를 '맛볼 때'라고 한다. 그렇게 먹을 때마다 '먹는다, 먹는다'라든가 '달다, 달다'라는 등으로 새기는 이에게 그렇게 맛보아 알 때마다 분명한 다섯 가지 법들 중에 어느 하나가 특성 등 어느 하나로 드러난다. 그리고 그러한 법들을 그렇게 드러나는 대로만 안다. 〔그렇게 드러나고 아는 것은〕 숙지 구분지(ñāta pariññā)에 의해 바르게 드러나는 것, 아는 것이다. 그 위의 구분지에 의해서는 생겨남, 사라짐, 무상의 특성 등으로도 바르게 드러나고 안다.

혀 감성물질 혀 감성물질(jivhāpasāda)을 바르게 알 때 '맛이 드러날 정도로 혀가 깨끗하다, 혀가 좋다'라든가《특성》, '맛 쪽으로 다가가게 한다, 맛보아 알게 한다'라든가《역할》, '맛보는 것의 토대가 된다, 이곳에서 맛을 본다'라든가《나타남》, '업에 의해 생겨난 분명한 거친 물질(kammajabhūta rūpa)인 혀라는 물질이 있기 때문에 혀가 깨끗하다'라고 안다《가까운 원인》. "jivhañca pajānati(혀도 분명히 안다)"라고 하는 〔「새김확립 긴 경(大念處經)」의〕 내용과도 일치한다.

맛 감각장소 맛 물질인 맛 감각장소(rasāyatana)를 바르게 알 때 '혀에 드러난다'라든가《특성》, '맛보아 알아진다, 단것이다, 신것이다'라든가《역할》, '맛보는 것이 대상으로 하는 것이다, 맛보는 것이 이것에만 이른다'라든가《나타남》, '업에 의해 생겨난 단단한 물질에 의지하고 있다'라고 안다《가까운 원인》. "rase ca pajānāti(맛도 분명히 안다)"라는 〔「새김확립 긴 경(大念處經)」의〕 내용과도 일치한다.

혀 의식 맛보아 아는 것인 혀 의식(jivhāviññāṇa)을 바르게 알 때, '혀에서 맛보아 안다, 맛을 본다, 달다, 시다'라든가《특성》, '맛을 대상으로 취한다. 단지 맛보아 아는 것이다'라든가《역할》, '맛 쪽으로 향한다'라든가《나타남》, '마음을 기울이기 때문에 맛본다, 혀와 맛이 있기 때문에 맛본다, 업이 좋아서 맛본다, 업이 좋지 않아서 맛본다'라고 안다《가까운 원인》.

음식을 먹을 때 밥 등을 보는 것은 '볼 때'와 관련된다. 밥 냄새 등을 냄새 맡아 아는 것은 '냄새 맡을 때'와 관련된다. 밥 등을 손이나 입술,

혀, 목구멍 등으로 닿아서 아는 것은 '닿을 때'와 관련된다. 〔음식을〕 보고, 손을 움직이고, 입술을 열고, 닫고, 씹고, 혀를 움직이고, 삼키는 등은 '생각하여 알 때, 닿을 때'와 관련된다. 따라서 그러한 여러 동작들을 볼 때 등에서 설명한 대로 관찰하여 바른 성품을 알 수 있다. 그 밖에 '들릴 때, 냄새 맡을 때, 맛볼 때' 등에서 접촉, 느낌 등을 특성 등에 의해서 바르게 아는 모습은 볼 때에 설명한 방법에 따라 분명하다. 그래서 따로 설명하지 않겠다.

3. 닿을 때 새기는 모습

(1) 기본 관찰법

닿음은 몸 내부, 몸 외부의 모든 부분에 퍼져 있다. 다리 서로 간에, 손 서로 간에, 손과 다리, 손·발·머리카락들과 몸, 혀와 이빨, 가래·침·음식·물 등과 목구멍·입천장, 새로운 음식·지난 음식·바람 등과 장, 피·바람·살·힘줄·뼈들 서로 간에, 이러한 등으로 내부의 몸 안에 여러 감촉들과도 닿으며 생겨난다. 가사, 윗옷, 바지, 잠자리, 베개, 침대, 수건, 바닥, 땅, 기둥, 벽, 신발, 우산, 지팡이, 가시, 그루터기, 햇볕, 바람, 물, 그릇 이러한 등의 바깥의 여러 감촉들과도 닿으며 생겨난다. 모기, 파리 등 다른 중생들의 감촉들과도 닿으며 생겨난다. 그 감촉들과 닿음이 특별한 모습으로 분명하지 않으면 닿을 때마다 '닿음, 닿음'이라고만 새기면 된다.

특별한 감촉 대상이 행복한 느낌, 괴로운 느낌으로 특별히 분명하게 드러나면 각각 대상의 느낌에 따라 새겨야 한다. 특별하게 새기는 모습은 다음과 같다. 뜨거우면 '뜨거움, 뜨거움'하며 새기고, 차가우면 '차가움, 차가움'하며 새기고, 따뜻하면 '따뜻함, 따뜻함'하며 새기고, 추우면 '추움, 추움'하며 새기고, 따가우면 '따가움, 따가움'하며 새기고, 피곤하면 '피곤함, 피곤함'하며 새기고, 아프면 '아픔, 아픔'하며 새기고, 마비되면 '마비됨, 마비됨'하며 새기고, 쑤시면 '쑤심, 쑤심'하며 새기고, 결리면 '결림, 결림'하며 새기고, 간지러우면 '간지러움, 간지러움'하며 새기고, 저리면 '저림, 저림'하며 새기고, 어지러우면 '어지러움, 어지러움'하며 새기고, 닿아서 좋으면 '좋음, 좋음'이라고 새긴다. 이러한 등으로 평상시 말하는 〔실재 성품을 지칭하는〕 생겨난 개념(tajjā paññatti)만 사용하여 닿는 순간 대상의 성품, 느낌의 성품들을 분명하게 구분하여 알아야 한다.

이러한 방법으로 닿을 때마다 계속해서 새기는 이에게 닿을 때마다 분명한 다섯 가지 법들 중에 어느 하나가 특성 등 어느 하나로 드러난다. 그리고 그러한 법들이 드러나는 대로만 안다. 〔그렇게 드러나고 아는 것은〕 숙지 구분지(ñāta pariññā)에 의해 바르게 드러나는 것, 아는 것이다. 조사 구분지, 제거 구분지에 의해서는 생겨남, 사라짐, 무상의 특성 등으로도 바르게 드러나고 안다.

⑵ 드러나는 다섯 법

몸 감성물질 몸 감성물질(kāyapasāda)을 바르게 알 때 '감촉이 드러날 정도로 몸이 선명하다, 몸이 〔피와 살이〕 좋다'라든가《특성》, '감촉 쪽으로 다가가게 한다, 닿게 한다'라든가《역할》, '닿는 것의 토대가 된다, 이곳에서 닿는다'라든가《나타남》, '업에 의해 생겨난 분명한 거친 물질(kammajabhūta rūpa)인 몸이라는 단단한 물질이 있기 때문에 몸이 선명하다'라고 안다《가까운 원인》. "kāyañca pajānati(몸도 분명히 안다)"라고 하는 〔「새김확립 긴 경(大念處經)」의〕 내용과도 일치한다.

일반적인 감촉 감각장소 감촉 감각장소(phoṭṭhābbāyatana) 중에서 일반적인 감촉 물질을 바르게 알 때 '몸에 드러난다'라든가《특성》, '닿아진다'라든가《역할》, '닿는 것이 대상으로 하는 것이다, 닿는 것이 이것에만 이른다'라고《나타남》 안다.

특별한 감촉 감각장소 특별하게 분명한 땅 요소를 바르게 알 때 '딱딱하다, 거칠다, 부드럽다, 미끄럽다'라든가《특성》, '함께하는 다른 물질들의 토대가 된다, 그 물질들이 여기에만 머물고 있다'라든가《역할》, '함께하는 물질들을 받아들인다, 짊어진다'라든가《나타남》, '나머지 세 가지 요소라는 뒷받침해 주는 물질이 있어서 딱딱하고, 거칠고, 부드럽고, 미끄럽다', '결합했기 때문에 딱딱하고 거칠다, 차가움이 있어서 거칠다, 팽팽하고 뻣뻣하기 때문에 단단하고 거칠다', '축축하기 때문에 부드럽다, 뜨겁고 따뜻해서 부드럽다, 홀쭉하기 때문에 부드럽다'라고 안다《가까운 원인》. 이 가까운 원인을 아는 모습 〔세 가지〕 중에, 첫 번째는 일반적으로 아는 모습이고, 두 번째 세 가지는 딱딱하고 거친 땅 요소를 나머지 세 가지 요소 각각에 의해 아는 모습이며, 세 번째 세 가지는 부드러운 땅 요소를 〔다른 세 가지 요소에 의해〕 아는 모습이다.

그 밖에 '무겁다, 가볍다'라고 아는 것도 땅 요소를 아는 것이다. '감촉이 좋다, 감촉이 나쁘다'라고 아는 것은 땅 요소, 불 요소, 바람 요소, 이 세 가지 요소 모두와 관련된다. 이에 대해서 『담마상가니(法集論) 주석서』에서 다음과 같이 설명했다.

> Ettha ca 'kakkhaḷaṁ mudukaṁ saṇhaṁ pharusaṁ garukaṁ lahuka'nti padehi pathavīdhātu eva bhājitā. … 'Sukhasamphassaṁ dukkhasamphassa'nti padadvayena pana tīṇi 〔pi〕 mahābhūtāni bhājitāni.
>
> (DhsA.368)

해석

ettha ca**또한 여기**〔감촉 감각장소를 설명하면서 언급한 이 구절〕**에서도** 'kakkhaḷaṁ**단단하다**, mudukaṁ**부드럽다**, saṇhaṁ**미끄럽다**, pharusaṁ**거칠다**, garukaṁ**무겁다**, lahukaṁ**가볍다'라는** iti padehi**이러한** 여섯 **단어로는** pathavī dhātu eva**땅 요소만을** bhājitā부처님께서 **분석하셨다**. … 'sukhasamphassaṁ**행복한 접촉** = 좋은 접촉, dukkhasamphassaṁ**괴로운 접촉** = 나쁜 접촉'**이라는** iti padadvayena pana**이 두 구절로는** tīṇi mahābhūtāni감촉에 해당되는 **세 가지 근본물질을** bhājitāni**분석하셨다**.

특별하게 분명한 불 요소를 바르게 알 때 '뜨겁다, 따뜻하다, 차갑다'라든가《특성》, '익게 한다'라든가《역할》, '부드럽게 하는 것이다'라든가《나타남》, '나머지 세 가지 요소라고 하는 뒷받침해 주는 물질이 있어서 뜨겁고, 따뜻하고, 차갑다. 단단하고 거칠어서 뜨겁고, 따뜻하고, 차갑다. 결합시켜 주기 때문에 뜨겁고, 따뜻하고, 차갑다. 팽팽함이 있어서 뜨겁고, 따뜻하고, 차갑다'라고 안다《가까운 원인》.

특별하게 분명한 바람 요소를 바르게 알 때 '지탱한다, 팽팽하다, 뻣뻣하다, 느슨하다, 홀쭉하다'라든가《특성》, '이동한다, 움직인다'라든가《역할》, '옮겨 준다, 민다, 당긴다'라든가《나타남》, '나머지 세 가지 요소라고 하는 뒷받침해 주는 물질이 있어서 팽팽하고 뻣뻣하다. 단단하고 거칠어서 팽팽하고 뻣뻣하다. 결합시켜 주기 때문에 팽팽하고 뻣뻣하다. 뜨겁고 따뜻하고 차가워서 팽팽하고 뻣뻣하다'라고 안다《가까운 원인》. "phoṭṭhabbe ca pajānāti(감촉도 분명히 안다)"라고 하는 〔『새김확립 긴 경(大念處經)』의〕 내용과도 일치한다. 배의 부풂과 꺼짐을 아는 것도 이 경전내용에 해당된다.

몸 의식 닿아 아는 것인 몸 의식(kāyaviññāṇa)을 바르게 알 때 '몸에서 닿아 안다, 감촉을 닿아 안다'라든가《특성》, '감촉만을 대상으로 취한다. 단지 닿는 것이다'라든가《역할》, '감촉 쪽으로 향한다'라든가《나타남》, '마음을 기울이기 때문에 닿아 안다, 몸과 닿는 감촉이 있기 때문에 닿아 안다, 업이 좋아서 닿아 안다, 업이 좋지 않아서 닿아 안다'라고 안다《가까운 원인》.

나머지 몸 접촉(kāyasamphassa)에 대해 아는 모습은 볼 때 설명했던 방법대로 알면 된다.

몸의 괴로움 몸의 괴로운 느낌(kāyika dukkha)을 바르게 알 때 '좋지 않은 감촉을 느낀다(aniṭṭhaphoṭṭhabbānubhavana lakkhaṇaṁ dukkhaṁ)'라든가《특성》, '결합하는 마음과 마음부수라고 불리는 정신들을 피곤하게 한다. 힘이 없게 만든다(sampayuttānaṁ milāpana rasaṁ)'라든가《역할》, '몸이 아프다, 참기 힘들게 아프다(kāyikābādha paccupaṭṭhānaṁ)'라든가《나타남》, '몸 감성물질이 있어서 아프다. 몸과 살, 피가 있어서 아프다. 안 좋은 감촉들과 닿아서 아프다(kāyindriya padaṭṭhānaṁ, phassapadaṭṭhānā vedanā)'라고 안다《가까운 원인》.

몸의 행복함 몸의 행복함(kāyika sukha)을 바르게 알 때 '좋은 감촉을 느낀다'라든가《특성》, '정신법들을 북돋아 준다, 힘을 불어넣어 준다, 기쁘게 한다'라든가《역할》, '몸의 행복함이다, 느끼기에 좋은 것이다'라든가《나타남》, '몸 감성물질이 있어서 좋다. 몸과 살, 피가 있어서 좋다, 좋은 감촉들과 닿아서 좋다'라고 안다《가까운 원인》.

(3) 들숨날숨을 새기는 모습

"satova assasati, satova passasati = 오직 새기면서 들이쉰다, 오직 새기면서 내쉰다"라는 경전내용에 따라 들숨날숨(ānāpāna)을 들이쉬고 내쉴 때마다 '들숨, 날숨'이라고 새기며 닿는 그 바람의 감촉, 닿아서 아는 것 = 몸 의식을 아는 것은 이 '닿을 때'와 관련된 것이다. 들숨과 날숨을 새기면서 위빳사나도 생겨날 수 있다는 것을 제3장 수행방법의 원용에서 분명하게 설명했다.[433]

'들숨, 날숨'하며 새기면서 '콧구멍의 안쪽 살 등에 부딪히듯이, 돌격하듯이 닿는다'라고 아는 것은 바람 요소라는 감촉 물질의 지탱하는 특성(vitthambhana lakkhaṇā)을 바르게 아는 것이다. '조금씩 조금씩 이

433 이 책의 제1권 pp.329~332 참조.

동하고 있다, 움직이고 있다. 가고 오고 있다'라고 아는 것은 움직이는 역할(samudīraṇa rasa)을 바르게 아는 것이다. '옮겨 주고 있다, 밀어 주고 있다'라고 아는 것은 옮겨 주는 것으로 나타남(abhinīhāra paccupaṭṭhāna)을 바르게 아는 것이다.

'몸도 있고, 콧구멍도 있고, 호흡하려는 마음도 있어서 들이쉬고, 내쉬면서 움직이고 있다. 한 동작 한 동작 생겨나고 있다'라고 아는 것은 "samudayadhammānupassī vā kāyasmiṁ viharati(몸에서 생겨나는 법을 관찰하면서 지낸다)"라는 경전내용에 따라 바르게 아는 것이다. '한 동작에서 다음 동작에 이르지 못한다. 부분 부분 끊어져서 사라져 가고 있다'라든가, '몸, 콧구멍, 숨 쉬려는 마음들이 없으면 들숨날숨은 생겨날 수 없다'라고 아는 것은 "vayadhammānupassī vā kāyasmiṁ viharati(몸에서 소멸하는 법을 관찰하면서 지낸다)"라는 경전내용에 따라 바르게 아는 것이다. '들숨, 날숨'하면서 새길 때마다 '개인, 중생, 여자, 남자, 나, 내 것'이라고 생각하지 않아서 '닿는 움직임들의 모임만 있을 뿐이다'라고 생각하고 아는 것은 "atthi kāyoti vā pana'ssa sati paccupaṭṭhitā hoti = 또 다른 방법으로 드러나는 모습, 아는 모습으로는 '몸 무더기만 있을 뿐이다'라고 새기는 사띠(새김)가 그렇게 새기는 이에게 분명히 드러난다"라고 하는 등의 경전내용과 일치한다.

들숨과 날숨의 팽팽해짐과 홀쭉해짐 때문에 배나 몸의 부풂과 꺼짐이 생겨난다. 그러한 〔부풂과 꺼짐이〕 생겨날 때마다 '부푼다, 꺼진다'라든가 '팽팽함, 홀쭉함'이라고 새기면 팽팽함, 홀쭉함, 움직임, 밀어 줌 등을 알 수 있다. 그중에 '팽팽하다, 홀쭉하다'라고 아는 것은 바람 요소라는 감촉물질의 '지탱하는 특성'을 바르게 아는 것이다. '움직인다, 밀어 준다'라고 아는 것은 '움직이는 역할, 옮겨 주는 것으로 나타남'을 바르게 아는 것이다. '부풂과 꺼짐이 한 단계에서 다음 단계로 이르지 못한 채 사라지고, 사라지면서 생겨나고 있다'라고 아는 것은 바람이라는 물질의 생겨남(samudaya), 사라짐(vaya)을 바르게 아는 것이다. 이렇게 아는 것은 "yathā yathā vā panassa kāyo paṇihito hoti, tathā tathā naṁ pajānāti = 또 다른 방법으로 아는 모습으로는 그렇게 새기는 이의 물질 무더기, 몸이 어떤 각각의 모습으로 머물면 그 각각의 모습대로 그 물질 무더기, 몸을 〔분명히〕 안다"라는 경전내용에 포함된다.[434]

---

434 원주: 배의 부풂과 꺼짐이라고 부르는 팽팽함, 움직임은 법체로 헤아리면 바람 요소에 포함되기 때문에, 물질 무더기(rūpakkhandhā 色蘊), 감촉 감각장소(phoṭṭhābbāyatana 觸入處), 감촉 요소(phoṭṭhābba dhātu 觸界), 괴로움의 진리(dukkhasacca 苦聖諦)에 포함된다. 따라서 부풂, 꺼짐을 관찰하고 새겨 바르게 아는 것은 무더기 가르침(khandha desanā), 감각장소(āyatana) - 요소(dhātu) - 진리(sacca) 가르침(desanā)과도 일치한다. 따라서 부처님께서 바라시는 위빳사나의 관찰 대상, 위빳사나로 관찰하기에 적당한 실재성품이라는 사실이 분명하다. "yathā yathā vā pana"라는 등으로 시작한 자세의 가르침(iriyāpatha desanā)에서 "yathā yathā ~ tathā tathā"라고 하는 '반복구절'을 통해 몸의 모든 동작들을 남김없이 포함할 수 있다는 사실이 분명하다. 그렇게 포함시켜도 전혀 잘못이 없고 오히려 부처님께서 바라시는, 관찰하기에 적당한 법을 관찰하는 것이기 때문에 위빳사나 정견이 생기는 이익, 명지(vijjā ñāṇa)가 생기는 이익, 무명 등의 번뇌를 제거할 수 있는 이익, 모든 괴로움이 사라진 아라한 도와 과, 열반에 이를 수 있다는 이익 등 여러 많은 이익들만 있을 뿐이다. 그렇기 때문에 위에서 보인 경전에 포함시켜 설명하는 것이 적당하다. 〔이 '부푼다, 꺼진다'하며 새기는 것을〕 들숨날숨을 새기는 모습에 바로 이어서 연결하여 설명하는 것은 '부풂과 꺼짐'이 들숨과 날숨의 이어진 결과라서 〔그 들숨과 날숨 다음에 부풂과 꺼짐을 설명하는 것이〕 매우 적당하기 때문이다. '들숨날숨을 새기는 모습에 포함된다'라고 알게 하기 위해서 설명한 것이 아니다. 사실대로 설명하면, "yathā yathā vā pana"로 시작되는 가르침은 자세의 가르침이기 때문에, 그리고 부풂과 꺼짐은 물질 무더기 등에 포함되기 때문에 자세 몸 거듭관찰(iriyāpathakāyānupassanā), 요소 몸 거듭관찰(dhātumanasikārakāyānupassanā), 무더기 법 거듭관찰(khandhadhammānupassanā), 감각장소 법 거듭관찰(āyatanadhammānupassanā), 성스러운 진리 법 거듭관찰(ariyasacca dhammānupassanā) 등에만 포함된다. 관계되는 근거 경전들에 대해서는 이 책의 제2권 pp.63~64 주 56을 살펴보라.

(4) 사대를 새기는 모습

앉아 있든지, 서 있든지, 가고 있든지, 누워 있으면서, 머리카락, 몸의 털, 손톱·발톱, 이빨, 피부, 살, 힘줄, 뼈 등의 42가지[435] 물질 무더기들과 닿을 때마다 '닿음' 등으로 새기면서 '단단하다, 거칠다, 부드럽다, 미끈하다'라고 아는 것은 땅 요소를 단단한 특성(kakkhaḷatta lakkhaṇā)에 따라 바르게 아는 것이다. '뜨겁다, 따뜻하다, 차갑다'라고 아는 것은 불 요소를 뜨거운 특성(uṇhatta lakkhaṇā)에 따라 바르게 아는 것이다. '팽팽하다, 뻣뻣하다. 고요히 서 있다'라고 아는 것은 바람 요소를 지탱하는 특성(vitthambhana lakkhaṇā)에 따라 바르게 아는 것이다. '옮겨 간다, 움직인다, 이동한다, 밀어 준다'라고 아는 것은 바람 요소를 움직이는 역할(samudīraṇa rasa), 옮겨 주는 것으로 나타남(abhinīhāra paccupaṭṭhāna)에 따라 바르게 아는 것이다. '흐른다, 흘러내린다'라고 아는 것은 물 요소를 흘러나오는 특성(paggharaṇa lakkhaṇā)에 따라 바르게 아는 것이다. 이러한 것은 땀, 콧물, 눈물이 흘러나올 때, 침, 가래 등을 내뱉거나 삼킬 때, 소변을 볼 때 등에 이렇게 아는 것이 많이 생긴다. '부풀게 한다, 늘어나게 한다, 젖게 한다'라고 아는 것은 물 요소를 확장하는 역할(brūhana rasa)에 따라서 바르게 아는 것이다. 이렇게 아는 것은 목욕할 때, 물을 마실 때 등에 생긴다. '모아 준다, 응집시킨다, 이어 준다'라고 아는 것은 물 요소를 모으는 것으로 나타남(saṅgaha paccupaṭṭhāna)에 따라서 바르게 아는 것이다. 때로는 이 '모으는 것으로 나타남'을 결박하는 특성(ābandhana lakkhaṇā)이라고 주석서에 설명하기도 했다. 땀에 젖은 얼굴 등을 눌러 볼 때 새기면서 '축축함'이라고 아는

435 원주: 땅 요소 스무 가지 + 물 요소 열두 가지 + 불 요소 네 가지 + 바람 요소 여섯 가지. 역주: 『청정도론』 제2권, pp. 238~239 참조.

것은 적은 양의 물 요소의 흘러나오는 특성(paggharaṇa lakkhaṇā)을 바르게 아는 것이다. 물 요소는 닿아서 알 수 있는 감촉 물질이 아니다. 그렇지만 물 요소의 힘에 의해 특별하게 생겨나는 땅 요소, 불 요소, 바람 요소들을 닿은 후에 그 물 요소라는 물질을 바른 성품대로 마음 의식(意識)으로 알 수 있다. 그래서 '닿음을 새김에 의해서 물 요소를 안다'라고 설명했다.

지금까지 설명한 방법에 따라 닿음을 새길 때마다 사대(四大) 요소만을 지혜로 직접 경험하여 아는 이는 '딱딱하고, 거칠고, 부드럽고, 미끄러운 무더기만 있을 뿐이다. 뜨겁고, 따뜻하고 차가운 무더기만 있을 뿐이다. 팽팽하고, 뻣뻣하고, 홀쭉하고, 가만히 있고, 움직이고, 밀어 주는 무더기만 있을 뿐이다. 흐르고, 흘러내리고, 젖고, 불리고, 결합시키는 무더기만 있을 뿐이다. 개인, 중생, 남자, 여자, 나, 나의 것이라고 할 만한 것은 없다'라고 분명히 결정하여 안다. 이렇게 아는 것은 다음과 같은 〔「새김확립 긴 경(大念處經)」〕 경전내용에 따라 아는 것이다. 배의 부풂과 꺼짐을 아는 것도 바로 이 경전내용에 포함된다.

> Imameva kāyaṁ yathāṭhitaṁ yathāpaṇihitaṁ dhātuso paccavekkhati 'atthi imasmiṁ kāye pathavīdhātu āpodhātu tejodhātu vāyodhātū'ti.
>
> (D.ii.234)
>
> 역해
>
> 바로 이 몸을 처해진 대로, 놓인 대로 〔중생이 아닌, 영혼이 아닌〕 요소 성품으로 반조한다. '이 몸에는 땅 요소, 물 요소, 불 요소, 바람 요소가 있다'라고 반조한다.

‘간다, 굽힌다’ 등으로 새기는 것도 닿을 때와 관련된다. 그렇지만 ‘가려고 함, 굽히려 함’ 등으로 새기는 것은 〔마음으로〕 알 때와 관련된다. 그래서 〔「새김확립 긴 경(大念處經)」의〕 자세의 장, 바른 앎의 장에 관해서 새기는 모습은 〔다음에 설명할〕 알 때 새기는 모습에서 설명할 것이다.

4. 알 때 새기는 모습

(1) 개요

1) 기본 관찰법과 대상들

‘생각하다, 고찰하다, 숙고하다, 반조하다, 마음기울이다, 관찰하다, 새기다’라는 등의 용어로 부르는 마음 문(意門)에서 생겨나는 인식과정 마음들을 ‘생각하여 아는 마음’이라고 앞에서 설명했다. 그러한 마음들이 생겨날 때마다 ‘생각함, 고찰함, 숙고함, 반조함, 마음기울임, 관찰함, 새김(또는 새긴다), 앎(또는 안다)’이라는 등으로 새기는 이에게 그렇게 새겨 알 때마다 분명하게 존재하는 마음 문, 법 대상, 마음 의식, 접촉, 느낌 등의 법들 중 어느 하나의 법이 특성 등 어느 하나로 분명하게 드러난다. 그리고 그렇게 분명하게 드러난 법들을 그렇게 드러나는 대로 안다. 그렇게 드러나고 아는 것은 숙지 구분지에 의해 바르게 드러나는 것, 아는 것이다. 조사 구분지, 제거 구분지에 의해서는 생겨남, 사라짐, 무상의 특성 등으로도 바르게 드러나고 안다.

Āvajjanaṁ bhavaṅgato amocetvā manoti sahāvajjanena bhavaṅgaṁ 〔daṭṭhabbaṁ〕. Dhammāti ārammaṇaṁ. Manoviññāṇanti javanaviññāṇaṁ.

(SA.iii.5)

역해

전향은 바왕가로부터 분리되지 못하기 때문에 마음(mano)이란 전향을 포함한 바왕가이다.〔전향을 포함한 바왕가라고 알아야 한다.〕 법(dhammā)이란 대상이다. 마음 의식(manoviññāṇa)이란 속행 의식들이다.[436]

Kammajaṁ āyatanadvāravasena pākaṭaṁ hoti.···Manodvāre hadayavatthukāyabhāvadasakavasena ceva utusamuṭṭhānādi vasena ca catupaṇṇāsameva.

(Vis.ii.259)

역해

업 생성 물질은 감각장소라고 할 수 있는 문을 통해 분명하다. … 〔심장 토대라고 불리는〕 마음 문에서 심장 토대·몸·성 10원소들〔10×3 = 30〕과 온도 등에서 생긴 물질들〔8×3 = 24〕로 정확히 54가지 물질들이 생겨난다.[437]

Manodvāraṁ nāma sāvajjanaṁ bhavaṅgaṁ. Tassa nissayabhāvato hadayavatthuṁ sandhāya nissitavohārena "manodvāre"ti vuttaṁ, yattha manodvā-

---

436 『상윳따 니까야』 제4권, p.113 참조.

437 『*Visuddhimagga Myanmarpyan*(위숫디막가 미얀마 어 번역)』 제4권, pp.438~439: 『청정도론』 제3권, p.252 참조.

ruppatti.

(Pm.ii.410)

역해

전향과 함께 바왕가를 마음 문(manodvāra 意門)이라고 한다. 그것〔전향과 바왕가〕의 의지처이기 때문에 심장 토대(hadaya-vatthu)를 지칭하여 의지처라는 표현으로 마음 문이라고 부른다. 그곳〔심장 토대〕에서 '마음 문의 발생'이 〔있다.〕[438]

이러한 주석서, 복주서들에 따라 대상을 처음 숙고하는 마음 문 전향 마음과 함께 그 앞의 바왕가 마음을 마음 문이라고 한다. 심장 토대라고 부르는 심장 물질도 그 전향 마음, 바왕가 마음의 토대가 되기 때문에 토대근접(ṭhānyūpacāra)에 의해서[439] 마음 문이라고 한다.

감성 물질 다섯 가지, '물 요소, 여성 물질(itthi bhāva), 남성 물질(pumbhāva), 심장 물질, 생명 물질, 음식'이라고 하는 명상의 대상인 미세한 물질(sammasanupaga sukhuma rūpa) 여섯 가지, 세간 마음, 세간 마음부수, 이러한 물질, 마음, 마음부수들이 위빳사나의 관찰대상인 '법 대상'이다.

욕계 선·불선 속행마음, 등록 마음들을 마음 의식(manoviññāṇa 意識)이라고 한다.

---

438 『*Visuddhimagga Mahāṭīkā Nissaya*(위숫디막가 대복주서 대역)』 제4권, p.352 참조.

439 바왕가 마음은, 혹은, 마음 문 전향(意門轉向) 마음과 바왕가 마음은 심장 토대를 의지하여 생겨난다. 의지하는 바왕가 마음의, 혹은 마음 문 전향 마음과 바왕가 마음의 '마음 문'이라는 명칭을 의지처가 되는, 의지처를 제공하는 심장토대에 붙여 부를 수 있다는 말이다. 다르게 설명하면 의지하는 것(ṭhānī)인 바왕가 마음, 혹은 마음 문 전향 마음과 바왕가 마음의 '마음 문'이라는 명칭을 의지처가 되는(ṭhāna) 심장 토대에 대해서도 '마음 문'이라고 '토대라는 근접함에 의해' 붙여 부를 수 있다는 말이다.

접촉, 느낌들이라고 하는 것은 그러한 속행 마음, 등록 마음들과 결합한 접촉, 느낌들이다.

2) 아는 모습

마음 문 위빳사나 지혜가 매우 예리해지고 성숙되었을 때는 앞의 새김과 뒤의 새김들이 서로 완전히 끊어진 것처럼, 단절된 것처럼 드러난다. 예를 들면 팔을 한 번 굽힐 때, 팔이 움직일 때마다 '굽힌다, 굽힌다'하며 아주 많이 새길 수 있게 된다. 그렇게 알 때 앞의 새겨 앎과 그 다음 한 번의 굽히려고 함, 그리고 굽히는 동작들이 서로 멀리 동떨어진 듯, 서로 아주 멀리 있듯이 드러난다. 그래서 '새겨지는 대상들이 적어진다, 새김이 성글어진다'라고 생각하기도 한다. 〔하지만〕 사실은 새겨지는 대상들이 적어진 것은 아니다. 새김이 성글어진 것도 아니다. 새겨 아는 것이 매우 빠르기 때문에 앞뒤 인식과정의 사이사이에 생겨나는 바왕가 마음들이 분명하게 드러나는 현상일 뿐이다. 따라서 그러한 순간들에 앞뒤 인식과정이 끊어진 성품들을 아는 것이 바로 바왕가 마음, 마음 문 전향(意門轉向) 마음들을 아는 것이다. 그렇게 전향이라는 마음 문(意門)을 바르게 알 때는, '제일 우선하여 대상을 취한다'라든가《특성》, '먼저 숙고하고 반조한다'라든가《역할》, '먼저 숙고하고 반조하고 있다(āvajjanarasā tathābhāvapaccupaṭṭhānā)'라든가《나타남》, '끊어짐 = 바왕가가 끝나서 처음 반조하기 시작한다'라고 안다《가까운 원인》.

유사 마음 문 심장 물질이라고 하는 유사 마음 문(upacā manodvāra)을 바르게 알 때는 '생각하고, 숙고하고, 관찰하고 새기는 것의 토대다 = 이곳으로부터 생각하고 숙고하고 관찰하고 새기고 있다'라든가《특성》,

'생각, 숙고, 관찰 등을 유지시켜 준다. 그러한 역할을 한다'라든가《역할》, '생각하여 아는 마음을 짊어지고 이끌고 있다'라든가《나타남》, '바탕이 되는 여러 물질들이 있기 때문에 생겨날 수 있다'라고 안다《가까운 원인》. "manañca pajānāti(마음도 분명히 안다)"라고 하는 「새김확립 긴 경(大念處經)」과 일치한다.

법 대상 눈, 귀, 코, 혀, 몸이라고 하는 감성 물질 다섯 가지와 물 요소, 심장 물질들에 대해 아는 모습은 이미 설명했다.

여성, 남성의 마음으로 생각하거나 계획할 때, 웃는 등의 동작을 행할 때 관찰하고 새겨 성 물질을 바르게 알 때는 '여성이 되게 하는 성품이다, 남성이 되게 하는 성품이다, 그 물질이 있어서 여성, 남성이 된다'라든가《특성》, '여성이라고, 남성이라고 분명하게 보일 수 있다'라든가《역할》, '여성의 여러 모습, 형태, 동작, 마음들을 행하고 있다, 생기게 한다. 남성의 여러 모습, 형태, 동작, 마음들을 행하고 있다, 생기게 한다'라든가《나타남》, '바탕이 되는 여러 물질들이 있어서 생겨나고 있다'라고 안다《가까운 원인》.

끊임없이 생겨나고 있는 봄 등을 새겨 아는 이에게 눈, 귀, 코, 혀, 몸, 심장, 성 물질들을 끊임없이 생겨나게 하는 원인이 되는 'jīvita'라고 부르는 생명 물질도 분명하게 드러난다. 그 생명 물질은 눈 감성물질 등과 함께 생겨나서 함께 사라진다. 그렇지만 그 생명 물질은 자신이 사라지기 전, 여전히 존재하는 순간에 눈 감성물질 등의 물질들에게 힘을 실어주고 보호해 준다. 그 생명 물질의 보호 때문에 이전에 생겼던 눈 감성물질들이 사라져 가더라도 다시 그 자리에 새로 눈 감성물질 등이 생겨날 수 있는 것이다. 죽을 때까지 끊임없이 계속 이어서 새로 생겨나고 계속 머물던 대로 머물 수 있다는 말이다. 그래서 'jīvita'라고 부르는 생명 물질을 바르게 알 때는 '함께 생겨나는 눈 감성물질 등에게 힘을 실어 주고 보호해 준다'라든가《특성》, '그러한 눈 감성물질 등을 끊임없이 생겨나게 한다'라든가《역할》, '그 눈 감성물질 등을 끊임없이 머물게 한다'라든가《나타남》, '의지하는, 바탕이 되는 것들이 있기 때문에 생겨나고 있다'라고 안다《가까운 원인》.

잘 먹고 마셔서 힘이 넘치는 것, 마음이 기쁘고 흐뭇한 것을 관찰하는 이에게 음식 물질이 분명하게 드러난다. 그 음식 물질을 바르게 알 때 '영양분, 영양소이다'라든가《특성》, '물질들을 번성하게 한다 = 힘을 생겨나게 한다'라든가《역할》, '시들지 않게, 퇴락하지 않게 잘 지지해 주고, 힘을 넣어 주고 있다'라든가《나타남》, '밥, 반찬 등의 물질들이라는 의지처들이 있다'라고 안다《가까운 원인》.

마음과 마음부수라는 법 대상(dhammārammaṇa)들은 매우 다양하다. 일부 마음과 마음부수들을 아는 모습도 이미 앞에서 설명했다. 다음에 설명할 것들도 많이 남아 있다. 그래서 마음과 마음부수라는 법 대상에 대해 아는 모습은 특별히 보이지는 않겠다. 이것도 "dhamme ca pajānāti(법도 분명히 안다)"라고 하는「새김확립 긴 경」과 일치한다.

마음 의식 생각하여 아는 마음인 마음 의식(意識 manoviññāṇa)을 바르게 알 때는 '생각한다, 숙고한다, 안다, 도달한다, 〔대상으로〕 향한다'라든가《특성》, '성품 정도만을 대상으로 한다 = 대상을 취하는 것일 뿐이다, 아는 것일 뿐이다, 도달하는 것일 뿐이다'라든가《역할》, '대상 쪽으로 향한다'라든가《나타남》, '처음 마음을 전향하여 생각하고 안다. 도달한다. 심장〔토대〕물질과 생각할 만한 대상이 있어서 생각하여 안다'라고 안다《가까운 원인》.

마음 접촉(manosamphassa) 마음 접촉을 바르게 알 때는 '대상과 마음이 서로 닿는다'라든가《특성》, '대상과 부딪힌다, 충돌한다'라든가《역할》, '심장, 생각하여 앎, 대상들이 서로 부딪힌다'라든가《나타남》, '드러난 대상이 있어서 부딪힌다 = 대상이 드러나서 부딪힐 수 있다'라고 안다《가까운 원인》.

기쁜 느낌 즐겁고 기쁜 느낌(somanassa vedanā)인 행복함(sukha)을 바르게 알 때는 '좋은 대상을 느낀다, 생각하여 좋다, 기쁘다, 행복하다'라든가《특성》, '좋은 것으로 사용한다, 즐긴다'라든가《역할》, '마음에 좋아할 만한 것이다, 마음에 좋은 것이구나'라든가《나타남》, '마음이 고요하여 행복하다. 마음이 고요하여 즐겁고 기쁘다. 좋은(자기가 좋아하는) 대상과 만나서 행복하다. 즐겁다'라고 안다《가까운 원인》.

싫은 느낌 마음의 불편함 = 고통인 싫은 느낌(domanassa vedanā)을 바르게 알 때는 '좋지 않은 대상을 느낀다, 생각하여 좋지 않다, 실망한다, 슬프다, 마음이 피곤하다, 마음에 걱정된다, 우울하다, 비탄한다, 통곡한다, 염려된다'라든가《특성》, '좋지 않은 것으로 사용한다. 즐겁지 않게 사용한다. 즐기지 못한다'라든가《역할》, '마음속으로 고통스럽다, 참기 힘들다, 받아들이고 싶지 않다, 고통스럽다, 마음으로 안 좋은 것이다'라든가《나타남》, '의지하는 심장물질이 있어서 생겨날 수 있는 것이다. 좋지 않은 대상(만나고 싶지 않은 대상)과 만나서 마음이 고통스럽다'라고 안다《가까운 원인》.

무덤덤한 느낌 중간의 〔무덤덤한〕 느낌(upekkhā vedanā)을 바르게 알 때는 '좋지도 않고 나쁘지도 않은 중간 정도의 대상을 느낀다, 좋지도 않고 나쁘지도 않은 마음이 생겨나고 있다, 고통이나 행복이 없다, 기쁘지도 않고 슬프지도 않고 그냥 그렇다'라든가《특성》, '마음을 기쁘게 하지도 않고 슬프게 하지도 않게 그냥 그렇게 한다'라든가《역할》, '고요하고 미세하다'라든가《나타남》, '좋아하고 의기양양함이 포함되지 않은 마음 때문에 생겨난다. 좋지도 않고 나쁘지도 않은, 그저 그런 대상과 만나서 생겨나고 있다'라고 안다《가까운 원인》.

인식 무더기 대상과 만날 때마다 그 대상을 잊어버리지 않도록 인식하는 것을 인식(saññā)이라고 한다. 바로 그것을 인식 무더기(saññākkhandhā 想蘊)라고 부른다. 이 인식은 새로운 특별한 대상과 만났을 때, 기억해 놓은 말을 다시 들었을 때 등에 아주 분명하게 드러난다. 그 인식을 바르게 알 때는 '잊어버리지 않도록 인식한다'라든가《특성》, '이전에 한 번 경험했다고 다시 기억하도록, 새겨야 할 대상 하나를 기억하고 인식한다'라든가《역할》, '알게 되는 모든 것들을 〔그것을 알게 하는〕 원인인 표상을 통해 계속 집착한다, 생각하고 기억한 대로 계속 집착한다'라든가《나타남》, '드러나는 대상들이 있어서 인식도 생겨난다'라고 안다《가까운 원인》.

형성 무더기 느낌, 인식을 제외한 나머지 마음부수 50가지들을 형성 무더기(saṅkhārakkhandhā 行蘊)라고 부른다. 보고 듣는 것 등을, 혹은 가고, 서고, 앉고, 눕고, 굽히는 등을 행할 수 있도록, 그러한 현상들이 생겨날 수 있도록, 형성될 수 있도록 하는 법 무더기라는 말이다. 여기에서는 그러한 형성 무더기 50가지 중에 가장 우두머리 격인 의도(cetanā)만 보이겠다. 마치 어떤 작업장에서 우두머리인 사람은 자기 자신도 열심히 일을 하면서 그보다 나이 어린 이들로 하여금 일을 잘 하도록, 열심히 하도록 격려하고 자극하는 것처럼, 〔또한 주인인〕 농부가 자기 스스로도 열심히 노력하며 벼를 베면서 일당을 주고 부른 일꾼들로 하여금 벼를 베는 일을 열심히 하도록 다그치고 격려하는 것처럼, 마찬가지로 결합하는 마음과 마음부수들을 대상과 결합하도록 격려하고 자극하는 성품이 바로 이 의도이다. 그러한 의도는 매우 중요하게, 매우 신속하게 성취해야 할 어떤 일을 숙고할 때 등에 '시키듯이, 격려하듯이' 분명하게 생겨난다. 따라서 그 의도를 바르게 알 때는 '대상과 결합시켜 준다, 격려한다, 자극한다, 추진한다'라든가《특성》,[440] '노력한다, 행한다, 성취한다, 준비한다'라든가《역할》,[441] 살생을 행할 때 등에서 죽이라고 명령을 내리는 것처럼, 혹은 보시를 행할 때 등에서 '가지시오, 받으시오, 행복하시오'라고 권유하는 것처럼 '준비하고, 조정하고, 행하고 있다'라든가《나타남》,[442] '올바르게 마음기울여서 선업을 하도록 격려한다, 올바르지 않게 마음기울여서 불선업을 하도록 조장한다, 행복과 고통을 아직 알지 못하기 때문에 선업, 불선업을 하도록 자극한다, 의지하는 물질과 대상이 있어서 자극한다, 마음이 있어서 자극한다'라고[443] 안다《가까운 원인》.

---

440 원주(본문내용): cetayita lakkhaṇā(자극함이라는 특성).

441 원주(본문내용): āyūhana rasā(노력함이라는 역할), 가능한(satti) 모습.

442 원주(본문내용): saṁvidahana paccupaṭṭhānā(준비함이라는 나타남), 분명한(byatti) 모습.

443 원주(본문내용): manasikāra padaṭṭhānā(마음기울임이라는 가까운 원인), avijjā padaṭṭhānā(무명이라는 가까운 원인), vatthārammaṇa padaṭṭhānā(토대와 대상이라는 가까운 원인), viññāṇa padaṭṭhānā(의식이라는 가까운 원인).

⑵ 몸 거듭관찰

1) 자세를 새기는 모습

① 갈 때 새기는 모습

갈 때 걸음마다 '간다, 간다' 혹은 '뻗는다, 뻗는다' 혹은 '오른발, 왼발' 혹은 '든다, 간다, 놓는다'하며 새겨야 한다. 그렇게 새겨 새김과 삼매, 지혜의 힘이 성숙되었을 때에는 갈 때마다, 뻗을 때마다, 가려고 하는, 뻗으려고 하는 마음도 새길 수 있을 것이다.

그때에는 다음과 같은 「새김확립 긴 경(大念處經)」과 그 주석에 따라 "가려고 하는 마음이 제일 먼저 생겨난다. 그 마음 때문에 특별하게 앞으로 밀어 주는 동작들과 함께 앞으로 향하는 단계적인 움직임들이 생겨난다. 그러한 움직임들이 전체에 퍼져 생기기 때문에 몸이라고 부르는 모든 물질들의 한 동작, 한 동작들이 움직이며 생멸하며 가는 것을 '간다'라고 부른다"라는 것도 직접 스스로 확실하게 알 것이다.

gacchanto vā gacchāmīti pajānāti.

(D.ii.232)

역해

갈 때는 '간다'라고 분명히 안다.

Esa evaṁ pajānāti — "gacchāmī"ti cittaṁ uppajjati, taṁ vāyaṁ janeti, vāyo viññattiṁ janeti, cittakiriyavāyodhātuvipphārena sakalakāyassa purato abhinīhāro gamananti vuccati.

(DA.ii.357)

대역

esa갈 때는 '간다'라고 새겨 아는 수행자인 **그는** evaṁ다음에 말할 방법을 통해 **이와 같이** pajānāti**분명히** 구분하여 **안다**. gacchāmīti cittaṁ**'가리라'라고 마음이** uppajjati**일어나면** taṁ**그것**, 그 마음은 vāyaṁ janeti**바람** 요소(지탱함, 움직임)**를 생기게 하고**, vāyo**바람** 요소(지탱함, 움직임)**는** viññattiṁ janeti**암시**(밀어 주는 특별한 움직임들)**를 생기게 하여**[444] cittakiriyavāyo dhātuvipphārena마음이 만든, **마음의 작용에서 생긴 바람 요소**(지탱함, 움직임)**의 확산에 의해서** sakalakāyassa**온몸이**, 혹은 몸이라 불리는 물질 전체가 purato abhinīhāro원하는 곳으로, **앞으로** 한 동작 한 동작 **움직이는 것을** gamana'nti**'간다'라고** vuccati**말한다**.[445]

개가 아는 것이나 일반 범부들이 아는 것과 다르다

이러한 방법에 따라 새기지 않아 특별한 지혜에 아직 이르지 못한 이들이 "gacchanto vā gacchāmīti pajānāti = 갈 때는 '간다'라고 분명히 안다"라는 이 경전구절에 대해서 의심을 하기 때문에 주석서에서 분명하게 그 점에 대해서 설명하고 있다.[446] 이 책에서도 바로 그 주석서의 내용에 근거해서 설명하겠다. '개나 자칼 등도 갈 때는 간다고 알지 않는가?'라고 반문한다고 하자. 아는 것은 맞다. 하지만 그렇게 아는 것을 대상으로 해서 위의 말씀을 부처님께서 설하신 것은 아니다. 무엇 때문인가? 개나 자칼 등의 일반 존재들은 가려고 하는 마음과 함께 움직여

444 원주: 원하는 곳으로 밀어 주는 특별한 움직임들과 함께 지탱하고 움직임들이 생겨나는 것을 분명하게 이해시키기 위해 '바람 요소가 암시를 생겨나게 한다'라고 나누어서 말한 것이다. 암시는 마음에 의한 물질들이다. 바람에 의한 물질이 아니다.

445 『네 가지 마음챙기는 공부』, p.131 참조.

446 위의 책, pp.130~131 참조.

나가는 것을 〔그 움직임이〕 생길 때마다 알지 못한다. 마음과 물질을 나누어 알지도 못한다. 가려고 하는 의도 때문에 가는 움직임이 생겨난다는 것도 알지 못한다. 단계적으로 생겨나는 가려고 하는 의도와 단계적으로 생겨나는 가는 움직임들만 존재한다는 것도 알지 못한다. 부분 부분 끊어져서 사라져 가는 것도 알지 못한다.

사실대로 말하자면 개나 자칼 등의 일반 존재들은 가는 것이나 움직이는 것의 처음, 혹은 중간, 혹은 마지막 등을 가끔씩만 안다. 다른 곳으로 마음이 달아난 채 가고 있을 때가 훨씬 더 많다. 또한 가끔씩 알 때도 〔가는 동작을〕 '나'라는 것으로만 안다. 항상한 것으로만 안다. 가기 전에도 이것으로, 가고 있을 때도 이것으로, 100km를 가고 나서도 가기 전의 실체인 이것이 지금 여기에 도착하고 있다고 생각한다. 이전 그대로 계속해서 머물고 유지되고 있다고 생각한다. 따라서 그렇게 아는 것은 '중생'이라고 생각하는 견해도 제거할 수 없다. '나'라고 생각하고 집착하는 것도 빼낼 수 없다. 그러한 앎을 대상으로 해서는 자기 존재에 대해 재관찰 위빳사나(paṭivipassanā)도 생겨나지 않는다. 또한 그러한 앎으로부터 이어져서도 위빳사나가 생겨나지 않는다. 따라서 수행업이 생겨나는 대상도 아니고 그 다음 위빳사나 업의 원인도 되지 않기 때문에 그렇게 아는 것은 수행주제(kammaṭṭhāna)라고도 할 수 없다. 새김이라는 위빳사나 사띠(vipassanā sati)와 결합된 앎이 아니기 때문에 새김확립 수행(satipaṭṭhāna bhāvanā)이라고 할 수도 없다. 따라서 개나 자칼 등의 일반 존재들이 아는 그러한 종류의 앎을 대상으로 해서 부처님께서 위의 말씀을 설하신 것은 아니라고 알아야 한다.

갈 때마다 '가려고 함, 간다' 등으로 새기는 수행자에게는 가려고 하는 마음도 따로 따로 생겨나는 것으로 분명하다. 가는 몸도 지탱하며 움직여 가는 동작으로 분명하다. 따라서 그 수행자는 가려고 하는 마음도 물질과 혼동하지 않고 따로 분리하여 안다. 움직여 가는 몸도 마음과 혼동하지 않고 따로 분리하여 안다. 가려는 의도 때문에 앞으로 나아가는 움직임들이 단계적으로 생겨나는 것도 안다. 단계적으로 생겨나는 가려는 의도 때문에 단계적으로 생겨나는 움직임들만 존재한다고도 안다. 가려는 의도들이 여러 움직임들에 이르지 못하고 여러 움직임들도 한 동작에서 다음 동작에 이르지 못한 채 부분 부분, 단계 단계 사라져 없어지는 것도 안다. 주석서에서 설명한 대로 한 걸음에 여섯 부분이든,[447] 혹은 그보다 더 빠르게 사라지고 없어져 가는 것도 안다. 따라서 그렇게 아는 수행자는 "'내가 간다, 그가 간다'라는 말은 단지 부르는 명칭일 뿐이다. 갈 수 있는 '나', '그 사람'이라고 하는 것은 없다. 가려고 하는 마음과 움직임들을 기본으로 하는 물질 무더기, 모임만 존재한다. 눈을 한 번 깜빡이는 정도조차 지속되는 것은 없다. 항상하지 않은 성품만 존재한다. 순간도 끊임없이 생멸하고 있기 때문에 괴로움의 무더기일 뿐이다. 좋지 않은 성품일 뿐이다"라고 스스로의 지혜로 결정할 수 있다. 이렇게 결정할 수 있는 통찰지를 네 가지 바른 앎(正知) 중에 미혹없음 바른 앎(asammoha sampajañña)이라고 한다. '가려고 함, 간다' 등으로 새겨 아는 것을 영역〔= 수행주제〕 바른 앎(gocara sampajañña)이라고 한다. 그 두 가지 중에 '영역 바른 앎'은 원인법이다. '미혹없음 바른 앎'은 결과법이다. 따라서 영역 바른 앎만 거듭 반복해서 닦아야 한다. 영역 바른 앎이 충분히 구족되었을 때에 미혹없음 바른 앎은 저절로 생겨

447 이 책의 제2권 p.220 참조. 듦 - 뻗음 - 옮김(피함) - 놓음 - 딛음 - 누름의 여섯 단계이다. 『네 가지 마음챙기는 공부』, p.150 참조.

나서 구족하게 될 것이다.

지금까지 설명한 대로 가려고 하는 마음과 가는 물질들을, 생겨날 때마다 놓치지 않도록 새기는 수행자의 통찰지는 '중생'이라고 생각하는 견해도 제거할 수 있다. '나'라고 생각하여 집착하는 것도 빼어낼 수 있다. 재관찰 위빳사나(paṭivipassanā)의 대상이기도 하고 다음 위빳사나 지혜들도 잘 생겨나게 할 수 있기 때문에 수행주제(kammaṭṭhāna)라고도 할 수 있다. 새김이라고 하는 위빳사나 사띠와 결합하여 생겨나게 해야 하는 진짜 통찰지가 생겨나기 때문에 새김확립 수행(satipaṭṭhāna bhāvanā)이기도 하다. 따라서 이렇게 새겨 아는 것을 대상으로 "gacchanto vā gacchāmīti pajānāti = 갈 때는 간다고 〔분명히〕 안다"[448]라는 말을 부처님께서 설하신 것이라고 의심 없이 확실하게 알아야 한다.

수행주제와 새김확립 수행이 같은 모습

"Imassa pana bhikkhuno jānanaṁ sattūpaladdhiṁ pajahati, attasaññaṁ ugghāṭeti, kammaṭṭhānañceva satipaṭṭhānabhāvanāca hoti = 이 비구, 또는 수행자의 앎은 중생이라고 생각하는 소견을 버리고, 자아라고 생각하는 인식을 제거하기 때문에 수행주제이기도 하고 새김확립 수행이기도 하다"라고 주석서에서 설명해 놓았기 때문에 수행주제(kammaṭṭhāna)와 새김확립 수행(satipaṭṭhānabhāvanā)은 이곳에서는 법체로서는 같다. 가려고 하는 의도와 가는 물질 등을 새겨 아는 지혜로서 같은 한 종류일 뿐이라는 사실을 보여 준다. 수행주제가 따로, 새김확립 수행이 따로, 이렇게 서로 다른 것이 아니다.

---

448 pajānāti가 저본에는 '안다'라고만 번역되어 있다.

그렇지만 이름을 얻게 된 연유는 서로 다르다. 어떻게 다른가? '새기는 것'이라고 하는 사띠(sati)는 가려고 하는 마음, 가는 물질 등의 대상 속으로 달려들어 가듯이 생겨나기 때문에 새김확립(satipaṭṭhāna)이라고 부른다. 또 생겨나게 해야 하기 때문에, 닦아야 하기 때문에 수행(bhāvanā)이라고도 부른다. 이 두 가지 이유 때문에 '새김확립 수행'이라고 한다. 생겨나게 해야 하는〔= 닦아야 하는, 수행해야 하는〕, 대상으로 달려들어 가는 새김을 확립한다는 뜻이다.

앎이라고 하는 지혜가 생겨나면 새기는 사띠도 같이 결합되어 생겨난다. 새김이 없는 지혜, 통찰지라는 것은 없다. 따라서 이곳에서는 새김을 기본으로 한 통찰지를 바로 새김확립 수행(satipaṭṭhāna bhāvanā)이라고 부를 수 있다. 이 지혜는 재관찰 위빳사나(paṭivipassanā)라고 부르는 그 다음의 여러 수행행위가 생겨나는 곳, 대상이기 때문에 또한 그 다음의 여러 위빳사나 지혜들을 예리하게 해 주는 것이기 때문에 그 지혜를 수행주제(kammaṭṭhāna)라고도 부른다. 〔그 다음의 여러〕 수행행위의 대상인 모습과 〔다음의 위빳사나 지혜들을 예리하게 해 주는〕 이유는 다음과 같다. 즉 '가려고 함'이라고 새겨 아는 것을 '새긴다'라든가 '안다'라고 다시 새겨 알면 재관찰 위빳사나 수행(paṭivipassanā bhāvanā)이 생겨난다. '간다'라고 새겨 아는 것을 다시 한 번 새겨 알면 또한 재관찰 위빳사나 수행이 생겨난다. 이러한 방법으로 〔새겨 아는 지혜는〕 무너짐의 지혜(bhaṅga ñāṇa)를 시작으로 그 다음 여러 수행의 대상이 된다. 앞에서 새겨 아는 것들 때문에 뒤에서 새겨 아는 것들이 증가하여 예리하게 된다. 그래서 "가려는 마음과 가는 물질 등을 새겨 아는 것 = 새김을 기본으로 하여 아는 것은 수행주제도 되고 새김확립 수행도 된다"라고 주석서에서 설명하였다.

"abhikkante paṭikkante sampajānakārī hoti(나아갈 때도, 물러설 때도 바르게 알면서 행한다)"라는 이 경전구절에 대한 주석 중에서 미혹없음 바른 앎(asammoha sampajañña)이 생겨나는 모습을 설명할 때 "aṭṭhisaṅghāto abhikkamati, dhātūnaṁyeva gamanaṁ, dhātūnaṁ ṭhānaṁ, dhātūnaṁ nisajjā, dhātūnaṁ sayanaṁ(뼈 무더기들의 모임들이 나아간다, 요소들만 간다, 요소들이 머문다, 요소들이 앉는다, 요소들이 눕는다)"라는 주석서의 말을 근거로 해서 "'kammaṭṭhānañceva(수행주제이기도 하다)'라는 구절[449]을 통해 사마타 수행주제인 요소〔구분〕 수행주제임을 보이고 있다"고 〔일부 사람들이〕 말하기도 한다. 여기에서 두 가지를 비교하기 위해 주석서에서 그 부분에 해당되는 전문(全文)을 보여 주겠다.

> Abhikkamādīsu pana asammuyhanaṁ asammohasampajaññaṁ, taṁ evaṁ veditabbaṁ — idha bhikkhu abhikkamanto vā paṭikkamanto vā yathā andha〔bāla〕 puthujjanā abhikkamādīsu — "attā abhikkamati, attanā abhikkamo nibbattito"ti vā, "ahaṁ abhikkamāmi, mayā abhikkamo nibbattito"ti vā sammuyhanti, tathā asammuyhanto "abhikkamāmī"ti citte uppajjamāne teneva cittena saddhiṁ cittasamuṭṭhānā vāyodhātu viññattiṁ janayamānā uppajjati. Iti cittakiriyavāyodhātuvipphāravasena ayaṁ kāyasammato aṭṭhisaṅghāto abhikkamati. Tassevaṁ abhikkamato ekekapāduddharaṇe pathavī-

449 이 책의 제1권 p.452 참조.

dhātu āpodhātūti dve dhātuyo omattā honti mandā, itarā dve adhimattā honti balavatiyo; tathā atiharaṇa vītiharaṇesu. Vossajjane tejovāyodhātuyo[450] omattā honti mandā, itarā dve adhimattā honti balavatiyo, tathā sannikkhepana sannirumbhanesu.[451] Tattha uddharaṇe pavattā rūpārūpadhammā atiharaṇaṁ na pāpuṇanti, tathā atiharaṇe pavattā vītiharaṇaṁ, vītiharaṇe pavattā vossajjanaṁ, vossajjane pavattā sannikkhepanaṁ, sannikkhepane pavattā sannirumbhanaṁ[452] na pāpuṇanti. Tattha tattheva pabbaṁ pabbaṁ sandhi sandhi odhi odhi hutvā tattakapāle pakkhittatilāni viya paṭapaṭāyantā bhijjanti. Tattha ko eko abhikkamati, kassa vā ekassa abhikkamanaṁ? Paramatthato hi dhātūnaṁyeva gamanaṁ, dhātūnaṁ ṭhānaṁ, dhātūnaṁ nisajjanaṁ, dhātūnaṁ sayanaṁ. Tasmiṁ tasmiñhi koṭṭhāse saddhiṁ rūpena —

> Aññaṁ uppajjate cittaṁ, aññaṁ cittaṁ nirujjhati;
> Avīcimanusambandho, nadīsotova vattatīti.

Evaṁ abhikkamādīsu asammuyhanaṁ asammohasampajaññaṁ nāmāti. Niṭṭhito abhikkante paṭikkante sampajānakārī hotīti padassa attho;

(DA.i.172; MA.i.165)

---

450 CST4 tejodhātu vāyodhātūti dve dhātuyo.

451 CST4 sannirujjhanesu.

452 CST4 sannirujjhanaṁ.

해석

앞으로 나아감 등에 미혹하지 않음, 즉 사실대로 바르게 아는 것이 '미혹없음 바른 앎'이다. 그것을 이와 같이 알아야 한다. 반대되는 예를 들면 안목 없는 범부는 나아가는 것 등에 대해 '영혼, 혼백, 혼령 등으로 불리는 자아가 나아간다, 자아에 의해서 나아감이 생겼다'라든가, '내가 나아간다, 나에 의해서 나아감이 생겼다'라고 잘못 알듯이 미혹한다. 그러나 이 불교교법에서 위빳사나를 수행하는 비구, 또는 수행자는 나아가거나 물러날 때에 안목 없는 범부처럼 미혹하지 않는다. '나아가리라'라는 마음이 생겨나면 그 마음과 더불어 마음에서 생겨난, 움직임이라는 성품인 바람 요소가 원하는 곳으로 가게 하는 암시를 생성시키면서 생겨난다. 이처럼 마음의 작용에서 생긴 바람 요소의 퍼짐, 움직임에 의해서 몸이라고 불리는 뼈 무더기가, 또는 'rūpasaṅghāto'라고 된 경우에는 '몸 무더기가' 나아가는 것이다. 그 뼈 무더기가 이렇게 매번 나아갈 때마다 발을 들어 올릴 때는 땅 요소와 물 요소라는 두 가지 요소의 힘은 작고 약하며 나머지 두 〔요소는〕 크고 강하다. 그와 같이 발을 뻗고 앞으로 옮길 때도 마찬가지이다. 그러나 〔들어 올린 발을〕 내려놓을 때에는 불 요소와 바람 요소들의 힘이 작고 약하며 나머지 둘은 높고 강하며, 발을 땅에 딛고 발로 땅을 누를 때도 마찬가지이다.

《여기에서 "uddharaṇagatikā hi tejo dhātu(위로 올라가게 하는 것은 실로 불 요소이다)[453] kiriyagatikāya hi vāyo dhātuyā(옆으로 가게 하는 바람 요소에 의해서),[454] garutarasabhāvā hi āpo dhātu(무겁게 하는 역할의 성품은 실로 물 요소이다)"[455]라는 등의

453 DAṬ.i.247.

454 DAṬ. Sīlakkhandhavagga Abhinavaṭīkā.ii.90.

455 DAṬ.i.247.

복주서 내용에 따라, 들어 올리는 동작은 나중에 따라오는 바람 요소와 함께 현저한 불 요소에 의해 성취된다. 뻗는 동작과 앞으로 옮기는 동작은 나중에 따라오는 불 요소와 함께 현저한 바람 요소에 의해 성취된다. 내려놓는 동작은 나중에 따라오는 땅 요소와 함께 현저한 물 요소에 의해 성취된다. 『담마상가니(法集論) 주석서』에서는 땅 요소를 '무겁다'라고 설하였다. 〔하지만〕 이곳에서는 "garutarasabhāvā(무겁게 하는 역할의 성품은)"라고 설명하였기 때문에 '물 요소가 땅 요소보다 더 무겁다'라고 말하는 것이 된다. 딛는 동작이나 누르는 동작은 나중에 따라오는 물 요소와 함께 땅 요소에 의해 성취된다. 따라서 〔정리하면〕 들어 올리는 동작을 알면 불 요소를 아는 것이다. 발을 뻗는 동작, 앞으로 옮기는 동작을 알면 바람 요소를 아는 것이다. 내려놓는 동작을 알면 물 요소를 아는 것이다. 딛는 동작, 누르는 동작을 알면 땅 요소를 아는 것이다. 이렇게 서로 다른 점도 알아야 한다.》

여기서 들어올릴 때, 들어 올리려고 하는 현상, 또한 들어 올리는 것이라는 현상에 의해서 **생겨난** 정신·물질 **법들은 뻗을 때는 존재하지 않는다.** 《여기에서 "rūpārūpadhammā ti uddharaṇākārena pavattā rūpadhammā, taṁsamuṭṭhāpakā arūpadhammā ca = 물질·비물질 **법들**이란 들어 올리는 동작에 의해 생겨난 물질법, 그리고 그것을 생겨나게 한 비물질법이다"라고 설명한 복주서의 설명에 따라 물질·비물질 **법들**이라고 하는 것은 들어 올리는 동작에 의해 생겨난 물질법과 그 들어 올리려고 하는 정신법을 말한다. 이는 복주서의 설명이다.》[456] **그처럼 뻗을 때 생겨난** 물질·비물질 **법들은 옮길 때는 존재하지 않는다. 옮길 때 생겨난** 물질·비물질 **법**

456 DAṬ.i.247.

들은 내려놓을 때는 존재하지 않는다. 내려놓을 때 생겨난 물질·비물질 법들은 땅을 디딜 때는 존재하지 않는다. 디딜 때 생겨난 물질·비물질 법들은 누를 때는 존재하지 않는다. 각각의 순간 정도만 부분 부분, 마디 마디, 조각 조각 생겨나서는 사라져 버린다. 비유하자면 마치 매우 뜨겁게 달구어진 냄비 위에 던져진 참깨처럼 따닥 따닥 소리를 내며 빠르게 부서지는 것과 마찬가지이다. 거기에, 즉 그렇게 사라지고 있는 물질과 정신에 앞으로 나아가는 이가 어떻게 있겠는가? 이 앞으로 가는 것이 어느 누구의 동작인가? 스스로 직접 경험하여 알 수 있는 거룩한 의미인 빠라맛타 실재성품으로 보면 중생, 나라고 하는 것이 아니라 오직 요소들이 가고, 요소들이 서고, 요소들이 앉고, 요소들이 눕는다. 그 가는 것, 생각하는 것 등의 각각의 부분에서 물질과 더불어,

별개인 이전의 마음이 소멸하고
별개인 새 마음이 생겨난다.
마치 강물의 흐름처럼
마음의 연속은 끊임없이 이어져 생겨난다.

이와 같이 나아감 등에 대해서 미혹하지 않음을 '미혹없음 바른 앎'이라고 한다. ('나아갈 때도, 물러설 때도 바르게 알면서 행한다'라는 구절의 의미가 끝났다.)[457]

위의 주석서에서 "'앞으로 가리라'라는 마음이 생겨나면 그 마음과 함께 마음에 의한 바람 요소가 암시를 생겨나게 하면서 생겨난다"라는 구

457 『네 가지 마음챙기는 공부』, pp.149~151 참조. 저본과 비교하여 약간 교정하였다.

절은 사마타인 요소 구분(dhātu vavatthāna) 수행주제와는 관계가 없다. 위빳사나 수행과만 관련된 것이다. "들어 올릴 때 생겨난 물질과 정신들은 뻗는 것에 이르지 못한다"라는 등의 구절이 위빳사나의 영역에만 해당하는 것은 더욱 분명하다. 무엇 때문인가? 그러한 지혜들은 사마타 수행자들에게는 생겨나지 않고 위빳사나 수행자에게만 생겨나기 때문이다. 따라서 위에 소개한 주석서의 내용 전체를 통해 "영역〔= 수행주제〕 바른 앎(gocarasampajañña)이라고 하는 위빳사나 지혜가 성숙되었을 때 미혹하지 않고 결정할 수 있는 특별한 위빳사나 지혜가 생겨나는 모습을 보이고 있다"라고 알아야 한다. "dhātūnaṁ gamanaṁ(오직 요소들이 가고)"라는 등의 구절에서 요소(dhātu)라는 단어도 자아(atta), 중생(satta), 영혼(jīva)이라는 개념의 반대를 설하는 것이다. 따라서 여러 요소의 분별(nānādhātuvinibbhoga)이라고 하는 구절에서처럼 보통의 물질과 정신을 요소에 해당된다고 생각하는 것도 적당하다. 위빳사나 관찰을 하는 이에게 갈 때 등에는 현저한 땅 요소 등이 일반적으로 분명하게 드러나기 때문에 그 땅 요소 등의 네 가지 요소만을 취하는 것도 적당하다.

'뼈 무더기(aṭṭhisaṅghāto)'라는 단어는 여러 주석서들에 공통적으로 많이 나오는 단어이다. 그렇지만 "위빳사나 관찰하는 이에게 뼈 무더기라는 개념이 드러난다. 그러한 개념을 아는 지혜가 생겨난다"라고 말해서는 안 된다. "'뼈 무더기'라고 관찰하는 사마타 수행자에게 '가리라'고 생각하는 마음 등을 아는 지혜가 생겨난다"라고 말해서도 안 된다. 따라서 물질 무더기(rūpasaṅghato)라는 단어가 주석서의 스승들께서 원래 써 놓은 그대로이다. 만약 '뼈 무더기'라는 단어가 원래의 경전구절 그대로라면 "'뼈 무더기'라고 드러난다, '뼈 무더기'를 안다"라는 의미는 여기에서는 적당하지 않다. "애착할 만하고 좋아할 만한 점이 없는 것을 분명하게 보이기 위해, '물질 무더기일 뿐이다'라고 생각하게 하기 위해, 알게 하기 위해 '뼈 무더기'라고 드러나는 것, 아는 것처럼 비유해서 설명한 것이다"라고 알아야 한다.

요소 구분(dhātuvavaṭṭhana)이라는 사마타 수행주제에 나오는 가루로 마음기울임(cuṇṇamanasikāra)에서 방법을 원용해서 '위빳사나 수행에서도 뻗을 때의 다리 등을 미세한 입자로 만들어 생각해야 한다'라고 말하는 이들이 있다. 그렇게 생각해서는 안 되는 이유를 앞에서도 말했다.[458] 무엇 때문인가? 다리를 뻗을 때 현저하여 기본이 되는 바람 요소만을 기본으로 관찰하도록 주석서에서 설명했기 때문이다. 바람 요소라고 하는 것에도 지탱하는 특성(vitthambhana lakkhaṇā), 움직이는 역할(samudīraṇa rasā), 옮겨 주는 나타남(abhinīhāra paccupaṭṭhānā)이라는 것에 따라 '지탱함, 뻣뻣함'이라고 하는 고유특성이 있다. '움직임'이라는 역할, 작용이 있다. '원하는 곳으로 밀어 주고 옮겨 줌'이라는 나타남이 있다. 따라서 갈 때 뻣뻣함, 움직임, 밀어 줌 등을 아는 것만이 특성, 역할, 나타남에 의해 기본이 되는 바람 요소를 바르게 아는 것이다. '미세한 입자이다, 티끌이다'라고 아는 것은 입자라는 개념만을 아는 것이다. 바람 물질이든 다른 물질들을 특성 등에 의해서 바르게 아는 것이 되지 못한다.

② 설 때 등에 새기는 모습

설 때, 앉을 때, 누울 때 등에서 "ṭhito vā ṭhitomhīti pajānāti(서 있을

458 이 책의 제1권 p.371 참조.

때는 '서 있다'라고 분명히 안다)"라는 등의 「새김확립 긴 경(大念處經)」의 내용에 따라 '선다', '앉는다', '눕는다'라고 새겨야 한다. 새김, 삼매, 지혜가 성숙되었을 때에는 서려고 하는 마음과 서는 동작으로 인해 뻣뻣한 바람 물질, 앉으려고 하는 마음과 앉을 때의 동작으로 인한 뻣뻣한 바람 물질, 누우려고 하는 마음과 눕는 동작으로 인한 바람 물질, 땅 물질들을 기본으로 해서 분명하게 알게 될 것이다.

여기에서 관찰하지 않는 일반인들이 아는 모습과 달리 위빳사나 수행자가 아는 모습이 특별하고 훌륭한 것을 『위방가(分別論)』「선정 분별」의 주석에서 다음과 같이 설명했다.

> Eko hi bhikkhu gacchanto aññaṁ cintento aññaṁ vitakkento gacchati. Eko kammaṭṭhānaṁ avissajjetvāva gacchati. Tathā eko bhikkhu tiṭṭhanto, nisīdanto, sayanto aññaṁ cintento aññaṁ vitakkento sayati. Eko kammaṭṭhānaṁ avissajjetvāva sayati.
>
> (VbhA.347)

대역

Eko bhikkhu**어떤 비구는** gacchanto**갈 때** aññaṁ cintento**다른 생각을 하면서,** aññaṁ vitakkento**다른 사유를 하면서** gacchati**간다.** eko**다른 한 비구는** kammaṭṭhānaṁ avisajjetvāva새겨 앎이라는 **수행주제를** 결코 **놓치지 않고** gacchati**간다.** tathā**그와 마찬가지로** eko**어떤 비구는** tiṭṭhanto**설 때,** nisīdanto**앉을 때,** sayanto**누울 때** aññaṁ cintento**다른 생각을 하면서,** aññaṁ vitakkento**다른 사유를 하면서** (tiṭṭhati)서고, (nisīdati)앉고, sayati**눕는다.** eko**다른 비구는** kammaṭṭhānaṁ avisajjetvāva**수행주제를** 결코 **놓치지 않고** (tiṭṭhati)서고, (nisīdati)앉고, sayati**눕는다.**

2) 바른 앎과 관련하여 새기는 모습

나아갈 때나 물러설 때 "abhikkante paṭikkante sampajānakārī hoti(나아갈 때나 물러설 때 바르게 알면서 행한다)"라는 경전 내용에 따라 앞으로 나아가거나 기울이거나, 뒤로 돌거나 물러나거나, 옆으로 기울이거나 굽히거나, 밀거나 하면 '간다, 기울인다, 돈다, 물러선다, 굽힌다, 민다'라고 새겨야 한다. 〔삼매와 지혜가〕 성숙되었을 때에는 가려는 마음, 기울이려는 마음 등과 함께 가는 것, 기울이는 것 등의 모습을 통해 움직이는 바람 물질을 기본으로 하여 분명하게 알 것이다.

앞을 볼 때나 뒤를 볼 때 "ālokite vilokite sampajānakārī(앞을 볼 때나 뒤를 볼 때 바르게 알면서 행한다)"라는 경전내용에 따라 앞을 보거나, 옆을 보거나, 숙여서 보거나, 고개를 들어서 보거나, 뒤돌아 볼 때는 '본다'하며 새겨야 한다. 보이면 '보인다'하며 새겨야 한다. 이렇게 새겨 아는 것이 바로 위빳사나 수행주제를 놓치지 않는 영역 바른 앎(gocara sampajana)이다.

> Kammaṭṭhānassa pana avijahanameva gocarasampajaññaṁ. Tasmā khandha–dhātu–āyatana kammaṭṭhānikehi attano kammaṭṭhānavaseneva, kasiṇādi kammaṭṭhānikehi vā pana 〔attano〕 kammaṭṭhānasīseneva ālokanaṁ vilokanaṁ kātabbaṁ.
>
> (DA.i.173)

대역

pana**또한** kammaṭṭhānassa위빳사나 수행주제나 사마타 수행주제 등의 **수행주제를** avijahanameva**놓치지 않는 것, 바로 그것이** gocarasampajaññaṁ**'영역 바른 앎'이다.** 《새김, 삼매, 지혜가 노니는 대상에 대한 〔바른〕 앎이라는 뜻이다.》 tasmā**따라서** khandha–dhātu–āyatana kammaṭṭhānikehi**무더기**(5蘊)–**요소**(18界)–**감각장소**(12處)들을 관찰하는 위빳사나라는 **수행주제를 가진 이들은** attano kammaṭṭhānavaseneva **자신의 수행주제에 따라서만** ālokana vilokanaṁ**앞을 보거나 뒤를 돌아보는 것을** katabbaṁ**행해야 한다.** kasiṇādi kammaṭṭhānikehi vā pana**또한 까시나 등의** 사마타 **수행주제를 가진 이들은** attano kammaṭṭhāna sīseneva**자신의 수행주제를 우선해서만** ālokana vilokanaṁ **앞을 보거나 뒤를 돌아보는 것을** katabbaṁ**행해야 한다.**

의미 사마타 수행을 하는 이가 어떤 곳을 보려고 할 때는 수행주제를 놓치고 보면 안 된다. 마치 어린 송아지를 데리고 있는 어미 소가 어린 송아지를 보면서 여물을 먹는 것과 마찬가지로 자신의 수행주제를 중시하면서, 수행주제에 마음기울이면서 보아야 한다. 위빳사나 수행을 하는 이라면 어떤 것이든 위빳사나의 대상이 될 수 있기 때문에 보기를 원하면 보려는 마음을 관찰하는 것에 의해서 정신 무더기 네 가지, 정신 감각장소 두 가지, 정신 요소 두 가지를 아는 위빳사나 지혜를 생겨나게 할 수 있다. 그 마음 때문에 생겨나는 눈을 뜨는 것, 눈동자를 움직이는 것, 머리나 얼굴을 움직이는 것 등의 여러 모습들을 새기는 것에 의해서도 물질 무더기, 물질 감각장소, 물질 요소 등을 아는 위빳사나 지혜를 생겨나게 할 수 있다. 보는 마음 등을 새기는 것에 의해서도 다섯 가지 무더기, 네 가지 감각장소, 네 가지 요소를 아는 위빳사나 지혜를 생겨나게 할 수 있다. 〔보는 것에〕 이어서 숙고함이 생겨나면 그 숙고함을 새기는 것에 의해서도 무더기, 감각장소, 요소들을 아는 위빳사나 지혜를 생겨나게 할 수 있다. 따라서 보려고 하는 것 등이 사마타 수행주제에서처럼 위빳사나의 대상과 따로 특별하게 생겨나지 않는다. 그렇기 때문에 '바로 그 자신의 수행주제에 따라서 보는 것을 행해야 한다'라고 주석서에서 설명하였다. 사마타 수행자처럼 자신의 수행주제를 숙고하는 것이 따로, 보는 것이 따로, 이렇게 특별히 행할 필요가 없다. 계속해서 드러나는 정신과 물질을 이전에 새기던 대로 계속 새기며 보기만 하면 된다는 말이다. 이렇게 새기는 것에 의해서 지혜가 성숙되었을 때는 보려는 마음과 눈을 뜨는 것, 눈동자나 얼굴 등을 움직이는 것 등을 통해서 움직이고 옮겨 주는 바람의 물질을 기본으로 하여 분명하게 알 것이다.

구부리거나 펼 때 "samiñjite pasārite sampajānakārī(구부릴 때나 펼 때 바르게 알면서 행한다)"라는 경전내용에 따라 손이나 발을 굽히면 '굽힌다, 굽힌다'하며 새겨야 한다. 펴면 '편다, 편다'하며 새겨야 한다. 흔들면, 밀면, 당기면, 움직이면 '흔든다, 민다, 당긴다, 움직인다'하며 새겨야 한다. 들면, 올리면, 내리면 '든다, 올린다, 내린다'하며 새겨야 한다. 지혜가 성숙되었을 때라면 굽히려고 하는 마음, 펴려고 하는 마음 등과 함께 굽히고 펴는 동작들 등을 통해서 움직이고 옮겨 주는 바람 물질을 기본으로 분명하게 알 것이다. 이 굽히고 펴는 동작과 관련한 영역 바른 앎을 일화와 함께 주석서에서 보여 주고 있다.

일화 어떤 장로스님이 많은 제자들과 말을 하다가 손을 갑자기 굽혔다가 원래대로 천천히 펴신 후에 다시 천천히 구부리셨다고 한다. 그때 제자들이 "스님, 손을 왜 원래대로 펴셨다가 다시 천천히 굽히십니까?"라고 물었다. "여보게들, 나는 수행을 처음 시작한 이래로 수행주제를 놓치고 손을 굽힌 적이 없었네. 〔그런데〕 지금 그대들과 이야기하면서 수행주제를 놓쳐 버리고 손을 굽혀 버렸네. 그래서 원래대로 편 후에 다시 굽힌 것일세"라고 말하였다. 그러자 제자들이 "훌륭하십니다, 스님. 비구라면 응당 이런 성품이 있어야 합니다"라고 말했다고 한다.[459]

이 일화에서와 마찬가지로 굽힐 때마다, 펼 때마다 수행주제를 놓치지 말고 '굽힌다, 굽힌다', '편다, 편다'하며 새기면서 굽히려는 마음, 펴려는 마음과 함께 굽히고 펴는 동작들을 통해서 한 동작씩 움직여 나가는 물질들을 아는 것을 '영역 바른 앎'이라고 한다. 그 〔영역에 대한〕 바른 앎이 예리해지면 '몸 안에 굽히도록, 펴도록 해 주는 나라고 하는 것은 없다. 굽히려는 마음, 펴려는 마음 때문에 한 동작씩 생겨나는 움직임들만 존재한다. 굽히려는 마음, 펴려는 마음이 굽히는 동작, 펴는 동작에 이르지 못하고 사라져 버린다. 단계 단계 굽히는 동작, 펴는 동작도 한 단계에서 다음 단계로 이르지 못하고 사라져 버린다. 항상하지 않은 것이다. 괴로움인 법이다 = 좋지 않은 법일 뿐이다. 나라고 할 만한 것이 아닌, 성품법일 뿐이다'라고 스스로 결정할 수 있는 통찰지가 생겨난다. 이 지혜를 미혹없음 바른 앎이라고 한다.

"'굽힌다, 편다'하며 새기면 명칭이라는 개념과 굽히고 펴는 손과 발의 형체라는 개념을 아는 것 아닌가?"라고 질문할 수도 있다. 수행을 처음 시작할 때는 명칭 개념, 형체 개념에도 마음기울이게 된다. 움직임이라는 〔실재성품인〕 바람물질도 안다. 그렇게 혼합되어 알게 된다. 그렇지만 새김이나 삼매, 지혜가 성숙되었을 때는 그러한 개념들을 마음에

---

459 『네 가지 마음챙기는 공부』, pp.158~159 참조.

두지 않고 굽히려는 마음, 펴려는 마음과 여러 단계의 움직임이 단계별로 생겨나서 사라지는 것만을 알기 때문에 위빳사나 지혜만 깨끗하게 생겨날 수 있다. 이러한 의미에 대해서는 제4장의 처음 부분에서 이미 설명했다.[460]

가사 등을 수할 때 "saṅghāṭipattacīvaradhāraṇe sampajānakārī(대가사·발우·가사를 수지할 때 바르게 알면서 행한다)"라는 경전내용에 따라 옷이나 가사를 입을 때, 두를 때에는 '입는다, 입는다', '두른다, 두른다' 등으로 새겨야 한다. 발우, 컵, 접시, 숟가락 등의 물건을 잡거나 지니면 '닿는다, 잡는다, 가진다, 놓는다' 등으로 새겨야 한다. 지혜가 성숙되었을 때는 입으려는 마음, 잡으려는 마음과 함께 그 마음 때문에 생겨난 움직임 = 바람 물질, 닿는 감촉물질과 닿음, 그리고 몸 의식 등을 기본으로 하여 분명하게 알 것이다.

먹을 때 등에 "asite pīte khāyite sāyite sampajānakārī(먹거나 마시거나 씹거나 맛볼 때 바르게 알면서 행한다)"라는 경전내용에 따라 먹거나 마시거나 씹거나 맛볼 때는 '먹는다, 마신다, 씹는다, 삼킨다' 등으로 새겨야 한다. 지혜가 성숙되었을 때는 먹으려는 마음과 먹는 동작 등을 통해 움직임, 옮겨 줌이라고 하는 바람 물질이나, 음식 물질, 맛의 드러남, 혀 의식 등을 기본으로 하여 분명하게 알 것이다.

'미혹없음 바른 앎이 생기는 모습을 설명한 주석서의 방법대로 반조하는 것, 숙고하는 것도 위빳사나에 해당된다'라고 말하는 사람들이 있다.

---

460 이 책의 제1권 pp.361~362 참조.

그러한 견해는 음식혐오인식(āhāre paṭikūla saññā)에 의해 '미혹없음 바른 앎'이 생기는 모습을 보여 주는 주석서와 비교해서 살펴보아야 한다. 음식을 위해 가야 하고, 구해야 하고, 먹고, 담즙·가래·침 등의 분비물과 섞이고, 내장에 담기는 등의 열 가지 모습을 통해 음식의 혐오스러움을 숙고하는 것은 사마타 〔수행주제〕로서의 미혹없음 바른 앎이다.

다른 방법으로 설명하면 먹을 때마다 '먹는다, 씹는다, 삼킨다, 안다' 등으로 새기는 것 = 영역 바른 앎이 성숙되었을 때 음식은 좋아할 만한 점이라고는 없다는 것, 혐오스럽기만 하다는 것을 바르게 알 수 있다. 바로 그렇기 때문에 지혜가 성숙된 일부 수행자들에게는 먹고 마시려고 준비할 때부터 시작해서 새기면서 먹고 마시는 중에서도 음식들이 혐오스러운 것으로 드러난다. 매우 고통스러운 것으로도 드러난다. 그러한 수행자는 원래 먹던 대로 배부르게 먹지 못하고 멈추어 새기고만 있기도 한다. 그러한 이는 요즘에도 볼 수 있다. 일부 수행자는 아직 수행이 성숙되지 않았을 때임에도 불구하고 계속 새기기 때문에 먹을 때 음식들이 혐오스러운 것으로 드러나기도 한다. 그래서 먹으려 하지 않기도 한다. 《여기에서 음식을 마치 대변처럼 뱉어내 버리고 싶을 정도로 혐오스러워하는 것은 바른 앎이 아니다. 싫어함(domanassa)일 뿐이다.》 이러한 '영역 바른 앎'이 예리해졌을 때 저절로 '음식혐오인식'이 생겨나기 때문에, 음식혐오인식도 주석서의 스승들이 미혹없음 바른 앎에 넣어서 설명했다고 이해하는 것이 적당하다.

대소변을 볼 때 "uccāra passāva kamme sampajānakārī(대변이나 소변을 볼 때 바르게 알면서 행한다)"라는 경전내용에 따라 대변이나 소변을 볼 때는 '버린다' 등으로 새겨야 한다. 위빳사나 수행에 있어서는 저열하거나 고귀한 것을 가리면 안 된다. 생겨나는 대로의 물질과 정신을 끊임없이 새겨 닦아야 한다. 지혜가 성숙되었을 때는 버리려는 마음, 움직임, 옮겨 줌이라고 하는 물질, 몸 의식, 좋지 않은 괴로운 느낌 등을 기본으로 분명하게 알 것이다.

걸을 때 등에 "gate ṭhite nisinne sutte jāgarite bhāsite tuṇhībhāve sampajānakārī(걸을 때, 설 때, 앉을 때, 잠들 때, 깰 때, 말할 때, 침묵할 때 바르게 알면서 행한다)"라는 경전내용에 따라 가고, 서고, 앉는 동작들에 대해서도 마찬가지이다. 자려고 하면 '자려 한다, 감는다, 끄덕인다, 무겁다' 등으로 새겨야 한다. 너무 심하게 졸음이 오면 누워서 '누움, 누움' 등으로 분명한 물질과 정신을 새겨야 한다. 새김을 놓아 버려서는 안 된다. 새기면서 잠이 들어야 한다. 깰 때는 제일 먼저 생각하는 마음을 '깬다'하며 새겨야 한다. 처음 수행을 시작해서는 그 〔첫〕 마음을 새기기가 어렵다. 아직 그 마음을 새기지 못하면 새김이 생겨나는 그때부터 시작해서 끊임없이 새겨야 한다. 지혜가 성숙되었을 때는 깨어남과 동시에 새겨 알 수 있을 것이다. 그때에는 "자기 전의 물질과 정신은 잘 때에 이르지 못하고 사라져 버린다. 생각하고, 새기고, 보고, 듣고, 닿아 아는 등을 행할 수 없는 마음들이 생겨나고 있는 것을 '잔다'라고 말한다. 잠에 들어 있을 때의 정신과 물질들도 깰 때에 이르지 못하고 사라져 버린다. 생각하고 새기는 등의 행위들을 행할 수 있는 마음들이 생겨나는 것만 '깬다'라고 말한다. '자는 나', '깨는 나'라고 하는 것은 존재하지 않는다. 항상한 법, 행복한 법이라고 하는 것은 없다"라고 스스로 결정하는 통찰지가 생겨난다. 이 지혜를 미혹없음 바른 앎이라고 한다.

말을 할 때는 '말하려 한다, 말한다'하며 새겨야 한다. 이것은 아주 자세하게 새기기가 어렵다. 따라서 중요하지 않으면 그냥 말을 하지 않고 지내는 것이 훨씬 좋다. 지혜가 성숙되었을 때는 말하고자 하는 마음, 그 마음 때문에 생겨나는 움직임이라는 바람 물질, 닿음, 땅 물질 등을 기본으로 분명하게 알 수 있을 것이다. 말을 하다가 멈추고 가만히 침묵하고 있을 때는 '그만하려 한다, 그만한다, 멈춘다, 침묵한다' 등으로 새기고 나서 분명한 물질과 정신들을 계속 새기던 대로 새겨야 한다. 지혜가 성숙되었을 때는 '말을 할 때의 정신과 물질들이 침묵할 때에 이르지 못하고 사라져 버린다. 그만하려는 마음, 멈추려는 마음과 함께 고요한 물질들도 각각의 순간에서 사라져 버린다'라고 스스로 결정하는 통찰지가 생겨난다. 마찬가지로 이 지혜를 미혹없음 바른 앎이라고 한다.

3) 안과 밖을 관찰하는 모습

밖의 대상을 관찰하는 모습 '가려 한다, 간다' 등으로 새겨 아는 '영역 바른 앎'이 예리해졌을 때 "가려는 마음과 한 동작씩 움직이는 물질 무더기만 존재한다. 가는 능력이 있는 '나'라고 하는 것은 없다. '내가 간다'라는 표현, 말만 있을 뿐이다. 친척들을 '내 조카, 내 손자, 아저씨, 할아버지'라고 공손하게 부르는 말과 같을 뿐이다"라고 결정하는 '미혹없음 바른 앎'이 생겨나게 되면, "'그가 간다, 여자가 간다, 남자가 간다'라는 말들도 표현일 뿐이다. 진실로 갈 수 있는 중생이라고 하는 것은 없다. 가려는 마음과 한 동작씩 움직이는 물질 무더기만 존재한다"라는 등으로 다른 이의 물질 무더기도 자신의 물질 무더기와 같은 방법으로 숙고하여 결정하여 관찰한다. 이렇게 관찰하는 것은 "bahiddhā vā kāye kāyānupassī viharati(밖에 대해 몸에서 몸을 관찰하며 머문다)"라고 하는 「새김확립 긴 경(大念處經)」의 내용과 일치한다. 다른 이에게 존재하는 법들에 대해서는 그 각각을 실제로 자세하게 관찰할 필요가 없다는 내용에 대해서는 제3장 위빳사나 수행의 관찰대상을 설명할 때 언급했다.[461]

안과 밖의 대상을 관찰하는 모습 가끔씩은 자신에게 생겨나는 현상에 대해 '가려 한다, 간다' 등으로 새겨 결정하는 지혜가 생겨날 때마다 그 뒤에 다른 이에게 생겨나는 현상에 대해서도 '이런 성품일 뿐이다'라고 결정하여 관찰하게 된다. 그때는 안을 한 번, 밖을 한 번 관찰하기 때문에 '안과 밖, 두 가지 모두를 짝을 이루어 관찰하고 있다'라고 말한다. "ajjhattaṁ bahiddhā vā kāye kāyānupassī viharati(혹은 안으로, 혹은 밖으로 몸에서 몸을 관찰하며 지낸다)"라는 「새김확립 긴 경(大念處經)」의 내용과 일치한다.

4) 생겨남과 사라짐을 관찰하는 모습

가려고 하는 마음 등과 움직이는 물질 등이 '휙, 휙'하며 생겨나서는 사라지고 소멸해 가는 것을 새길 때마다 알고 보는 것이 'samudaya = 생겨남, vaya = 사라짐'을 직접 아는 지혜이다. 관찰하는 중간중간에 '원인이 있어서 이 물질 무더기가 생겨난다, 〔원인이〕 없으면 생겨날 수 없다'라든가, 혹은 '마음이 있어서 생겨난다, 〔마음이〕 없으면 생겨날 수 없다' 혹은 '이전에 업이 있어서 생겨난다, 〔업이〕 없으면 생겨날 수 없다' 혹은 '어리석음인 무명(avijjā)이 아직 사라지지 않아서 생겨난다,

461 이 책의 제1권 pp.291~293 참조.

〔무명이〕 없다면 생겨날 수 없다' 혹은 '바라고 기대하고 좋아하는 것이 아직 사라지지 않아서 생겨난다, 〔갈애가〕 없다면 생겨날 수 없다' 혹은 '지금 먹고 마시고 있는 것은 음식(āhāra)이 있어서 생겨난다. 〔음식이〕 없다면 생겨날 수 없다'라고 이렇게 직접적인 지혜(diṭṭha)와 들어서 아는 지혜(suta)가 섞여 매우 만족하며 숙고하고, 아는 것도 'samudaya = 생겨남, vaya = 사라짐을 아는 지혜'라고 한다. "samudayadhammānupassī vā vayadhammānupassī vā kāyasmiṁ viharati(몸에서 혹은 생겨나는 법을 관찰하고, 혹은 사라지는 법을 관찰하며 지낸다)"라는 「새김확립 긴 경(大念處經)」의 내용과 일치한다.

5) 새김이 바르게 드러나는 모습

'가려 한다, 간다' 등으로 새길 때마다 '개인, 중생이라고 할 만한 것은 없다. 나라고 할 만한 것도 없다. 여자, 남자라고 할 만한 것도 없다. 가는 동작 등의 물질 무더기만 존재할 뿐이다'라고 새기는 새김이 생겨난다. 형성 덩어리 표상(saṅkhāra ghana nimitta)이라고 부르는 형체 개념들에 이르지 않고 가려고 하는 마음 등과 가는 동작 등으로 생겨나는 물질성품들에만 끊임없이 새김이 드러난다는 말이다. 이 정도로 매우 예리한 새김, 지혜들이 생겨나기 시작한 일부 수행자들 중에는 '몸, 머리, 손, 발이 없어진 것 아닌가?'라고 살펴보고 조사해 보는 이들도 있다. 이렇게 바르게 드러난 새김 때문에 그 뒤에 계속해서 새길 때마다 지혜와 새김들이 단계 단계 향상하여 매우 예리하게 생겨난다. 새길 때마다 집착이 사라진다. "'atthi kāyo'ti vā panassa sati paccupaṭṭhitā hoti('몸 무더기만 있다'라고 그의 새김이 현전한다)"라는 등의 「새김확립 긴 경(大念處經)」의 내용과 일치한다.

(3) 느낌 거듭관찰

1) 아홉 가지 느낌의 관찰

행복한 느낌 "sukhaṁ vā vedanaṁ vedayamāno sukhaṁ vedanaṁ vedayāmīti pajānāti(행복한 느낌을 느낄 때는 '행복한 느낌을 느낀다'라고 분명히 안다)"라는 등의 경전내용에 따라 몸이나 마음에서 행복함이 생겨나면 '즐거움, 좋음, 행복함, 기쁨' 등으로 새겨야 한다. 기분 좋은 것, 좋은 것으로 생겨나는 행복한 느낌(sukha vedanā)을 사실대로 바르게 알 것이다. 아는 모습에 대해서는 볼 때, 닿을 때, 생각하여 알 때 새기는 모습을 설명할 때 이미 자세하게 설명했다.[462] "행복하거나 좋으면 '행복하다', '좋다'라고 안다"라는 구절에 대해서도 특별한 위빳사나 지혜들이 아직 생겨나지 않은 이들은 의심하기도 한다. 그러한 의심들을 주석서에서 분명하게 설명해 주고 있다. 그 주석서를 근거로 이 책에서도 분명하게 밝혀 보겠다.

〔아직 뒤척이지도 못하고〕 반듯하게 누워만 있는 어린아이도 어머니 젖을 빨 때 등에 즐거우면 '즐겁다, 좋다'라고 알 수 있지 않은가? 이렇게 반박한다고 하자. 물론 아는 것은 맞다. 하지만 부처님께서 그렇게 아는 것을 대상으로 해서 위의 말씀을 설하신 것은 아니다. 무엇 때문인가? 그 어린아이나 관찰하지 않는 일반 사람들은 행복함이 생겨날 때마다 항상 알지는 못한다. 다른 것을 생각하며 시간을 보내는 경우가 많다. 가끔씩 알 때도 어떤 하나의 성품법들 뿐이라는 것도 알지 못한다. '내가 행복하다, 나는 좋다'라고 '나'로서 안다. 순간적인 것으로도 모른

---

462 이 책의 제1권 pp.372, 434, 445 참조.

다. '항상 존재하는 것이다'라고 생각하여 안다. 따라서 그렇게 아는 것은 '중생'이라고 생각하는 소견도 제거하지 못하고 '나'라고 생각하여 집착하는 것도 빼낼 수 없다. 그러한 종류의 앎을 대상으로 하는 이들에게는 재관찰 위빳사나(paṭivipassanā)의 앎도 생겨나지 않는다. 그러한 종류의 앎에 이어서는 위빳사나도 생겨나지 않는다. 따라서 위빳사나 수행위가 생겨나는 대상도 아니고, 위빳사나 수행행위를 생겨나게 하는 원인도 아니기 때문에 수행주제라고도 할 수 없다. 새김 = 위빳사나 사띠를 바탕으로 한 앎이 아니기 때문에 '새김확립 수행'도 될 수 없다. 그래서 〔부처님께서〕 '어린아이 등 일반 사람들이 아는 종류를 두고 위의 말씀을 설하신 것이 아니다'라고 알아야 한다.

끊임없이 관찰하고 있는 수행자는 행복함이 생겨날 때마다 안다. 앞에서 설명했던 대로 특성 등에 따라 '성품법들일 뿐이다'라고도 안다. 이전의 행복함과 나중의 행복함을 연속된 것으로 보지 않고 부분 부분 단절되어 사라져 가는 것으로도 안다. 그때 '이어진 것, 하나인 것'이라고 생각하는 상속 개념이 덮어 버릴 수 없기 때문에 '항상하지 않다. 괴로움인 것이다. 나라고 할 수 없다'라고도 안다. 이렇게 아는 것은 중생이라고 생각하는 소견도 제거할 수 있다. '나'라고 생각하여 집착하는 것도 빼낼 수 있다. '자세와 관련하여 새기는 모습'을 설명할 때 보였었던 방법과 마찬가지로[463] 수행주제라고도 할 수 있다. 새김확립 수행이기도 하다. 그래서 이와 같이 아는 것을 두고 "행복한 느낌을 느낄 때는 '행복한 느낌을 느낀다'라고 〔분명히〕 안다"라는 위의 구절을 부처님께서 설하신 것이다. 지혜가 성숙되었을 때에는 방금 설명한 대로 알기 때문에

463 이 책의 제1권 p.452 참조.

"'나는 행복하다, 좋다, 즐겁다'라고 하는 말은 표현하는 명칭일 뿐이다. 행복한, 좋은, 즐거운 '나'라든가, '중생'이라고 하는 것은 없다. 좋은 대상을 대상으로 하여 순간정도만 생겨나는 행복함, 좋음, 즐거움만 있다"라고 스스로의 지혜로 알고 보고 결정할 수 있다. 그래서 주석서에서 다음과 같이 설명하였다.

> Vatthuṁ ārammaṇaṁ katvā vedanāva vedayatīti sallakkhento esa "sukhaṁ vedanaṁ vedayāmīti pajānātī"ti veditabbo.
>
> (DA.ii.364)

대역

'Vatthuṁ행복함이 생겨나게 하는 좋은 대상인 **토대를** ārammaṇaṁ katvā**대상으로 삼아** vedanāva**오직 느낌만이** vedayatīti**느낄 뿐이다'라고** sallakkhento**주시하는,** 새기는 esa**이를 두고** 'sukhaṁ vedanaṁ vedayāmī'ti**"'행복한 느낌을 느낄 때는 행복한 느낌을 느낀다'라고** pajānātīti(**분명히) 아는 이"라고** veditabbo**알아야 한다.** 《이렇게 새겨 아는 것은 특성과 가까운 원인을 통해서 아는 것에 포함된다.》

괴로운 느낌 〔괴로운 느낌(dukkha vedanā)에는 몸의 괴로움과 마음의 괴로움이 있다. 그 중에서〕 뻣뻣함, 아픔, 뻐근함, 뜨거움, 차가움, 저림, 쑤심, 쓰라림, 가려움, 피곤함 등 몸에서 참기 힘든 모든 느낌들이 몸의 괴로움 느낌(kāyikadukkha)이라고 부르는 몸의 고통들이다. 그러한 괴로운 느낌들을 닿을 때 새기는 모습에서 설명한 대로 '뻣뻣함, 뻣뻣함' 등으로 구분하여 새겨야 한다. 마음의 불편함, 실망, 마음이 무거움, 고민, 걱정, 슬픔, 비탄, 두려움 등 마음에서 참기 힘든 모든 느낌들이 정신적인 괴로운 느낌(cetasikadukkha), 근심(domanassa)이라고 하는 마음의 괴로움들이다. 그러한 느낌들도 '마음 불편함, 실망함' 등으로 각각에 따른 명칭대로 새겨야 한다. 드러나는 모습, 아는 모습들은 이미 볼 때, 닿을 때, 생각하여 알 때 새기는 모습에서 충분히 설명했다.[464]

'나마 루빠(nāma rūpa 물질과 정신), 빠타위(pathavī 땅) 요소, 아뽀(āpo 물) 요소, 팟사(phassa 접촉), 웨다나(vedanā 느낌), 수카(sukha 행복), 둑카(dukkha 고통), 소마낫사(somanassa 즐거움) 등 빠알리어를 포함해서 새겨야만 빠라맛타 실재성품으로서의 정신과 물질을 알 수 있다'라고 생각하는 이들도 일부 있다. 그것은 잘못된 생각이다. 무엇 때문인가? 실제로 생겨나고 사라지는 물질과 정신을 사실대로 바르게 보는 것, 아는 것만이 근본목적이다. 명칭 개념을 아는 것은 근본목적이 아니다. 분명하게 설명하겠다. 빠알리어 명칭은 빠알리어를 잘 이해하는 이에게만 도움을 줄 수 있다. 빠알리어를 이해하지 못하는 이에게는 도움을 줄 수 없다. 미얀마 어만을 이해하는 이라면 미얀마 어 명칭만이 도움이 된다. 생각해 보라. 아플 때 그러한 아픔에 집중해서 '아픔, 아픔'이라고 새기면 아프면서 참기 힘든 느낌을 닿을 때 새기는 모습에서 설명한 대로 고유특성 등을 통해서 바르게 알 수 있지 않는가? 그렇게 바르게 알아 버린 이에게 둑카웨다나(dukkhavedanā 괴로운 느낌)라고 하는 빠알리어 명칭을 모른다고 해서 어떻게 허물이 있다고 할 수 있겠는가? 이미 생겨난 특별한 지혜가 사라져 버리기라도 하는가? 사라져 버리지 않는다. 그 밖에 이미 바르게 알아 버린 이에게 빠알리어 명칭을

464 이 책의 제1권 p.372, 433, 445 참조.

아는 것이 특별한 지혜로 더욱더 향상되도록 도움을 주는가? 향상되도록 도움을 주지 않는다. 위빳사나 지혜가 매우 예리하게 되었을 때는 어떠한 명칭의 도움도 받지 않고도 빠르게 생멸하면서 드러나는 물질과 정신들을 알기만 계속해서 알게 된다. 그렇게 아는 것에 의해 위빳사나 지혜가 향상되어 간다. 퇴보하지 않는다. 따라서 '빠알리어를 포함해서 새겨야 실재성품으로서의 정신과 물질을 알 수 있다'라고 생각하는 것은 진실로 잘못된 생각이라는 것을 알아야 한다.

무덤덤한 느낌 고통스럽고 참기 힘든 느낌도 아니고, 행복하고 즐거운 느낌도 아니기 때문에 adukkhamasukha = 괴롭지도 않고 행복하지도 않은 느낌이라고 부르는 이 무덤덤한 느낌(upekkhā vedanā)을 직접관찰 지혜로 분명하게 드러내기는 어렵다. 알기에 어렵다. 무명(avijjā)처럼 알기 어려운 것을 『맛지마 니까야(근본50편)』「교리문답 짧은 경(Cūlavedalla sutta)」과 그 주석에서, 혹은 『디가 니까야(빠띠까 품)』「합송경(Saṅghīti sutta)」과 그 주석에서 보여 주고 있다. 『맛지마 니까야(후50편』「많은 요소 경(Bahudhātuka sutta)」과 그 주석에서도 무덤덤한 느낌은 분명하지 않기 때문에 무명과 같다고 설하고 있다. 여기에서 들어서 아는 지혜(sutamaya ñāṇa)로 숙고해 보면 무덤덤한 느낌이나 무명, 이 두 가지 모두 분명하기도 하고 알기에도 쉽다고 생각할 것이다. 분명하지 않다던가 알기에 어렵다고 말할 여지가 없는 것처럼 보인다. 그렇지만 자신에게 실제로 생겨나면서 드러나는 무덤덤한 느낌과 무명은 직접관찰 지혜로 관찰하는 수행자에게 분명하지도 않고 알기에도 쉽지 않다. 무명은 탐욕이나 성냄처럼 분명하지도 않고 알기에 쉽지도 않다. 무덤덤한 느낌은 행복한 느낌이나 괴로운 느낌처럼 분명하지

도 않고 알기에 쉽지도 않다. 이렇게 수행에 의한(bhāvanāmaya) 직접 관찰 지혜로 알기에 어려운 것, 그러한 지혜에 분명하지 않은 것, 바로 그것을 두고 위의 여러 경전, 주석서들에서 무덤덤한 느낌과 무명을 '알기에 어렵고 분명하지 않다'라고 설명한 것이다. 그렇기 때문에 『디가 니까야(대품)』「제석천왕 질문 경(Sakkapañha sutta)」의 주석과 『맛지마 니까야(근본50편)』「새김확립 경(Satipaṭṭhāna sutta 念處經)」의 주석에서 아래와 같이 설명하고 있다.

> Adukkhamasukhā pana duddīpanā andhakārāva avibhūtā, sā sukhadukkhānaṁ apagame sātāsātappaṭikkhepavasena majjhattākārabhūtā adukkhamasukhā vedanāti nayato gaṇhantassa pākaṭā hoti.
>
> (DA.ii.315, MA.i.282)

대역

Adukkhamasukhā pana**하지만 괴롭지도 않고 행복하지도 않은**, 중간의 무덤덤한 **느낌은** duddīpanā관찰하는 지혜로 **분명히 밝혀내기가 어렵다**. 알기가 어렵다. andhakārā iva**칠흑 같은 어둠처럼**, 혹은 칠흑 같은 어둠 속에 있는 물건처럼(andhakāragatasadisī. 이는 복주서의 설명이다) avibhūtā관찰하는 이에게 **잘 드러나지 않는다**. sukhadukkhānaṁ**행복함과 괴로움이** apagame**없는 순간에** sātāsātappaṭikkhepavasena**좋아할 만한 점이나 싫어할 만한 점을 버린 모습으로**, 또는 좋아할 만한 점이나 싫어할 만한 점이 없는 모습으로 〔드러나는〕 majjhattākārabhūtā**중간 상태의 성품이** adukkhamasukhā vedanāti**'괴롭지도 않고 행복하지도 않은 느낌이다'라고** (migapadavaḷañjana)사슴 발자국 nayato**방법에 의해** gaṇhantassa**파악하는 수행자에게** sā**그 무덤덤한 느낌이** pākaṭā**분명하게** **hoti된다**.

Duddīpanāti ñāṇena dīpetuṁ asakkuṇeyyā, dubbiññeyyāti attho. Tenāha "andhakārāva avibhūtā"ti.

(DAṬ.ii.261)

대역

Duddīpanāti**'밝혀내기가 어렵다'라는 구절의 뜻은** 'ñāṇena수행에 의한 직접관찰 **지혜**(bhāvanāmaya paccakkha ñāṇa)**로** dīpetuṁ**분명하게 드러낼 수가** asakkuṇeyyā**없다**, dubbiññeyyā**알기에 어렵다'**iti**라는** 이것이 attho'밝혀내기가 어렵다'라는 구절의 **의미이다**. tena**그렇기 때문에** andhakārāva avibhūtāti**'칠흑 같은 어둠처럼 잘 드러나지 않는다'라고** āha주석서에서 **말하였다**.[465]

위 주석서의 의미는 다음과 같다. 즉 '행복한 느낌, 괴로운 느낌은 분명하다. 그러한 〔분명한〕 느낌들은 직접관찰 지혜로 분명하게 관찰하고 알고 볼 수 있다. 〔하지만〕 무덤덤한 느낌은 칠흑 같은 어둠처럼, 어둠속에 있는 물건처럼 분명하지 않다. 그것을 직접관찰 지혜로 분명하게 드러내기도 어렵다. 그렇지만 행복함이나 괴로움이 사라졌을 때 '사라져버린 그러한 좋은 것, 싫은 것이 아닌, 다른 어떠한 중간의 성품이 무덤덤한 느낌이라고 사슴발자국 방법에 의해 유추해서 파악하는 수행자에게 그 무덤덤한 느낌은 분명하게 드러난다'라는 의미이다.

사슴발자국 방법에 의해 아는 모습 사냥꾼이 큰 바위의 한쪽에서 사슴이 온 발자국과, 다른 쪽에서 사슴이 지나간 발자국을 보았다면 중간

465 원주: 이 복주서의 설명에 근거하여, 'duddīpanā(밝혀내기가 어렵다)'라는 구절을 '설명하기가 어렵다. 그래서 알기에 어렵다'라는 의미로 파악해서는 안 된다. '수행에 의한 지혜로 분명하게 밝혀내기가 어렵다. 알기에 어렵다'라는 의미로 파악해야 한다는 것을 보여 준다.

의 큰 바위 위에서 사슴의 발자국을 발견하지 못했다 하더라도 '단지 발자국이 드러나기에 적합하지 않아서 바위 위에만 발자국이 분명하게 드러나지 않았다. 하지만 사슴은 양쪽 끝의 중간 지점인 이 큰 바위 위를 밟고 지나갔을 것이다'라고 유추해서 알 수 있는 것과 마찬가지로, 수행자도 아픔 등의 고통스러운 느낌들이 생겨났을 때 '아픔, 아픔' 등으로 새기며 그 고통스러운 느낌을 분명하게 안다. 그렇게 새기며 아는 중에 아픔 등의 고통스러운 느낌들이 차츰차츰 사그라지며 사라져 가기도 한다. 그때는 고통스러움도 분명하지 않고, 좋고 행복함도 분명하지 않다. 그렇지만 다른 어떠한 마음, 마음부수 하나가 분명하게 존재한다. 그렇게 분명한 법만을 새기며 지낸다. 어느 정도 시간이 지나면 다시 아픔 등의 고통스러운 느낌들이나 좋고 행복한 느낌들이 분명하게 생겨난다. 그때는 다시 분명한 그 고통, 행복함들을 관찰하며 새긴다. 이렇게 새겨 아는 이는 '아픔 등의 이전의 고통이 사라지고 난 후 다시 새로운 아픔 등의 고통, 행복한 느낌들이 아직 생겨나지 않는 중간에는 새겨 아는 마음, 마음부수들에게 느낌이 분명하지 않더라도 그것은 미세하기 때문에 분명하지 않은 것이다. 좋은 대상, 나쁜 대상에 대해 좋아하고 싫어하는 모습으로 생겨나는 느낌들처럼, 중간의 무덤덤한 대상에 대해서 중간의 무덤덤한 모습으로 생겨나는 느낌들이 있다. 대상을 취할 수 있는 법은 느낌이 없을 수 없기 때문에, 중간의 대상을 대상으로 할 때 분명하지 않는 그 느낌이 무덤덤한 느낌이다'라고 직접 분명하게 알 수 있는 행복함, 괴로움으로부터 방법을 원용해서 안다. 이렇게 아는 것이 〔앞에서 말한〕 사슴의 발자국을 아는 모습과 동일하기 때문에 '사슴발자국(migapadavaḷañjana) 방법으로 안다'라고 주석서에서 설명하였다. 위빳사나 수행을 하는 중에 사슴발자국 방법으로 아는 모습을 〔일부러〕 숙고하고 반조하며 알아야 한다는 말이 아니다. 여기에서 무덤덤한 느낌에 대한 '분명하지 않다, 알기 어렵다'라는 구절은 처음 수행을 시작한 이들, 지혜가 둔한 이들만을 대상으로 말한 것이다. 지혜가 예리한 수행자, 혹은 둔한(manda) 수행자라도 강력한 위빳사나 수행자(balava vipassaka)의 경우에는 그러한 무덤덤한 느낌도 여전히 분명하다. 그러한 무덤덤한 느낌을 직접관찰 지혜로 알 수도 있다. 드러나는 모습, 아는 모습은 볼 때, 생각하여 알 때 이미 설명했다.[466]

세속적 행복함 바랄 만한, 좋아할 만한, 만족할 만한 대상인 남편, 아내, 아들, 딸, 옷, 집, 물소, 소, 코끼리, 말, 금, 은 등의 대상이나 자기 몸에 있는 형색을 눈으로 보는 것, 행복함, 지식이 많은 것 등을 대상으로 하여 행복한 것을 세속적 행복함(sāmisa sukha)이라고 한다. 감각욕망 대상과 관련된 행복함이라는 뜻이다. 그 느낌을 재가에 바탕한 즐거움(gehassitasomanassa)이라고도 한다. '감각욕망 대상을 즐기는 재가생활에 바탕한 기쁨, 즐거움'이라는 뜻이다. 이 즐거움이, 아름다운 형색을 기본 조건으로 하여 남편, 아내 등 감각욕망 대상들을 대상으로 하여 행복할 때에는 '형색 대상을 의지하여 생겨난다'라고 말한다. 듣기 좋고 부드러운 소리나 말 등을 기본 조건으로 하여 남편, 아내 등 감각욕망 대상들을 대상으로 하여 행복할 때에는 '소리 대상 등을 의지하여 생겨난다'라고 한다. 그러한 감각욕망 대상들을 지금 갖추고 있는 것을 생각할 때도 즐거움이 생겨난다. 이전에 갖추었던 것을 숙고하고 회상할 때도 즐거움이 생겨난다. 그렇게 즐거움이 생겨날 때 '즐거움, 즐거움'이라고 새겨 알아야 한다. "sāmisaṁ vā sukhaṁ vedanaṁ vedayamāno

---

466 이 책의 제1권 p.373, 446 참조.

sāmisaṁ sukhaṁ vedanaṁ vedayāmīti pajānāti(세속적 행복한 느낌을 느낄 때는 '세속적 행복한 느낌을 느낀다'고 분명히 안다)"라는 경전 내용과 일치한다.

비세속적 행복함 여섯 문에서 여섯 대상들이 드러날 때마다 그것들을 끊임없이 새기는 이는 지혜가 성숙되었을 때 그 여섯 대상들의 생겨남, 사라짐을 직접 경험하여 본다. 항상하지 않은 것으로도 알고 본다. 그때 직접 알 수 있는 현재대상에서 유추하여 이전에 경험했던 과거의 여섯 대상이나 지금 경험하고 있는 대상들을 '무상하고, 괴롭고, 바뀌고, 무너지는 성품들일 뿐이다'라고 알고 보고 결정한다. 이렇게 알고 보는 이에게 새길 때마다 즐거움이 생겨나기도 한다. 이러한 즐거움을 비세속적 행복함(nirāmisa sukha)이라고 한다. '감각욕망 대상과 관련되지 않은 행복함'이라는 뜻이다. 이것을 또한 출리에 바탕한 즐거움(nekkhammassitasomanassa)이라고도 한다. 『맛지마 니까야(후50편)』「여섯 감각장소 분별 경(Sāḷayatana vibhaṅga sutta)」에 다음과 같이 설하셨다.

> Rūpānaṁ tveva aniccataṁ viditvā vipariṇāmaṁ virāgaṁ nirodhaṁ, 'pubbe ceva rūpā etarahi ca sabbe te rūpā aniccā dukkhā vipariṇāmadhammā'ti evametaṁ yathābhūtaṁ sammappaññāya passato uppajjati somanassaṁ. Yaṁ evarūpaṁ somanassaṁ idaṁ vuccati nekkhammassitaṁ[467] somanassaṁ.
>
> (M.iii.260)

467 CST4 nekkhammasitaṁ.

대역

Rūpānaṁ지금 보이는 현재 **형색들의** aniccataṁ**무상함을** viditvā tveva**바로 그렇게 알고 나서**, vipariṇāmaṁ원래대로 그대로 머물지 않고 **변화함을**, virāgaṁ사라지고 무너지는 **빛바램을**, nirodhaṁ**소멸을** viditvā tveva**바로 그렇게 알고 나서**, pubbeceva rūpā**예전**의 형색들**이나** etarahi ca (rūpā)**지금**의 형색들**이나** sabbe te rūpā**그 모든 형색들은** aniccā**무상하고** dukkhā**괴롭고**, 또는 좋지 않고 vipariṇāmadhammā 원래대로 머물지 못하고 무너지는, **변화하는 법**iti evaṁ**이라고 이와 같이** etaṁ**이것**(= 형색 물질의 성품)**을** sammappaññāya**올바른** 위빳사나 **통찰지혜로** yathābhūtaṁ passato**사실대로 바르게** 알고 보는 **이에게** somanassaṁ**즐거움이** uppajjati**생겨난다**. evarūpaṁ**이와 같은** yaṁ somanassaṁ**그 즐거움이** (atthi)있는데, idaṁ**이 즐거움을** 'nekkhamma-ssitaṁ somanassaṁ**출리에 바탕한 즐거움**'**이라고** vuccati**부른다**.[468]
《나머지 다섯 대상에 대해 관찰하는 모습, 출리에 바탕한 즐거움이 생겨나는 모습도 동일하게 설하셨다.》

이러한 행복함, 즐거움은 생멸의 지혜에 갓 이르렀을 때부터 주체할 수 없을 정도로 심하게 생겨나기도 한다. 그러한 행복함, 즐거움이 생겨날 때마다 '행복함, 즐거움'이라고 새겨 알아야 한다. "nirāmisaṁ vā sukhaṁ vedanaṁ vedayamāno nirāmisaṁ sukhaṁ vedanaṁ vedayāmīti pajānāti(비세속적 행복한 느낌을 느낄 때는 '비세속적 행복한 느낌을 느낀다'고 분명히 안다)"라는 경전내용과 일치한다.

세속적 괴로움 자기 내부, 외부에 마음에 드는 감각욕망 대상들이 지

468 M137; 『맛지마 니까야』, pp.1484~1485 참조.

금 갖추어지지 못한 것을 숙고하는 이에게 '나는 업이 좋지 않아'라는 슬픔이 생겨난다. 여러 가지 괴로움, 고통들과 지금 만나게 되어 생겨나는 슬픔들도 여기에 포함된다. 과거에 그러한 것이 갖추어지지 못했던 것을 회상해서도 슬픔이 생겨난다. 여러 가지 괴로움, 고통들을 경험했던 것을 회상해서 생겨나는 슬픔들도 여기에 포함된다. 이렇게 바라는 감각욕망 대상들이 갖추어지지 못한 것을 이유로 생겨나는 슬픔, 마음의 불편함, 걱정, 비탄, 고뇌 등을 세속적 괴로움(sāmisa dukkha)이라고 부른다. 재가에 바탕한 근심(gehassitadomanassa)이라고도 한다. 그러한 괴로움이 생겨날 때마다 '슬픔' 등으로 새겨 알아야 한다. "sāmisaṁ vā dukkhaṁ vedanaṁ vedayamāno sāmisaṁ dukkhaṁ vedanaṁ vedayāmīti pajānāti(세속적 괴로운 느낌을 느낄 때는 '세속적 괴로운 느낌을 느낀다'고 분명히 안다)"라는 경전의 내용과 일치한다.

비세속적 괴로움 생멸의 지혜 등 특별한 위빳사나 지혜들에 도달한 이는 수행한 시간이 오래 되었을 때 '성자들만 아는 도와 과를 언제나 알 수 있을 것인가?'라고 숙고하기도 한다. 오랜 기간에 걸쳐 수행을 하였어도 바라는 대로 성취되지가 않아 '도와 과를 이번 생에서는 얻지 못하는 것 아닌가?'라고 생각하며 슬퍼하기도 한다. 오랜 기간 수행하였어도 특별한 위빳사나 지혜에 도달하지 못한 이들에게도 그러한 슬픔이 생겨난다. 위빳사나와 관련되어 생겨나는 이러한 슬픔을 비세속적 괴로움(nirāmisa dukkha)이라고 부른다. 출리에 바탕한 근심(nekkhammassitadomanassa)이라고도 한다. 그러한 슬픔이 생겨날 때마다 '슬픔, 슬픔'하며 새겨 알아야 한다. "nirāmisaṁ vā dukkhaṁ vedanaṁ vedayamāno nirāmisaṁ dukkhaṁ vedanaṁ vedayāmīti pajānāti

(비세속적 괴로운 느낌을 느낄 때는 '비세속적 괴로운 느낌을 느낀다'고 분명히 안다)"라는 경전의 내용과 일치한다. 이 '비세속적 괴로운 느낌'이 생겨나는 모습을 「제석천왕 질문 경」의 주석에서 마하시와(Mahāsiva) 장로의 일화를 통해 알 수 있다. 여기서는 간략하게 설명하겠다.

마하시와 장로의 일화 마하시와 장로는 열여덟 종파의 스님들에게 경전을 강의하는 대강백이었고, 그의 가르침에 따라서 아라한이 된 스님들이 무려 3만 명이나 되었다고 한다. 그분들 중 한 스님이 자신의 공덕을 반조하고 나서 '나의 공덕이 한계를 헤아릴 수 없이 많구나. 나의 스승께서는 공덕이 얼마나 되실까?'라고 반조하였을 때 스승께서 아직 범부인 것을 알고는 '오, 나의 스승께서는 다른 이의 의지처는 되실지언정 당신 자신의 의지처는 아직 되지 못하셨구나. 스승님에게 가르침을 드려야겠다'라고 생각하고는 즉시 하늘을 날아서 마하시와 장로가 있는 곳으로 갔다. 절 근처에 다다르자 하늘에서 내려와 스승에게 가까이 다가갔다.

"무슨 일인가?"라고 마하시와 장로가 물었다.

"축원법문 하나 배우려고 왔습니다"라고 제자가 청하였다.

"빈 시간이 없네."

"탁발 준비하려고 잠시 서 계실 때 묻겠습니다."

"그때는 다른 비구가 질문하기로 약속이 되어 있네."

"탁발하시러 마을에 들어가실 때 묻겠습니다."

"그때도 다른 비구가 질문하기로 약속이 되어 있네."

"그러면 가사를 고쳐 입으실 때, … 발우를 꺼내실 때, … 죽을 마시고 나셨을 때 묻겠습니다."

"그때도 주석서를 배우려고 하는 여러 장로스님들이 질문하고 있네."

이러한 방법으로 제자가 시간을 청하였지만 장로는 탁발하는 마을에서 나올 때, 마을에서 절로 돌아올 때, 공양을 마쳤을 때, 낮을 보내는 곳에서 지낼 때, 잠자리에 들기 위해 발을 씻을 때, 아침에 잠자리에서 일어나 세수할 때, 세수하고 났을 때, 방 안에서 잠시 앉아 있을 때, 이러한 여러 시간에도 질문하는 이들이 다 약속이 되어 있다고 말했다.

그러자 그 제자가 "오, 스님! 세수하고 나서는 방 안에 들어가 잠자리를 따뜻하게 하도록 잠시 앉아서 수행할 정도의 시간은 있어야 되지 않겠습니까? 지금과 같은 생활이라면 스님께는 죽기 위한 시간도 없지 않겠습니까? 스님은 등받이 의자와 같습니다. 남의 의지처는 될지언정 자기 스스로의 의지처는 될 수 없습니다. 스님의 축원법문은 필요하지 않습니다"라고 말하면서 하늘로 날아올라 떠나갔다.

그때 장로는 '이 스님이 나에게 온 것은 법문을 배우려고 온 것이 아니다. 나에게 경각심을 일깨워 주려고 온 것이구나'라고 알고 그 다음날 아침 일찍 발우와 가사 등을 지니고 수행하기 위해 절을 나섰다. '나 정도면 아라한 과를 증득하기에 그리 어렵지 않을 것이다. 이틀이나 사흘 정도면 아라한이 되어서 돌아올 수 있을 것이다'라고 생각하고는 제자들에게도 알리지 않고 마을 근처 숲에서 지내며 음력 6월[469] 상현의 13일부터 수행을 하기 시작하였는데, 보름날이 되어도 특별한 법을 얻지 못하였다. 장로는 다음과 같이 생각했다. '오, 이틀, 사흘이면 아라한 과를 증득할 것이라고 기대하고 왔는데 아직 얻지 못했구나. 어쩔 수 없지. 이 안거 3개월을 3일처럼 생각하고 수행하자. 안거가 끝나 해제하면

469 안거결제를 시작하는 달.

알 수 있겠지'라고 생각하고 결제에 들어가 다시 수행하였다. 하지만 해제하였어도 도와 과를 증득하지 못하였고 장로는 다시 '오, 이틀, 사흘이면 일이 다 끝날 것이라고 생각하고 왔건만 석 달이 지나도 일이 아직 성취되지 않았구나. 안거를 지낸 다른 많은 대중들은 아라한으로서 자자(pavāraṇā 自恣)를 행할 텐데'라고 생각했고 그러자 눈물이 흘러나왔다. 그리고 나서 '잠자리에 들어갈 때 발을 씻어야 하고, 기대고, 눕는 것이 많았기 때문에 도와 과를 증득하지 못했던 것이다'라고 생각하고는 침대를 치워 버렸다. 그때부터 시작하여 앉고, 서고, 가는 이 세 가지 자세로만 수행하며 지냈다. 하지만 그렇게 29년 동안 수행했어도 도와 과를 증득하지 못하였다. 그렇게 29년간 자자를 행하는 날마다 눈물을 흘렸다. 30년째 자자날이 되었어도 도와 과를 여전히 얻지 못하자 장로는 '오! 내가 수행한 지 어언 30년이나 지났다. 하지만 아직까지도 아라한 과를 증득하지 못했다. 맞구나. 나는 이번 생에서는 도와 과를 증득하지 못하는 이구나. 다른 대중들과 아라한으로서 자자를 행하지 못하는구나!'라고 생각했다. 그러자 또다시 매우 격렬한 슬픔이 생겨나 눈물을 흘렸다. 그때 근처에 있던 한 천녀가 경각심을 일깨워 주려는 목적으로 멀지도 않고 가깝지도 않은 곳에서 울면서 서 있었다.

"이보시오. 누가 거기에서 울고 있소?"라고 장로가 물었다.

"저는 천녀입니다, 스님."

"무엇 때문에 울고 있소?"

"스님께서 울고 있는 것을 보고 '우는 것으로도 도와 과를 증득할 수 있구나'라고 생각해 도와 과를 두 개, 세 개 얻을 요량으로 울고 있습니다, 스님"이라고 천녀가 대답했다.

그때 장로는 정신을 번쩍 차리고 스스로에게 다음과 같이 훈계했다.

'오! 마하시와! 보아라! 천녀도 그대를 놀리고 있지 않는가? 그대의 이런 행동이 그대에게 여법한가?'라고 숙고하고 〔스스로를〕 훈계하고 나서 슬픔을 제거하고 위빳사나 수행을 차례대로 닦아가서 아라한 과에 이르렀다.

부연 설명 이 마하시와 장로가 오랜 기간 수행을 해야만 했던 것은 경전지식이 많아서 자세한 방법으로 사유했기 때문이라고 알아야 한다. 마하목갈라나 존자보다 사리뿟따 존자가 더 오랜 기간 수행을 했던 것과 마찬가지이다. "ettakaṁ kālaṁ vipassanāyā suciṇṇabhāvato ñāṇassa paripākaṁ gatattā[470] = 그러한 30년의 시간 동안 위빳사나를 열심히 수행했기 때문에 지혜가 무르익어서 《아라한 과를 증득했다》"라고 그 이유를 밝혀 주는 복주서의 구절도 자세한 방법으로 닦아서 생기는 위빳사나 지혜가 성숙된 것으로만 그 의미를 알아야 한다. 아라한이 되게 하는 정도의 간략한 방법으로 닦아서 생기는 위빳사나 지혜가 성숙된 것을 말하는 것이 아니다.[471] 무엇 때문인가? 삼장에 그 정도로 해박한 특별한 이에게 간략한 방법으로 단지 도와 과를 증득하게만 하는 정도의 바라밀과 지혜는 수행하기 이전에 벌써 충분히 구족되어 있었다. '아직 구족되어 있지 않다'라고 해서는 안 된다. 보살인 수메다 행자에게도 단지 도와 과를 증득하게 할 정도의 제자로서의 바라밀과 지혜는 이미 구족되어 있었던 것과 마찬가지이다.

---

470 DAṬ.ii.267.

471 마하시와 장로가 간략한 방법으로 수행했다면 빠른 시일에 아라한이 될 수도 있었지만 자세한 방법으로 위빳사나를 수행했기 때문에, 그렇게 자세한 방법의 위빳사나 지혜가 성숙되는 데 시간이 걸렸다는 말이다. 간략한 방법으로 수행했어도 그렇게 오랜 시간이 걸렸다고 이해해서는 안 된다는 말이다.

세속적으로 괴롭지도 행복하지도 않음 위빳사나 수행을 하지 않는, 안목이 없는 범부가 자기 내부 혹은 외부에 존재하는 좋지도 않고 싫지도 않은 평범한 감각욕망 대상들을 보았을 때 등에는 즐거움도 분명하지 않다. 괴로움도 생겨나지 않는다. 그 대상을 버릴 수도 없다. 사실은 그 대상에 대해 좋아하고 바라는 탐욕과 함께 좋지도 않고 싫어하지도 않는 무덤덤한 느낌이 생겨난다. 이 중간의 느낌을 세속적으로 괴롭지도 행복하지도 않음(sāmisa adukkhamasukha)이라고 한다. 재가에 바탕한 무덤덤함(gehassitaupekkhā)이라고도 한다. 지혜 없는 무덤덤함(aññāṇupekkhā)이라고도 한다. '어리석음과 함께 생겨나는 무신경하게 바라봄'이라는 뜻이다. 이 무덤덤함은 위빳사나 수행을 관찰하는 수행자에게도 관찰 사이사이에 생겨나기도 한다. 그렇게 생기더라도 지금까지 말한 대로 분명하지 않은 경우가 많다. 알기에도 어렵다. 그것이 분명할 때 그 무덤덤한 느낌을 새겨 아는 것은 "sāmisaṁ vā adukkhamasukhaṁ vedanaṁ vedayamāno sāmisaṁ adukkhamasukhaṁ vedanaṁ vedayāmīti pajānāti(세속적으로 괴롭지도 않고 행복하지도 않은 느낌을 느낄 때는 세속적으로 괴롭지도 않고 행복하지도 않은 느낌을 느낀다고 분명히 안다)"라는 경전내용과 일치한다.

비세속적으로 괴롭지도 행복하지도 않음 위빳사나가 잘 균형을 이루어 장애들로부터 벗어나 깨끗하게 되었을 때, 드러나는 여섯 대상을 새길 때마다 그것을 아는 위빳사나 지혜와 결합하여 예리해졌을 때를 시작으로 〔이 느낌은〕 매우 분명하게 된다. 형성평온의 지혜에는 더욱 분명하게 생겨난다. 이러한 중간의 느낌을 비세속적으로 괴롭지도 행복하지도 않음(nirāmisa adukkhamasukha)이라고 한다. 출리에 바탕한 무덤덤함(nekkhammassita upekkhā)이라고도 한다. 그 느낌을 다시 관찰하는 재관찰 위빳사나(paṭivipassanā)로 새기며 아는 것은 "nirāmisaṁ vā adukkhamasukhaṁ vedanaṁ vedayamāno nirāmisaṁ adukkhamasukhaṁ vedanaṁ vedayāmīti pajānāti(비세속적으로 괴롭지도 않고 행복하지도 않은 느낌을 느낄 때는 비세속적으로 괴롭지도 않고 행복하지도 않은 느낌을 느낀다고 분명히 안다)"라는 경전내용과 일치한다.

2) 생겨남과 사라짐을 관찰하는 모습

안과 밖, 그리고 안팎을 아는 모습은 몸 거듭관찰에서 설명했던 방법과 동일하다.

느낌을 새길 때마다 그 미세한 느낌들이 '휙, 휙'하며 생겨나서는 사라지고 소멸해 가는 것을 알고 보는 것이 'samudaya = 느낌의 생겨남, vaya = 느낌의 사라짐'을 아는 것이다.

'마음에 드는 대상과 만나서 좋다, 만나지 않았다면 좋은 느낌이 생겨나지 않았을 것이다'라든가, '나쁜 대상과 만나서 괴롭다, 만나지 않았다면 괴로운 느낌이 생겨나지 않았을 것이다'라든가, '좋지도 않고 싫지도 않는, 무덤덤한 대상과 만나서 좋지도 않고 괴롭지도 않은 느낌이 생겨났다. 만나지 않았다면 생겨나지 않았을 것이다'라든가, '이전의 원인인 업이 있어서 느낌이 생겨난다. 없다면 생겨나지 않을 것이다'라든가, '어리석음인 무명이 아직 사라지지 않아서 느낌이 생겨난다, 〔무명이〕 없다면 생겨날 수 없다' 혹은 '바라고 기대하고 좋아하는 것이 아직 사라지지 않아서 느낌이 생겨난다, 〔갈애가〕 없다면 생겨날 수 없다'라고 직접적인 지혜(diṭṭha)와 들어서 아는 지혜(suta)가 섞여 숙고하면서 아는 것도 samudaya = 느낌의 생겨남, vaya = 느낌의 사라짐을 아는 것이다. “samudayadhammānupassī vā vayadhammānupassī vā vedanāsu viharati(느낌에서 혹은 생겨나는 법을 관찰하고 혹은 사라지는 법을 관찰하며 지낸다)”라는 경전내용과 일치한다.

3) 새김이 바르게 드러나는 모습

느낌의 성품을 새길 때마다 ‘개인, 중생, 나, 나의 것, 여자, 남자라고 할 만한 것도 없다. 좋은 느낌, 나쁜 느낌, 중간의 느낌들의 무더기만이 존재할 뿐이다’라고 새기는 사띠(새김)가 생겨난다. 이렇게 형성 덩어리 표상(saṅkhāra ghana nimitta)이라고 부르는 형체 개념에 이르지 않고 느낌의 성품에만 드러나는 새김이 생겨나기 때문에 다음의 여러 새김, 지혜가 단계 단계 향상하여 매우 예리하게 생겨난다. 집착이 사라진다. “atthi vedanāti vā panassa sati paccupaṭṭhitā hoti(‘느낌이 있다’라고 그의 새김이 현전한다)”라는 등의 경전내용과 일치한다.

(4) 마음 거듭관찰

1) 열여섯 가지 마음의 관찰

어떠한 것을 바라고 원하는 마음, 즐기고 좋아하는 마음을 애착 있는 마음(sarāga citta)이라고 한다. 그 마음이 생겨나게 되면 생겨날 때 〔즉시〕 ‘바란다’ 등으로 새겨야 한다. 이렇게 한 번 정도만 새겨 아는 것에 의해서도 그러한 종류의 마음들이 사라지기도 한다. 여전히 사라지지 않으면 생겨날 때마다 새겨야 한다. 결국에는 사라질 것이다. 〔그러면〕

바람, 좋아함이 사라져 깨끗하게 된 마음들이 생겨날 것이다. 그러한 마음들을 애착 여읜 마음(vītarāga citta)이라고 한다. 이 마음도 생겨날 때 생겨나는 대로 새겨야 한다. "sarāgaṁ vā cittaṁ sarāgaṁ cittanti pajānāti. vītaragāṁ vā cittaṁ vītarāgaṁ cittanti pajānāti(애착 있는 마음을 애착 있는 마음이라고 분명히 안다. 애착 여읜 마음을 애착 여읜 마음이라고 분명히 안다)"라는 경전내용과 일치한다.

화난 마음, 성내는 마음, 싫어하는 마음, 괴롭히려는 마음, 죽이려는 마음, 파멸시키려는 마음, 이러한 마음들을 성냄 있는 마음(sadosa citta)이라고 한다. 이러한 마음들이 생겨나면 '화냄' 등으로 새겨야 한다. 이렇게 한 번 정도만 새겨 아는 것에 의해서도 그러한 종류의 마음들이 사라지기도 한다. 여전히 사라지지 않으면 생겨날 때마다 새겨야 한다. 결국에는 사라질 것이다. 화냄, 성냄이 사라져 깨끗하게 된 마음들이 생겨날 것이다. 그러한 마음들을 성냄 여읜 마음(vītadosa citta)이라고 한다. 이 마음도 생겨날 때 생겨나는 대로 새겨야 한다. "sadosaṁ vā cittaṁ sadosaṁ cittanti pajānāti. vītadosaṁ vā cittaṁ vītadosaṁ cittanti pajānāti(성냄 있는 마음을 성냄 있는 마음이라고 분명히 안다. 성냄 여읜 마음을 성냄 여읜 마음이라고 분명히 안다)"라는 경전내용과 일치한다.

의심하는 마음, 산란한 마음들을 따로 미혹 있는 마음(samoha citta)이라고 한다. 바라고 기대하는 것이 분명하지 않으면서 감각욕망 대상들을 생각할 때의 마음, 우쭐하고 자만하는 마음, '나가 있다'라고 생각하는 마음, 이러한 마음들을 '탐욕에 뿌리박은 미혹 있는 마음'이라고 한다. 두려워하는 마음, 걱정하는 마음, 비탄하는 마음, 언짢은 마음, 혐오하는 마음, 질투하는 마음, 인색한 마음, 후회하는 마음, 이러한 마음들을 '성냄에 뿌리박은 미혹 있는 마음'이라고 한다. 《탐욕에 뿌리박은 모든 마음들을 '애착 있는 마음', 성냄에 뿌리박은 모든 마음들을 '성냄 있는 마음', 모든 불선업 마음들을 '미혹 있는 마음'이라고 주석서에서는 나누고 있다. 여기에서는 기억하기 쉽도록 분명한 순서대로 나누어 설명했다.》 어리석음과 함께 생겨나는 이러한 마음들이 생겨나면 그러한 마음들을 생겨나는 대로 새겨야 한다. 이러한 마음들이 사라졌을 때 깨끗하게 생겨나는 마음들을 미혹 여읜 마음(vītamoha citta)이라고 한다. 그러한 마음들도 생겨날 때 그 생겨나는 대로만 새겨야 한다. "samohaṁ vā cittaṁ samohaṁ cittanti pajānāti. vītamohaṁ vā cittaṁ vītamohaṁ cittanti pajānāti(미혹 있는 마음을 미혹 있는 마음이라고 분명히 안다. 미혹 여읜 마음을 미혹 여읜 마음이라고 분명히 안다)"라는 경전내용과 일치한다.

게으르고 처지고 힘없는 마음을 위축된 마음(saṁkhitta citta)이라고 한다. 들뜬 마음을 산란한 마음(vikkhitta citta)이라고 한다. 고요하게 집중된 마음을 삼매에 든 마음(samāhita citta)이라고 한다. 고요하게 집중되지 않은 마음을 삼매에 들지 않은 마음(asamāhita citta)이라고 한다. 새기는 마음은 번뇌로부터 부분 해탈을 통해 벗어났기 때문에 해탈한 마음(vimutta citta)이라고 한다. 새기지 않고 생각하고, 망상하는 마음은 번뇌로부터 벗어나지 못했기 때문에 해탈하지 않은 마음(avimutta citta)이라고 한다. 고귀한 마음(mahaggata citta), 고귀하지 않은 마음(amahaggata citta), 위있는 마음(sauttara citta), 위없는 마음

(anuttara citta)들을 나누어 아는 것은 선정을 얻은 이들의 영역이다. 그러한 이들만 선정의 앞과 뒤에 생겨나는 마음들을 '고귀하지 않은 마음, 위있는 마음'이라고, 선정으로부터 출정하자마자 그 선정 마음들을 '고귀한 마음, 위없는 마음'이라고, 색계선정에서 무색계선정으로 바꾸어 입정했을 때, 색계선정 마음을 '위있는 마음', 무색계선정 마음을 '위없는 마음'이라고 나누어 관찰할 수 있고 알 수 있다. 따라서 선정을 얻지 못한 수행자는 앞에서 설명한 마음들만을 대상으로 그러한 마음들이 생겨날 때마다 생겨나는 대로 새겨야 한다. "saṁkhittaṁ vā cittaṁ saṁkhittaṁ cittanti pajānāti(위축된 마음을 위축된 마음이라고 분명히 안다)"라는 등의 경전내용과 일치한다.

지금까지 설명한 방법에 의해 그러한 마음들이 생겨날 때마다 그 마음들을 새겨 바른 성품대로 아는 것을 바로 마음 거듭관찰(cittānupassanā 心念處)이라고 한다. '탐욕에 뿌리박은 마음 여덟 가지를 애착 있는 마음이라고 한다'라는 등으로 '탐욕에 뿌리박은 마음, 애착 있는 마음' 등의 명칭과 '여덟 가지' 등의 숫자 개념을 생각하고 숙고하는 것, 헤아리는 것, 반조하는 것들을 두고 마음 거듭관찰이라고 하지는 않는다. 그래서 주석서에서는 마음 거듭관찰이 생겨나는 모습을 "yasmiṁ yasmiṁ khaṇe yaṁ yaṁ cittaṁ pavattati, taṁ taṁ sallakkhento attano vā citte, parassa vā citte, kalena vā attano kālena vā parassa citte, cittānupassī viharati(그 각각의 순간에 생겨나는 각각의 마음을 주시하는 이는 자신의 마음에 대해서든 남의 마음에 대해서든 때로는 자신의 마음에 대해서 때로는 남의 마음에 대해서, 마음을 거듭 관찰하면서 머문다)"라고 설명하고 있다. 이 구절의 의미에 대해서는 제3장 위

빳사나 수행의 관찰 대상에서 이미 설명했다. 그곳을 다시 보라.[472]

2) 마음을 특성 등에 의해 아는 모습

마음이 생겨날 때마다 그 생겨나는 마음을 관찰하는 수행자는 '대상을 안다, 생각한다, 대상을 취한다, 대상으로 한다, 본다, 듣는다, 냄새 맡는다, 맛이 드러난다, 닿는다'라고 안다《vijānana lakkhaṇaṁ('안다'라는 특성)》. '결합하는 정신법들의 선두에 선다'라고 안다《pubbaṅgama rasaṁ(선두에 가는 역할): 대상을 분명하게 드러나게 할 때 제일 먼저 간다는 말이다. 하지만 결합하는 정신법들과 생겨나는 것은 동시에 생겨난다》. '하나씩 하나씩 끊임없이 이어져 생겨난다'라고 안다《sandahana paccupaṭṭhānaṁ(이어진 것으로 나타남), paṭisandhi paccupaṭṭhānaṁ(결합된 것으로 나타남)》. '의지하는 물질이 있기 때문에 생겨난다. 대상이 있기 때문에 생겨난다. 대상과의 접촉, 대상을 느끼는 느낌 등의 정신법들이 있기 때문에 생겨난다'라고 안다《vatthārammaṇa padaṭṭhānaṁ(토대·대상이라는 가까운 원인), nāmarūpa padaṭṭhānaṁ(정신·물질이라는 가까운 원인)》.

3) 생겨남과 사라짐을 관찰하는 모습

안과 밖, 그리고 안팎을 아는 모습은 몸 거듭관찰에서 설명했던 방법과 동일하다.

〔마음을〕 새길 때마다, 생겨나는 여러 마음들이 '휙, 휙'하며 사라지고

---

472 이 책의 제1권 p.311 참조.

소멸해 가는 것을 알고 보는 것이 'samudaya = 생겨남, vaya = 사라짐을 아는 것'이다. '의지하는 물질과, 결합하는 정신법들이 있어야 마음이 생겨난다. 물질과 정신이 없으면 생겨날 수 없다'라든가, '이전의 원인인 업이 있어서 마음이 생겨난다. 없다면 생겨날 수 없다'라든가, '어리석음인 무명이 아직 사라지지 않아서 느낌이 생겨난다, 〔무명이〕 없다면 생겨날 수 없다' 혹은 '바라고 기대하고 좋아하는 것이 아직 사라지지 않아서 마음이 생겨난다, 〔갈애가〕 없다면 생겨날 수 없다'라고 이렇게 직접적인 지혜(diṭṭha)와 들어서 아는 지혜(suta)가 섞여 숙고하면서 아는 것도 samudaya = 생겨남, vaya = 사라짐을 아는 것이다. "samudayadhammānupassī vā vayadhammānupassī vā cittasmiṁ viharati(마음에서 혹은 생겨나는 법을 관찰하고, 혹은 사라지는 법을 관찰하며 지낸다)"라는 경전내용과 일치한다.

4) 새김이 바르게 드러나는 모습

생겨나는 마음을 새길 때마다 '개인, 중생, 나, 나의 것, 여자, 남자라고 할 만한 것도 없다. 대상을 아는 것, 생각하는 것만이 존재할 뿐이다'라고 새기는 사띠(새김)가 생겨난다. 이렇게 형성 덩어리 표상(saṅkhāra ghana nimitta)이라고 부르는 형체 개념에 이르지 않고 대상을 아는 것, 마음에만 드러나는 새김이 생겨나기 때문에 그 다음에 새김과 지혜가 단계 단계 향상하여 매우 예리하게 생겨난다. 집착도 사라진다. "'atthi cittan'ti vā panassa sati paccupaṭṭhitā hoti('마음이 있다'라고 그의 새김이 현전한다)"라는 등의 내용과 일치한다.

(5) 법 거듭관찰

1) 장애를 아는 모습

① 다섯 가지 장애를 관찰하는 모습

감각욕망 대상들을 바라고 고대함, 좋아함, 즐김, 애착함, 원함을 감각욕망 바람 장애(kāmacchandanīvaraṇa)라고 한다. 선정, 위빳사나 지혜, 도와 과, 열반을 바라고 고대하는 것도 감각욕망 바람일 뿐이다. 도와 과, 열반을 바라면서 감각욕망 바람이 생겨나는 것에 대해서는 제2장의 첫 번째 벗어남과 장애를 설명할 때 일화와 함께 설명했다.[473] 이 감각욕망 바람이 생겨날 때마다 '원함' 등으로 새겨 알아야 한다. "santaṁ vā ajjhattaṁ kāmacchandaṁ 'atthi me ajjhattaṁ kāmacchando'ti pajānāti(자기에게 감각욕망 바람이 있을 때 '내게 감각욕망 바람이 있다'고 분명히 안다)"라는 경전내용과 일치한다.

화냄, 성냄, 싫어함, 괴롭히려 함, 죽이고 파멸시키려 함 등을 분노 장애(byāpādanīvaraṇa)라고 한다. 〔마찬가지로〕 분노 장애가 생겨날 때 '성냄' 등으로 새겨 알아야 한다.

마음과 마음부수들이 흐리멍덩함, 게으름, 힘없음 등을 해태·혼침 장애(thinamiddhanīvaraṇa)라고 한다. 마찬가지로 그것들도 '흐리멍덩함, 게으름' 등으로 새겨 알아야 한다.

마음이 산란한 것을 들뜸(uddhacca)이라고 한다. 후회하는 것, 걱정하는 것을 후회(kukkucca)라고 한다. 그것들도 생겨날 때 '들뜸, 걱정함'이라고 새겨 알아야 한다. " … santaṁ vā ajjhattaṁ byāpādaṁ …

---

473 이 책의 제1권 pp.184~186 참조.

thinameddhaṁ … uddhaccakukkuccaṁ … pajānāti('내게 성냄 … 해태·혼침 … 들뜸·후회가 있다'고 분명히 안다)"라는 경전내용과 일치한다.

"모든 법을 아시는 부처님이라고 하는 존재가 실제로 있을까? 도와 과, 열반이라고 하는 법이 사실일까? 도와 과, 열반을 증득한 승가라고 하는 존재가 실제로 있을까? '무명 등의 원인을 조건으로 하여 생겨나는 형성 등의 결과법들만 있다. 개인, 중생, 나라고 하는 것은 없다'라는 말이 사실일까? 내가 수행하고 있는 이 수행방법이 옳은 방법일까? '이렇게 관찰하는 것이 바로 위빳사나이다. 도와 과를 얻을 수 있다'는 말이 사실일까? 스승께서 설법하시는 것이 사실일까? 그에 따라서 관찰하여 도와 과를 증득한 이들은 사실대로 바르게 증득한 것일까?"라는 등으로 의심하고 궁리하는 것을 의심(vicikicchā)이라고 한다. 그 의심이 생겨날 때 마찬가지로 '의심함'이라고 새겨 알아야 한다. "santaṁ vā ajjhattaṁ vicikicchaṁ 'atthi me ajjhattaṁ vicikicchā'ti pajānāti(자기에게 의심이 있을 때 '내게 의심이 있다'고 분명히 안다)"라는 등의 경전내용과 일치한다.

이 감각욕망 바람 등은 한 번 새겨 아는 정도만으로 사라지기도 한다. 여러 번 새겨야 없어지기도 한다. 그렇게 사라졌을 때 '감각욕망 바람 등이 없다'라고 안다. "asantaṁ vā ajjhattaṁ kāmacchandaṁ 'natthi me ajjhattaṁ kāmacchando'ti pajānāti(자기에게 감각욕망 바람이 없을 때 '내게 감각욕망 바람이 없다'고 분명히 안다)"라는 등의 경전내용과 일치한다.

② 장애들의 생겨남과 사라짐을 아는 모습

감각욕망 바람 등을 생겨나게 하는 좋아할 만한 점들이 생겨나도록 마음기울이는 올바르지 않은 마음기울임(ayoniso manasikāra)이 제일 먼저 생겨난다. 지혜가 성숙되었을 때는 그렇게 마음기울이는 것도 새겨 알 수 있다. '새겨 앎'이라고 하는 '올바른 마음기울임' 때문에 번뇌들이 사라지고 없어져 가는 것도 직접 경험할 수 있다. 때로는 바르지 않은 마음기울임을 '그것이 생겨나자마자 바로' 새겨 알기 때문에 감각욕망 바람 등이 잘 생겨나지 않는 것도 경험할 수 있다. 졸림, 나른함을 새겨 알기 때문에 졸림이 사라져 낮이나 밤이나 맑은 정신으로 지낼 수 있다. 따라서 물질과 정신이 생겨날 때마다 그것을 끊임없이 새기며 지내는 수행자는 '좋은 것이라고 마음기울이기 때문에 좋아함이 생겨난다. 그것을 새겨 알기 때문에 좋아함이 사라져 버린다'라는 등으로 장애들이 생겨나는 원인, 사라지는 원인들을 직접 알고 본다.

올바른 마음기울임

선업이 생겨나도록 올바르게 마음기울이는 모든 것이 '올바른 마음기울임'이라고 제1장에서 감각기능단속을 설명할 때 설명했다.[474] 여기에서는 위빳사나와 관련된 올바른 마음기울임을 설명하겠다. 생겨나고 있는 물질과 정신을 고유특성(sabhāvalakkhaṇā) 등을 통해서, 또는 생겨남과 사라짐, 무상의 특성(aniccālakkhaṇā) 등을 통해서 마음기울이고, 관찰하고, 아는 것을 올바른 마음기울임이라고 한다. 직접관찰 위빳사나가 성숙되었을 때 직접 알 수 없는 물질과 정신들을, 〔직접〕 알 수 있

474 이 책의 제1권 p.93 참조.

는 물질과 정신들로부터 유추해서 관찰하고, 반조하고, 결정하는 것도 올바른 마음기울임이다. '나중에 특별한 위빳사나 지혜들과 도와 과라고 하는 이익을 얻을 수 있게 하는 바른 방법, 바른 길이 되는 마음기울임'이라는 뜻이다. 그래서 주석서에서는 다음과 같이 설명하였다.

> Yonisomanasikāro nāma upāyamanasikāro pathamanasikāro, anicce aniccanti vā, dukkhe dukkhanti vā, anattani anattāti vā, asubhe asubhanti vā manasikāro.
>
> (DA.ii.368)

대역

Yonisomanasikāro nāma**올바른 마음기울임이라고 하는 것은** upāyamanasikāro바랄 만한 번영을 얻게 하는 바른 이유, 바른 **방법으로 마음기울임**, pathamanasikāro바른 **길로서의 마음기울임이다**. anicce**항상하지 않은 법에 대해** aniccanti vā**항상하지 않다고**, dukkhe**괴로움인 법에 대해** dukkhanti vā**괴로움이라고**, anattani**자아가 아닌 법에 대해** anattāti vā**자아가 아니라고**, asubhe**더러운(不淨) 법에 대해** asubhanti vā**더럽다고** manasikāro**마음기울이는 것이다**.

특별한 위빳사나 지혜들, 도와 과가 위빳사나를 관찰하는 수행자들이 원할 만한 진짜 번영이고 행복이다. 그것들을 생겨나게 할 수 있는 관찰, 새김, 마음기울임을 올바른 마음기울임이라고 한다. 주석서에서 대표(padhāna) 방법, 비분리(avinābhāva) 방법 등으로 설명한 '무상 등으로 마음기울임'이라는 구절에 의해서 '특성 등으로 마음기울이는 것'도 올바른 마음기울임이라고 할 수 있다는 것을 알아야 한다. 위빳사나를 관찰하는 이는 사실대로 바르고 분명한 물질과 정신들만을 알고 보려

한다. 개인, 중생, 나, 여자, 남자 등을 보려 하지 않는다. 번뇌를 사라지게 하는 생겨남, 소멸함, 무상의 특성 등만을 알고 보려 한다. 번뇌들을 계속 생겨나게 하는 항상함, 행복함, 좋은 것, 주재할 수 있는 나라는 것이 있다는 것, 깨끗하고 아름다운 것 등과 만나려 하지 않는다. 따라서 그러한 이에게는 여섯 문에서 여섯 대상이 드러나면 '물질과 정신일 뿐이구나, 생멸하고 있는 것일 뿐이구나, 무상한 것일 뿐이구나'라는 등으로 숙고하고 반조하는 것처럼 다섯 감각문 전향 마음, 마음 문 전향 마음들이 바른 방법, 바른 길에 따라 마음기울이며 제일 먼저 생겨난다. 그렇게 마음기울이는 대로 마음 문(意門)에 위빳사나 속행들이 관찰하고 새기고 마음기울이며 생겨난다. 이 위빳사나 속행의 연속들을 '물질과 정신의 성품들을 사실대로 바르게 알기 때문에, 그 뒤에 생겨나는 특별한 위빳사나 지혜들, 도와 과가 생겨나게 하는 바른 법이기 때문에 올바른 마음기울임이라고 한다. 제일 먼저 생겨나는 전향도 그 위빳사나 속행들과 비슷하기 때문에 올바른 마음기울임이라고 한다. 그래서 「새김확립 긴 경(大念處經)」의 복주에는 다음과 같이 설명하고 있다.

> Yonisomanasikāro nāma[475] kusalādinaṁ taṁ taṁ sabhāvarasalakkhaṇādikassa yāthāvato avabujjhanavasena uppanno ñāṇasampayuttacittuppādo. So hi aviparītamanasikāratāya "yonisomanasikāro"ti vutto, tadābhogatāya āvajjanāpi taggatikā eva.
>
> (DAṬ.ii.324)

475 CST4 yonisomanasikārabahulīkaroti.

대역

Yonisomanasikāro nāma**올바른 마음기울임이라고 하는 것은** kusalādinaṁ**선(善) 등의** taṁ taṁ sabhāvarasalakkhaṇādikassa**각각의 고유성품, 역할,** 또는 무상·고·무아〔라는 공통특성〕 **등을** yāthavato avabujjanavasena**사실대로 바르게 아는 것에 의해** uppanno**생겨나는** ñāṇasampayuttacittuppādo**지혜와 결합하는 마음일어남**[476]**이다.** 《사실대로 바르게 아는 마음일어남이라는 말이다.》 hi**맞다.** so**그것,** 그 마음일어남은 aviparīta manasikāratāya**그릇됨이 없이** 사실대로 **바르게 마음기울이는 것이기 때문에** yonisomanasikāroti**올바른 마음기울임이라고 부른다.** āvajjanāpi**전향도** tadābhogatāya**그** 속행의 생겨남을 **위해 마음을 기울이는 것이기 때문에** taggatikā eva**그 속행과 같을 뿐이다.** 〔올바른 마음기울임이라고 부른다.〕

이 복주서에 따라 그 앞의 인식과정에서 생겨나는 전향과 위빳사나 속행을 '뒤의 여러 인식과정에서 생겨나는 선업들의 조건이 되는 바른 마음기울임'이라고 알아야 한다. 〔하지만〕 여러 주석서, 복주서들에서는 일률적으로 한 인식과정 내에서 생겨나는 선업, 불선업들의 원인이라는 이유로 전향만을 올바른 마음기울임, 올바르지 않은 마음기울임이라고 말하고 있다. 그것은 상황에 따른 설명이라고 알아야 한다.

올바르지 않은 마음기울임

Ayonisomanasikāro nāma anupāyamanasikāro uppathamanasikāro, anicce niccanti vā, dukkhe sukhanti vā, ana-

476 마음일어남(cittuppāda)이란 어떠한 마음이 생겨날 때 마음과 그 마음이 생겨날 때 포함된 다른 법들을 다 포함한 것을 말한다.

ttani attāti vā, asubhe subhanti vā manasikāro.

(DA.ii.368)

해석

올바르지 않은 마음기울임이라는 것은 바랄 만한 번영을 얻게 하는 **바른 방법이 아닌 마음기울임이다.** ⟪"ākaṅkhitassa hitasukhassa pattiyā anupayabhūto manasikāro[477](바라는 이익과 행복을 얻게 하는 방법이 아닌 마음기울임이다)"라는 복주서에 따라 해석한 것이다.⟫ **바르지 않은 길로서의 마음기울임이다. 항상하지 않은 법에 대해 항상하다고, 괴로움인 법에 대해 행복이라고, 자아가 아닌 법에 대해 자아라고, 더러운 법에 대해 깨끗하다고 마음기울이는 것이다.**

여섯 문에서 드러나는 물질과 정신을 항상한 것으로, 행복하고 좋은 것으로, 원하는 대로 성취할 수 있는 자아나 중생인 것으로, 아름답고 깨끗한 것으로 생각하는 것이 올바르지 않은 마음기울임이다. 항상한 것 등으로 생각하는 것이 분명하지 않더라도 여섯 문에서 드러나는 물질과 정신들을 관찰하지 않고 새기지 않으면서 생각하고 반조하는 것은 위빳사나의 영역에서는 대부분 올바르지 않은 마음기울임일 뿐이다. 무엇 때문인가? 그러한 생각, 반조와 관련하여 돌이켜 다시 생각하게 되면 항상한 것 등으로만 마음기울이는 것이 분명하게 생겨나기 때문이다.

자세하게 설명하자면 볼 때 '본다'하며 새기지 않기 때문에 단지 보는 것으로만 멈추지 않을 것이다. 그때 '누구를 보았다, 그를 과거에도 본 적이 있다, 지금까지 그가 있구나'라든가, 보고 나서 나중에도 '그는 어

---

477 DAṬ.ii.315.

디로 갔었다. 지금쯤이면 어디쯤에 있을 것이다. 보는 나가 지금 생각하고 있다'라는 등의 마음기울임이 생겨난다. 이것은 다 '항상하다'라고 마음기울이는 것이다. '여성을 본다, 남성을 본다, 그는 행복하다, 그를 보고 만나서 좋다'라는 등으로 행복한 것으로 마음기울이는 것도 생겨난다. 보이는 대상과 보는 것을 '개인, 중생, 나'라고 마음기울이는 것도 생겨난다. 아름답고 좋은 것으로 마음기울이는 것도 생겨난다. 무상 등으로 마음기울이는 것은 생겨나지 않는다. 그때가 되어서야 다시 마음기울여도 무상 등으로는 잘 드러나지 않아 볼 수 없다. 하물며 도와 과가 생겨날 수 없다는 것은 말할 필요도 없다. 따라서 도달하는 대상들을 관찰함이 없이 원하는 대로 반조하고 숙고하는 것은 '진실로 원하고 바랄 만한, 진짜 번영, 행복인 위빳사나 〔지혜〕, 도와 과들을 생겨나게 할 수 없고 불이익만을 생겨나게 하기 때문에' 올바르지 않은 마음기울임이라고 한다.

모든 불선법들은 이 올바르지 않은 마음기울임을 근본원인으로 하고 있다. 여기에서도 나중에 생겨나는 인식과정에 관계된 불선법들의 원인을 말한다고 하면 앞에 〔생겨나는 인식과정에〕 포함된 전향과 불선 속행들도 올바르지 않은 마음기울임이라고 알아야 한다.

〔하지만〕 하나의 인식과정에서 불선 속행들의 원인을 말한다면 전향만을 올바르지 않은 마음기울임이라고 알아야 한다. 범부들은 일반적으로 불선업이 생겨나게 하는 대상들만을 바라고 있다. 그래서 여섯 문에 대상들이 드러나는 것과 동시에 '좋아할 만한 것인가, 싫어할 만한 것인가'라는 등으로 반조하고 전향하는 것처럼 전향 마음들이 바르지 않은 방법, 길에 따라 마음기울이며 제일 먼저 생겨난다. 귀신을 무서워하는 사람이 밤에 '쉭, 쉭'하는 음산한 소리를 들을 때마다 '귀신인가?'라고

마음기울이는 것과 같다. 친구와 만나기로 한 사람이 보는 사람마다 '내 친구인가?'라고 마음기울이는 것과 같다.

다섯 감각문(五門)에서는 그 전향 마음에 따라 접수 마음, 조사 마음들이 생겨나고, 그 뒤에 결정 마음들이 '좋아할 만한 것이다, 싫어할 만한 것이다'라는 등으로 결정한다. 그래서 탐욕, 성냄, 어리석음의 속행들이 생겨난다. 마음 문(意門)에서도 좋아할 만한 것, 싫어할 만한 것 등으로 전향 마음이 마음기울인 것에 따라 불선 속행들이 생겨난다. 이상이 올바르지 않은 마음기울임 때문에 불선법들이 생겨나는 모습이다.

요약 위빳사나에서는 관찰하고 새기는 것을 올바른 마음기울임이라고 한다. 그러한 관찰, 새김에 도움을 주는 마음기울임도 올바른 마음기울임이라고 알아야 한다. 관찰하는 것에 도움을 주지 않고, 도달하는 대상들을 원하는 대로 생각하고 반조하는 것을 올바르지 않은 마음기울임이라고 한다. 이 장애를 아는 모습에서는 장애들을 생겨나게 하는 처음의 반조함을 올바르지 않은 마음기울임이라고 한다. 이 〔올바른, 올바르지 않은〕 마음기울임 두 가지가 생겨날 때마다 새겨 아는 것은 "yathā ca anuppannassa kāmacchandassa uppādo hoti, tañca pajānāti. yathā ca uppannassa kāmacchandassa pahānaṁ hoti, tañca pajānāti(전에 없던 감각욕망 바람이 어떻게 생겨나는지 분명히 알고, 생겨난 감각욕망 바람을 어떻게 제거하는지 분명히 안다)"라고 하는 경전내용과 일치한다.

③ 장애들이 다시 생겨나지 않음을 아는 모습

"yathā ca pahīnassa kāmacchandassa āyatiṁ auppādo hoti, tañca pajānāti(어떻게 하면 제거한 감각욕망 바람이 다시 생겨나지 않는지 분명히 안다)"라는 경전구절에 따라 아는 모습은 다음과 같다. 의심은 수다원 도에 의해 남김없이 제거된다. 분노, 후회는 아나함 도에 의해 남김없이 제거된다. 감각욕망 바람, 해태·혼침, 들뜸은 아라한 도에 의해 남김없이 제거된다. 장애들 각각을 사라지게 하는 각각의 도들은 그 각각의 도들에 이르렀을 때에만 반조의 지혜(paccavekkhaṇā ñāṇa)로 직접 알 수 있다. 〔그 경지에 아직 이르지 않은 이들은〕 앞에서 설명한 대로 들어서 아는 지혜에 의해서 알 수 있다. 이 들어서 아는 지혜도 각각의 장애들이 생겨났을 때 '〔이 장애들을〕 사라지게 할 수 있는 도에 아직 이르지 못했기 때문에 이러한 장애들이 생겨나는구나'라고 결정하여 그러한 도들에 이르도록 노력하게 하는 이익을 준다.

무더기(khandhā 蘊) 등에 대해서 관찰하는 모습은 따로 특별히 없다. 앞에서 보여준 대로 '보인다, 들린다' 등으로 관찰하면 무더기의 가르침이 적합한 이들은 무더기에 따라 구분하여 알 수 있다. 감각장소(處), 요소(界) 등의 가르침이 적합한 이들은 감각장소, 요소 등의 가르침에 따라 구별하여 알 수 있다. 정신과 물질의 가르침이 적합한 이들은 정신과 물질에 따라서 구별하여 알 수 있다.

2) 무더기를 아는 모습

① 무더기를 관찰하는 모습

볼 때 '본다'하며 새기는 이가 눈의 깨끗함, 보이는 형색 물질을 기본으로 하여 알 때는 물질 무더기(rūpakkhandhā 色蘊)를 안다. 보고서 좋음, 나쁨, 좋지도 않고 나쁘지도 않음을 기본으로 하여 알 때는 느낌

무더기(vedanākkhandhā 受蘊)를 안다. 보이는 형색에 대해 인식하는 성품을 알 때는 인식 무더기(saññākkhandhā 想蘊)를 안다. 마음에 형색과 부딪힘(phassa 접촉), 보도록 격려하고 자극함(cetanā 의도), 바라고 원함(lobha 탐욕), 공경함(saddhā 믿음) 등의 여러 성품들을 알 때는 형성 무더기(saṅkhārakkhandhā 行蘊)를 안다. 보는 마음을 기본으로 하여 알 때는 의식 무더기(viññāṇakkhandhā 識蘊)를 안다. 이렇게 '물질 성품일 뿐이다', '느낌 성품일 뿐이다'라고 아는 것은 "iti rūpaṁ, iti vedanā, iti saññā, iti saṅkhārā, iti viññāṇaṁ(이것이 물질이다, 이것이 느낌이다, 이것이 인식이다, 이것이 형성들이다, 이것이 의식이다)"라는 경전내용과 일치한다. 들을 때 등에도 같은 방법이다.

굽힐 때 '굽히려고 함, 굽힌다'라고 새기는 이는 굽히는 동작을 통해 움직이는 물질 무더기도 안다. 굽히려고 하는 마음인 의식 무더기도 안다. 마음에서 굽히는 동작과 닿는 듯한 접촉, 굽히도록 명령을 내리는 듯한 의도 등의 형성 무더기도 안다. 느낌과 인식들은 일반적으로 분명하지 않는 경우가 많다. 분명할 때는 굽히려고 하는 것의 좋고 나쁜 성품인 느낌 무더기도 안다. '굽히려고 함'이라고 인식하는 것인 인식 무더기도 안다. 펼 때, 갈 때 등에서도 같은 방법이다.

이렇게 알면서 정신·물질 구별의 지혜의 끝에 이르게 되면 '무너지는〔성품이 있는〕 물질이 이 정도이다. 느낄 수 있는 느낌이 이 정도이다. 인식할 수 있는 인식이 이 정도이다. 동작과 작용을 행하도록, 성취하게 하도록 하는 형성법들이 이 정도이다. 단지 대상을 아는 의식이 이 정도이다'라고 구별하여 안다. 이렇게 아는 것은 숫자를 헤아리면서 아는 것처럼 몇 개, 몇 개로 개수를 헤아리면서 아는 것이 아니다. 관찰하며 새기는 지혜에 다섯 가지가 나뉘어져 그 모든 법들이 분명하게 드러날 때마다 그 법들을 새겨 알았기 때문에 '모든 것을 새겨 알았다. 경험하여 보았다. 몸에 새겨 알 수 없고, 경험하여 볼 수 없는 물질 등은 없다'라고 이해하는 것에 따라 결정하여 알게 된다. 이렇게 결정하여 아는 것도 "iti rūpaṁ, iti vedanā(이것이 물질이다, 이것이 느낌이다)"라는 경전 내용과 일치한다. 그래서 주석서에서는 "iti rūpanti idaṁ rūpaṁ, ettakaṁ rūpaṁ, na ito paraṁ rūpaṁ atthīti sabhāvato rūpaṁ pajānāti. vedanādīsupi esevanayo('이것이 물질이다'라고 아는 것은 이 만큼이 물질이고, 이것을 넘어서는 물질이 있지 않다고 고유성품을 통해서 물질을 분명하게 아는 것을 말한다. 느낌 등에 대해서도 이 방법이 적용된다)"[478]라고 설명하였다.

② 물질의 생겨남과 사라짐을 아는 모습

볼 때, 굽힐 때 등에 '본다', '굽힌다' 등으로 새길 때마다 '눈의 깨끗함, 보이는 형색, 움직임' 등의 물질들을 "'휙, 휙'하며 생겨나서는 '싹, 싹'하며 사라지고 소멸해 간다"라고 안다. 이렇게 알고 보는 것이 samudaya (생겨남) 혹은 nibbattilakkhaṇā(발생함의 특성)라고 부르는 생겨남과 vaya(사라짐) 혹은 vipariṇāmalakkhaṇā(변함의 특성)라고 부르는 소멸을 직접 아는 생멸의 지혜(udayabbhaya ñāṇa)이다. 어리석은 범부들은 이러한 물질과 정신뿐인 것을 '행복하다, 좋다, 아름답다'라고 생각한다. '고통이다, 좋지 않다, 아름답지 않다'라고는 알 수 없다. 생각할 수 없다. 생겨난 물질과 정신들이 전혀 생겨나지 않고 소멸되고 사라진 것도 '행복하다, 좋다'라고 알지 못하고 생각하지 못한다. 이렇게 모르는 것이 무

---

478 DA.ii.373.

명(avijjā)이다. 과거 생들에서 업을 행할 때 이 무명이 다 사라지지 않았었기 때문에 물질과 정신들에 대한 애착, 바람이 생겨났었다. 따라서 애착하고 좋아하는 물질과 정신들에게, 그 법들이 잘 지내게 하기 위해 어떠한 법을 행해 주었다. 그러한 행위가 선업, 불선업이다. 지금 생의 원인만을 말한다면 선업만이 해당된다.[479]

위빳사나를 관찰하는 수행자라면 이전에 미리 "견해를 바르게 하고(diṭṭhi ca ujukā)"라는 말에 따라 '업 때문에 좋은 결과, 나쁜 결과가 생겨난다'라고 들어서 아는 지혜로 믿고 알고 본다. 위빳사나를 관찰할 때에는 물질과 정신들이 여러 조건들과 함께 생겨나고 사라지는 것을 직접 알고 볼 수 있다. 따라서 직접적인 지혜와 들어서 아는 지혜가 섞여 다음에 말할 방법처럼 이해하면서 알 수 있기도 한다. '이전 생의 무명이 아직 사라지지 않아서 이 물질이 생겨난다. 〔무명이〕 사라졌다면 생겨날 수 없다'라든가, '즐기고 애착하는 갈애가 아직 사라지지 않아서 이 물질이 생겨난다. 〔갈애가〕 사라졌다면 생겨날 수 없다'라든가, '이전에 행했던 업이 있어서 이 물질이 생겨난다. 〔업이〕 없다면 생겨날 수 없다'라든가, '이번 생에서 먹고 마신 음식이 있어서 이 물질이 생겨난다. 〔음식이〕 없다면 생겨날 수 없다'라고 반조하면서 안다. 이렇게 아는 것은 "avijjāsamudayā rūpasamudayo avijjānirodhā rūpanirodho(무명이 생겨나기 때문에 물질이 생겨난다. 무명이 사라지면 물질이 사라진다)"라는 등의 『빠띠삼비다막가』의 내용과 일치한다. 이는 samudaya = 생겨남(생겨나게 하는 원인법들), vaya nirodha = 사라지고 소멸함(사라

479 지금 사람의 생으로 태어나게 한 것은 선업의 과보이기 때문이다.

지고 소멸하게 하는 원인법)들을 유추를 통해 추측하여 아는 생멸의 지혜이다. '굽히려는 마음이 있어서 굽히는 동작이 생긴다. 없다면 생겨날 수 없다'라는 등으로 아는 것, 혹은 '추움, 더움 등의 날씨 때문에 추운 물질, 더운 물질들이 생겨난다. 없다면 생겨날 수 없다'라고 아는 것 등은 현재 생의 원인들을 아는 것으로 같은 성품이기 때문에 "āhārasamudayā rūpasamudayo āhāranirodhā rūpanirodho(음식이 생겨나기 때문에 물질이 생겨난다. 음식이 사라지면 물질이 사라진다)"라는 구절만 설명해 놓았다고 『대복주서』에서 설명하였다. 지금까지 설명한 방법에 따라 물질의 생겨남과 사라짐을 아는 것은 "iti rūpassa samudayo, iti rūpassa atthaṅgamo(이것이 물질의 생겨남이다. 이것이 물질의 사라짐이다)"라는 경전내용과 일치한다.

③ 느낌의 생겨남과 사라짐을 아는 모습

몸이나 마음의 행복함, 기분 좋음, 즐거움 등의 행복한 느낌(sukha vedanā)과 고통스러움, 좋지 않음, 참기 힘듦, 마음 상함 등의 괴로운 느낌(dukkha vedanā), 나쁘지도 않고 좋지도 않은 무덤덤한 느낌(upekkhā vedanā)들을 '행복함, 좋음' 등으로 새길 때마다 그러한 미세한 느낌들을 "'휙, 휙'하며 생겨나서 '싹, 싹'하며 사라지고 소멸해 간다"라고 안다. 이렇게 아는 것이 samudaya(생겨남) 혹은 nibbattilakkhaṇā(발생의 특성)이라고 부르는 생성과 vaya(사라짐) 혹은 vipariṇāmalakkhaṇā(변함의 특성)이라고 부르는 소멸을 직접 아는 생멸의 지혜(udayabbhaya ñāṇa)이다.

'이전 생의 무명이 아직 사라지지 않아서 이 느낌이 생겨난다. 사라졌다면 생겨날 수 없다'라든가, '좋아하고 애착하는 것이 아직 사라지지 않아서 이 느낌이 생겨난다. 사라졌다면 생겨날 수 없다'라든가, '지금 현재 대상과 닿음이라고 하는 접촉이 있기 때문에 느낌이 생겨난다. 없다면 생겨날 수 없다'라고 반조하여 안다. 이렇게 아는 것은 samudaya = 생겨남(생겨나게 하는 원인법들), vaya nirodha = 사라지고 소멸함(소멸하게 하는 원인법들)을 유추를 통해 추측하여 아는 생멸의 지혜이다. '의지하는 물질이 있어서 이 느낌이 생겨난다. 없다면 생겨날 수 없다'라고, 또는 '대상이 있어서 느낌이 생겨난다. 없다면 생겨날 수 없다'라는 등으로 느낌 외의 다른 현재의 조건들을 아는 것은 "phassasamudayā vedanāsamudayo phassanirodhā vedanānirodho(접촉이 생겨나기 때문에 느낌이 생겨난다. 접촉이 사라지면 느낌이 사라진다)"라고 하는 경전에 포함된다.

④ 인식과 형성들의 생겨남과 사라짐을 아는 모습

인식, 형성들의 생겨남, 사라짐을 아는 모습은 느낌의 생겨남과 사라짐을 아는 모습과 동일하다. "iti vedanāya samudayo, iti vedanāya atthaṅgamo, iti saññāya samudayo 〔iti saññāya atthaṅgamo〕(이것이 느낌의 생겨남이다. 이것이 느낌의 사라짐이다. 이것이 인식의 생겨남이다 〔이것이 인식의 사라짐이다〕)"라는 경전내용과 일치한다.

⑤ 의식의 생겨남과 사라짐을 아는 모습

볼 때, 굽힐, 때, 생각할 때 등에서 '본다, 굽힌다, 편다, 생각한다, 기억한다, 안다' 등으로 새길 때마다, 보는 마음 등을 "'획, 획'하며 생겨나서는 '싹, 싹'하며 사라지고 소멸해 간다"라고 안다. 이렇게 아는 것이 samudaya(생겨남) 혹은 nibbattilakkhaṇā(발생의 특성)이라고 부르는 생성과 vaya(사라짐) 혹은 vipariṇāmalakkhaṇā(변함의 특성)이라고 부르는 소멸을 직접 아는 생멸의 지혜(udayabbhaya ñāṇa)이다.

'이전 생의 무명이 아직 사라지지 않아서 이 마음이 생겨난다. 사라졌다면 생겨날 수 없다'라든가, '좋아하고 애착하는 것이 아직 사라지지 않아서 이 마음이 생겨난다. 사라졌다면 생겨날 수 없다'라든가, '이전에 행했던 업이 있어서 이 마음이 생겨난다. 없다면 생겨날 수 없다'라든가, '의지하는 물질과 접촉·느낌 등의 정신이 있어서 이 마음이 생겨난다. 없다면 생겨날 수 없다'라고 반조하여 안다. 이렇게 아는 것은 samudaya = 생겨남(생겨나게 하는 원인법들), vaya nirodha = 사라지고 소멸함(소멸하게 하는 원인법들)을 유추를 통해 추측하여 아는 생멸의 지혜이다.

'대상이 있어서 이 마음이 생겨난다. 앞의 여러 마음이 있어서 뒤의 여러 마음이 생겨난다. 없다면 생겨날 수 없다'라고 아는 것은 "nāmarūpasamudayā viññāṇasamudayo nāmarūpanirodhā viññāṇanirodho(정신과 물질이 생겨나기 때문에 의식이 생겨난다. 정신과 물질이 사라지면 의식이 사라진다)"라고 하는 경전에 포함된다. "iti viññāṇassa samudayo, iti viññāṇassa atthaṅgamo(이것이 의식의 생겨남이다. 이것이 의식의 사라짐이다)"라는 경전 내용과 일치한다.

지금까지 설한 방법대로 무더기(蘊) 중의 어떤 하나에 대해 생겨남을 아는 것이 한 가지, 사라짐을 아는 것이 한 가지, 생겨나는 원인을 아는 것이 네 가지, 사라지는 원인을 아는 것이 네 가지, 이렇게 전부 지혜가 열 가지이다. 따라서 다섯 무더기(五蘊) 모두에 지혜가 50가지이다. 이 지혜 50가지를 '50가지 특성을 아는 생멸의 지혜'라고 주석서에서 설하였다.[480] 이 지혜들 중에서도 생겨남과 사라짐을 아는 지혜 열 가지가 기본이다.

3) 감각장소, 요소, 정신과 물질을 아는 모습

① 볼 때 등에 아는 모습

눈 감성물질을 눈 감각장소(cakkhāyatana), 눈 요소(cakkhudhātu)라고 한다. 보이는 형색을 형색 감각장소(rūpāyatana), 형색 요소(rūpadhātu)라고 한다. 보는 마음들을 마음 감각장소(manāyatana)라고 한다. 그중에서 단지 보는 마음을 눈 의식 요소(cakkhuviññāṇa dhātu 眼識界)'라고 한다. 그 〔눈 의식〕 마음의 바로 앞에 '무엇인가라고 마음기울이는 것처럼' 생겨나는 전향 마음, 그 〔눈 의식〕 바로 다음에 '보이는 형색을 받아들이는 것처럼 대상으로 해서' 생겨나는 접수 마음을 마음 요소(mano dhātu 意界)라고 한다. 보이는 형색을 조사하는 조사 마음, '좋다'라는 등으로 결정하는 결정 마음, 형색 쪽으로 여세를 몰아 달려가는 것처럼 생겨나는 속행 마음, 그 속행의 다음에 이어서 미묘하게 대상을 취하면서 생겨나는 등록 마음, 이러한 마음들을 마음 의식 요소(manoviññāṇa dhātu 意識界)라고 한다. 형색과 부딪힘(phassa 접촉), 느낌(vedanā 느낌), 인식함(saññā 인식), 자극하고 격려함(cetanā 의도), 좋아함(lobha 탐욕), 싫어함(dosa 성냄), 믿고 존경함(saddhā 믿음) 등의 마음부수 무더기들을 법 감각장소(dhammāyatana), 법 요소(dhammadhātu 法界)라고 한다.

마음과 마음부수들은 대상을 향해 갈 수 있기 때문에(namati), 대상을 취할 수 있기 때문에 정신(nāma)이라고 한다. 눈 감성물질, 보이는

480 이 책의 제2권 pp.265~270 참조.

형색은 대상으로 향하지 못하고 반대되는 법들과 닿으면 무너지고 (ruppati) 변하기 때문에 물질(rūpa)이라고 한다.

보일 때마다 '보인다, 보인다'하며 새기는 이는 그 순간 분명한 이러한 감각장소 네 가지, 요소 여섯 가지, 정신과 물질 두 가지를 적절하게 안다.

들을 때 귀 감성물질은 '귀 감각장소, 귀 요소, 물질법'이라고 한다. 들리는 소리는 '소리 감각장소, 소리 요소, 물질법'이라고 한다. 듣는 것은 '마음 감각장소, 귀 의식 요소(耳識界), 마음 요소(意界), 마음 의식 요소(意識界), 법 감각장소, 법 요소, 정신법'이라고 한다.

냄새 맡을 때 코 감성물질은 '코 감각장소, 코 요소, 물질법'이라고 한다. 맡아지는 냄새는 '냄새 감각장소, 냄새 요소, 물질법'이라고 한다. 냄새 맡는 것은 '마음 감각장소, 코 의식 요소(鼻識界), 마음 요소, 마음 의식 요소, 법 감각장소, 법 요소, 정신법'이라고 한다.

먹을 때 혀 감성물질은 '혀 감각장소, 혀 요소, 물질법'이라고 한다. 맛보아지는 맛은 '맛 감각장소, 맛 요소, 물질법'이라고 한다. 맛보는 것은 '마음 감각장소, 혀 의식 요소(舌識界), 마음 요소, 마음 의식 요소, 법 감각장소, 법 요소, 정신법'이라고 한다.

닿을 때 몸 감성물질은 '몸 감각장소, 몸 요소, 물질법'이라고 한다. 닿아지는 감촉은 '감촉 감각장소, 감촉 요소, 물질법'이라고 한다. 닿아 아는 것은 '마음 감각장소, 몸 의식 요소(身識界), 마음 요소, 마음 의식 요소, 법 감각장소, 법 요소, 정신법'이라고 한다.

그러므로 들릴 때 등에 '들린다, 들린다' 등으로 새기는 이는 그 각각의 순간에 분명한 이러한 감각장소 네 가지, 요소 여섯 가지, 정신과 물질 두 가지를 적절하게 안다.

생각하여 알 때 단지 생각하여 아는 것 = 대상을 단지 취하는 정도의 성품인 마음들을 '마음 감각장소, 마음 의식 요소(意識界), 정신법'이라고 한다. 각각의 대상과 부딪힘(phassa 접촉), 느낌(vedanā 느낌), 인식함(saññā 인식), 자극하고 격려함(cetanā 의도), 집중됨(samādhi 삼매), 생각함(vitakka 사유), 숙고함(vicāra 고찰), 결정함(adhimokkha 결심), 노력함(vīriya 정진), 기뻐하고 만족함(pīti 희열), 바라고 원함(chanda 바람), 좋아하고 갈망함(lobha 탐욕), 싫어하고 화냄(dosa 성냄), 잘못 앎(moha 어리석음), 잘못된 견해(diṭṭhi 사견), 우쭐하고 교만함(māna 자만), 질투함(issā 질투), 인색함(macchariya 인색), 후회하고 걱정함(kukkucca 후회), 흐리멍덩하고 게으름(thinamiddha 해태·혼침), 산만함(uddhacca 들뜸), 의심함(vicikicchā 의심), 탐하지 않음(alobha 탐욕없음), 행복하기를 바람(adosa 성냄없음), 불쌍히 여김(karuṇā 연민), 따라 기뻐함(muditā 같이 기뻐함), 믿고 존경함(saddhā 믿음), 새김(sati 새김), 불선업을 부끄러워하고 두려워함(hirīottappa 도덕적 부끄러움, 도덕적 두려움), 바르게 앎(paññā 통찰지), 편안함(passaddhi 경안), 가볍고 빠름(lahutā 가벼움) 등의 마음부수 무더기들은 '법 감각장소, 법 요소, 정신법'이라고 한다.

생각하여 아는 것의 의지처, 토대인 심장 물질(hadaya vatthu 심장토대), 여성의 몸에 여성으로서의 모든 특성을 생겨나게 하는 성 물질(itthindriya 여성 기능), 남성의 몸에 남성으로서의 모든 특성을 생겨나게 하는 성 물질(purisindriya 남성 기능), 이러한 성품들은 〔정신 – 물질로는〕 '물질법'이라고 한다. 〔감각장소 – 요소로는〕 '법 감각장소, 법

요소'이다.

그러므로 생각하여 알 때 '굽히려 한다, 펴려 한다, 생각한다, 고민한다, 망상한다, 숙고한다, 반조한다, 관찰한다, 새긴다, 안다' 등으로 새기는 이는 그 순간에 분명한 이러한 감각장소 두 가지, 요소 두 가지, 정신과 물질 두 가지를 적절하게 안다. 이렇게 생각하여 아는 순간의 대상에는 빠라맛타 실재성품도 있고 빤냣띠 개념도 있다. 실재성품 대상이라면 그 대상들인 감각장소, 요소, 정신과 물질도 알 수 있다.

② 족쇄를 아는 모습

몸의 내부와 외부에 존재하는 감각욕망 대상들을 좋아하고 바라는 것을 감각욕망 애착(kāmarāga)이라고 한다. 화냄, 싫어함, 성냄, 죽이고 파괴시키려 함을 적의(paṭigha)라고 한다. 자기 스스로를 높고 거룩하게 두고 다른 이와 비교하는 것, 뽐내는 것, 우쭐하는 것을 자만(māna)이라고 한다. '나, 중생, 영혼, 넋이라는 것이 있다. 그것들이 죽기 전에 항상 존재한다. 또는 그러한 것들이 죽으면 사라지고 없어져 버린다'라고 잘못된 생각을 가지는 것을 사견(diṭṭhi)이라고 한다. 의심하는 것을 의심(vicikicchā)이라고 한다. '소, 개 등의 행동대로 실천하면 행복하게 되고, 윤회에서 해탈할 수 있다'라는 잘못된 생각을 가지는 것을 계행·의식 집착(sīlabbataparāmāsa)이라고 한다. 좋은 삶, 거룩한 삶을 바라고 기대하는 것을 존재 애착(bhavarāga)이라고 한다. 다른 이의 좋은 것을 참지 못하는 것을 질투(issā)라고 한다. 자신이 소유한 물건, 재산, 공덕, 영화를 다른 이가 가지지 않기를 바라는 것, 자신과 교재하는 이가 다른 이와 교재하지 않기를 바라는 것을 인색(macchariya)이라고 한다. 물질과 정신의 바른 성품을 알지 못함, 잘못 아는 것을 무명(avijjā)

이라고 한다. 이 무명은 감각욕망 애착 등의 아홉 가지 족쇄와 결합되어 함께 생겨난다. 이러한 열 가지 법들이 계속 생겨나고 있는 이는 이전의 삶에서 죽었을 때 새로운 삶으로 다시 태어나야 한다. 윤회의 고통에서 벗어날 수 없다. 그래서 이 열 가지 법을 족쇄(saṁyojana)라고 부르는 것이다. '이 법들의 의지처, 즉 이 법들이 생겨나고 있는 이들로 하여금 〔윤회 윤전의 고통에서〕 벗어나지 못하도록, 윤회 윤전의 고통에 묶어 두는 법들'이라는 뜻이다.

볼 때, 들을 때 등에서 분명한 눈의 깨끗함, 보이는 형색, 보는 것, 귀의 깨끗함, 들리는 소리, 듣는 것 등의 감각장소들을 '보인다, 들린다' 등으로 새기지 못하기 때문에 사실대로 바르게 알지 못하는 이에게 이러한 열 가지 족쇄의 법들이 조건이 형성되는 것에 따라서 생겨난다. 생겨나면 그러한 감각욕망 애착 등을 '좋아한다' 등으로 생겨난 그대로 새겨 알아야 한다. 이렇게 새기는 것에 의해서 '감각욕망 애착 등이 생겨나도록 길을 터 주는, 최초의 마음기울임 = 올바르지 않은 마음기울임(ayonisomanasikāra)'도 안다. '새겨 알기 때문에 감각욕망 애착 등이 사라져 간다'라고 족쇄들을 사라지게 하는 올바른 마음기울임도 안다. 새김이 성숙되었을 때는 '감각욕망 애착 등을 생겨나게 하는, 최초로 마음기울이는 것과 동시에 새겨 알기 때문에' 감각욕망 애착 등이 분명하게 생겨나지 않고 사라져 가기도 한다. "yañca tadubhayaṁ paṭicca uppajjati saṁyojanaṁ, tañca pajānāti. yathā ca anuppannassa saṁyojanassa uppādo hoti, tañca pajānāti. yathā ca uppannassa saṁyojanassa pahānaṁ hoti, tañca pajānāti(이 둘을 조건으로 생겨난 족쇄도 분명히 안다. 전에 없던 족쇄가 어떻게 생겨나는지도 분명히 알고, 생겨난 족쇄를 어떻게 제거하는지도 분명히 안다)"라는 경전 내용과 일치한다.

"yathā ca pahīnassa saṁyojanassa āyatiṁ anuppādo hoti, tañca pajānāti(제거한 족쇄가 어떻게 앞으로 다시 생겨나지 않는지도 분명히 안다)"라는 경전내용처럼 족쇄들을 남김없이 제거하는 도를 자신의 지혜로 아는 것은 반조의 지혜에 이르러야 안다. 들어서 아는 지혜 정도를 위해 설명하면 다음과 같다. 존재더미 사견(有身見), 의심, 계행·의식 집착, 질투, 인색을 수다원 도가 남김없이 제거한다. 거친 수준의 감각욕망 애착과 적의를 사다함 도가 제거한다. 미세한 수준의 감각욕망 애착과 적의를 아나함 도가 제거한다. 자만, 존재 애착, 무명을 아라한 도가 제거한다.[481]

주지 않을 때마다 인색이 포함된 것은 아니다

여기에서 '인색을 수다원 도가 남김없이 제거한다'라고 했다고 해서 '수다원은 자신의 소유재산을 누가 달라고 할 때마다 준다. 보시한다. 재산을 소유하는 일이 없다'라고 이해해서는 안 된다. 무엇 때문인가? 재산 자체를 소유함, 자기 소유로부터 버리려고 하지 않음, 좋아함, 애착함은 탐욕이기 때문이다. 인색이 아니다. 자기 재산을 남이 가지려 하거나 사용하려 할 때 참지 못함, 인정할 수 없음, 인색함만 인색이라고 한다. 따라서 주지 않는 것, 보시하지 않는 것은 인색과만 관련된 것이 아니라 탐욕과도 관련되어 있다. 수다원에게는 인색은 없지만 탐욕은 아직 다 제거되지 않았다. 여기에서 부처님 당시에 수다원, 사다함, 아나

481 제거하는 모습에 보인 족쇄들은 아비담마 방법에 따른 것이다. 경전에 따르면 질투가 빠지고 존재 애착이 색계존재 애착과 무색계존재 애착으로 나누어진다. 『아비담마 길라잡이』(하), pp.598~600 참조.

함이었던 거부장자, 거부장자의 부인, 왕, 왕비 등의 경우를 생각해 보는 것이 적당하다. 그 당시에는 도둑들도 있었다. 불교의 가르침과 반대되는 행위를 하는 이교도들의 제자들도 있었다. 그래서 함부로 요구를 하는 이들이 있었을 것이다. 그러한 이들에게 그들이 달라고 할 때마다 주었다면 성자인 왕, 거부 장자들은 재산이 다 바닥났을 것이다.

그 외에 아나타삔디까(Anāthapiṇḍika) 장자의 집에 도둑들이 들어왔을 때의 일화도 살펴보아야 한다. 달라고 해서 바라는 만큼 가질 수 있다면 그 도둑은 도둑질을 하지 않았을 것이다. 따라서 〔내가 소유한 물건이〕 다른 이의 소유가 되는 것에 대해, 다른 이가 가지고 사용하는 것에 대해 동의하지 않는 것만을 '인색'이라고 알아야 한다. 다른 이가 사용하는 것에 대해 동의하지 않는 인색함 등이 없이 단지 좋아하고 아끼는 물건을 버리지 못하고, 보시하지 못하는 것은 탐욕에 해당된다. 주기에 적당하지 않은 것을 달라고 하는 이에게 주지 않는 것은 탐욕과 인색 두 가지 모두와 관련되지 않는다고 알아야 한다.

그래서 아래 가사를 보시 받으려 하는 우다이(Udāyī) 존자에게 우빨라완나(Uppalavaṇṇā) 비구니가 "mayaṁ kho bhante mātugāmānānāma kicchalābhā, idañca me antimaṁ pañcamaṁ cīvaraṁ. nāhaṁ dassāmi(존자여, 저희 여인들은 〔가사를〕 얻기 어렵습니다. 저의 이 가사도 마지막 다섯 번째 가사[482]입니다. 그러니 보시할 수 없습니다)"라고 거절하였다. 우빨라완나 비구니는 탐욕과 인색만을 제거한 분

482 비구니 스님들에게는 기본적으로 갖추어야 할 가사가 다섯 종류이다. saṅgaṭī(두 겹 대가사), uttarāsaṅgā(윗가사), antaravāsakā(아랫가사), 이 세 가지를 ticīvarā(삼의 三衣)라고 하고, 거기에 udakasāṭikā(목욕 가사), saṁkaccikā(가슴 가사)를 더해 다섯 종류이다. 여기에서 다른 가사들보다 아랫가사가 없으면 안 되기 때문에 '마지막 다섯 번째 가사'라고 아랫가사를 표현한 것이다. (KaA.323)

이 아니라 모든 번뇌들을 제거한 진짜 아라한 비구니였다. 그럼에도 불구하고 아랫가사를 보시할 수 없다고 거절한 것은 무엇 때문이겠는가? 보시하기에 적당하지 않은 물건을 달라고 했기 때문이 아닌가? 따라서 달라고 할 때마다 주지 않는 이, 보시하지 않는 이를 인색하다고 비난하지 않도록 주의해야 한다.

4) 깨달음 구성요소를 아는 모습

생멸의 지혜를 시작으로 새김이 깨끗해졌을 때 새길 때마다 그 대상들에 꽉 밀착하여 머무는 듯이 드러나는 새김이 매우 분명하게 생겨난다. 그때에는 생멸하는 물질과 정신 대상들이 새기는 마음 쪽으로 저절로 가까이 다가오는 것처럼 드러난다. 어느 대상 하나를 새겨 알고 나면 즉시 다른 대상 하나가 저절로 드러난다. 새기는 마음을 대상 속으로 푹 담그는 것처럼, 집어넣는 것처럼 드러난다. 그래서 그 새김(sati)에 대해서 'apilāpanalakkhaṇā = 결합하는 법들을 대상으로부터 떨어지게 하지 않게, 또한 새겨 알아지는 대상들도 새겨 아는 것으로부터 떨어지지 않게, 달아나지 않게 하는 특성이 있다'라고 주석서에서 설명하였다. 그렇게 매우 분명하게 생겨나는 사띠는 도의 지혜를 생겨나게 하기 때문에 새김 깨달음 구성요소(sati sambojjhaṅga)라고 한다.

새길 때마다 새겨야 하는 대상에 포함된, 특별히 분명한 어떤 물질과 정신의 바른 성품도 안다. 새기는 마음속으로 머리를 내밀고 들어오는 것처럼 그 물질과 정신이 처음 생겨나는 것도 구별하여 안다. 탁하며 끊어져 가듯이 사라지는 것, 소멸하는 것도 구별하여 안다. 항상하지 않은 성품이라고 하는 무상의 특성(aniccālakkhaṇā), 고통스럽고 좋지 않은 성품 = 좋아할 만한 것이 아닌 성품이라고 하는 괴로움의 특성(dukkhālakkhaṇā),

원하는 대로 성취되지 않는 것, 나가 아닌 것, 나라고 하는 것이 없다는 성품인 무아의 특성(anattālakkhaṇā), 이러한 세 가지 특성도 분명하게 안다. 이러한 지혜가 법 간택 깨달음 구성요소(dhammavicaya sambojjhaṅga)이다.

새길 때마다 모자라지도 않고 넘치지도 않는 노력이 분명하게 생겨난다. 가끔씩 어떠한 자세를 시작으로 처음부터 노력을 지나치게 열심히 하다 보면 나중에 너무 지나치게 애를 쓰게 된다. 그때에는 들뜸이 제거되지 않아 새김이 좋아야 할 만큼 좋지 않게 되기도 한다. 가끔씩 처음 수행을 시작할 때부터 노력을 너무 느슨히 하여 나중에도 너무 느슨하게 된다. 그때에는 혼침이 제거되지 않아 새김이 희미하게 된다. 처음 수행을 시작할 때부터 느슨하지도 지나치지도 않게 자연스럽게 노력하든가, 지나친 노력을 조금 줄이든가, 너무 느슨한 상태일 때 조금 애를 더 쓰든가 하여 균형 잡힌 노력이 생겨나면 너무 열심히 애를 쓰지 않기 때문에 들뜸도 없고, 애를 전혀 쓰지 않는 것도 아니기 때문에 해태·혼침도 없다. 〔대상이〕 생겨날 때마다 〔그 대상들을〕 놓치지 않고 새기기만 한다. 이렇게 노력하는 것이 정진 깨달음 구성요소(vīriya sambojjhaṅga)이다.

새길 때마다 마음으로 좋아함, 만족함, 기뻐함을 희열 깨달음 구성요소(pīti sambojjhaṅga)라고 한다. 관찰하고 새기도록 특별히 애쓰지 않아도 마음이 고요하고 편안한 것을 경안 깨달음 구성요소(passaddhi sambojjhaṅga)라고 한다. 희열과 경안은 생멸의 지혜가 처음 생겨날 때부터 매우 분명하게 생겨난다. 그 이전에는 경험해 보지 못한 기쁨, 경안들을 경험하게 되어 끊임없는 행복을 느끼기도 한다. 'sabbaratiṁ dhammarati jināti = 모든 희락 중에서 법에 의한 희락이 최상이다'라고 하는 가르침이 맞다고 장담할 수 있다. 가고 서고 앉고 눕고 굽히고 펴고 새기는 몸과 마음의 모든 현상들에 대해서 행복한 느낌이 떠나지 않기 때문에 항상 계속해서 즐거운 것만을 경험하게 된다. 희열의 힘 때문에 바람에 흔들리는 요람에 앉은 것처럼 흔들흔들 하기도 한다. 경안의 힘 때문에 아무것도 새기지 않아도 고요하게 머무는 것처럼, 멍하게 머무는 것처럼 되기도 한다. 무너짐의 지혜 등에서는 이 희열과 경안이 가끔씩만 분명하게 드러난다. 그렇지만 형성평온의 지혜에서는 매우 오랫동안 분명하게 지속되기도 한다.

새길 때마다 새기는 대상에만 집중되어 머무는 것처럼, 계속해서 밀착하며 머무는 것처럼, 산란하지 않음, 집중되어 고요함이 분명하게 생겨난다. 이러한 집중이 매우 분명하게 생겨나기 때문에 새겨야 하는 물질과 정신의 고유특성 등이나 생겨남과 사라짐, 무상의 특성 등을 바르게 알 수 있다. 새길 때마다 포함되어 분명하게 생겨나는 이러한 찰나삼매를 삼매 깨달음 구성요소(samādhi sambojjhaṅga)라고 한다.

관찰하고 새길 때 모자라지도 않고 넘치지도 않게, 잘 균형을 맞추게 하는 성품도 새길 때마다 분명하게 생겨난다. 중립(tatramajjhattatā)이라고 부르는 이 균형을 맞춰 주는 성품을 평온 깨달음 구성요소(upekkhā sambojjhaṅga)라고 한다. 평온은 스스로 경험해서 알고 이해하기도 어렵고 다른 이로 하여금 이해하도록 설명하기도 어렵다. 그렇지만 생멸의 지혜 등에 이른 이들은 자신에게 분명하게 생겨나기 때문에 이 평온을 쉽게 알 수 있다.

균형 맞춰 주는 모습 생겨날 때마다 새겨 물질과 정신만, 생성과 소멸만 드러날 때 믿음이 지나친 이들은 〔자신이〕 믿는 것에 빠져 거듭 숙고하고 반조하며 지낸다. 어떻게 숙고하는가? "'물질과 정신, 이 두 가지만 있다. 개인, 중생, 어떠한 실체라고 하는 것은 없다'라는 것이 사실이구나. '눈을 한 번 깜빡하는 사이조차 길게, 확고히 머무는 법이라고는 없고 생겨나서는 즉시 무너지고 사라지는 법들뿐이다'라는 것이 사실이구나. '항상하지 않다, 괴로움인 것이다, 좋지 않은 것이다, 나라고 하는 것이 없다, 나라는 것이 아니다'라는 것이 사실이구나. 모든 법을 아시는 부처님이라고 하는 분은 사실이구나. 부처님께서 설하신 대로 모두가 사실이구나. 스승님께서 말해 주신 것도 사실이구나"라는 등으로 믿고 존경하면서 끊임없이 계속해서 숙고하고 반조하며 지내기도 한다. 그때에는 그 숙고함, 반조함의 생멸도 잘 알 수 없다. 다른 물질과 정신들도 그것들이 생성할 때마다, 소멸할 때마다 자세하게 관찰할 수도 없다. 새길 때마다 믿음이 너무 지나치기 때문에 새기는 대상들도 확실하게 알 수 없다. 이것은 믿음이 지나쳐 새겨 앎이 무너지는 모습이다.

지혜가 너무 지나친 이도 자주 숙고하고 반조한다. 수행하는 중간중간에 '물질인가, 정신인가, 접촉인가, 느낌인가?'라는 등으로, '분명히 드러나는가, 드러나지 않는가, 특성으로 드러나는가, 역할로 드러나는가?'라는 등으로, '생성이 드러나는가, 소멸이 드러나는가, 무상의 특성이 드러나는가?'라는 등으로 숙고하고 반조한다. 새겨 분명히 알 때마다 기억해 놓았던 경전지식, 생각해 보았던 성품, 관계된 비유 등과 자주 연결하여 숙고하기도 한다. 그때는 숙고하는 마음들의 생멸을 잘 새길 수 없다. 다른 물질과 정신들이 생겨날 때마다 소멸할 때마다 그것을 자세하게 새길 수도 없다. 새길 때마다 검토하기를 원하는 지혜가 너무 지나치기 때문에 새기는 대상들도 확실하게 알 수 없다. 이것은 지혜가 지나쳐서 새겨 앎이 무너지는 모습이다.

균형을 맞춰 주는 성품인 평온의 힘 때문에 믿음과 지혜가 균형을 이루었을 때는 믿음도 지나치지 않고 숙고함도 지나치지 않다. 〔대상이〕 생겨날 때마다 그 대상을 새겨 알기만 할 뿐이다. 믿음의 성품으로 넘어가 거듭 숙고하며 지내지도 않는다. 새겨 안 것을 다시 돌이켜 거듭 반조하며 지내지도 않는다. 따라서 물질과 정신이 생겨날 때마다 그것을 차례대로 잘 새겨 알 수 있다.

정진이 지나칠 때는 너무 애써 노력한다. 새기기 위해 대상을 찾고 생각하고 기대하며 지낸다. '새겼나, 새기지 못하고 놓쳐 버렸는가?'라고도 자주 반조한다. '어느 것을 놓치고 새기지 못했는가?'라고도 자주 반조한다. '나중에는 더욱 잘 새겨야지'라고도 자주 계획한다. 이렇게 노력이 지나치기 때문에 마음이 잘 머물 수 없다. 산란하기만 하다. 산란함 때문에 물질과 정신이 생겨날 때마다 자세하게 새길 수 없다. 새길 때마다 노력이 지나치고 집중의 힘이 적어져서 새기는 대상들도 확실하게 알 수 없다. 이것은 정진이 지나쳐서 새겨 앎이 무너지는 모습이다.

삼매가 지나칠 때는 한 종류의 대상만을 오랫동안 새기며 지낸다. 다른 대상이 드러나지 않기 때문에 새롭고 특별한 대상을 새기도록 애쓰지 않는다. 그렇게 애쓰지 않아서 새기던 것만을 편안하게 새기고 있기 때문에 정진이 줄어들게 된다. 외우고 독송하던 경전, 예경문, 보호경 등을 외우고 독송할 때 노력이 줄어드는 것처럼 된다. 따라서 대상과 새김이 점점 희미해져간다. 새김의 힘이 약해져 흐리멍덩함인 해태·혼침(thinamiddha)에 빠지게 된다. 물질과 정신이 생겨날 때마다 자세하게 새길 수 없다. 노력이 줄어들고 새기는 중간중간에 해태·혼침이 끼어들기 때문에 새기는 대상들도 확실하게 알 수 없다. 이것은 삼매가 지나쳐서 새겨 앎이 무너지는 모습이다.

균형을 맞춰 주는 성품인 평온의 힘 때문에 정진과 삼매가 균형을 이루었을 때에는 애쓰는 것도 지나치지 않고, 집중하여 머무는 것도 지나치지 않고, 특별히 신경쓰지 않아도 생겨나는 대로의 물질과 정신들도 분명하게 드러난다. 드러나는 대상들이 많아도 마음이 들뜨지 않는다. 드러나는 대로의 물질과 정신들을 저절로 계속해서 새기며 안다. 아는 대로의 대상에 잘 집중하여 머무는 것도 분명하다. 그때 수행자는 '새기지 않고 놓치는 대상이라고는 전혀 없다. 모두 안다'라고 생각하기도 한다.

지금까지 언급한 방법대로 믿음과 지혜, 정진과 삼매 등의 법들이 균형을 이루며 생겨나는 성품, 또한 그러한 법들의 균형을 맞춰 주는 성품을 '평온 깨달음 구성요소'라고 한다. 이 평온 깨달음 구성요소가 매우 분명하게 생겨날 때에는 새김 등의 법들도 균형을 이루면서 매우 분명하게 생겨난다. 그때에는 새겨야 할 대상을 특별히 찾지 않아도 된다. 하나의 새김이 끝나면 또 다른 새겨야 할 대상이 차례로 드러난다. 새기려고 특별히 애쓰지 않아도 된다. 저절로 계속해서 새겨 아는 것처럼 된다. 새겨야 하는 대상들을 바라지 않기 때문에 계속해서 이르는 대상에 잘 집중하여 머물게 된다. 새기는 대상들을 '물질의 성품뿐인 것으로, 정신의 성품뿐인 것으로, 생멸하는 성품뿐인 것으로, 무상, 고, 무아일 뿐인 것으로' 특별히 반조하지 않아도 단지 새기는 것만으로도 분명하게 알게 된다. 그리고 이미 안 것에 대해서 믿고 결정하여 다시 돌이켜 반조하지도 않는다. 이렇게 새겨 아는 것이 균형을 이루었을 때에는 노력을 더 가중시켜서는 안 된다. 노력을 일부러 줄여서도 안 된다. 가중시켜 노력하면 정진이 지나쳐서 〔수행이〕 무너지게 된다. 줄여서 노력하면 정진이 너무 부족하여 〔수행이〕 무너지게 된다. 따라서 원래 새겨 아는 대로만 바탕을 무너뜨리지 않고 그대로 새기며 따라가야 한다. 계속해서 알고 있는 위빳사나 마음을 다시 관찰하여 새기는 것 = 재관찰 위빳사나(paṭivipassanā)에 의해 생겨나는 깨달음 구성요소 일곱 가지들을 바르게 안다. “santaṁ vā ajjhattaṁ satisambojjaṅgaṁ ‘atthi me ajjhattaṁ satisambojjhaṅgo’ti pajānāti(자기에게 새김 깨달음 구성요소가 있을 때, ‘내게 새김 깨달음 구성요소가 있다’라고 분명히 안다)”라는 경전내용과 일치한다.

이렇게 깨달음 구성요소 법들이 분명하게 생겨나 새김이 좋다가 정진이 지나치는 것 등에 의해 새김이 좋지 않게 되었을 때라든가, 새기지 않고 굽히거나 펼 때, 또는 망상 등이 생겨나게 되었을 때에는 ‘〔새김이〕 좋지 않다, 잊어버렸다, 망상했다’라는 등으로 새겨 이 깨달음 구성요소 법들이 생겨나지 않는 것도 안다. “asantaṁ vā ajjhattaṁ satisambojjhaṅgaṁ ‘natthi me ajjhattaṁ satisambojjhaṅgo’ti pajānāti(자기에게 새김 깨달음 구성요소가 없을 때, ‘내게 새김 깨달음 구성요소가 없다’라고 분명히 안다)”라는 경전내용과 일치한다.

이 깨달음 구성요소 법들은 “이전의 여러 관찰, ‘새김 등을 생겨나게 하리라’라고 마음기울이는 것, 공경할 만한 대상 등에 마음기울이는 것”이라고 하는 올바른 마음기울임(yoniso manasikāra) 때문에 분명하게 생겨난다. 깨달음 구성요소들을 새겨 아는 이는 바른 길, 방법에 따른 그 마음기울임도 ‘어떻게 마음기울였기 때문에 이 깨달음 구성요소가 생겨났다’라고 안다. “yathā ca anuppannassa satisambojjhaṅgassa uppādo hoti, tañca pajānāti(전에 없던 새김 깨달음 구성요소가 어떻게 생겨나는지 분명히 안다)”라는 경전내용과 일치한다.

이 깨달음 구성요소들을 모두 완벽하게 닦는 것은 아라한 도에 의해서만 모든 것을 성취할 수 있기 때문에 "yathā ca uppannassa satisambojjhaṅgassa bhāvanāya pāripūrī hoti, tañca pajānāti(생겨난 새김 깨달음 구성요소를 어떻게 닦아서 성취하는지 분명히 안다)"라는 내용에 따라 아는 모습은 아라한이 되었을 때라야 반조의 지혜(paccavekkhaṇa ñāṇa)로 구족될 것이다.

5) 네 가지 진리를 아는 모습

① 네 가지 진리

괴로움이라는 성스러운 진리(dukkha ariyasaccā 苦聖諦) = 성자들이 알 수 있는, 괴로움이라는 바른 진리.

괴로움의 생겨남이라는 성스러운 진리(dukkhasamudaya ariyasaccā 集聖諦) = 성자들이 알 수 있는, 괴로움의 원인이라는 바른 진리.

괴로움의 소멸이라는 성스러운 진리(dukkhanirodha ariyasaccā 滅聖諦) = 성자들이 알 수 있는, 괴로움이 소멸된 행복이라는 바른 진리.

괴로움의 소멸로 인도하는 실천이라는 성스러운 진리(dukkhanirodhagāminī paṭipadā ariyasaccā, 道聖諦) = 성자들이 알 수 있는, 괴로움이 소멸된 행복에 이르게 하는 실천이라는 바른 진리.

이 네 가지는 성자들이 알 수 있는 바른 법이기 때문에 성스러운 진리(ariyasaccā)라고 한다. 간단히 줄여서 괴로움의 진리(dukkhasaccā 苦諦), 생겨남의 진리(samudayasaccā 集諦), 소멸의 진리(nirodhasaccā 滅諦), 도의 진리(maggasaccā 道諦)라고 한다.

괴로움의 진리

어느 한 생에서 정신과 물질 무더기들이 제일 먼저 생겨나는 것을 태어남(jāti)이라고 한다. 거듭 이어서 생겨나는 그 무더기들이 늙는 것, 성숙해 가는 것을 늙음(jarā)이라고 한다. 그 무더기들이 마지막에 무너지는 것, 죽는 것을 죽음(maraṇa)이라고 한다. 매번의 생마다 관계된 이러한 태어남, 늙음, 죽음 등은 여러 가지 몸의 고통, 마음의 고통들을 생겨나게 하기 때문에 '괴로움의 진리'라고 한다. 진실로 괴로운 법 = 좋지 않은 법 = 좋아할 만한 것이 없는 법 = 혐오할 만한 법이라는 뜻이다. "jātipi dukkhā, jarāpi dukkhā, maraṇampi dukkhaṁ(태어남도 괴로움이다, 늙음도 괴로움이다, 죽음도 괴로움이다)"〔라고 경전에 서술되었다.〕

괴로움의 일곱 가지 종류 괴로움에는 일곱 가지 종류가 있다. 첫째, 아프고 쑤시는 것 등 몸의 여러 고통들, 마음 불편함, 슬픔 등의 정신적 여러 고통들을 고통 괴로움(dukkhā – dukkha 苦苦)이라고 한다. 항상하지 않기 때문에, 혹은 생겨날 때 괴롭기 때문에 제일 괴로운, 제일 좋지 않은 법이라는 뜻이다.

둘째, '좋다, 행복하다'라는 등으로 부를 만한 육체적·정신적 행복 = 여러 가지 행복한 느낌들을 변함 괴로움(vipariṇāma – dukkha 壞苦)이라고 한다. '그것이 생겨날 때에는 즐겁고 기쁘게 하지만 그것이 사라져 없어졌을 때는 편하게 잘 지내지 못하게, 괴롭게, 피곤하게 하는 성품'이라는 뜻이다. 이 행복은 힘이 약하게 생겨났다면 그것이 사라졌을 때도 약하게 고통스럽게 한다. 낮은 곳에서 떨어지면 아픔이 그리 분명하지 않은 것과 마찬가지이다. 매우 힘이 좋게 생겨났다가 그 행복이 사라졌을 때에는 매우 심하게 고통스럽게, 힘들게 한다. 높은 곳에서 떨어지면 뼈가 부러지거나 죽게 할 정도로 매우 크게 아픈 것처럼 미치거나 죽게 까지 할 정도로 고통스럽게 한다. 행복함 = 행복한 느낌(sukha vedanā)이라는 모든 것들은 이와 같을 뿐이다. 그것이 생겨나는 그 당시에만 행복하게, 즐겁게 할 뿐이고 그것이 없을 때에는 고통스럽게, 괴롭게 하는 것들일 뿐이다. 좋아하는 사람이나 물건과 떨어졌을 때에 괴로운 것은 그 사람이나 물건과 함께 있을 때 생겨난 행복함 = 행복한 느낌 때문이다. 따라서 행복한 느낌은 '여러 가지 대상으로 유혹하고 현혹하여 마음을 미치게 하는' 야차녀와 같다. 사실대로 안다면 그 야차녀처럼 매우 혐오스럽고 무서운 것이다. 그래서 행복한 느낌을 '변함 괴로움'이라고 한다.

셋째, 좋아하고 바라는 것 = 갈애를 제외한, 무덤덤한 느낌들과 함께 나머지 모든 세간의 물질과 정신의 법들은 생멸하는 것이고, 항상하지 않기 때문에 형성 괴로움(saṅkhāra – dukkha 行苦)이라고 한다. 괴로움의 진리에 해당되는 법들 모두가 형성 괴로움에 해당된다. 행복한 느낌, 괴로운 느낌들도 이 형성 괴로움에서 벗어나지 않는다. 그래서 『상윳따 니까야(느낌 상윳따, 여섯 감각장소 품)』에 다음과 같이 설하셨다.

> Taṁ kho panetaṁ, bhikkhu, mayā saṅkhārānaṁ yeva aniccataṁ sandhāya bhāsitaṁ — 'yaṁ kiñci vedayitaṁ taṁ dukkhasmi'nti.
>
> (S.ii.417)
>
> 해석
>
> **"비구들이여, '느껴지는 그 모든 것들은 괴로움이다'라는 것은 바로 '형성들이 무상한 것을 연유로 해서' 내가 설한 것이다"**

그렇지만 행복한 느낌은 보통의 형성 괴로움보다 특별하다. 행복한 느낌이 사라졌을 때 그것을 그리워하며 평소 상태와 다르게 바꾸고 고통스럽게 하기 때문에 사실대로 바르게 안다면 보통의 형성 괴로움보다 더 두려운 것이고 혐오스러운 것이다. 괴로운 느낌은 생겨날 때 즉시 참기 힘든 성품이 되기 때문에 보통의 형성 괴로움, 변함 괴로움들보다 더 두려운 것이고 혐오스러운 것이다. 제일 괴로운 것이다. 따라서 그러한 느낌들을 형성 괴로움에서 끄집어내어 변함 괴로움, 고통 괴로움이라고 주석서의 스승들이 이름하였다. 자기 내부·외부의 여러 대상들, 물건들을 좋아하고 애착하는 것은 그러한 물질과 정신들을 '항상하다'라고 생각하기 때문이다. '끊임없이 생멸하고 있다. 행복하도록, 좋도록 계속해서 끊임없이 고쳐 주어야 한다'라고 사실대로 바르게 알면 '항상하다, 행복하다, 좋다'라고 생각하지 않는다. 두려워할 만한 것, 혐오할 만한 것으로 생각한다. 그래서 그러한 형성법들을 애착하지 않고 좋아하지 않는다. 따라서 위빳사나 수행에 있어 괴로움의 진리에 관해서는 이 형성 괴로움을 분명하게 아는 것이 필요하다.

넷째, 두통, 귀의 아픔, 치통 등 몸의 고통들, 탐욕 때문에 마음 졸임, 성냄 때문에 마음 불편함, 슬픔 등의 정신적인 고통들, 이러한 몸과 마음의 고통들은 그것을 겪는 이가 말해야 다른 이들도 알 수 있다. 말하지 않으면 알 수 없다. 그래서 그러한 고통들을 감춰진 괴로움(paṭicchanna – dukkha)이라고 한다. 분명하지 않은 괴로움(apākaṭa–dukkha)이라고도 한다.

다섯째, 몽둥이, 칼, 창 등으로 형벌을 받는 것 등 때문에 생겨나는 몸의 괴로움을 드러난 괴로움(apaṭicchanna – dukkha)이라고 한다. 분명한 괴로움(pākaṭa – dukkha)이라고도 한다.

여섯째, 괴로운 느낌을 직접적인 괴로움(nippariyāya – dukkha)이라고 한다. 확실한 괴로움이라는 뜻이다.

일곱째, 그 밖에 태어남의 괴로움 등을 간접적인 괴로움(pariyāya – dukkha)이라고 한다. 원래 성품으로는 참기 힘든 것이 아니지만 몸과 마음의 여러 가지 고통들을 생겨나게 하기 때문에 방편적으로 괴로운 성품, 좋지 않은 성품이라는 뜻이다.

처음에 언급했던 태어남, 늙음, 죽음은 이러한 일곱 가지 괴로움들 중에 간접적인 괴로움이기 때문에 '괴로움의 진리'라고 한다.

친척이나 가족, 친구의 무너짐, 재산의 무너짐, 건강의 무너짐, 계의 무너짐, 잘못된 견해의 무너짐이라고 하는 다섯 가지 무너짐(byasana)과 만났거나, 괴롭힘이나 구타를 당함, 결박 당함 등의 여러 가지 고통을 주는 것과 만났거나, 혹은 그러한 고통들과 만날 것을 미리 생각할 때 생겨나는 슬픔, 걱정들을 슬픔(soka)이라고 한다. 슬픔의 힘이 너무 커서 슬피 울고 탄식하는 것을 비탄(parideva)이라고 한다. 울어도 어찌 할 수 없고, 주체할 수 없어 참을 수 없을 정도로 마음이 타들어 감 = 성냄을 절망(upāyāsa)이라고 한다. 모든 육체적인 괴로움을 고통(dukkha)이라고 한다. 보통의 정신적인 괴로움을 근심(domanassa)이라고 한다. 이들 중 슬픔·고통·근심, 이 세 가지는 '고통 괴로움'이기 때문에, 또한 나중에 육체적·정신적 괴로움들을 생겨나게 하기 때문에 괴로움의 진리라고 한다. 비탄과 절망, 이 두 가지는 육체적·정신적 괴로움을 생겨나게 하는 '간접적인 괴로움'이기 때문에만 '괴로움의 진리'라고 한다. 싫어하는 사람·대상·물건과 만나야 하는 것, 좋아하는 사람·대상·물건과 만나지 못하는 것, 얻을 수 없는 것을 바라는 것, 이 세 가지도 육체적·

정신적 여러 괴로움들을 생겨나게 하기 때문에 괴로움의 진리라고 한다.

볼 때, 들을 때 등에서 관찰하지 않는 이는 그 각각의 순간에 분명하게 존재하는 물질, 느낌, 인식, 형성들, 의식을 갈애와 사견으로 집착한다. 집착하는 모습은 제3장 「훌륭한 하룻밤 경(Baddekaratta sutta)」을 설명하는 곳에서 알려 주었다.[483] 이렇게 관찰하고 새기지 않을 때마다 집착하기 때문에, 집착하기에 적당하기 때문에 그 물질, 느낌, 인식, 형성들, 의식을 다섯 취착무더기(upādānakkhandhā 五取蘊)라고 부른다. 이 다섯 취착무더기들이 있으면 태어남 등의 열한 가지 괴로움들이 생겨날 수 있다. 〔취착무더기들이〕 없으면 〔괴로움들이〕 생겨날 수 없다. 따라서 간략하게 말하면, 볼 때, 들을 때 등에서 분명하게 존재하는 다섯 취착무더기를 괴로움의 진리라고 말한다. 생겨남, 사라짐이 있어 영원하지 않은 '형성 괴로움'이기 때문에, 또한 태어남이라는 괴로움 등의 여러 가지 괴로움들이 생겨나는 곳, 의지처가 되기 때문에 진실로 고통인 법 = 좋지 않은 법 = 좋아할 만한, 바랄 만한 것이 없는 법 = 싫어하고 혐오하고 두려워할 만한 법이라는 뜻이다. 그래서 다음과 같이 설하셨다.

saṁkhittena pañcupādānakkhandhā dukkhā.

(D.ii.243)

대역

saṁkhittena**요컨대** pañca upādānakkhandhā갈애와 사견으로 **집착하는,**
집착하기에 적당한 **다섯 취착무더기, 그 자체가** dukkhā**괴로움이다.**
또는 좋지 않은 법일 뿐이다.

---

483 이 책의 제1권 pp.303~305 참조.

생겨남의 진리

볼 때 등에 분명하게 존재하는, 괴로움의 진리에 해당하는 바로 그 다섯 취착무더기 법들을 '좋은 것, 거룩한 것'이라고 생각하여 좋아하고 기뻐하고 즐거워하고 기대하고 원하는 것이 갈애(taṇhā)이다. 이 갈애가 아직 사라지지 않은 이에게는 지금 행복하고 잘 살기를, 나중에 행복하고 잘 살기를 바라며 깨끗한 마음으로 생각하고 말하고 행위를 할 때마다 선업《허물이 없는 행위》이 생겨난다. 깨끗하지 않은 마음으로 생각하고 말하고 행위를 할 때마다 불선업《허물이 있는 행위》이 생겨난다. 각각의 생마다 이 선업, 불선업들은 헤아릴 수 없을 정도로 많이 생겨난다. 그렇지만 이미 행했던 많은 업들 가운데 적당한 기회에 따라 어느 한 업이나 그 업을 행할 때의 표상이 임종에 즈음한 마음에 드러난다. 그렇지 않으면 태어날 새로운 생에서 머물 곳의 여러 상황을 나타내는 대상이 그 업 때문에 마치 꿈을 꾸는 것처럼 마음에 드러난다. 이러한 세 가지 대상 중 어느 하나의 대상에 집착하며 죽는 이는 마지막 물질과 정신이 무너짐과 동시에 그 대상만을 집착하여, 바로 그 업 때문에 그에게 새로운 생이 머무는 곳에 새로운 다섯 취착무더기가 생겨난다. 여기서 집착하는 모습은 무서운 꿈을 꾼 이가 깨고 나서도 그 두려움이 사라지지 않는 것과 같다. 앞뒤가 이어져 연결된 모습은 보고 난 대상에 대해 생각하는 것이 이어서 생겨나는 것과 같다.《수행자들이 직접 알 수 있는 비유이다.》

제일 먼저 생겨난 무더기들에 이어서 새로운 생에서 죽을 때까지 거듭 취착무더기들이 계속 이어서 생겨나고 사라진다. 이번 생에서 보고 나면 다시 보고, 보고 나면 생각하고, 보고 나면 듣고, 이러한 등으로 취착무더기들이 계속 이어서 끊임없이 생겨나는 것과 마찬가지이다. 이렇게 생겨날 때 그 취착무더기들이 제일 먼저 생겨나는 것이 '태어남이라는 괴로움'이다. 거듭 생겨난 뒤 그 무더기들이 성숙하는 것이 '늙음이라는 괴로움'이다. 마지막으로 그 무더기들이 무너지는 것이 '죽음이라는 괴로움'이다. 죽기 전에 여러 가지 이유 때문에 생겨나는 슬픔, 비탄 등도 괴로움일 뿐이다. 봄, 들음 등에 의해 끊임없이 생겨나는 취착무더기들도 괴로움일 뿐이다. 그러면 이러한 괴로움의 진리에 해당하는 법들은 무엇 때문에 생겨났는가? 바로 업 때문에 생겨났다. 업은 무엇 때문에 생겨났는가? 무엇 때문에 그 결과를 줄 수 있는가? 취착무더기에 대해 좋아하고 바라는 갈애 때문이다. 이 갈애가 사라진 이에게는 새로운 업이 생겨날 수 없다. 생겨난 과거의 업들도 새로운 생의 무더기들을 생겨나게 할 수 없다. 따라서 각각의 생마다 제일 먼저 생겨나는 취착무더기 등 모든 고통들의 근본원인은 바로 갈애이다. 그렇기 때문에 볼 때 등에 분명하게 존재하는 바로 그 취착무더기들을 '좋은 것, 거룩한 것'이라고 생각하여 좋아하고 기뻐하고 즐거워하고 기대하고 원하는 것이라고 하는 갈애(taṇhā)를 '생겨남의 진리'라고 한다. "yāyaṁ taṇhā ponobhavikā nandīrāgasahagatā(그것은 갈애이니 다시 태어남을 가져오고 즐김과 애착이 함께하며)"라는 경전내용과 일치한다.

소멸의 진리

고요하고 적정한 열반을 도의 지혜로 알고 보게 되면 '생멸하는 모든 물질과 정신 무더기들은 전부 괴로운 것일 뿐이다'라고 사실대로 바르게 결정하여 알고 볼 수 있다. 따라서 물질과 정신 무더기들에 대해 좋아하고 바라는 갈애가 생겨날 수 없다. 좋아하고 바라는 것이 사라지기 때문에 새로운 생의 물질과 정신 무더기들도 생겨날 수 없다. 이렇게 새로운 생에서 물질과 정신 무더기가 생겨나지 않는 것이 무여열반(anupādisesa nibbāna)이라고 하는 《괴로움의》 소멸이다. 그래서 주석서에서 집착없이 소멸함(anuppādanirodha)이라고 하였다. 따라서 생겨남의 진리인 갈애와, 괴로움의 진리인 물질과 정신 무더기들이 생겨나지 않음, 소멸함인《도 지혜의 대상인》 열반을 '소멸의 진리'라고 한다. "yo tassāyeva taṇhāya asesavirāganirodho(바로 그 갈애가 남김없이 빛바래어 소멸한)"이라는 경전내용과 일치한다.

도의 진리

열반을 대상으로 하여 직접 아는 바른 견해 등의 여덟 가지 도 구성요소들을 '도의 진리'라고 한다.

경전지식이 적은 이들을 위해 범부들의 존재상속에 생멸하고 있는 모든 물질과 정신들이 괴로움의 진리와 생겨남의 진리이다. 그 두 가지 중 바라고 기대하고 원하고 좋아하는 것이 생겨남의 진리이고 나머지 모든 물질과 정신들이 괴로움의 진리이다. 새김의 대상과 새겨 아는 것이 모두 사라져 소멸한 성품이 소멸의 진리이다. 그 소멸함, 사라진 성품에 이르러 직접 아는 법이 도의 진리이다.

② 네 가지 진리를 관찰하는 모습

두 가지 진리만 관찰하여 안다

이 네 가지 진리 중 괴로움의 진리와 생겨남의 진리라고 하는 윤전(輪轉)하게 하는 두 가지 진리(vaṭṭa sacca)만을 관찰하여 새겨야 한다. 소멸의 진리와 도의 진리라고 하는, 윤전에서 벗어나게 하는 두 가지 진리(vivaṭṭa sacca)는 '좋은 것이다, 거룩한 것이다'라고 듣는 것만으로 알고 마음을 향하는 정도만 필요하다. 단지 마음을 향하게 하는 것만으로 그 두 가지 진리에 대한 일은 끝난다. 그래서 네 가지 진리라는 수행주제에 대해 주석서에서는 다음과 같이 설명하고 있다.

> Tatha purimāni dve saccāni vaṭṭaṁ, pacchimāni vivaṭṭaṁ. Tesu bhikkhuno vaṭṭe kammaṭṭhānābhiniveso hoti, vivaṭṭe natthi abhiniveso. Purimāni hi dve saccāni "pañcakkhandhā dukkhaṁ, taṇhā samudayo"ti evaṁ saṅkhepena ca, "katame pañcakkhandhā? Rūpakkhandho"ti ādinā nayena vitthārena ca, ācariyassa santike uggaṇhitvā vācāya punappunaṁ parivattento yogāvacaro kammaṁ karoti. Itaresu pana dvīsu saccesu nirodhasaccaṁ iṭṭhaṁ kantaṁ manāpaṁ, maggasaccaṁ iṭṭhaṁ kantaṁ manāpanti evaṁ savaneneva kammaṁ karoti.
>
> So evaṁ karonto cattāri saccāni ekappaṭivedheneva paṭivijjhati, ekābhisamayena abhisameti. Dukkhaṁ pariññāpaṭivedhena paṭivijjhati, samudyaṁ pahānappaṭivedhena paṭvijjhati, nirodhaṁ sacchikiriyā paṭivedhena paṭivijjhati, maggaṁ bhāvanāpaṭivedhena paṭivijjhati. Dukkhaṁ pariññābhisamayena abhisameti, samudayaṁ pahānābhisamayena, nirodhaṁ sacchikiriyābhisamayena, maggaṁ bhāvanābhisamayena abhisameti.

Evamassa pubbabhāge dvīsu saccesu uggahaparīpucchāsavanadhāraṇasammasanappaṭivedho hoti, dvīsu pana savanappaṭivedhoyeva. Aparabhāge tīsu kiccato paṭivedho hoti, nirodhe ārammaṇappaṭivedho.

(DA.ii.391)

대역

Tatha여기에서 그 네 가지 진리 중에, purimāni dve saccāni앞의 두 가지 진리는 vaṭṭaṁ'윤전하게 하는 진리', pacchimāni나머지는 vivaṭṭaṁ '윤전에서 벗어나게 하는 진리'이다. tesu그 '윤전하게 하는 진리', '윤전에서 벗어나게 하는 진리', 이 두 가지 중에서, vaṭṭe윤전하게 하는 진리 두 가지에 대해서는 bhikkhuno비구에게 kammaṭṭhānābhiniveso수행주제 천착, 즉 수행주제에 들어감, 수행주제를 생각함이 hoti있다. vivaṭṭe윤전에서 벗어나게 하는 진리 두 가지에 대해서는 abhiniveso 천착, 수행주제를 생각함이 natthi없다. hi자세하게 설명하자면, 'pañcakkhandhā다섯 무더기는 dukkhaṁ괴로움이다, taṇhā갈애는 samudayo생겨남(괴로움의 원인)이다'iti evaṁ라고 이와 같이 saṅkhepena ca간략하게, 또는 (('~ 배워 익힌다'와 연결하라)) 'pañcakkhandhā다섯 무더기란 katame무엇인가? rūpakkhandho물질 무더기이다'iti ādinā nayena라는 등의 방법으로 vitthārena ca자세하게 purimāni dve saccāni 앞의 두 진리에 대해서 ācariyassa santike스승의 곁에서 uggaṇhitvā배워 익히고, vācāya말로 punappunaṁ parivattento거듭 외우면서 yogāvacaro수행자는 kammaṁ위빳사나 수행이라는 행위를 karoti행한다. itaresu pana dvīsu saccesu나머지 두 가지 진리에 대해서는 'nirodhasaccaṁ소멸의 진리는 iṭṭhaṁ원할 만하다 = 원할 만한 법, 좋은 법이다, kantaṁ좋아할 만하다 = 거룩한 법이다, manāpaṁ마음에 드는 것이다 = 마음을 기쁘게 하는 숭고한 법이다'라고, 'maggasaccaṁ도의 진리는 iṭṭhaṁ, kantaṁ, manāpaṁ원할 만하다, 좋아할 만하다, 마음에 드는 것이다'iti evaṁ라고 이와 같이 savaneneva단지 듣는 것만으로 kammaṁ위빳사나 수행이라는 행위를 karoti행한다.

so그는 evaṁ이와 같이 karonto행하면서, 수행을 노력하면서 cattāri saccāni네 가지 진리를 ekappaṭivedheneva단 한 번의 통찰(꿰뚫어 알고 봄)로 paṭivijjhati도의 순간에 통찰하고, ekābhisamayena단 한 번의 관통(곧바로 정확하게 알고 봄)으로 abhisameti도의 순간에 관통한다(곧바로 정확하게 알고 본다). dukkhaṁ괴로움〔의 진리〕를 pariññāpaṭivedhena구분 통찰로 paṭivijjhati통찰하고, samudyaṁ생겨남〔의 진리〕를 pahānappaṭivedhena제거 통찰로 paṭvijjhati통찰하고, nirodhaṁ 소멸〔의 진리〕를 sacchikiriyā paṭivedhena실현 통찰로 paṭivijjhati통찰하고, maggaṁ도〔의 진리〕를 bhāvanāpaṭivedhena수행 통찰로 paṭivijjhati 통찰한다. dukkhaṁ괴로움〔의 진리〕를 pariññābhisamayena구분 관통으로 abhisameti관통하고, samudayaṁ생겨남〔의 진리〕를 pahānābhisamayena제거 관통으로 관통하고, nirodhaṁ소멸〔의 진리〕를 sacchikiriyābhisamayena실현 관통으로 관통하고, maggaṁ도〔의 진리〕를 bhāvanābhisamayena수행 관통으로 abhisameti관통한다.[484]

evaṁ이와 같이 assa그 수행자에게 pubbabhāge앞부분 〔위빳사나 수행을 하는 동안〕에서는 dvīsu saccesu세간의 두 가지 진리에 대해서는 uggaha parīpucchā savana dhāraṇa sammasanappaṭivedho배워 익힘, 질문함, 들음, 수지함, 명상함이라는 통찰이 hoti있고,[485] dvīsu pana나머지 소멸의 진리, 도의 진리, 두 가지 진리에 대해서는 sava-

---

484 저본에는 paṭivijjhati를 '꿰뚫어서 알고 본다'라고 번역하였고, abhisameti를 '곧바로 정확하게 안다'라고, pariññā를 '구분해서 아는 앎'으로 번역하였다. 이를 '통찰하다', '관통하다', '구분하여 앎' 등으로 번역하였다.

485 원주: 배우고, 묻고, 듣고, 수지하는 것에 의해 아는 것은 교학적인 앎일 뿐이다. 위빳사나 실천에 의한 앎이 아직 아니다. 명상에 의한 앎만이 위빳사나 앎이다. 여기에서는 '모든 위빳사나를 명상이라는 통찰'이라고 한다. 명상의 지혜(sammasana ñāṇa)만을 뜻하지 않는다.

nappaṭivedhoyeva**들음이라는 통찰만** (= 들어서 앎만) hoti**있다**. aparabhāge**나중 부분** (= 도의 순간)**에서는** tīsu괴로움의 진리, 생겨남의 진리, 도의 진리라는 **세 가지 진리에 대해서는** kiccato〔**아는**〕 **작용에 의한** paṭivedho**통찰이** hoti**있고**, nirodhe**소멸의 진리에 대해서는** ārammaṇappaṭivedho**대상으로 행하는 통찰이** hoti**있다**.[486]

범부들은 출세간 진리를 대상으로 할 수 없기 때문에, 또한 성자들은 대상으로 할 수는 있어도 그 출세간 법을 단지 숙고하는 것만으로 '번뇌의 제거'라는 이익이 없기 때문에 소멸의 진리와 도의 진리를 숙고해서 관찰해서는 안 된다. 주석서에서는 "iṭṭhaṁ kantaṁ(좋은 것이다, 거룩한 것이다)"[487]라는 등으로 출세간 진리들에 대해 마음을 기울이는 것을 설명했다. "addhā imāya paṭipadāya jarāmaraṇāmhā parimuccissami = 이러한 실천으로 늙음과 죽음으로부터 벗어나기를"이라고 마음기울이는 것처럼 '열반이라는 법, 도라는 법이 매우 좋다. 그러한 것을 얻도록, 알도록 노력하리라'라고 〔수행〕 앞부분에 단지 마음을 기울이는 것만으로 그 두 가지 진리에 대해 행해야 할 것을 다 행한 것이다. 또 그렇다고 해서 매우 좋아하고 바라면서 자주 마음 기울여야 하는 것이 아니다. 수행 중에 그렇게 마음기울이며 지내면 갈애나 사견이 생겨나 위빳사나 수행을 무너뜨리기도 한다. 무너뜨리는 모습을 제2장 첫 번째 벗어남과 장애를 설명할 때 언급했다.[488] 그래서 복주서에 다음과 같이

---

486 원주: 소멸의 진리만을 도의 지혜가 대상으로 해서 안다. 나머지 세 가지 진리에 대해서는 구분하여 아는 작용, 제거하는 작용, 수행하는 작용이 저절로 성취되기 때문에 '안다'라고 할 수 있다. '그러한 세 가지 진리들은 대상으로 해서 아는 것이 아니다'라는 뜻이다.

487 빠알리어 그대로 직역하면 '원할 만한, 호감이 가는'이나 저본의 번역을 따랐다.

488 이 책의 제1권 pp.184~186 참조.

설명하고 있다.

Vaṭṭe kammaṭṭhānābhiniveso sarūpato pariggahasabbhāvato. Vivaṭṭe natthi avisayattā, visayattepi ca payojanābhāvato … Iṭṭhaṁ kantanti nirodhamaggesu ninnabhāvaṁ dasseti, na abhinandanaṁ, tanninnabhāvoyeva ca tattha kammakaraṇaṁ daṭṭhabbaṁ.

(DA.ii.343)

대역

sarūpato**어떠한 모습**이나 성품**으로** pariggahasabbhāvato**파악할 수 있는**, 관찰할 수 있는 **성품이기 때문에** vaṭṭe**윤전하게 하는 진리** 두 가지**에 대해서는** kammaṭṭhānābhiniveso**수행주제의 천착**, 즉 수행주제를 생각함**이** (hoti)**있다**. avisayattā ca범부는 모습이나 성품으로 파악하여 관찰할 수 있는 **대상이 아니기 때문에**, visayattepi성자는 숙고할 수 있는 **대상이라 하더라도** payojanābhāvato**이익이 없기 때문에** vivaṭṭe**윤전에서 벗어나게 하는 진리** 두 가지**에 대해서는** kammaṭṭhānābhiniveso수행주제를 천착함이 **없다**. … 'iṭṭhaṁ**원할 만하다**, 좋은 것이다, kantanti**좋아할 만하다**, 거룩한 것이다'**라고** nirodhamaggesu **소멸**의 진리**와 도**의 진리**에** ninnabhāvaṁ마음을 **향하는 상태를** dasseti**보이셨다**. abhinandanaṁ갈애와 사견으로 좋아하며 **집착하는 것을** na dasseti**보인 것이 아니다**. ca**또한** 이어서 말하리라. tanninnabhāvoyeva**그것**(열반, 도)**에 마음을 향하는 것, 바로 그것만을** 'tattha kammakaraṇaṁ소멸의 진리, 도의 진리라고 하는 **그 두 진리에 대해서 행해야 할 것을 행하는 것이다'**라고 daṭṭhabbaṁ**알아야 한다**.

괴로움을 아는 모습

물질과 정신이 생겨날 때마다 그것을 새기는 이는 생겨날 때 등에 분명히 존재하는 물질과 정신을 각각의 고유특성 등으로도 안다. 무너지고 변하는 〔물질의〕 특성(ruppana–lakkhaṇā), 대상으로 향해 기우는 〔정신의〕 특성(namana–lakkhaṇā)으로도 안다. 괴롭히는 특성(bādhana–lakkhaṇā) = 생멸 때문에 괴로움을 당하는 성품, 그것이 머무는 이를 괴롭히는 성품, 여러 가지 몸과 마음의 괴로움을 생겨나게 하여 괴롭히는 성품, 참기 힘들 정도로 생멸하면서 괴롭히는 고통스러운 느낌의 특성을 안다. 바로 이 괴롭히는 특성을 알기 때문에 경전지식이 없는 이들도 지혜가 성숙되었을 때 다음과 같이 "끊임없이 생멸하고 있는 법들뿐이다. 계속 무너지고만 있다. 좋지 않은 것만을 새기고 있다. 이것들이 사라지지 않는 한 고요할 수 없다. 그것들이 있어서 괴롭다. 전혀 고요하지 않다"라는 등으로 불평하며 말하기도 한다. 이렇게 고유특성 등으로, 또는 무너지고 변하는 특성, 대상으로 향해 기우는 특성, 괴롭히는 특성 등으로 계속해서 새길 때마다 바르게 아는 것이 바로 다음과 같은 경전〔「새김확립 긴 경(大念處經)」〕과 그 주석, 복주에 따라 위빳사나 수행으로 괴로움의 진리를 분명하게 아는 것이다.

Idaṁ dukkhanti yathābhūtaṁ pajānāti.

(D.ii.243)

역해

'이것이 괴로움이다'라고 사실대로 바르게 분명히 안다.

Ṭhapetvā taṇhaṁ tebhūmakadhamme "idaṁ dukkha"nti

yathā sabhāvato pajānāti.

(DA.ii.386)

대역

ṭhapetvā taṇhaṁ**갈애를 제외하고** tebhūmakadhamme**삼계의 모든 법들을** idaṁ dukkhanti**'이것이 괴로움이다'라고** yathā sabhāvato**사실대로의 고유성품에 따라** pajānāti〔분명히〕 **안다.**

Yathāsabhāvatoti aviparītasabhāvato. Bādhanalakkhaṇato yo yo vā sabhāvo yathāsabhāvo, tato ruppanādi kakkhaḷattādi sabhāvato.

(DAṬ.ii.336)

대역

Yathāsabhāvatoti**'사실대로의 고유성품에 따라서'라는 구절은** aviparītasabhāvato**'그릇되지 않은,** 바른 **고유성품에 따라서', 또는** bādhanalakkhaṇato'참기 힘든 괴로운 느낌이 생겨나 괴롭힘, 몸과 마음의 고통을 생겨나게 하여 괴롭힘, 생멸로 인해 괴롭힘을 당함, 생멸하는 것으로 그 사람을 괴롭힘이라고 하는 이러한 **괴롭힘이라는 특성에 따라서'** 《"bādhanalakkhaṇanti ettha dukkhadukkha taṁ nimittabhāvo, udayabbayappaṭipīḷitabhāvo vā[489]('괴롭힘이라는 특성'이라는 구절은 '고통 괴로움, 그것이 드러나는 표상의 성품, 생멸로 괴롭히는 성품'이라는 뜻이다)"라는 『대복주서』를 참조하여 해석하였다》, vā**또는 '**yo yo sabhāvo**각각의 고유성품들을** yathāsabhāvo **사실대로의 고유성품이라고 하는데,** tato ruppanādi kakkhaḷattādi sabhāvato**그렇게 무너지고** 변화하는 특성, **거친 특성 등의 고유성품에 따라서** 〔분명하게 안다.〕**'라는 뜻이다.**

---

489 Pm.ii.193.

무생물은 괴로움의 진리라고 하지 않는다

위 주석서 내용 중에 '삼계의 모든 법'이라고 하는 구절에서 중생들의 존재상속에 생겨나고 있는 욕계, 색계, 무색계 법들만이 괴로움의 진리라고 알아야 한다. 중생들의 존재상속에 포함되지 않는, 무생물(anindriyabaddha)은 괴로움의 진리에 포함시켜서는 안 된다. 무엇 때문인가? 무생물은 생겨남, 사라짐이 있어 무상, 고라고 할 수 있어도 갈애라는 생겨남의 진리 때문에 생겨나는 것이 아니기 때문이다. 그 밖에 도의 진리로 제거할 수 있는 법도 아니기 때문이다. 따라서 옷 등의 외부물질들을 대상으로 해서 번뇌가 생겨나지 않게 하기 위해, 또한 무상·무아의 성품으로 분명한 그 외부물질들과 비교해서 자기 내부에 쉽게 드러나게 하기 위해 여섯 문에 저절로 드러나는 외부물질들을 대상으로 위빳사나 관찰을 해야 하는 것은 사실이지만 무생물인 외부의 모든 물질들은 '구분하여 알아야 할 성스러운 괴로움의 진리(pariññeyya ariyadukkhasaccā)'는 아니라고 알아야 한다.

자기 내부의 진리만 아는 것이 필요하다

중생들의 존재상속에 생기는 법들 중에서도 자신의 존재상속에서 생기는 네 가지 진리를 아는 것이 핵심이다. 무엇 때문인가? 자기 자신의 갈애라고 하는 생겨남〔이라는 진리〕 때문에 괴로움의 진리가 생겨나게 되면 그것은 자기 자신의 존재상속에만 생겨난다. 다른 이의 존재상속에는 생겨날 수 없다. 다른 이의 생겨남〔의 진리〕 때문에 괴로움이 생겨나더라도 그 사람의 존재상속에만 생긴다. 자신의 존재상속에는 생겨나지 않는다.

그 밖에 자신의 도의 진리는 자신의 괴로움(의 진리), 생겨남(의 진리)만 고요하게 할 수 있다. 다른 이의 괴로움(의 진리), 생겨남(의 진리)를 고요하게 할 수는 없다. 다른 이의 도(道)(의 진리)도 그 사람의 괴로움(의 진리), 생겨남(의 진리)만을 고요하게 할 수 있다. 자신의 괴로움(의 진리), 생겨남(의 진리)를 고요하게 할 수 없다.

그 밖에 각각의 성자들의 존재상속과 관련된 생겨남(의 진리), 괴로움(의 진리)의 사라짐 = 소멸의 진리는 그 성자들의 내부법일 뿐인 것으로 경전, 주석서들에서 설해 놓고 설명해 놓았다. 다른 이의 네 가지 진리를 직접 알 수 있는 것도 아니다. 자신의 네 가지 진리를 알고 나면 다른 이의 네 가지 진리도 유추해서 알 수 있는 것이다. 그래서 외부 대상에 대해 위빳사나 관찰을 하는 것을 통해 도와 과를 얻을 수는 있어도 "내부의 네 가지 진리를 아는 것만이 핵심이다"라고 알아야 한다. 바로 그렇기 때문에 「새김확립 긴 경(大念處經)」 등의 경전에서 "ajjhattaṁ vā kāye(안의 몸에 대해),[490] atthi imasmiṁ kāye(이 몸에 ~ 있다)"[491]라는 등으로 내부에 대해 관찰하는 모습을 먼저, 그리고 기본이 되는 것으로 설하셨다. 다음에 설명하는 여러 가지 경전, 주석서, 복주서들은 이 내용에 대한 근거들이다.

> Yattha kho, āvuso, na jāyati na jīyati na mīyati na cavati na upapajjati, nāhaṁ taṁ gamanena lokassa antaṁ ñāteyyaṁ daṭṭheyyaṁ patteyyanti vadāmī.
>
> Na kho panāhaṁ, āvuso, appatvā lokassa antaṁ dukk-

---

490 D.ii.232.

491 D.ii.234.

hassa antakiriyaṁ vadāmi. Api ca khvāhaṁ, āvuso, imasmiṁyeva byāmamatte kaḷevare sasaññimhi samanake lokañca paññapemi lokasamudayañca lokanirodhañca lokanirodhagāminiñca paṭipadaṁ.

(S.i.61; A.i.357)

대역

āvuso**도반** 로히땃사 범천**이여**, yattha kho**어떤 곳에** na jāyati**태어나지 않고** na jīyati**늙지 않고** na mīyati**죽지 않고** na cavati**거듭 죽지 않고** na upapajjati**거듭 생겨나지 않는**, lokassa antaṁ형성 **세상의 끝**인 taṁ 열반, **그곳에** gamanena발로 **걸어가서**, 탈 것을 타고서, 신통을 의지해서 가는 것으로, ñāteyyaṁ daṭṭheyyaṁ patteyyanti**'알 수 있다, 볼 수 있다, 도달할 수 있다'라고** ahaṁ**나**, 여래는 na vadāmi**말하지 않는다**. āvuso**도반** 로히땃사 범천**이여**, pana**그렇지만** lokassa antaṁ appatvā형성 **세상의 종식에 도달하지 않고서** dukkhassa antakiriyaṁ**괴로움의 종식을** ahaṁ na kho vadāmi**나는 또한 말하지 않는다**. api ca kho**사실은** sasaññimhi**인식이 있고** samanake**마음이 있는**, imasmiṁyeva byāmamatte kaḷevare**한 길 정도밖에 되지 않는 이 몸 안에서만** lokañca'무너지기 때문에 세상이다'라고 부르는 **세상도**, 즉 괴로움의 진리도 ahaṁ**나는** paññapemi**천명한다**. lokasamudayañca**세상의 생겨남도**, 즉 세상이라고 부르는 괴로움이 생겨나게 하는 원인인 생겨남의 진리도 천명한다. lokanirodhañca**세상의 소멸도**, 즉 세상이라고 부르는 괴로움의 소멸인 소멸의 진리도 천명한다. lokanirodhagāminiṁ paṭipadaṁ ca**세상의 소멸에 이르게 하는 실천도**, 즉 세상이라고 부르는 괴로움의 소멸에 이르게 하는, 도달하게 하는 실천인 도의 진리도 **천명한다**.[492]

---

492 S2:26;『상윳따 니까야』 제1권, p.314 참조.

Lokanti dukkhasaccaṁ. Lokasamudayanti samudayasaccaṁ. Lokanirodhanti nirodhasaccaṁ. Paṭipadanti maggasaccaṁ. Iti — "nāhaṁ, āvuso, imāni cattāri saccāni tiṇakaṭṭhādīsu paññapemi, imasmiṁ pana cātumahābhūtike kāyasmiṁ yeva paññapemī"ti dasseti.

(SA.i.109; AA.ii.305)

대역

Lokanti'세상을'이란 dukkhasaccaṁ괴로움의 진리를, Lokasamudayanti '세상의 생겨남을'이란 samudayasaccaṁ생겨남의 진리를, Lokanirodhanti'세상의 소멸을'이란 nirodhasaccaṁ소멸의 진리를, Paṭipadanti '실천'이란 maggasaccaṁ도의 진리를, Iti이렇게, 즉 "사실은 ~ 실천도 천명한다"라는 구절을 통해 (('~ 보였다'와 연결하라)) "āvuso도반 로히땃사 범천이여, ahaṁ나는 imāni cattāri saccāni이 네 가지 진리를 tiṇakaṭṭhādīsu풀이나 나뭇등걸 등 무생물에서 na paññapemi천명하지 않는다. pana사실은 cātumahābhūtike사대(四大)를 의지하는 imasmiṁ kāyasmiṁ yeva바로 이 몸에서만 paññapemī천명한다"iti 라고 dasseti 설명하였다.

Sasantatipariyāpannānaṁ dukkhasamudayānaṁ appavattibhāvena pariggayhamāno nirodhopi sasantatipariyāpanno viya hotīti katvā vuttaṁ "attano vā cattāri saccānī"ti. Parassa vāti etthāpi eseva nayo.

(DAṬ.ii.348)

대역

Sasantatipariyāpannānaṁ자신의 존재상속에 포함되는 dukkhasamudayānaṁ**괴로움과 생겨남이** appavattibhāvena**다시 진행되지 않는 상태로** pariggayhamāno**파악되는,** 생각되는 nirodhopi**소멸**의 진리**도** sasantatipariyāpanno viya**'마치 자신의 존재상속에 포함되는 것처럼** hoti**된다'라고** iti katvā **이렇게** 생각**해서** "attano vā cattāri saccānī"ti**"자신의 네 가지 진리도"라고** vuttaṁ주석서에서 **설명하였다.** Parassa vāti etthāpi**'또한 다른 이의 네 가지 진리도'라는 곳에서도** eseva nayo **이와 같은 방법이다.**

결정 '무생물인 외부 물질은 괴로움의 진리가 아니다. 중생들 각자 자신의 존재상속마다 네 가지 진리가 각각 존재한다'라고 하는 의미를 위의 경전, 주석서 등을 통해 직접 설명했다. 그리고 마지막 복주서에서는 소멸의 진리가 사실은 외부법에 해당되지만 그것을 포함해서 자신의 네 가지 진리, 남의 네 가지 진리라고 부를 수 있다고 분명하게 설명했다.

이렇게 각자의 존재상속에 네 가지 진리가 각각 포함되며 그중 자신과 관련된 생겨남의 진리만을 제거할 수 있다. 그렇게 제거하는 것만이 제거 통찰(pahānappaṭivedha), 제거 관통(pahānābhisamaya)이다. 자신과 관련된 생겨남의 진리, 괴로움의 진리만 소멸하게 할 수 있다. 그렇게 소멸함을 실현하는 것만이 실현 통찰(sacchikiriyāpaṭivedha), 실현 관통(sacchikiriyābhisamaya)이다. 자기 자신의 존재상속에서만 팔정도를 생겨나게 할 수 있다. 그렇게 생겨나게 하는 것만이 수행 통찰(bhāvanāpaṭivedha), 수행 관통(bhāvanābhisamaya)이다. 다른 이의 존재상속과 관련된 생겨남의 진리, 소멸의 진리, 도의 진리를 자신이 제거할 수 없고, 실현할 수 없으며, 생겨나게 할 수 없다. 그래서 다른 이와 관련된 생겨남의 진리, 소멸의 진리, 도의 진리에 관련하여 자신에게 제거 통찰 등이 생겨날 수 없는 것이다. 이러한 것을 근거로 하여 자신의 네 가지 진리를 아는 것이 적당하기 때문에, 그렇게 자신의 네 가지 진리를 아는 것이 핵심이라고 확실하게 알아야 한다.

생겨남을 아는 모습

물질과 정신이 생겨날 때마다 그것을 새기는 이는 볼 때 등에서 분명하게 생겨나는 좋아함, 기뻐함, 바람, 기대함 등을 생겨나는 그대로 새겨 안다. 이렇게 아는 것이 현재의 생겨남〔의 진리〕을 직접적으로 바르게 아는 것이다. 하지만 이 현재의 생겨남〔의 진리〕은 현재 생에서 행하는 업의 결과인 다음 생의 물질과 정신 = 괴로움의 진리만의 근본원인이다. 현재 생에서 생겨나는 괴로움의 근본원인이 아니다. 현재 생에서 생겨나는 괴로움의 근본원인인 갈애는 과거 업〔존재〕을 행할 때 이미 구족되었다. 어떻게 구족되었는가? 자신의 몸, 자신의 삶, 또는 감각욕망 대상으로서의 물건들을 좋아하고 바라는 갈애가 있기 때문에 그 바람을 성취하기 위해서, 행복하게 잘 살기 위해서 바람직한 방법이든, 바람직하지 않은 방법이든 이번 생에서 계획하고 노력하는 것과 마찬가지로 과거 각각의 생에서도 좋아하고 바라는 갈애가 있었기 때문에 선업을 행했다. 바로 그 업 때문에 재생연결을 시작으로 물질과 정신이라는 괴로움의 진리들이 지금 생겨나고 있는 것이다. 과거 생에서 행했던 그러한 갈애를 직접적으로 알 수는 없다. 그렇지만 지금 직접 알 수 있는 현재의 갈애와 과거의 갈애는 단지 현재와 과거인 것으로만 다르다. 고유특성으로는 다르지 않다. 한 존재상속에 생겨나기 때문에 동일성(ekatta) 방법에 따라 한가지라고도 말할 수 있다. 그래서 생겨남의 한 부분만을 볼 수 있더라도 '생겨남을 본다, 안다'라고 말할 수 있는 것처럼, 마치 산의 한 부분만을 볼 수 있더라도 '산을 본다, 안다'라고 말할 수 있는 것처럼 현재의 생겨남을 아는 것에 의해서도 '생겨남을 안다'라고 할 수 있다. 그렇지만 관찰하는 이는 현재의 갈애만을 아는 것이 아니다. 정신·물질 구별의 지혜가 성숙하게 되고 구족하게 될 때를 시작으로 과거의 갈애도 유추해서 알 수 있다.

아는 모습 위빳사나 관찰하는 이는 '굽히려고 함 등이 생겨나야 굽히는 물질 등이 생겨날 수 있다'라든가, '차가운 요소 등 때문에 차가운 물질이 단계 단계 생겨난다'라든가, '보이는 형색, 보는 눈 등이 있어야 보는 것이 생겨날 수 있다'라든가, '어떤 대상 하나가 있어야 생각함, 새김이 생겨날 수 있다'라든가, 앞의 여러 마음이 있어야 뒤의 여러 마음이 생겨난다'라든가, 이러한 등으로 물질과 정신이 원인과 결과들로 연결되어 생겨남을 직접 경험하여 알 수 있다. 이렇게 경험하여 아는 것은 이보다 위의 지혜들에서 더욱 분명하다. 그 윗단계 도의 위빳사나에서는 더욱 분명하다. 그렇게 경험하게 되었을 때 '지금 새겨 알 수 있는 〔현재의〕 물질과 정신이 원인 없이는 생겨날 수 없듯이 재생연결을 시작으로 한생 동안 생겨나는 물질과 정신들도 원인이 있어야 된다'라든가, '무엇 때문에 생겨났는가?'라고 새기는 중간에 숙고하면 '과거 생에 행했던 업 때문에 생겨났다'라고 쉽게 결정하여 안다. 무엇 때문에 이렇게 알 수 있는가? 노력하며 수행하는 모든 이들은 일단 "diṭṭhi ca ujukā (견해를 바르게 하여)"라는 말에 따라 업과 업의 결과를 믿고, 알고 보는 이들이다. 업 자기재산 정견(kammassakatā sammā diṭṭhi)[493]을 깨끗하게 구족한 이다. 이렇게 들어서 아는 지혜, 생각해서 아는 지혜 정도

493 업만이 자신의 진정한 재산임을 아는 정견.

로 이해하고 있는 이에게 직접관찰 지혜가 덧붙여 힘을 주고 도와주기 때문이다. 그 밖에 '바라고 기대함 때문에 애쓰고 노력하는 것이 생겨난다'는 것을 직접 경험하여 알기 때문에 '그 업도 갈애 때문에 생겨났다. 그러므로 바라고 기대함이라는 갈애만이 현재 생의 물질과 정신의 근본원인이다'라고도 유추하여 안다.

'지금 생에서 바라고 기대하여 애쓰는 것처럼 과거 생에서도 바라고 기대하여 노력했었던 업이 있었다. 그 바라고 기대함 = 갈애 때문에 현재 생의 물질과 정신들이 끊임없이 생겨나고 있는 것이다'라고 아는 것은 다음과 같은 주석서에 따라 현재 생의 괴로움의 근본원인인 생겨남의 진리를 추론관찰 위빳사나(anumāna vipassanā)로 아는 것이다.

> Tasseva kho pana dukkhassa janikaṁ samuṭṭhāpikaṁ purimataṇhaṁ "ayaṁ dukkhasamudayo"ti yathāsabhāvato pajānāti.
>
> (DA.ii.386)

대역

Tasseva dukkhassa**바로 그** 진행(pavatta)과 표상(nimitta)이라는 성품이 있는 **괴로움만** janikaṁ**생겨나게 하는** (('업과 함께 생겨나면서, 혹은 업의 동반자로서 과보인 업에 의한 물질이라고 부르는 진행을 생겨나게 하는'이라는 뜻이다)), samuṭṭhāpikaṁ선·불선·작용이라는 이 세 가지에 의한 물질[494]이라고 부르는 '표상'을 **생성시키는,** purimataṇhaṁ업을 행할 때 과거 생에 행했었던 **이전의 갈애를** ayaṁ

494 선 마음에 의한 물질, 불선 마음에 의한 물질, 작용 마음에 의한 물질.

dukkhasamudayoti'이것이 괴로움의 원인이다'라고 yathāsabhāvato사실대로의 고유성품에 따라 pajānāti(분명히) 안다.

여기서 추론관찰 위빳사나에 대해 조금 길게 설명하는 것은 이 글을 읽는 이로 하여금 이해하게 하기 위함일 뿐이다. 실제로 관찰하여 새기고 있는 이의 아는 모습은 그리 오래 걸리지 않는다. 앞에서 한 번 새길 때 이해함과 동시에도 바로 그 다음에 유추해서 알 수 있다. 또한 그렇게 알고 나서도 새기기에 적당한, 계속해서 새기던 원래 대상을 바로 현재에 일치하게 새겨 나갈 수 있다.

분명하지만 알기 어렵다

이 괴로움의 진리와 생겨남의 진리는 각자 존재상속에 분명하게 생겨나면서 존재하기 때문에 생겨나는 모습으로는 매우 분명하고 쉽게 드러난다. 심오하지 않고 모호하지 않다. 그렇지만 '괴로움일 뿐이다, 좋지 않은 성품일 뿐이다'라든가, '괴로움을 바라고 좋아하기 때문이다, 괴로움의 원인으로서의 성품일 뿐이다'라고 알고 보는 것은 매우 어렵고 매우 심오하다. 쉽게 드러나지 않는다. 이렇게 쉽고 분명하게 드러나지만 알기에 어려운 것은 '사띠가 없으면 동굴을 못 본다'[495]라고 하는 속담처럼 새김을 행하지 않았기 때문에, 마음을 기울이지 않았기 때문에, 관찰하지 않았기 때문이다. 관찰하여 마음을 기울이면 위빳사나 지혜로 알 수 있는 만큼 알 수도 있고 위빳사나 지혜의 끝에는 도의 지혜로 확실하

495 미얀마 속담으로 산에서 갑자기 비가 올 때 사띠가 없으면 그 비를 피할 수 있는 동굴을 보지 못한다는 뜻이다. 그 대구가 '사띠가 있으면 티끌까지 보인다'이다. 속담 자체가 sati로 표현되어 그대로 번역하였다.

게, 〔어떠한 것도 그 지혜를〕 무너뜨릴 수 없을 정도로 확고하게 알 수 있다.

Dukkhasaccañhi uppattito pākaṭaṁ, khāṇukaṇṭakappahārādīsu 'aho dukkhan'ti vattabbatampi āpajjati. Samudayampi khāditukāmatābhuñjitukāmatādivasena uppattito pākaṭaṁ. Lakkhaṇāppaṭivedhato pana ubhayampi taṁ gambhīraṁ. Iti tāni duddasattā gambhīrāni.

(DA.ii.391)

대역

Dukkhasaccañhi**괴로움의 진리는** uppattito**생겨날 때** pākaṭaṁ**분명하다.** 《봄, 굽힘 등 괴로움의 진리에 포함되는 것은 모두 분명하다는 말이다.》 khāṇukaṇṭakappahārādīsu**막대기나 가시 등으로 때릴 때** 'aho dukkhan'ti vattabbatampi**'아, 괴롭다'라는 등으로 외치기까지** āpajjati**한다.** 《괴로움의 진리 중 고통스러운 느낌들이 분명한 모습만을 특별히 알기 쉽도록 예를 든 것이다.》 samudayampi**생겨남의 진리도** khāditukāmatā bhuñjitukāmatādi vasena**씹고 싶어함이나 먹고 싶어함이** uppattito**생겨날 때** pākaṭaṁ**분명하다.** lakkhaṇāppaṭivedhato pana**그러나 특성을 통찰하는 것으로는** taṁ ubhayampi**그 둘 모두** gambhīraṁ**심오하다.** iti duddasattā**이처럼** 관찰하기 어렵고 **보기 어렵기 때문에** tāni **이** 괴로움의 진리와 생겨남의 진리 **두 가지는** gambhīrāni**심오하다.**

Duddasattāti attano pavattikkhaṇavasena pākaṭānipi pakatiñāṇena sabhāvarasato daṭṭhuṁ asakkuṇeyyattā. Gambhireneva ca bhāvanā ñāṇena, tatthāpi matthakappattena ariyamaggañāṇeneva yāthavato passitabbattā gambhīrāni.

(DAṬ.ii.344)

대역

Duddasattāti**'보기 어렵기 때문에'란** (tāni)'괴로움의 진리, 생겨남의 진리라는 그 두 진리는 attano pavattikkhaṇavasena**각각 생겨나는 순간에 의해서는 분명하더라도** pakatiñāṇena관찰을 하지 않는 보**통의 지혜로는** sabhāvarasato daṭṭhuṁ**고유성품과 역할에 따라 볼 수** asakkuṇeyyattā ca**없기 때문에'라는 뜻이고,** 이렇게 보기 어렵기 때문에 또한, gambhireneva'심오한 성품을 알 수 있기 때문에 **심오하기만 한** bhāvanā ñāṇena**수행에 의한 지혜,** 즉 새기며 닦는 위빳사나 지혜, 도의 지혜로 passitabbattā ca**볼 수 있기 때문에, 또한** tatthāpi**그** 수행에 의한 지혜들 **중에서도** matthakappattena**최정상에 이른,** ariyamaggañāṇeneva**성스러운 도의 지혜로만** yāthavato passitabbattā ca**사실대로** 바르게, 확실하게 **볼 수 있기 때문에** gambhīrāni**심오하다.**

소멸과 도를 아는 모습

"dve gambhīrattā duddassāni(이 두 가지 〔소멸의 진리와 도의 진리〕 진리는 심오하기 때문에 보기 어렵다)"라는 주석서의 말처럼 소멸의 진리와 도의 진리는 범부의 존재상속에 생겨나 본 적이 없기 때문에 매우 심오하다. 직접적으로 알 수 없고 볼 수 없다. 따라서 갓 수행을 시작한 이에게는 앞에서도 언급했듯이 '좋은 것이다, 거룩한 것이다'라고 듣고 마음을 기울이는 것 정도만 필요하다. 숙고하고 반조해서 알아야 할 필요는 없다. 그렇지만 차례대로 열심히 수행을 해 나아가다 생멸의 지혜 정도에 이르게 되었을 때 '무명, 갈애, 업, 음식, 접촉, 물질과 정신 등이 없으면 다섯 무더기가 생겨날 수 없다'는 것을 저절로 숙고하여 알기도 한다. 무너짐의 지혜 등이 생겨날 때도 "uppādo bhayaṁ, anuppādo khemaṁ(생겨남은 위험하고 생겨나지 않는 것이 안온하다)"라는 등의 『빠띠삼비다막가(無碍解道)』에 따라 '봄, 들림, 닿음, 생각함, 새김 등이 있는 기간 동안 내내 고요할 수 없다. 그러한 것들이 없어야 고요할 수 있다. 그러한 것들이 없는 것이 좋다'라고 저절로 숙고하며 아는 것이 생겨나기도 한다. 이렇게 두 종류로 아는 것이 위빳사나 관찰을 하면서 소멸의 진리를 유추해서 아는 것이다. 벗어남의 지혜가 생겨날 때는 거듭 새길 때마다 좋지 않은 법들만을 만나게 되기 때문에 새기고 싶지 않은 마음들이 생겨난다. 일부 수행자들은 그래서 새기지 않은 채 수행을 쉬어 버리기도 한다. 하지만 수행을 쉬고 있어도 이전의 위빳사나 수행의 여력 때문에 물질과 정신들이 여전히 드러나던 대로 분명하게 드러난다. 또한 그것을 관찰하고 새기려 애쓰지 않아도 새겨 알던 대로 안다. 그러한 수행자들에게, 또한 단지 새기고 싶어하지 않는 마음이 생겨난 수행자에게 '새기지 않고 단지 지내는 것만으로는 이 물질과 정신들이 소멸되지 않는다. 새기고 새겨 고요한 열반의 성품을 알고 보아야만 고요해진다'라는 지혜가 생긴다. 이것이 위빳사나를 관찰하면서 도의 진리를 유추해서 아는 지혜이다.

이상이 위빳사나를 관찰하면서 네 가지 진리 모두를 대상으로 하여 알 수 있는 모습이다.

그렇지만 네 가지 진리 중에서 괴로움의 진리만을, 분명하게 구분하여 알아야 하는(pariññeyya) 법이라고 부른다. 나머지 진리들은 분명하게 구분하여 알아야 하는 법들이 아니다. 그 세 가지 진리 중에 생겨남의 진리는 제거해야 하는(pahātabba) 법이다. 소멸의 진리는 실현해야 하는(sacchikātabba) 법이다. 도의 진리는 각자의 존재상속에 생겨나게 해야 하는〔= 수행해야 하는(bhāvetabba)〕 법이다. 따라서 생겨남의 진리를 제거하면, 소멸의 진리를 실현하면, 도의 진리를 수행하면 '그러한 진리들을 안다'라고 한다. 한 번씩 새길 때마다 분명히 구분하여 아는 것, 제거하는 것, 실현하는 것, 수행하는 것이라는 이 네 가지 작용 모두가 동시에 구족되어 있다. 따라서 '거듭해서 새길 때마다 네 가지 진리를 안다'라고 알아야 한다.

③ 새길 때마다 네 가지 진리를 아는 모습

새겨 알아야 하는 모든 물질과 정신은 생멸하며 끊임없이 괴롭히고 있는 형성 괴로움(saṅkhāra dukkha)이기 때문에 괴로움의 진리일 뿐이다. 그 물질과 정신을 고유특성 등에 따라, 혹은 생김과 사라짐, 무상의 특성 등에 따라 지혜가 성숙되었을 때 거듭해서 새길 때마다 분명히 구분하여 알게 된다. 따라서 pariññākicca(구분하여 아는 작용)도 구족된다.

그렇게 알게 된 물질과 정신에 대해서 '항상하다, 행복하다, 자아이다'라고 생각하여 집착하며 바라고 기대하는 것 = 갈애가 생겨날 수 없다. 이렇게 갈애가 생겨날 수 없도록 아는 것이 갈애를 제거하는 것이다. 따라서 pahānakicca(제거하는 작용)도 구족된다.

그렇게 알게 된 물질과 정신에 대해 갈애가 생겨날 수 없기 때문에 취착함 = 취착(upādāna), 행복하도록 애씀 = 업(kamma), 그 업의 과보인 새로운 생으로서의 물질과 정신들도 생겨날 수 없다. 갈애를 시작으로 여러 가지 생 등이 생겨나지 않는 것, 고요한 것이 위빳사나 영역에서는 부분 소멸의 진리(tadaṅga nirodhasaccā)라고 부른다. '그렇게 새김이라고 하는 원인의 마음에 의해 생겨남의 진리와 괴로움의 진리가 소멸된다'라는 뜻이다. 거듭해서 새길 때마다 이 〔부분〕 소멸의 진리에 이르기 때문에 '실현하는 작용'도 구족된다. 도의 지혜의 영역에서는 열반을 대상으로 하여 아는 것을 '실현한다'라고 말한다. 위빳사나 영역에서는 소멸함을 구족하게 하는 정도뿐이다. 소멸을 대상으로 하여 아는 것이 아니다.

새겨야 하는 물질과 정신을 고유특성 등으로, 생성과 소멸, 무상의 특성 등으로 사실대로 바르게 아는 것을 바른 견해(sammā diṭṭhi 正見)라고 한다. 바르게 사유함, 노력함, 새김, 집중됨을 바른 사유(sammā saṅkappa 正思惟), 바른 노력(sammā vāyāma 正精進), 바른 새김(sammā sati 正念), 바른 삼매(sammā samādhi 正定)라고 한다. 그러한 물질과 정신과 관련해서 나쁜 행위나 나쁜 생계가 생겨나지 않기 때문에 새기는 것 = 새기는 마음이 일어나는 것은 그러한 나쁜 행위, 나쁜 생계의 반대인 바른 말(sammāvācā 正語)이라고도 말할 수 있다. 바른 행위(sammā kammanta 正業)라고도 할 수 있다. 바른 생계(sammā ājīva 正命)라고도 할 수 있다. 《이 의미에 대해서는 다음에 분명하게 설명할 것이다.》[496] 이러한 바른 견해 등의 여덟 가지 도 구성요소들을 세간적 도의 진리(lokī maggasacca)라고 부른다. 거듭해서 새길 때마다 이 도의 진리를 자기 존재상속에 생겨나게 하고 있기 때문에 '수행하는 작용'도 구족된다. 그래서 『위숫디막가(淸淨道論)』에서는 다음과 같이 설명하였다.

496 이 책의 제1권 pp.576~578 참조.

Yañcassa udayabbayadassanaṁ maggo vā yaṁ,
Lokikoti maggasaccaṁ pākaṭaṁ hoti.

(Vis.ii.268)

대역

assa생멸의 지혜를 구족한 **그 수행자가**

yañca udayabbayadassanaṁ그렇게 **생멸을** 알고 **보는 것이** (atthi)있다.

ayaṁ**이**렇게 알고 보는 **것이**

lokiko maggo**세간의 도이다**. iti**그래서**

maggasaccaṁ**도의 진리가** (assa)그에게

pākaṭaṁ hoti**분명하다**.

이렇게 말한 방법에 따라 한 번씩 새길 때 네 가지 작용 모두가 포함되고 구족되기 때문에, 물질과 정신이 생겨날 때 그러한 물질과 정신을 거듭 새길 때마다 네 가지 진리 모두를 적당한 앎에 따라서 알고 있는 것이다. 그렇기 때문에 네 가지 작용을 한 번에 구족하게 하는 이 새김 = 새김확립 수행(satipaṭṭhāna bhāvanā)을 닦는 이는 단계 단계 향상되어 위빳사나 지혜가 완전히 성숙하게 되었을 때 출세간 도의 진리에 이르게 된다. 그때 네 가지 진리 모두를 도의 지혜로 적당한 앎에 따라 동시에 알고 본다. 그래서 〔「새김확립 긴 경(大念處經)」에 나오는〕 "ñāyassa adhigamāya(옳은 방법을 터득하기 위해서)"라는 경전구절을 주석서에서 다음과 같이 설명하였다.

Ñāyo vuccati ariyo aṭṭhaṅgiko maggo, tassa adhigamāya pattiyāti vuttaṁ hoti. Ayañhi pubbabhāge lokiyo satipaṭṭhānamaggo bhāvito lokuttaramaggassa adhigamāya saṁvattati.

(DA.ii.342)

대역

ariyo aṭṭhaṅgiko maggo**성스러운 여덟 가지 도 구성요소**(八聖道)**를** ñāyo**옳은 방법이라고** vuccati**부른다.** 옳은 방법이라고 부르는 tassa**그** 팔성도를 adhigamāya**터득하기 위해서,** pattiyāti vuttaṁ hoti**증득하기 위해서라는 말이다.** hi**맞다.** pubbabhāge도에 이르기 전, **앞부분에** lokiyo**세간적인** ayaṁ**그** satipaṭṭhānamaggo**새김확립이라는 도를** bhāvito**닦으면** lokuttaramaggassa**출세간 도를** adhigamāya**터득하기에** saṁvattati**적당하다.**[497]

④ 도의 지혜로 네 가지 진리를 아는 모습

괴로움의 진리를 아는 모습 형성들이 소멸된 상태인 열반을 도의 지혜로 직접 경험하여 보면, 새겨 알아지던 물질·정신과 새겨 아는 것 모두를, 또한 그와 비슷한 다른 물질과 정신들을 '생겨남과 사라짐이 있기 때문에 괴로운 것, 좋지 않은 것들일 뿐이다. 고요하지 않은 것들일 뿐이다. 항상한 것처럼, 행복한 것처럼, 나인 것처럼, 나의 것인 것처럼 위장하고 단지 괴롭히고 있는 것들일 뿐이다'라고 흔들림 없이 알 수 있다. 따라서 도의 순간에 괴로움의 진리를 대상으로 하지 않더라도 '도의 지혜로 괴로움의 진리도 알고 본다'라고 말할 수 있다.

비유하자면 '어느 곳에 도시, 마을이 있다. 어느 곳에 길이 있다. 어느 곳에 우물이 있다. 어느 쪽이 동쪽, 어느 쪽이 서쪽이다'라고 알지 못할 정도로 눈이 흐려진 이가 눈이 정상으로 돌아오는 것과 동시에 '어느 곳

497 『네 가지 마음챙기는 공부』, pp.92~93 참조.

에 도시, 마을이 있다'라는 등으로 알고자 하는 것을 흔들림 없이 알 수 있는 것과 마찬가지이다. 또 다른 비유로는, 매우 뜨거운 곳에서 조금만 뜨거운 곳에 이르게 되면 '방금 있었던 곳은 뜨거웠다. 이곳은 시원하다'라고 생각한다. 다시 그보다 조금 더 시원한 곳에 이르게 되면 그렇게 다시 이른 곳만을 '시원하다'라고 생각한다. 제일 시원한 곳에 이르게 되었을 때는 '이곳이 제일 시원하다'라고 사실대로 알고서 이전에 있었던 곳은 덥다고 구별하여 결정할 수 있다.

이 비유에서 위빳사나 수행을 하지 않는 이가 '고통스러운 느낌을 제외한 나머지 모든 물질과 정신은 좋은 것일 뿐이다'라고 생각하는 것은 조금은 덜 뜨겁지만 그래도 여전히 뜨거운 곳을 '시원하다'라고 생각하는 것과 같다. 위빳사나 수행자가 관찰하는 물질과 정신들을 '좋지 않다'라고 알기는 하지만 그렇게 관찰하는 위빳사나는 '좋다'라고 생각하는 것은 조금 시원한 곳을 '시원하다'라고 생각하는 것과 같다. 도의 순간에 진짜 열반을 알고 물질과 정신, 모든 형성들을 '고요하지 않은 법들이다'라고 아는 것은 제일 시원한 곳을 사실대로 바르게 알아서 '다른 곳은 뜨겁다'라고 구분하여 결정할 수 있는 것과 같다. 이렇게 비유할 수 있다.

가장 아름다운 형색, 가장 향기로운 냄새, 가장 듣기 좋은 소리, 맛, 감촉, 가장 좋은 친구, 친척, 길, 도시, 지역을 아는 것과 동시에 다른 형색 등을 '좋지 않다'라고 결정할 수 있는 것과도 같다. 괴로움의 진리를 따로 대상으로 하지 않더라도 아는 작용이 구족되기 때문에 이렇게 도의 지혜로 아는 것을 구분 통찰(pariññāpaṭivedha), 구분 관통(pariññābhisamaya)이라고 부른다. '괴로움이라는 것으로 분명하게 구분하여 아는 것으로 방해됨 없이 꿰뚫어 아는 것〔= 통찰〕, 괴로움이라는 것으로 분명하게 구분하여 아는 것으로 그릇됨 없이 틀림없이 확실하게 아는 것〔= 관통〕'이라는 뜻이다.

범부와 성자의 앎이 다른 모습 수행에 의한 지혜가 없는 범부들은 도에 의한 구분지(magga pariññā 區分智)를 아직 얻지 못했기 때문에 들어서 아는 지혜, 생각해서 아는 지혜로 숙고해도 물질과 정신을 무상·고·무아라고 분명하게 구분하여 결정할 수 없다. 의심으로 이럴까 저럴까 궁리하며 의혹이 사라지지 않은 그대로이다. 숙고와 반조를 많이 하면 할수록 의심이 더욱 많이 생긴다.

수다원 등의 성자들은 도에 의한 구분지(magga pariññā 區分智)를 얻었기 때문에 숙고하고 반조하면 범부들처럼 물질과 정신에 대해 항상하다고, 행복하다고, 나라고 생각하지 않고 집착하지 않는다. 무상·고·무아라고 분명하게 구분하여 결정할 수 있다. 거듭 숙고하면 할수록 무상·고·무아의 사실을 더욱 분명하게 알 수 있다. 바로 그렇기 때문에 제일 낮은 단계인 수다원조차도 '그러한 물질과 정신에 대해 바라고 집착하여 좋도록, 행복하도록 노력함이 아직 다 없어지지 않았음에도 불구하고' 사악처에 떨어지게 할 수 있는 악행의 종류들은 하지 않는 것이다. 이것이 괴로움의 진리를 아는 모습이다.

생겨남의 진리를 아는 모습 방금 말한 대로 헷갈림 없이 알 수 있기 때문에 물질과 정신에 대한 애착, 바람이라고 하는 갈애가 생겨날 수 없다. 생겨나지 않는 모습은 다음과 같다. 제일 처음의 도〔수다원 도〕에 의해 악처에 태어나게 하는 원인인 업을 행하게 하는, 자극하는 갈애와 선처일지라도 일곱 생을 넘어서 태어나게 할 수 있는 갈애들이 생겨날 수 없게 된다. 두 번째 도〔사다함 도〕에 의해 거친 감각욕망 애착과 두 생을 넘어서 태어나게 할 수 있는 갈애들이 생겨날 수 없게 된다. 세 번째 도〔아나함 도〕에 의해 미세한 감각욕망 애착을 포함한 모든 감각욕망에 대한 갈애가 생겨날 수 없게 된다. 네 번째 도〔아라한 도〕에 의해 색계의 삶, 무색계의 삶을 애착하고 바라는 갈애가 생겨날 수 없게 된다.

비유하자면 가난한 이의 상태에서 거부장자나 왕이 된 이가 농사 짓고 가난한 이로서의 삶을 다시 애착하거나 바라지 않게 되는 것과 같다.

또 다른 비유를 하자면 매우 나쁘고 허물이 많은 아내와 함께 지내던 이가 지혜롭고 허물이 없는 착한 아내를 다시 얻게 되면 그렇게 새로 얻은 부인의 공덕들을 아는 것과 동시에 옛 아내의 허물들을 잘 알 수 있기 때문에, 그때를 시작으로 〔매우 나쁘고 허물이 많은〕 옛 아내를 좋아하지 않게 되는 것과 같다.

도의 지혜로 이러한 애착, 바람이 생겨날 수 없게 되는 것을 제거 통찰(pahānappaṭivedha), 제거 관통(pahānābhisamaya)이라고 부른다. '갈애를 제거함에 의해 방해됨 없이 꿰뚫어 알고 보는 것〔= 통찰〕, 그릇됨 없이 틀림없이 확실하게 알고 보는 것〔= 관통〕'이라는 뜻이다. 생겨남의 진리도 도의 지혜가 대상으로 삼아서 아는 것이 아니다. 아는 작용이 성취되기 때문에 제거함 = 생겨나지 않게 하는 것만을 통찰(paṭivedha), 관통(abhisamaya)이라고 부르는 것이다. 그렇기 때문에 복주서에서 "pahānameva vuttanayena paṭivedhoti pahānappaṭivedho (이미 말한 방법에 따라 '제거', 바로 그것이 곧 '통찰'이기 때문에 '제거 통찰'이다)"라는 등으로 설명해 놓았다. 바로 그 도의 순간에 이 '제거 통찰'이 성취되기 때문에 수다원 등의 성자들이 다시 돌이켜 반조해 보았을 때 물질과 정신에 대한 애착, 바람인 갈애를 '괴로움이 생겨나게 하는 원인의 법'이라고 알게 된다. 범부 등과 같이 '행복한 것, 좋은 것'

이라고 생각하지 않는다. 비유하자면 담배를 확실하게 끊은 이는 담배 피려고 하는 것과 담배 피는 것을 '좋다'라고 이전처럼 생각하지 않고 '일을 많게 하고 고통을 생겨나게 하는 것이다'라고 알 수 있는 것과 같다. 이것이 생겨남의 진리를 아는 모습이다.

소멸의 진리를 아는 모습 위빳사나가 생겨나는 순간에는 새겨 알아지는 물질·정신 형성들도 분명하다. 새겨 아는 형성들도 분명하다. 생겨남과 사라짐으로 그들 형성들이 변하여 무너지는 것도 분명하다. 그 형성들이 각각의 작용에 의해 모습, 표상이 있는 것처럼 보이는 것도 분명하다. 〔그러나〕 도와 과의 순간에는 그들 형성 괴로움(saṅkhāra–dukkha)들이 끊어져 고요하고 시원한 성품만이 분명하다. 그 고요하고 시원한 성품도 시작과 끝, 생겨남과 사라짐이 없음, 변하고 무너짐이 없는 것으로만 분명하다. 어떠한 형체, 모습, 표상이 없는 것으로만 분명하다. 따라서 도의 순간에 소멸의 진리라고 부르는 열반을 '적정함이라는 특성(santi – lakkhaṇā), 무너지지 않음 = 죽지 않음이라는 역할(accutirasa), 표상없음이라는 나타남(animitta – paccupaṭṭhāna)'에 의해서 직접 대상으로 안다. 이렇게 아는 것을 실현 통찰(sacchikiriyā paṭivedha), 실현 관통(sacchikiriyābhisamaya)이라고 부른다. '직접 실현함이라고 하는 방해됨 없이 꿰뚫어 알고 보는 것〔= 통찰〕, 그릇됨 없이 틀림없이 확실하게 알고 보는 것〔= 관통〕'이라는 뜻이다. 생각하고 유추해서 아는 것이 아니라 손바닥에 올려놓은 보석을 확실하게 보아서 아는 것과 마찬가지로 모든 형성 괴로움들이 소멸한 성품에 이르러, 아는 것을 직접 실현한다는 뜻이다. 성자들은 이렇게 도의 순간에 직접 실현하기 때문에 반조의 지혜로 다시 돌이켜 숙고하였을 때 그 열반을 '형성들이 사라져 소멸하여 고요하고 시원한 법이다'라든가, '생겨남과 사라짐이 없어 변하여 무너짐이 없는, 항상한 법이다'라든가, '형체, 모양, 표상이 없는 법이다'라고 알 수 있다. 해가 내리쬐는 뜨거운 곳에서 시원한 그늘이 있는 곳에 이른 이는 그곳을 '시원하다'라고 알 수 있는 것과 같고, 또는 오랜 기간 동안 고통을 당하고 있던 병이 사라져 없어진 이는 그 병이 없어진 것을 '좋다'라고 알 수 있는 것과 같다. 이것이 소멸의 진리를 아는 모습이다.

도의 진리를 아는 모습 도의 진리라고 부르는 도 구성요소 법을 생겨나게 하기 위해 위빳사나 관찰을 해 왔기 때문에 도 구성요소들이 열반을 대상으로 하여 자신의 존재상속에 생겨나게 된다. 그렇게 생겨나게 하는 것을 수행 통찰(bhāvanāpaṭivedha), 수행 관통(bhāvanābhisamaya)이라고 부른다. '자기 존재상속에 생겨나게 함이라고 하는, 방해됨 없이 꿰뚫어 알고 보는 것(= 통찰), 그릇됨 없이 틀림없이 확실하게 알고 보는 것(= 관통)'이라는 뜻이다. 이렇게 아는 것도 '손가락 끝으로 바로 그 손가락 끝에 닿을 수 없는 것과 마찬가지로 도의 지혜로 그 도의 지혜를 다시 알 수는 없기 때문에' 대상으로 하여 아는 것이 아니다. 아는 것이 성취되는 것일 뿐이다. 비유하자면 아주 어려운 의미 등을 생각하고 숙고하는 이가 그것을 이해하고 아는 지혜가 생겨남과 동시에 "지혜를 얻었다, 알았다"라고 말하는 것과 같다. 성자들은 그렇게 아는 것이 성취되기 때문에 돌이켜 반조했을 때 '고요하고 시원한 열반을 아는 것이 아직 생겨나지 않았을 때는 생멸하는 형성 괴로움들이 고요하지 않았다. 아는 것이 생겨나서야 비로소 그 괴로움들이 사라져 고요해졌다. 따라서 그렇게 알고 보는 것이 형성 괴로움들의 소멸, 적정함에 이르게 하는 바른 실천, 길이다'라고 알 수 있다. 이것이 도의 진리를 아는 모습이다.

지금까지 말한 대로 〔도의 지혜는〕 소멸의 진리에 대해서는 대상으로 해서 알고, 나머지 세 가지 진리들에 대해서는 아는 작용이 저절로 성취되는 것으로 안다. 그렇게 아는, 바로 그 도의 지혜를 대상으로 '네 가지 진리를 동시에 안다'라고 주석서에서 설명해 놓고 있다. 주석서의 설명을 다시 한번 살펴보라.

⑤ 여덟 가지 도를 닦는 모습

네 가지 진리를 동시에 알아서 성자가 되기를 원한다면 도의 진리를 자신의 존재상속에 생겨나게 해야 한다(= 닦아야 한다, 수행해야 한다). 그러한 출세간 도를 생겨나게 하려면 지금까지 말한 대로 물질과 정신이 생겨날 때마다 그 물질과 정신을 새겨 바른 견해 등 세간의 위빳사나 도를 닦아야 한다. 무엇 때문인가? 위빳사나 도는 〔출세간 도에 대해〕 강하게 의지하는 조건법(upanissaya paccaya)이고 출세간 도는 강하게 의지하는 조건에 따라 생겨나는 법(upanissaya paccayuppanna)이기 때문이다. 따라서 위빳사나 도가 구족되지 않으면 출세간 도가 생겨날 수 없다. 위빳사나 도를 수순의 지혜(anuloma ñāṇa)까지 구족하게 닦으면 출세간 도는 특별히 노력하지 않아도 저절로 생겨나게 된다. 그래서 『위숫디막가(淸淨道論)』에서는 다음과 같이 설명하였다.

Tatha paṭhamamaggañāṇaṁ tāva sampādetukāmena aññaṁ kiñci kātabbaṁ nāma natthi. Yañhi anena kātabbaṁ 〔siyā〕, taṁ anulomāvasānaṁ vipassanaṁ uppādentena katameva.

(Vis.ii.312)

대역

Tatha**그** 네 가지 도의 지혜 **중에서** tāva**제일 먼저** paṭhama magga ñāṇaṁ sampādetukāmena**첫 번째 도의 지혜를 성취하고자 하는 이는** aññaṁ위빳사나 수행을 제외하고 **다른** kiñci kātabbaṁ nāma**어떤 해야 할 특별한 것이** natthi**없다.** hi**맞다.** 그 이유는 anena**이** 위빳사나 **수행자는** yaṁ**어떤** 도의 지혜를 생겨나도록 kātabbaṁ**해야 하는,** taṁ도의 지혜가 생겨나도록 행해야 하는 **그 모든 행위를** anulomāvasānaṁ vipassanaṁ uppādentena**수순의 지혜를 끝으로 하는 위빳사나를 생겨나게 하여** katameva**다 행한 것이다.**[498]

도의 지혜를 생겨나게 하길 원한다면 위빳사나만 닦으면 되기 때문에 그 위빳사나 도도 '수행해야 하는 도의 진리'에 포함시켜도 된다는 내용을 『위방가(分別論) 주석서』에서 다음과 같이 설명하고 있다.

Esa lokuttaro ariyo aṭṭhaṅgiko maggo yo saha lokiyena maggena dukkhanirodhagaminī paṭipadāti saṅkhyaṁ gato.

(VbhA.114)

대역

Esa**이것이** aṭṭhaṅgiko**여덟 가지** lokuttaro**출세간의** ariyo maggo**성스러운 도이다.** yo출세간 도, **그것은** saha lokiyena maggena**세간의** 위빳사

498 『청정도론』 제3권, p.346 참조.

나 **도와 함께** dukkhanirodhagaminī paṭipadāti saṅkhyaṁ**괴로움의 소멸에 이르게 하는 실천에 포함**gato**된다**.

도의 마음이 생겨나는 순간에 포함되는 여덟 가지 도를 '출세간 도'라고 부른다. 그 도는 〔그 도의〕 원인인 위빳사나 없이는 〔괴로움의〕 소멸에 이르게 하는 실천이 되지 못한다. '위빳사나를 실천하지 않고서, 열반을 대상으로 하여 그것만 따로 생겨날 수는 없다'라는 의미이다. 따라서 〔출세간 도와〕 세간의 위빳사나 도를 합해서 '괴로움의 소멸에 이르게 하는 실천'이라고 부르는 도의 진리라고 할 수 있다는 의미이다.

그렇기 때문에『대복주서』에서 다음과 같이 설명하였다.

Nānāntariyabhāvena panettha lokiyāpi gahitāva honti lokiyasamathavipassanāya vinā tadabhāvato.

(Pm.i.15)

대역

pana**하지만** 출세간 삼매, 통찰지만 최상방법(ukkaṭṭhaniddesa)[499]에 의해 '실천해야 한다(bhāvetabba)'라고 말했어도, nānāntariyabhāvena분리되지 않은 상태로, 즉 **따로 생겨나 포함되는 상태로**(('antare bhavā, nānā ca tā antariyā ca, tāsaṁ bhāvo, tena(포함된 상태, 그것은 다르기도 하고 포함되기도 한다. 그러한 상태이다. 그래서)'라고 나누어 해석하라))[500] lokiyāpi**세간**의 삼매, 통찰지**도** ettha**여기에서**(('cittaṁ paññañca bhāvayaṁ = 마음과 통찰지를 닦고서'

499 원주: 제일 거룩한 것을 보여서 나머지도 알게 하는 방법이다.

500 세간의 삼매·지혜는 출세간의 삼매·지혜와 같이 생겨나지 않는다. 세간의 삼매·지혜가 먼저 생겨난다. 그래서 '다르다(nānā)'. 하지만 세간의 삼매·지혜가 없이는 출세간의 삼매·지혜도 없다. 그래서 '포함된다(antarā)'이다.

라는 구절에서》 gahitāva'닦아야 한다(bhāvetabba)'라는 것으로 **취해야만** honti**한다.** (kasmā)무엇 때문인가? lokiya samatha vipassanāya vinā**세간의 사마타**(삼매)**와 위빳사나**(통찰지) **없이는** tadabhāvato출세간 삼매 · 통찰지, **그것의 생겨남이 없기 때문이다.**

의미 "sīle patiṭṭhāya naro sapañño, cittaṁ paññañca bhāvayaṁ(통찰지를 갖춘 이는 계에 기반을 두고, 마음과 통찰지를 닦는다)"[501]라고 시작하는 게송에서 닦아야 하는 것으로 설명한 모든 삼매·지혜는 제일 거룩한 것으로서 출세간법들이다. 그렇기는 하지만 세간의 삼매·지혜를 닦지 않고 그러한 출세간법들을 생겨나게 할 수는 없기 때문에 "출세간 삼매·지혜를 닦는다"라고 말할 때는 '세간 삼매·지혜도 닦았다'라는 의미가 포함되어 있다. 따라서 세간 삼매·지혜는 출세간 삼매·지혜와 따로 생겨난다 하더라도 "cittaṁ paññañca bhāvayaṁ(마음과 통찰지를 닦는다)"라는 경전구절의 닦아야 하는(bhāvetabba) 법들이라고 부를 수 있다. '그러한 법들도 닦아야 한다'라는 의미이다.

《「40가지 방법론」이라는 책에서 ṭhāna(원인)을 말하면서 ṭhānī(결과)도 포함시키는 방법을 비분리(nānāntarika) 방법이라고 말하였다. 하지만 이 복주서에 말한 "nānāntariyabhāvena(따로 생겨나 포함되는 상태로)"라는 구절은 그러한 의미로 취한 것이 아니다. 도의 삼매, 도의 지혜가 ṭhāna(원인)이 아닐뿐더러 세간의 삼매, 세간의 지혜도 ṭhānī(결과)가 아니기 때문이다. 그렇기 때문에 그 책에 나오는 "ghatatthikassa ghaṭamānaya(버터기름을 원하는 이에게 버터항아리를 가져오라)"라

501 S.i.13; 이 책의 제1권 pp.160~162 참조.

는 구절에서, 버터기름이 항아리가 아니고 항아리도 버터기름이 아니어서 서로 별개의 것이지만 '버터기름을 원하는 이를 위해서 버터기름 항아리를 가져오라'라고 할 때, 항아리만을 가져오라고 직접적으로 말은 했지만 항아리 속에 포함되어 있는 버터기름도 가져오라는 뜻이 포함되는 것을 설명하였다. 이러한 의미를 취하는 것이 복주서와 내용상 일치한다. 관계된 것에 대한 지식을 위해 설명해 보았다.》

여덟 가지 도를 닦는 모습

Idhānanda, bhikkhu sammādiṭṭhiṁ bhāveti vivekanissitaṁ virāganissitaṁ nirodhanissitaṁ vossaggapariṇāmiṁ, sammāsaṅkappaṁ bhāveti … sammāvācaṁ bhāveti … sammākammantaṁ bhāveti … sammāājīvaṁ bhāveti … sammāvāyāmaṁ bhāveti … sammāsatiṁ bhāveti … sammāsamādhiṁ bhāveti vivekanissitaṁ virāganissitaṁ nirodhanissitaṁ vossaggapariṇāmiṁ. Evaṁ kho, ānanda, bhikkhu kalyāṇamitto kalyāṇasahāyo kalyāṇasampavaṅko ariyaṁ aṭṭhaṅgikaṁ maggaṁ bhāveti, ariyaṁ aṭṭhaṅgikaṁ maggaṁ bahulīkaroti.

(Kosala saṁyutta, S.i.88)

대역

Ānanda**아난다여**, idha**이 교법에서** bhikkhu**비구는** vivekanissitaṁ'번뇌가 고요해짐'이라고 하는 **멀리 떠남도 의지하고**, virāganissitaṁ'번뇌가 사라짐'이라고 하는 **애착 빛바램도 의지하고**, nirodhanissitaṁ'번뇌가 소멸함'이라고 하는 **소멸도 의지하고**, vossaggapariṇāmiṁ번뇌를 포기하여 보내 버림이라고 하는, 또한 열반 쪽으로 향해 뛰어들

어 보내 버림이라고 하는 **보내 버림으로 기우는**, 무르익고 있는, 이미 무르익은 sammādiṭṭhiṁ위빳사나 지혜, 도의 지혜라고 하는 **바른 견해를** bhāveti**닦는다.** 생겨나게 한다. … sammāsaṅkappaṁ위빳사나 마음, 도의 마음과 결합한 **바른 사유를** bhāveti**닦는다.** … sammāvācaṁ**바른 말을** 《위빳사나 관찰을 하는 동안, 도가 생겨나는 동안 말하는 것을 의미하는 것이 아니다. 말의 악행을 생겨나게 할 수 있는 잠재된 번뇌, 드러난 번뇌, 범하는 번뇌들의 반대로서, 그러한 번뇌들을 제거할 수 있는, 사라지게 할 수 있는 성품들을 말하는 것이다. 뒤에 나오는 바른 행위, 바른 생계도 같은 방법으로 이해해야 한다.》 bhāveti**닦는다.** … sammākammantaṁ**바른 행위를** bhāveti**닦는다.** … sammāājīvaṁ**바른 생계를** bhāveti**닦는다.** … sammāvāyāmaṁ**바른 노력을** bhāveti**닦는다.** … sammāsatiṁ**바른 새김을** bhāveti**닦는다.** … vivekanissitaṁ**멀리 떠남도 의지하고**, virāganissitaṁ**애착 빛바램도 의지하고**, nirodhanissitaṁ**소멸도 의지하고**, vossaggapariṇāmiṁ**보내 버림으로 기우는** sammāsamādhiṁ**바른 삼매를 닦는다.** ānanda**아난다여**, kalyāṇamitto부처님 등의 **좋은 친구를 가진**, kalyāṇasahāyo**좋은 동료를 가진**, kalyāṇasampavaṅko부처님 등의 **좋은 이들에게로 향한 마음이 있는** bhikkhu**비구가** ariyaṁ aṭṭhaṅgikaṁ maggaṁ**여덟 가지 구성요소가 있는 성스러운 도를** evaṁ kho**이와 같이**, 이렇게 말한 방법대로 bhāveti**닦고**, 생겨나게 하고 ariyaṁ aṭṭhaṅgikaṁ maggaṁ**여덟 가지 구성요소가 있는 성스러운 도를** bahulīkaroti**많이 행한다**, 증장시킨다.[502]

Vivekanissitanti tadaṅgavivekanissitaṁ samucchedavivekanissitaṁ nissaraṇavivekanissitañca sammā-

---

502 S3:18;『상윳따 니까야』 제1권, p.370 참조.

diṭṭhiṁ bhāvetīti ayamattho veditabbo. Tathā hi ayaṁ ariyamaggabhāvanānuyutto yogī vipassanākkhaṇe kiccato tadaṅgavivekanissitaṁ, ajjhāsayato nissaraṇavivekanissitaṁ, maggakāle pana kiccato samucchedavivekanissitaṁ, ārammaṇato nissaraṇavivekanissitaṁ sammādiṭṭhiṁ bhāveti. Esa nayo virāganissitādīsu. Vivekatthā eva hi virāgādayo.

Kevalañcettha vossaggo duvidho pariccāgavossaggo ca pakkhandanavossaggo cāti. Tattha pariccāgavossaggoti vipassanākkhaṇe ca tadaṅgavasena, maggakkhaṇe ca samucchedavasena kilesappahānaṁ. Pakkhandanavossaggoti vipassanākkhaṇe tanninnabhāvena, maggakkhaṇe pana ārammaṇakaraṇena nibbānapakkhandanaṁ, tadubhayampi imasmiṁ lokiyalokuttaramissake atthavaṇṇanānaye vaṭṭati. Tathā hi ayaṁ sammādiṭṭhi yathāvuttena pakārena kilese ca pariccajati, nibbānañca pakkhandati.

Vossaggapariṇāminti iminā pana sakalena vacanena vossaggatthaṁ pariṇamantaṁ pariṇatañca, paripaccantaṁ paripakkañcāti idaṁ vuttaṁ hoti. Ayañhi ariyamaggabhāvanānuyutto bhikkhu yathā sammādiṭṭhi kilesapariccāgavossaggatthaṁ nibbānapakkhandanavossaggatthañca paripaccati, yathā ca paripakkā hoti, tathā naṁ bhāvetīti. Esa nayo sesamaggaṅgesu.

(SA.i.146)

해석

번뇌가 고요해짐이라고 하는 **'멀리 떠남을 의지하고'라고 하는 구**

절은, "위빳사나 수행에 의해 한 부분 정도 번뇌가 고요해짐이라고 하는 '부분 멀리 떠남'을 의지하고, 도의 지혜로 번뇌가 남김없이 고요해짐이라고 하는 '근절 멀리 떠남'도 의지하고, 열반이라고 하는 '떠나감 멀리 떠남'도 의지하는 위빳사나 지혜, 도의 지혜라고 하는 바른 견해를 닦는다"라는 의미로 알아야 한다. 이것에 대해서 자세하게 설명하면 다음과 같다. 성스러운 도가 생겨나도록 열심히 노력하는 수행자가 〔그 전에〕 위빳사나 관찰을 할 때에는 '번뇌가 고요해지는 작용을 성취하는 작용의 의미로 부분 멀리 떠남을 의지하는' 위빳사나의 바른 견해를 닦는다. '바라는 의향의 의미로 떠나감 멀리 떠남을 의지하는' 위빳사나의 바른 견해를 닦는다. 도가 생겨나는 순간에는 '번뇌가 고요해지는 작용을 성취하는 작용의 의미로 근절 멀리 떠남을 의지하는' 도의 바른 견해를 닦는다. '대상으로 하는 의미로 떠나감 멀리 떠남을 의지하는' 도의 바른 견해를 닦는다. '애착 빛바램을 의지하고' 등에서도 이와 같은 방법이다. 맞다. '애착 빛바램' 등의 단어들은 '멀리 떠남'이라는 단어와 같은 의미를 가지고 있기 때문이다. 《viveka〔멀리 떠남〕 = 〔번뇌가〕 고요해짐, virāga〔애착 빛바램〕 = 〔번뇌가〕 사라짐, nirodha〔소멸〕 = 〔번뇌가〕 소멸함, 이러한 단어들은 표현으로만 서로 다르다. 근본 의미로는 다르지 않다는 의미다.》

이제 서로 다른 점을 말하리라. 여기에서 '보내 버림'이라는 단어 자체의 의미에는 '포기하여 보내 버림'과 '뛰어들어 보내 버림'(자신을 어느 곳으로 향함), 두 종류가 있다. 그 두 가지 중에, '포기하여 보내 버림'이라고 말할 때에는 위빳사나 관찰을 할 때 부분 제거에 의해 번뇌를 제거하는 것과, 도의 순간에 근절 제거에 의해 번뇌를 제거하는 것을 말한다. '뛰어들어 보내 버림'이라고 말할 때에는 위빳사나 관찰을 할 때 그 열반을 바라며 마음 향하는 것과, 도의 순간에 대상으로 취하는 것으로 열반에 향하는 것을 말한다. 세간,

출세간법이 섞여있는 이러한 의미의 해설에서 그 두 가지 의미 모두가 적당하다. 맞다. 즉 이 위빳사나의 바른 견해, 도의 바른 견해는 "부분 제거, 근절 제거에 의해 〔번뇌를〕 제거하여 버리고, 바라며 마음 향하는 것, 대상으로 하는 것에 의해 〔열반에〕 향한다"라고 말한 대로 번뇌들을 포기하여 보내 버리고, 열반으로 뛰어들어 보내 버린다.

그 밖에 '보내 버림으로 기우는'이라고 하는, 이러한 줄여서 말한 구절을 통해 (『상윳따 니까야 주석서』에는 "saṅkhepavacanena" 라는 구절이 〔첨가되어〕 있다. '이 줄여서 말한 단어에 의해'라고 번역할 수 있다) '포기하여 보내 버리기 위해, 뛰어들어 보내 버리기 위해 계속해서 무르익으며 생겨나고 있는 위빳사나의 바른 견해를, 이미 무르익어 생겨난 도의 바른 견해를'이라는 의미로 알아야 한다. 말하고자 하는 바는 다음과 같다. 성스러운 도를 생겨나게 하기 위해 노력하고 있는 이 비구는 바른 견해를 닦아야 한다. 어떠한 모습으로 바른 견해를 닦아야 하는가? "형성 대상들을 새겨 아는 모습으로 닦으면 이러한 바른 견해는 번뇌들을 부분적으로 포기하여 보내 버리기 위해, 열반을 향하는 것으로 뛰어들어 보내 버리기 위해, 무르익고 있는 중이다. 마찬가지로 모든 형성들이 소멸한 열반을 대상으로 하는 모습으로 닦으면 이러한 바른 견해는 번뇌들을 근절하는 것으로 포기하여 보내 버리기 위해, 열반을 대상으로 하는 것으로 뛰어들어 보내 버리기 위해 이미 무르익은 것이다. 그 두 가지 모습으로 그러한 위빳사나의 바른 견해, 도의 바른 견해를 닦아야 한다"라는 말이다. 나머지 도 구성요소 일곱 가지도 지금까지 말한 방법과 동일하다.

'멀리 떠남을 의지함' 등이 생겨나는 모습

위 경전과 주석서의 의미 멀리 떠남(viveka)에는 부분 멀리 떠남(tadaṅga viveka), 억압 멀리 떠남(vikkhambhana viveka), 근절 멀리 떠남(samuccheda viveka), 떠나감 멀리 떠남(nissaraṇa viveka), 안식 멀리 떠남(paṭipassaddhi viveka)이라는 다섯 가지 종류가 있다. 빛바램, 소멸 등도 '부분 빛바램, 억압 빛바램' 등 같은 방법으로 다섯 가지씩으로 나눠진다.

이들 중 무너짐의 지혜 등이 생겨날 때는 새겨지는 대상에 대해 대상에 잠재된(ārammaṇanusaya) 〔번뇌〕가 머물지 않기 때문에 그 대상과 관련하여 드러난(pariyuṭṭhāna) 〔번뇌〕, 범하는(vītikkama) 〔번뇌〕들도 생겨나지 않는다. 이러한 〔잠재된, 드러난, 범하는〕 세 가지 종류의 번뇌가 생겨나지 않는 것은 위빳사나라고 하는 한 부분의 원인에 의해 번뇌들이 고요해진 상태이기 때문에 '부분 멀리 떠남'이라고 한다. 번뇌가 사라진 상태이기 때문에 '부분 빛바램'이라고도 한다. 번뇌가 소멸된 상태이기 때문에 '부분 소멸'이라고도 한다.

한 번씩 새길 때마다 새겨지는 물질과 정신을 바르게 아는 것을 위빳사나 바른 견해(vipassanā sammādiṭṭhi)라고 한다. 그것과 함께 결합하여 같이 생겨나는 바르게 사유함, 노력함, 새김, 고요함 등을 각각 위빳사나 바른 사유, 바른 노력, 바른 새김, 바른 삼매라고 한다. 새겨 알도록 자극하고 격려하는 의도와, 마음과 함께 생겨나는 나머지 법들[503]은 「공부지음항목 분별(Sikkhāpada vibhaṅga)」 등에서 설한 방법에 따라 바른 말이라고도 할 수 있고, 바른 행위, 바른 생계라고도 할 수 있다. 거

503 마음과 마음부수들을 말한다. 이 책의 제1권 p.576 계에 해당되는 도 구성요소들이 위빳사나에 포함되는 이유를 참조하라.

듭해서 새길 때마다 같이 생겨나는 이러한 위빳사나 도 구성요소 여덟 가지들은 방금 말한 '부분 멀리 떠남, 빛바램, 소멸'을 의지하기 때문에 '멀리 떠남을 의지하는, 빛바램을 의지하는, 소멸을 의지하는(viveka nissita, virāga nissita, nirodha nissita)'이라고 한다. 여기서 '의지한다'라고 하는 것은 거듭해서 새길 때마다 세 가지 종류의 번뇌들이 고요해짐(= 멀리 떠남), 사라짐(= 빛바램), 소멸함(= 소멸)을 성취되게 하는 것일 뿐이다. 그 멀리 떠남, 빛바램, 소멸을 대상으로 하여 아는 것이 아니다. 바로 그렇기 때문에 주석서에서 '대상으로(ārammaṇato)'라고 하지 않고 '작용의 의미로(kiccato)'라고 설명한 것이다.

열반은 번뇌·업·과보 무더기라고 하는 모든 윤전의 고통들이 다 떠나간 것 = 사라지고 무너진 것이기 때문에 '떠나감(nissaraṇa)'이라고 한다. 또는 '모든 윤전의 고통으로부터 떠나가서 해탈한 것이기 때문에 떠나감이라고 한다'라고도 한다. 그 열반은 또한 번뇌들이 고요해진(= 멀리 떠난), 사라진(= 빛바랜), 소멸한 상태이기 때문에 떠나감 멀리 떠남, 떠나감 빛바램, 떠나감 소멸이라고도 한다.

앞에서 언급한 위빳사나 도 구성요소들은 열반을 얻기를 바라고 알기를 바라는 의향(ajjhāsaya)이 있어서 물질과 정신이 생겨날 때마다 그것을 새기는 이에게만 생겨난다. 열반을 얻으려 하지 않고 (얻은 지금의) 삶만을 즐기고 있는 이에게는 새기는 행위조차 생겨나지 않기 때문에 그 위빳사나 도 구성요소는 생겨날 수 없다. 그래서 거듭해서 새길 때마다 함께 생겨나는 그러한 도 구성요소들은 수행의 앞부분에서는 바라는 의향에 의해 '열반을 의지한다'라고 말한다. 그렇기 때문에 '멀리 떠남을 의지하고, 빛바램을 의지하고, 소멸을 의지하고'라고 한다. 여기에서도 새길 때마다 열반을 대상으로 하는 것이 아니다. '열반을 얻도록 노력하리라'라고 수행의 앞부분에서 바라는 의향이 있기 때문에만 '열반을 의지하는'이라고 말하는 것이다.

비유하자면 열반을 목적으로 보시하는 이에게 보시하는 중에 생겨나는 보시하는 동안의 의도(muñca cetanā)는 보시하는 물건만을 대상으로 한다. 열반을 대상으로 하지 않는다. 그렇지만 이미 그 전에 열반을 목적으로 해서 행했기 때문에 윤전이 사라진 열반을 의지하는(vivaṭṭa-nissita) 선업이라고 말하는 것과 같다. 그와 마찬가지로 물질과 정신이 생겨날 때 그 물질과 정신만을 대상으로 하는 것도 바로 그 전에 열반을 목적으로, 바라는 의향을 가지고 관찰하고 새기는 것이기 때문에 위빳사나에 대해 '열반을 의지한다'라고 말하는 것이다. 바로 그렇기 때문에 주석서에서 "바라는 의향의 의미로(ajjhāsayato)"라고만 말하였다. 그래서 위빳사나 수행자들이 생겨나는 물질과 정신들을 새길 때마다 '부분 멀리 떠남, 빛바램, 소멸(tadaṅga viveka, virāga, nirodha), 떠나감 멀리 떠남, 빛바램, 소멸(nissaraṇa viveka, virāga, nirodha)' 등을 의지하는 위빳사나 도 구성요소들을 생겨나게 하는 것이라고 할 수 있다. 여기에서 언급한 '부분 소멸'을 바로 위빳사나에 의해 직접 실현하는 '부분 소멸의 진리'라고 앞에서 설명했다.[504]

출세간 도 네 가지에 의해 관계되는 번뇌들을 남김없이 끊어냄이라고 하는 고요해짐(= 멀리 떠남), 사라짐(= 빛바램), 소멸을 '근절 멀리 떠남, 빛바램, 소멸(samuccheda viveka, virāga, nirodha)'이라고 한다. 출세간 도 구성요소들은 그 번뇌들을 남김없이 제거하여 고요해짐(= 멀리 떠남), 사라짐(= 빛바램), 소멸함(= 소멸)을 성취하게 하기 때문에 (그 출세간 도 구성요소들을) '멀리 떠남을 의지하는, 빛바램을 의지하

504 이 책의 제1권 pp.554~555 참조.

는, 소멸을 의지하는(viveka nissita, virāga nissita, nirodha nissita)'이라고 한다. 그 밖에 '떠나감 멀리 떠남, 빛바램, 소멸'이라고 부르는 열반을 대상으로 하기 때문에도 '멀리 떠남을 의지하는, 빛바램을 의지하는, 소멸을 의지하는'이라고 한다. 도의 위치에 있는 이들은 그러한 도의 구성요소들을 〔직접〕 생겨나게 하는 것이라고 할 수 있다.

'보내 버림으로 기우는 것'이 생겨나는 모습

위빳사나 도 구성요소들은 '부분 제거'에 의해 번뇌들을 제거하기 위해 무르익고 있는 중이다. 열반을 바라는 이에게만 생겨나기 때문에 마음 향하는 것에 따라 열반 쪽으로 자신을 보내 버리기 위해서 = 향하기 위해서도 무르익고 있는 중이다. 그렇기 때문에 '보내 버림으로 기우는(vosagga pariṇāmi)'이라고 한다. 생겨나는 물질과 정신을 수행자들이 거듭 새길 때마다 '그러한 도 구성요소들을 생겨나게 한다'라고 말한다.

성스러운 도 구성요소들은 관계되는 번뇌들을 남김없이 제거함을 위해서도 이미 무르익었다. 대상으로 하여 열반 쪽으로 자신을 보내 버림 = 향함으로도 이미 무르익었다. 그렇기 때문에 '보내 버림으로 기우는'이라고 한다. 그래서 도의 위치에 있는 이들은 '그러한 도 구성요소들을 생겨나게 한다'라고 말한다.

여기에서 '이미 무르익은'이라고 할 때 수순의 지혜, 종성의 지혜까지 앞부분 위빳사나 도들을 이미 생겨나게 했고 구성요소들이 이미 무르익었기 때문에 그 도의 순간에 열반을 대상으로 하기 위해서도 특별히 애쓰지 않고, 번뇌를 제거하기 위해서도 특별히 애쓰지 않고서 앞부분 도의 힘에 의해 저절로 열반을 대상으로 해서 생겨나고, 번뇌들도 사라지게 한다. 이것을 두고 '이미 무르익은'이라고 말한 것이다. 비유하자면 개울을 뛰어넘으려 하는 이가 조금 멀리 떨어진 곳으로부터 달려와서 둑 근처에서 훌쩍 뛰어넘으면 그 다음에는 특별히 노력하지 않아도 저절로 그 개울을 넘어서 반대 둑에 도달하는 것과 마찬가지다. 매우 어려운 내용이다. 주석서와 그 의미를 설명한 부분을 반복해서 읽기 바란다.

계에 해당되는 도 구성요소들이 위빳사나에 포함된 이유

위빳사나를 관찰할 때 절제 도 구성요소들이 포함된다는 사실의 근거는 「공부지음항목 분별(Sikkhāpada vibhaṅga)」, 『빠띠삼비다막가(無碍解道)』 등의 경전들, 『우다나(感興語)』 「바히야 경」의 주석 등의 "esa nayo sesamaggaṅgesu(이러한 방법은 나머지 도 구성요소들에도 해당된다)"[505]라는 구절과 "sammāvācādayo tayo viratiyopi honti cetanādayopi, maggakkhaṇe pana viratiyova[506] = sammāvācādayo바른 말 등 tayo세 가지 도 구성요소들이 viratiyopi절제이기도 honti하다. cetanādayopi또한 의도 등의 법들, 즉 의도와 함께 선업마음이 생겨날 때 포함된 나머지 정신현상들도 honti있는데 maggakkhaṇe pana도의 순간에는 모두 viratiyova절제일 honti뿐이다"라는 등의 주석서 구절들이다.

의미 말의 악행, 몸의 악행, 삿된 생계를 삼가는 계의 마음이 생겨날 때는 절제 마음부수가 바른 말, 바른 행위, 바른 생계들이다. 말과 몸과 마음의 선행을 행할 때는 의도와 나머지 그 마음과 함께 생겨나는 정신현상들을 바른 말 등이라고 한다.

도의 순간에는 절제 마음부수들만을 바른 말 등이라고 한다. 그렇기

---

505 SA.i.146.

506 SA.i.145.

때문에 마음의 선행(善行)인 위빳사나에 대해서는 의도와 함께 나머지 선업의 마음이 일어날 때 포함된 정신현상들을 바른 말 등이라고 한다. '멀리 떠남을 의지함'이 생겨나는 모습 등을 위빳사나의 순간, 도의 순간에 대해서만 설명했기 때문에, 또한 바른 견해에서처럼 나머지 도 구성요소들에 대해서도 〔바른 견해와〕 마찬가지로 알도록 설명했기 때문에 계를 지키는 마음이 생겨날 때만 결합되는 절제 마음부수들은 이 경에서는 의미하지 않는다.

> Sikkhāpada vibhaṅge "virati, cetanā, sabbe sampayuttadhammā ca, sikkhāpadānī"ti vuttāti. Tattha[507] padhānānaṁ viraticetānaṁ vasena "viratiyopi honti cetanāyopī"ti āha. Musāvādādīhi viramaṇakāle vā viratiyo, subhāsitādivācābhāsanādikāle ca cetanāyo yojetabbā.
>
> (DAṬ.i.341)

대역

Sikkhāpada vibhaṅge **「공부지음항목 분별」에서** virati ca**절제**, cetanā ca**의도**, sabbe sampayuttadhammā ca**그리고 모든 결합된 법들을** sikkhāpadānīti**'공부지음항목'이라고** vuttāti**하였다**. iti**그래서** tattha**그** 세 가지 **중에** padhānānaṁ**기본이 되는** virati cetanānaṁ vasena**절제와 의도들을 통해서** 'viratiyopi honti cetanāyopī'ti**'절제와 의도도 있는데'** **라고** 주석서의 스승들이 **말하였다**.[508] vā**또** 다른 방법으로는 musā-

507 CST4 vuttātīti tattha.

508 원주(본문내용): '의도 등'이라는 『상윳따 니까야 주석서』의 설명에서 '~등'이라는 단어가 첨가된 것처럼 보인다. 그렇지만 '~등'이라는 단어가 포함된 경전구절이 「공부지음항목 분별」과 일치하기 때문에, 또한 '~등'이라는 구절이 적당하지 않은 이유가 없고 적당한 이유만 있기 때문에, 또한 '복주서의 스승들이 살펴본 주석서들에 있는 그대로만 확실한 경전구절이다'라고 단정하여 결정할 수 없기 때문에 『상윳따 니까야 주석서』에서 본 대로만 드러내어 그 의미를 설명하였다.

vādādīhi viramaṇakāle**거짓말 등을 삼갈 때는** viratiyo**절제와** yojetabbā 결합시켜야 한다. subhāsitādivācābhāsanādikāle ca**바른 말 등의 말을 할 때 등에서는** cetanāyo**의도들과** yojetabbā**결합시켜야 한다.**

이 복주서의 내용 중 '말을 할 때 등에는'의 구절에서 '등'이라는 단어에 의해 몸의 선행, 마음의 선행이 생겨날 때라고 알아야 한다. 그렇기 때문에 복복주서[509]에서 "subhāsitādīhi asamphappalāpādi, ādisaddena apisuṇādi saṅgahitā, bhāsanādīti ettha pana kāyasucaritādi ('바른 말 등의'라는 구절은 쓸데없는 말을 하지 않는 것 등을 말한다. '~ 등'이라는 단어에 의해 이간질하지 않는 것 등도 포함시켜라. '말을 할 때 등에는'이라는 구절에서는 〔'~ 등'이라는 단어는〕 몸의 선행 등을 말한다)"[510]라고 설명하였다. 이 복복주서에서 '몸의 선행 등'이라는 구절에서 '~ 등'이라는 단어에 의해 나머지 마음의 선행(善行)만을 포함시키면 된다. 위빳사나 수행은 마음의 선행에 포함된다. 따라서 위빳사나 마음이 생겨날 때의 의도와 나머지 함께 생기는 정신현상들을 방편에 의해 '바른 말, 바른 행위, 바른 생계라는 도 구성요소이다'라고 설명하는 것으로 기억해야 한다.

⑥ 네 가지 진리 수행주제

네 가지 진리를 관찰하는 모습을 설명하는 곳에서 드러내 보였던 "tatha purimāni dve saccāni vaṭṭaṁ(그 네 가지 진리 중에서 앞의 두

---

509 CST4에서는 근본복주서에 나온다.

510 VbhMṬ.76.

가지 진리는 윤전하게 하는 진리라고 한다)"[511] 등의 주석서에 따라 열반의 법〔소멸의 진리〕, 도의 법〔도의 진리〕들은 '거룩하다'라고 들어서 아는 정도로, 마음을 기울여 바라는 정도면 충분하고, 괴로움의 진리와 생겨남의 진리에 해당하는 법들만을 관찰하여 새기는 위빳사나를 '네 가지 진리 수행주제(catusacca kammaṭṭhāna)'라고 한다. 무엇 때문인가? 위빳사나는 네 가지 진리를 아는 도의 지혜를 생겨나게 하기 때문이기도 하고 네 가지 진리를 알기 위해 닦아야 하는 수행이기도 하고, 도와 과라는 특별한 행복의 원인이 되기도 하기 때문이다.

> Catusaccappaṭivedhāvahaṁ kammaṭṭhānaṁ catusaccakammaṭṭhānaṁ, catusaccaṁ vā uddissa pavattaṁ bhāvanākammaṁ yogino sukhavisesānaṁ ṭhānabhūtanti catusaccakammaṭṭhānaṁ.
>
> (DAṬ.ii.342)

대역

Catusaccappaṭivedhāvahaṁ**네 가지 진리에 대한 통찰**, 즉 네 가지 진리를 아는 도의 지혜를 **생기게 하는** kammaṭṭhānaṁ위빳사나 **수행주제를** catusaccakammaṭṭhānaṁ**'네 가지 진리 수행주제'라고 한다**. vā**또는** catusaccaṁ**네 가지 진리를** uddissa알고 보기 위한 **목적으로** pavattaṁ **생겨나는** bhāvanākammaṁ위빳사나 **수행행위는** yogino sukhavisesānaṁ**수행자에게** 도와 과라는 **특별한 행복을 가져다 주는** ṭhānabhūtaṁ**바탕이기 때문에** iti**그래서** catusaccakammaṭṭhānaṁ**'네 가지 진리 수행주제'라고 한다**.

511 이 책의 제1권 pp.536~537 참조.

『새김확립 긴 경(大念處經)』에서 설하신 21가지 〔수행주제의〕 장(章) 중에서 어느 한 장의 가르침에 따라 수행하는 이에게 네 가지 진리 수행주제가 생겨나고 아라한 과에까지 이를 수 있는 모습을 주석서에서 설명해 놓았다. 아래 구절은「들숨날숨의 장」에 대한 주석서의 설명이다.

Tattha assāsapassāsapariggāhikā sati dukkhasaccaṁ, tassā samuṭṭhāpikā purimataṇhā samudayasaccaṁ, ubhinnaṁ appavatti nirodhasaccaṁ, dukkhaparijānano samudayappajahano nirodhārammaṇo ariyamaggo maggasaccaṁ. Evaṁ catusaccavasena ussakkitvā nibbutiṁ pāpuṇātīti idamekassa assāsapassāsavasena abhiniviṭṭhassa bhikkhuno yāva arahattā niyyānamukhaṁ.

(DA.ii.356)

대역

Tattha**그곳**(들숨날숨의 장)**에서** assāsa passāsa pariggāhikā sati**들숨과 날숨을 파악하**여 관찰하는 **새김이** dukkhasaccaṁ**괴로움의 진리이다.** tassā samuṭṭhāpikā**그 새김을 생겨나게 한**, purimataṇhā선업을 행할 때, **이전** 생에서**의 갈애가** samudayasaccaṁ**생겨남의 진리이다. 그** 괴로움의 진리와 생겨남의 진리, ubhinnaṁ appavatti**두 가지가 생겨나지 않는 것**, 소멸한 것인 열반**이** nirodhasaccaṁ**소멸의 진리이다.** dukkhaparijānano**괴로움도 구분하여 알고**, samudayappajahano**생겨남도 제거하고**, nirodhārammaṇo**소멸**인 열반**도 대상으로 하는**, ariyamaggo자신에게 생겨나는 **성스러운 도가** maggasaccaṁ**도의 진리이다.** evaṁ**이와 같이** catusaccavasena**네 가지 진리** 수행주제**에 따라서**[512] ussakkitvā청

512 원주 (본문내용): catusaccavasenāti catusaccakammaṭṭhānavasena('네 가지 진리에 따라서'란 '네 가지 진리 수행주제에 따라서'라는 뜻이다.)

정의 단계에 따라 **진전되어** nibbutiṁ번뇌의 **소멸인 적멸에** pāpuṇāti **이른다.** iti이렇게 이를 수 있기 때문에 **그래서** idaṁ**이것**(= 들숨날숨이라는 수행주제)**은** assāsapassāsavasena abhi-niviṭṭhassa**들숨과 날숨을 통해 마음 향하는,** 들숨과 날숨을 관찰하는 ekassa bhikkhuno**한 비구가** yāva arahattā**아라한 과에 이르기까지** niyyānamukhaṁ윤회의 고통에서 벗어나는 **출구가 된다.**

의미 〔「새김확립 긴 경」의〕「들숨날숨의 장」에서 설명한 가르침에 따라 수행하는 위빳사나 수행자에게 들숨과 날숨을 '들숨, 날숨'하며 거듭 새길 때마다 바람이라고 하는 감촉 물질을 새기는 사띠(새김)가 생겨난다. 이 새김은 '앞부분 위빳사나 도'를 생겨나게 하기 때문에 비분리(nānā-natariya) 방법에 의해, '닦아야 하는 도의 진리(bhāvetabba magga-saccā)'라고 한다. 그렇지만 성스러운 도와 결합하는 출세간의 새김이 아니기 때문에 엄밀하게 말하면 성스러운 도의 진리라고는 할 수 없다. 세간법일 뿐이기 때문에 괴로움의 진리에만 포함된다. 네 가지 진리 수행주제라고 하는 것도 엄밀하게는 성스러운 네 가지 진리만을 목표로 해서 수행하는 위빳사나이다. 그렇기 때문에 이 네 가지 진리 수행주제를 설명할 때 그 새김만을 괴로움의 진리라고 주석서의 스승들이 설명하였다. 새김만을 괴로움의 진리라고 설명한 것도 대표(padhāna)방법으로 설명한 것일 뿐이다. 그렇기 때문에 "그 새김과 결합된 마음, 마음부수, 그 새김의 토대인 물질, 대상인 들숨날숨이라는 바람 감촉 물질"인 부속된 법들도 괴로움의 진리라고 알아야 한다. 그래서 새김만을 대표로 해서 '새김이 괴로움의 진리이다'라는 말로 설명했다.

네 가지 진리 수행주제라고 하는 위빳사나를 들숨날숨의 장에서 설명한 가르침에 따라 수행하는 수행자는 들숨과 날숨이나, 〔들숨과 날숨을 대상으로 해서〕 생겨나는 새김이나, 그 새김과 결합한 마음, 마음부수들이나, 그 새김의 토대인 물질들, 이러한 괴로움의 진리의 법들을 〔수행의〕 앞부분에 관찰하여 〔수행의〕 뒷부분인 도의 순간에 그 〔괴로움의 진리의〕 법들을 괴로움의 진리로서 미혹없이 분명하게 구분하여 안다고 설명했다. 그중에서 새김과 결합한 마음, 마음부수들을 〔수행의〕 앞부분에 관찰하고 새기는 것을 '위빳사나를 다시 관찰하는 〔재관찰〕 위빳사나(vipassanā paṭivipassanā)'라고 한다. '새기는 위빳사나를 다시 새기는 위빳사나'라는 뜻이다.

Sā pana sati yasmiṁ attabhāve, tassa samuṭṭhāpikā taṇhā tassāpi samuṭṭhāpikā eva nāma hoti tadabhāve abhāvatoti āha "tassā samuṭṭhāpikā purimataṇhā"ti, yathā "saṅkhārapaccayā viññāṇa"nti. Taṁviññāṇabījataṁsantatisambhūto sabbopi lokiyo viññāṇappabandho saṅkhārapaccayā viññāṇantveva vuccati suttantanayena.

(DAṬ.303)

대역

Sā pana sati**또한** 들숨과 날숨을 새기는 **그 새김이** yasmiṁ attabhāve**어떤 한 존재에 생겨나는데** tassa samuṭṭhāpikā taṇhā**그 존재를 생겨나게 하는 갈애는** tassāpi samuṭṭhāpikā eva nāma**그 새김도 생겨나게 한다고 말할 수** hoti**있다**. (kasmā)무엇 때문인가? tadabhāve**그 갈애가 없었다면** abhāvato〔새김의〕 의지처인 '어떠한 **존재**', 그리고 〔그 존재에게 생겨나는〕 **새김, 모두가 없기 때문이다**. iti**그래서** 새기는 새김도 생겨나게 하기 때문에 'tassā samuṭṭhāpikā purimataṇhā'ti**'그 존재를 생겨나게 하는 이전의 갈애를'이라고** āha주석서의 스승들이 **말하였다**. (kiṁ yathā)무엇과 같은가? **마치** saṅkhārapaccayā viññāṇanti**'형성들을 조건으로 의식이 생겨난다'라고 할 때** taṁviññāṇabijataṁsantatisambhūto **의식을 종자로 해서, 그 의식 다음에 차례대로 생겨나는** sabbopi lokiyoviññāṇappabandho**세간 의식들의 연속 모두를** saṅkhārapaccayā viññāṇantveva**'형성들을 조건으로 생겨나는 의식들일 뿐이다'라고** suttantanayena**경전방법에 따라** vuccati yathā**설한 것과 마찬가지이다.**

재생연결을 시작으로 지금 생의 모든 물질과 정신들은 이전 생에 행했던 어떠한 한 가지 선업 때문에 생겨난다. 그 업도 '〔새로운〕 생과 업의 결과를 열망하고 즐기는 갈애가 있기 때문에' 생기기도[513] 생겨난다. 결과도 생겨나게 할 수 있다. 그렇기 때문에 지금 생의 모든 물질과 정신들의 근본원인은 갈애일 뿐이다. 대상을 새기는 사띠도 그 갈애가 생겨나게 한다고 말할 수 있다. 예를 들면 다음과 같다. '형성을 조건으로 하여 의식이 생겨난다'라고 할 때 엄밀하게 말해서 과보 마음만이 형성들을 조건으로 하여 생겨난다. 〔이어서 생겨나는〕 선 마음, 불선 마음, 작용 마음들은 엄밀하게 말하면 형성들의 결과가 아니다. 그렇긴 해도 그 마음들은 〔재생연결식이라고 하는〕 과보 마음에 이어서, 연결되어 생겨나기 때문에 과보 마음이 원인인 종자가 되고 그 과보 마음에 연결되어 차례대로 생겨난다. 따라서 모든 세간 마음들은 경전방법에 의하면, '형성들을 조건으로 의식이 생겨난다'라고 할 수 있는 것과 마찬가지로 이전 생에서 있었던 갈애 때문에 지금 현재 삶에서 업의 결과들인 물질과 정신들의 연속이 생겨난다. 그 물질과 정신의 연속에 생겨나는 새김도 그 갈애로부터 생겨났다고 말할 수 있다. 그래서 괴로움의 진리라고

---

513 저본에서 강조를 위해 반복된 부분이다. 그 의미를 살리기 위해 그대로 번역한다.

하는 새김의 근본원인인 그 이전 생의 갈애를 생겨남의 진리라고 한다고 〔주석서에서〕 말하였다. 이전 생에 있었던 그 생겨남의 진리〔= 갈애〕는 직접관찰 위빳사나로는 알 수 없다. 지혜가 성숙되었을 때 지금 현재 생겨나는 갈애를 직접관찰 위빳사나로 새겨 알고 나서 추론관찰 위빳사나로만 과거의 갈애를 관찰 할 수 있다. 그렇지만 과거의 갈애와 현재의 갈애는 성품으로는 같기 때문에, 또한 한 개인, 존재에게 생겨나기 때문에 동일성(ekatta 同一性) 방법에 의해 하나일 뿐이다. 따라서 현재의 갈애를 거듭 새길 때마다 '생겨남의 진리를 직접 알고 본다'라고 한다.

새김 등의 괴로움의 진리와 갈애라는 생겨남의 진리가 소멸한 상태인 열반을 소멸의 진리라고 한다. 그 열반을 대상으로 하여 새김 등의 괴로움의 진리의 법들에 대해 '괴로움이다'라고 아는 역할도 성취되게 하고 갈애라는 생겨남의 진리도 사라지게 하는 성스러운 도 구성요소 여덟 가지를 '도의 진리'라고 한다. 수행의 앞부분에서는 이러한 소멸의 진리, 도의 진리들에 대해서는 '거룩하다'라고 듣고 마음을 향하는 정도, 바라는 정도만 필요하다는 것은 이미 설명했다.[514] 그래서 "addhā imāya paṭipadāya jarāmaraṇamhā parimuccissāmi(이러한 수행실천으로 늙음과 죽음으로부터 벗어나기를)"이라고 하는 『위숫디막가(淸淨道論)』의 구절에 따라 "이러한 위빳사나 수행의 실천으로 늙음, 죽음으로부터 확실하게 벗어나리라. 모든 고통에서 벗어나리라. 도와 과, 열반을 확실하게 알고 보리라"라고 〔수행의〕 앞부분에서 소멸의 진리, 도의 진리에 대해 마음을 향하고 열망하면서 들숨과 날숨 등 생겨나고 있는 물질과 정신이라는 괴로움의 진리와 생겨남의 진리를 관찰하고 새기는 이를 두

---

514 이 책의 제1권 pp.536~537 참조.

고 '네 가지 진리 수행주제라는 위빳사나 수행을 실천하고 노력하고 있다'라고 한다. 그렇게 수행하는 이는 견해청정(diṭṭhi visuddhi) 등 청정의 차례에 따라, 그리고 첫 번째 도 등 지견청정(ñāṇadassana visuddhi)의 네 가지 차례에 따라 단계 단계 진전되어 모든 번뇌가 소멸함에 이른다. 즉 아라한이 된다는 뜻이다. 이렇게 〔아라한에〕 이르는 것을 설명하기 위해 주석서에서 "evaṁ catusaccavasena ussakkitvā nibbutiṁ pāpuṇāti(이와 같이 네 가지 진리에 따라서 진전되어 적멸에 이른다)"[515]라고 설명하였다. 복주서에서도 "catusaccavasenāti catusaccakammaṭṭhānavasena. usssakkitvāti visuddhiparamparāya ārūhitvā, bhāvanaṁ upari netvāti attho('네 가지 진리에 따라서'라는 구절은 '네 가지 진리 수행주제에 따라서'라는 뜻이다. '진전되어'라는 구절은 '청정의 단계에 따라서 차례로 올라가 수행이 위로 나아가서'라는 뜻이다)"[516] 라고 설명하였다.

지견청정이라고 부르는 네 가지 도의 지혜에 도달한 순간에는 네 가지 진리를 동시에 알고 본다. 아는 모습을 앞에서 한번 설명했지만 조금 특별하기 때문에 다시 한번 더 간략하게 설명하고자 한다.

괴로움을 아는 모습 생멸함이 있는 들숨날숨과 새김 = 사띠 등의 형성들이 사라진, 소멸한 성품인 열반을 도의 지혜로 직접 경험하여 볼 수 있기 때문에 새겨 아는 대상인 들숨과 날숨이라는 물질, 새김 = 사띠 등의 위빳사나, 토대인 물질, 그리고 생멸함이 없어지지 않았다는 의미에

515 DA.ii.356.

516 DAṬ.ii.303.

서 같은 성품인 물질·정신 형성들을 '괴로움인 법 = 고요하지 않은 법' 이라고 미혹없이 아는 작용이 성취된다. ('이것을 구분 통찰(pariññā-paṭivedha), 구분 관통(pariññābhisamaya)'이라고 한다.)

생겨남을 아는 모습 그 형성들을 괴로움이라고 미혹없이 아는 작용이 성취되기 때문에 들숨과 날숨, 새김 = 사띠, 물질 · 정신 형성들에 대해 즐기고 갈망함이 생겨나지 않는다. 이렇게 〔갈애가〕 생겨나지 않는 것을 제거 통찰(pahānappaṭivedha), 제거 관통(pahānābhisamaya)이라고 부른다.

소멸과 도를 아는 모습 새기는 대상인 들숨과 날숨, 새김 = 사띠 등의 형성들이 사라진, 소멸한 성품 = 열반을 대상으로 해서 사실대로 바르게 아는 바른 견해 등의 도 구성요소 법들이 자신에게 분명하게 생겨난다. 이렇게 생겨날 때 열반을 직접 아는 것을 실현 통찰(sacchikiriyā-paṭivedha), 실현 관통(sacchikiriyābhisamaya)이라고 한다.

자신에게 도 구성요소 법들을 생겨나게 하기 위해 들숨과 날숨 등을 초반부터 시작하여 관찰하고 새겼기 때문에 열반을 대상으로 하여 그 도 구성요소들이 생겨나는 것을 수행 통찰(bhāvanāpaṭivedha), 수행 관통(bhāvanābhisamaya)'이라고 한다. 자세한 설명은 앞부분을 다시 보기 바란다.[517]

지금까지 말한 내용은 들숨과 날숨을 대상으로 하여 새기는 위빳사

517 이 책의 제1권 pp.557~563 참조.

나 수행자가 아라한 과에까지 이르는 모습에 대한 간략한 설명이다. 〔「새김확립 긴 경(大念處經)」에서 설명한〕 네 가지 자세의 장 등 나머지 20가지 주제에 대해서도 네 가지 진리 수행주제가 생겨나 아라한 과에까지 이르는 모습을 주석서에서 같은 방법으로 설명하였다. 새김의 대상만 다르기 때문에 그 다른 것만을 설명하겠다.

「네 가지 자세의 장」에서는 가고, 서고, 앉고, 눕는 것이라고 하는 네 가지 자세(威儀)라는 물질을 새기는 사띠[518]를 괴로움의 진리라고 한다.

「바른 앎의 장」에서는 감, 돌아옴, 굽힘, 폄 등으로 불리는 물질들을 새기는 사띠를 괴로움의 진리라고 한다.

「혐오에 마음기울임의 장」에서는 머리카락, 털, 손톱·발톱, 이빨, 피부 등의 32가지를 관찰하는 사띠를 괴로움의 진리라고 한다. 이 사띠는 사마타와 관련된 새김이다. 위빳사나 사띠가 아니다. 머리카락 등의 대상도 빠라맛타 실재성품이 아니다. 빤냣띠 개념일 뿐이다. 그렇기 때문에 이 〔혐오에 마음기울임이라는〕 장에서는 사띠의 대상을 괴로움의 진리에 포함시켜서는 안 된다.

「요소에 마음기울임의 장」에서는 네 가지 요소를 새기는 사띠를 괴로움의 진리라고 한다.

「아홉가지 묘지 관찰의 장」에서는 흰 시체 등과 같이 드러나는 물질의 무더기들을 관찰하는 사띠를 괴로움의 진리라고 한다.

「느낌 거듭관찰의 장」에서는 느낌을 새기는 사띠를 괴로움의 진리라고 한다.

---

518 이 부분에서 저본에는 sati를 빠알리어 원어로 그대로 사용하였기 때문에 본 번역본에서도 그대로 사띠라고 번역하였다. 미얀마 어로 번역한 부분에서는 새김으로 번역하였다.

「마음 거듭관찰의 장」에서는 마음을 새기는 사띠를 괴로움의 진리라고 한다.

「장애의 장」에서는 장애들을 새기는 사띠를 괴로움의 진리라고 한다.

「다섯 취착무더기의 장」에서는 다섯 취착무더기를 새기는 사띠를 괴로움의 진리라고 한다.

「감각장소의 장」에서는 감각장소, 족쇄를 새기는 사띠를 괴로움의 진리라고 한다.

「깨달음 구성요소의 장」에서는 깨달음 구성요소들을 새기는 사띠를 괴로움의 진리라고 한다.

「네 가지 진리의 장」에서는 괴로움의 진리와 생겨남의 진리들을 새기는 사띠, 소멸의 진리와 도의 진리 등에 향해진 사띠를 괴로움의 진리라고 한다.

이러한 나머지 20가지 장에서도 사띠만 '괴로움이다'라고 한 것은 대표(padhāna)방법으로 설명한 것이다. 그렇기 때문에 사띠와 결합한 마음, 마음부수, 대상인 물질과 정신, 토대인 물질, 이러한 법들도 위빳사나 지혜, 도의 지혜로 분명히 알 수 있는 괴로움의 진리라고 알아야 한다. 그래서 도의 법, 열반에 대해 '거룩하다'라고 들어본 것에 따라 도 구성요소, 열반에 대해 마음을 기울이고 열망함이 생겨나 자세의 장 등 각 장의 가르침에 따라 위빳사나 관찰을 하고자 하는 이는 경전에서 직접적으로 설해 놓은 네 가지 자세 등도 새겨야 한다. 새김 그 자체인 사띠, 그리고 그 사띠와 결합한 마음, 마음부수들도 새겨야 한다. 만약 분명하다면 그러한 법들의 토대 물질도 새겨야 한다. 사띠의 근본원인인 과거의 갈애와 같은 종류로 생겨나는 현재 지금 바라고 갈망하는 것도 새겨야 한다. 과거의 갈애를 유추해서 관찰하는 것은 지혜가 성숙되었을 때 저절로 생겨날 것이다. 일부러 주의를 기울여서 반조할 필요가 없다.

이렇게 말한 방법에 따라 소멸의 진리, 도의 진리에 마음을 향하게 되고 열망하게 되어 생겨나는 자세 등의 괴로움의 진리와 생겨남의 진리라는 법들을 새기는 이를 두고 '네 가지 진리 수행주제라고 불리는 위빳사나 수행을 실천, 노력하고 있는 이'라고 할 수 있다. 그러한 이는 청정의 단계에 따라 차례대로 수행이 진전되어 모든 번뇌가 소멸한 아라한에 이르게 된다. 이상 「새김확립 긴 경(大念處經)」에서 설한 21가지 수행주제 중 어느 한 가지 방법에 따라 노력하는 이에게 네 가지 진리 수행주제가 생겨나 아라한 과에까지 이르는 모습을 주석서에 따라 간략하게 설명했다.

여섯 문에서 새기는 모습이 끝났다.

새김확립의 공덕

1. 새김확립의 이익과 유일한 길

「새김확립 긴 경(大念處經)」의 가르침에 따라 노력하여 네 가지 도, 네 가지 과에 이른 이는 애착(rāga), 성냄(dosa), 어리석음(moha) 등 모든 번뇌라는 때가 없어져 깨끗하고 청정하게 된다. 걱정하고 슬퍼하는 슬픔(soka), 울며 탄식하는 비탄(parideva)도 극복한다. 몸의 피곤함과 괴로움이라고 하는 고통(dukkha), 마음의 피곤함과 괴로움이라고 하는 근심(domanassa)도 사라진다. '반열반의 임종마음 다음에 몸의 고통이 생겨나지 않는다. 아라한 도에 이른 그 때를 시작으로 마음의 고통이 생겨나지 않는다'라는 뜻이다. 옳은 방법(ñāya)이라고 부르는 네 가지 도의 지혜도 알고 본다. 얻는다. 모든 고통이 사라지고 소멸한 열반법도 직접 분명하게 알고 본다. 그렇기 때문에 부처님께서 네 가지 새김확립을 아래와 같이 칭송하셨다.

> Ekayano ayaṁ, bhikkhave, maggo sattānaṁ visuddhiyā, sokaparidevānaṁ samatikkamāya, dukkhadomanassānaṁ atthaṅgamāya, ñāyassa adhigamāya, nibbānassa sacchikiriyāya, yadidaṁ cattāro satipaṭṭhānā.
>
> (D.ii.231)

대역

bhikkhave**비구들이여,** yadidaṁ(= ye ime) cattāro satipaṭṭhānā**이 네 가지 새김확립이라고 하는 도**가 (santi)있는데, 네 가지 새김확립이라는 ayaṁ maggo**이 도,** 길은 sattānaṁ정등각자가 될 존재, 벽지불이 될 존재, 제자가 될 존재라는 모든 **중생들을** visuddhiyā마음의 때인 번뇌들을 씻어내어 **청정하게 하는** ekayano**유일한,** 하나뿐인, 한 갈래뿐인 **길이다.** sokaparidevānaṁ**슬픔과 비탄을** samatikkamāya**극복하게,** 제거하여 버리게 **하는** ekayano**유일한,** 하나뿐인, 한 갈래뿐인 **길이다.** dukkhadomanassānaṁ몸의 **고통과** 마음의 고통인 **근심을** atthaṅgamāya**사라지게 하는** ekayano**유일한,** 하나뿐인, 한 갈래뿐인 **길이다.** ñāyassa adhigamāya네 가지 도의 지혜라고 하는 **옳은 방법을 터득하게 하는,** 알게 하는, 얻게 하는 ekayano**유일한,** 하나뿐인, 한 갈래뿐인 **길이다.** nibbānassa sacchikiriyāya**열반을 실현하게 하는** ekayano**유일한,** 하나뿐인, 한 갈래뿐인 **길이다.**

부처님께서는 위와 같은 말씀을 통해 새김확립이라는 수행을 '번뇌로부터 청정해지기 위한, 열반을 알고 보기 위한 유일한, 오직 하나의 길이다'라고 직접 설명하셨다. 따라서 실재성품인 몸·느낌·마음·법을 새겨 알면서 수행해 나가는 새김확립 수행만을 "네 가지 진리 수행주제라고, 위빳사나 수행주제라고, 《'ekāyanamaggo vuccati pubbabhāga satipaṭṭhāna maggo('유일한 길'이란 예비단계의 새김확립을 말한다)'[519]라는 성전에 따라》 예비 단계의 도라고 부른다"라고 의심 없이 알아야 한다.

그 외에 sammappadhāna bhāvanā(〔네 가지〕 바른 정근 수행), indriya

519 『네 가지 마음챙기는 공부』, p.82 참조.

bhāvanā(〔다섯 가지〕 기능 수행), bojjhaṅga bhāvanā(〔일곱 가지〕 깨달음 구성요소 수행), maggaṅga bhāvanā(〔여덟 가지〕 도 구성요소 수행) 등 열반에 이르는 여러 수행들도 이 새김확립 수행(satipaṭṭhāna bhāvanā)에 포함된다고 알아야 한다. 몸·느낌·마음·법들을 새겨 아는 것인 이 새김확립 없이 열반에 이르게 하는 다른 수행이 있다고 생각하지 말라. 그래서 주석서에서는 다음과 같이 설명하고 있다.

Ekāyano ayaṁ, bhikkhave, maggoti ettha ekamaggo ayaṁ, bhikkhave, maggo na dvidhā pathabhūtoti evamattho daṭṭhabbo.

(DA.ii.335)

대역

Ekāyano ayaṁ bhikkhave maggoti ettha**'비구들이여, 이 도는 유일한 길이니'라는 구절은** 'bhikkhave**비구들이여,** ayaṁ maggo**이** 새김확립이라는 **도는** ekamaggo한 가지의 길, 유일한 길, **하나의 길이다.** na dvidhā pathabhūto**두 갈래**로 나누어진 **길이 아니다'**iti evam**라고 이렇게** attho**그 의미를** daṭṭhabbo**알아야 한다.**

Ekamaggoti eko eva maggo. Na hi nibbānagāmimaggo añño atthīti. Nanu satipaṭṭhānaṁ idha maggoti adhippetaṁ, tadaññe ca bahū maggadhammā atthīti? Saccaṁ atthi, te pana satipaṭṭhānaggahaṇeneva gahitā tadavinābhāvato. Tathā hi ñāṇavīriyādayo niddese gahita, uddese pana satiyā eva gahaṇaṁ veneyyajjhāsayavasenāti daṭṭhabbaṁ. "Na dvidhāpathabhūto"ti iminā imassa maggassa anekamaggabhāvābhāvaṁ viya anibbānagāmibhāvābhāvañca dasseti.

(DAṬ.ii.279)

대역

Ekamaggoti'유일한 길'이라는 말은 'eko eva오직 하나뿐인, 한 갈래인 maggo길'이라는 말이다. hi (saccaṁ)맞다. '새김확립 외에 nibbānagāmimaggo열반에 이르게 하는 añño다른 길은 na atthi없다'iti라는 뜻이다. nanu그렇다면 다음과 같이 반문한다고 하자. 'idha이 경에서 satipaṭṭhānaṁ새김확립을 maggoti도라고 adhippetaṁ말하고 있지만, tadaññe그 사띠 외에 bahū maggadhammā ca도에 해당하는 다른 많은 법들도 atthi nanu있지 않은가?'iti라고 반박한다고 하자. saccaṁ atthi 있는 것은 사실이다. pana하지만 tadavinābhāvato그것(새김)이 없이는 그들(나머지 도의 법들)도 없기 때문에 te그 나머지 도의 법들도 satipaṭṭhānaggahaṇeneva새김확립을 취함에 의해, 바로 그것에 의해 gahitā포함되었다. tathā hi바로 그렇기 때문에, 새김을 언급할 때 저절로 포함되기 때문에, niddese자세히 설명하는 상설에서는 ñāṇavīriyādayo지혜, 노력 등 다른 도 구성요소들도 gahita취해 드러내어 보이셨다. uddese간략히 설명하는 개요에서 satiyā eva gahaṇaṁ pana새김만 취해 드러내어 보이신 것은 veneyyajjhāsayavasenāti'제도할 중생들의 성향에 따라서 설하신 것이다'라고 daṭṭhabbaṁ알아야 한다. na dvidhāpathabhūtoti iminā'두 갈래 길이 아니다'라는 이 '반대설명(byatireka saṁvaṇṇā)'에 의해 imassa maggassa이 새김확립이라는 도에는 anekamaggabhāvābhāvaṁ viya다른 여러 가지 다양한 길이 있지 않다는 것을 (보여 주는) 것처럼, anibbānagāmibhāvābhāvañca열반에 이르게 하지 못하는 것이 아니라는 사실도 dasseti보여 준다.

《열반에 이르게 하는 도는 새김확립만이다. 따라서 새김확립이라는 도는 열반에 확실하게 도달하게 한다. 도달하지 못하게 하는 것이 아니라는 뜻이다.》

그 외에 '4아승기와 10만 대겁 사이에 출현하신 많은 정등각자 부처님들(sammāsambuddha), 많은 수의 벽지불들(pacceka buddha), 헤아릴 수 없이 많은 성제자들(ariyāsāvaka), 이러한 모든 이들은 바로 이 새김확립에 의해서만 번뇌의 더러움을 깨끗하게 하여 청정함에 이르게 되었다는 것, 또한 몸·느낌·마음·법 중의 어느 한 가지를 관찰하지 않고서는 지혜수행이 생겨날 수 없다는 것, 따라서 게송 한 구절을 듣고서 도와 과에 이른 이들도 새김확립이라는 도에 의해서만 성스러운 과에 이르러 슬픔과 비탄을 극복하였다는 것' 등을 주석서에서 설명하고 있다. 그렇기 때문에 도와 과에 이르게 하는 '위빳사나 수행'이라고 하는 것은 「새김확립 긴 경(大念處經)」의 가르침에 따라 진실로 빠라맛타 실재성품인 몸·느낌·마음·법을 관찰하여 수행하는 바로 이 '새김확립 수행'이다. 새김확립 수행 이외에 도와 과, 열반에 이르게 하는 다른 어떠한 위빳사나 수행이라는 것은 없다고 확실하게 알아야 한다.

이 새김확립 수행을 21가지 수행주제 중 어느 한 방법의 가르침에 따라서 수행하면 중간 정도 근기의 경우 제일 길어야 7년, 빠르면 7일 내에 아나함, 아라한이 될 수 있다고 부처님께서 장담하셨다. 아래 경전구절은 가장 빠르게 아나함, 아라한이 되는 모습을 설한 것이다.

2. 부처님의 장담

Yo hi koci, bhikkhave, ime cattāro satipaṭṭhāne evaṁ bhāveyya sattāhaṁ, tassa dvinnaṁ phalānaṁ aññataraṁ phalaṁ pāṭikaṇkhaṁ diṭṭheva dhamme aññā; sati vā upādisese anāgāmitā.

(D.ii.251)

대역

bhikkhave**비구들이여**, yo hi koci어떤 비구, 비구니, 남성, 여성 어느 **누구든** ime cattāro satipaṭṭhāne**이러한 네 가지 새김확립을** evaṁ 들숨 날숨 수행주제 등 21가지 장에서 설했던 방법으로 **이와 같이** sattāhaṁ**7일간** bhāveyya**수행한다면** tassa그렇게 수행한 이**에게는** diṭṭheva dhamme**지금 이 생에서** aññā vā**아라한 과 또는**, sati upādisese**집착이 아직 남아 있다면** anāgāmitā vā**아나함 과**, dvinnaṁ phalānaṁ**두 가지 과 중** aññataraṁ phalaṁ**어느 한 가지 과를** pāṭikaṅkhaṁ**기대할 수 있다**. 즉 확실하게 얻을 것이라고 믿을 수 있다.

『맛지마 니까야(중50편)』「보디 왕자 경(Bodhirājakumāra sutta)」에서는 지혜가 매우 예리한 제도가능자(tikkhapaññāneyya)라면 하룻밤 사이, 하룻낮 사이에도 특별한 법을 얻을 수 있다고도 장담하셨다. 장담하신 모습은 아래와 같다.

Imehi pañcahi padhāniyaṅgehi samannāgato bhikkhu tathāgataṁ nāyakaṁ labhamāno sāyāmanusiṭṭho pāto visesaṁ adhigamissati, pāto anusiṭṭho[520] sāyaṁ visesaṁ adhigamissati.

(M.ii.300)

대역

Imehi pañcahi padhāniyaṅgehi법을 수행하는 **이러한 정근(精勤) 구성**

---

520 CST4 pātamanusiṭṭho.

요소 다섯 가지를 samannagato bhikkhu**구족한 비구가** tathāgataṁ nāyakaṁ**여래라고 하는** 수행방법을 가르쳐 주는 **스승을** labhamāno **얻었을 때**, sāyāṁ anusiṭṭho**저녁에 가르침을 듣고 수행하면** pāto**다음 날 새벽에** visesaṁ도와 과, 열반이라는 **특별한 법을** adhigamissati**얻을 것이고**, 즉 알 것이고 pāto anusiṭṭho**새벽에 가르침을 듣고 수행하면** sāyaṁ**그날 저녁에** visesaṁ도와 과, 열반이라는 **특별한 법을** adhigamissati**얻을 것이다**. 즉 알 것이다.

정근 구성요소 다섯 가지 (1)부처님, 가르침, 승가, 수행주제를 주신 스승님, 수행방법을 확고하게 믿는 신심, (2)먹고 섭취한 음식물을 적절하게 잘 소화시킬 수 있을 정도의 소화력을 구족한 건강, (3)자신에게 없는 공덕들을 드러내거나 자랑하지 않고 있는 허물도 감추지 않고 생겨나는 대로 사실대로만 스승이나 같이 지내는 이들에게 드러냄〔이라고 하는 정직〕, (4)'살과 피가 마를 테면 다 말라붙어라. 피부, 살, 뼈만 남을 테면 남아라. 특별한 법을 얻을 때까지 끊임없이 노력하리라'라고 결의하고서 이러한 네 가지 요소를 구족한 정근으로 매우 열심히 노력함〔이라고 하는 정진), (5)물질과 정신, 다섯 무더기들의 생멸을 알고 보는 생멸의 지혜가 생겨남, 이러한 다섯 가지이다.

'7년 안에 … 7일 안에, 하룻밤 사이에, 하룻낮 사이에 도와 과, 열반이라고 하는 특별한 법을 알 수 있다, 얻을 수 있다'라는 말은 보통 사람이 한 말이 아니다. 모든 법을 스스로의 지혜로 사실대로 바르게 아시기 때문에 정등각자(sammāsambuddha)라는 이름을 얻으신 부처님의 금언(金言)이다. 사실대로 바른, 그리고 이익이 있는 말씀만 하시기 때문에 선서(sugata 善逝)라고 이름을 얻으신 부처님의 말씀이다.

Advejjhavacanā buddhā, amoghavacanā jinā.

(Bv.ii.315)

대역

buddhā**부처님께서는** advejjha vacanā**두** 갈래로 나눠진 **말씀을 하지 않으신다.** 즉 두 갈래로 나눠진 말을 하지 않으시고 틀림없는, 확실하게 맞는 말씀만 하신다. jinā다섯 가지 마라를 정복하신 **승리자**이신 부처님**께서는** amogha vacanā**쓸데없는,** 이익 없는 **말씀은 하지 않으신다.** 쓸데없는 말씀은 하지 않으시고 확실히 이익이 되는 말씀만 하신다.

그러므로 믿음의 법을 구족한, 그리고 윤회의 고통에서 벗어나고자 원하는 바른 서원을 구족한 선남자, 선여인들이여, 위와 같은 『붓다왐사(Buddhavaṁsa 佛種姓經)』의 경전내용에 따라 앞에서 설명한 부처님께서 장담하신 말씀 두 구절이 틀림없이 확실히 옳은 말씀, 틀림없이 확실히 이익이 있는 말씀이라고 믿으라.

그리고 '만약 내가 지혜가 예리한 이라면 하룻밤 사이에도, 하룻낮 사이에도 특별한 법을 알 수 있을 것이다. 중간 정도의 지혜를 가진 이라면 아주 빠르면 7일 내에, 중간 정도면 15일 등에, 아주 느려도 7년 안에 특별한 법을 알 수 있을 것이다'라고 기대하며 새김확립 수행을 열심히 노력해야 한다. 노력하기 바란다.

3. 특별히 주의해야 할 사항

「새김확립 긴 경(大念處經)」과 그 주석에 보면 "「들숨날숨의 장」 등의 21개 장 중 어느 한 장에 따른 수행만으로 아라한 과에 이를 수 있다"라고 설해 놓으셨다. 하지만 그것이 '어느 한 장에 따른 수행만으로 노력해야 도와 과에 이를 수 있다. 여러 수행을 섞어서 노력하면 도와 과에 이를 수 없다'라는 의미는 아니다. 그러한 의미가 분명히 아니기 때문에 수행주제를 청한 웃띠야(Uttiya) 비구 등에게 부처님께서 스스로 "cattāro satipaṭṭhāne bhāveyyāsi(네 가지 새김확립들을 수행하라)"라는 등으로 네 가지 새김확립 모두를 섞어서 수행주제를 주신 것이다. 또한 그 비구들은 그렇게 수행주제를 받은 대로 수행해서 아라한이 되었다.

그 밖에 "어느 한 장의 수행방법만으로 아라한 과에 이를 수 있다"라고 하신 것도 그 한 가지 수행방법을 '항상 마음에 두고 노력하는 근본수행주제'로만 삼으라는 의미이다. '다른 장의 가르침에 관련된 물질과 정신들이 분명하게 드러나더라도 그 물질과 정신들을 관찰하면 안 된다'라는 의미가 아니다. 만약 분명한 그 물질과 정신들을 관찰하지 않았다고 하자. 그렇다면 그 물질과 정신에 대해 항상하다고, 행복하다고, 자아라고, 깨끗하다고 집착하여 번뇌들이 생겨날 수 있다.

그 밖에 요즘 수행자들의 경우에는 '어느 누구는 어떤 수행주제만 적당하다'라고 확실하게 결정지을 수 없다. 그렇지만 실제 경험에 의하면 몸 거듭관찰(kāyānupassanā)을 기본으로 해서 관찰하는 것이 지금 시대의 대부분 수행자들에게 적당하다는 것을 알 수 있었다. 그래서 이 『위빳사나 수행방법론』 제5장에서는 '혐오에 마음기울임', '묘지관찰' 등의 사마타 수행주제와 관련된 부분들은 배제하고 몸 거듭관찰 수행주제만을 기본으로 하여 네 가지 새김확립 모두, 21가지 수행주제 모두와 관련된 관찰방법들을 가르침의 차례를 무시하지 않고, 또한 실제 수행의 차례에 따라 설명할 것이다.

그렇게 설명한 대로 따라서 노력하는 수행자 모두가 각자 자신의 의향, 선호에 따라 어느 하나의 관찰이든 여러 가지의 관찰이든 관련된 물질과 정신들을 잘 관찰할 수 있게 되기를! 알 수 있게 되기를! 그리하여 위빳사나 지혜의 단계에 따라 도와 과, 열반에 빠르게 이를 수 있게 되기를!

새김확립의 공덕이 끝났다.

제4장 관찰방법과 경전의 대조가 끝났다.

위빳사나 수행방법론 제1권이 끝났다.

■ 부록 1

칠청정과 지혜단계들

1. 계청정(Sīla visuddhi 戒淸淨)

2. 마음청정(Citta visuddhi 心淸淨)

3. 견해청정(Diṭṭhi visuddhi 見淸淨)

  ⑴ 정신·물질 구별의 지혜(Nāmarūpa pariccheda ñāṇa 名色區別智)

4. 의심극복청정(Kaṅkhāvitārāṇā visuddhi 度疑淸淨)

  ⑵ 조건파악의 지혜(Paccaya pariggaha ñāṇa 緣把握智)

5. 도·비도 지견청정(Maggāmagga ñāṇadassana visuddhi 道非道智見淸淨)

  ⑶ 명상의 지혜(Sammasana ñāṇa 思惟智)

6. 실천 지견청정(Paṭipadā ñāṇadassana visuddhi 行道智見淸淨)

  ⑷ 생멸 거듭관찰의 지혜(Udayabbayānupassanā ñāṇa 生滅隨觀智)

  ⑸ 무너짐 거듭관찰의 지혜(Bhaṅgānupassanā ñāṇa 壞隨觀智)

  ⑹ 두려움 드러남의 지혜(Bhayatupaṭṭhāna ñāṇa 怖畏現起智)

  ⑺ 허물 거듭관찰의 지혜(Ādīnavānupassanā ñāṇa 過患隨觀智)

  ⑻ 염오 거듭관찰의 지혜(Nibbidānupassanā ñāṇa 厭離隨觀智)

  ⑼ 벗어나려는 지혜(Muñcitukamyatā ñāṇa 脫欲智)

  ⑽ 재성찰 거듭관찰의 지혜(Paṭisaṅkhānupassanā ñāṇa 省察隨觀智)

⑾ 형성평온의 지혜(Saṅkhārupekkhā ñāṇa 行捨智)

⑿ 수순의 지혜(Anuloma ñāṇa 隨順智)

⒀ 종성의 지혜(Gotrabhū ñāṇa 種姓智)*

7. 지견청정(Ñāṇadassana visuddhi 智見淸淨)

⒁ 도의 지혜(Magga ñāṇa 道智)[1]

⒂ 과의 지혜(Phala ñāṇa 果智)*

⒃ 반조의 지혜(Paccavekkhaṇā ñāṇa 觀察智)*

*종성의 지혜, 과의 지혜, 반조의 지혜는 어느 청정에도 해당되지 않는다.

---

1 수다원 도, 사다함 도, 아나함 도, 아라한 도의 지혜를 지견청정이라고 한다. 『청정도론』 제3권, p.346 참조.

눈 감각문 인식과정

눈 감각문에 매우 큰 형색 대상이 드러나면 다음의 차례로 인식과정이 진행된다.

1. 지나간 바왕가 (Atīta bhavaṅga)
2. 바왕가 동요 (Bhavaṅga calana)
3. 바왕가 끊어짐 (Bhavaṅga uccheda)
4. 다섯 감각문(五門) 전향 마음 (Pañcadvāra āvajjana citta)
5. 눈 의식 마음 (Cakkhu viññāṇa citta)
6. 접수 마음 (Sampaṭicchana citta)
7. 조사 마음 (Santīraṇa citta)
8. 결정 마음 (Voṭṭhabbana citta)

9~15. 속행 마음 (Javana citta)

16~17. 등록 마음 (Tadārammaṇa citta)

■ 부록 3

욕계 마음 문 인식과정

마음 문(意門)에 선명한 법 대상이 드러나면,

지나간 바왕가가 한 번 지나가지 않는 경우*에 다음의 차례로 인식과정이 진행된다.

1. 바왕가 동요 (Bhavaṅga calana)
2. 바왕가 끊어짐 (Bhavaṅga ucchea)
3. 마음 문(意門) 전향 마음 (Manodvāra āvajjana citta)

4~10. 속행 마음 (Javana citta)

11~12. 등록 마음 (Tadārammaṇa citta)

*지나간 바왕가가 한 번 지나가지 않는 법 대상에는 다음이 있다.

(1) 마음·마음부수

(2) 열반·개념

(3) 과거·미래의 물질

(4) 현재 추상적 물질

현재 구체적 물질들 중 일부는 그 물질들이 생겨날 때 지나간 바왕가에 떨어지지 않고 드러날 수 있으나 일부 물질들은 그 물질들이 생겨난 후 지나간 바왕가가 어느 정도 지나가야 마음 문에 드러난다.

마음부수 52가지

공통 마음부수 13가지

- 공통 반드시들 7가지

1. 접촉 (Phassa 觸)
2. 느낌 (Vedanā 受)
3. 인식 (Saññā 想)
4. 의도 (Cetanā 思)
5. 하나됨 (Ekaggatā 一境性)
6. 생명기능 (Jivitindriya 命根)
7. 마음기울임 (Manasikāra 作意)

- 공통 때때로들 6가지

8. 사유 (Vitakka 尋)
9. 고찰 (Vicāra 伺)
10. 결심 (Adhimokkha 勝解)
11. 정진 (Vīriya 精進)
12. 희열 (Pīti 喜)
13. 바람 (Chanda 欲)

불선 마음부수 14가지

- 불선 반드시들 4가지

14. 어리석음 (Moha 痴)

15. 도덕적 부끄러움없음 (Ahirika 無慚)

16. 도덕적 두려움없음 (Anottappa 無愧)

17. 들뜸 (Uddhacca 悼擧)

- 불선 때때로들 10가지

탐욕 관련 3가지

18. 탐욕 (Lobha 貪)

19. 사견 (Diṭṭhi 邪見)

20. 자만 (Māna 慢)

성냄 관련 4가지

21. 성냄 (Dosa 瞋)

22. 질투 (Issā 嫉)

23. 인색 (Macchariya 慳)

24. 후회 (Kukkucca 惡作)

해태 관련 2가지

25. 해태 (Thīna 懈怠)

26. 혼침 (Middha 昏沈)

의심 1가지

27. 의심 (Vicikicchā 疑)

아름다운 마음부수 25가지

- 아름다운 반드시들 19가지

28. 믿음 (Saddhā 信)

29. 새김 (Sati 念)

30. 도덕적 부끄러움 (Hiri 慚)

31. 도덕적 두려움 (Ottappa 愧)

32. 탐욕없음 (Alobha 無貪)

33. 성냄없음 (Adosa 無瞋)

34. 중립 (Tatramajjhattatā 捨)

35. 몸의 경안 (Kāyapassaddhi 身輕安)

36. 마음의 경안 (Cittapassaddhi 心輕安)

37. 몸의 가벼움 (Kāyalahutā 身輕快性)

38. 마음의 가벼움 (Cittalahutā 心輕快性)

39. 몸의 부드러움 (Kāyamudutā 身柔軟性)

40. 마음의 부드러움 (Cittamudutā 心柔軟性)

41. 몸의 적합함 (Kāyakammaññatā 身適業性)

42. 마음의 적합함 (Cittakammaññatā 心適業性)

43. 몸의 능숙함 (Kāyapāguññatā 身練達性)

44. 마음의 능숙함 (Cittapāguññatā 心練達性)

45. 몸의 올곧음 (Kāyujukatā 身端直性)

46. 마음의 올곧음 (Cittujukatā 心端直性)

- 절제 (Virati 節制) 3가지

47. 바른 말 (Sammāvācā 正語)

48. 바른 행위 (Sammākammanta 正業)

49. 바른 생계 (Sammāājīva 正命)

- 무량 (Appamaññā 無量) 2가지

50. 연민 (Karuṇā 憐憫)

51. 같이 기뻐함 (Muditā 隨喜)

- 미혹없음 (Amoha 無痴) 1가지

52. 통찰지 기능 (Paññindriya 慧根)

물질 28가지

구체적 물질 (Nipphanna rūpa) 18가지

- 근본 물질 (Bhūta rūpa 大種 四大) 4가지
  1. 땅 요소 (Paṭhavī dhātu 地界)
  2. 물 요소 (Āpo dhātu 水界)
  3. 불 요소 (Tejo dhātu 火界)
  4. 바람 요소 (Vāyo dhātu 風界)
- 감성 물질 (Pasāda rūpa 淨色) 5가지
  5. 눈 감성물질 (Cakkhu pasāda 眼淨)
  6. 귀 감성물질 (Sota pasāda 耳淨)
  7. 코 감성물질 (Ghāna pasāda 鼻淨)
  8. 혀 감성물질 (Jivhā pasāda 舌淨)
  9. 몸 감성물질 (Kāya pasāda 身淨)
- 대상 물질 (Gocara rūpa 行境色) 4가지
  10. 형색 (Rūpa 色)
  11. 소리 (Sadda 聲)
  12. 냄새 (Gandha 香)
  13. 맛 (Rasa 味)

- 성 물질 (Bhāva rūpa 性色) 2가지
  14. 여성 물질 (Itthibhāva 女性)
  15. 남성 물질 (Pumbhāva 男性)
- 심장 물질 (Hadaya rūpa 心腸色) 1가지
  16. 심장 토대 (Hadaya vatthu 心基)
- 생명 물질 (Jīvita rūpa 命色) 1가지
  17. 생명 기능 (Jīvitindriya 命根)
- 음식 물질 (Ahāra rūpa 食色) 1가지
  18. 영양분 (Ojā 食素)

추상적 물질 (Anipphanna rūpa) 10가지
- 한정 물질 (Pariccheda rūpa 限定色) 1가지
  19. 허공 요소 (Ākāsa dhātu 空界)
- 암시 물질 (Viññatti rūpa 表色) 2가지
  20. 몸 암시 (Kāya viññatti 身表色)
  21. 말 암시 (Vacī viññatti 口表色)
- 변화 물질 (Vikāra rūpa 變化色) 3가지
  22. 물질의 가벼움 (Rūpassa lahutā 色輕快性)
  23. 물질의 부드러움 (Rūpassa mudutā 色柔軟性)
  24. 물질의 적합함 (Rūpassa kammaññatā 色適業性)
- 특성 물질 (Lakkhaṇa rūpa 相色) 4가지
  25. 생성 (Upacaya 積集)
  26. 상속 (Santati 相續)
  27. 쇠퇴 (Jaratā 老性)

28. 무상함 (Aniccatā 無常性)

- 근본 물질 네 가지를 제외한 나머지 24가지 물질을 파생 물질 (Upādāya rūpa 所造色)이라고 한다.

■ 참고문헌

번역 저본

Mahāsi Sayadaw, 『Vipassana Shunikyan』 2vols, Yangon, Buddhasāsānuggaha aphwe, 1997.

저본의 영역본

Translated by U Min Swe(Min Kyaw Thu), edited by Ven. Dr. Sīlānandābhivaṁsa and Ven. Dr. Nandamalābhivaṁsa(Rector of I.T.B.M.U), 『A Practical Way of Vipassanā(insight meditation)』 Vol I, Yangon, Buddha Sāsana Nuggaha Organization(BSNO), 2011.

빠알리 삼장 및 번역본

The Chaṭṭha Saṅghāyana Tipitaka Version 4.0(CST4), VRI.

Ashin Aggadhamma Mahāthera, 『Dhammasaṅgaṇī Pāḷi Nissaya』, Pitakatounboun Pāḷito Nissaya Asoung, Nissaya DVD-ROM, Yangon, Buddhacetaman, Seinyatanā Dhammācariya Sāthintaik.

Ashin Guṇālaṅkāra Mahāthera, 『Milindapañhā Vatthu』, Yangon, Khinchouthun Sapei, 1996.

Ashin Janaka Bhivaṁsa, 『Sīlakkhandha Pāḷito Nissaya』, Pitakatounboun Pāḷito Nissaya Asoung, Nissaya DVD-ROM, Yangon, Buddhacetaman, Seinyatanā Dhammācariya Sāthintaik.

____________, 『Aṭṭhasālinī Aṭṭhakathā Bhāsaṭīkā』, Pitakatounboun Aṭṭhakathā Ṭīkā Nissaya Asoung, Nissaya DVD-ROM, Yangon, Buddhacetaman, Seinyatanā Dhammācariya Sāthintaik.

__________________, 「Dhammasaṅgaṇī Mūlaṭīkā Nissaya」, Pitakatounboun Aṭṭhakathā Ṭīkā Nissaya Asoung, Nissaya DVD-ROM, Yangon, Buddhacetaman, Seinyatanā Dhammācariya Sāthintaik.

Ashin Sāradassī Sayadaw, 「Dhammapada Aṭṭhakathā Nissaya」, Mandalay, Pitakato pyanbwayei pounhneiktaik, 1973.

Bhaddanta Jāgara Mahāthera, 「Aṅguttara Nikāya Aṭṭhakathā Nissaya」, Pitakatounboun Aṭṭhakathā Ṭīkā Nissaya Asoung, Nissaya DVD-ROM, Yangon, Buddhacetaman, Seinyatanā Dhammācariya Sāthintaik.

__________________, 「Itivuttaka Aṭṭhakathā Nissaya」, Pitakatounboun Aṭṭhakathā Ṭīkā Nissaya Asoung, Nissaya DVD-ROM, Yangon, Buddhacetaman, Seinyatanā Dhammācariya Sāthintaik.

__________________, 「Majjhima Nikāya Uparipaṇṇāsa Aṭṭhakathā Nissaya」, Pitakatounboun Aṭṭhakathā Ṭīkā Nissaya Asoung, Nissaya DVD-ROM, Yangon, Buddhacetaman, Seinyatanā Dhammācariya Sāthintaik.

__________________, 「Pacittiya Pāli Nissaya」, Pitakatounboun Pāḷito Nissaya Asoung, Nissaya DVD-ROM, Yangon, Buddhacetaman, Seinyatanā Dhammācariya Sāthintaik.

__________________, 「Paṭisambhidāmagga Pāḷito Nissaya」, Pitakatounboun Pāḷito Nissaya Asoung, Nissaya DVD-ROM, Yangon, Buddhacetaman, Seinyatanā Dhammācariya Sāthintaik.

__________, 「Saṁyutta Nikāya Khandhavagga Aṭṭhakathā Nissaya」, Pitakatounboun Aṭṭhakathā Ṭīkā Nissaya Asoung, Nissaya DVD-ROM, Yangon, Buddhacetaman, Seinyatanā Dhammācariya Sāthintaik.

__________, 「Saṁyutta Nikāya Mahāvagga Pāḷito Nissaya」, Pitakatounboun Pāḷito Nissaya Asoung, Nissaya DVD-ROM, Yangon, Buddhacetaman, Seinyatanā Dhammācariya Sāthintaik.

Bhaddanta Tejaniya Mahāthera, 「Paṭisambhidāmagga Aṭṭhakathā Nissaya」, Yangon, Sāsanāyeiwangyiṭhāna Sāsanāyeiujyiṭhāna pounheiktaik, 2000.

Byi Sayadaw, 「Aṭṭhasālinī Aṭṭhakathā Nissayā」, Pitakatounboun Aṭṭhakathā Ṭīkā Nissaya Asoung, Nissaya DVD-ROM, Yangon, Buddhacetaman, Seinyatanā Dhammācariya Sāthintaik.

Dutiya Bākarā Sayadaw, 「Aṅguttara Nikāya Aṭṭhaka-Ekadasaka Nipāta Pāḷito Nissaya Tik」, Pitakatounboun Pāḷito Nissaya Asoung, Nissaya DVD-ROM, Yangon, Buddhacetaman, Seinyatanā Dhammācariya Sāthintaik.

Mahāsi Sayadaw, 「Visuddhimagga Myanmarpyan」 4vols, Yangon, Buddhasāsānuggaha aphwe, 1992.

__________, 「Visuddhimagga Mahāṭikā Nissaya」 4vols, Yangon, Buddhasāsānuggaha aphwe, 1968.

__________, 「Mahāsatipaṭṭhāna thouk Pāḷi Nissaya」, Yangon, Buddhasāsānuggaha aphwe, 2000.

Neiyin Sayadaw, 『Sīlakkhandha Pāḷito Nissaya』, Pitakatounboun Pāḷito Nissaya Asoung, Nissaya DVD-ROM, Yangon, Buddhacetaman, Seinyatanā Dhammācariya Sāthintaik.

각묵스님 옮김, 『디가 니까야』 전3권, 초기불전연구원, 2006.
__________, 『상윳따 니까야』 전6권, 초기불전연구원, 2009.
대림스님 옮김, 『청정도론』 전3권, 초기불전연구원, 2004
__________, 『앙굿따라 니까야』 전6권, 초기불전연구원, 2006~2007.
동봉 역, 『밀린다왕문경』 ①, 민족사, 2003 (제3쇄)
임승택 역주, 『빠띠삼비다막가 역주』, 가산불교문화연구원, 2001.
전재성 역주, 『맛지마 니까야』, 한국빠알리성전협회, 2009, 개정초판.
__________, 『숫타니파타』, 한국빠알리성전협회, 2004.
水野弘元 譯, 『清淨道論』全三卷 (南傳大藏經 第六十二卷 ~ 第六十三卷), 大正新修大藏經刊行會, 1978年, 再刊二刷.

사전류

Rhys Davids and W.Stede, 『Pali-English Dictionary (PED)』, London, PTS, 1986.
G.P.Malalasekera, 『Dictionary of Pāli Proper names (DPPN)』, London, PTS, 1938.
Ashin Dhammassāmī Bhivaṁsa, 『Pāḷi-Myanmar Abhidhān』, Yangon, Khinchouthun Sapei, 2005.
Department of the Myanmar Language Commission, 『Myanmar-English Dictionary』, Yangon, Ministry of Education, 1993.

전재성, 『빠알리-한글사전』, 한국빠알리성전협회, 2005.
김길상, 『佛教大辭典』, 弘法院, 2001.
임석진 외 편저, 『철학사전』, 중원문화, 2009.
雲井昭善, 『パーリ語佛教辭典』, 山喜房佛書林, 1997.
水野弘元, 『パーリ語辭典』, 春秋社, 1981.

기타 참고도서

Ashin Janaka Bhivaṁsa, 『Thinghyouk Bhāsāṭīkā』, Amarapura, New Burma office Piṭakapounhneiktaik, 2002.
Ashin Tiloka Bhivaṁsa, 『San Letsaung』, Insein, Champion office Pounhneiktaik, 1995.
Bhaddanta Sucittā Bhivaṁsa, 『Viggahanhin Ñākkauklannhun』, Mandalay, Dhammasītagū sāsin no.7, 1998.
Eugene Watson Burlingame, 『Buddhist Legends』, PTS, 1979.
Ledi Sayadaw, 『Paṭṭhānuddesa Dīpanī Nissaya』, 『Ledi Dīpanī Paunchouk pathamatwek』, Yangon, Mikhineravati saouktaik, 2001.
Mahāsi Sayadaw, 『Ariyāvāsā tayato』, Yangon, Buddhasāsānuggaha aphwe, 2008.
__________________, 『Dhammadāyada thouk tayato』, Yangon, Buddhasāsānuggaha aphwe, 1993.
__________________, 『Malukyaputta thouk tayato』, Yangon, Buddhasāsānuggaha aphwe, 1997.

__________________, 『Sallekha thouk tayatogyi』 2vols, Yangon, Buddhasāsānuggaha aphwe, 1993.
__________________, 『Takkathou Vipassanā』, Yangon, Buddhasāsānuggaha aphwe, 1993.
Mingun Sayadaw, 『Mahābuddhawin』, Yangon, Sāsanāyeiwangyiṭhāna Sāsanāyeiujyiṭhāna pounheiktaik, 1994.
Ṭhānissaro Bhikkhu, 『The Buddhist Monastic Code』 I, Thiland, Wat Pa Nananchat Ubon Ratchathani, 2007.
Vaṇṇakyothin U. Bhasan, 『Mahāsi Theramya Atthupatti』, Yangon, Buddhasāsānuggaha aphwe, 2007.

平川彰 지음/釋慧能 옮김, 『비구계의 연구』 I, 민족사, 2002
각묵스님, 『네 가지 마음챙기는 공부』, 초기불전연구원, 2008(개정판2쇄).
_______, 『초기불교 이해』, 초기불전연구원, 2010.
강종미 편역, 『아비담마 해설서』 I, 도다가 마을, 2009.
냐나포니카 데라 영역·주해, 오원탁 번역, 『칠청정을 통한 지혜의 향상』, 경서원, 2007.
대림스님, 『들숨날숨에 마음챙기는 공부』, 초기불전연구원, 2003.
대림스님·각묵스님, 『아비담마 길라잡이』 전2권, 초기불전연구원, 2002.
마하시 사야도 저, 정동하 옮김, 『깨달음으로 이끄는 명상』, 경서원, 1995.
무념·응진 역, 『법구경 이야기』 전3권, 옛길, 2008.
밍군 사야도 저, 최봉수 역주, 『大佛傳經』 전10권, 한언, 2009.
이희재, 『번역의 탄생』, 교양인, 2009
일창스님, 『부처님을 만나다』, 이솔출판, 2012.

■ 주요 번역 술어

A

abhāva 존재않음
Abhidhamma 아비담마(論)
abhijānāti 특별하게 알다
abhijjhā 탐애
abhiññā 특별지(特別智), 특별한 지혜, 신통지(神通智)
-paññā 특별 통찰지
abhiññeyya 특별하게 알아야 한다
abhinata 지나치게 향하는
abhinivesa 천착, 처음 마음에 새김(긍정표현), 고집(부정표현)
abhisamaya 관통
abhisameti 관통하여 알다
abhisaṅkhāra 업형성
abyākata 무기(無記)
accanta 영원한, 확실한
addhā, addhāna 기간
adhicitta 높은 마음
adhimokkha 결심, 결정, 확신
adhipati 지배
adosa 성냄없음(不嗔)
agati 잘못따름(非道)
agha 죄악
ahiri 도덕적 부끄러움없음
ajjhatta / ajjhattika 안(內)의
ajjhāsaya 의향
akāra 표현
akusala 불선(不善)
allīyati 들붙다
alobha 탐욕없음(不貪)
amata 죽음없음(不死)
amoha 어리석음없음(不痴)
añña 구경의 지혜(究竟智)
anatta 무아
anāgāmi 아나함
anālaya 들붙지 않음
anicca 무상
aniccatā 무상한 성질
animitta 표상없음(無相)
anindriyabaddha 무생물의
aniṭṭha 원하지 않는
anottappa 도덕적 두려움없음
antakiriya 종식
anuloma 수순(隨順)
anumāna 추론
anupada 차례대로
anupassanā 거듭관찰
anupādisesa 무여(無餘)
anusaya(-kilesa) 잠재된 번뇌, 잠재번뇌

anussava 소문
anussati 거듭새김
anuttara 위없는
anuyoga 몰두
anuyuñjati 몰두하다
aṅga 구성요소
apanata 벗어나게 향하는
aparāpara 차례차례
apāya 악처
apekkha 열망하는
appamāda 불방일
appaṇihita 원함없음(無願)
appanā 본삼매
arahant 아라한
arañña 숲
arati 지겨움
ariya sacca 성스러운 진리
ariya vaṁsa 성자의 계보
arūpa 무색
asaṁvara 단속없음
asaṅkhata 형성되지 않은(無爲의)
asekha 무학(無學)
asmimāna 나라는 자만
assāsapassāsa 들숨날숨
asubha 더러운(不淨)
aṭṭhakathā 주석서
atimāna 오만
atīta 과거
attasaññā 자아인식
attavāda 자아교리
attavādupādāna 자아교리 취착
attā 자아
attha 뜻, 의미
avijjā 무명(無明)
avinābhāva 비분리[방법]
avyākata 무기(無記)
avyāpāda 분노없음
ayoniso 올바르지 않은
ābādha 질병
ācināti 모으다
ādāna 취함
ādīnava 허물
āhāre paṭikkūla saññā 음식혐오인식
ājivapārisuddhi-sīla 생계청정 계
ākāra 형태, 표현, 측면, 모양, 구조, 양상
ākāsa 허공
ākāsānañcāyatana 공무변처
ākiñcaññāyatana 무소유처
ālaya 들붙음
āloka 빛, 광명
-saññā 광명인식
ānāpānassati 들숨날숨 새김
āneñja 부동(不動)의
āṇā 명령
āpatti 범계
āpo 물
āraddha 열심히 행하는, (노력을) 시작하는, 성취한
ārammaṇa/ālambaṇa 대상
ārammaṇānusaya 대상 잠재번뇌
āropeti 제기하다
āruppa 무색계
āsava 번뇌흐름
-kkhaya 번뇌흐름다함
āsevana 반복
āsevati 의지하다

āyasmā 존자
āyatana 감각장소
āyu 수명
āyūhana 애씀

B

bajjhati 고착되다
bahiddhā 밖의
bahulīkaroti 많이 행하다
bala 힘
balava vipassana 강력한 위빳사나
bhaṅga 무너짐
-ānupassanā ñāṇa 무너짐 거듭관찰의 지혜
bhava 존재
-rāga 존재 애착
bhavaṅga 바왕가
bhaya 두려움
bhayatupaṭṭhāna ñāṇa 두려움 드러남의 지혜
bhāva 성(性)
bhāvanā 수행
bhāveti 수행하다, 닦다, 생겨나게 하다
bheda 부서짐
bhikkhu 비구
bhikkhunī 비구니
bhojana 음식
bhūmi 땅, 영역, 토양
bodhipakkhiyadhamma 깨달음 동반법(菩提分法)
bojjhaṅga 깨달음 구성요소
brahmacariya 청정범행
brahmavihāra 거룩한 머묾
Brahmā 범천
Buddha 부처님
byasanna 무너짐
byādhi 병
byāpāda 분노

C

cakkhu 눈(眼)
-āyatana 눈 감각장소
-dhātu 눈 요소
-dvāra 눈 감각문(眼門)
-viññāṇa 눈 의식(眼識)
-viññāṇa dhātu 눈 의식 요소
-indriya 눈 감각기능
cāga 버림
cetanā 의도
cetasika 마음부수
chaḷaṅgupekkhā 여섯 구성요소평온
chanda 바람, 열의, 의욕
-rāga 바람·애착
citta 마음
-visuddhi 마음청정
cittuppāda 마음일어남
cīvara 가사
cuti 죽음

D

dassana 봄[見]
dāna 보시
desanā 가르침
deva, devatā 천신
dhamma 법
-vicaya 법 간택

-sambojjhaṅga 법 간택 깨달음 구성 요소
-vipassanā 법 관찰 위빳사나
dhammānupassnā 법 거듭관찰
dhammatā 본래성품
dhammatā-rūpa 자연물질
dhātu 요소
-vavaṭṭhāna 요소 구분
dhuva 견고한
diṭṭhi 견해, 사견
-visuddhi 견해청정
diṭṭhupādāna 사견 취착
domanassa 근심
-vedanā 싫은 느낌
dosa 성냄
duccarita 악행, 나쁜 행위
duggati 악도(惡道)
dukkaṭa 악작(惡作)
dukkha 괴로움(일반적), 고통(육체적 고통을 특별히 의미할 때)
dvāra 문(門), 감각문(感覺門)

E

ekaggatā 하나됨
ekatta 동일성
esanā 구함, 찾음

G

gabbhaseyya 태생
gambhīra 심오한, 깊은
gaṇanā 숫자
gaṇḍa 종기
gandha 냄새(香)
gantha 매듭, 책
gati 태어날 곳
ghana 덩어리
ghāna 코
gocara 영역
go-sīla 소의 계
gotrabhū 종성(種姓)
guṇa 덕목

H

hadaya 심장
-vatthu 심장 토대
hetu 원인
hiri 도덕적 부끄러움
hīna 저열한

I

iddhi 성취, 신통
-pāda 성취수단
-vidhā 신족통(神足通)
iṇaparibhoga 빚수용
indriya [감각]기능(根),
-saṁvara sīla 감각기능단속 계
iriyāpatha 자세, 위의
issā 질투
iṭṭha 원하는
itthibhāva 여성

J

jaratā 쇠퇴, 늙음
jarā 늙음(老)
javana 속행
jānati 알다

jāti 태어남
jhāna 선정
jivhā 혀
jīva 영혼
jīvita 생명

K

kabalīkāra-āhāra 덩어리 음식
kalāpa 묶음, 물질묶음
-vipassanā 묶음 위빳사나
kalyāṇa 좋은
-mitta 좋은 친구(善友)
kamma 업, 행위
-bhava 업 존재
-nimitta 업 표상
-patha 업 궤도(業道)
-vaṭṭa 업 윤전
kammanta 행위
kammaññatā 적합함
kammassaka 업 자기재산
-sammādiṭṭhi 업 자기재산 정견
kammaṭṭhāna 수행주제
kanta 좋아하는, 거룩한
kaṅkhā 의심
-vitaraṇa visuddhi 의심극복청정
kappa 겁(劫)
Karavīka 가릉빈가 새
karuṇā 연민(悲)
kasiṇa 까시나
kathā 논의, 설명
kāmacchanda 감각욕망 바람
kāmaguṇa 감각욕망 대상
kāmarāga 감각욕망 애착
kāmataṇhā 감각욕망 갈애
kāmā 감각욕망
-sava 감각욕망 번뇌흐름
kāmupādāna 감각욕망 취착
kāraka 행위자
kāraṇa 이유, 원인
kāya 몸
-gatāsati 몸에 대한 새김
-ānupassanā 몸 거듭관찰
khaṇika 찰나
-maraṇa 찰나죽음
-paccuppanna 찰나현재
-samādhi 찰나삼매
khandha 무더기
khanti 인욕
khaya 다함
-ānupassanā 다함 거듭관찰
khema 안온(安穩)
kicca 작용
kilesa 번뇌
-vaṭṭa 번뇌 윤전
kodha 화
kosajja 나태
kukkucca 후회
kula-putta 선남자
kusala 선(善)한

L

laggati 묶이다
lahutā 가벼움
lakkhaṇa 특성
lapanā 쓸데없는 말
lābha 이득

liṅga 성
lobha 탐욕(貪)
lohita 피, 붉은 색
loka 세상
  -dhamma 세간법
  -dhātu 세계
lokiya 세간적인
lokuttara 출세간

M

maccariya 인색
maccu 죽음
mada 교만
magga 도(道)
  -ñāṇa 도의 지혜
mahaggata 고귀한
mahā-bhūta 근본 물질
Mahā-brahmā 대범천
makkha 망은(忘恩)
mala 때, 더러움
manasikāra 마음기울임
manāpa 마음에 드는
mano 마음(意)
  -āyatana 마음 감각장소(意處)
  -dhātu 마음 요소(意界)
  -dvāra 마음 문(意門)
  -dvāra āvajjana 마음 문(意門) 전향
  -viññāṇa 마음 의식(意識)
  -viññāṇa dhātu 마음 의식 요소(意識界)
manussa 인간
maraṇa 죽음(死)
  -sati 죽음 새김
māna 자만
Māra 마라
māyā 속임
mettā 자애
micchatta 삿됨
middha 혼침
mitta 친구
moha 어리석음(痴)
muditā 같이 기뻐함
mudutā 부드러움
muñcitukamyatā 벗어나려는 [지혜]
musāvāda 거짓말(妄語)
muta 감각된
mūla 뿌리, 뿌리박은

N

ñāṇa 지혜
  -dassana 지견(智見, 知見)
  -dassana visuddhi 지견청정(智見淸淨)
ñāta pariññā 숙지 구분지
nandi 즐김
natthika(vāda) 허무주의
naya 방법
  -vipassanā 방법적 위빳사나
nāga 용
nāma 정신, 이름
  -rūpa 정신·물질(名色)
nekkhamma 출리(出離)
nevasaññānāsaññāyatana 비상비비상처
neyya 제도가능자
nibbatti 발생, 처음 생겨남
nibbāna 열반
nibbedha 꿰뚫음

nibbidā 염오
-nupssanāñāṇa 염오 거듭관찰의 지혜
nibbindati 염오하다
nibbuti 적멸
nicca 항상한
-saññā 항상하다는 인식
niddesa 상설
nikanti 갈망
nikkhepa 버림
nimitta 표상
nipphanna 구체적 (물질)
niraya 지옥
nirāmisa 비세속적인
nirodha 소멸
-ānupassanā 소멸 거듭관찰
-samāpatti 멸진정
nissaraṇa 떠나감
niviṭṭha 주착(住着)된
niyyāna 출구
nīvaraṇa 장애

O

obhāsa 광명, 빛, 밝음
ogha 폭류
ojā 자양분
oḷārika 거친
opapātika 화생
ottappa 도덕적 두려움

P

paccavekkhaṇa 반조
paccaya 조건(緣), 필수품
paccaya pariggaha 조건파악
paccaya sannissita sīla 필수품관련 계
paccupaṭṭhāna 나타남
paccuppanna 현재
pacchimabhavika 최종생자(最終生者)
pada 발걸음, 이유, 구절(詩에서), 근거
padhāna 근본원인, 정근(精勤)
paggaha 분발
paggaṇhāti 격려하다
pahāna 제거
-paṭivedha 제거 통찰
-abhisamaya 제거 관통
pajānāti 분명히 알다
pakkhandati 뛰어들다
pakkhandana 뛰어듦
palibodha 걱정거리
paloka 부서짐
paḷāsa 건방
pamāda 방일
pamojjā 기쁨
pañca dvāra āvajjana
다섯 감각문(五門) 전향
paññatti 개념, 시설(施設)
paññā 통찰지
paṇidhi 원함
paṇīta 수승한
papañca 사량확산
paramattha 실재성품
parāmāsa 집착
pariccajati 포기하다
pariccāga 포기함
pariccheda 구별, 근절
parideva 비탄
pariggaha 파악

parijānāti 구분하여 알다
parikappa 분별
pariññā 구분지
pariññeyya 구분하여 알아야 한다
parinibbāna 반열반
parisuddha 두루 깨끗한
paritta 제한된, 작은
pariyatti 교학
pariyāya 방법, 방편, 순서
pariyesana 탐구
pariyodāta 아주 깨끗한
pariyuṭṭhāna 드러난
-kilesa 드러난 번뇌
parīyādāna 끝냄
pasāda 감성물질
passaddhi 경안(輕安)
patiṭṭhāti 기반으로 하다
patiṭṭhā 기반
paṭhavī 땅
paṭibhāga 닮은
paṭiccasamuppanna 연기된
paṭiccasamuppāda 연기
paṭigha 적의
paṭikkhepa 반대, 없애 버림
paṭinissagga 다시 내버림
-ānupassanā 다시 내버림 거듭관찰
paṭiññā 명제, 맹세, 약속, 서원
paṭipadā 실천
paṭipassaddhi 안식(安息)
paṭipatti 실천
paṭisaṅkhā 재성찰
-nupassanāñāṇa 재성찰 거듭관찰의 지혜
paṭisandhi 재생연결
paṭisambhidā 무애해
paṭivedha 통찰
paṭivijjhati 통찰하다
paṭivipassanā 재관찰 위빳사나
pavatta 진행
paviveka 떨쳐버림
pāḷi 성전
pāmojjha 기쁨
pāṇa 생명
pāpa 악한, 나쁜, 저열한
-mitta 나쁜 친구
pāramī 바라밀
pātimokkha 계목
-saṁvara 계목단속
-saṁvara-sīla 계목단속 계
peta 아귀
phala 과, 결과
-samāpatti 과 증득
pharusa-vācā 욕설(惡口)
phassa 접촉
-pañcamaka 접촉제5법
phoṭṭhabba 감촉
piṇḍapāta 탁발
pisuṇa-vācā 중상모략(兩舌)
piya 좋아하는, 아끼는
pīti 희열
puggala 개인
punapuna 거듭거듭
puñña 공덕
purisa 사람, 인간
puthujjana 범부

R

rakkhasa 나찰
rasa 맛, 역할
rati 희락
rāga 애착
Rājagaha 라자가하
roga [고질]병
rūpa 물질, 형색
  -rāga 색계 애착
  -rūpa 유형 물질
  -saññā 형색인식

S

sabba 모든, 일체
sabhāva 고유성품
  -lakkhaṇa 고유특성
sacca 진리(諦)
sacchikiriyā 실현
sadisānupassanā 동일 거듭관찰
sadda 소리
  -dhātu 소리 요소
  -āyatana 소리 감각장소
saddhamma 정법
saddhā 믿음(信)
sagga 천상
sahāya 동료
sajjati 집착하다
sakadāgāmī 사다함
Sakka 제석천왕
sakkāya-diṭṭhi 존재더미 사견(有身見)
saḷāytana 여섯 감각장소
salla 화살
sallakkheti 주시하다
sallekha 번뇌비움
saṁsāra 윤회
saṁvara 단속
saṁvega 경각심
saṁyoga 속박
saṁyojana 족쇄
samatha 사마타, 가라앉음
  -yānika 사마타 행자
samatikkamati 극복하다
samādhi 삼매
samāpatti 증득
sambojjhaṅga 깨달음 구성요소
sammasana 명상
  -ñāṇa 명상의 지혜
sammā-ājīva 바른 생계(正命)
sammā-kammanta 바른 행위(正業)
sammāppadhāna 바른 정근(精勤)
sammā vāyāma 바른 노력
sammoha 미혹
sammuti 세속적
sampajāna 바른 앎
sampaṭicchana 접수
sampatti 성취
sampavaṅka 벗
samuccheda 근절
samudaya 생겨남
samugghāta 끊음
samūhata 뿌리뽑은
samūha 모임
saṅgha 승가
saṅkappa 사유, 생각
saṅkhata 형성된(有爲의)
saṅkhāra 형성

-gatā 뭇 형성들
-ghana 형성 덩어리
-kkhandhā 형성 무더기
saṅkhārupekkhā ñāṇa 형성평온의 지혜
saṅkhaya 파괴
saññā 인식
saṇṭhāna 형체
santati 상속
santānānusaya 상속 잠재번뇌
santi 적정(寂靜)
santīraṇa 조사
sappāya 적당한
sassata 상주하는
-diṭṭhi 상견
sati 새김
-paṭṭhāna 새김확립
-paṭṭhāna-bhāvanā 새김확립 수행
-saṁvara 새김단속
-sambojjhaṅga 새김 깨달음 구성요소
satta 중생
-saññā 중생인식
sauttara 위 있는
sādhāraṇa 공통
sāmaṇera 사미
sāmisa 세속적인
sāra 고갱이, 진수, 심재
sārambha 뽐냄
sāsana 교법
sāta 기꺼워하는, 편안한
sāṭheyya 허풍
sāvaka 제자
sāyana 맛봄
sekkha 유학(有學)
sekkhiya 실천항목
seṭṭha 으뜸인
sikkhā 공부지음
-pada 학습계율
sīla 계
-vissuddhi 계청정
-bbata-parāmāsa 계행·의식 집착
-bbatupādāna 계행·의식 취착
sītī 청량한
soka 슬픔
somanassa 즐거움
sotāpanna 수다원
subha 깨끗한, 아름다운
-saññā 깨끗하다는 인식
sucarita 선행, 좋은 행위
sugati 선처
sukha 행복, 행복함
-vedanā 행복한 느낌
sukhuma 미세한
sukkha vipassaka 메마른 위빳사나 수행자
suñña 공(空)
suññata 공함
-ānupassanā 공함 거듭관찰

T

tadaṅga 부분
tadārammaṇa 등록
taṇhā 갈애
taruṇa vipassanā 유약한 위빳사나
tatramajjhattatā 중립
Tāvatiṁsa 도리천
tejo 불

-dhātu 불 요소(火界)
thamba 거만
thāmagata 힘이 구족된
thina 해태
-middha 해태·혼침
ṭhiti 머묾, 거주처
tiracchāna-yoni 축생계
tīraṇa 조사
tuccha 쓸모없는
Tusita 도솔천

U

udaya 생겨남
udayabbaya 생멸
-āupassanā 생멸 거듭관찰
uddesa 개요
uddhacca 들뜸
-kukkucca 들뜸·후회
uggaṇhāti 배워 익히다
ugghaṭitaññū 약설지자(略說知者)
upacaya 생성
upacāra 근접
upadhi 재생근거
upakkilesa 부수번뇌
upanāha 원한
upanissaya 강하게 의지하는
-paccaya 강하게 의지하는 조건
upapajjati 거듭 생겨나다
upapatti 이르게 된 생, 거듭 생겨남
upasama 그침
upasanta 그친
upādāna 취착
-kkhandha 취착무더기
upādā-rūpa 파생 물질
upādisesa nibbāna 유여열반
upāsaka 청신사
upāsikā 청신녀
upāya 수단, 방편
upāyāsa 절망
upekkhā 평온
-vedanā 무덤덤한 느낌
uppāda 일어남
utu 온도
upahaññati 피곤하다

V

vacī-viññatti 말 암시
vaṁsa 계보
vaṇṇana 주석
vasavatti 지배력
vasi 자유자재
vaṭṭa 윤전
vatta 소임, 의무
vatthu 토대, 대상, 사물
vavatthāna 구분
vaya 사라짐
-ānupassanā 사라짐 거듭관찰
vayati 사라지다
vācā 말
vāna 욕망
vāyāma 노력
vāyo 바람(風)
-dhātu 바람 요소(風界)
vedaka 느끼는 자
vadanā 느낌(受)
veramaṇī 삼감

vibhava 비존재(非存在)
-rāga 비존재 애착
vicāra [지속적] 고찰
vicikicchā 의심
vihesā 괴롭힘
vihimsā 해침
vijjā 명지(明知)
vikkhambhana 억압
vikkhepa 산란
vimokkha 해탈
vimutti 해탈
-ñāṇadassana 해탈지견
viññatti 암시
viññāṇa 의식
-ñcāyatana 식무변처
-ṭṭhiti 의식의 거주처
vināsa 파괴, 없어짐
vinaya 율
vinicchaya 판별
-naya 판별방법
vinipāta 파멸처
vipallāsa 전도(顚倒)
vipañcitaññū 상설지자(詳說知者)
vipariṇāma 변함
-ānupassanā 변함 거듭관찰
-dukkha 변함 괴로움
vipassanā 위빳사나, 관찰
vipassanā yānika 위빳사나 행자
vipāka 과보
-vaṭṭa 과보 윤전
virati 절제
virāga 애착 빛바램
-ānupassanā 애착 빛바램 거듭관찰
visuddhi 청정(淸淨)
vitakka 사유, 일으킨 생각
vivaṭṭa 물러섬
-ānupassanā 물러섬 거듭관찰
viveka 멀리 떠남
vīmaṁsā 검증
vīriya 정진
vīthi 인식과정
vītikkama 범하는
-kilesa 범하는 번뇌
voṭṭhapana 결정
vossagga 보내 버림
vuṭṭhāna 출현
-gāminī 출현으로 인도하는
vūpasama 그쳐 고요함
vūpasameti 그쳐 고요하게 하다
vyasana 무너짐
vyāpāda 분노

Y

yakkha 야차
yathāva 사실대로
yathābhūta 사실대로 바르게, 여실히
yathābhūta-ñāṇa 여실지(如實智)
yathābhūta-ñāṇadassana 여실지견
yānika 수행자
yoga 속박
yoni 모태
yoniso manasikāra 올바른 마음기울임

■ 찾아보기

1 : 1권, 2 : 2권, (주 00) : 각주번호

ㄱ

갈망(nikanti) 2 91, 250, 299, 300, 301
감각기능단속 계(indriyasaṁvara sīla) 1 81
감각욕망 바람(kāmacchanda) 1 181, 496
감각장소(āyatana) 1 336, 512, 588 2 522
강력한 위빳사나(balava vipassanā) 1 94, 403, 480 2 280, 382, 386
강하게 의지하는 조건(upanissaya paccaya) 1 145, 563
개념(paññatti) 1 185, 250, 275, 282, 296, 313, 350, 359, 363, 430, 459, 460, 465, 471 2 62, 93, 237, 495, 601, 604
걱정거리(palibodha) 2 60, 354
견해청정(diṭṭhi visuddhi 見淸淨) 1 325, 365 2 124, 136
결심(adhimokkha) 1 345
경각심(saṁvega) 1 204
경안 깨달음 구성요소(passaddhi sambojjhaṅga) 1 520 2 209
계목단속(pātimokkha saṁvara) 1 84, 88, 137
계목단속 계(pātimokkhasaṁvara sīla) 1 67, 78, 84, 97, 100, 110, 111, 211
계청정(sīla visuddhi 戒淸淨) 1 67, 78, 99, 101
계행·의식 집착(sīlabbataparāmāsa) 1 515 2 413
고갱이(sāra) 2 359
고통(dukkha) 1 474, 527 2 67, 99, 114, 595
공함 거듭관찰(suññatānupassana) 2 641, 665
과보 윤전(vipāka vaṭṭa) 2 153, 156, 161, 163
과보 장애(vipākantarāya) 1 104
과의 지혜(phala ñāṇa) 2 390
과 증득(phla samāpatti) 2 474
관통(abhisamaya) 1 537
광명(obhāsa) 1 189 2 84, 281, 282
광명인식(āloka saññā) 1 189
괴로움(dukkha) 1 372, 433, 474, 482, 483, 527 2 189, 213, 251, 342, 587, 593, 617, 641, 643
괴로움 거듭관찰(dukkhānupassana) 2 251, 593
구체적 물질(nipphanna rūpa) 1 286, 287, 607
귀 감성물질(sota pasāda) 1 425, 513 2 607
근본 물질(bhūta rūpa) 1 607
근심(domanassa) 1 475, 483, 530
근접삼매(upacāra samādhi) 1 154, 157, 170

기간현재(addhā paccuppanna) [1] 305, 308, 309 [2] 271
기반(patiṭṭha) [1] 110(주:145)
기쁨(pamojjā, pāmojjha) [1] 121(주:156), 132, 201
깨달음 구성요소(bojjhaṅga) [1] 519, 588
깨달음 동반법(bodhipakkhiyadhamma 菩提分法) [2] 383

ㄴ

높은 계 공부지음(adhisīlasikkhā) [1] 137 [2] 470
높은 마음 공부지음(adhicittasikkhā) [1] 132 [2] 470
높은 통찰지 공부지음(adhipaññasikkhā) [1] 132 [2] 470
높은 통찰지 법 관찰 위빳사나(adhipaññā-dhammavipassana) [2] 539, 641, 667
눈 감성물질(cakkhu pasāda) [1] 258, 370, 512, 607
눈 의식(cakkhu viññāṇa 眼識) [1] 255, 372, 422, 512 [2] 158, 608
느낌(vedanā) [1] 445, 506, 509, 528 [2] 67, 261
느낌 거듭관찰(vedanānupassanā) [1] 310, 472, 587
느낌 무더기(vedanākkhandhā) [1] 505

ㄷ

다난자니 바라문 여인 [2] 449
다시 내버림 거듭관찰(paṭinissaggānu-passana) [1] 305 [2] 538, 618, 633, 677
다함 거듭관찰(khayānupassana) [2] 538, 642, 656
대상 잠재번뇌(ārammaṇānusaya) [1] 86, 296 [2] 564, 567
덩어리(ghana) [1] 200, 296, 317, 361 [2] 555, 604
도덕적 두려움(ottappa) [1] 514, 606 [2] 414, 444
도덕적 두려움없음(nottappa) [1] 605 [2] 414
도덕적 부끄러움(hiri) [1] 514, 605 [2] 414, 444
도덕적 부끄러움없음(ahirika) [1] 605 [2] 414
도·비도 지견청정(maggāmāggā ñāṇā-dāssānā visuddhi 道非道智見清淨) [1] 600 [2] 252, 303
도의 장애(maggantarā) [1] 69, 103, 211
도의 지혜(magga ñāṇa) [1] 533 [2] 105, 390
동일 거듭관찰(sadisānupassanā) [2] 377
두려움 드러남의 지혜(bhayatupaṭṭhāna ñāṇa) [1] 600 [2] 322
들뜸·후회(uddhaccakukkucca) [1] 497 [2] 463
들숨날숨 새김(ānāpānassati) [1] 329
땀바다티까(Tambadāṭhika) [1] 124
땅 요소(paṭhavī dhātu) [1] 289, 413, 420, 431, 432, 437, 457 [2] 137

ㅁ

마라(māra) [1] 186, 597 [2] 449
마음(mano 意) [1] 161, 422, 439, 514
마음 거듭관찰(cittānupassanā) [1] 310, 490, 588
마음기울임(manasikāra) [1] 91, 93, 118, 340, 346 [2] 297
마음 문(manodvāra 意門) [1] 441, 442

ㅂ

생겨난 빤냣띠(tajjā paññātti) [1] 264, 277
생계청정 계(ājivapārisuddhi-sīla) [1] 69, 88, 100
생멸 거듭관찰(udayabbayānupassanā) [2] 257, 277
생명 물질(jīvita rūpa) [1] 287, 290, 443, 608
선업토대자(padaparama) [1] 124
성냄(dosa) [1] 188, 218, 244, 491, 496, 515 [2] 262, 410, 414
성냄없음(adosa) [1] 87, 137
성 물질(bhāva rūpa) [1] 287, 441, 443, 514
성스러운 진리(ariya sacca) [1] 526
성자비방 장애(ariyūpavādantarāya) [1] 104
세간법(lokadhamma) [1] 91 [2] 417
소의 계(go-sīla) [1] 150(주:191)
수람밧타(Sūrambaṭṭha) [2] 449
수순의 지혜(anuloma ñāṇa) [2] 178, 377, 679
수행주제(kammaṭṭhāna) [1] 450, 452
숙지 구분지(ñāta pariññā) [1] 377, 418
숩빠붓다(Suppabuddha) [2] 443
승잔죄(saṅghādisesa) [1] 105
실재성품(paramattha) [1] 266, 276, 326 [2] 551
실천 지견청정(pāṭipādā ñāṇadāssānā visuddhi 行道智見淸淨) [2] 304
싫은 느낌(domanassa vedanā) [1] 445
심장 토대(hadaya vatthu) [1] 441, 608

ㅇ

악설죄(dubbhāsita 惡說罪) [1] 105
악작죄(dukkaṭa 惡作罪) [1] 105
약설지자(ugghaṭitaññū 略說知者) [1] 117, 119
어리석음(moha) [1] 135, 197, 218, 514 [2] 262
억압(vikkhambhana) [2] 148
업 궤도(kammapatha 業道) [2] 427(주:369)
업 윤전(kammavaṭṭa) [2] 153
업 자기재산 정견(kammassaka sammadiṭṭhi) [1] 110
업 장애(kammantarāya) [1] 103
여러 생자 [2] 456
여섯 구성요소평온(chaḷaṅgupekkhā) [1] 405 [2] 677
여실지견(yathābhūtañāṇadassana) [1] 150 [2] 539, 642, 670
열반(nibbāna) [1] 534 [2] 495
염오 거듭관찰(nibbidānupassana) [2] 333, 537, 619, 643
영역 바른 앎(gocara sampajañña) [1] 451, 462
올바르지 않은 마음기울임(ayoniso manasikāra) [1] 501
올바른 마음기울임(yoniso manasikāra) [1] 498
요소(dhātu) [1] 420, 512
요소 구분(dhātuvavaṭṭhāna) [1] 365, 460 [2] 126
원함없음 거듭관찰(appaṇihitānupassana) [2] 538, 641
웃띠야(Uttiya) 존자 109
위빳사나(vipassanā) [1] 119, 282, 283, 356 [2] 63, 78
위빳사나를 시작한 이(āraddha vipassaka) [2] 255, 277
위빳사나 평온(vipassanupekkhā) [2] 91,

252, 281, 297
위빳사나 행자(vipassanā yānika) [1] 156, 158, 175, 333, 355, 358
유약한 위빳사나(taruṇa vipassana) [1] 170
유여열반(upādisesa nibbāna) [2] 509
유행 반열반자(upādisesa nibbāna) [2] 456
음식 물질(ahāra rūpa) [1] 287, 290, 444
음식혐오인식(āhāre paṭikkūla saññā) [1] 155, 467
의도(cetanā) [1] 340, 447
의식 무더기(viññāṇakkhandhā) [1] 506
의식의 거주처(viññāṇaṭhiti) [2] 336
의심(vicikicchā) [1] 192, 491, 497, 515 [2] 75, 146, 461
의심극복청정(kāṅkhāvitārāṇā visuddhi 渡疑淸淨) [1] 600 [2] 139, 173
의지하는 조건(nissaya paccaya) [1] 146
인색(macchariya) [1] 515, 517 [2] 417
인식(saññā) [1] 340, 506
인식과정(vīthi) [1] 83, 280, 399, 402, 423 (주:430)
인식 무더기(saññākkhandhā) [1] 446, 506
인욕단속(khanti saṁvara) [1] 87, 93, 137
일으킨 생각(vittaka) [1] 323, 345

ㅈ

자애(metta) [1] 90, 139, 218 [2] 61
자연물질(dhammatārūpa) [2] 241
작은 수다원(cūḷasotāpanna) [2] 174
잠재된 번뇌, 잠재번뇌(anusaya) [2] 227, 564
장애(nīvaraṇa) [1] 103, 181, 496 [2] 424
재관찰 위빳사나(paṭivipassanā) [1] 450 [2] 312
재성찰 거듭관찰(paṭisaṅkhānupassanā) [1] 600 [2] 339, 539, 643, 675
적멸(nibbuti) [1] 581, 585 [2] 502, 513
적정(santi 寂靜) [1] 533, 561 [2] 329, 373, 395, 485, 495
절제(virati) [1] 133, 576, 606
접촉(phassa) [1] 326, 345, 372, 412, 445, 506, 604 [2] 157, 262, 607
접촉제5법(phassa pañcamaka) [1] 341, 416 [2] 127
정신·물질 구별의 지혜(nāmarūpa pariccheda ñāṇa) [1] 164, 170, 366, 377 [2] 124, 284
정진(viriya) [1] 69, 227, 237, 346, 520, 523, 604 [2] 91, 208, 296
정진 깨달음 구성요소(vīriya sambojjhaṅga) [1] 227, 520
정진단속(vīriya saṁvara) [1] 87
제거 관통(pahāna abhisamaya) [1] 537, 546, 560, 586
제거 통찰(pahāna paṭivedha) [1] 537, 546, 560, 586
제기하여(āropanā) [2] 212, 339
제도가능자(neyya) [1] 117, 595
제석천왕(Sakka) [2] 443
조건파악의 지혜(paccaya pariggaha ñāṇa) [1] 168 [2] 139, 552, 670
족쇄(saṁyojana) [1] 515 [2] 413
존재더미 사견(sakkāya diṭṭhi 有身見) [1] 172, 517 [2] 426
존재않음(abhāva) [2] 501, 519
종성의 지혜(gotrabhū ñāṇa) [1] 305, 601 [2] 389, 682
죽음(maraṇa) [1] 63, 527, 533 [2] 61, 210, 545

400, 537, 598, 690
행복한 느낌(sukha vedanā) 1 434, 472, 509 2 569, 594
행복함(sukha) 1 121(주:156)
허공 요소(ākāsa dhātu) 1 287, 420, 608
허물 거듭관찰(ādīnavānupassana) 1 600 2 333, 539, 642, 672
혀 감성물질(jivhā pasāda) 1 423, 513, 607
형성(saṅkhāra) 1 27(주:8)
형성 덩어리 표상(saṅkhāra ghana nimitta) 1 200, 471, 490 2 660, 662
형성 무더기(saṅkhārakkhandhā) 1 446, 506
형성평온의 지혜(saṅkhārupekkhā ñāṇa) 1 126, 405 2 178, 349, 548, 638, 679
후반 반열반자(upahacca parinibbāyī 生般涅槃) 2 456
후회(kukkucca) 1 63, 492, 496, 605 2 424
희락(rati) 1 201, 520 2 288, 295, 299
희열(pīti) 1 121(주:156), 132, 201, 345, 521, 604 2 69, 89, 101, 287
희열 깨달음 구성요소(pīti sambojjhaṅga) 1 240, 520

■ 저자

마하시 사야도 우 소바나(Sobhana)

1904년 7월 29일, 미얀마의 세익쿤에서 출생하여 1916년에 사미계, 1923년에 비구계를 수지했다. 1930년부터 따운와인갈레이 강원에서 강사로 지내다가 1932년에는 밍군 제따완 사야도의 가르침을 받아 위빳사나 수행을 직접 실천했다. 1942년에는 사사나다자 시리빠와라 담마짜리야(국가인증우수법사) 칭호를 받았다. 1949년부터는 양곤의 마하시 수행센터에서 위빳사나 수행을 지도하며 국내는 물론 국외로도 바른 위빳사나 수행법을 널리 선양했다. 1954년에는 악가마하빤디따(최승대현자)의 칭호를 받았고, 1954년부터 2년간 열린 제6차 경전결집 때는 질문자와 최종결정자의 역할을 맡았다. 1982년 8월 14일, 세랍 78세, 법랍 58세로 마하시 수행센터에서 입적했다. 『*Vipassanā Shunikyan*(위빳사나 수행방법론)』, 『*Visuddhimagga Mahāṭikā Nissaya*(위숫디막가 대복주서 대역)』을 비롯하여 100권이 넘는 저서와 법문집이 있다.

■ 감수자

우 소다나(Sodhana) 사야도

1957년 미얀마 머그웨이 주(*Magway Division*)에서 출생하여 1972년에 사미계, 1979년에 비구계를 수지했다. 1992년 담마짜리야 법사 시험에 합격했고 잠시 먀다웅 강원에서 강사로 재직했다. 1995년 마하시 수행센터에서 수행한 뒤 외국인 법사학교에서 5년간 수학했다. 그 뒤 마하시 수행센터에서 수행지도법사로 수행자를 지도하다 2002년 처음 한국에 왔다. 2007년 8월부터 한국마하시선원 선원장으로 지내며 경전과 아비담마를 강의하면서 천안 호두마을과 강릉 인월사 등지에서 위빳사나 수행을 지도하고 있다. 2013년 양곤 마하시 수행센터 국외 나야까 사야도로 임명됐고, 2017년 12월 공식적으로 칭호를 받았다. 2019년 3월 정부에서 수여하는 마하깜맛타나짜리야 칭호를 받았다.

■ 역자

비구 일창 담마간다(Dhammagandha)

1972년 경북 김천에서 출생하여 1996년 해인사 백련암에서 원융 스님을 은사로 출가했다. 범어사 강원을 졸업했고 2000년과 2005년 두 차례 미얀마에 머물면서 비구계를 수지한 뒤 미얀마어와 빠알리어, 율장 등을 공부했으며 찬매 센터, 파욱 센터, 마하시 센터 등에서 수행했다. 현재 진주 녹원정사에서 정기적으로 초기불교 강의를 하고 있으며, 한국마하시선원과 호두마을을 오가며 우 소다나 스님의 법문을 통역하면서 위빳사나 수행의 기초를 지도하고 있다. 2019년 12월 양곤 마하시 수행센터에서 깜맛타나짜리야(수행지도 스승) 칭호를 받았다. 저서로 『부처님을 만나다』와 『가르침을 배우다』, 역서로 『위빳사나 수행방법론』(전2권), 『위빳사나 백문백답』, 『통나무 비유경』, 『마하사띠빳타나숫따 대역』, 『어려운 것 네 가지』, 『담마짝까 법문』, 『알라와까숫따』, 『헤마와따숫따 법문』, 『보배경 강설』, 『아비담마 강설 1』, 『아낫딸락카나숫따 법문』, 『아리야와사 법문』, 『자애』 등이 있다.

위빳사나 수행방법론 1 (전2권)

개정판 1쇄 발행일 | 2023년 11월 6일

지은이 | 마하시 사야도
번역 | 비구 일창 담마간다
감수 | 우 소다나 사야도

펴낸이 | 사단법인 한국마하시선원
편집 | 배기숙 신승애 안중익
디자인 | 끄레도

펴낸곳 | 도서출판 불방일
등록 | 691-82-00082
주소 | 경기도 안양시 만안구 경수대로 1201번길 10(석수동 178-19) 2층
전화 | 031-474-2841
팩스 | 031-474-2841
홈페이지 | http://koreamahasi.org
카페 | https://cafe.naver.com/koreamahasi
이메일 | nibbaana@hanmail.net

*잘못된 책은 구입하신 곳에서 바꿔드립니다.

값 30,000원
ISBN 979-11-956850-2-8 94220
ISBN 979-11-956850-1-1(세트)

9 791195 685028
94220
ISBN 979-11-956850-2-8
ISBN 979-11-956850-1-1 (세트)

❙ 법보시(개정판)

감수 우 소다나 사야도
편역 비구 일창 담마간다
교정 주영아 배기숙 신승애 안중익
보시 2007년 8월부터 한국마하시선원에 법보시를 하신 모든 분

삽바다-낭 담마다-낭 지나-띠‖
Sabbadānaṁ dhammadānaṁ jināti.
모든 보시 중에서 법보시가 으뜸이니라.

이당 노 뿐냥 닙바-낫사 빳짜요 호뚜‖
Idaṁ no puññaṁ nibbānassa paccayo hotu.
이러한 우리들의 공덕으로 열반에 이르기를.

이망 노 뿐냐바-강 삽바삿따-낭 바-제마‖
Imaṁ no puññabhāgaṁ sabbasattānaṁ bhājema.
이러한 우리들의 공덕 몫을 모든 중생에게 회향합니다.

사-두| 사-두| 사-두‖
Sādhu, Sādhu, Sādhu.
훌륭합니다, 훌륭합니다, 훌륭합니다.

• 이 책에서 교정할 내용을 아래 메일주소로 보내주시면 다음에 책을 펴낼 때 큰 도움이 될 것입니다. 많은 관심 부탁드립니다(nibbaana@hanmail.net).

• 한국마하시선원에서 운영하는 도서출판 불방일에서는 마하시 사야도의 법문은 「큰북」 시리즈로, 우 소다나 사야도의 법문은 「불방일」 시리즈로, 아비담마 법문은 「아비담마 강설」 시리즈로, 비구 일창 담마간다의 법문은 「법의 향기」 시리즈로, 독송집이나 법요집은 「큰북소리」로 출간하고 있습니다. 여러분들의 많은 법보시를 기원합니다(농협 355-0041-5473-53 한국마하시선원).